MARIO POMILIO · DAS FÜNFTE EVANGELIUM

MARIO POMILIO

DAS FÜNFTE EVANGELIUM

Roman

OTTO MÜLLER VERLAG SALZBURG

Deutsche Übersetzung:
Madeleine Windisch-Graetz

ISBN 3-7013-0555-2

Titel und Verlag der italienischen Originalausgabe: IL QUINTO EVANGELIO, Rusconi Libri S.p.A., Milano.
Titelbild: „Die zwölf ältesten Kirchen", Tafel III des Codex Regianus des „Liber imaginum" von Joachim von Fiore (Bischöflich-Städtisches Seminar von Reggio, Emilia). Umschlaggestaltung: Liselotte Staudacher.

Gesamtherstellung: Druckhaus Nonntal, Salzburg

EIN BRIEF

An den Hochw. M. G.,
Sekretär der Päpstlichen Bibelkommission, Rom.

Sehr geehrter Herr!

Am besten stelle ich mich Ihnen vor, indem ich meine Geschichte von Anfang an erzähle (meinen Namen, sofern er überhaupt von Bedeutung ist, erfahren Sie am Ende des Briefes).

Bekanntlich kann der Bericht über einen Menschen auf unterschiedliche Weisen beginnen: Er kann von irgendeinem kleinen Nest an der Ostküste der Vereinigten Staaten ausgehen, wo sich ein amerikanischer Knabe von weder zu fügsamer noch rebellischer Gemütsart, ausreichend eifrig und genügend lebhaft, abwechselnd seinen Studien und Spielen widmet. Er kann mit der ersten Liebe eines jungen Menschen beginnen, den ersten Einblicken in die eigene Persönlichkeit, mit den Bitternissen des Sich-anders-Fühlens und des Abgesondertseins (dies ist, denke ich, eine normale Erfahrung; in mir aber war sie überstark). Oder er kann auch mit dem Tag einsetzen, an dem ihn irgendein Krieg aus der Universität herausreißt, an der er in der Hoffnung auf eine Lehrkanzel für Geschichte friedlich arbeitet, um ihn in ein verdüstertes und zerrissenes Europa zu verschlagen.

Meine Geschichte aber – die Geschichte meines eigentlichen Lebens – begann wenige Monate vor dem Ende jenes Krieges, als ich von der kleinen Abteilung, die ich bis dahin befehligt hatte, nach Köln abkommandiert wurde. Dort benötigte man einen Offizier mit Deutschkenntnissen, der sich um unsere Beziehungen zu den Deutschen kümmern sollte.

Als ich in Köln ankam, dämmerte es schon; es war einer jener nordischen Abende, die etwas Greisenhaftes an sich haben. Bedenken Sie aber, wie sehr der Anblick einer Stadt, die einst eine Stadt, jetzt aber wenig mehr als eine Ansammlung brüchiger Mauern in trostloser Beleuchtung war, meine Beklommenheit und jene Art von Unwirklichkeitsgefühl verstärken mußte, das uns überkommt, wenn wir wieder einmal von unseren inneren Bindungen losgelöst werden (ich hatte mich soeben von meinen alten Kameraden verabschiedet). Allem entströmte eine gleichsam ans Tageslicht gezerrte Traurigkeit.

Nun gut: Nach den üblichen Formalitäten und Instruktionen durch einen Offizier bei der Kommandantur (es ist unglaublich, wie eifrig Etappenoffiziere sein können) geleitete man mich zu Fuß zu meinem nahegelegenen Büro, das zugleich mein Quartier war. Unterwegs bedeutete man mir, diese Unterkunft wohl zu schätzen, tauge sie doch zu allem, außer zur Liebe; und als ich nicht zu begreifen schien, verlachte man mich.

Es war Nacht: Und eine Kriegsnacht ist immer die Finsternis selbst. So kam mir das Seltsame und Fremdartige dieses Logis erst zu Bewußtsein, als ich eingetreten war und die Gegenstände durch das dürftige, trübselige, von einem Generator gewonnene Licht Gestalt und Umriß erhielten. Erst am folgenden Tag sollte mir zu Bewußtsein kommen, daß ich in einem Pfarrhaus war. Aber stellen Sie sich gleichwohl mein Erstaunen vor, als ich, der ich mir kaum mehr als eine Liegestatt erwartet hatte, vor zwei Räumen mit Kreuzbogengewölben und Fenstern stand, die keine eigentlichen Fenster, sondern zart gezeichnete gotische Drillingsbogen waren. Und wo man hinsah, lag über den Dingen etwas Unberührtes, Ungestörtes, als seien sie nicht zum Gebrauch, sondern zum Überdauern aufgestellt. So erinnere ich mich zumindest, gedacht zu haben; auch daß ich mir mit meinem Militärsack, meiner Uniform, meiner ganzen Person neben den mächtigen Schränken mit starken, gedrungenen Pfosten, den Bücherregalen, dem Lesepult mit dem kurzen lateinischen Spruch: ,,Sieh, welcher Friede!", den ich inmitten des Schnitzwerkes entziffern konnte, seltsam störend vorkam. Aber ich weiß noch, daß ich nicht lange so grübelte. Im zweiten der beiden Räume stand ein Bett, ein richtiges Bett; und ich war noch zu jung und an diesem Abend zu müde. Bald darauf träumte ich wiederum, daß ich nach einer Nacht voll undeutlich wahrgenommener Alarme unter der Plane eines Lastwagens schlief; das waren damals seit Monaten meine einzigen Träume.

Am nächsten Morgen stand ich kurz nach Tagesanbruch auf und begann sogleich in heiterer Stimmung, ungeachtet meiner gestrigen Scheu, mein neues Quartier in Augenschein zu nehmen. Schon bald machte ich mich mit der Bibliothek vertraut – mein altes Laster – und blätterte selbst in solch unantastbaren Büchern, wie sie das Brevier eines Priesters sind. Ich öffnete einen der Schränke und fand ihn voller Meßgewänder. In einem anderen waren Wäsche, Schuhe, ein Anzug. Auf dem Schreibtisch lagen Bleistifte und eine Füllfeder. Und überall fanden sich in den beiden Räumen die Spuren eines eben erst abgebrochenen Daseins; es war, als habe sie ihr Bewohner erst kürzlich eines Morgens leise verlassen, um jeden Augenblick heimzukehren. Doch dachte ich in diesem Augenblick nicht so sehr an ihn, sondern kostete lieber die Neuheit meiner Eindrücke aus. Diese Stätte mit ihrem archaischen Gepräge und ihrer schwer bestimmbaren Mischung aus Strenge und Behaglichkeit gefiel mir. Hier entdeckte ich unter anderem die geduldige Beharrlichkeit der Gegenstände und ihre Fähigkeit, uns gefügig zu bleiben und doch ihre Gleichgültigkeit zu wahren. Vor allem aber fand sich da die Prägung durch eine kollektive Daseinsweise, ähnlich wie in manchen alten Familiensitzen, die uns nicht so sehr das Bild eines Einzelmenschen, sondern den Archetypus einer Lebensgesinnung vermitteln. Instinktiv drängte sich die Vorstellung einer langen Reihe ineinander verflochtener Existenzen auf, die hier schließlich wie in einer Schale erstarrt waren, ohne diese je zu durchbrechen. Seltsamerweise fühlte ich mich davon durchaus nicht erdrückt, sondern ergriff ganz selbstverständlich davon Besitz, wie ein Mensch, den es belustigt (freilich nur vorübergehend und um die gewohnte Lebensweise zu unterbrechen), flüchtig in diese Schale einzudringen, um einen unerwarteten kleinen Nachlaß zu genießen. Dann trat aber etwas ein, das meine Verfassung änderte oder, wenn ich es jetzt bedenke, sie eigentlich endgültig bestimmte. In einem Winkel, von einem Schrank halb versteckt, befand sich eine Tür; sie gab nach, und alsbald stand ich unvermutet in einem Raum, der einst sicherlich eine Sakristei gewesen war, jetzt aber als Abstellraum für angesengtes Kirchengestühl, zersplitterte Glas- und Marmorstücke, Statuen ohne Köpfe und verstümmeltes Gebälk diente. Und etwas weiter, hinter einer zweiten Tür, die in einem Bogen eingelassen war, befand sich die Kirche, sofern man dieses düstere Durcheinander aus rauchgeschwärzten Mauern und zum Himmel gereckten Wölbungen noch Kirche nennen konnte, deren Pfeiler nur noch die Überreste ihrer geschändeten Schönheit emporhoben. Ich weiß nicht mehr, ob ich auf der Schwelle stehenblieb oder einige Schritte zum Altar hin machte; dagegen weiß ich noch, daß ich in einer mir bis dahin ungewohnten Intensität über den Sinn des Todes nachdachte. Zwar kannte ich ihn bereits sehr gut aus der Erfahrung, ebenso die damit verbundene Pein; weniger gut aber kannte ich die Pein und den Verlust der von Menschen geschaffenen Dinge, oder vielmehr jener Dinge, die sie einmal für allemal geschaffen zu haben glaubten, die überdauern sollten: Denn hier geht es ja nicht um Kummer und Trauer wegen eines Mangels, sondern um die Bestürzung, ohne schützende Dinge auf der Welt zu stehen. Und ich entsinne mich noch der Erleichterung, die ich beim Betreten der beiden Räume des Pfarrhauses empfand. So wie ich sie jetzt in meiner augenblicklichen Verfassung sah, waren sie nicht schön, doch unter so viel Verfall zeigten sie noch Reste einer Harmonie und vermochten die Vorstellung eines Überlebens zu vermitteln.

Von meiner militärischen Arbeit möchte ich nicht allzuviel sprechen, umso weniger, als wir damals noch keine Politik den Deutschen gegenüber hatten, ja nicht einmal wußten, was wir mit ihnen anfangen sollten. Bei den seltenen Gelegenheiten, da ich mich mit einem von ihnen unterhielt, vermieden wir es beide instinktiv, einander anzusehen; wir hätten uns sonst nur, das wußten wir, wie über eine unüberbrückbare Kluft angestarrt. Auch war damals noch die unglückselige Zeit des Hasses und der Vergeltung, da die Nachrichten über die Konzentrationslager uns keinerlei Fraternisierung wünschen ließen, und da selbst die Frauen, die sich uns verkauften, hinter ihrem gehetzten Blick etwas Feindseliges, Unbesiegtes, Trotziges verbargen.

Noch weniger möchte ich Sie mit meinen armseligen Zerstreuungen langweilen. Unsere Treffpunkte waren nur verrauchte Kellerlokale, wohin man sich flüchtete, um die Einsamkeit und das Heimweh wegzuspülen. Doch hatte man getrunken, wurde beides umso stärker. Danach, auf der Straße, versuchte dann wohl irgendeiner meiner Kameraden, ein Lied oder Gelächter anzustimmen. Ich aber blickte auf die Stadt, wie man auf einen Leichnam blickt. Ich war jung. Und ich war unerfahren. Man hatte mir noch nirgends beigebracht, neben Toten zu lachen.

So geschah es, daß die mir vom Zufall geschenkte Behausung zum kleinen, abgesonderten Universum wurde, das ich eifersüchtig hütete; hier durfte ich, abseits der Trostlosigkeit des Krieges, nach Jahren eines Daseins in Kasernen oder Zelten, eines erzwungenen Zusammenlebens und einer Kameraderie um jeden Preis, meiner stillen und eher scheuen Natur entsprechend, der alten Liebe zum Buch und zum Lesen nachgeben. Und Bücher, ich sagte es schon, gab es da genug, um zumindest meine Neugierde zu stillen. Ich kann gar nicht schildern, wie oft ich ganze Abende mit einem asketischen Werk oder einer dogmatischen Abhandlung verbrachte – angezogen wohl nur von ihrem Latein –, wie oft ich auf die höchsten Bücherregale kletterte, um die oben aufgereihten alten Bände zu durchstöbern. Natürlich besaß ich keinerlei Überblick: Wer ahnte schon, daß man über die Dreifaltigkeit so viel geschrieben hatte, oder daß zu einer so unmittelbaren Anforderung an den Menschen, wie es meiner Ansicht nach die Frage nach Glaube oder Unglaube an Gott ist, tausendseitige Handbücher existieren? Für mich, der ich in religiösen Belangen beinahe Agnostiker und überdies in einer nichtkatholischen Welt erzogen worden war, glich das ganze einem längst überholten Fahrplan, und die Vorstellung, daß noch immer Menschen danach reisen wollten, war mir das Erleben eines Schauspiels in einer toten Sprache, das anstelle von Personen abstrakte Begriffe, wie Seele und Glaube, Gnade und Liebe, auf der Bühne zeigt, und mich überraschte die Entdeckung, daß sich noch immer Zuschauer von diesem Schauspiel bereitwillig mitreißen ließen. Und doch fühlte ich mich hingezogen, und war es auch nur von dem Exotischen, das dem Anachronismus stets anhaftet. Für mich war es eine bisher unbekannte geistige Landschaft, die mir unvermittelt entgegentrat. Und zu ihrer Erkundung ging ich zwar mit der Vorsicht und Zurückhaltung des Gelegenheitsbesuchers vor, aber doch mit dem Empfinden, diese Landschaft schon früher, vielleicht im Traum, durchstreift zu haben; oder auch mit der Empfindung eines früheren Lebens, die nun in mir wachgerüttelt wurde und dabei gewisse, bisher meinem Bewußtsein ferne Zonen aufdeckte. Dabei geschah dies, wohlgemerkt, völlig undramatisch, ich gefährdete meinen Agnostizismus keineswegs, sondern engte höchstens dessen Grenzen ganz leicht ein, so daß ich zum Beispiel die Tatsache für überlegenswert hielt, daß noch immer Menschen von einem Gott überzeugt waren, der aus seiner unerreichbaren Höhe weiterhin auf sie herabblickt.

Ich muß sagen, daß dazu zweifellos auch der Priester, der diese Räume vor mir bewohnt hatte, beitrug; mein Priester, wie ich ihn seit damals zu nennen pflege. Über ihn erfuhr ich nie mehr als den Namen, nicht einmal die Umstände, wie er starb – oder zum Sterben gebracht wurde. Und doch kannte ich ihn zuletzt, wie ich glaube, um vieles besser als so manchen Menschen, dem ich leiblich begegnet war: Wohl auch, weil in den Dingen etwas von uns gewissermaßen überlebt; ein Mensch kann das Haus, in dem er gewohnt hat, nicht einfach unberührt und ohne die unzähligen Spuren seiner Wesensart und geistigen Persönlichkeit zurücklassen. Dank der Photographien, die ich in einem kleinen Album fand, habe ich sogar eine ziemlich genaue Vorstellung von seinem Äußeren. Auf einem Bild trägt er Kniehöschen nach der Kindermode des ausgehenden vorigen Jahrhunderts, sein Gesicht zeigt den steifen Ausdruck von Kindern, die herausgeputzt zu ihrer ersten Photographie in Positur gestellt werden. Auf einem anderen Bild erkannte ich ihn als Gymnasiasten inmitten seiner Mitschüler, er stand in der zweiten Reihe und sein Gesicht fiel wegen seiner ganz eigenartigen Konzentration auf; es war jener typische Gesichtsausdruck von jungen Menschen, die nicht nur eine Physiognomie, sondern schon einen Charakterausdruck haben. Auf einem dritten Bild war er in Alumnatskleidung; hier schien sein Charakter bereits in einer Art tiefinnerster Entschiedenheit beschlossen; sein Jünglingslächeln, noch zur stillen Vermessenheit der Freude bereit, war davon geheimnisvoll gezeichnet. Mit dem Beschluß, diese Kleidung zu tragen, hatte er wohl nicht den Gedanken an eine Flucht oder Entsagung verknüpft; er war offenbar damit vielmehr einer geheimen Lebenskraft nachgekommen, etwas, das ich Instinkt des Mutes, Bedürfnis nach Entscheidung, Verlangen nach dem Risiko in der Entscheidung nennen möchte.

Dann gab es noch jene Photographien, die gewissermaßen die inneren Regungen wahren und doch so viel über die Wesensart einer Person aussagen. Auf einem Bild war er, gleichfalls in Seminaristenkleidung, mit seinen Eltern. Hier fiel mir seine Art zu lächeln auf, das Lächeln eines Menschen, der aus der Ferne oder nach einer Abwesenheit zurückkehrt und sich für einen Augenblick an einer heimlichen Freude, an beiseitegeschobenen und vielleicht schon stillgewordenen Gefühlen belebt. Auf einer anderen Photographie war er schon als Priester zu sehen; er stand neben einem Offizier, der, seiner Ähnlichkeit nach, sein Bruder sein mochte: dieselbe Stirn, dieselben Lippen, dieselbe Art, den Blick zu richten. Und doch schienen mir bei näherer Betrachtung ihrer jungen Gesichter – infolge jenes gewissen Etwas, das Unerschrockenheit von Energie und Waghalsigkeit von Seelenstärke unterscheidet – die Auswirkungen zweier verschiedener Berufungen erkennbar zu sein, ich meine die Prägung durch zweierlei Arten von Disziplin und Gehorsam. Schließlich gab es noch verschiedene jüngere Bilder, bei deren Betrachtung mir war, als könnte ich in ihrer Abfolge in kaum wahrnehmbaren Veränderungen den ganzen Bogen eines Schicksals ablesen: Seelenstärke, die sich in Willensgeduld verwandelt, während sich die Gesichtszüge vertiefen und die ersten Falten auftreten; Intelligenz, die zur geistigen Verfeinerung wird, während sich das Lächeln verschleiert und einzieht; Entschlossenheit, die in innere Gefestigtheit übergeht; Menschenkenntnis, die zur Ironie reift und vielleicht auf diesem Weg zum Mitleid gelangt. Es muß sich um eine jener starken, aber nicht eigentlich ruhigen, ausgeprägt meditativen, aber doch impulsiven Naturen gehandelt haben, die ihr Gleichgewicht nicht durch die Zurückdrängung des eigenen Überschwangs erlangen, sondern in dem Bemühen, diesen zu erkennen, um ihn besser zu zügeln. Sollte sein Wahlspruch: „Dem Tag einen Sinn geben“, den ich später als Überschrift in einem seiner Hefte fand, von Bedeutung gewesen sein, dann mußte er sich zumindest teilweise auf seine Anstrengungen bezogen haben, seine Begeisterungsfähigkeit zu lenken und seine Vitalität zu mäßigen.

Ein Priester ist, wohlgemerkt, immer irgendwie verdächtig; dies umsomehr, je mehr er sich jenem gewissen kleinlichen Stil hagiographischer Darstellungen angleicht, der unvermeidbar scheint, sobald von einem Priester die Rede ist.

Bedenken Sie aber bitte, daß mir noch andere Hinweise zur Kenntnis seiner Person verhalfen, war ich doch von seiner ganzen Habe umgeben, beginnend mit manchen Gegenständen, denen man es ansah, daß sie mit einer Art von Besitzereifersucht gehütet worden waren; diese stimmt ja in der Regel mit der Dauer unserer Gefühle und mit der Treue zu unseren Neigungen überein. Eine Geige zum Beispiel, die mit einem Stoß verschieden stark abgegriffener, am Rand oft dicht mit Anmerkungen versehener Partituren in einem Schrank lag, mochte mir viel über ihn und seine Vorlieben sagen, sofern es stimmt, daß die Liebe zur Musik viele andere Leidenschaften in sich zu sammeln und aufzulösen vermag. Ebensoviel sagte mir vielleicht eine kleine Gesteinssammlung, die er sicherlich während seiner Gymnasialzeit begonnen hatte: Nicht nur, weil sie mir für seinen Ordnungssinn und seine Liebe zu den Dingen symptomatisch schien – für jene Neigung, sich in den Dingen zu lieben, die ich später in seinen Aufzeichnungen kennenlernen sollte –, sondern durch die Art, wie Gegenstände über einen Menschen zu uns sprechen, dessen sanfte Geduld sie erfahren haben. Diese Geduld mußte übrigens seine eigentlichste oder meistgepflegte Gabe gewesen sein, da sie mir sogar in seiner Art wiederbegegnete, die Bücher am Rand zu glossieren oder zwischen die einzelnen Blätter ganz kleine, dichtbeschriebene Zettel einzulegen; sie waren mit einer Genauigkeit abgefaßt, die eines mittelalterlichen Kopisten würdig gewesen wäre, und zeigten mir damit implizit eine seiner weiteren Tendenzen an, die aus seinen Aufzeichnungen später deutlicher hervortreten sollte: etwas wie eine Berufung zu Dunkelheiten und wie die Einstellung, wider die Zeit – anachronistisch – zu leben.

Wie ich schon sagte, verfügte ich über zahllose Hinweise, die mir erlaubten, ihn kennenzulernen. Vor allem aber war da seine Bibliothek. Und Sie wissen ja, wie sehr uns Bücher helfen, einen Menschen, der sie besessen hat, zu erkennen. In ihnen finden wir seine Wahl und die Kriterien dafür, seinen Geschmack als Leser, ja sogar seine menschlichen Neigungen. Da gibt es Bücher, die erworben und dann lustlos durchgeblättert wurden, und solche, denen man die Spuren jenes ausdauernden, tagtäglichen Zusammenlebens mit einem geliebten oder bestrittenen Text ansieht. In seiner Bibliothek gab es auch eine Abteilung mit alten und mitunter sehr alten Büchern, die sicherlich seinen Vorgängern gehört hatten und wohl zugleich mit der Einrichtung der Pfarrwohnung auf ihn übergegangen waren: verschiedene Bibelausgaben, viele kirchliche Klassiker, Handbücher der Moraltheologie, der Kirchengeschichte, der Homiletik, katechetische und kasuistische Nachschlagwerke, kurz, die typische Ausrüstung eines gebildeten Priesters von einst, wie ich sie später in den kirchlichen Bibliotheken halb Europas wiederfinden sollte. Vielleicht war aber sein Gebrauch davon untypisch, denn je nachdem, ob die Bücher abgegriffen oder nach Staubesruhe aussahen, konnte ich die Spuren seiner Hinwendungen oder Ablehnungen ablesen. Manche Bücher mochte und verstand er nicht, soviel steht fest. In anderen hingegen forschte er mit Hingabe. Ja, durch die Betrachtung seiner verschiedenen Randglossen erfaßte ich die schwierige und bedrängte Situation eines Priesters, der, ohne die Tradition im mindesten abzulehnen, doch eine gewisse Art konformistischer Übereinstimmung mied, wie sie sonst bei Priestern, besonders seines Alters, so verbreitet war. Im Gegenteil, wenn ich nach seinen anderen Büchern urteilen durfte – nach jenem Bibliotheksteil, der offensichtlich ganz persönlich war –, so erblickte ich darin einen Bereich der Neugierde und der unruhigen Suche, der sich in der Begegnung mit nicht eigentlich rechtgläubigen, manchmal sogar protestantisch oder durchaus laikal inspirierten Texten ziemlich freisinnig entfalten konnte. Aber das war zu begreifen: Wie konnte man sich in einer Stadt, die unter einem religiösen Profil eigentlich eine Grenzsituation bezeichnete, hinter der eigenen Orthodoxie verschanzen und der Konfrontation, dem Wagnis, dem Ausfall ausweichen? Es war das übliche Dilemma. Für ihn aber wurde es ins Unermeßliche gesteigert, weil er es in einer Sphäre der Qual und moralischen Niedergeschlagenheit durchleben mußte, wie sie das Deutschland der Zeit nach dem ersten Weltkrieg und des Nationalsozialismus bildete. Innerhalb gewisser Grenzen konnte ich durch die Beobachtung, in welcher Weise sich seine Bücher vermehrt hatten, geradezu die Phasen unterscheiden: Als habe er sich auf der Suche nach einem dauernden Gleichgewicht zwischen der Pflicht zum Zweifel und der Wachsamkeit über den Zweifel befunden; zwischen den Versuchungen durch eine Kultur, die das Göttliche nicht einmal mehr als Sehnsucht kannte, und einer unverrückbaren inneren Gefestigtheit, die ihn zu einer ständigen Kontrolle seines Glaubens drängte, zur Verneinung der Verneinung, zur unbedingten Bewahrheitung der „Gegenwart des abwesenden Gottes", wie in seinen Aufzeichnungen zu lesen war. Dies alles (aber das sollte ich später sehr viel besser verstehen) mußte er wohl unternommen haben, indem er seinen Weg von neuem begann, von den Quellen ausgehend und das Evangelium in Händen, wie ich nach den exegetischen Werken über die Evangelien und nach den textkritischen Arbeiten urteilen konnte, die sich in seinen Bücherregalen befanden: Es waren zwei volle Bücherbretter, eine Bibliothek innerhalb der Bibliothek, die ganz danach aussah, als sei sie jahrelang ein Bezugspunkt und eine tägliche Zufluchtstätte gewesen. Und auch ich wendete mich ihr nun immer häufiger zu, angezogen unter anderem von den in den Büchern verstreuten Anmerkungen; nicht als hätte ich mich meinerseits in seine Probleme verwickeln oder gar in die Falle des Glaubens zerren lassen, aber ich war doch schon geneigt, seinen Glauben als höchst achtenswerten Anachronismus anzusehen, ja als ein System subalterner Wahrheiten, sozusagen als Sinnbild edler Werte, die leider außer Gebrauch gekommen waren. Ich bezog eine distanzierte Position und verteidigte mich selbstverständlich. Aber in der Nacht träumte ich viel. Meine Briefe aus dieser Zeit sind voll von Träumen, und darin kommen auch die Bücher meines Priesters vor.

Wie Sie sehen, war mein Leben auf hundertfache Weise mit ihm verflochten. Wenn ich das Haus verließ, befand ich mich in einer ihrem Zusammenbruch preisgegebenen Stadt, einsame Menschen, die aus einer Art Scham den Blick voneinander abwandten, gingen zwischen Trümmern herum; wenn ich heimkam, wartete der ungewohnte Friede des Pfarrhauses auf mich, mit dem ruhigen Winkel, der sein Arbeitsplatz gewesen war, dem antiken Sessel und dem Schreibtisch aus festem Nußholz – es griff sich angenehm, fast wie kerniges Fruchtfleisch an –, der für meinen Geschmack vielleicht etwas zu wuchtig war, hinter dem ich mich aber verschanzte, um stundenlang zu lesen; in diesen Stunden erkannte ich überrascht, wie sehr wir durch Gegenstände bestimmt werden, denn allein durch den Umstand, daß die gediegenen Seitenteile des Möbels meine Beine so sicher umschlossen, wurde mir eine Gesetztheit aufgenötigt, die mir gar nicht eigen war; auf die Dauer schüchterte mich dies ein und hielt mich zum Beispiel davon ab, die Schriften, die sich in den Schubladen häuften, zu durchsuchen. Diese Schriften! Sie sollten später soviel für mich bedeuten, ja der Ausgangspunkt des langen Abenteuers meines Lebens sein, und doch zauderte ich lange Zeit, mich mit ihnen zu befassen: aus Scheu, wie ich schon sagte, aber auch wegen meiner eigentlich geringen Deutschkenntnisse, die sie mir bei meinem ersten Versuch spröde und unzugänglich erscheinen ließen, noch mehr als manche alte Funde, wenn sie uns aus der Tiefe ihrer fossilen Erscheinung ansehen. Aber wenn ich es jetzt bedenke, war der eigentliche Grund wohl, daß der richtige Augenblick erst kommen mußte: Daß mir, sozusagen, zuvor noch die Kultur dessen, der sie schrieb, vertraut werden mußte, seine Probleme und sein Geist, ja daß ich mich geradezu an seine Handschrift zu gewöhnen hatte. Und als dies tatsächlich geschah, erfolgte es fast von selbst, dank einer Anmerkung, die ich in einem Buch fand und die mich auf eines seiner Hefte verwies.

So begann eine neue Phase unseres Zusammenlebens, ein Eindringen in seine Aufzeichnungen, ein Wandern vom einen zum anderen Heft, ein Staunen über das, was sie vor allem *nicht* waren: Denn sie waren nicht einmal der Absicht nach Tagebücher, Bekenntnisse oder jene typischen Ergüsse der Seele, mit deren Hilfe sich das christliche Ich erhebt, ergründet, überwacht, erforscht und letztlich romantisiert. Ich meine, es gab darin keine Spur der üblichen Gewissensrituale, die in christlichen Schriften so häufig sind, und die, zwischen mystischer Spannung und Mythologisierung des inneren Ich, so oft in Selbstgefälligkeit und Narzißmus enden. Ganz im Gegenteil, hier war das Ich geradezu verbannt, jedenfalls alles, was üblicherweise damit verbunden ist, die Neigung zur introvertierten und anspruchsvollen Reflexion, die Kasuistik des Zweifels, die moralische Sentenz, die Neigung, sich als Mittelpunkt eines Dramas zu fühlen, und die versteckten, kaum merklichen Regungen eines seelischen Exhibitionismus. Und doch erschloß sich mir die Landschaft eines Gewissens, wenn ich seine trockenen, fast unpersönlichen Aufzeichnungen las, die eher Spuren oder Sinnbilder eines geheimen, eifersüchtig gehüteten inneren Lebens waren; und war auch manch Autobiographisches darunter, so war es doch eher nur angedeutet als entfaltet, es trat nur von ferne und in verarbeiteter Form an die Oberfläche, als wäre es zu einer anderen Zeit und von einem anderen Menschen erlebt worden. Er schien dies übrigens selbst zu fühlen: ,,Zu den häufigsten Versuchungen des Christen", schrieb er, ,,gehört die Empfindung, sich als Hauptperson einer privilegierten Erfahrung zu fühlen. Dabei ist es, im Gegenteil wichtig, jegliche sträfliche Nachsicht, jegliche Unterwürfigkeit unter das eigene Ich zurückzuweisen, denn nicht das soll erkannt werden, was uns als Individium unterscheidet, sondern was uns als Person ausmacht".

Die Person: eines der häufigst verwendeten Worte in seinen Heften; und es war dies ein Mittel, um seine Einzelbeziehung zum Transzendenten und zu seinen moralischen wie metaphysischen Begriffen zu bezeichnen; darüber hinaus aber war es für ihn ein Knotenpunkt, eine Konvergenz, der zusammenfassende Punkt, in dem wir sowohl als Einzelwesen, wie auch als in einer Gemeinschaft verwurzelte, mit den anderen Menschen solidarische Wesen erfaßt werden. Offensichtlich hatte sein Bedürfnis nach einer Kirche – und danach, der Kirche anzugehören – hier seinen Ursprung, so auch sein Verlangen, nicht sich zu unterscheiden , sondern anzugehören, und seine Berufung, als Seelsorger in einer Gemeinschaft aufzugehen und sich für sie zu verströmen.

Ein Priester ist, wie ich sagte, immer verdächtig: Jeder glaubt, in ihm eine Rolle sehen und ihn fragen zu müssen, ob er auch ist, was er sein muß, und ob er an das glaubt, was er sagt; jeder will ihn in Übereinstimmung mit der eigenen Vorstellung und in ständiger Berührung mit dem Abstrakten und Erhabenen sehen; jeder staunt über den Mut zu einem Entschluß, der durch seine Unumstößlichkeit schicksalhaft wird. Aber in meiner damaligen Gleichgültigkeit gegenüber religiösen Dingen hatte ich persönlich von ihm nichts Bestimmtes zu fordern. Daher fehlte mir auch die Basis, über irgendetwas zu staunen, sei es über das Fehlen jenes gewissen Quentchens „Literatur", das man üblicherweise in Schriften von Priestern findet, sei es über gewisse Wagnisse am Rande der Orthodoxie, wie ich glaube („Im Grunde", so schrieb er, „ist uns ein Schöpfergott weniger unverständlich als ein gekreuzigter Christus: Und vielleicht liegt das Grund-Paradoxon des Christen in der Tatsache, daß die absolute Entfernung zwischen uns und Gott durch die Liebe des menschgewordenen Christus stärker offenbar wird als durch einen Gott, der sich in seiner Allmacht verhüllt"), oder schließlich auch über gewisse Ausbrüche von Bitterkeit und Sarkasmus, die auf dem Papier festgehalten waren, so wie ein Seismograph in kurzen Linien ein unterirdisches Beben verzeichnet. Lesen Sie zum Beispiel diesen Satz:„Von der kargen Wahrheit neu ausgehen und endlich den Bettlern des Absoluten mißtrauen", oder folgenden: „Wir befinden uns auf der entferntesten Ebene, an der äußersten Grenze von Gott: an dem Punkt, an dem man sich fragen muß, ob eine Hinwendung überhaupt noch möglich ist. Und doch heißt es, der Staat sei die Wirklichkeit der sittlichen Idee. Und doch sagt man, der Staat sei der sittliche Geist." Und dann diese Sätze, die wahrscheinlich aus den Kriegsjahren stammen: „In einer bedrohten Zeit, in einer Nation, in der niemand mehr wagt, ein Gewissen zu sein, muß man sich auch selbst schuldig fühlen und das Bedürfnis nach Reue haben. Aber scheint es angesichts so vieler Toter ringsum nicht unerheblich, seine Zeit mit einer einzigen kleinen Seele zu verschwenden?" Oder schließlich der von unumstößlicher Traurigkeit gezeichnete Satz: „Ich komme wieder zu mir selbst zu Besuch, ich werde nirgends erwartet. Und zu denken, daß ich mir immer vorzustellen versuchte, wie man in einer verlassenen Behausung lebt."

Dies waren freilich nur Worte, aber Worte, deren Sinn über die hergestellten Zusammenhänge oder über die geistigen Anhöhen, die sie mir andeuteten, hinausging und deren Kraft sowie – sagen wir es frei heraus – Faszination für mich jedenfalls von dem Umstand abhingen, daß es posthume Worte, Botschaften von jenseits des Grabes, waren. Sie trafen mich wie Glockenschläge, wie vom Abhang des Todes, und ich vernahm nichts mehr als ihren zwingenden Ton. Aber das war natürlich nicht alles, in seinen Aufzeichnungen stand noch anderes. Und ich las und fühlte mich hingezogen: Auch darum, weil sich mir aus diesen Seiten gerade zu dem Zeitpunkt, da eine ganze Generation längs der Straßen halb Europas ihre Toten begrub, nicht nur die Frage nach dem Warum dieses Sterbens aufdrängte, sondern weil mir, wie aus einem trotzigen Anachronismus heraus, das Thema des Überlebens entgegentrat; zu einem Zeitpunkt also, da die Erde einzig zu unserem Grab geworden zu sein schien, drängten sie mich, das Alphabet des Ewigen zu erlernen.

Freilich können Ihnen weder die bisher zitierten Stellen noch weitere, die ich hätte wiedergeben können, den Grundton dieser ganzen Hefte veranschaulichen. Denn sie waren keine Autobiographie, wie ich schon sagte: Doch gaben sie ein Bild. Und waren sie, alles in allem, auch kein ausgedehntes Glaubensbekenntnis, so doch der Beweis einer anhaltenden Gemeinschaft mit der Hoffnung. Ich habe seit damals oft über jenes Gefüge nachgedacht, über dieses Fühlen und Denken des Christen in Kategorien der Hoffnung, über jene Weise des feinen Doppelspiels zwischen dem Wirken in der Welt und für die Welt und dem Nicht-von-dieser-Welt-Sein, zwischen der Erwartung der Erfüllung der Verheißung im Jenseits und dem Willen, aus dieser Welt den Ort der Verheißung zu machen, zwischen der Betrachtung des Heils als individuelles Los und dem gleichzeitigen Streben, es zu einem allgemeingültigen Ereignis zu machen, zwischen der für sinnlos und absurd gehaltenen Geschichte aus Menschenhand und dem gleichzeitigen Mühen, darin eine Richtung und ein Ziel zu erkennen, zwischen der Sicht der Wahrheit als etwas völlig Bekanntes und Geoffenbartes und ihrer Behandlung als einen stets neu nachzuprüfenden Außenstand. Wenigstens für ihn war es all dies zugleich, wobei Besorgnis und Illusion einander ständig abwechselten und ihn beispielsweise einmal zu der Frage veranlaßten, nicht ob Gott sei, sondern ob in der heutigen Geschichte ein Platz für Gott bleibe, ein andermal hingegen zu dem Satz führten: „Es ist nicht der religiöse Akt, der den Christen bewirkt, auch nicht seine Flucht ins Transzendente und Metaphysische, sondern seine Teilnahme an der Geschichte Gottes, wie sie in der Geschichte der Welt offenbar wird." Und dann schrieb er wiederum: „Sosehr man auch in das Innere unserer Zeit spähen mag, es gibt kein Anzeichen, daß sich die Anwesenheit des abwesenden Gottes manifestiert", und: „Ein Lesen in der Welt um uns kann nur in negativem Sinne unternommen werden, so als habe sich Gott in das Gegenteil der Dinge zurückgezogen". Doch auch:

„Der Glaube an Gott – und folglich die Anwesenheit Gottes – ist das positiv Unendliche innerhalb des negativ Unendlichen der Geschichte."

Ich meine, daß er damit durch das Absurde den Widerspruch eben in dem Punkt verwirklichte, in dem er ihn aufzulösen versuchte. Oder, besser gesagt, wenn er Gott auf irgendeine Weise für unsere Welt wiedererobern wollte, so tat er dies einzig, indem er den Christen mit einer außergewöhnlichen Verantwortung belastete. Übrigens erkannte er das schließlich selbst: „Auf jeden Fall und allem zum Trotz im Sinne des fordernden Gottes wirken; denn es kann sein, daß der Christ heute, in Gottes Abwesenheit, dazu bestimmt ist, unendlich mehr von Ihm Zeugnis abzulegen als je vorher verlangt wurde. Und in der Tat", fügte er sogleich hinzu, „haben wir zu sehr zwischen dem entfernten und dem nachsichtigen Gott geschwankt, zwischen Gott, der aus der Höhe Seiner unerforschlichen Macht gebietet, und Gott, der nur in den innersten Bereichen des Privaten erkennbar ist, wobei wir vergessen, daß Er sich einzig und allein durch unser Zeugnis vergegenwärtigt." Daher auch die Pflicht des Christen, „in dieser Zeit ohne Zeichen Zeichen zu schaffen", denn „das Wort ist das Sein, das im Möglichen Fleisch wird und", so wiederholte er, „in unserem Zeugnis Bürgschaft sucht". „Und darum", so fügte er einige Seiten danach hinzu, „hat Gott ein für allemal durch die Evangelien zu uns gesprochen. Im übrigen ist Sein anhaltendes Schweigen als freiwillige Stummheit anzusehen. Oder, wahrscheinlicher noch, als ständige Delegierung des Wortes. Nun ist es unsere Aufgabe, von Ihm und, wenn möglich, in Seinem Namen zu sprechen. In dieser Wahl liegt der Spielraum unserer Freiheit: zwischen der endgültigen Resignation gegenüber Seinem Schweigen und dem Bedürfnis, es zu brechen und mit unserer Stimme zu erfüllen. Aber es ist dies auch der Spielraum unserer Verantwortung im gegenwärtigen Augenblick, die Anweisung der Aufgaben, die uns hier und jetzt zukommen."

Die letzten Zeilen, die ich Ihnen hier zitiert habe, waren schon ein Vorspiel zu den Schriften seiner letzten Jahre, deren Ton und Fassung sie bereits aufwiesen. Und in der Tat hatte sich vom Augenblick des Auftretens des Nationalsozialismus an und nach und nach mit dem Fortschreiten einer geschichtlichen Tragödie, deren Tragweite er schmerzlich vorhersah, in seinem Dilemma eine Art Wasserscheide gebildet, jedenfalls aber war mit einer leidenschaftlichen Ablehnung des Nationalsozialismus ein gefestigter, wenngleich schwerer zugänglicher Hoffnungsbegriff beinahe unbemerkt herangereift. „Der Christ ist an der Haltung erkennbar, innerhalb der eigenen Zeit seinen Standort zu finden und dabei gleichwohl die Disposition zur Hoffnung in sich zu tragen", stand einleitend in einem der letzten Hefte. Und „die Alternative der Hoffnung" und die „Verweigerung der Verzweiflung" waren in einem Augenblick, da alles „sich von der Zukunft loszulösen" schien, eins geworden mit der „Pflicht zur Ablehnung" und mit dem „Abscheu vor gewissen verhängnisvollen Identifikationen: die Geschichte, die dem Notwendigen und Absoluten gleichgestellt, der Staat, der dem Guten und Sittlichen gleichgehalten wird".

Dies waren freilich dehnbare Worte: Zumindest können sie heute, aus der

Entfernung, so scheinen. Wenn man ihn zum Beispiel behaupten hört, daß „Widerspruch in der gegenwärtigen Geschichte die einzige mit dem christlichen Gewissen vereinbare Verpflichtung darstellt", so kann das in unseren Ohren eigentlich alles und nichts bedeuten. Wenn man heute in seinen Schriften auf jene Art blutlosen Rufs stößt: „Deutschland, Deutschland, konntest du nicht besser als du selbst sein!", so gewinnt man vermutlich denselben Eindruck, als fände man zufällig ein vertrocknetes Blatt zwischen den Seiten eines Heftes. Bedenken Sie jedoch die Jahre, in denen diese Dinge niedergeschrieben wurden, und den Mut, dessen es dazu in Wirklichkeit bedurfte; bedenken Sie, um welchen Preis ein Priester sich selbst gegenüber zugeben mußte: „Der Mensch der Ideologie fühlt sich auf natürliche Weise durch den Erfolg der eigenen Ideologie gerechtfertigt, der Christ nur durch den – recht wenig tröstlichen und letztlich hohnvollen – Gedanken, daß Gottes Mißerfolg sein Skandalum aufzeigt." Lesen Sie diesen Satz aber vor allem im Lichte der folgenden: „Ich habe den Eindruck, daß wir einen jener entscheidenden Augenblicke erleben, in dem nach Beseitigung des trügerischen Halbdunkels, das die historische Lage für gewöhnlich über Gut und Böse breitet, der Widerspruch nicht mehr Gegenstand einer Wahl bleibt, sondern zum Rang eines Gebotes aufsteigt. Denn", fügte er hinzu, „wenn *diese Geschichte* schlecht ist und einem Zurückweichen vor Gott gleicht, wenn *dieser Staat* schlecht ist und sich zu Gottes Gegensatz ausformt, so heißt das durchaus nicht, daß es Gott nicht gibt, es heißt nur, daß er auf der anderen Seite steht."

Auf der anderen Seite zu sein und sich auf diesem Wege vorzunehmen, „einzig im Sinne des fordernden Gottes" zu wirken, auch unter Hinnahme des „Skandals, von Seinem Reich zu sprechen, als werde es tatsächlich noch erwartet", denn „nur wenn wir uns nach dem Gesichtspunkt einer unbedingten Hoffnung ausrichten, werden wir die Tragweite der gegenwärtigen Verzweiflung erkennen", dies war irgendwie sein Wahlspruch oder vielmehr das Motiv einer umso unbeugsameren Ablehnung geworden, als er seine Argumente bewußt und in einer für mich eher seltsamen Art rein dem religiösen und metaphysischen Bereich entnahm; und dies, weil es – so schrieb er fast entschuldigend – „in einem Augenblick wie dem gegenwärtigen nicht mehr genügt, sich auf die gerechte Ebene zu stellen: Man muß sich vielmehr so hoch hinaufstellen, daß die Worte der Ablehnung und der Hoffnung wie von jenseits des Himmels ertönen".

Es sei klargestellt, daß dies alles Andeutungen waren, rasch im Augenblick der Gärung festgehaltene Gedanken ohne weitere Ausführung. Aber es waren eben Gedanken, oder eigentlich Bemerkungen, die mir ein unnachgiebiges Gewissen zeigten, das, obgleich es sich von der Herrschaft des Abstrakten, an die es durch seine Bildung gebunden war, nicht zu lösen vermochte, doch die Frage stellte, ob „heute", zu seiner Zeit, im nationalsozialistischen Deutschland, der Staatsbürger und der Christ miteinander versöhnbar seien oder ob nicht vielmehr der Widerstand zum absoluten, im eigentlichen Sinn christlichen Wert geworden sei und ob die Sorge um das eigene Seelenheil daher nicht bedeute, „die Verpflichtung zur Ablehnung bis zum Widerstand gegen die ungerechte Ordnung zu verschärfen. Denn“, fügte er fast brüsk hinzu, „der Staat, der sich zum Gott erhebt und uns die ungerechte Ordnung aufzwingt, nimmt uns die Sünde objektiv nicht ab: Er nimmt uns bloß das Verantwortungsgefühl dafür ab, indem er Schuld in Gehorsam umwandelt.“

Ganz allgemein gibt es stets einen Augenblick, da der Mensch seinen Tiefpunkt erfährt, das heißt, durch vieles Zurückweichen entweder der Versuchung erliegt, sich zu ergeben, oder der Verzweiflung anheimfällt. Für ihn war zu dem Zeitpunkt, da er diese seine Betrachtungen niederschrieb, wohl beides zusammengefallen: Also mußte auch er, trotz seiner Anstrengungen, kein Konformist zu werden, die mächtige Anziehungskraft und die gleichsam implizite Erpressung gespürt haben, die ein erfolgreiches System auf einen einzelnen Menschen ausübt, der gezwungen ist, die Quelle der eigenen Kraft rein in sich selbst, gewissermaßen in den Urprägungen eines sich selbst überlassenen Gewissens zu suchen und schließlich auszurufen: „Es ist unerträglich, sich das Gute als von den Ereignissen abgeurteilt vorzustellen, es ist unerträglich zu denken, daß sich die gegenwärtige Geschichte in Gottes Abwesenheit vollziehen soll.“ Unerträglich, ja: aber das leerlaufende Gewissen – dies mußte er begriffen haben – wird zu einem Wert, der sich selbst zerstören muß, sobald die Idee der Abwesenheit Gottes als Postulat angenommen oder jedenfalls soweit geduldet wird, bis sie als zweite Wahrheit erscheint. Und in einer geschichtlichen Umwelt, in der das Unrecht seine Siege aussäte, konnte die Aufforderung an den Christen jedenfalls genügen, „ein Zeichen in unserer Zeit ohne Zeichen“ zu bleiben, indem er auf der Suche nach einem Stützpunkt die eigene Einsamkeit auslotet; mit anderen Worten, es kann für ihn, den Christen, nun doch keine schwächliche Anwandlung bedeuten, wenn er sich immer wieder hartnäckig vorsagt: „Ist es denn möglich, daß der Christ heute, da Gott abwesend ist, mehr zu dessen Zeugnis aufgerufen ist als je zuvor?“

Wir können uns vorstellen, was an diesem Punkt geschehen sein mochte: Ein Mensch, ein Priester, kommt eines Tages in seine Wohnung zurück mit dem überwältigenden Empfinden, „von keiner Seite erwartet zu werden“, nichts als „ein sich selbst überlassenes Leben“, eine „leere Behausung“ zu sein, und in einem Augenblick äußerster Ausgesetztheit oder äußersten Glaubens, ich weiß es nicht, schreibt er, gleichsam sich selbst zuflüsternd: „Über die sich allseits regende Gewalt der Geschichte hinaus um jeden Preis ein Zeichen des Gegenteils suchen. Es bleibt uns das Evangelium. Es ist wohl wenig, aber wir haben nichts anderes“, und *zufällig* nimmt er die Evangelien zur Hand und merkt, je weiter er liest, mit immer größerem Staunen, bisher nach einer „unvollkommenen Berufung“ gelebt und sich mit dem „bloßen Bodensatz der Gnade“ begnügt zu haben, da er bei der immer noch viel zu seltenen und schlechten (religionslehrerhaften, sagte er) Lektüre vergessen hatte, daß „die unendliche Ferne Gottes in ihnen durch Christus zur unendlichen Nähe wird“. Dies mußte sein Wendepunkt, der Anfang eines neuen Aufstiegs, das

Eintreten eines offeneren Erfassens der Hoffnung gewesen sein, da er schon bald darauf ausrufen konnte: „Man erliegt der Vorstellung der Abwesenheit Gottes nur, wenn man, wie ich es tat, vergißt, daß er unseren Tod auf sich zu nehmen vermochte". Und, einige Seiten danach, in festen, geradezu fettgedruckten Buchstaben: „Das Nichtentsprechen des Christen, ja selbst seine Verzweiflung über die Entfernung, die Stummheit Gottes kommen zum guten Teil daher, daß er zu oft mit Paulus sagte: Das Evangelium, das ich euch verkündet habe, ist nicht Menschenwerk. Daher auch die Neigung, sich weit eher der Gottheit Christi zu erinnern als seiner Menschheit; daher auch die Tendenz, sein Wort als Bereich des unmöglichen, in der geschichtlichen Welt nicht durchführbaren Absoluten anzusehen. Hält man sich aber vor Augen, daß ein Mensch es ausgesprochen hat, so wird es, im Gegenteil, zur Utopie des Möglichen."

So war für ihn das Evangelium, nach seiner Sprache, geradezu die „Utopie des Möglichen" und, wie er noch sagte, „zum großen Mittler, zum Ziel, an dem sich Gott antreffen läßt" geworden, vor allem aber zum Festpunkt seiner radikalen Kompromißlosigkeit: zur „Behausung seiner Beständigkeit", wie er es definierte. „Bisher", gestand er, „hatte ich das Evangelium beinahe nur wie ein Andachtsbuch gelesen. Nun aber finde ich darin die Aufforderung zur Wahl der Werte." „Das *Christliche*", führte er bald darauf weiter aus, „bedeutet nichts Sinnvolles oder Bezeichnendes mehr, wenn der Christ das Evangelium weiterhin als Andachtsbuch und nicht als Quelle der Kräfte des Widerspruchs ansieht." „Die Scheu", schrieb er noch, „die uns als Christen so oft verletzbar und in sovielen Fällen sogar kleinmütig macht, kommt zum großen Teil daher, daß wir vergessen haben, daß für den Christus der Evangelien die Liebe eine ganz andere Tugend bedeutet als die Fügsamkeit." Und in diesem Sinne begann er, Worte und Sätze, an die man sich etwa gewöhnt hatte oder die durch den Mißbrauch zweier Jahrtausende fadenscheinig geworden sein mochten, einzeln herauszugreifen. Und wie er sie aufnahm, waren sie Rufe, Gebete, Ermahnungen, Proteste, kurz, sie wurden wieder zum Wort in seiner Dichte, mit dem Vermögen, durch das Bewußtsein zum Ereignis umgewandelt zu werden. Und zum Wort mit seiner unwiderstehlichen Kraft. Da war zum Beispiel eine Seite, die folgendermaßen begann: „An den Wurzeln jeglicher Zustimmung und jeglicher möglichen Ablehnung." Dann, eine Zeile weiter, in der Weise einer Sequenz, die er in freudigem – und zornigem – Ungestüm aneinanderfügte: „Selig die Sanftmütigen, selig die Trauernden, selig die Barmherzigen, selig die Verfolgung leiden um der Gerechtigkeit willen, selig die Friedenstifter. Ihr habt gehört, daß gesagt worden ist: Aug um Aug, Zahn um Zahn! Ich aber sage euch: Liebet eure Feinde. Denn Er hat uns zur Freiheit berufen. Denn die Früchte des Geistes sind Friede und Liebe." Wieder übersprang er eine Zeile und setzte dann fort: „Um zu widerstehen, um sich nicht zu beugen, um weiterhin zu hoffen, um eine Alternative zu bieten zu jedem Befehl, der sich der Liebe entgegenstellt, um nicht resigniert, als sei alles verloren, nachzusprechen: Aber dies ist eure Stunde und die Macht der Finsternis."

So ging es ungestüm, fieberhaft weiter, sobald ein Satz aus dem Evangelium ihn berührte oder sobald er auf ein Wort stieß, das in ihm etwas wachrief, was er als die Widerspruchskraft des Geistes bezeichnete. Ich wurde davon aber nicht etwa bekehrt. Ich blieb so ziemlich derselbe Agnostiker, der ich immer gewesen war; aufrecht blieben auch meine gleichgültige Zurückhaltung und meine Neigung, Gott als Privatangelegenheit anzusehen oder doch höchstens als auswegloses Dilemma, als eine Art Doppelspiel zwischen Glauben und Nichtglauben oder als eine schwebende, keinesfalls aufgehende Rechnung. Und dennoch fühlte ich mich, wie ich Ihnen schon sagte, davon berührt und miteinbezogen. Während des Lesens nahm ich am Schicksal meines Priesters in seiner zwiefachen Gegenüberstellung zur Geschichte und zu Gott teil; zwar ließ ich mich durch die Abstraktheit verwirren und sogar zur Ironie hinreißen (so las ich zum Beispiel Geist und dachte dabei sogleich an den „urgermanischen Geist“ mit einer offensichtlich spezifischen Bedeutung des Wortes), doch auch innerlich ergreifen, und instinktiv mußte ich mir immer wieder sagen (stoßen Sie sich nicht an meinem Überschwang), daß die Welt heil sein könnte, solange man das Dasein der Seele annähme. Vor allem aber entdeckte ich nun meinerseits allmählich das Evangelium: Vielleicht mit der Zurückhaltung eines der Soldaten, der im Dunkel der Kreuzigungslandschaft seine Runde abging und sich höchstens fragen mochte, aus welchem Grund, wegen welch absurden Eifers der Mann dort oben gestorben war; indes war ich aber schon unbemerkt zum Zenturio geworden, der in den Ruf ausbrach: „Wahrlich, dieser Mann war gerecht!“

Und doch hätte sich auch so nichts geändert und meine persönliche Lebensgeschichte, mein menschliches Schicksal wären ungefähr wie geplant verlaufen. Denn im Grunde sind auch die Ambitionen nur Gewohnheit, und meine hatten sich trotz des Krieges nicht geändert: Ich wollte möglichst bald an eine Universität zurückkehren, meine unterbrochenen Arbeiten fortsetzen, einiges veröffentlichen, einen Lehrstuhl erlangen. Alles übrige, was mir in der Zwischenzeit widerfahren war, wollte ich rasch einklammern: auch meinen Priester, sein Haus, seine Bücher, mein derzeitiges Interesse für seine Bücher, die metaphysischen Versuchungen, die mich insgeheim streiften. Ich wäre niemals ein Erforscher der Evangelien geworden, soviel steht fest. Im Gegenteil: Wenn ich meine Gedanken in die Zukunft nach dem Kriege schweifen ließ, so stellte ich mir die Rückkehr zu meinen alten Studien wie eine Welt erfahrungsgesicherter, beweisbarer Gewißheiten vor, wo Geschichte einfach eine Folge von Ereignissen war und das Evangelium nichts als ein Faktum, höchstens ein Geschehnis, keineswegs aber, wie mein Priester schrieb, das Zeichen des Gegensatzes, der große Gegensinn, das positiv Unendliche, das der Geschichte innewohnt, um sie ständig in Richtung Gott zu treiben.

Doch, wie man sieht, mein Geschick sollte anders sein. Und vielleicht gab es jenseits der bequemen, warmen Hülle meines Agnostizismus, meines Abscheus vor allgemeinen Ideen und vor allem nicht unmittelbar Beweisbaren und Konkreten, in den entferntesten und ursprünglichsten Winkeln meiner

Seele etwas, das mich von vornherein dazu geeignet machte, mein Leben nach einem Mythos und vielleicht nach einer Luftspiegelung auszurichten. Ich erinnere mich noch an den Abend, an dem ich zum erstenmal davon berührt wurde, an meine kauernde Stellung hinter dem gewohnten Schreibtisch, an die Lampe mit dem immer wieder ausfallenden Licht (zu dieser Stunde versagte stets das Stromnetz) und an diesen Ausdruck *das fünfte Evangelium,* der mich gleichsam rückprallend ansprang und von meinen Gedanken abbrachte. ,,Das ‚*Gebt dem Kaiser*' neu überdenken", hatte mein Priester geschrieben, und zwar ,,im Lichte und in der Gegenüberstellung des ‚*Wir haben keinen anderen König als den Kaiser*', worin allein es seine Schärfe und gleichzeitige Richtigstellung erfährt: Und in der Tat, sobald man einmal sagt: ‚Wir haben keinen anderen König als den Kaiser' wird jedes Verbrechen möglich, weil nichts mehr schlecht scheint als der Ungehorsam. Es auch im Lichte jener Stelle aus dem fünften Evangelium neu überdenken: ‚Selig, die vom Gesetze frei sind und wehe denen, die allein dem Gesetz nach gut sind.'"

So hatte er geschrieben: Aber so sehr ich auch fühlte, den Kern seiner Problematik vor mir zu haben, meine Gedanken blieben doch bei den drei Worten – *das fünfte Evangelium* –, die ich immer wieder las; und immer wieder zweifelte ich, sie richtig verstanden zu haben. Doch hätte ich eigentlich darauf vorbereitet sein müssen. Eine Apokryphensammlung, 1924 in Tübingen erschienen, war voll kleiner eingelegter Zettel, mit Bemerkungen folgender Art: ,,Daß die Evangelien kein Buch wie viele andere geblieben sind, vollendet und eingeschlossen innerhalb der Grenzen der eigenen Zeit, hat seinen Grund unter anderem in der Art und Weise, wie sie uns die Botschaft Christi überliefern, so daß in uns eine Spannung auf das Apokryphe hin angelegt wird oder, anders gesagt, auf eine Erwartung der Ergänzung der Offenbarung, wie es die Frage deutlich macht: ‚Was mochte Christus noch gesagt haben, was wir nicht kennen?', und damit findet gerade das Aufblühen der apokryphen Literatur seine Rechtfertigung als ein Versuch – mag er auch noch so ungeschickt sein –, Sein Wort für uns zu ergänzen, unter anderem durch die Legenden der Apokryphe par excellence, jenes unterdrückten oder verborgenen Evangeliums der Evangelien, das wir zu finden – oder geradezu zu erfinden – hätten." An anderer Stelle zitiert mein Priester den Vers: ,,Denn nichts ist verborgen, was nicht offenbar, nichts geheim, was nicht bekannt würde," und kommentiert ihn wie folgt: ,,Der Zug zum Apokryphen geht tatsächlich ganz von hier aus, das brennende Verlangen nach dem unbekannten, doch erwarteten Text, der dazu bestimmt ist, die Wahrheit der Verkündigung zu ergänzen. In diesem Sinn entspricht dieses Verlangen nicht etwa einem natürlichen Bedürfnis nach Fabeln: Es ist, im Gegenteil, Ausdruck unseres Zustands. Und wirklich, jedesmal, wenn das Christentum an einen seiner Wendepunkte gelangt oder sich auf eine seiner Erschütterungen vorbereitet, taucht wieder die Luftspiegelung eines verlorengegangenen Evangeliums auf, in welches der Christ jenes unerfüllbare Streben nach einem noch zu entdeckenden Zusammenhang der Wahrheit – oder eigentlich nach noch zu verwirklichenden Werten –, das ihm aus der Verheißung eines Nachtrags der Offenbarung kommt, in faßbare Ausdrücke übersetzen will."

Ich sagte schon, ich hätte vorbereitet sein sollen. Und doch überfielen mich jene drei Worte unversehens und überschwemmten gleichsam mein Bewußtsein mit der Bannkraft unzuverlässiger, aber auch irgendwie zwingend einsichtiger Vorstellungen, die mir nie zuvor gekommen waren. Tatsächlich folgten darauf einige der typischen Betrachtungen meines Priesters, so als würde, einmal festgesetzt, diese Einsicht bei ihm überströmend die Ableitungen daraus vervielfachen. „Im Glauben an ein unbekanntes, fünftes Evangelium und in der Suche danach", schrieb er zum Beispiel einmal, „ist wahrscheinlich in mythischen Begriffen nicht nur die Erwartung des Geistes in Worte gekleidet, die die ganze Geschichte des Christentums unterschwellig durchzieht, sondern der Gedanke einer dauernden Bevollmächtigung des Wortes selbst. Und wirklich ändern Sätze wie der folgende: ‚Wenn aber er, der Geist der Wahrheit, kommt, wird er euch in alle Wahrheit einführen' (Jo 16,13), oder der des heiligen Paulus, ‚Denn Gottes Wort ist lebendig' im Innersten unsere ganze Bestimmung, indem wir berechtigt werden, die Bevollmächtigung durch das Wort so auszulegen, als hätten uns die kanonischen Evangelien praktisch nicht alles überliefert und als würden wir als Christen dazu angehalten, Sucher – oder irgendwie Verfasser – eines uns nicht überlieferten Evangeliums zu werden."

Ich sagte Mythos, wie um auf der Hut zu sein. Auch ging ich für den Augenblick mit meiner Phantasie nicht über die Grenzen hinaus, die mir durch diesen Begriff festgelegt waren. Das fünfte Evangelium blieb für mich eine schöne Erfindung, eine Luftspiegelung, die mich einzig durch ihre Lieblichkeit ansprach, ähnlich wie dichterische Bilder oder Gleichnisse ansprechen. Aber bereits jetzt drang in meinen Geist etwas wie ein neuer Wertmaßstab, wobei meine ganze bisher erworbene Sicht des Christentums aufs Spiel gesetzt wurde. Aus einer geschlossenen, statischen Religion, meiner Beurteilung nach in wenigen, schlichten, weit zurückliegenden, eher absurden Wahrheiten bestehend, die, einmal aufgestellt, dann nie mehr bewiesen wurden, sich aber aus irgendeinem Paradoxon heraus auf dem stürmischen Meer der Geschichte über Wasser halten konnten, wurde für mich plötzlich durch jenen Mythos eine von tieferen Spannungen durchzitterte und bewegte Religion. Ich fühlte mich davon angezogen; und dank des bißchen Phantasie, das auch ein Historiker hat, dachte ich nach einem kurzen Anfall ungewohnten intellektuellen Fiebers sogar daran, einen Aufsatz, eine historische Arbeit zu schreiben (das war meine Art, zu träumen!), etwa in der Art einer freien, möglicherweise etwas visionären Synthese, worin ich die Geschichte des Christentums im Lichte der Schau meines Priesters neu anordnen wollte.

Nur, er hatte noch immer nicht aufgehört, mich aus der Fassung zu bringen: Gerade hatte ich mich dazu überredet, dieses sein fünftes Evangelium für nichts weiter als einen Mythos, ein Gleichnis, einen schönen Gedanken zu halten, der nur zum Träumen dient und uns nicht verwirklichbare Revisionen der Geschichte vorspiegelt, da erwähnte er es plötzlich, als glaubte er wirklich an dessen Existenz. Er zitierte es sogar mit den anderen in einem Atemzug und entnahm ihm Stellen, die mich sprachlos machten. Dabei überraschte es mich eigentlich nicht einmal so sehr, daß er sich wie auf einen tatsächlich vorhandenen Text berief, den er griffbereit neben sich liegen hatte, um sich dessen zu bedienen. Bis dahin konnte ich immerhin an einen Trick, an ein – wie soll ich es ausdrücken – literarisches Mittel glauben, an eine Art von unschuldiger Koketterie mit dem Anonymen. In meiner wissenschaftlichen Vergangenheit hatte ich selbst oft gegen die Lust zu kämpfen, meine Aussagen durch eingeschobene Personen gleichsam mit dem Siegel und der Autorität des Zitats zu bekräftigen. Bei einem Priester, so sagte ich mir, mußte das noch verständlicher sein: Das Bedürfnis, sich ständig auf eine Autorität zu stützen, wird bald zur geistigen Gewohnheit. Aber nein: Diese Einfügungen waren durch ihre Färbung, ihren Ton, ihr Hervorragen *andersartig,* sie wirkten in den Aufzeichnungen wie Sternentrümmer aus fremden Welten. Sogar die Schrift veränderte sich im Zusammenhang mit ihnen, sie wurde weniger steif und beherrscht, sondern floß bewegter, ausholender, freier, weniger nüchtern. Manche der bezeichnendsten Stellen schrieb ich mir wörtlich ab. So diese: ,,Ich kannte nur die Hülle der Wahrheit. Wenige, schlecht erfaßte Formeln, das war mein ganzes Evangelium. Ich hatte vergessen: ‚Ich sende euch wie Schafe mitten unter Wölfe', und ich wußte noch nicht, was das fünfte Evangelium sagt: ‚Und auf dem Meere wird Sturm sein, wo ihr vorüberziehen werdet'." Und hier eine weitere Stelle: ,,Was bedeutet das, was Christus im fünften Evangelium gesagt hat: ‚Ich bin eure Wüste'? Was bedeutet: ‚Wer mir nahe ist, ist dem Feuer nahe'? Oder erwartest du Christ, du Priester wirklich, daß deine Lage ohne Leiden bleibe?" Auch zeigte er niemals und in keiner Weise den Hang, einem philologischen Bedürfnis, dem Gelehrteninstinkt, zu frönen. So wie viele andere Evangeliumssucher, die ich später kennenlernen sollte, trieb auch ihn nur der Durst nach dem Wort, die Illusion, einen noch unberührten Wahrheitsbereich zu betreten. Unbekannte, noch nie erschienene Fragmente dem Stillschweigen zu entreißen, bedeutete für ihn das *Kerygma* neu aufzufinden, das unerkannte *Logion,* und damit seine Gewißheit zu bestärken; ja er ließ sich von dieser Vorstellung bisweilen geradezu mystisch entflammen. So schrieb er zum Beispiel: ,,Auch wenn alles zu dir nein, nein sagt, antworte ja, ja: ‚Ich bin nicht gekommen, um aufzuheben, ich bin gekommen, um zu erfüllen'", und dies schien ihm genügend, eine neue Hoffnung aufzurichten. Er schrieb: ,,Das Reich des Vaters ist über die Welt gebreitet, aber die Menschen sehen es nicht", und damit wollte er eine Antwort auf seine Zweifel, auf sein Unbehagen, auf den Stachel des Augenblicks gefunden haben. In einem Falle zog er die Authentizität in Zweifel, aber nicht wie ein Philologe, sondern wie ein Glaubender – und auch das war für meine damalige Denkweise fassungsraubend und unverständlich: ,,Der Satz, den Jesus im fünften Evangelium am Kreuze spricht ‚Vater, ich habe sie alle gerettet', müßte, im Falle seiner Echtheit, den ganzen Heilsplan verändern. Aber welch unvorstellbaren Maßes an Liebe bedürfte es heute, ihn zu glauben! Der bloße Gedanke, daß alles gerechtfertigt und endgültig verziehen wird, was immer man auch heute sündigt, könnte den Bankrott Christi bedeuten."

Und immer noch gab es für mich Überraschungen. Gerade an diesen letzten Absatz fügte er in kleiner, fast gestochener Schrift eine Art Rechtfertigung hinzu: „Oder es ist das Gegenteil wahr: Daß der Sieg Christi einen Heilsplan in sich schließt, der sich über alle Menschen erstreckt. Hiefür ist aber zu berücksichtigen: ‚Keiner wird ohne Verzeihung gehen', wie es im Textmaterial zum fünften steht." Textmaterial, sagte er, und der Hinweis war präzise. Sie können sich nun vorstellen, wie sehr ich danach zu suchen begann, und als ich es endlich aus einer Mappe ausgrub, die genau seiner Korrespondenzmappe glich und in welcher ich bisher nicht hatte kramen wollen (solche Taktanwandlungen gab es bei mir, es ist nicht zu glauben), da fühlte ich mich der Lösung jeglichen Rätsels nahe. Doch mußte mich dieses Material leider zu der Erkenntnis führen, daß auch er nur ein Träumer, bestenfalls ein Sucher bloß vermuteter Evangelien gewesen war. Später sollte ich noch andere derartige Phantasten kennenlernen, die sich aus einem Fragment ein Universum aufbauen konnten oder in einem Wassertropfen den ganzen Himmel gespiegelt sahen. Doch gehöre offenbar auch ich dieser Sorte an, da ich mich schließlich genauso wie er verhielt . . .

Das gesamte Material, wie er es genannt hatte, bestand aus zwei Teilen: Der erste umfaßte nur zwei Dokumente, der zweite eine Sammlung literarischer oder, strenger beurteilt, annähernd literarischer Versuche. Nun, mochten sie mich auch beeindrucken, so fügten sie doch dem mir schon Bekannten nicht viel hinzu. Tief in uns ist immer ein Schriftsteller, ein Künstler in nuce verborgen: Und aufgrund seines Umgangs mit dem fünften Evangelium hatte sich mein Priester zu einigen dichterischen Versuchen inspirieren lassen, darunter als dem bemerkenswertesten zu dem Entwurf eines religiösen Schauspiels mit dem Titel *Der fünfte Evangelist.* Die beiden Dokumente hingegen waren von so unerwarteter Art, daß sie meine Neugierde, sofern das noch möglich war, anstacheln mußten. Ich habe einmal gelesen, daß das Turiner Leichentuch den Anblick eines photographischen Negativs bietet und daß die Betrachtung daher enttäuschend wirkt. Etwas entfernt Ähnliches widerfuhr mir jetzt bei diesen Seiten: Als erhielten sie erst Gestalt, wenn man sie gegen das Licht hält, oder als bestünde ihre Botschaft aus Anspielungen, deren Inhalt ich erst auf der anderen Seite, auf ihrer Rückseite zu suchen hätte, oder geradezu, wie bei einem Palimpsest, in den Leerräumen zwischen den einzelnen Zeichen. Und dennoch konnten sie, abgesehen davon, daß ich mich in der Lage eines Menschen befand, der sich Bestätigung und nicht Widerlegung erhoffte, nicht gefälscht sein, sofern es sich nicht um einen Scherz handelte. Offensichtlich waren sie aus irgendwelchen Bibliotheks- oder Archivbeständen eines gewissen Maulbronn kopiert worden, so dachte ich damals (später erfuhr ich, daß es sich um eine ehemalige Abtei in Baden, zwischen Rhein und Neckar, handelte). Zuviele Faktoren trugen dazu bei, sie für unwiderleglich zu halten, angefangen von der Sprache, dem typischen gekünstelten Latein des Mittelalters, das die

Gedanken wie in ein zu enges Gewand zu schnüren scheint. Und dann ihr Ton, ihre Unschuld. Es hatte einmal eine Zeit gegeben, da wurde Lüge für Lüge und Wahrheit für Wahrheit gehalten, und dies war eine zu ernste Angelegenheit, um einen Schwindel zu wagen. Kurz, nur Vorurteile konnten mich dazu bringen, diese schlichten Texte für gefälscht zu halten, die mir ganz plötzlich zeigten, daß auch in der Vergangenheit Menschen gelebt hatten, denen das fünfte Evangelium mehr als ein Bedürfnis der Phantasie oder eine literarische Fiktion bedeutete. Doch möchte ich Ihnen hier den Beginn, bloß den Beginn des beweiskräftigsten dieser Texte wiedergeben. Die dreiunddreißig Fragmente, von denen die Rede ist, erspare ich Ihnen vorläufig: Sie werden Ihnen im Laufe der Lektüre der vielen anderen Texte, die ich Ihnen übersende, letztlich alle und praktisch identisch wiederbegegnen (und auch das sollte uns zu denken geben).

„Im vergangenen Oktober, auf der Rückreise nach Maulbronn, das ich einen Monat zuvor verlassen hatte, um eine Botschaft unseres Abtes nach Reichenau zu überbringen, hielt ich in einem alten Kloster unseres Ordens Rast, das in der Nähe Augsburgs liegt. Da ich dort einige Tage Aufenthalt nehmen mußte, beschloß ich, ein Buch zu erbitten, um meine lieben Studien nicht zu lange entbehren zu müssen. Unter anderem bat ich um das vierte Buch der *Moralia* des heiligen Gregor, und da der Vater Bibliothekar Mühe hatte, es zu finden, begab auch ich mich, mit ihm sprechend, zu dem Schrank. Da fiel, sei es durch Zufall, sei es nach göttlichem Willen, ein kleines, in schwarzes Leder gebundenes Buch zu Boden, dessen Handschrift äußerst altertümlich, ähnlich der Beneventer Schrift anmutete und dessen Initialen verblaßt und fast schon ohne Gold waren. Auch war der Titel recht schlicht gemalt, mit dem Heiligen Geist in Gestalt einer Taube, die vom Himmel herabschwebt und die folgenden sieben Worte ausspricht: *Initium Sancti Evangelii Jesu Christi Filii Dei.* Ich dachte an das Markusevangelium, das genauso beginnt, aber als ich das Folgende sah und las, stellte ich fest, daß es anders lautete und weder dem zweiten noch den drei anderen Evangelien zugehörte. Ich wandte mich also an den Bibliothekar und sagte, er möge nicht weitersuchen, da mir für heute das kleine Büchlein, das ich in der Hand hielt, genüge. Ich sah, daß er zögerte; und als ich ihn nach dem Grund fragte, antwortete er, daß er mir dieses ohne Zustimmung seines Abtes nicht geben dürfe. Wir waren in diesem Augenblick nur zu zweit in dem Raum und, da ich eine Weigerung des Abtes befürchtete und anderseits sah, daß der Bibliothekar sehr menschlich war, so bedrängte ich ihn, es mir doch für einige Stunden zur Durchsicht zu überlassen und versprach ihm, es nur lesen und keinen Versuch zum Abschreiben machen zu wollen. Verwirrt, aber von meinen Bitten erweicht, stimmte er zu. Und ich, der ich glaubte, nur eine wahrheitswidrige apokryphe Schrift wie so viele andere entdeckt zu haben, wurde eines sehr wahrheitsgetreuen Buches gewahr, das hohe Gedanken und unübliche Sinngehalte enthielt, so daß ich es ein fünftes Evangelium oder, wenn man so sagen darf, ein Zeichen des Geistes nennen möchte. Da ich aber merkte, daß mir ein einmaliges Durchlesen nicht genügen würde und mich der verängstigte Bibliothekar zu bitten begann, ihn keiner Strafe auszusetzen, begab ich mich, ohne weitere Worte zu verlieren, zu dem Abt, den ich als großen Liebhaber seltener Gegenstände zur Ausschmückung seiner Kirche kannte, und bot ihm mit größter Liebenswürdigkeit ein recht schönes silbernes Kreuz von reicher Filigranarbeit an, damit er mir als Gegenleistung die Abschrift jenes seltsamen Buches gestatte. Lächelnd lehnte er ab. Aber allmählich ließ er sich immer mehr versuchen, durch meine Bitten bewegen und auch durch mein Versprechen beruhigen, daß ich mich dessen vorsichtig bedienen wolle; ich sagte ihm nämlich, daß ich mir von einem neuen Evangelium neue Gnaden und keine neuen Tatsachen erwarte (und fügte, um ihn besser zu überzeugen, hinzu, daß Christus, hätte er uns alles enthüllt, unsere Freiheit zunichtegemacht hätte; darum habe er die Ankunft des Geistes angekündigt, darum uns mit der Suche nach seinem Wort beauftragt), so daß er mir schließlich zugestand, einige Teile daraus abzuschreiben, die er mir selbst am nächsten Tag anzeigen wolle. Am folgenden Tag stellte sich heraus, daß er mir insgesamt dreißig Stellen ausgesucht hatte, noch dazu ganz kurze und solche, die am wenigsten von den kanonischen Evangelien abwichen. Als ich mich über deren Kürze beklagte und ihn fragte, welchen Nutzen ich daraus ziehen solle, da er mir aus einem ganzen Evangelium nur Bruchstücke gebe, erwiderte er, daß seine Vorsicht und sein Gewissen ihm nicht mehr gestatteten und daß anderseits, wenn ich es recht bedächte, auch die kanonischen Evangelien im Grunde einer Fragmentensammlung glichen, deren Inhalt wir ständig zu ergänzen im Begriffe seien. Aber da ich weiter darauf bestand, fügte er weitere drei Stellen hinzu, damit ihre Zahl, wie er sagte, den Lebensjahren Christi gliche. Diese habe ich also hier übertragen und mit Anmerkungen versehen, um damit den Sinn jenes Evangeliums zu vervollständigen."

So begann ich endlich klar zu sehen: Ein Priester bringt in Erfahrung, daß man früher an die Existenz eines Evangeliums glaubte, das sich von den gewöhnlichen Apokryphen unterschied und vielleicht sogar authentisch war; der Fragmente, die er davon findet, bedient er sich einerseits wie einer Art erbaulichen Handbuchs, anderseits verliebt er sich in die schöne Idee dieses Evangeliums als solche so sehr, daß er nicht nur ein Schauspiel darauf aufbaut, sondern eine Hypothese für Wirklichkeit hält und tatsächlich auf der Spur eines unbekannten Evangeliums zu sein vermeint. Rückblickend entbehrt das ganze jeglicher Wahrscheinlichkeit und ließe sich auf das Schicksal einer Seele zurückführen, die, in das Netzwerk einer rohen, gnadenlosen Zeit geraten, daraus entkommen will, indem sie einem Mythos nachjagt. Eigentlich, so sagte ich mir, wäre das die Vorlage für einen Roman. Wäre ich Schriftsteller gewesen, hätte ich ihn zu schreiben versuchen können. Wäre ich gläubig gewesen, hätte ich sein Werk fortsetzen und vielleicht noch andere Beweise oder andere Fragmente dieses Evangeliums finden können. So aber geriet ich in Verlegenheit. Es war ja auch verständlich: Er suchte eine Wahrheit, ich nur Dokumente, höchstens Evidenzen, und was ich gefunden hatte, glich einer solchen Evidenz. Ihm ermöglichte sein Glaube, auf zwei Ebenen zu leben und jeweils entweder einer Täuschung nachzujagen, um seiner Gewißheit sicher zu sein, oder sich auf seine Gewißheit zu stützen, um an jene Täuschung zu glauben. Als Wissenschaftler konnte ich nur mutmaßen, und alles führte mich zu der Ansicht, daß mein Lauf hier beendet sei. Immerhin hat das Leben nicht viel mehr als eine Chance, und ich konnte die meine nicht damit vertun, indem ich mich auf unbekannte fünfte Evangelien einließ. Höchstens würde ich nach meiner Heimberufung eine Abschrift dieser Dokumente mitnehmen, um sie einmal in einer Zeitschrift zu veröffentlichen, eine Denkschrift voranzuschicken und Anmerkungen hinzuzufügen. So würde ich mich meinem Priester gegenüber für die Stunden der Entspannung und des Friedens erkenntlich zeigen, die mir zu leben geholfen hatten; ich würde diese Dokumente veröffentlichen, die einen waghalsigen Gelehrten vielleicht reizen mochten, sich im Dickicht der Heilsgeschichte zu verlieren und weitere, vom Glauben an ein unbekanntes Evangelium inspirierte Dokumente zu suchen, ja geradezu auf das wunderbare Auftauchen eben dieses Textes zu hoffen. Für mich persönlich bedeutete eine derartige Vorstellung, mochte sie mich auch sehr berühren, keine echte Versuchung – schien sie wenigstens nicht zu bedeuten. Ich fühlte mich wie ein Nachlaßverwalter auf der Suche nach den Erben. Die Angelegenheit gehe mich eigentlich nichts an, so sagte ich mir, ich sei dazu nicht geeignet, verstehe weder etwas von Handschriften noch Apokryphen speziell. Ich war nicht etwa ein Mensch auf der Suche nach einem Ziel: Meine Zukunft zeichnete sich klar ab, und einer Mutmaßung wegen riskiert man keine Karriere. Auch fühlte ich mich nicht genügend utopiewillig, um mich auf eine solche Suche, auf die Jagd nach einem Schemen einzulassen. Wozu denn auch? Um vielleicht irgendwann einmal eine andere apokryphe Schrift in der Hand zu halten?

Doch man sieht schon, mein Priester hatte mich angesteckt. Meine Gedanken gingen ständig damit um. In jener Art von Müßigkeit, in die ich nach der Beendigung meiner Entdeckungsfahrten verfallen war, interessierten mich die Hefte selbst nicht mehr, vielmehr schien mir geradezu die Suche immer verlokkender, der ich mich widersetzte. Dabei war sie gar nichts für mich, das stand, wohlgemerkt, fest. Umsomehr überließ ich mich in der Unverbindlichkeit der Phantasie einer Folge von Träumereien. Wie wäre es, zwei Leben zu haben, eines davon ganz für mich, um es wie in einem Spiel ohne Pfand riskieren zu können, ein Leben, außerhalb der Zeit schwebend und daher als ein einfacher Versuch zu betrachten in der Erwartung des Eigentlichen: wo mir dann die wirklichen Dinge, die Verpflichtungen, die mir heute gegebenen Ambitionen unberührt begegnen würden; welch schöne Gelegenheit, dachte ich, wäre es, selbst in das Labyrinth einzudringen anhand des Ariadnefadens, den mein Priester mir anvertraut hatte, um den Archiven die Schriften und dem Schweigen die Worte des Glaubens zu entreißen. Wenn ich auch auf kein fünftes Evangelium stoßen sollte, wäre nicht schon die Rekonstruktion der Geschichte jenes Mythos, soferne sie mir gelänge, gleichwertig jener freien Synthese, die mir einige Tage zuvor in den Sinn gekommen war? In manchen Augenblicken stellte ich mir schon die Ergebnisse meiner Arbeit vor: Eine geordnete Sammlung getreu rekonstruierter, ungeschminkt und klar wiedergegebener Dokumente, ein kurzes, gehaltvolles, hinreichend gelassenes Schlußwort, worin ich so manche Folgerung hätte einflechten können. Ich entwarf sogar schon ein paar Zeilen: ,,Das fünfte Evangelium", schrieb ich einmal, ,,ist das verborgene Buch, das den schon bekannten Schriften zugrundeliegt und deren Sinn ständig abändert und erweitert und die Wahrheit somit in eine Art bewegliches Ziel verwandelt. Das ganze Schicksal des Christentums samt seinen Philosophien, seinen mystischen Aufschwüngen, ja sogar seinen Häresien, wäre ohne ein solches nicht erklärbar, da es, sei es auch nur als Mythos, die Offenbarung zum fortgesetzten Ereignis und die Frage des Glaubens an die vier geschichtlichen Evangelien zu jener der fortwährenden Verifizierung derselben macht." An einem anderen Abend schrieb ich folgendes: ,,In der Legende eines unbekannten fünften Evangeliums, das wir zu finden – oder zu erfinden – hätten, verkörpert sich recht anschaulich die zweifache Spannung des Christen: Immer in der Schwebe zwischen der Gewißheit, daß die Wahrheit schon gänzlich niedergeschrieben, in ihrer Fülle dargeboten, als Ganzheit bezeugt ist, und der Tendenz, das Evangelium als eine Art unabgeschlossenes Buch und gewissermaßen als durchgehende, tragende Handlung in einem großen Zusammenhang der Wahrheit anzusehen, welche von uns zu ergänzen ist." Und eine dritte Bemerkung finde ich wieder: ,,In der Beständigkeit des Mythos von einem fünften, unbekannten Evangelium liegt eigentlich das Sinnbild der Situation des Christen und letztlich der Sinn der Geschichte des Christentums selbst: Ich meine das Gleichnis von einem bevollmächtigten Auftrag durch das Wort, aufgrund dessen jede Generation gleichsam in Erwartung einer Ergänzung der Offenbarung zu stehen scheint; und nicht nur, daß eine jede das Evangelium auf jeweils andere Weise liest, sie schreibt gewissermaßen jeweils immer ihr eigenes durch die Art der Anwendung und Auslegung seiner Botschaft."

Soviel ist mir von den Phantastereien jener Abende praktisch geblieben: Ein paar Zeilen, mit denen ich vor allem meinen Priester nachahmte. Beim neuerlichen Durchlesen kam mir der Beginn meiner Erzählung in den Sinn, der einzigen, die ich je zu schreiben versucht hatte: ,,Erwachend stellte er fest, daß er die Seele gewechselt hatte." Und tatsächlich hatte sich jener Plan in der Seele geirrt: Um ihn in Angriff zu nehmen, hätte es der Seele meines Priesters mit ihrem Glauben, ihren Ängsten und ihrer Hingabe an das Wort bedurft, nicht aber der meinen mit ihren Zweifeln und ihren schwachen Willensanwandlungen. Es schien vergebens, derart ein Leben an ein anderes knüpfen zu wollen.

Indes, fast ohne es mir einzugestehen, befreundete ich mich allmählich mit der Welt der Apokryphen. Es war die gewohnte Geschichte: Man hätte sagen können, mein Priester habe alles vorbereitet, um mich zu versuchen und nicht aus dem Griff zu lassen, enthielt seine Bibliothek doch zahlreiche Ausgaben apokrypher Evangelien und verschiedene einschlägige Werke. Ich wollte mich in keiner Weise darauf einlassen und ermahnte mich im Gegenteil zu Vorsicht und Vorbehalt, wenn ich einmal diesen, ein andermal jenen Band nahm und mich dabei meistens an den Zetteln, die mein Priester darin hinterlassen hatte, orientierte. Aber das genügte schon, um mich zu packen.

Die klassische Art, sich von einem Buch packen zu lassen, ist, darin Dinge zu finden, die man vorher nie sich hätte denken können. Und ich hatte, unter anderen, weder je die Vielzahl von Pseudoevangelien vermutet, noch geahnt, daß in ihrem Zusammenhang soviel geschrieben worden war. Auch beeindruckten mich nicht sosehr die vielen einschlägigen Chrestomatien – so sagt man doch –, die seit mindestens einem Jahrhundert gesammelt worden waren: Dafür sind die philologischen Lehrkanzeln da. Vielmehr überraschte mich die Qualität der Auseinandersetzungen, die schon früher über die Apokryphen ausgetragen wurden, das gesicherte Wissen um ihre Unechtheit, das von Anfang an gegeben war. Eine Ablehnung apokrypher Schriften bedeutete seit jeher eine Auswahl im Sinne der Realität, unter Aussonderung alles Märchenhaften, Nebelhaften, Phantastischen und Wundermäßigen: Die „deliramenta apocryphorum" konnten den Christen der Frühzeit keineswegs trügen. So wurde meine Meinung neuerlich berichtigt: Zwar war die Flut apokrypher Zeugnisse, die ich aufgrund meiner damaligen Denkschemata stets für kritisch unhaltbar und nur dem Legendären zugehörig gehalten hatte, zeitweise stark angestiegen, doch dann wuchsen auch die Dämme, die zu deren Zurückdrängung errichtet worden waren: Jener Heilige, der sie als das Produkt einfacher Märchenerfinder abtat, jener Papst, der sie als Pflanzstätte von Fälschungen bezeichnete, jene Mönche, die ganze Listen der darin enthaltenen Irrtümer und Willkürlichkeiten zusammenstellten, jene Bischöfe und Patriarchen, die deren Sprache analysierten, um aufzuzeigen, daß darin „keine Spur der Sprache, in der das Wort des Evangeliums Form erhalten hat," zu finden sei, sogar jene frommen Kanoniker, die so treuherzig davon überzeugt waren, daß darin manch Erbauliches zu finden sei, sofern man sie von dem befreie, „was sich an Moder darin ausbreite", sie alle hatten auf ihre Weise schon philologische Arbeit geleistet, Kriterien für die Zustimmung oder Ablehnung aufgestellt und die Frage so allgemein verbreitet, daß selbst der einfachste Gläubige in der Lage war, darüber zu urteilen. Und dennoch wurden die apokryphen Schriften verbreitet, gelesen, abgeschrieben. Zwar warnte man vor ihnen, doch waren sie keineswegs Geheimtexte, den Geringeren verbot man sie vielleicht, doch waren sie weder unbekannt noch gingen sie verloren; verdächtigt und abgelehnt, das wohl, darum aber nicht minder geduldet und populär, erlaubte man doch Malern und Dichtern mit der Künstlern gegenüber geübten Toleranz, sich die Inspiration für ganze Zyklen, Hymnen und wohlklingende Sequenzen aus diesen Schriften zu holen. So kam die Kraft der Botschaft weiterhin zum Durchbruch, wie ein Vulkan in seinen Nebenkratern Entladung findet. Doch gültig blieb es, daß sich der Hauptstrom anderswo ergoß.

Dies löste für mich, wie Sie verstehen werden, mindestens ein Problem; wenigstens half es mir, es richtig zu stellen. Das fünfte Evangelium, von dem die mir zugefallenen Schriften sprachen, mochte sehr wohl eine apokryphe Schrift gewesen sein: Wer aber davon sprach, spielte auf etwas ganz anderes an. Man zeigt doch keine solch große Angst vor etwas, das hinter der nächsten Häuserecke zu finden ist. Man erwartet sich doch von einem Buch, von dem man von vornherein weiß oder annimmt, was es zu bieten hat, nämlich eine legendenhafte Zufügung, keinen Zuwachs an Wahrheit. Und wenn der Verfasser jener Schrift, die ich Ihnen vorhin vorlegte, diesen Text, freilich etwas schwülstig, „Zeichen des Geistes“ genannt und hinzugefügt hatte, daß er sich davon neue Gnaden, nicht neue Fakten erhoffte, so wollte er damit die ganze Apokryphentradition ausschließen und unmißverständlich zeigen, welche Art von Literatur er eben nicht entdeckt zu haben meinte. War aber seine Überzeugung ihrerseits die Auswirkung einer Legende, die Projektion eines innersten Bedürfnisses, die Allegorie einer Hoffnung, dann war dies allerdings ein anderes und obendrein unlösbares Problem. Diese seine Zweideutigkeit trug nur zu meiner weiteren Verwirrung bei. Was sollte zum Beispiel seine Behauptung bedeuten, daß „wenn Christus uns alles enthüllt hätte, er damit unsere Freiheit zunichtegemacht hätte: Darum hat er uns die Ankunft des Geistes angekündigt, darum uns mit der Suche nach seinem Wort beauftragt“? War das die übliche mystische Erwartung des Christen, die sich zunächst von der Verheißung einer neuen Ankunft nährte und die dann allmählich, in unterirdischen Bächlein, auf die Hoffnung und das Bedürfnis nach einem unbekannten Evangelium verlagert wurde? War es die ständige, in ein Symbol, eine Metapher, einen Mythos übersetzte Frage des Christen? War es das „Wenn aber er, der Geist der Wahrheit kommt, wird er euch in alle Wahrheit einführen“, was in dem dunkel erahnten Wahrheitsbegriff gärte und nur in der Suche Verwirklichung findet? Und doch schien er sich auf etwas Auffindbares, Sicheres, Greifbares zu berufen, das der Ordnung der festen Dinge und nicht des Abstrakten angehörte, das im Bereich des Aktes und nicht der Potenz lag: Wiederum der Widersinn, in dem mein Priester sich bewegte, der einerseits in seine laufend geführten Hefte niederschreiben konnte: „In der Suche nach dem fünften Evangelium nimmt gewissermaßen ein Wegeplan des Heils, wenn nicht geradezu die Heilsgeschichte selbst, Umriß an“, anderseits evangelienartige Fragmente obskurer Herkunft wie Reliquien aufbewahrte, als hoffte er tatsächlich, diesen geheimnisvollen Text schließlich wieder zusammenzustellen oder zumindest den authentischen Worten Christi, ja geradezu den Quellen des geoffenbarten Wortes, näherzukommen. Als habe es je eine Originalschrift gegeben! Als habe Christus je selber – außer einmal in den Sand – geschrieben!

An diesem Punkt, soviel begriff ich, hätte ich „Schluß“ sagen können. Mich weiter auf diese Problemkette einzulassen, bedeutete am Ende, daß ich nicht mehr loskam. Aber, mich zu bemühen, im Einklang zu bleiben, und zu verhindern, herauszukommen, war zuviel auf einmal. Und vor allem war da dieser Krieg. Sobald ich aus dem Haus trat und durch die ausgestorbenen Straßen Kölns ging, atmete ich den sterilen, freudlosen Geruch des Schutts, sah die Baumstümpfe, die nicht grünen wollten (nie hatte ich einen späteren Frühling erlebt als in jenem Jahr), und unweigerlich überfiel mich ein mächtiges Verlangen, dem vielen Bedrückenden und Entstellten, das ich ringsum sah, zu entrinnen und anderswo, an einem anderen Ort, zu einer anderen Zeit, zu leben. Es war wie eine Art verträumter Sehnsucht nach den Büchern, die ich gerade las, nach den Fragen, die ich mir stellte, kurz, nach jenem seltsamen, der Zeit entgegengesetzten Bereich, der mir vom Zufall geschenkt worden war, in dem Menschen noch Gottes Wort suchten und in dem ich inmitten zeitfremder Gegenstände und Probleme vergessen konnte, daß es Katastrophen, Gemetzel, blutige Rituale, Greuel aller Art und einen Krieg gab. Ich verstand die Dichter, die unter eingestürzten Brückenbogen oder in Schützengräben über die Liebe schrieben. Ich verstand auch die Christen, die sich, während die Barbaren hereinbrachen, in Auseinandersetzungen über den einen, dreifaltigen Gott versenkten. Ich verstand, will ich damit sagen, daß die Menschen zu gewissen Zeiten das Bedürfnis verspüren, ihr Schicksal von einem anderen Kalender, vom Lauf der Sterne, abzulesen. Und ich verstand meinen Priester, die Liebe zu seinen Reliquien; allen Vorbehalten zum Trotz folgte ich ihm weiter und öffnete mich seinem Anruf.

Das Ende der Kriegshandlungen rettete mich zumindest für den Augenblick. Monatelang hatte ich beiseitegeschoben, vergessen und wie verborgen gelebt, doch gleich nach dem Waffenstillstand erinnerte man sich meiner wie eines angelegten Kapitals, das nun unvorhergesehen Zinsen tragen muß. Überdies darf keiner die Uniform anbehalten, um Blumen zu züchten – oder Evangelien zu lesen. Unter anderem wurde ich mit Aufträgen verschiedenster Art herumgeschickt, und bei der Rückkehr war ich jedesmal zu sehr herausgerissen, um meine Lektüre in der früheren Verfassung aufzugreifen. Höchstens gab ich mir Mühe, die beiden Räume wieder zu ordnen und ihnen das ursprüngliche Aussehen wierderzugeben. Kurz, ich machte meine Erfahrung nach und nach zunichte und fügte sie, ohne allzu großes Bedauern, der Vergangenheit an. Die Kriegsjahre hatten mich nur zu gut gelehrt, wie unsicher Gefühle sind, und hatten mich für Loslösungen und Abschiede bereitgemacht. Außerdem entdeckte ich durch meine Reisen weitere zermalmte Städte, weitere Trümmer und weitere Trübsal. An die Trübsal Kölns hatte ich mich fast schon gewöhnt: Selbst eine Hölle kann uns vertraut werden, wenn wir in ihr eine eigene, kleine Nische ausschürfen können. Je mehr ich nun die Ausdehnung der durch den Krieg bewirkten Verheerungen kennenlernte, desto mehr erwuchs in mir ein Gefühl, die eigenartigen Monate, die hinter mir lagen, überlebt zu haben – gleichsam in einer anderen Existenz –, und ich mußte mich schließlich halb ungläubig, halb beschämt fragen, wo ich denn all die Zeit über gewesen sei und was ich gemacht habe. Neben vielen anderen ist dies eine der schändlichsten Auswirkungen des Krieges: daß sich der Überlebende manchmal wie ein Deserteur fühlt. Soweit kam es mit mir zwar nicht, aber ich konnte mich nur mit unangenehmen Empfindungen zur Wirklichkeit aufraffen: Als hätte ich auf einer Insel gelebt und versteinerte Muscheln gesammelt, ohne zu bemerken, daß ringsum Flöße eines Schiffbruchs trieben.

Was mich von allem löste, wenn nicht entzauberte, war ein Besuch in Maulbronn; dabei hatte ich gerade darauf wie auf eine Bestätigung gewartet, ja sogar gedrängt, mit einer Aufgabe in dieser Gegend betraut zu werden. Als ich abreiste, war ich schon auf das Vorzufindende vorbereitet: ,,Eine der ersten Zisterziensergründungen in Deutschland, eine breit angelegte Abtei mit gut erhaltenen Grundmauern, Ringmauern und Nebengebäuden", so stand in meinem Reiseführer: Doch trat ich die Reise nicht wie ein Tourist an. Eher als einen beliebigen Ort erwartete ich ein Musterbeispiel, das Ideogramm einer Gesinnung, einen geistigen Archetyp. Ich stellte mir darunter weder Gebäude und Mönchszellen, noch eine Kirche vor. Sofern ich mich an etwas Konkretes halten wollte, schwebte mir höchstens ein mit Schreibern bevölkertes Studierzimmer vor, eine Klosterbibliothek, Manuskripte, Kästen und der Tisch, an dem die Verfasser der von mir in Köln entdeckten Schriften im alabasternen Licht von einem unbekannten, fünften Evangelium geträumt haben mochten.

Statt dessen traf ich eine Stätte an, deren Stille unbewohnt war. Freilich, in sich war Maulbronn etwas Vollkommenes, doch in der Art fossiler Überreste, die nur den äußeren Abdruck des Organismus bewahren, oder einbalsamierter Leichname, die nur unversehrt erhalten bleiben, wenn man ihnen die wichtigsten Organe entnimmt. Es gab dort den Kreuzgang, die Kirche, das Refektorium, die Küche, den Kornspeicher und die Mühle, die Keller und die Zellen, die weißen, schmucklosen Zellen, worin einsame Mönche, so dachte ich, ihre Zeit im Gespräch mit Gott auslöschten. Und es gab auch die leere Hülle dessen, was einst die Bibliothek gewesen war. Doch nur die Hülle. Von Raum zu Raum gehend hatte man das Empfinden, sich im Inneren einer ausgehöhlten Kruste zu bewegen und vergeblich an den kahlen Wänden die Spuren früheren Lebens zu suchen. Nur eine Ahnung, einen blassen Schimmer davon vermittelte mir mit seiner gedämpften, sanft modulierten Stimme der mich führende ältere Geistliche; mitunter, wenn wir auf den Kreuzgang oder in die Höfe traten, stieg seine Stimme zaghaft an, körperlos, wie vom Wind vertragen. Irgendwie wurde man gerührt, angezogen, zu einer schattenhaften, ästhetisierenden Empfindung erregt. Doch das war alles, über diese Schwelle kam ich nicht. Wenn ich in die himmelblauen, unschuldsverwässerten Augen meines Führers sah, suchte ich vergebens nach abgründigen Schatten, die mir – damals – den Wesensbedingungen des Christen zu entsprechen schienen, vergebens suchte ich nach einer Spur der Bekümmernis der Mönche, die einst neue Formen der Botschaft erträumt hatten. Bei meiner Rückkehr fragte ich mich mit verhohlener Selbstironie, was ich denn eigentlich in Maulbronn gesucht, was ich denn letztlich zu finden gehofft hatte. Ich mußte doch wissen, daß das Kloster nicht mehr als solches bestand und nur noch einen leeren Abdruck darstellte. Dennoch fühlte ich mich um eine Hoffnung betrogen. Zum erstenmal, seit ich in Köln war, rührte ich die Papiere meines Priesters nicht an. Fiel mein Blick auf sie, dann so wie auf aus irgendeiner Gruft ausgegrabene archäologische Funde. Und mit spontaner Abneigung.

Und dennoch mußte ich feststellen, daß es noch nicht zu Ende war. In einem Heer wie dem unseren, einem Muster an Perfektion, gab es Gelegenheiten für alle möglichen Neueinführungen und für jede Art von Improvisation. So konnte zum Beispiel eine Gruppe von Sachverständigen nach Verona berufen werden, um dort über die Repatriierung deutscher Kriegsgefangener zu verhandeln, und ein unbekannter Offizier, der seiner Dienstbeschreibung nach Erfahrung im Umgang mit den Deutschen hatte, mochte von Köln nach Verona fliegen. In Wirklichkeit ging es die ganze Zeit, die ich dort verbrachte, um die Behandlung etwaiger, unwesentlicher Projekte, die durch neuerliche Überlegungen immer wieder umgestoßen wurden. Wie ich schon sagte: Wir hatten keine feste Politik für die Behandlung der Deutschen, und die Frage, was aus dem Nachkriegsdeutschland werden sollte, wie verstreute Deutsche zurückgeführt und folglich auch die Kriegsgefangenen entlassen werden sollten, blieb vorsichtshalber Gegenstand einer hinausschiebenden, fast akademischen Behandlung. Auch der Saal, in dem unsere Versammlungen stattfanden, war für diese Art von Arbeit eigentlich am wenigsten geeignet. Wir hatten einen der Säle der städtischen Bibliothek beschlagnahmt, und zwischen den altertümlichen, mit alten Bänden schwerbeladenen Büchergestellen, die uns zu überwachen schienen, klangen unsere Verhandlungen deplaciert, wie von schweigsamen Zeugen gehindert. Dafür gab es den unverwechselbaren Bibliotheksgeruch, zumindest für mich, voller Anregungen und erinnerungsgetränkt. Und es gab das sanfte, von Jalousien gefilterte Licht, das sich in grünlichem Staubflimmern auf unseren Arbeitstisch niedersenkte. Und es gab Verona, mit seinem morgendlichen Himmel und der ein wenig verkommenen Süße seiner Dämmerung längs der Etsch. Nach dem Rhein in seinem strotzenden Eigensinn entdeckte ich nun einen sanften Fluß, der die Stadt umwand. Nach dem bitteren Gefühl der Heimatlosigkeit, unter dem ich in Köln gelitten hatte, konnte ich nun auf Veronas Straßen schlendern, seine Heimeligkeit auskosten und mich geborgen fühlen. Freilich gab es auch hier überall Kriegswunden. Aber es gab auch einen weiten, über den Hügeln ruhenden Himmel, und in jedem Gesicht schien der Ansatz zu einem Lächeln zu liegen.

Auch von dem winzig kleinen Bibliotheksdirektor, der uns allmorgendlich erwartete, um uns die Saaltür aufzuschließen (er hielt uns an diesem Ort wohl offensichtlich für fehl am Platz und deutete es uns auf diese Weise an), behalte ich heute, aus der Entfernung, vor allem das Lächeln in Erinnerung; das Lächeln und einen Schatten von Ironie hinter dem aufmerksamen, wachsamen Blick. Zwischen ihm und mir war jedoch eine Art heimlichen Einvernehmens entstanden, seit er mein Interesse für Bücher bemerkt hatte. Im Gespräch darüber sonderten wir uns schließlich, wie zwei Komplizen, ab. Und mit der Zeit gefiel er mir immer besser. Wohl besaß er eine ihm eigene Distanziertheit und eine Art edlen Stolzes, die jedoch durch eine ständig bewahrt gebliebene Unschuld gemildert und gleichsam beseitigt wurden. Und ich meinerseits hatte stets eine Vorliebe für jene Menschen voller Würde gehabt, die man an der Scheu, das Wort „ich“ auszusprechen, erkennt. Er wollte mir noch die übrige Bibliothek, darunter die Archive und jene Räume, die für gewöhnlich nicht zugänglich sind, zeigen. In jenen ersten Nachkriegsmonaten war er eben dabei, sie wieder in Ordnung zu bringen; ganze Stöße von Bänden lagen sogar auf dem Boden, und das lockere Wirrwarr gefiel mir und erregte mich. Die Fenster waren weit geöffnet, der Blick reichte über rote Ziegeldächer auf einen von

Taubenflügen durchkreuzten Himmel, in der Luft lag die Süße des reifenden September und der grünliche, satte Farbton der trägen Tage, die dem Herbst vorangehen. In mir erwachte wieder die Freude an vergessenen Dingen und ich bekam Lust, mich sogleich an das Ordnen und Katalogisieren der Bücher zu machen. Und nachdem er sich mit seinem kunstvollen, untadeligen Englisch an mich gewandt hatte, wagte ich, eifrig und fröhlich, wie schon lange nicht mehr, meine ersten italienischen Worte. So geschah es, daß wir uns befreundeten und ich ihn öfters besuchte. Und so kam es, daß er mir eines Tages einen kleinen einbandlosen Codex mit einer altvenezianischen Fassung des Markusevangeliums zeigte und ich mich hinreißen ließ, ihm meine Kölner Entdeckungen anzuvertrauen. Wenn ich geglaubt hatte, ihn zu überraschen, so hatte ich mich geirrt. Er nickte einfach und fragte mich, als ich geendet hatte, ob ich ihn an einem der nächsten Nachmittage begleiten wolle. Ich nahm an, und noch an demselben Nachmittag führte er mich durch Veronas mittelalterliche Gäßchen ins Innere einer kleinen dunkelbraunen Kirche und dort in einen kleinen abgelegenen Kreuzgang. Hier zeigte er mir einen Grabstein, an einer Wand zwischen anderen eingemauert, welcher, wie er sagte, die Grabschrift des Erzdiakon Pacificus enthielt. „Er gehörte", fügte er hinzu, „zum Fußboden der Kirche. Dann ließ ihn ein Priester im vorigen Jahrhundert hierherbringen. Anscheinend beeindruckte ihn die Vorstellung, daß der Tote seine Besucher an den Füßen packe." Er lächelte; da er aber bemerkte, daß ich mit Ausnahme des Datums – das Jahr 860 nach Christus – der Schrift wegen keine einzige Silbe entziffern konnte, tat er es Zeile für Zeile und schrieb mir den Text sodann ab:

Archidiaconus quiescit hic vero Pacificus
  sapientia preclarus et forma prefulgida.
Nullus talis est inventus nostris in temporibus:
  quod nec ullum advenire unquam talem credimus.
Ecclesiarum fundator, renovator optimus
  Zenonis, Proculi, Viti, Petri et Laurentii.
Horologium nocturnum nullus ante viderat:
  en invenit argumentum et primum fundaverat.
Bis centenos terque senos codicesque fecerat,
  glosam Veteris et Novi Testamenti posuit.
Quintum illud Evangelium optime recensuit,
  Verbum nostri Salvatoris dilatavit insuper.
Lugent eum sacerdotes et ministri optimi,
  eius morte nempe dolet infinitus populus.
Vestros pedes quasi tenens vosque precor cernuus,
  o lectores, exorare, queso, pro Pacifico.

Vermutlich werden Ihnen diese wenigen, noch dazu so holprigen Verse nichts, oder so gut wie nichts, sagen. Und das ist verständlich: Auch ich kann sie heute ohne irgendwelche Emotionen lesen, habe ich doch seit damals anderes entdeckt. Nie aber hatte ich einen ähnlichen Widerstreit der Gefühle empfunden, ich meine Überraschung und Jubel, vermischt mit einer Art Entzauberung. Denn die Wirklichkeit wird, wenn sie unseren Hypothesen allzusehr gleicht, irgendwie komisch. Trifft das Erahnte als Teil unserer Erwartung allzu genau ein, wird es uns leicht zum Spott, zieht man doch das Schwierige, die mühevolle Suche, die Entdeckung, die erst nach ungezählter Mühsal ans Ziel führt, vor. Aber abgesehen davon, versuchen Sie sich, meine Empfindungen vorzustellen, als ich, nicht mehr wie in Köln auf Umwegen durch Abschriften aus zweiter Hand, sondern in greifbarer und gegenwärtiger Form, einen neuen Beweis des Glaubens an ein fünftes Evangelium – oder einen neuen Hinweis auf dessen Existenz – vor mir hatte und überdies zum erstenmal in meinem Leben die einzigartige Freude des Entdeckens unbekannter Dinge kosten durfte. Und obwohl dies, aufrichtig gesagt, in keiner Weise mein Verdienst war, so war ich doch davon wie trunken: Nie hätte ich geglaubt, daß die Philologie zum Abenteuer werden kann. Und dann war da der Text mit seinem, trotz oder vielmehr dank der Unwissenheit seines Verfassers, so unverfälschten Ton: Jenes *illud* (so sagte ich mir) stand darin aufrecht wie ein Pfeiler, um uns zu versichern, daß es sich um ein verbreitetes, bekanntes Buch – „das berühmte Fünfte Evangelium", so sollte man es übersetzen – handelt; den Worten des Verfassers der Inschrift nach zu schließen war es bearbeitet, folglich korrigiert und somit von jenem trefflichen, schriftbewanderten Erzdiakon Pacificus auf der Grundlage von wenigstens zwei oder drei schon existierenden Exemplaren in seiner exakten Lesart wiederhergestellt worden . . . (je weiter ich mich auf meine Mutmaßungen einließ, desto hitziger wurde ich). Ein Mensch, der so schreibt, meinte ich weiters, will nicht lügen: Zwar findet sich auch bei ihm der Hang zum Mythischen seiner Zeit, aber in seinem Innersten glaubt er zu stark an den objektiven Wert der Wahrheit, um bewußt eines Schwindels fähig zu sein. Und selbst, wenn dem so wäre: Ein Schwindel ist fast nie etwas anderes als eine verdorbene Wahrheit.

Dies war auch, mit mehr Vorbehalten, die Ansicht meines neuen Freundes. Obgleich ihn das *dilatavit* der zwölften Zeile störte (er hatte recht, es brachte dieselbe störende Zweideutigkeit in den Text wie bei der Kölner Schrift), zeigte seiner Meinung nach die Inschrift zumindest, daß der Mythos eines unbekannten fünften Evangeliums nicht ein Privileg Maulbronns war, sondern daß es ihn auch anderswo und noch dazu viel früher gab; und also müßte eine möglichst ausgedehnte und sorgfältige Suche wenigstens dazu führen, ein Klima der Erwartung zu rekonstruieren, eine Geneigtheit, eine Stimmung, die Geschichte einer Idee oder, wahrscheinlicher vielleicht, einer Hoffnung. Seine Hypothese war, ich wiederhole es, vorsichtig, eine Art Minimalerwartung. Aber auch das genügte schon, um meine wenigen verbleibenden Tage in Verona mit nichts anderem zu erfüllen.

Sobald ich von den Sitzungen unserer Kommission befreit war, stieg ich zu den höhergelegenen Bibliotheksräumen hinauf und stöberte in den Karteikästen auf der Suche nach Titeln, Hinweisen, Verweisungen, Anregungen. Oder ich drang in das Halbdunkel der Archive, ergründete auf gut Glück Sammlungen und Faszikel, stets hoffend, daß mir der Zufall helfen und durch eine beiläufige, glückliche Regung wie durch Zauber das Dokument, den Brief, die Regesten, die enthüllende Schrift, das erträumte Buch in die Hand spielen möge. Natürlich fand ich nichts. Aber wenigstens verhalf es mir zu der Einsicht, was man nicht tun dürfe; verfuhr ich weiter derart, konnte ich das ganze Weltall umsonst durchsuchen. Vor allem aber half es mir, mit den Geheimnissen einer europäischen Bibliothek, mit ihrer unlogischen Anordnung und ihren unausgeschöpften Archiven, vertraut zu werden, mit ihrem unvergeßlichen Duftgemisch aus Fossilem und Moosigem, der mich zeitflüchtig, alltagsabgewandt stimmte. Fast kam ich mir tatsächlich wie bei einer Ausgrabung vor, wenn tausendjährige Fundstücke zutagetreten. Ich grub verstummte, unbenutzte Bände aus, die einst gelesen, mit Anmerkungen versehen und mit Miniaturen geziert worden waren, ich betrat eine geologische Formation aus versteinerten Ideen und Leidenschaften und begriff, daß die Geschichte den Flüssen gleicht, die während ihres Laufes längs der Ufer Ablagerungen anhäufen. Ich weiß nicht, weshalb mich dies nicht beunruhigte, sondern eher anzog; dabei warf es mir Anschauungen und geistige Gewohnheiten über den Haufen – als fühlte ich mich nicht mehr auf dem Gipfel der Jahrhunderte, sondern in deren Tal – und es fügte dem Gedanken an die Vergänglichkeit, an die Unsicherheit, ja selbst an den Tod etwas Diskretes, Sanftes, Zeitloses zu.

Desgleichen gefiel mir die Schrift der alten Bücher, die gotischen Lettern, die kursiven oder spätkarolingischen Buchstaben, die verzierten Initialen manch wertvoller Handschrift oder gewisser monumentaler liturgischer Hymnenfolianten. Aber gerade, weil es mir fast unmöglich war, sie zu entziffern, bedeuteten sie für mich nicht mehr einfache Buchstaben des Alphabets, sondern nahmen die geheimnisvolle Bedeutung eines Sinnbilds an. Sie waren Zeichen einer Mystik, sichtbares Zutagetreten unbegehbarer geistiger Weltgebäude, und unwillkürlich mußte ich bei ihrer Betrachtung (damals wußte ich praktisch nichts anderes damit anzufangen) an die Seelenverfassung jener denken, die sie geschrieben hatten: Denn sie schrieben wohl, um den Menschen etwas mitzuteilen, doch so, als geschehe es angesichts Gottes. Ich dachte auch an das Wunder menschlicher Hände, geschickter und flinker, vertrauter und geduldiger Hände; und in der merkwürdigen Unverbindlichkeit, in die ich durch jene Begegnung versetzt wurde, dachte ich sogar daran, wieviel Unschuld doch in den Menschen während der Augenblicke vertiefter Arbeit wohnt, und ganz allgemein, mit der richtig bemessenen Dosis Ironie des Ungläubigen, an die Weisheit derer, die andere mit dem Abschreiben von Codices beschäftigten, um sie vom Sündigen abzuhalten.

Und dennoch ließen mich solche Erfahrungen immer verwirrt zurück. Mich zu beruhigen, genügten weder die Hilfe noch die Ratschläge meines Freundes, des Bibliothekars. An jenen Unmengen von oft nicht einmal richtig geordneten Schriften ermaß ich die Wucht der Aufgabe, die ich auf mich nehmen würde, sollte ich tatsächlich meinem Irrlicht weiter folgen. In Wirklichkeit wußte ich gar nichts; oder vielmehr würde mir, was ich wußte, nicht viel helfen. Ich mußte mich damit abfinden, von den Anfangsgründen an zu lernen. In meiner gänzlichen Unkenntnis der Paläographie und Textkritik, in meinem mangelnden Wissen um die Kirchengeschichte und die Literatur zum Neuen Testament, hätte dies einer Überquerung des Atlantiks in einem Boot geglichen. Auch mußte ich noch die Geduld erlernen, mich auf jeden nur möglichen Rückschlag vorbereiten, mich von der Gefahr einer allzu blühenden Phantasie freimachen und jedenfalls von dem Standpunkt ausgehen, daß ich nicht mehr eine Landung wo auch immer erwartete, sondern daran zweifelte, ob es einen Landungsplatz überhaupt gebe. Und je mehr ich die Schwierigkeit der Suche ermaß, desto stärker wurde meine Überzeugung, daß es dazu eines ganzen Menschenlebens bedürfen würde, und ich, so sagte ich mir immer wieder, war weder ein Mönch noch ein Apostel, um mein Leben in eine Mission verwandeln zu können.

Doch vielleicht ist es wahr, daß wir geschaffen sind, um zu verweilen und Anker zu werfen, während wir am Grunde unserer seßhaften Herzen die Sehnsucht nach fernen, unbeschiffbaren Meeren tragen. Im Vergleich verblaßte meine frühere Arbeit und erschien mir fade. Ich begriff, daß ich mit mir unzufrieden sein und mich um etwas betrogen fühlen würde, sofern ich mich zu keinem Weitergehen entschließen wollte. Aus einer Art Ironie fühlte ich mich immer stärker zur Beantwortung eines Anrufs verpflichtet, je mehr ich mir vorhielt, daß mich das fünfte Evangelium nichts anginge; je hartnäckiger ich mir vorsagte, daß meine Wahl schon getroffen sei, desto weniger konnte ich mich des Gefühls erwehren, fast unwissentlich selbst erwählt worden zu sein. Als ich Verona verließ, war ich von Anwandlungen der Verwirrtheit und der Mutlosigkeit erfüllt und tiefinnerlich geschlagen, zuinnerst gespalten.

Bei meiner Ankunft in Köln erwarteten mich zwei Überraschungen: Meine Heimberufung und die Benachrichtigung, daß meine Unterkunft schon anderweitig vergeben war; die zweite Neuigkeit folgte der ersten so dicht auf den Fersen, daß sie mir die Freude trübte und fast gänzlich nahm. Eigentlich hatte ich an eine solche Eventualität nie gedacht. Höchstens stellte ich mir die Pfarrwohnung, da ich sie ja doch einmal verlassen mußte, wieder in ihrem alten Zustand vor, wiederum in ihrer Stille versiegelt, beschützt und auf immer unberührt, so wie manche liebevoll gehüteten Erinnerungsstücke oder manche dauerhaften Anlagen, die man sich unwillkürlich nur in ihrer Beständigkeit vorzustellen vermag. Plötzlich mußte ich sie mir in Gott weiß wessen Gewalt denken, die Bücher vielleicht verstreut, die Papiere vernichtet. Denn eben, abgesehen von der Eifersucht auf den Besitz einer Stätte, die ich so respektvoll genutzt hatte, waren es die Dokumente, an die ich letztlich am meisten dachte: Zum erstenmal mußte ich tatsächlich darüber nachdenken, durch welch schicksalhafte Verkettung sie gerettet und ausgerechnet an mich und keinen anderen gelangt waren. Ohne mich hätten sie vermutlich das Schicksal adressenloser Botschaften erfahren, das Los von am Rande der Wüste gesprochenen Worten. Und in der seltsamen Stimmung jener letzten Abschiedstage lud mir dies eine Verantwortung auf, die ich bisher zurückgewiesen hatte: Als fühlte ich mich allen Ernstes als der letzte Erbe einer Erinnerung oder gar als der Empfänger – und Garant – einer Sendung. Ich benützte die verbleibende Zeit soweit als möglich zum Kopieren; mit der Gesinnung eines Menschen, der auf Rettung sinnt oder angesichts einer Überschwemmung die liebsten Dinge birgt.

Auf dem Meer, auf dem Schiff, unter unbekannten Kameraden, deren jeder einzelne eine Geschichte zu erzählen hatte, eine aus den tausenderlei Erfahrungen, die sich zur Kollektiverinnerung verweben, bemerkte ich, der einzige zu sein, der nichts über sich zu sagen hatte. Und wirklich waren ja die einzigen Dinge, die ich lebendig in mir trug – zwei Freunde, ein toter und ein lebender sowie ein philologisches Problem –, so geartet, daß ich sie in mir selbst wiederkauen mußte. Aus Scheu, natürlich; denn wer hätte mich schon verstanden? Und auch die Freude der Heimkehr war in mir gedämpfter: Auf einem Schiff war ich unter den Überlebenden, die ihr Lebendigsein noch nicht fassen konnten und nur den Augenblick der Landung herbeisehnten, der einzige, dem sich in das Gefühl der Erwartung ein unbestimmtes Gefühl der Nichterfülltheit mengte, als befände ich mich auf der Flucht vor einem Ruf. Und dies ließ mich in meinen eigenen Augen entwurzelt und unnatürlich erscheinen: ein verdächtiger Fall.

Natürlich war Amerika mit seiner Weite und Andersartigkeit ganz dazu angetan, in mir die Erinnerung des Erlebten verblassen zu lassen: Welchen Sinn konnte es haben, die Phantasiegebilde längst verstorbener Männer des Glaubens in einem Alltag weiterzuverfolgen, der tagtäglich die Erinnerungen daran auslöschte und sogar das Evangelium nur noch als unwichtige Fabel abtat? Wie rief doch ein Kollege aus, dem ich mich anvertraute: „Seit zweitausend Jahren lassen wir uns noch immer von diesen alten Geschichten rühren!" Nichtsdestoweniger hatte ich Mühe, mich wieder einzugliedern, fast als wäre ich nicht in der Heimat, sondern in einem Exil gelandet, um mich dort tatenlos zu verzehren. Und an dem Tag, an welchem ich versuchte, mich wieder mit meinen alten Notizen zu befassen, schien ich zu meinem alten Selbst zurückzukehren.

Etwas Ähnliches gestand ich dem Veroneser Freund, als ich ihm von mir Nachricht geben wollte. Ich hatte nur kurz und wie zur Entlastung meines Gewissens geschrieben, und nichts hätte ich weniger erwartet als seine rasche Antwort. Statt dessen erhielt ich seinen Brief binnen einem Monat. „Lieber Peter", begann er, „bei Senio, einem unserer Polygraphen des achtzehnten Jahrhunderts, fand ich vor einigen Tagen wörtlich folgende Zeilen: *Wie der ägyptische Phönix, der aus seiner Asche wiederersteht, wie das Fünfte Evangelium, von dem es heißt, daß es sich jedesmal zeige, wenn die Menschen seiner bedürfen, das aber nur jene werden lesen können, die dessen würdig sind, so . . .* (ich erspare Ihnen den Rest). Aber beachten Sie, daß Senio nur ein mittelmäßiger Schriftsteller, vielleicht ein Rhetor und das ist, was ich einen gefährlichen Verallgemeinerer nenne. Auf seine Weise ist jedoch auch er ein gewissenhafter Autor, für den der seltene Inhalt ebensoviel Wert hat wie die seltene Formulierung. Darum gab er auch in einer Fußnote seine Quelle an: *Ita memini legisse, iuvenis adhuc, in charta quadam antquissima quae custoditur apud archivium municipii Vergati, patriae meae.* Mag nun der Text nach Literatur riechen, so hat doch die Anmerkung ganz den Anschein eines zuverlässigen Zeugnisses: Unter anderem ist sie lateinisch verfaßt, und im achtzehnten Jahrhundert log man nicht mehr auf Latein. Wie Sie sehen, gibt es reichlich Arbeit für Sie, sollte Sie das Thema zufällig noch interessieren. Falls Ihnen überdies die Wiederholungen des Zufalls etwas sagen und Sie abergläubisch sein sollten (so wie ich), so bedenken Sie, daß Sie die ersten Hinweise in Köln am Rhein (in unserer Sprache: Reno) entdeckt haben: Und Vergato, eine Ortschaft im Emilischen Apennin, liegt an unserem Reno."

Ich mußte wohl etwas Derartiges erwartet haben, denn diese Nachricht genügte, in mir jeden Zweifel zu beseitigen. Und, was eher seltsam schien, es war nicht so sehr die anscheinende Echtheit dieses Textes, die mich beeindruckte, sondern jener messianische, ich möchte fast sagen soteriologische Aspekt: Jener Mythos eines fünften Evangeliums, das sich jedesmal zeigt, wenn die Menschen seiner bedürfen, konnte sicherlich reine Literatur sein, doch in seiner fast märchenhaft anmutenden Verknüpfung mit meinem Thema und mit der Verbindung zu meinen früheren Kölner Träumereien lockte er mich weit mehr als zum Beispiel die Tatsache, daß in Vergato ein weiteres Dokument, und bei fortgesetzter Suche vielleicht noch andere ähnliche Schriften vorhanden sein konnten. Ich weiß noch, daß ich mich in jenen Tagen bereits fieberhafter Bestimmtheit und Entschlossenheit, mein Leben zu ändern, da ich nur noch nach praktischen Wegen Ausschau hielt, die mir meine Rückkehr nach Europa ermöglichen sollten, immer wieder erstaunt dabei ertappte, wie in mir eine Neigung zum Phantastischen, Utopischen, zur symbolischen Sicht, ja zu den Verlockungen des rein Imaginativen, zutagetrat. Tatsächlich betraf mich unter all diesen Umständen, die mich zu einem so folgenschweren Entschluß geführt hatten, die innere Logik und geheime Schicksalsträchtigkeit jener Reihe von Fügungen, ja beinahe Ködern, die aus mir, dem kühlen Gelehrten, der ich zu sein vermeinte, den liebenden Anhänger einer Legende gemacht hatten; die mich willens machten, mystisch-eschatologische Synthesen und eine neue Sicht der Geschichte des Christentums zu entwerfen, ja mich sogar mit geheimem Spott zu fragen, ob nicht gerade jetzt der geeignete Augenblick für die Offenbarung eines fünften Evangeliums sei, da zwar die Menschen seiner unwürdig waren, seiner aber so sehr zu bedürfen schienen; und ob nicht gerade ich, zwar nicht der Gezeichnete, so doch der Bezeichnete sei. Denn, ich gestehe es Ihnen, ich rechnete mit dessen Neuauftauchen. Irgendwo, vergessen und verborgen, mußte es ja existieren: So träumte ich.

In der Zwischenzeit ließ ich alle anderen Arbeiten unvollendet liegen und bereitete mich auf einen neuen Anfang vor, in dem Bewußtsein, daß das Wesentliche leider nicht von alleine kommen würde, sondern mit der Zeit und nacheinander Schritt für Schritt erlernt werden müsse. Doch schüchterte mich dieser Gedanke nicht ein. Im Augenblick bedrückte mich weit mehr das Problem meiner Rückkehr nach Europa. Zunächst zeigte die Universität keinerlei Absicht, mich freizustellen. Dann besaß ich keinen Pfennig und niemanden, den ich hätte darum bitten können. Ich hatte nichts vorzuweisen als eine Vermutung, eine Hypothese, und ich konnte doch nicht erwarten, als Hüter einer schönen Idee von irgendjemandem ernstgenommen zu werden. Aber vielleicht stimmt es doch, daß sich jedes Leben letztlich einer Bestimmung angleicht und alles, was uns im Laufe der Zeit zufällig zu widerfahren scheint, am Ende eine eigene Zwangsläufigkeit annimmt. Ich entsinne mich der Universitätsmensa und wie ich mit dem leichten Ekelgefühl, das man bei der Betrachtung von Speiseresten empfindet, vor meinem Tablett saß. Und doch blieb ich sitzen, schlaff und lustlos, und ließ mich vom Stimmengewirr, das im Saale herrschte, umfangen. Sie wissen, was in derartigen Fällen geschieht: Alles klingt verschwommen. Umso erstaunlicher, daß ich die Unterhaltung hinter mir zu unterscheiden begann; zwei murmelnde, kaum modulierte Stimmen hoben sich von allen übrigen ab und drangen zu mir, als lägen sie auf einer anderern Wellenlänge. So begann ich, aus bloßer Trägheit zuzuhören. Und so geschah es, daß ich zum erstenmal von jenem Programm sprechen hörte, das später USIS heißen sollte: Es wurden Lehrer und Kultur vermittelnde Menschen gesucht, die in Europa leben wollten; jedoch nur wenige der jungen Männer, die soeben über das Meer herübergekommen waren, hatten Lust, dorthin zurückzukehren. Schon am folgenden Tag beeilte ich mich, Informationen einzuholen, und nach ein paar Wartejahren (die Dinge gingen langsam) ließ ich alles hinter mir zurück und bestieg wiederum ein Schiff, um zum Sucher unbekannter Evangelien zu werden.

Ich wurde es wirklich; und blieb es mein ganzes restliches Leben. Eine Intrige des Lebens. Wenn ich es heute, da sich mir der Tod anheftet (ich sage es ohne Schaudern), und aus der Entfernung betrachte, so sehe ich es wie ein ewiges Auswandern: Überall fremd, überall genötigt, neue Auswege zu finden, um in Europa bleiben zu können oder, war ich dort, um mich frei zu bewegen, und ständig unter dem Eindruck lebend, nicht am richtigen Ort zu sein und, schlimmer noch, ins Leere hinein zu arbeiten. Hatte ich mir anfangs vorgestellt, methodisch vorzugehen und am grünen Tisch bis zur Erschöpfung private Sammlungen, alte Archive und Bibliotheken durchzuarbeiten, so sollte ich darüber belehrt werden (aber leider, nach wie langer Zeit erst!), daß die Philologie, wie der Roman, letztlich nichts anderes ist als eine Exegese des Möglichen und daß es dazu in hohem Maße der Hilfe der Phantasie bedarf. Ich mußte vielmehr dürftigen Fäden nachgehen, mich vom Unvorhergesehenen leiten lassen und mich meinen Intuitionen, meinen persönlichen Impulsen frei überlassen. Aber das führte nur dazu, die Dinge zu verkomplizieren. Angenommen, ein Hinweis verwies mich von Frankreich in die Toskana, indes ich aber in Montpellier nicht loskam und auf eine einigermaßen längere Beurlaubung oder auf den Sommer warten mußte. Ein anderer Hinweis hätte einen um eine Woche oder um einen Tag verlängerten Aufenthalt in Cortona erfordert, während ich von meinen Verpflichtungen zurückgerufen wurde. Eine Hölle; eine entmutigende Aufeinanderfolge halber Entdeckungen und Mißerfolge und alles in allem eine lang hingezogene Niederlage. Es wurde auch nicht wesentlich besser, als es mir gelang, an irgendeiner Universität ein Lektorat zu erhalten. Zwar war ich ungebundener, aber auch hier war meine Freiheit überwacht und unterbrochen, so daß es mir unmöglich war, meine Arbeit kontinuierlich und ohne Aufenthalte fortzusetzen. Es ist keineswegs angenehm, auf Schritt und Tritt Vorwände ausdenken zu müssen. Und es ist auch nicht leicht, unter konkret denkenden Menschen, die in Begriffen der Leistung oder der Karriere sprechen, als Träumepilger oder, wie mich ein Kollege bezeichnete, als Mythensünder dazustehen. Ich habe die Beengtheit, ja Armut kennengelernt und Mutlosigkeit wie Einsamkeit im Überfluß. Jahrelang glaubte ich bei der Betrachtung meiner kargen Ausbeute, alles verfehlt zu haben. Und oft hatte ich keine Hoffnung mehr. Oft verzweifelte ich sogar an dieser Entdeckung, die ich beim ersten Anlauf aus bloßer Intuition und fast mühelos gemacht hatte. Dazu kam noch das Gefühl der Gereiztheit – wie soll ich mich anders ausdrücken? –, das mich bei der Feststellung überfiel, daß ich Steinchen um Steinchen eines Mosaiks zusammentrug, dessen angenommenes und erahntes Kernstück sich mir ständig entzog. Freilich konnte ich mich an jedem neuen Fund freuen; ich konnte bei dem Gedanken Genugtuung finden, daß ich die Geschichte einer mannigfaltigen, vielschichtigen, enthüllenden, ja poetischen Tradition wiederherstellte, und ich wußte, daß dies für den Gelehrtenruhm ausgereicht hätte. Es konnte mich ergreifen, wenn ich sah, wie das nach und nach wieder ausgegrabene Material durch geheimnisvolle Analogien Ordnung annahm und Signalen aus verschiedenen Sphären zu antworten schien; auch sah ich, daß mein einstiger Kölner Plan, eine Geschichte des Christentums im Lichte des Glaubens an ein unbekanntes, fünftes Evangelium von Beginn an neu zu schreiben, durchaus nicht so illusionistisch war, wie ich damals geglaubt hatte. Doch, je mehr sich die Bestätigungen mehrten – oder gerade darum –, desto weniger konnte ich mich mit dem Gedanken abfinden, daß ein solcher Text, dessen Gegenwart so spürbar ist, der derart durch die innere Geschichte des Christentums durchscheint, weiter nichts als ein Symbol oder ein Hirngespinst sein sollte. Er muß existieren, sagte ich mir immer wieder, und irgendwann einmal würde ich ihn finden. Und wenn ich an die Umstände dachte, die mich auf seine Spur geführt hatten, so schien es mir unwahrscheinlich (ich sage dies verschämt), daß es nur Zufall sein sollte, was mich führte und anregte: Im Gegenteil, ich sah darin eine Art Absicht, als habe sich etwas oder jemand dessen angenommen, aus mir zwar keinen Märtyrer oder Erwählten, aber doch gleichsam einen von einer Berufung besessenen Ungläubigen zu machen. Sie lachen sicherlich. Aber wie oft hätte ich ohne diese Vorstellung alles aufgegeben!

Und dann ist man sich doch auch selbst vieles schuldig. Schon seit meiner Kindheit trug ich den möglicherweise eigenen Satz in mir, der eines meiner Tagebücher einleitete: „Vielleicht sind unsere Wege wirklich voller Zeichen", und dazu das Bild eines gewundenen, einem Wald zustrebenden Pfades. Jahrelang war dies der Pfad meiner Wirklichkeitsflucht gewesen: eine vergessene Spur unter einem Geflecht dichter Zweige, grasüberwachsen, um jedes menschliche Zeichen zu vernichten. Und jahrelang kehrte ich immer wieder in dem festen Bewußtsein dahin zurück, daß soeben jemand darauf geschritten sei und mir vorangehe. Ich nannte ihn den Alten, denn genauso stellte ich ihn mir vor: einen alten Mann mit bleichem Gesicht und starren Händen, wie die alten Leute bei mir daheim mit ihren ewig kalten Händen. Doch wußte ich weiter nichts von ihm, ich hatte nur seine Spur entdeckt. Denn in meinem kindlichen Bedürfnis nach dem Märchenhaften waren der beiseitegeschobene Zweig und das geknickte Grasbüschel erahnte, erwartete Spuren eines Schrittes. Was immer sie auch sein mochten, für mich bedeuteten sie Zeichen, ja, an mich gerichtete Botschaften, die mich ermuntern sollten, zu folgen. So schritt ich von Biegung zu Biegung und war jedesmal überzeugt, daß ich ihn nach der nächsten erreichen würde.

Statt dessen fand ich nach der neuen Wendung nur neue Zeichen vor. Aber es genügte mir, um weiterzugehen: Das Wesentliche war, daß es sie gab. Als Spiel und aus einer Art Wette mit mir selbst ging ich weiter, bis mich die Dunkelheit zur Umkehr zwang. Doch war ich nicht enttäuscht: Er mußte dort sein. Am nächsten Tag würde ich vielleicht eine andere Spur ausfindig machen. Und eines Tages, wenn ich weit genug gestiegen war oder er beschlossen hatte, sich einholen zu lassen, würde ich ihn finden, wie er, an einen Baumstamm gelehnt oder vor einer Hütte stehend, auf mich wartete.

Ich wiederhole, daß dies nur eine Träumerei meiner Kindheit war. Aber die Erinnerung daran mußte wohl Teil des magischen Geflechts meiner Person geworden sein, da es jetzt mit der unumstößlichen Wirkung ganz unerwartbarer Gewißheiten wieder auftauchte, um mich in Augenblicken tiefster Niedergeschlagenheit aufzurichten. Gleichzeitig bemerkte ich, daß ich mich änderte. Nicht als wäre ich im eigentlichen Sinn Konvertit geworden: Wer kennt sich schon im Grunde mit dieser Gaukelei des Glaubenkönnens aus? Aber ich war eben kein Dokumentenjäger mehr; vielmehr war ich jemand, der einer Wahrheit nachspürte. Oder, besser gesagt, da ich unter die Evangeliensucher gegangen war, verband ich mich schließlich nicht nur mit ihren Problemen, sondern auch mit ihren Gefühlen; ich eignete mir nicht nur ihre Ängste und Erwartungen, ihren unschuldigen Chiliasmus, sondern letztlich vielleicht sogar ihren Glauben an. So erinnere ich mich zum Beispiel noch an den Tag, an dem ich die Legende entdeckte, in der es heißt, daß nichts sich mehr zwischen Mensch und Gott stellen werde, sobald das fünfte Evangelium gefunden sein wird; damals zuckte ich zusammen, als sähe ich auf einmal einen Gedanken, von dem ich in Köln durchdrungen war, von seiner anderen Seite (Sie erinnern sich doch noch der Sicht der Geschichte als Abwendung von Gott, worin in den Heften meines Priesters so viel die Rede war); und schließlich war ich imstande, unsere wirre Zukunft und die Weltgeschichte selbst in Begriffen der Hoffnung zu sehen. Kurz, meine zunächst rein philologische Suche nahm langsam die Merkmale einer religiösen Erfahrung an, in der ich so etwas wie ein Bedürfnis nach Gott und jedenfalls die Fähigkeit kennenlernte, die Dinge von einer – ich glaube, metaphysisch genannten – Warte aus zu sehen. Und auf verschiedenen Ebenen und in verschiedenem Grade lernte ich die Freude kennen. Nicht einfach nur die Freude, über die geordneten Landschaften der Seele hinaus das Irrationale – oder das nicht Meßbare – zu entdecken, das im Menschen wohnen kann, sondern auch die schlichte Freude an einem Leben, das einem Ziel dient, und jene noch unmittelbarere Freude an der Entdeckung mancher Stätten, alter Klöster mit vermoosten Mauern, seltsamer Eremitagen zwischen den Felsen Kalabriens, abschüssiger Pfade, die man, von einer Legende geleitet, zu Fuß durchwandert, und zufälliger Herbergen.

Aber ich möchte mich kurz fassen: will ich doch nicht den Roman eines Philologen schreiben. Es möge Ihnen zu wissen genügen, daß sich die Dinge für mich ab einem bestimmten Punkt wesentlich besser anließen. Um das Jahr 1960 entschloß ich mich, angeregt durch einen Freund, eine Zusammenfassung meiner bisherigen Ergebnisse in einer Fachzeitschrift zu veröffentlichen. Dies trug mir unerwartet zweierlei ein: Ich erhielt eine Lehrkanzel für die Geschichte des Christentums an eben jener Universität, die ich Jahre zuvor verlassen hatte, zum anderen infizierte ich mit meiner fixen Idee den Sekretär einer unserer gewaltigsten Stiftungen, die, wenn sie wollen, Expeditionen zur Ausgrabung einiger Scherben in Anatolien oder zur Suche nach Sternkorallen in einem pazifischen Atoll ausrüsten können. Von da an war ich freier und, vor allem, weniger einsam. Ich konnte nach Beendigung der Kurse nach Europa fliegen und dort, ohne weitere Verpflichtungen und Kontrollen, meinen Eingebungen nachgehen; aber mehr noch, ich erhielt langsam Schüler, prächtige junge Leute, die meine Kurse besuchten und, anfangs zögernd, wie ich es gewesen war, von meinem Irrlicht geblendet wurden. Allmählich hatte ich eine kleine Gruppe junger Leute um mich, die nicht nur in meiner Arbeitsweise erfahren, sondern auch gewillt waren, zu sammeln und meine Utopie zu der ihren zu machen. Nun teilten wir unsere Aufgaben untereinander auf, indem wir kopierten, übersetzten, in Karteikästen ordneten, und indem sie im Sommer mit Hilfe der Stipendien, die ich ihnen verschaffen konnte, ihrerseits über den Atlantik fuhren, um das Abenteuer zu wagen. Im Herbst trafen wir wieder zusammen, jeder mit dem, was er gefunden hatte, und neuerlich widmeten wir uns dem Katalogisieren, dem Entziffern und der Diskussion. Wir machten dieses Thema sogar zum Inhalt unserer Kurse. Das waren die besten und auch die fruchtbarsten Jahre, was die Ergebnisse anbelangt; ich sah, wie sich die vorläufige Anordnung, die ich schon entworfen hatte, verdichtete, und in dieser Zeit fand meine einsetzende Müdigkeit – das Alter, eine beginnende Überdrüssigkeit und vielleicht auch schon die ersten Anzeichen des Übels, das jetzt ausgebrochen ist – im hingebenden Eifer meiner Schüler Ausgleich und Aufhebung. Wenn ich bei dem Gedanken, daß mein so sehr gesuchtes fünftes Evangelium trotz des Einsatzes eines ganzen Lebens unauffindbar geblieben war, einen Anflug von Verbitterung empfand, so war nun der Glaube an dessen Existenz und dieselbe eschatologische und mythische Gesinnung, die mich so oft vor dem

Aufgeben bewahrt hatte, von mir auf sie übergegangen. Und um ihretwillen, um sie nicht zu enttäuschen, fand auch ich wieder Schwung und Kraft und empfand gleichzeitig Verwirrung und Rührung, wenn sich vor meinen Augen wiederum abspielte, was mein Priester das Wunder des Wortes genannt hatte: Der nie reißende Faden, die weitergehende Suche, das von mir empfangene und an sie weitergegebene Erbe.

Ich glaube, es war notwendig, Ihnen all dies zu erklären, bevor ich zu erklären versuche, weshalb ich Ihnen geschrieben habe. Ich sende Ihnen eine Auswahl der in vielen Jahren zusammengetragenen Unterlagen: Es ist nur eine kleine Auswahl dessen, was wir gesammelt haben, doch ist das übrige entweder nicht repräsentativ genug, oder wir sind noch dabei, es zu ordnen. Im übrigen bliebe meine Dokumentation, selbst wenn ich Ihnen unser ganzes Archiv schickte, doch unvollständig; nicht nur, weil ich darin leere Stellen, Lücken, Ungeklärtes, Fehler und Irrtümer feststelle, sondern weil das so sehr gesuchte Buch noch fehlt: das ist mein großer Kummer. Ich weiß, jedes Leben ist ein unterbrochener Plan. Dennoch lasse ich das meine mit dem schmerzenden Gefühl der Nichterfüllung.

Aber dessen ungeachtet bitte ich Sie, alles zu lesen: es sind dem Schweigen entrissene Worte. Zumindest werden Sie, wenn Sie das ganze betrachten, darin eine der Konstanten der christlichen Seele wiederfinden, ihr unablässiges Zaudern zwischen einer geoffenbarten Wahrheit und der Erwartung einer, die noch zutagegetreten wird; oder eigentlich zwischen der Treue zu den Quellen des geoffenbarten Wortes und jenem Impuls, durch den jede Rückkehr zu den Quellen, ich weiß nicht wie, zu einem Sprung nach vorne, zu einem Anwachsen der Botschaft wird. Denn ob Legende oder Wirklichkeit, jedenfalls stellt das fünfte Evangelium den Fluß der Hoffnung dar, es ist das sich erneuernde Wort, die sich erweiternde Wahrheit, das Bedürfnis jeder einzelnen Generation nach der Entdeckung – oder Herausarbeitung – ihres eigenen Evangeliums; es ist, wie mein Priester sagte, der Heilige Geist, den man sucht.

Aber das ist es ja: Kann es denn möglich sein, daß sich eine derartige, verhältnismäßig geschlossene und gut bezeugte Tradition nur auf eine Illusion stützt oder nichts als eine lang andauernde Häresie in sich birgt? Und sollte ein Text, der immer wieder auftaucht und der von gutgläubigen Menschen, die keinerlei Grund zur Lüge haben, immer wieder diskutiert wird, nichts als ein Symbol, eine Legende, bestenfalls eine Botschaft sein, die ihr Rätsel nicht preisgibt? Wenn der Text unauffindbar geblieben ist, so liegt der Grund, wie ich immer wieder sage, in der unrichtigen Suche. Wie oft gräbt man vergebens an der Stelle, die der Wünschelrutengänger bezeichnete, und nur wenige Schritte weiter fließt die Wasserader!

Sie aber können mir helfen, wie ich glaube. Ich kenne Ihre textkritischen Arbeiten über die Evangelien, ich weiß auch, daß Sie dabei seltene Handschriften mit unvermuteten Varianten entdeckten, ja sogar bisher unbekannte apokryphe Fragmente veröffentlichten: Ich habe sie gelesen. Und schließlich verfolgten wir doch beide, ohne uns zu kennen, ohne voneinander zu wissen, parallele

Wege und suchten beide beinahe dasselbe. Wer weiß daher, ob beim Durchlesen irgendeines der Dokumente, die ich Ihnen vorlege, in Ihnen nicht der Funke der Erinnerung an einen Hinweis, einen etwaigen Zweifel, an irgendein Indiz, das Sie skeptisch oder unvorbereitet behandelten, zündet; ob Ihnen ein Text, den Sie einst unbeachtet ließen, nun im Lichte meiner Entdeckungen nicht zu dem passend scheint, was ich zu finden hoffte. Man weiß ja, wie es bei unserer Arbeit zugeht: Daß man in der Regel nur mehr Augen für das Gesuchte hat. Ich selbst ließ hochinteressante Apokryphen ungelesen, sobald ich sie für meine Arbeit als unwichtig beurteilt hatte. Außerdem stehen Sie ja auf einem bevorzugten Beobachterposten: Ein Mann, der sozusagen die Päpstliche Bibelkommission regiert, dem nicht nur Arbeitsmittel zur Verfügung stehen, die mit den unseren freilich nicht vergleichbar sind, sondern der auch, wie ich annehme, freien Zugang zu uns verschlossenen Bibliotheken hat und der Archive und Sammlungen kennt, die uns unzugänglich waren. Und dann leben Sie ja in Rom: Bei all der Polemik über Rom ist es doch, als lebe in mir die Ahnung, daß das fünfte Evangelium, sofern es existiert, nirgendwo anders zu finden sein kann als dort, mag es auch vergessen oder in irgendeinem Kästchen verborgen sein, ähnlich demjenigen, von dem einige meiner ausgewählten Texte, wie Sie noch sehen werden, sprechen.

Helfen Sie mir, ich bitte Sie. Und vor allem, antworten Sie mir bald. Sie werden schon verstanden haben, daß ich dem Tod nahe bin. Völlig ergeben, versteht sich: Wenn ich berühmte Worte nachsprechen darf, so weiß ich, daß die Zeit gekommen ist, die Anker zu lichten. Wenn mich etwas zurückhält, so ist es eigentlich nur die Hoffnung, Ihre Antwort möge mir die rechte Kunde bringen. Sonst würde ich dem Manne gleichen, der zwischen den Dünen ging und ständig glaubte, das Wasser vor sich zu sehen. Nur kommt es mir, je mehr ich darüber nachdenke, immer unwahrscheinlicher vor, daß der liebe Gott eine solche Luftspiegelung zugelassen haben soll, nur um eine einzige kleine Seele an sich zu ziehen.

Glauben Sie mir

Ihr Peter Bergin

DIE HANDSCHRIFT VON VIVARIUM

Den ersten Hinweis auf diese Angelegenheit, die auch mich von England nach Kalabrien führte und mich noch immer wegen ihrer räumlichen und zeitlichen Weitläufigkeit in Staunen versetzt, erhielt ich durch den Oxforder Brief, der als vorletzter in dieser Sammlung aufscheint. Doch schien er eine so unsichere Quelle zu sein, daß ich ihn jahrelang unbeachtet ließ. Erst bei Durchsicht des Briefwechsels des Florus Diaconus und nachdem ich über die Verwechslung zwischen „pineas" und „pinnas" – den von ihm erbetenen Schreibfedern und den zwölf zum Geschenk erhaltenen Pinienzapfen – gelächelt hatte, packte mich eine erste Erregung. Von da an folgte eine Entdeckung der anderen in einem merkwürdigen Spiel von Verweisungen und endloser, unwahrscheinlich anmutender Spuren, bis sich für mich das Bild ergab, das Sie hier umrissen finden. Ich erhebe keinerlei Anspruch auf Vollständigkeit: Es muß noch andere Vorfälle und weitere Momente der Erkenntnis, zumindest weitere Gerüchte gegeben haben, die über das in Vivario aufbewahrte und sodann nach Bobbio gebrachte Evangelium etwas wissen wollten. Übrigens hat das ganze durchaus den Anschein der Glaubwürdigkeit: Sieben Jahrhunderte sind selbst für eine Illusion eine zu lange Zeit. Doch abgesehen davon, ich kann mich nicht zu der Überzeugung durchringen, daß das ganze eine bloße Meinung gewesen sein soll. Paulus Septimius Secundus, eben derjenige, der die Handschrift gesehen, in Händen gehalten, geprüft und darüber dann unter zahllosen, ängstlichen Vorbehalten – aber auch mit ebensolcher Bewegtheit – seinem alten Lehrer berichtet hatte, war mehr als nur ein bekehrter Heide mit der Begeisterungsfähigkeit und Kindlichkeit des Neubekehrten. Bevor er ein schlichter Schreiber wurde, war er Schriftsteller gewesen, und zuvor noch ein Gelehrter, ja sogar der letzte Universalgelehrte der ausgehenden Latinität: Er hatte die Neuplatoniker studiert, die Grammatiker der letzten Jahrhunderte glossiert, eingehende Kommentare zu Seneca geschrieben und einen Abriß über Macrobius verfaßt. Ist es wahrscheinlich, frage ich nun, daß ein so erfahrener und nunmehr so gläubiger Mensch sich täuschen ließ oder täuschen lassen wollte?

1.

Paulus Septimius Secundus, Mönch im Kloster von Vivarium in Kalabrien, an Theodat, Mönch im Benediktinerkloster Sankt Paul zu Rom (ca. 600).

Du frägst mich nach meinem jetzigen Seelenzustand, und sogleich spüre ich das Unvermögen meiner Sprache, die feine Unvollkommenheit, die meine Worte im Vergleich mit meiner Empfindung verstümmelt und armselig erscheinen läßt. Oder vielleicht empfinde ich plötzlich eine Scheu vor dem Wort. Ich, der ich, wie du weißt, früher so freizügigen Gebrauch davon machte, der ich sogar nach der Schönheit der Form so sehr verlangte, als genügte ein richtig gewähltes und gut gesetztes Wort oder eine schönverzierte Phrase für den Ausdruck der Wahrheit, ich fühle jetzt in mir eine Art innere Hemmung, ja fast die Angst, einem alten Laster zu frönen, wenn ich bemerke, daß ich an einer Wendung Freude finde oder während des Schreibens nach einem gewählteren Ausdruck suche. Du kannst es dir wohl vorstellen, daß es mir so geradezu unmöglich wird, zu schreiben. Und ich gestehe dir, daß ich mich oft, mißbilligend und beschämt, bei der Frage ertappe, ob diese Scheu, die den Überschwang meines Herzens ebenso zu hintergehen und zu zügeln sucht wie meinen nunmehr gefestigten Eifer für die Wahrheit, nicht auch ein Merkmal meines noch nicht überwundenen Rhetorendünkels ist: Dieses Wahrheitsempfinden ist, merke, so stark, wachsam und alles übrige ausschließend, daß ich mich oft frage, ob man es nicht schließlich mit einem einzigen Wort ausdrücken könnte; aber dieses Wort müßte alles in einem sein, es müßte zugleich Bestätigung und Anruf, kühner Aufschwung und sehnsuchtsvolles Zunichtewerden, stolze Gewißheit, in der Wahrheit zu sein, und angstvolles, demütiges Flehen, in ihr zu verbleiben, sein: Ein Wort, will ich damit sagen, das an sich, in einem Laut vereint, ohne jeglichen Doppelsinn oder feine Verschleierung, die Kraft eines Glaubens auszudrücken vermöchte, „bei dem es weder Änderung noch den Schatten von Unbestand gibt“, und wo jene Überfülle herrscht, die mich erhebt und mit dem Gedanken ausfüllt, einzig aus Christus und für Christus zu sein; ein Wort, das Sein Allessein und mein Nichtsein, meine innere Freude, mich zu Ihm zu bekennen und meine Demut, Ihn zu nennen enthielte; anders ausgedrückt, ein Wort aus der Stille geboren, das wie die Stille ein vielfaches Echo wiederzugeben vermöchte. Aber auch dies, wirst du sagen, ist alter Rhetorendünkel, nämlich mein noch nicht überwundenes Vertrauen zum Wort und die Hoffnung, daß es ankommen und das Unsagbare bezeichnen möge.

Du hast recht: Auch ich erblicke darin ein Zeichen von Unvollkommenheit. Erlaube mir aber für ein kurzes hier fortzufahren. Du erinnerst dich meiner wohl aus der Zeit unserer ersten Begegnungen, als du dich meiner anzunehmen begannst, um mich zu bekehren: Nachdem ich soviele Jahre mit den Büchern der Heiden verbracht hatte, bewunderte ich in meiner philosophischen Verliebtheit deren Sprache, war stolz darauf, sie nachzuahmen und fand meinerseits an jener Art von Wortunschlüssigkeit Gefallen, die mir das Wesen ihres Stils auszumachen schien. Du erinnerst dich sicherlich meiner damaligen Schriften: Ich vervielfachte, facettierte, wiederholte die Einfälle, ich sammelte um den einen Sinngehalt, den ich ausdrücken wollte, tausend andere, ich war mit einem Gedanken erst zufrieden, wenn ich ihn verdoppeln, und mit einer Wahrheit, wenn ich sie verdunkeln konnte. Ich verstehe nun, worin ich irrte: Es war keine Wahrheit. Es war jedenfalls unwesentlich, ob ich diese oder eine andere sagte. Und darum möchte ich jetzt über ein Wort verfügen, das alles zu sagen ausreicht, ja nur über den Klang, der dem Ausdruck des ganzen nahekommt. Du wirst schon verstanden haben: *das* Wort. Aber es war da und ich habe es gefunden. Verwundert, daß es im Grunde so einfach war, dahin zu gelangen, beklagte ich doch, auf mein ganzes Leben zurückschauend, so viele Jahre verloren zu haben, ehe ich es zu erkennen vermochte. Kämest du zu mir, so sähest du es überall geschrieben, auf den Wänden meiner Zelle, und wo immer ich den Blick täglich hinwende, und du hörtest, wie oft ich es laut wiederhole.

Damit, glaube ich, habe ich deine Frage beantwortet. Ich lebe glücklich, falls du dies wissen willst. Ich lebe wie einer, der die Wahrheit erlebt, nachdem er die mannigfachen Knechtschaften der Seele erfahren hat, und ich begreife immer besser, was du mir einst sagtest, daß sich selbst erringt, wer sich selbst preisgibt, und daß das Leben gewinnt, wer sein Leben vernachlässigt. Und wenn ich noch die Kümmernisse des alten weltlichen Daseins mit meinem heutigen Frieden vergleiche, der zwar hart errungen, aber uneinnehmbar ist, und meine damaligen Zweifel jener Art Unerschrockenheit gegenüberstelle, die mich dessen sicher macht, was ich glaube, und glauben läßt, was sicher ist, so frage ich mich, durch welche Torheit, Kraftlosigkeit, Trübung, Armut und Blindheit meines Verstandes ich so lange in einem anderen Zustand als dem heutigen verweilen konnte. Beachte aber, daß mir dies mehr Anlaß zum Staunen als zum Schmerz gibt. Wahrhaftig, ich habe auch gelernt, Selbstvorwürfe zu ertragen. Gerade dies ist ja das Wunderbare am Sein in der Gnade: Daß das Streben nach Vollkommenheit schon der Beginn der Vollkommenheit selbst ist. Und ich habe für meine Person nicht nur gelernt, meine Regungen zu beherrschen, sondern sie zu berichtigen. Da ich von der Welt gelöst bin, verabscheue ich sie nicht einmal mehr. Es wäre doch traurig, wollte das Bedauern über das, was man einst war, die Freude, es nicht mehr zu sein, trüben.

Dies ist einer der Vorteile des Lebens, das wir hier führen, wo alles fehlt, was nicht notwendig ist, und alles im Überflusse vorhanden ist, wessen wir wirklich bedürfen. Die Art und Weise, wie unsere Pflichten und Stunden nach der Weisheit einer Regel eingeteilt werden, welche die Vorteile des Einsiedlerlebens mit jenen des klösterlichen Zusammenlebens verbindet, begünstigt an sich schon in starkem Maße unseren Frieden: Da gibt es Zeit zum Gebet, zur Betrachtung und zur Arbeit, und während der Stunden, da wir ruhen dürfen, verläuft unser Leben wie an Kieselgründen und binsenbewachsenen Buchten.

Freilich behaupte ich nicht, daß es leicht ist: das wäre töricht. Es müßte überdies auch unsere Verdienste, die wir zu erlangen suchen, schmälern, wären unsere Prüfungen mühelos und hätten wir nicht den Antrieben einer Natur entgegenzutreten, die (und wozu es verheimlichen?) weiterhin drängt und versucht. Zum Glück bin ich nicht allein und lebe ich nicht nach eigenem Gutdünken, jeder Mitbruder hat ja etwas, worin er mich unterweisen kann: Von diesem lerne ich Geduld, von jenem Demut; der eine ist mir Lehrer im Gebet, der andere im Verzicht oder in der Tugend des Schweigens. Und das gegenseitige Beispiel, vereint mit der Festigkeit einer väterlichen Autorität, die von jedem einzelnen genau das zu fordern versteht, was diesem angemessen ist, trägt zu dieser Ausrichtung herber Zucht und freudiger Unterordnung des Geistes bei, die uns den härtesten Gehorsam als Freiheit erscheinen läßt. Ich lasse mich leiten und freue mich, nichts für mich zu wollen. Und zu wollen, daß ich nichts will.

Soll ich dir einen Beweis, den überzeugendsten, dafür geben? In Anbetracht meiner Studien und meiner Erfahrung mit Büchern wurde ich, wie du schon weißt, mit der Abschrift der Texte der Heiligen Schrift betraut. Du weißt aber auch, daß es gerade die Fertigkeit des Kopierens war, die ich einst am meisten verabscheute. Ich hielt sie für niedrig und für eine händische, sklavische Arbeit. So groß war ja meine Ungeduld und Schnelligkeit beim Erdenken, so träge dagegen meine Hand (wie mir schien), daß ich nicht nur meine eigenen Texte abzuschreiben verschmähte, sondern überhaupt nicht mehr selber schreiben mochte: Lieber diktierte ich, und ich ärgerte mich nicht nur, wenn die Feder meiner Schreiber zu langsam lief, sondern geradezu über die Langsamkeit des Wortes – jene Langsamkeit, die es schon beim Aussprechen zeigt –, die den Flug meiner Gedanken hemmte. Auch kümmerte ich mich meist nicht um das Nachlesen: als verfolgte ich Wahrheiten, die ständig davonhetzten und sich schon veränderten, während ich sie erahnte, oder als setzte mich nur der Ehrgeiz in Bewegung, mich selbst zu überrunden; es war, als brächten die zum Ausdruck drängenden neuen Ideen die soeben ausgedrückten zum Verblassen. Heute ermesse ich daran den Wert meiner Bekehrung und den Unterschied zwischen dem alten und den in mir neuerwachsenen Menschen: Was mir bisher niedrig schien, erhebt mich nun. Mein jetziger Stolz, wenn ich ihn so nennen soll, liegt darin, meine Natur so gut überwunden zu haben, daß ich jetzt der geduldigste und aufmerksamste Schreiber bin. Ich, der ich es für Sklavenarbeit hielt, mit eigener Hand zu schreiben, freue mich nun, meine Hand zu versklaven. Ich, der ich mit Ungeduld die Worte zusammenlas und änderte, wie um sie zur Aussage noch ungesagter Wahrheiten zu zwingen, freue mich voller Geduld daran, die alleinigen Worte der einzigen Wahrheit zu übertragen. Ich, der ich die Wiederholung so sehr verabscheute, freue mich des ausdauernden Wiederholens und meiner Skrupel als gewissenhafter Schreiber, der darauf bedacht ist, keinen Text zu verraten und daran keine einzige Silbe zu ändern. Die Armut ist mir Reichtum: Nichts Eigenes sagen, nichts hinzufügen, bedeutet alles. Und lief ich früher in meiner ewigen geistigen Unruhe voller Wißbegier und Unzufriedenheit von Autor zu Autor und von Buch zu Buch, gleich einem Menschen, der stets neuer Liebschaften bedarf, so vermittelt mir nun meine tägliche Hingabe an die ausschließliche Lektüre des Evangeliums denselben Eindruck der Erfüllung wie das tägliche Anstimmen derselben Gebete und der ständige Lobpreis des alleinigen Namens Gottes.

Ich könnte jetzt enden, fühlte ich nicht meinerseits das Bedürfnis, dich etwas zu fragen. Du weißt, daß die Absicht des ehrwürdigen Cassiodor, als er unser Kloster errichtete, die Gründung einer Gemeinschaft fern aller Kriege und Bosheiten unserer leichtfertigen Zeit war; jene sollte sich ganz der unverfälschten Erhaltung und Verbreitung des geoffenbarten Wortes widmen. Daher unsere hauptsächliche Tätigkeit, aus der Heiligen Schrift abzuschreiben, daher auch eine gewisse, uns eingeräumte Möglichkeit, in alte Bände unserer Bibliothek Einblick zu nehmen, wenn uns die neueren, die wir in der Regel benützen, nicht völlig einleuchtend oder richtig erscheinen. Ich sage dir, daß wir davon nur selten und mit großer Vorsicht Gebrauch machen, war doch Cassiodor selbst so gewissenhaft, daß er unserem Zweifel – und Urteil – recht wenig übrigließ. Sehr selten verspüren wir daher das Bedürfnis, uns von den bereitgestellten Handschriften abzuwenden und zu den soviel unbequemeren und weniger lesbaren zu greifen, die er für seine vergleichenden Arbeiten benutzt hatte. Nicht einmal ich, der ich anfangs noch voller Neugierde von Schrank zu Schrank gegangen war, von meiner Liebe zu den Büchern (wie du dir wohl denken kannst), besonders, wenn sie alt waren, angezogen und verführt, sogar ich, wiederhole ich, hatte damit aufgehört.

Aber siehe, gerade vor kurzem erst widerfuhr mir etwas, das sich dir zu erzählen lohnt. Ich war gerade damit beschäftigt, aus dem Johannesevangelium jenen Vers zu übertragen, worin es heißt, daß Jesus nicht selbst taufte, sondern seine Jünger. Du weißt, wie manche Stellen uns unvermutet überraschen können. Und da ich mich nicht erinnerte, jenen Vers in den anderen Evangelien gelesen zu haben, zögerte ich nachdenklich und unterbrach die Abschrift; da schien es mir, die Spur einer Abkratzung zu entdecken, als habe man einige Wörter ausgelöscht. Obwohl so etwas nicht häufig vorkommt, ist es doch normal: Ein Schreiber kann mit den Gedanken abschweifen und sich irren. Weniger normal ist aber, daß es sich um mehrere Worte handelte. Konnte es sein, daß es zwei verschiedene Lesarten gab und daß Cassiodor beim Diktat (er diktierte für gewöhnlich, indem er mehrere Handschriften miteinander verglich) zuerst die eine wählte, um dann davon abzukommen? Und wie hatte dann, in diesem Falle, die später gelöschte Lesart gelautet? War sie nach Inhalt und Absicht deutlicher gewesen? Warum hatte Jesus tatsächlich nicht selbst getauft? Hatte nicht der Täufer solches angekündigt? Und war Cassiodors Wahl die weiseste? Wir schreiben auf Sand, ein Wort gilt soviel wie das andere: Aber darf in einem Buch, in welchem alles einer Absicht entspringt, einer einfachen Vermutung nachgegeben und zugelassen werden, daß verlorengehe, was vielleicht bleiben sollte?

Du siehst wohl, wenn dies verwegen war, so war ich in meiner Kühnheit schon sehr viel weitergegangen. Doch hörte ich in meinem Zwiespalt zwischen der alten Untugend des Zweifels und der neuen Tugend des annehmenden Vertrauens für diesen Tag auf, abzuschweifen, und kehrte mit vermehrtem Eifer zu meiner Arbeit zurück. Doch schon am folgenden Tag war ich wieder unruhig. Ich entsann mich übrigens, daß Cassiodor selbst uns geraten hatte, uns nicht an einen einzigen Text zu halten, weil das, was hier zweifelhaft oder gefälscht erscheint, an anderer Stelle klarer gefunden werden könne; ich erinnerte mich weiters, sein Geständnis gehört zu haben, daß auch er bei der Prüfung der Heiligen Schrift seine zaudernden und seine kühnen Augenblicke gehabt habe. Kurz, nun war ich neugierig geworden, auf menschliche Weise neugierig; ich wollte nicht mehr bloß den Vers, den ich dir zitiert habe, nachprüfen, sondern Cassiodors Kriterien – und seine kühnen Augenblicke – näher kennenlernen.

Ich brauche dir wohl nicht zu sagen, daß ich anfangs nichts entdecken konnte. Ich sah unsere alten Handschriften der Reihe nach durch, aber wo ich auch nachprüfte, es gab nirgends Zweifel: Der Satz lautete so, wie ich ihn schon gelesen hatte. Ich stöberte herum, hatte die Hände voller Staub und lachte nun über mich und meine Entdeckergabe. Aber da, ganz unten, verbargen die beiden Pfosten eines Schrankes ein kleines Kästchen, das nicht mehr benutzt wurde. Wir wußten wohl, daß unser Meister sich dessen bedient hatte, aber da seine Schriften jetzt an anderer Stelle lagen, dachten wir, daß es nichts mehr oder nur unwichtige Aufzeichnungen enthielte. Und größtenteils traf dies auch zu: Bruchstücke, kurze Anmerkungen, mit einem Wort, die Krumen jenes überaus fruchtbaren Geistes. Höre jedoch: Unter all dem habe ich etwas entdeckt, das ich wahrhaft nicht erwartet hatte und das mich jetzt noch in einen Zustand ängstlicher Aufregung und Unschlüssigkeit versetzt. Es handelt sich um ein dem Aussehen nach ziemlich altes Bändchen, das im übrigen von vielen anderen, die wir hier haben, nicht absticht. Ich gestehe dir, daß ich es im ersten Augenblick für nicht sehr interessant hielt: Und da ich Cassiodors Bücherliebe und Sorgfalt kannte, mit der er, wie es sich gehört, geordnet und katalogisiert hatte, dachte ich, es handle sich um ein Duplikat von geringer Bedeutung. Noch dazu war es in griechischer Sprache verfaßt, und ich suchte ja anderes. Ich hätte es also ungeprüft gelassen, hätte mich nicht ein aus dem Deckblatt kaum herauslugendes Zettelchen zunächst aufmerksam gemacht und mich sodann gleich verwirrt. Es war von Cassiodor eigenhändig in Latein geschrieben (ich kenne seine Handschrift gut) und unterschied sich von den anderen Notizen dadurch, daß es klarer, wie mit einer bestimmten Absicht, verfaßt war. Du wirst mir nicht glauben, wenn ich dir sage, was ich dort las. „Ein griechischer Mönch“, begann es, „der vor Jahren aus Ephesus gekommen war, um mit uns zu leben, und den wir sehr liebgewonnen hatten, schenkte mir sterbend diese Handschrift. Wenn man seinen Worten glauben darf, enthält sie den Text eines Evangeliums, das Johannes verfaßt haben soll, ehe er die Vision hatte, von der er in der Apokalypse spricht. Später, schon im Alter, soll er es zur Abfassung jenes Evangeliums benutzt haben, das wir kennen, wobei er jedoch vieles wegließ, das seiner Absicht, den Stoff mit einer erhabeneren Bedeutung zu prägen, entgegenstand. Nur zu oft“, fügt Cassiodor hinzu, „habe ich von fälschlich als inspiriert bezeichneten Büchern gehört, die unter dem Vorwand, unbekannte Taten und Worte Jesu mitzuteilen, nichts weiter als Ungereimtheiten und leere Märchen verbreiten. In diesem Falle weiß ich aber nicht, ob ich meiner Unvorsichtigkeit oder meiner gewohnten Vorsicht gehorchen soll. Nach dem wenigen, das ich davon, alt und müde, wie ich bin, lesen konnte, würde ich in der Tat zögern, es als gefälscht zu verurteilen, wenngleich ich sehr an der Urheberschaft des heiligen Johannes zweifle, dessen unnachahmbarer und glühender Stil selten zu erkennen ist.“

Hier stelle ich mir vor, daß du mich schon ganz in die Lektüre eines Werkes versunken siehst, das mir so unversehens in die Hände gefallen ist und meine Leidenschaft für unveröffentlichte Schriften reizen muß. Doch wirst du sehr staunen, zu hören, daß es sich nicht so verhält. Ich habe dir, glaube ich, schon gesagt, daß es griechisch geschrieben ist; doch in einer Kursivschrift, die ich vorher nie gesehen habe und die beim Entziffern große Mühe bereitet. Doch war dies freilich nicht der Grund, wie du dir vorstellen kannst, mich von einer näheren Prüfung abzuhalten. Wer ließe sich angesichts eines so großen, unerwarteten Preises, wie es die Erfahrung neuer, noch unbekannter Dinge über das Leben unseres Heilandes ist, durch solche Schwierigkeiten abhalten? Was mich zögern ließ und mir sogar den Mut nahm, meine Entdeckung den eigenen Mitbrüdern mitzuteilen, war der Zusatz des ehrwürdigen Cassiodor, den er der erwähnten Schrift beigefügt hatte. Erlaube mir, ich bitte dich, ihn dir genau wiederzugeben, denn ich möchte, daß auch du in deiner Weisheit darüber urteilst.

„Reichten meine Kräfte aus", setzt Cassiodor fort, „wäre ich nicht so leidend und mein Augenlicht weniger geschwächt, so würde ich gerne das bißchen Leben, das mir noch verbleibt, einzig dem Studium dieser Handschrift widmen, in deren Zeilen so oft die Wahrheit und mitunter ganz plötzlich, wenn ich mich nicht irre, die göttliche Inspiration aufscheint. Und vielleicht könnte ich in ihr schließlich, wer auch der Verfasser gewesen sein mag, ein fünftes Evangelium erkennen; vielleicht wäre es meinem armseligen Verstand gegeben, sie wirklich als vom Heiligen Geiste diktiert zu erkennen. So aber fühle ich mich in der vom Alter auferlegten Ohnmacht verwirrt und, ich leugne es nicht, beunruhigt. Ist es doch bei den vier als echt anerkannten Evangelien kennzeichnend, daß sie einander ergänzen, ohne einander je zu widersprechen: Hierin scheint auch dieses fünfte keine Ausnahme zu machen. Aber da gibt es doch manch Kühnes, fast allzu Kühnes, deutlich menschliche, fast allzu menschliche Akzente: Freilich keine Wahrheiten, die unseres Erlösers unwürdig wären, aber doch solche, die bei unrichtiger Deutung zur Vermessenheit würden. Und so frage ich mich, ob es nicht schon aus den übrigen vier Evangelien genug des Kühnen zu schöpfen gibt. Haben wir nicht immer darin gefunden, was unserem Glauben genügt? Auch haben wir schon soviele Auseinandersetzungen und Zwiste hinter uns, die durch unvorsichtiges Lesen des einen oder anderen Evangeliums oder Evangelienabschnitts übel geschürt wurden; und nun sollten wir eine endlich feststehende Wahrheit durch eine neue Reizung unseres Urteilsvermögens leichtfertig trüben? In der Unschlüssigkeit, ob diese Schrift vernichtet oder enthüllt werden soll, vertraue ich sie also gleichsam den Händen der göttlichen Vorsehung an und bete, daß diese nach ihrem Ratschlusse bewirken möge, was ich in meiner Armseligkeit nicht zu tun vermag."

Nun wirst du, glaube ich, den Grund meines Widerstrebens besser verstehen, und auch wie es möglich ist, daß der Mensch, den du als so eifrigen Leser kanntest, bei dem Gedanken fast vor Furcht vergeht, in einer so wichtigen Angelegenheit zu entscheiden. Ich erinnere mich an Cassiodors letzte Lebensjahre: Zwar konnte er sich kaum noch schleppen und seine Stimme schwankte; doch wie fruchtbar war sein Geist und wie lebendig sein Gedächtnis! Ich, der ich erst seit kurzem, als verlegener Novize, hier war, verglich staunend meine Bildung mit der seinen und bewunderte neidlos – aber wohl ein wenig beschämt – seine Gewandtheit in der Heiligen Schrift. Ich hatte sie nicht nur gelesen, sondern ausgeweidet, er aber brachte mit seiner Methode, mit der Beseitigung manchen Zweifels, mit der Entscheidung, welches die wahrscheinlichste Variante sei, jenes richtige Gleichgewicht zwischen Maß und Freiheit, wie es nur aus langen Studien und dauernder Vertrautheit entsteht. Wenn also er mit seiner ganzen Erfahrung, sage ich, es nicht wagte, an die Erforschung eines solchen Textes heranzugehen, was sollte ich mit meiner Unerfahrenheit beginnen?

Das ist es, was ich dich, um deinen Rat begierig, frage: Der Zufall (aber glauben wir noch an einen Zufall?) hat mich mit einer zu schweren Bürde beladen, und ich frage mich fast ungläubig, ob wirklich gerade ich der von der Vorsehung erwählte Mensch sein soll (lache nur, du hast Grund dazu), das Nötige zu entscheiden, oder ob ich meinen Lehrer Cassiodor nachahmen und keinerlei Entschluß fassen soll. Bei diesem Unterfangen gibt es nichts, wovon mir meine Bedenken nicht abraten müßten, nichts, wozu mich mein Mut nicht anlockte. Zum Beispiel: Wenn sich dieses fünfte Evangelium nicht wesentlich von den vier anderen unterschiede, wozu sollten wir uns nicht weiterhin mit den übrigen zufriedengeben? Und falls es ihnen entgegenstünde, wozu sollten wir zulassen, daß es komme und unsere Wahrheiten in Unordnung bringe? Und scheint es dir nicht einem Plan der Vorsehung zu entsprechen, daß der christliche Glaube selbst unter so widrigen Umständen wachsen und die alten Irrtümer verdrängen konnte, ohne dieses angeblichen, nie vorher gesehenen Evangeliums zu bedürfen? Kurz, ich frage mich, ob wir, die wir schon in den vier kanonisch genannten Evangelien gefunden haben, was der wahre Glaube braucht, uns so verhalten dürfen, als sei dieser unvollständig und ob wir dafür neue Beweise – oder neuen Zündstoff für unsere Zweifel – suchen dürfen.

Anderseits aber, wird eine Wahrheit, wenn sie es ist, nicht von jeglichem Zeugnis Gebrauch machen, auch wenn zufällig manches nicht übereinstimmt? Wenn es, wie wir glauben müssen, der göttliche Wille selbst war, der die Botschaft unseres Erlösers vier verschiedenen Stimmen anvertrauen wollte, die in gegenseitiger Unterstützung einander bestärken, warum sollten wir zögern, uns einer fünften zu bedienen, sofern daraus ernstlich die göttliche Inspiration zu ersehen ist? Und weiter: Da die Heilige Schrift oft ihren Sinn verschleiert und verhüllt, als fürchte sie, uns mit allzu starkem Licht zu blenden, warum sollten wir nicht in anderen Schriften zu finden hoffen, was uns zu besserer Einsicht und besserem Verständnis verhelfen könnte? Ist es etwa nicht merkwürdig mit unserer Wahrheit bestellt, daß sie umso verständlicher sein soll, je mehr man sie auskostet, und unserem Verstand umso zugänglicher, je mehr sie unser Gemüt in Versuchung führt?

Nicht genug damit. Du weißt, daß wir an den Evangelien ständig durch Unterlassung sündigen, daß man sie immer wieder gelesen haben muß, um sagen zu können, man habe sie gelesen, und daß sich uns auch beim zehnten Mal stets Neues zeigt. Etwas Ähnliches widerfuhr mir erst vor einigen Tagen, als ich wieder einmal das Johannesevangelium von Anfang an las (du wirst verstanden haben, warum: Ich wollte mich gleichsam auf die Prüfung des Buches, von dem hier die Rede ist, vorbereiten) und dabei vieles bemerkte, was mir früher entgangen war: Unter anderem jenen Schlußsatz im Epilog, worin der vierte heilige Evangelist auf das Viele hinweist, was Jesus getan hat und worüber dieses Evangelium nicht berichtet. Nun habe ich diesen Satz, obgleich ich ihn kannte, offen gestanden nie beachtet. Jetzt hingegen, da ich an den Schluß einer aufmerksamen, aufgewühlten neuerlichen Lektüre kam, die mich staunend erkennen ließ, daß Johannes so anders als die übrigen Evangelisten vorgegangen war, drängte sich mir plötzlich die Frage auf: Und wenn er uns damit zu verstehen geben wollte, daß er nicht auf das Viele, wovon er wußte, verzichten wollte, sondern vielmehr auf die Tatsache anspielen, daß er nicht näher darauf eingegangen war, weil er es schon in seinem früheren Evangelium berichtet hatte? Ich weiß, das scheint dir gewagt und zu weitgehend. Aber hast du noch nie bemerkt, daß Jesus bei Johannes länger und erhabener spricht als bei den anderen Evangelisten? Und wie kärglich und trocken berichtet dieser dagegen über Jesu Taten! Wer verbietet uns, das, was uns vorliegt, als eine mehr verdichtete Fassung anzusehen, mehr auf Synthese gerichtet, wahrscheinlich vergeistigter und dafür handlungsärmer als ein früheres, nie verbreitetes Werk es war? Kurz, daß Johannes wie jemand vorgehen konnte, der sein eigenes Buch neu schreibt und dabei hier wegläßt und kürzt, dort den Stoff anders anordnet oder entfaltet; der manche Begebenheiten als seinen Lesern schon bekannt voraussetzt, dann wieder darauf abzielt, das früher eher Zersplitterte in Einklang und in ein richtiges Verhältnis zu bringen?

Um dir jetzt alles zu gestehen: Als ich Johannes wiederlas, erinnerte ich mich, in meiner Jugend ein Buch gelesen zu haben, eines der vielen als häretisch abgelehnten, worin nicht nur der Glaube an die Gegenwart Jesu in dem gewandelten Brot verhöhnt, sondern – man sollte es nicht glauben – zum Beweis dafür auf die Evangelien und das, was sie über die Eucharistie bezeugen, verwiesen wurde. Ich weiß noch, daß es behauptete, sie stimmten nicht nur sinngemäß nicht überein, sondern auch in der Weise, wie die von Jesus gebrauchten Worte wiedergegeben seien. Es hieß da, was die ersten drei Evangelisten darüber schrieben, reiche nicht aus, dem Ritus des Brotbrechens den Wert eines Sakraments beizumessen. Da bei Johannes jeder Hinweis darauf fehle, hieß es weiter, sei er entweder als nicht wahrhaft oder die Feier des eucharistischen Brotes als nebensächlich, somit das Sakrament als bedeutungslos anzusehen. Und es ist richtig, daß Johannes in seiner Schilderung des letzten Abendmahles tatsächlich die Einsetzung der Eucharistie wegläßt. Nun aber (vergib, wenn ich dich vorhin belogen habe) öffnete ich die erwähnte Handschrift und suchte darin gerade das letzte Abendmahl: Zu stark war die Neugierde. Nun gut, es gleicht alles dem Johannesevangelium, mit der Fußwaschung, die bei den anderen Evangelisten nicht vorkommt, und mit der Vertreibung des Judas, welche bei jenen anders erzählt wird. Aber gerade hier, gleich nach des Judas Weggang und einer kurzen Rede Jesu, der ich früher nie begegnet war, kommen der Ritus des Brotes und Weines und die Worte der Eucharistie: Als habe sich der Sohn Gottes erst nach dem Weggang des Sohnes der Verdammnis in der Verfassung gefühlt, uns am heiligenden Sakramente teilhaben zu lassen.

Du siehst nun, daß ich Grund zu meiner Unschlüssigkeit habe: Und daß es trotz des Vielen, das mich zum Nichthandeln drängt, doch noch mehr gibt, das mich zum Handeln anzureizen scheint. Antworte mir also, ich bitte dich, und zwar bald: Es hängt von deiner Antwort ab, ob die Schrift dort bleiben soll, wo der Zufall sie mich finden ließ, oder ob ich mein restliches Leben dem Werke weihen soll, zu dem mich die Vorsehung berufen haben mag. Ich sehe schon den feinen Spott deines Lächelns, weil ich dich beinahe für die göttliche Vorsehung halte. Lege gleichwohl deine Bescheidenheit ab, um eilends der meinen zu Hilfe zu kommen. Ich bin erst vor kurzem der Agnostik entronnen und entstamme einer Kultur, in der die Meinung die Rolle der Gewißheit spielt und das Wahrscheinliche, die Liebe zur Hypothese, die Leidenschaft des Widerspruchs, die Lust am Zweifel herrschen. Und wer den Zweifel kennengelernt hat, fürchtet das Auftauchen des neuen Zweifels und ängstigt sich, ohne tröstliche Freundesstimme oder stärkende Autorität auf unerforschte Bahnen zu gelangen.

2.

Petronas, Wiedererbauer und Abt von Montecassino, an Hilarius, Abt des Benediktinerklosters St. Paul zu Rom (um 717, Montecassino war um das Jahr 585 zerstört worden, seither hatte die Mönchsgemeinschaft in Rom gelebt).

Wie der Apostel sagt: „Gebt uns Raum in euren Herzen“, so kamen eure Abgesandten zu uns, deren Gaben uns in allem bereicherten: „in jedem Worte und in jeglicher Erkenntnis“. Wie könnten wir auch anders die Rückkehr der Handschrift mit unserer heiligen Ordensregel in unserer Mitte begrüßen, wie die Ankunft der Bände der Heiligen Schrift und der vielen anderen Bücher beschreiben, deren ihr euch entäußern wolltet, um uns zur Wiedereinrichtung unserer Bibliothek zu verhelfen, an diesen gesegneten Ort, wo Jahre hindurch nur bittere Einsamkeit geherrscht hatte? Hundertdreißig Jahre lang lebten wir gleichsam im Exil, wenngleich auch in jenem Rom, das uns so trefflich beschützte. Und nun siehe, wir sind nicht nur in unser Jerusalem zurückgekehrt, um dort unseren Tempel wiederherzustellen, wenn ich so sagen darf, sondern wir haben die Satzungen unserer heiligen Ordensregel wieder und überdies alles, was die feste Besitznahme unserer Ursprungsstätte der Erfüllung des göttlichen Willens gleichen läßt.

Sicherlich brauche ich dir nicht zu sagen, daß es große Feierlichkeiten gab, und auch nicht, welcher Trost unsere Freude durchdrang. Der Langobardenherzog selbst, der Nachfahre jener barbarischen Zerstörer unserer Zufluchtstätte, war zugegen, um an unserer Fröhlichkeit teilzunehmen. Während wir eure Gaben auf ginstergeschmückten Pfaden in einer Prozession den Berg hinauftrugen, folgten er und die Seinen gesenkten Hauptes, ohne jeglichen Prunk, ja sogar ohne jene Waffen, die sie sonst nie ablegen, gleichsam um uns ihre Bekehrung deutlicher zu zeigen. Am Schluß tauften wir sie nach unserem Ritus. Sage mir, ob die Gnade ein vollkommeneres Zeichen geben konnte? Füge noch die ungezählten anderen Gnadenbeweise hinzu, angefangen mit dem Zusammenströmen des im Umkreis lebenden Volkes und dem Anwachsen der Berufungen. Ich weiß nicht, ob ich in einem Augenblick des allgemeinen Jubels und da alles ringsum einer Wiedergeburt „zu neuem Leben und vollkommenerer Frömmigkeit" gleicht, auch eine seltsame Entdeckung zu diesen Beweisen zählen soll, die wir unvermutet machten und die mich, wie ich gestehe, nun plötzlich zögernd sprechen läßt. Ich kenne ja deinen Verstand und fürchte sehr, daß du mich nach dem Lesen meines Briefes als allzugroßen Träumer beurteilen wirst. Das stimmt wohl auch: Seit Tagen lebe ich in einer Art von Verzückung, da ich plötzlich und gleichzeitig Dinge geschehen sehe, die wir nicht einmal mehr zu hoffen wagten. Aber ist dies nicht ein weiterer Beweis dafür, daß nichts ohne den Antrieb eines Willens – oder einer Absicht – geschieht?

Wir waren gerade mit dem Ordnen der Bücher beschäftigt, die ihr uns schenktet, und gingen eifrig in dem glühenden Bestreben vor, sie an Ort und Stelle zu sehen, doch nicht ohne bisweilen die eine oder andere Seite aufzuschlagen, bald beglückt, das unverbrauchte Wort der Heiligen Schrift als langentbehrte Speise zu erkennen, bald von jenen Leitsprüchen in Erstaunen versetzt, die so oft darin enthalten sind und die mehr bedeuten als sie sagen und immer neue Sinngehalte erschließen. Einen davon will ich dir wiedergeben, weil es mir kein Zufall scheint, daß wir ihn gerade in dem Augenblick überdachten, als ein Mitbruder erregt kam, um uns seine Entdeckung mitzuteilen. Er ist vom heiligen Paulus: „Ich setze in Sion einen Stein des Anstoßes, einen Felsen zum Straucheln; wer an ihn glaubt, wird nicht zuschanden werden." Ich wiederhole, wir sannen gerade darüber nach und fühlten uns eingeschüchtert wie Menschen, die über ein unbekanntes oder vergessenes Gebot aufschrekken, als ein Mitbruder mit Namen Johannes, den ich zum Ordnen der alten Schriften eingeteilt hatte, die wir von euch leider ungeordnet und in jahrhundertealten Staub gehüllt erhielten, herbeilief, um uns einen Brief zu zeigen, den ich für dich zur genauen Prüfung abschreiben ließ. Er wurde von einem Schüler jenes Cassiodor geschrieben, der, wenn ich nicht irre, zur Zeit unseres Ordensstifters lebte, und war an einen unserer Mitbrüder namens Theodat in Rom gerichtet. Und da, wenn ich mich recht entsinne, ein Mönch dieses Namens unter den vierzig Mönchen war, die vor ungefähr einem Jahrhundert vom seligen Papst Gregor nach Britannien entsandt wurden, um dort die Angeln zu unserem Glauben zu bekehren, deutet alles darauf hin, daß es sich um ebendenselben handelt.

Ich frage mich, ob er ihn wohl seinerzeit erhalten und ob er ihn je beantwortet haben mag und auch, wie ein so bemerkenswerter Brief unter ganz andersgeartete Dokumente gelangen und dort bis heute unbeachtet und vergessen liegenbleiben konnte. Und nun die eigentliche Frage an dich. Wer weiß, ob du in unserem Kloster in Rom nicht eine Spur der Antwort entdeckst oder einen Hinweis auf das Schicksal der Handschrift findest, von der in den dir übersandten Dokumenten die Rede ist. Und wer weiß, ob in eurer Bibliothek nicht versteckt oder unbeachtet eine Spur oder gar Kopie dieses angeblichen ersten Johannesevangeliums liegen mag, die auf Theodats Anfrage vielleicht nach Rom gesandt worden war. Und noch weiter: Weiß man noch etwas über Cassiodors Mönche? Steht ihr Orden noch in Blüte oder ist er im Laufe der Zeit erloschen? Und wohin, denkst du, könnten dann ihre Schriften hingeraten sein? Vor allem dieses fünfte Evangelium, das mich seit Tagen, wenn ich daran denke, in Aufregung versetzt?

Ich weiß, ich weiß, und sage es immer wieder: Wir leben außerhalb der Welt, aber die Welt lebt in uns. Und zu den vielen Versuchungen, die uns locken und ködern, gehört auch die Neugier des Verstandes und jene weltliche Anziehungskraft des Wissens wie auch, daß sich unserem Wissensdurst immer neue Reize bieten. Doch sind nicht auch das Rufe des Heiligen Geistes? Vor allem aber, wenn ich an die Innigkeit der soeben erlebten Tage und an den Aufschwung des bisher niedergeschlagenen, mutlosen und auseinandergerissenen Volkes dieser Gegend denke, wie es sich um unser wiedererrichtetes Kloster schart, dürfen wir dann die Gelegenheit zurückweisen, weiteres über Jesu Taten und Worte zu erfahren und uns seiner Nähe zu erquicken? Ist es doch in Wahrheit eine der Gaben des Gotteswortes, daß man umsomehr haben will, je mehr man davon hat: So wie man die Wahrheit umsomehr zu festigen sucht, je mehr man sich in ihr befindet. Nicht etwa, weil sie uns unwahrscheinlich oder unvollkommen erscheint, sondern weil sie umso schöner wird, je tiefer man in sie eindringt.

Erneuert in der Hoffnung, können wir auch im Mute neue Menschen werden und sogar das Zaudern des Mönchschülers des Cassiodor mit anderen Augen betrachten. Er hatte wohl Angst vor dem Zweifel und handelte wie ein Mensch, der auf seinem bisher sicheren oder hinreichend ebenen Weg einen hinderlichen Stein, einen Stein des Anstoßes, findet. Aber siehe, wiederum fällt mir der Bibelvers ein, den wir gerade lasen, als uns die Auffindung jenes Briefes mitgeteilt wurde, und nun frage ich dich und mich selbst, ob es nicht ein Zeichen war, eine heimliche Aufforderung, die Gewähr, daß wir mit Hilfe der Gnade und dem Trost eines festen, zueigen gemachten Glaubens jedenfalls mehr wagen dürfen als jener, da wir keine Angst vor Verwirrung haben. Freilich verhehle ich mir die Gefahren nicht. Aber sollen wir handeln wie Menschen, die, wo immer sie ein Zeichen erblicken, sich sehnsüchtig danach umdrehen, oder wie solche, die den Messias nicht zu erkennen vermögen, wenn sie ihm begegnen?

3.

Hilarius, Abt von St. Paul zu Rom, an Petronas, Abt von Montecassino (Datum des vorigen Briefes).

Zur weiteren Ausstattung eurer Bibliothek sende ich dir eine Abschrift der zwanzig Bücher der *Etymologiae* des heiligen Isidor, wie sie sein Freund, der heilige Braulio, angeordnet hat. Sie ist, um die Wahrheit zu sagen, nicht allzu genau (die Eile hinderte mich daran, sämtliche Unvollkommenheiten daraus zu tilgen), doch wenn ihr euren Wissensdurst oder euren Hunger nach philologischer Betätigung befriedigen wollt, so könnt ihr euch bei der Abschrift der Tilgung der Fehler befleißigen.

Weiters schicke ich dir auch die drei Bände der *Homilien* des heiligen Gregor zum Beweis dafür, wie sehr man mit Hilfe allein der kanonischen Evangelien im Glauben fortschreiten kann. Schließlich sende ich dir noch die fünf Bücher der *Sentenzen,* worin der selige Bischof Taio aus Spanien seine Weisheit ergoß. Als ich sie letzthin las, blieb mir zufällig eine seiner Sentenzen besonders in Erinnerung: Jene von dem wilden Esel, der die schon ergrünten, wasserreichen Gefilde vernachlässigt und lieber auf Ödland lebt. Und auch einer anderen Sentenz entsinne ich mir als Beweis für die Nützlichkeit dieser Lektüre: Der Knabe erkrankt, der mehr Nahrung zu sich nimmt, als ihm seine Mutter vorsetzt. Die eine wie die andere erinnert mich, offen gestanden, an dich. Aber auch an den Mönch von Vivarium, den ich eigentlich in erster Linie der Vorsicht wegen bewundere, die ihn abhielt, sich ohne die Stütze einer anderen und erfahreneren Autorität in eine abenteuerliche Lektüre einzulassen.

Natürlich konnte ich hier weder die Spur einer Antwort Theodats auf jenen Brief, noch, viel weniger, den dort erwähnten Band finden. Fürchtete ich nicht, deinen heiligen Eifer zu dämpfen, würde ich sagen, daß in dieser Geschichte alles nach Erfindung aussieht. Doch gleichwohl, wozu suchen? Und wo suchen? Das Kloster von Vivarium verödete, soviel wir wissen, kurz nach dem Tode seines Gründers. Es heißt, der heilige Columban habe auf seiner Pilgerschaft dorthin die einst dort befindlichen Bücher in das Kloster von Bobbio überführen lassen. Es könnte also sein, daß dieses angebliche erste Johannesevangelium den übrigen Büchern folgte. Hätte es jedoch verdient, zu überleben oder Verbreitung zu finden, so hätte Gottes Weisheit schon dafür gesorgt. Glaubst du nicht, sie könnte es vorgezogen haben, es entweder an seinem früheren Platz oder nirgendwo zu belassen?

4.

Martin von Wells, Erzbischof von Canterbury, an Theodor von Rossano, Bischof von Stilo (IX. Jh.).

Der Brief, den du dem meinen beigeschlossen findest, wurde vor vielen Jahren vom ehrwürdigen Theodat geschrieben, einem der vierzig heiligen Mönche, die dem seligen Augustin von Rom aus folgten, als dieser zu unserer Bekehrung von Papst Gregor ausgesandt wurde. Der Bote, der ihn nach Italien bringen sollte, starb unterwegs in einem Benediktinerkloster in der Nähe von Dijon, wo er Zuflucht suchte; dort blieb der Brief, wohl unbeachtet, bis vor kurzer Zeit, als ihn der Abt des Klosters beim Ausräumen eines Archivs zur Erweiterung des Refektoriums zufällig fand und ihn hierher zurücksandte. Er ist, wie du sehen wirst, an ein Kloster in Vivarium gerichtet, und spricht vom Text eines unbekannten Evangeliums, das in der dortigen Bibliothek existiert haben soll. Der Ton des Briefes machte mich sehr neugierig und erweckte in mir den Wunsch, mehr darüber zu erfahren; doch die Weise, wie er verlorenging und dann zurückkehrte, hat in dem einen oder dem anderen Sinn etwas Providentielles an sich: Entweder er sollte nicht an seinem Bestimmungsort ankommen oder er sollte seinen unterbrochenen Weg erst jetzt fortsetzen. Dieser Zweifel löst sich mir nicht, da ich sowohl von der Klugheit seines Verfassers als auch vom aufrichtigen guten Willen dessen überzeugt bin, der ihn um eine Abschrift jenes Evangeliums zur Einsichtnahme drängte. Nun ziehe ich dich in diesen Zweifel hinein, indem ich mich gänzlich deinem Urteil anvertraue. Die Gleichheit unseres Glaubens, Standes und Ranges bringt uns einander sehr nahe, dessen bin ich sicher, sei es im Glauben Zeichen gegenüber und in deren weisem Gebrauch, sei es im Vertrauen zu geistlichem Enthusiasmus und dessen kluger Beurteilung.

Es wurde mir berichtet, daß die Gemeinschaft von Vivarium schon lange nicht mehr existiere. Man sagte mir, dein Stilo sei von jenem Ort nicht weit entfernt. Welche Überraschung wäre es daher, wenn die dortige Büchersammlung, ja sogar das Cassiodor geschenkte Evangelium, unter eure Obhut gebracht worden wäre? Darum bitte ich dich, zu suchen, ohne dich über meine Neugierde allzusehr zu verwundern oder sie als müßig und übertrieben zu verurteilen. Scheint es dir nicht auch billig, Richtiges solange in Erfahrung bringen zu wollen, als es sich nicht als Unrichtiges erweist? Und daß eine verborgengebliebene Wahrheit darum nicht minder wahr ist und vielleicht nur des rechten Augenblickes harrt, um sich zu offenbaren? Und selbst auf die Gefahr hin, daß du denkst, ich wolle mich rechtfertigen: Glaubst nicht auch du, daß bei uns die skrupelhafte Treue zum überlieferten Wort im allgemeinen mit übertriebener Vigilanz verbunden ist, die uns mehr zur Untätigkeit ansporne als zum Handeln? Und, noch schlimmer, daß die Überzeugung, dieses Wort zur Genüge zu kennen, uns von dessen Betrachtung abhält, ja, in vielen Fällen sogar zur Vernachlässigung führt?

Im Laufe einer meiner pastoralen Reisen suchte ich vor einiger Zeit in einem kleinen, von mächtigen Wäldern umgebenen Kloster Zuflucht zur Nacht. Als wir auf einer schmalen Spur und über kleine, schwankende Brücken dort anlangten, war es fast schon finster; außer dem Rauschen der Bäume im Wind war nichts zu hören. Kurz, ich wüßte keinen abgeschiedeneren Ort. Und dennoch haben auch dort die falschen Philosophen Schule gemacht. Die wenigen dort wohnenden Mönche leben sicherlich fromm: Viele Gebete und Bußübungen, fleißiger Chorgesang, manches Erbauungsbuch zur Nahrung der Seele. Aber, du würdest es nicht glauben, keine einzige Abschrift des Evangeliums. Hört man sie dann noch über Jesus sprechen, so möchte man meinen, er habe zu keiner Zeit – und an keinem Ort – gelebt. Dafür aber abstrakte und furchtsame Gespräche über Gott und Seine Mysterien: Über Ihn, behaupten sie, könne man nur sagen, was nicht ist. An Stelle eines Gottes, der Mensch geworden und zu uns gekommen ist, um unter uns zu leben und zu wirken, arbeiten sie also eine Art Philosophie der Abwesenheit aus, insofern daß, wie sie sagen, Ihn besser erkennt, wer auf den Anspruch, Ihn zu kennen, verzichtet und das Nichtwissen zum Weisheitsprinzip erhebt. Und all dies verwechseln sie mit der Nachfolge Christi. Doch Christus war anders.

Ich sage dir, daß ich aus dieser Erfahrung sogleich zwei Lehren zog: Zunächst errichtete ich eine Schreiberschule, die von nun an nach dem Gebot des heiligen Paulus wirken soll: ,,Timotheus, bewahre das anvertraute Gut!", zum anderen bin ich darangegangen, wiederum im Neuen Testament zu lesen. Ich brauche dir wohl weder von dem Zustrom neuer Gedanken noch von der ungewöhnlichen Fülle der in mir erwachsenen Empfindungen zu sprechen. Freilich verhält es sich nicht so, als habe ich das Wort vorher nicht gekannt; ich stellte fest, daß ich ganz einfach aufgehört hatte, es zu kennen. Da ich zusehr von seiner unendlichen Ferne durchdrungen war, hatte ich seine unendliche Nähe vergessen. Da auch ich seit meinen ersten Schuljahren gewohnt war, es als Quelle unerreichbarer Mysterien zu betrachten, entdeckte ich jetzt darin voller Staunen, daß es eine durchaus verständliche Wahrheit ist. Hatte ich mich bisher damit begnügt, an eine Art unverletzbare Abgeschlossenheit Gottes zu glauben, so finde ich nun auf einmal in der Heiligen Schrift eine dem Verstand freundliche, eine zugängliche, ja bis zu einem gewissen Grad auch erfaßbare Welt. Vor allem aber hatte ich in meiner völligen Überzeugung von der gänzlichen Ausschöpfung des Wortes nicht begriffen, daß es umsomehr aussagt, je mehr man in es eindringt und daß es umsomehr offenbart, je mehr wir uns darum bemühen, so daß es auf unerklärbare Weise sowohl unserer Sattheit als auch unserem Hunger Genüge tut.

Nun wirst du schon den Grund meiner langen Abhandlung begriffen haben. In den letzten Tagen habe ich die Evangelien mehrmals untereinander verglichen. Und da ich bewundere, wie sehr sie einander ergänzen, entsprechen und bewahrheiten, aber auch bemerke, daß manches, unserer Frömmigkeit fast unerträglich, verschwiegen wird, stelle ich nun die Frage: ,,Haben sie uns auch wirklich alles überliefert? Wieviele andere Dinge hat Jesus vielleicht noch gesagt, die uns, lernten wir sie zufällig kennen und würden sie uns offenbar, Sein Wort noch verständlicher machten und näherbrächten?" Sollten wir auch nur einen einzigen Satz Jesu, der von den anderen Evangelisten ausgelassen oder vergessen wurde, nun in dem in Vivarium aufbewahrten Evangelium des griechischen Mönchs aufzufinden hoffen, dürften wir da etwa handeln wie jener, der, um sein eigens Feld nicht in Unordnung zu bringen, den darin verborgenen Schatz nicht suchen will? Oder sollten wir es nicht mit jenem anderen halten, der mit allen seinen Kräften die Erde nach allen Richtungen hin umgräbt?

5.

Theodor von Rossano, Bischof von Stilo, an Martin von Wells, Erzbischof von Canterbury (IX. Jh.).

Weder hätte ich gedacht, daß Stilo in so weiter Ferne bekannt sei, noch, daß uns Briefe – und welche Briefe – aus so weiter Ferne erreichten. Und ich hätte auch Mühe, es zu glauben, wäre da nicht der Gedanke an die Einheit des einen Glaubens, der uns alle zu Blättern desselben Stammes macht und uns einander schreiben läßt, ohne einander je gesehen zu haben: ihr, die ihr Angeln oder Sachsen seid, wir, die wir italischer Nation sind. So schiene mir auch das Schicksal eines vor fast drei Jahrhunderten verfaßten und abgesandten Briefes, jetzt angelangt, um meinen Geist anzuspornen oder gar zu erregen, kaum glaubhaft. Ich weiß, daß du meine Gemütserregung schwerlich verstehen wirst: Von den Sarazenen belagert, die uns Häuser und Kirchen zerstören und verwüstend über Meere kommen, die einst christlich waren, fühlen wir uns gleichsam in der Hoffnung schwanken und leben mehr in der Bedrohung eines Endes als in der Erwartung eines Beginns oder Advents. Weißt du, was Stilo jetzt ist? Kaum mehr als ein Fels am Felsen, unter steiler Sonne, die ihre Flamme senkrecht ausschickt und unseren Tagen etwas Unabwendbares verleiht. Bei jedem Morgengrauen spähen wir über das Meer, ob nicht etwa sarazenische Schiffe es beleben, und jeden Abend staunen wir, daß wir noch am Leben sind. Ist es da verwunderlich, daß du mich sosehr ergriffen hast? Wir kommen von weither und ziehen in die Ferne, dies waren meine Überlegungen beim Lesen der Schriften, die du mir schicktest. Und sind jene im Tonfall so unveränderten, gleichsam lebendigen Stimmen, die über Jahrhunderte hinweg einander Antwort geben, etwa keine Bestätigung unserer Dauer?

Freilich gibt es noch immer genügend Anlaß, unschlüssig zu sein: Wir wissen ja, daß sich Wölfe im Heiligengewand schon allzuoft bemühten, das Evangelium umzustürzen. Und deren gibt es bei uns besonders viele, da die ungeheure Weite der Wälder Einzelgänger anzieht, die Zahl der Seher vermehrt und Male einer unrichtigen oder irregeleiteten Frömmigkeit allerorts hervorsprießen läßt; kaum hat sich einer in eine Höhle zurückgezogen, um dort fern jeder Gemeinschaft zu leben und seinem Fasten zu obliegen, schon wird er, sofern er sich nicht gleich als Mystiker oder Prophet gebärdet, zumindest zum Überbringer einer Botschaft, von der du nicht weißt, ob darin Treuherzigkeit, Schwindel oder Unkenntnis der Heiligen Schrift überwiegen. Mein Bereich muß wohl voller griechischer Mönche und angeblicher neuer Evangelien sein. Und ich kann dir nicht sagen, wie oft ich selbst als Schützer jener Grenzen der Wahrheit auftreten mußte, ohne die unsere Lehre Gefahr liefe, in Willkür und Phantasie auszuarten. In unserem Falle aber habe ich meinem Mißtrauen nur in dem Punkt nachgegeben, daß ich bei meinen Nachforschungen vorsichtiger sein will: Denn das Wunderbare an der Geschichte eines verirrten, dreihundert Jahre lang vergessenen, unerwartet wiedergefundenen Briefes kann auch ein Zeichen dafür sein, daß nichts von dem, was gut ist, verlorengeht.

Ich muß dir sagen, daß ich den Brief immer wieder gelesen habe, erstaunt darüber, daß ich Vivarium nicht einmal dem Namen nach kenne und nichts über die Mönche weiß, die dort lebten. Du darfst dich darüber nicht wundern: Das Elend, das über uns hereingebrochen ist, seit die Sarazenen unsere Küsten verwüsten, hat diese Gegend verändert und viele Erinnerungen getilgt. Wir selbst, die wir am Meere lebten, flüchteten vor fünfzig Jahren ins Landesinnere, in weite Täler und unwegsame Wälder, und nahmen kaum etwas mit. Und von den geretteten Büchern gleicht keines dem von dir gesuchten. Ich habe mich damit freilich nicht zufriedengegeben: Ich ließ in Kirchen und Klöstern nachfragen, und soweit es möglich war, begab ich mich persönlich auf die Suche. Wohl fand ich anderes: Erinnerungen und Schriften von Eremiten, allzu wunderreiche Lebensbeschreibungen von Anachoreten, Hymnenbücher, bisweilen miniaturenverzierte Missale in Majuskeln geschrieben, Evangelienbücher in griechischer Sprache, die mir zuerst Herzklopfen bereiteten, um mich dann beim Entziffern zu enttäuschen.

Nur in einer Hinsicht hatte ich Glück: Ich konnte in Erfahrung bringen, wo sich Vivarium befunden hatte oder vielmehr, wo man annimmt, daß es gestanden habe; und eines Morgens machte ich mich in Begleitung eines jungen Mönchs auf schlecht gekennzeichneten und seit geraumem nicht mehr gerodeten Fußsteigen auf den Weg. Bebenden Herzens, wie ich dir gestehe: Man kann alt sein, und dennoch bei dem Gedanken, einem Anruf des Heiligen Geistes zu folgen, eine Jugendlichkeit des Herzens verspüren. Man kann überzeugt sein, schon genug erfahren zu haben, und doch mit frischer Freude die Verlockung neuen Erkennens fühlen. Auch war die Reise schön, fast immer das Meer im Sonnenglast vor uns, bald Stränden entlang, bald in Olivenhainen verborgen: Welche Überraschung für mich, der ich allerorts Bilder wiedererkannte, die ich seit meiner Kindheit nicht mehr gesehen hatte, so daß es mir wirklich vorkam, als sei ich auf einer Heimreise begriffen, die nicht nur mehr meine Neugierde, sondern mein ganzes Gemüt belebte.

Dies erzähle ich dir, um dir meine Enttäuschung begreiflich zu machen. Von Vivarium stehen nur noch lose Mauern, ein paar Zellen ohne Dach und, weiter unten, an einem mit Gestrüpp überwucherten Abhang mit dem Blick auf das öde Meer, ein paar Gräber. Ich weiß nicht, ob dies eine Folge des natürlichen

Verfalls oder des Zornes der Feindeshand ist. Sicher ist, daß ich dich dorthin, in die unbewohnte Stille brächte, wollte ich dir einen Ort als Beweis dafür zeigen, wie vergänglich doch Menschenwerk ist. Dennoch suchte ich, schob Steine und Brombeergestrüpp beiseite und drang gewaltsam in das Dornengewirr ein, das die ehemaligen Bogen und Pforten überwucherte; dort konnte ich die Stelle erkennen, wo einst der Altar stand, und jene, wo sich vermutlich die Bibliothek befunden hatte. Aber von Büchern keine Spur; und nichts, was darauf hingedeutet hätte, ob sie verbrannt, anderweitig zerstört, entwendet oder gerettet worden waren. Wäre nicht ein steinernes, zu Boden geworfenes Lesepult gewesen, das ich erblickte, wäre mir sogar das Leben, das sich im Kloster abspielte, als Legende erschienen.

P. S. Ich habe vergessen, dir über einen Glauben und Brauch zu berichten. Alle hundert Jahre, heißt es, komme ein Mönch aus dem Morgenland zu uns, der ein Buch und Fische bei sich habe. Und es ist der Brauch einer unweit von hier, auf halbem Wege zwischen Stilo und Vivarium gelegenen Ortschaft, alljährlich ein kleines Schifflein mit Blumen und Tüchern reich zu schmücken, um die Landung des Mönchs zu versinnbildlichen. Hinter dem Manne, der dessen Rolle spielt, bildet sich dann eine Prozession, die sich auf einem Pfad zu einer alten Kirche hinaufbewegt, die den Fischern sehr teuer und dem heiligen Andreas geweiht ist, jenem Apostel Jesu, der, wie man erzählt, nach Kalabrien entsandt wurde, um hier unser Volk zu bekehren. Dann werden Buch und Fische auf den Altar gelegt. Diese sollen daran erinnern, daß eben jener Apostel, als die Menschen hungerten, Jesus auf den Knaben mit den Fischen und Broten des Wunders aufmerksam machte. Was das Buch, eine alte Evangelienschrift, betrifft, so erinnere ich mich, gehört zu haben, daß es der heilige Andreas gewesen sei, der den heiligen Johannes zur Niederschrift seines Evangeliums veranlaßt habe.

6.

Servatus Lupus, Abt des Klosters von Ferrières, an Florus Diaconus an der Kirche von Clermont (X. Jh.).

Bedas Kommentare zu den Paulusbriefen sind zu umfangreich, um in einem Quersack Platz zu finden, noch viel weniger unter den Gewändern. Darum verzichte ich für den Augenblick, sie dir zu senden. Im übrigen bin ich darüber recht froh, wie ich dir gestehen darf: Die Diebe auf unseren Straßen sind so verschlagen und anscheinend solche Liebhaber unserer Pergamente, daß sie ein so schönes Buch nicht verschont hätten. Auch kann ich es dir derzeit nicht abschreiben lassen. Du weißt wohl von den Mißgeschicken, die uns letzthin betroffen haben. Durch sie sind wir so verarmt, daß unser Weizen nur noch für knapp zwei Monate reicht und wir fast nichts mehr zum Bekleiden haben. Unter diesen Umständen mußte ich die Mönche, die ich früher zur Abschrift von Büchern eingeteilt hatte, zur Feldarbeit und zu noch niedrigeren

Diensten heranziehen. Einer hat sogar die Flucht vorgezogen (und ich fürchte, daß er jetzt jenen Räubern angehört), und unsere Schreibstube ist öde; beinahe vermeide ich es, sie zu betreten, um meinem Schmerz nicht zu unterliegen.

Dafür sende ich dir die erbetenen Pinienzapfen, ein Dutzend, nicht mehr, weil unser Bote nicht mehr tragen kann. Ich habe mich zögernd und erstaunt entschlossen, dir zu willfahren: Dein Ansinnen ist so seltsam, daß ich beinahe fürchte, dich nicht recht verstanden zu haben. Zugleich sende ich dir vier meiner kleinen neuen Gedichte, die ich erst kürzlich, gleichsam zur Erleichterung meines Gemütes, verfaßte und deren Stoff und Inspiration ich den vier heiligen Evangelien entnahm. Ich weiß nicht, ob du sie eher leichtfertig oder anmaßend finden wirst. Aber selbst wenn dir meine Hexameter wohllautend scheinen sollten, so nimm sie nur als Übungen der Frömmigkeit, die mich, wie ich dir sagte, nicht nur erbauen, sondern die Erweckung neuer Liebe zur Heiligen Schrift anstreben. Denn wenn es uns erlaubt ist, uns deren Auslegung zu widmen, um die daraus verborgengehaltenen Bedeutungen zu erfassen, so ist es wohl auch erlaubt, sie mit Reimen zu schmücken, um die nicht offenkundigen Schönheiten besser hervortreten zu lassen. Als ich daran arbeitete, entdeckte ich sogar eines: Ich hatte sie bisher gleichsam mit blinden Augen gelesen. Ich will sagen, ich hatte aufgehört, mich davon berühren zu lassen, ja, beinahe vernachlässigte ich sie, da ich sie für schmucklos hielt. Und dasselbe widerfuhr meinen Mitbrüdern, denke ich, da nach dem Anhören meiner Verse mehr als einer das Bedürfnis empfand, die Evangelien wiederzulesen.

Jetzt beabsichtige ich, ein fünftes kleines Gedicht zu verfassen (lächle nur über meine dichterischen Ergüsse), in dem ich nicht mehr umschreibend vorgehen möchte, sondern, wenn ich so sagen darf, mir selber zurufe und nicht mehr das eine oder andere, schon geschriebene Evangelium preise, sondern die Wahrheit selbst, die in allen enthalten und in keinem vollständig ist: Als existiere, deutlicher ausgedrückt, gleichsam ein ungeschriebenes Evangelium, das die Quintessenz der anderen vier enthalte.

Es überrascht dich, ich weiß. Aber laß mich dir erst erzählen. Vor Jahren, als ich unsere Oblaten im Katechismus unterwies, fiel mir ein kleines, recht schlichtes und einnehmendes Büchlein in die Hände, das heißt, es war kaum ein Buch, wohl eher ein Fragment eines jener Evangelien, die wir als apokryph zu bezeichnen pflegen. Und da darin die Kindheit Jesu mit solchen Erfindungen ausgeschmückt war, wie sie dem kindlichen Gemüte so wohl gefallen, versuchte ich, sie unter allen Vorsichtsmaßnahmen, meinen Schülern zu Gehör zu bringen. Der Erfolg war der erwünschte: Jene Erzählweise rührte sie nicht nur, sondern schien sie dem Glauben sanfter zuzuführen. Und auch mir widerfuhr etwas Ungewohntes: Es schienen mir gleichsam keine Legenden mehr zu sein, sondern neue, unbekannte Fortsetzungen dessen, was in den Evangelien berichtet wird; oder besser, es seien hier nicht bloße Erfindungen, sondern es sei aus dem Überfluß unserer Wahrheit selbst Entsprossenes, gewachsen ähnlich dem Grase, das auch nicht nur auf geackertem Boden wuchert, sondern in Gräben und sogar unter Steinen.

Dann las ich darin jenen Satz, den ich dir zum Beweis dafür geben möchte, wie sehr eine apokryphe Schrift bei richtiger Anwendung zu erregen vermag: „Und Er sprach aus dem Geiste des lebendigen Gottes, wie ein Sturzbach aus einer fließenden Quelle hervorspringt, die doch niemals versiegt." Und da begriff ich: Wenn sogar ein Text, von naiver Hand geschrieben und nur das schon in den Evangelien Berichtete wiedergebend, solch belebende Ausweitung der Seele hervorrufen kann, wie sie nur aus der Gnade erwächst, so ist dies ein Zeichen dafür, daß die Quelle noch unversiegt sprudelt und die Evangelisten, soviel sie auch daraus tranken, sie doch nicht zu mindern vermochten. Also gibt es im eigentlichen Sinne eine ungeschriebene Wahrheit oder jedenfalls eine, die noch keine Schrift ungeteilt ausdrücken konnte: Und sie wirkt gleich dem Sauerteig in stets neuem Teig und offenbart sich weiterhin in stets neuer Form, um sich schließlich unserem Begreifen zu erschließen.

Dies ist der Gedanke, den ich in dem erwähnten kleinen Gedicht ausdrücken möchte, sofern mir Kraft und Mut dazu nicht erlahmen. Und um dir nichts vorzuenthalten: Ein Mitbruder, dem ich einige Stellen daraus vorlas, gab mir den Rat, es „Das fünfte Evangelium" zu nennen. Dies scheint mir, alles in allem, nicht unpassend, da es doch fünf Finger einer Hand sind, fünf unserer Sinne und fünf der Worte, die uns, wie der heilige Paulus sagt, belehren. Dabei will ich dir nicht wiederholen, daß schon das Altertum von einer fünften Substanz sprach, die den übrigen vier zugrundeliege und deren Beweggrund sei.

7.

Florus Diaconus an Servatus Lupus
(im Jahr des vorigen Briefes).

Ob es von der Trunkenheit kommt, in die dich deine Rolle als fünfter Evangelist versetzt, weiß ich nicht; aber du machst es wie die Vorsehung, die ihre Gaben austeilt, ohne auf unsere Wünsche einzugehen, sendest du mir doch Gedichte anstelle von Kommentaren und Pinienzapfen anstatt Federn*. Dies würde freilich nicht meine Freude darüber vermindern, dein Zönobium in ein Zönakel verwandelt zu wissen, und in meiner bescheidenen Kenntnis der Hexameter hoffe ich nur, deine Pinienzapfen mögen sich weniger holzig als deine Verse erweisen. Auch würde ich an deiner Stelle nicht so sehr dem Urteil deiner Mitbrüder vertrauen. Wenn ich ganz aufrichtig sein soll, frage ich mich sogar, ob sie dich nicht um die Evangelien baten, um Trost und Ausgleich nach deinen metrischen Künsten zu finden. Ich weiß, ich bin hart: Aber siehe, es gefällt mir nicht, daß etwas ein für allemal und so göttlich Gesagtes den fragwürdigen

* „pineas" = Pinienzapfen, „pinnas" = Federn.

Machwerken der Rhetorik oder, noch schlimmer, unserer Eitelkeit als Tummelplatz dienen soll.

Noch viel weniger gefällt mir, was in deinem Briefe weiters steht. Abgesehen von meiner Befürchtung, aus deinen neuen metrischen Bemühungen möge höchstens ein weiterer Pinienzapfen wachsen, scheint mir deine Vorstellung von der Offenbarung, die sich noch immer fortsetze und sich unserem Begreifen stets neu kundgebe, anfechtbar und sogar häretisch. Freilich ist es richtig – dies kann ich zugeben –, daß, wir nach jedem neuerlichen Lesen der Evangelien, sofern wir jeden vermittelten Hinweis zu erfassen bestrebt waren, das Empfinden haben, als hätten wir ein anderes entdeckt, das wir noch nie gelesen zu haben vermeinen. Und dann rufen wir vielleicht, von Staunen ergriffen aus (du siehst wohl, daß auch ich aus den Apokryphen zu zitieren weiß): ,,Wie es wahr ist, daß der Herr, mein Gott, lebt, so weiß ich nicht, woher das kommt, was in mir ist.“ Aber, es war eben schon da: Wir lasen mit gehaltenen Augen, aber es war schon in unsere Blindheit eingedrungen. Und sicherlich ist es auch richtig, daß die Quelle, auf die du anspielst, noch immer ungemindert hervorsprudelt: Aber nur in dem Sinn, den die Evangelien ewig beibehalten werden, denn was sie betrifft, gleichen die Menschengeschlechter den Dürstenden an den Ufern eines breiten Flusses: Jedes Geschlecht eilt herbei, um zu erlangen, wessen es für seinen Durst bedarf, aber der Fluß fließt in unverminderter Fülle weiter.

Damit du aber besser begreifst, wie dein Evangelium lautet, so sollst du wissen, daß in Bobbio schon eine Schrift existiert, von der die dortigen Mönche behaupten, daß sie das fünfte Evangelium sei. Ihr Gründer selbst, der heilige Columban, soll es – so wird erzählt – auf dem Rückweg von einer seiner Reisen nach Kalabrien mitgebracht haben: Und da er es für möglich hielt, daß es vom Heiligen Geiste inspiriert sein könne, gebot er den Seinen, es gut zu hüten und sehr in Ehren zu halten. Jedoch verweigert es der Abt keinem, der ihn bittet, es lesen zu dürfen, nein; er antwortet bloß: ,,Trage Sorge, daß du Christus findest, und du wirst das fünfte Evangelium gefunden haben.“

8.

Aus dem Chronikon bobiense (während ungefähr zweier Jahrhunderte, vom X. bis zum XII. Jh., von mehreren Mönchen verfaßt).

Im gleichen Jahr (1027) verweilte Kaiser Konrad auf seiner Krönungsfahrt nach Rom einige Tage in unserem Kloster. Unter anderem wurde ihm das sogenannte Buch der fünf Evangelien gezeigt. Und da er sich sehr wißbegierig zeigte und es zu besitzen wünschte, ließ ihm der Abt einige Seiten aus dem fünften abschreiben und überreichte sie ihm, zusammen mit einem goldenen Kreuz, als Geschenk. Als er darin die Maxime las, die da heißt: ,,Suchet das

Große, und das Kleine wird euch geschenkt werden, suchet das Himmlische, und das Irdische wird euch hinzugegeben werden", beschloß er, sie zu seinem Wahlspruch zu machen.

Zu derselben Zeit (ungefähr 1070) sandte Lanfrank von Pavia, Erzbischof von Canterbury, einen Boten mit einem Brief an unseren Abt, um diesen um eine Abschrift des sogenannten fünften Evangeliums zu bitten. Er hatte nämlich in einigen alten Büchern gelesen, daß dieses zur Bibliothek von Vivarium gehört hatte und war des Glaubens, es sei mit den übrigen Büchern zu uns gekommen. Desgleichen hatte er gelesen, daß sich darin eine bestimmte Stelle im Zusammenhang mit der Einsetzung der Eucharistie befinde, die beim heiligen Johannes bei der Darstellung des Letzten Abendmahls fehlt. Der Bote weilte zwei Monate bei uns und schrieb einige Bücher ab, doch reiste er ohne jenes Buch zurück. Auf Befragen des Abtes erklärte er, Lanfrank hoffe, daraus neue Argumente für die Disputation mit Berengar von Tours zu gewinnen, welcher die wirkliche Anwesenheit Jesu in der Eucharistie leugnete. Darum ließ ihn unser Abt folgende Antwort überbringen.

„Angeregt durch dein Begehren, habe auch ich während dieser Zeit das Johannesevangelium wiedergelesen und, unter anderen, darin insbesondere diesen Satz bemerkt: ‚Ein neues Gebot gebe ich euch: Liebet einander! Wie ich euch geliebt habe, so sollt auch ihr einander lieben. Daran sollen alle erkennen, daß ihr meine Jünger seid, wenn ihr einander liebt.' Und wenn du auf den weiteren Verlauf der Rede achtest, so wird dasselbe Gebot darin noch dreimal erneuert. Verzeihst du mir, wenn ich dir sage, was ich denke? Aus deinem Briefe strömt zornige Verachtung, doch die Liebe kommt darin zu kurz, und wenngleich du auch auf Gutes sinnst, so ist doch zuwenig von der Liebe, die wir uns gegenseitig schulden, zu spüren. Auch ich war in Rom zugegen, als Berengars Lehren verworfen wurden. Aber am Schlusse weinten wir alle, und am meisten Berengar. Ich selbst war, wie ich dir gestehe, plötzlich erschüttert, denn sein Weinen war solcherart, daß man es nicht vergessen kann, das armselige Weinen eines Menschen, der (so hättest du gesagt) zwischen Demut und Verdemütigung zerrissen wird und der schwankt zwischen dem aufrichtigen Wunsche, sich verleugnend, Buße zu tun, und jener traurigen Niedergeschlagenheit, jenem ersten Instinkt des Trotzes, der stets in einem Menschen zutagetritt, der sich übermäßig gedemütigt fühlt. Glaube mir: Das war kein Sieg der Wahrheit über den Irrtum, sondern ganz einfach eines Stolzes über den anderen. Wir behielten die Oberhand, ja; und vielleicht war es notwendig, daß wir siegten. Aber wir vergaßen allzusehr die Grenze zwischen der liebenden Bekehrung und der Vergewaltigung eines Gewissens. Dies ist der Grund, weshalb ich mir von einem neuen Evangelium vielmehr ein neues Ergießen der Liebe erhoffte. Und einen Anstoß, dem Wort näherzukommen. Und eine Aufforderung und Anrufung an jenen Geist des Friedens, von dem wir uns in unserer Uneinigkeit, Zerrissenheit und Spaltung allzuweit entfernt haben. Es gibt, gleichfalls aus dem Johannesevangelium, einen Vers, worin uns der Sohn dem Vater empfiehlt ‚damit sie eins seien, gleich wie wir'. Er wiederholt auch dies, wenn du darauf achtest, dreimal, und das drittemal fügt er noch hinzu: „Damit sie eins seien, gleich wie wir eins sind: ich in ihnen und du in mir". Wird dieser Vers in dem Evangelium, das du suchst, zu finden sein? Wenn ja, dann wird es richtig gewesen sein, es aufzufinden."

9.

Von einem nicht näher bezeichneten Bruder Rogerius (wenn wir die stark verblaßte Unterschrift richtig entziffert haben) an einen Mönch Ulderich in Bobbio. Dieser Brief, der in London aufbewahrt wird, ist fast sicher ein typischer Ausdruck des geistigen Klimas und der Reaktion auf die Scholastik, wie sie zu Beginn des 14. Jh.s an der Oxforder Schule vorherrschten; im übrigen gab es nur dort Kollegien von der hier erwähnten Art.

Weißt du noch, wie wir in unserer Jugend waren? Ich erinnere mich noch, daß du dir eine Regel und eine Art Wahlspruch als Streiter Jesu gewählt hattest: „Niemals von der Heiligen Schrift abweichen, soweit sie reicht; und alles wohin sie nicht reicht, das ist ohne Bedeutung." Ich selbst, der ich weniger geistvoll, aber nicht minder eifrig war, hatte mir einen anderen Spruch gewählt: „Das Wort schiene nicht mehr göttlich zu sein, erwiese es sich der menschlichen Vernunft voll zugänglich, und der Glaubensakt wäre nicht mehr verdienstvoll, verlangte er Beweise von Verstand und Erfahrung." War es Kindlichkeit? War es Beharrlichkeit im Glauben und für den Glauben? Sicher ist, daß irgend etwas, ich weiß nicht was, sich unmerklich geändert hat: Als strebten wir nicht mehr sehnsuchtsvoll zu Gott, mit der flehentlichen Bitte, unseren Geist mit seinen Gnadengaben zu stärken, sondern als brauchten wir Beweise für seine Existenz und als suchten wir diese nicht mehr in Ihm selbst, sondern in den Dingen, und nicht mehr in der Tatsache, daß Er sich uns aus freiem Willen geoffenbart hat, sondern in dem Umstand, daß unser Verstand diese Existenz als beweisbar erachte.

Ich fühle dein Erstaunen über diese Einleitung, und du wirst dich fragen, woher sie kommt und worauf sie hinzielt. Sie folgt aus einem Geschehnis, das sich hier vor einigen Tagen zugetragen hat, und ich denke, du wirst auch das übrige leicht verstehen, sofern du dich der Tätigkeit unseres Kollegs und der hier angewendeten Methode erinnerst: Wir werfen eine Frage auf und sprechen sie einen ganzen Tag lang im Beisein der Schüler durch. Wir waren übereingekommen, über den Ausspruch des heiligen Paulus nachzusinnen, der da lautet: „doch das Wort Gottes läßt sich nicht fesseln", und du wirst dir, so hoffe ich, den Grundton der Auseinandersetzung vorstellen können, wie sie, besonders bei den Schülern, hitziger wurde, und mit welcher Beharrlichkeit einige alte Lehrer sie mahnten, über die Gefahren eines unbeschränkten Eindringens in die göttlichen Geheimnisse nachzudenken. Von Gott gebe es keine genaue Kenntnis, gaben sie zu bedenken: und das ist wahr. Ebenso wahr ist es, daß der Geist, wenn er uns zu seinen Gnadengaben beruft, das Mysterium für uns nicht begreiflich oder zugänglich macht, sondern sich darauf beschränkt, uns einzig dessen Existenz einzugeben. Da sie aber vom Eifer einiger Schüler bedrängt und in die Enge getrieben wurden, verfuhren sie nicht nur, wie alte Leute eben verfahren, wenn sie dann gegen alles unduldsam werden, was von ihrer Auffassung abweicht, sondern in ihrem glühenden Bestreben, die Glaubenswahrheiten von jenen bloß verstandesmäßig durchdringbaren abzugrenzen, sprachen sie, als gingen uns nur letztere etwas an und als seien uns erstere durch die Eifersucht eines Gottes untersagt, der unseren Verstand mit Schranken des Schauders umgeben habe.

Aber was mich am meisten beunruhigt, trat kurz darauf ein, als sich nämlich ein junger Schüler erhob, um die Frage zu stellen: „Kann also ein Gott, der unendliche Weisheit ist, unserem Erkenntnisbegehren Grenzen setzen?" Hier gelang es meinen Kollegiaten nicht mehr, gerecht zu bleiben. Möglicherweise verstimmte sie seine halb schüchterne und ungeschickte, halb hartnäckige, wie aus geheimer Spottsucht entstandene Art zu lächeln. Fest steht, daß die Frage bald darauf verlagert wurde, und anstatt über die Fülle der uns verliehenen Charismen zu sprechen, wie er es eigentlich wollte, begannen sie, ihm wegen jenes unbedachten *kann* Vorwürfe zu machen, als habe er damit fragen wollen, ob Gott alles könne oder nicht.

Nun gut, ich will dir kurz einiges wiedergeben, was ich da hören mußte, und zwar von den Lehrern nicht minder als von den Schülern, so als habe alle das Deduktionsfieber gepackt und als wollten sie einander an Spitzfindigkeit übertreffen. Wenn Gott definitionsgemäß der Seiende ist, dann kann er nicht nichtsein; und gleicherweise kann er nicht entstehen, er kann nicht vergehen, er kann sich nicht ändern. Weiters kann Gott nicht irren, nicht lügen, nicht sündigen, denn, wie der heilige Paulus sagt, Er kann sich selbst nicht verleugnen. Und da er die Liebe ist, kann er nicht nichtlieben, und da er die Gerechtigkeit ist, kann er das Unrecht nicht wollen. Wenn Gott die Weisheit ist, kann er nicht nichtwissen. Gott kann als Vorsehung nicht nichtvorsehen. Und weiter kann er (höre, was Gott sonst noch alles nicht kann!) als höchster Wille nicht nichtwollen und als Allmacht nicht ohnmächtig sein. Kurz, alle Gott zugeschriebenen Attribute waren plötzlich zu ebensovielen Begrenzungen und Verboten geworden.

In meiner Eigenschaft als Zuhörer war ich nicht so sehr entsetzt, als vielmehr bestrebt, im Bild des lebendigen Gottes Zuflucht zu suchen, mich in seiner Liebe zu trösten. Indessen beobachtete ich die hitzigsten Wortführer dieser Auseinandersetzung: Und da ich in ihren Gesichtern etwas Trotziges und in ihrem Ton eine Art unheilvoller Anmaßung erkannte, fragte ich mich, ob wir wirklich denselben Gott anbeteten. Dann begriff ich: Sie verstanden die Heilige Schrift nicht mehr. Anstatt sich sehnsuchtsvoll dem Wort zuzuwenden in der Überzeugung, daß es allein genüge, uns in die Wahrheit hineinzustellen, müssen sie unbedingt analysieren, definieren, Schlußfolgerungen ziehen, als suchten sie eher Beweggründe für den Glauben als Bestärkungen bereits erlangter Gewißheiten. Und da empfahl ich mich, wie zur Entschädigung, der Kraft des Heiligen Geistes, der uns erleuchtet, und der Kraft der Weisheit, die sich an den Gläubigen endlos verschenkt, und sagte mir jenen Satz aus dem Johannesevangelium vor: „Wenn aber er, der Geist der Wahrheit kommt, wird er euch in alle Wahrheit einführen", und wiederholte mit Matthäus: „Denn nicht ihr seid es, die da reden, sondern der Geist eures Vaters redet durch euch" und weiters: „Wer euch sagt, der Geist schenke sich nach Maß, dem antwortet, er verschenke sich ohne Maß und verwandle uns zu jeder Zeit durch die Mehrung seiner Gaben."

Den letzten Satz hörte ich vor einiger Zeit. Und sicherlich wird er dir, wenn nicht gewagt, so doch neu oder jedenfalls ungewohnt vorkommen, sofern nicht doch, wie man sagt, ein anderes, Johannes zugeschriebenes Evangelium existiert, dessen alte Abschrift sich angeblich bei euch befinden soll. Eben daraus sollen die Worte, die ich soeben erwähnte, entnommen sein, die an sich keinen anderen in der Heiligen Schrift widersprechen, und die man daher ohne Vermessenheit gleich den anderen als vom Heiligen Geiste inspiriert ansehen könnte. Es wäre ein Glück, wenn dies stimmte und wenn uns die unfaßbaren Wahrheiten des vierten Evangelisten mit Hilfe eines zugänglicheren und vielleicht älteren Textes aus gleicher Hand nähergebracht und sozusagen anwendbarer gemacht werden könnten.

Ich träume, wirst du sagen, und vor allem irre ich mich: Wer gibt uns die Gewißheit, daß ein solches Buch wirklich von Johannes ist? Aber denkst du nicht, daß wir uns im Glauben als recht zaghaft erwiesen, wenn wir Furcht und Scheu vor der Nachforschung zeigten? Und daß wir letztlich sehr wenig unter dem Beistand des heiligen Geistes stünden, wenn wir darin das Wirken des Geistes nicht zu erkennen vermöchten?

Ich weiß, ich weiß es wohl: Seit über tausend Jahren nähren wir unseren Glauben mit Hilfe derselben Bücher; seit über tausend Jahren legt sie die Geduld der göttlichen Gnade unserer Ungeduld immer wieder liebevoll vor: Und ausgerechnet jetzt sollten wir sie für ungenügend halten und nach neuen Zeugnissen ausschauen? Und dennoch, schiene es dir nicht doch irgendwie von der Vorsehung gewollt, wenn ein neues Buch auftauchte, aus welchem die Lehre Jesu, wenn auch auf unvollkommene Weise, sickerte und das Interesse an seinem Wort gerade jetzt sich erneuerte, in einer Zeit wie der unseren, in der wir uns der Heiligen Schrift entfremdet haben und den Philosophen allzu willig Gehör schenken, als wollten wir unsere klaren Gewißheiten mit ihren Zweifeln korrigieren?

10.

André Triolet an Jean de La Salle (der Brief ist um das Jahr 1340 datierbar und fällt in die Zeit der sich lange hinziehenden Vespernkriege, als André Triolet, Magister und fahrender Poet, unter anderem Verfasser des Scherzgedichts *Complaint de Vérité,* als Erzieher eines Großneffen König Roberts in Neapel lebte).

Wenn meine Berechnung stimmt und mich meine Wünsche nicht trügen, müßte dich dieser Brief in der Gegend von Crotone erreichen. Andernfalls wird er dir folgen, wohin du auch gehst, nach Squillace, nach Gerace und, wenn nötig, nach Aspromonte, sofern dich dein Eifer bis zu den Wölfen Aspromontes leiten sollte. Siehst du wohl, welchen Vorteil es für einen armen Poeten bedeutet, wenn er seine Nachrichten denen unseres Königs beischließen kann? Ja, den Hauptmann, dem ich sie anvertraute (insgeheim, versteht sich, um ihn stärker zu beeindrucken), ließ ich geradezu in dem Glauben, sie seien ausnehmend wichtig und voller Geheimnisse. Ich habe ihm auch geraten, die Botschaft unter vier Augen, ohne Zeugen, als eine überaus vertrauliche Angelegenheit zu überreichen, die nur du lesen dürftest. So bezweifle ich nicht, daß er dafür große Sorge tragen wird und daß du ihn wirst lesen müssen, ob du willst oder nicht. Du wirst schon verstanden haben, daß ich darauf Wert lege: Und sei es nur, um deine frühere Bewunderung für meine Federkünste wieder einmal ernsthaft zu begründen.

Es sind schon einige Tage her, da hörte ich hinter einer Tür eine recht hübsche Neuigkeit über dich (sage mir, wie sich ein armer, Höfling gewordener Poet die Zeit anders vertreiben soll?). Man will dich, um es kurz zu machen, bei deiner Rückkehr zum Bischof ernennen: Indem Wir, so das Dekret, das ich erlauscht (und dann geschrieben) habe, die Dienste, die du Unserer Majestät erwiesen hast, sehr zu schätzen wissen und schließlich beschlossen haben, sie würdig zu belohnen. Du wirst also, mit Zustimmung des Heiligen Vaters, die Diözese von Nîmes erhalten, die, wie es scheint, sehnsuchtsvoll eines tugendhaften Nachfolgers harrt; damit nicht genug, wirst du ein paar ihrer Hirten beraubte Abteien und einige reiche, verwaiste Ländereien zum Lehen erhalten. O ausgezeichneter, wahrhaft glücklich zu preisender Kanonikus! Glücklicher aber noch deine Pferde, die du endlich nicht mehr abschinden wirst, unglückselig hingegen die Mauleselinnen deiner Diözese, sofern du dich nicht herablassen willst, wie die Apostel zu Fuß zu gehen, was allerdings der heiße Wunsch unseres Königs ist und wie es sich auch gehört. Was mich betrifft, solltest du mich manchmal zu Tische laden, so denke daran, daß mir die hellsten Weine unseres Rodano gebühren, nicht nur wegen der Rolle, die ich bei der Entscheidung spielte, sondern auch wegen der schönen Prosa, in die ich sie, wie du noch sehen wirst, gesetzt habe.

Natürlich hängt viel vom Erfolg deiner Mission ab: Ob sich also die dortigen Barone überzeugen lassen, daß sie alles zu gewinnen haben, wenn sie zu Robert übergehen, ob das Volk glauben wird, daß er sie gegen die Barone wirksamer schützen wird, ob der Klerus die Nachteile einer Parteinahme für einen exkommunizierten König und einige leichtsinnige, unruhestiftende Barone begreifen wird. Schon hat uns der Bischof von Gerace wissen lassen, daß er sich wieder mit uns verbünden wolle. Wisse es zu nützen. Und sei großzügig mit Versprechungen: Die Angelegenheit wird sich länger hinziehen, und zwischen heute und dem Zeitpunkt der Einlösung liegt noch eine lange Frist.

Bleibt dies aber auch deine wichtigste Aufgabe, so achte doch darauf, den Rest deiner Mission nicht zu vernachlässigen und glaube ja nicht, daß der König darauf vergessen werde. Seitdem er begonnen hat, seinen Traktat zugunsten der Lehre von der apostolischen Armut zu schreiben und den Franziskanern Gehör schenkt, träumt er nur noch davon, die Kirche dem Evangelium wiederzuschenken. Denke, daß dazu sogar jenes griechische Evangelium aus der Zeit des Cassiodor herangezogen wird, über das er schwätzen hörte, als er nach Kalabrien kam, und von dem er nichts anderes weiß, als daß darin steht: „Die Heiligkeit ist der Schatz der Armen." Aber selbst, wenn dies stimmte, was vermöchte es zu ändern? Steht es so nicht überall im Evangelium? Und er, der sich die Diener Jesu (dich eingeschlossen, wie du gesehen hast) arm wünscht, tut er nicht alles, um sie reicher und mächtiger zu machen?

Du trage jedenfalls dafür Sorge, zu tun, was du kannst. Da du nicht allzu gerne liest, kann ich mir dich zwar schwerlich zwischen Bücherregalen in alten Schriften suchend vorstellen. Aber erkundige dich wenigstens, und laß Erkundigungen einziehen, und versprich Geschenke: Wer weiß, ob dieses Evangelium nicht doch tatsächlich existiert. Oder ob ein paar passende Geschenke es nicht zum Existieren bringen können.

Sollte es wirklich Neuigkeiten geben, so schreibe ich dir vielleicht noch. Sorge daher, deinen Weg zu kennzeichnen, selbst auf die Gefahr hin, jede Mauer mit Kohle oder vielleicht jede Frau in Kalabrien mit deinen Umarmungen zu zeichnen. Sie sind zur Hälfte Griechinnen, und folglich umarmen sie kräftig: Und du mußt dich ja angesichts der Enthaltsamkeit, die dir als Bischof bevorsteht, wohl noch mit Liebe eindecken.

Denke an mich. Und wenn du mir auch nur ein wenig geneigt bist, so beklage mich manchesmal wegen des Müßiggangs, zu dem ich verurteilt bin, bis mir die Erziehung des kleinen Prinzen anvertraut wird. Und wegen all des Kommenden, das mich erwartet, sobald sie mir anvertraut sein wird. Stell dir vor, daß der König aus ihm nicht nur einen gelehrten Mann machen will. Er verlangt von mir, daß jener ein weiser Mann werde.

DIE KARTE DES HIMMELS

Ich glaube, ich habe Ihnen bisher noch nichts von Anne erzählt, Anne Lee, die meine Sekretärin, mehr aber noch diejenige ist, die hier seit sechs Jahren die gesamte Arbeit unserer Gruppe koordiniert. Ich tue es auch jetzt nur (und sicherlich würde sie es nicht wünschen), um Ihnen zu sagen, daß Anne vielleicht die einzige unter uns ist, die absolut nicht daran glaubt, daß wir das Buch je finden werden, sondern unsere Suche als eine Art mystische Inszenierung betrachtet, zumindest aber als ein menschliches oder, wie sie sagt, existentielles Abenteuer, das sie als solches bejaht und das jedenfalls durchgemacht werden soll, da es schön an sich sei. Daher auch ihre Vorliebe für alles Symbolische, Anspielende, Mysterienhafte, Figurale und Bildhafte, kurz, für den gleichnishaftesten Teil unseres Materials; für diese Einfälle der Vorstellungskraft, diese Anrufe, diese Fragmente, die uns (ich gebrauche ihre Worte) aus funkelnder Sternenweite anzusehen scheinen. Obgleich ich beschlossen hatte, diesen Teil aus der Ihnen übersandten Auswahl streng herauszunehmen, mußte ich aus diesem Grunde im letzten Augenblick nicht nur meine Meinung ändern, sondern ihr die Auswahl und Anordnung gänzlich überlassen, unter der einzigen Bedingung, diesen Abschnitt auf ein Minimum zu reduzieren. Daraus ist dieser, zum Glück sehr kurze Teil entstanden, innerhalb dessen sich Anne jedoch wie in einer Freizone bewegte und auf ihre Art auswählte und verteilte, ohne eine logische Ordnung oder zeitliche Reihenfolge zu berücksichtigen; vielmehr beabsichtigte sie, eine Art Folge zusammenzustellen, worin sich die Fragmente durch geheimnisvolle Analogien ordneten. Die Karte des Himmels: Auch den Titel hatte sie festgesetzt. Ich weiß natürlich, daß diese Methode nicht gut und philologisch am wenigsten gelungen ist. Aber dies ist Anne schließlich recht gleichgültig. Für sie bedeuten die Teile dieses Abschnitts (und nicht nur diese) keine Dokumente: höchstens kleine Planeten, die um eine entfernte, erloschene Sonne kreisen, welche wir trotz aller Mühe nicht werden orten können.

1.

Aus den Fragmenten der *Gradus in perfectionem* des Philo von Carpazia (V. Jh.).

Nach der Opferung einer jeglichen Frucht der Seele im vierten Evangelium, wird uns im fünften deren Besitz und Nutznießung zuteil, wie geschrieben steht: Im fünften Jahr werdet ihr die Frucht essen.

2.

Aus dem *Kleinod der Seele* des Philippus Presbyter (asketische Schrift aus dem Osten, VIII. Jh.).

So wie es der Wundmale Unseres Herrn Jesus Christus fünf waren, und das fünfte war in der Seite, dem Herzen am nächsten, so sind es der Evangelien fünf, und das fünfte ist das erhabenste.

3.

Aus den *Emolumenta fidei* des Justinus von Poitiers (VIII. Jh.).

Es heißt, innerhalb der bekannten vier Evangelien gebe es gleichsam ein noch unbekanntes. Doch jedesmal, wenn der Glaube ein Wiedererblühen ahnen läßt, ist es ein Zeichen, daß jemand jenes Evangelium erblickt hat.

4.

Alte armenische Legende (eine ähnliche Legende aus Indien wurde von J. L. Borges aufgezeichnet).

Dort unten sagt man, jedes Geschlecht zähle vier Gerechte, welche das fünfte Evangelium aufbewahren. Ein jeder besitze aber nur den vierten Teil und kenne allein diesen, ohne von den anderen zu wissen. Es heißt auch, sobald das Buch wieder zusammengefügt sein werde, sei alles gerechtfertigt und die Liebe vollkommen. Darum ziehen sie unaufhörlich von Ort zu Ort. Doch wie sollen sie einander finden, da sie ja nicht einmal um ihre gegenseitige Suche wissen?

5.

Aus dem *Fabularium* des Gerardus von Siena (XV. Jh.).

Ein Heide lachte über die Christen, weil sie nach einem einzigen Buche leben. Ein frommer Bischof aber, der ihn gehört hatte, erzählte ihm folgendes Geschichtchen: „Einst begegnete einem Gelehrten der Herr Jesus Christus: Herr, ich weiß wohl, daß du der Messias warst, und was du sprachst, ist voller Weisheit. Wie kann aber ein einziges Buch in Ewigkeit für so viele Menschen ausreichen? Ihm gab Jesus zur Antwort: Es ist wahr, was du sagst. Aber du weißt nicht, daß mein Volk es täglich aufs neue schreibt."

6.

Gebet zum Kreuz, unbekannter Flame des XV. Jh.

Christus hat keine Hände mehr,
Er hat nur noch unsere Hände, um heute Sein Werk zu wirken.
Christus hat keine Füße mehr,
Er hat nur noch unsere Füße, um heute zu den Menschen zu gehen.
Christus hat keine Stimme mehr,
Er hat nur noch unsere Stimme, um heute von sich zu sprechen.
Christus hat keine Kraft mehr,
Er hat nur noch unsere Kraft, um die Menschen an sich zu ziehen.
Christus hat keine Evangelien mehr, die noch gelesen werden.
Aber, was wir in Worten und Werken tun, ist das Evangelium, das sich selbst schreibt.

7.

Aus den Homilien des heiligen Proculus von Aquitanien (XI. Jh.).

Die Form der Kirche ist die des Kreuzes, und dies gemahnt an das Opfer Jesu. Aber ihr müßt auch beachten, daß es darin soviel Teile gibt, als Evangelien sind, die sein Wort bezeugen. Wisset aber noch, daß die Krypta, das ist die verborgene Stätte, gleichsam sinnbildlich für den fünften Evangelisten steht, der den anderen als Wurzel dient und sie aus sich nährt.

8.

Aus einer *Erklärung des Fußbodenmosaiks im Dom von Otranto* (o. V., aber datiert 1890).

Vier Gestalten ohne Kopf, ein Löwe, ein Stier, ein menschliches Wesen und ein Adler, vereinigen sich und bilden in der Mitte ein menschliches Antlitz. Ein Drache, von den Pranken des Löwen zerschmettert, liegt verwundet oder tot auf dem Rücken. Rings um das Antlitz steht geschrieben: *Evangelium perfectionis.* Das Symbol ist klar: Die vier Gestalten ohne Kopf sind die vier Evangelisten; der Drache ist das Böse, der große Versucher; das Antlitz stellt Christus, den Anfang und das Ende der Evangelien dar; und die Schrift, die es umgibt, kann auf nichts anderes anspielen als auf, wie die Christen einst sagten, ,,das sich selber schreibende Evangelium“.

9.

Aus der *Historia ecclesiastica* des Eusebius von Cäsarea (IV. Jh.).

Einst blühte in Anatolien die Sekte der Vigilanten, welche glaubten, daß nichts sich mehr zwischen Mensch und Gott stellen werde, sobald man das fünfte Evangelium gefunden habe. Sie glaubten auch, daß Christus noch einmal Mensch werden müsse, um seine Offenbarung zu vervollkommnen, und folgendermaßen pflegten sie zu ihm zu beten:

Erschließe, o Herr, aus deinen Quellen die uns verborgene Ader, und laß daraus Wasser zu unserem Überflusse hervorquellen.

10.

Aus dem *Buche Sidrac,* didaktische Schrift aus dem XIV. Jh., mit dem König als Fragesteller und Sidrac als Lehrer.

Es frägt der König: ,,Welchem Ding gleicht das fünfte Evangelium?" Sidrac erwidert: ,,Es gleicht der Luft, die man überall spürt und nicht sieht." Weiters gibt er zur Antwort: ,,Es gleicht dem Wasser, das alles zum Grünen bringt. Du siehst ja, wie das Gras auf den Bergen ergrünt durch das Wasser, das von den Höhen herabfließt." Der König frägt: ,,Wie erkennt man das fünfte Evangelium?" Und Sidrac antwortet: ,,Die Zeichen des fünften Evangeliums stehen auf der Karte des Himmels."

11.

Aus dem *Liber imaginum,* einer bebilderten Erläuterung aus dem 13. Jh. der sogenannten Visionen des Joachim von Fiore (jede Seite beginnt mit einer Miniatur, darunter folgt die Auslegung).

Und nun, o Leser, staune über das Geheimnis der fünften Seite, welche ich auch die Seite der beiden Rosen nenne. Hier erblickst du die Propheten der Frühzeit, auf welche die fünf Blütenblätter der weißen Rose hindeuten, und vor dir siehst du die Heiligen des Neuen Testaments, welche von den fünf Blättern der roten Rose ausgehen. Da nämlich alles einer Harmonie entsprechend angeordnet ist, müssen den fünf Büchern Mosis, mit welchen das Prophetenalter begann, ebensoviele Bücher des Evangeliums entsprechen, von welchen das Zeitalter unserer Heiligen ausging. Und wenn du mich jetzt frägst, welches das fünfte Evangelium sei, so antworte ich dir, daß es das Ewige Evangelium ist, das jene noch immer schreiben und das erst bei der Enderlösung beendet sein wird. Erst dann wird sich nämlich das fünfte Blatt der roten Rose, das du an der Spitze aller gerade im Erblühen siehst, völlig entfalten, und jegliches Geheimnis wird dann enthüllt sein.

DIE LEGENDEN

In dem Buch De fabulis antiquorum *des Hieronymus Haspe, eines eher mittelmäßigen rheinischen Späthumanisten, findet sich auf Seite 112 folgende Stelle: „Auf den alten Abbildungen zeigte man die vier Evangelisten in Gestalt von vier Flüssen, die zu einer einzigen Mündung zusammenfließen. Daher kam der Glaube, daß ein fünfter Evangelist sie nicht nur zusammenfasse, sondern ergänze und vervollkommne. Andere wieder erklären einen derartigen Glauben auf andere Weise. Aber es gab auch solche, die es nicht verschmähten, Leichtgläubige zu überzeugen, Christus selbst werde einen Apostel wieder zum Leben erwecken, damit in diesem Buche dann die höchste Wahrheit selbst erscheine. Und die Leichtgläubigkeit mancher Gemüter geht soweit, daß ich sogar sagen hörte, es werde noch immer daran geschrieben." Mehr aber noch als diese Stelle, die ich während der kurzen, hektischen letzten Tage in Köln nach meiner Rückkehr aus Verona entdeckt hatte, berührte mich eine Fußnote, worin Haspe bestätigt, daß Ähnliches zu seiner Zeit im Volk noch immer geglaubt werde. Daher kam mir der Gedanke, meine Suche auch auf die mündliche Überlieferung und volkstümliches Gut auszudehnen; und so auch die Aufzeichnung einer Reihe von Legenden, die untereinander oft verwandt, aber merkwürdigerweise an den entferntesten Orten verbreitet sind, so daß es fast scheint, als wären sie durch unterirdische Kanäle verbreitet worden, um dann mit geringfügigen Veränderungen aufzutauchen, ähnlich wie manche Pflanzen ihren Farbton je nach dem Erdreich, in das sie gepflanzt wurden, variieren. Ich schicke Ihnen nur einige davon, die sich in drei Hauptrichtungen einteilen lassen (auch diese Auswahl ist Annes Werk), wobei ich darauf hinweisen möchte, daß es sich nur um einen ganz kleinen Teil einer Tradition handelt, die, von Spanien bis in die slawische Welt, überall lebendig ist. Man möchte fast sagen, daß die Erwartung eines fünften Buches, das nur darauf harre, aufzutauchen und das geoffenbarte Wort zur Vollendung zu führen, zu allen Zeiten überall dort in der Volksphantasie zutagetritt, wo es zu einer Berührung mit den Evangelien kam; oder, umgekehrt, daß die tatsächliche, nicht die eingebildete, Existenz eines solchen fünften Buches zu jeder Zeit die Einbildungskraft des Volkes entzündet hat. Nach allem, was Sie von mir wissen, brauche ich Ihnen wohl nicht zu sagen, welche Theorie ich vertrete.*

Die Legenden vom Buch

1. Als der heilige Petrus in den Kerker geworfen wurde und wußte, daß er sterben mußte, ließ er sich Papier und Schreibzeug bringen, um sein Evangelium zu schreiben. Dann rief er einen Wächter, der sein Jünger geworden war,

und bat ihn, es aufzubewahren. „Schlage es jetzt aber nicht auf. Und zeige es niemandem. Noch ist die Zeit für meine Wahrheit nicht gekommen." Der Jünger gehorchte, doch der Teufel versuchte ihn: „Was tust du, du Tor? Warum öffnest du dieses Buch nicht? Weißt du nicht, daß der erste, der es liest, die Schlüssel zur Wahrheit empfängt?" Jener Jünger glaubte ihm. Doch als er das Buch geöffnet hatte, verdunkelte es sich vor seinem Auge und er erblindete. Da erschien ihm im Traum der heilige Petrus: „Siehst du, du warst ungehorsam, und der Herr hat dich bestraft. Von nun an wirst du den Tod nicht finden und mußt dafür von Land zu Land ziehen, bis ich dir ein Zeichen gebe, daß du mein Evangelium öffnen darfst." „Und wann wird das sein, daß du mir das Zeichen geben wirst?" fragte der Jünger. „Sobald es hell genug sein wird, um dessen Wahrheit zu begreifen." Und darum irrt dieser Jünger noch immer herum, tastet mit seinem Stock und trägt das Buch bei sich. Und darum wacht man alljährlich betend in der Petersnacht und entzündet Feuer, damit es, sollte der heilige Petrus das Zeichen geben, hell genug sei, sein Evangelium zu lesen.

2. Der Apostel Petrus starb, und sein Lieblingsjünger wollte das Evangelium Jesu so schreiben, wie er es von seinem Meister mündlich vernommen hatte. Aber Satan fürchtete sich und ließ ihn auf einen Berg entführen, dorthin, wo, fern von allen Menschen, Aspromonte liegt. Seit jener Zeit lebt der Jünger verirrt in den Wäldern, nährt sich von Beeren und trinkt Quellwasser und hat weder Tinte, womit er schreiben, noch Papier, worauf er Zeichen setzen könnte. Aber er reißt Dornen von den Brombeerhecken und schreibt auf die Rückseite der Blätter. Viele fallen zu Boden, und die Sonne dörrt sie aus. Viele fallen ins Wasser, und dieses läßt sie vermodern. Aber einige fallen, wenn der Wind über die Meere streicht, weit entfernt zu Boden, und wenn jemand sie aufhebt und die darauf verzeichneten Worte liest, so läuft er hoffnungsfroh zu den anderen Menschen, und in den Herzen erwächst Freude oder Furcht.

3. Als der heilige Thomas die Wundmale Jesu berührt hatte, schämte er sich: „Herr, ich weiß, ich habe gesündigt. Du aber hilf mir, es wieder gutzumachen. Gewähre auch mir, dein Evangelium zu schreiben." „Wie kann ich das, da du erst glaubtest, als du sahst?" „Herr, warum willst du mich so strafen? Du weißt, daß in mir jetzt mehr Glaube lebt als in irgendeinem anderen Menschen." „Siehst du?", sagte Jesus. „Du begehst sogar die Sünde der Hoffart. Aber da du es willst, schreibe du nur dein Evangelium, und laß es nicht weniger wahrhaft sein als die anderen vier. Dies wisse jedoch, es wird allen unbekannt bleiben; und viele werden es suchen und wenige es finden; und auch wenn sie es gefunden haben, werden sie es nicht für wahr halten." „So wird mir denn niemand Glauben schenken? Und doch will ich schreiben, damit man an dich glaube." Er ging traurig hinweg, doch Jesus rief ihn zurück: „Du hast recht", sagte er zu ihm. „Dies aber wisse: Es wird für wahr gehalten und nicht erkannt werden. Und es wird von Hand zu Hand gehen, und niemand wird wissen, daß er es hat."

4. Ihr müßt wissen, daß der heilige Bartholomäus, der sechste unter den Aposteln, der viele bekehrt hat, ebenfalls ein schönes Evangelium geschrieben hatte. Und da er seinen Tod nahe wußte, sandte er das Buch den Siebzig, das sind die siebzig Priester, welche die Heilige Schrift verwahren. Aber sobald jene es gelesen hatten, begannen sie zu klagen: „Und was fangen wir an, wenn dieses Evangelium bekannt wird? Hier steht, daß wir Buße tun und auf die Güter dieser Welt verzichten müssen, und was wir haben, sollen wir mit denen teilen, die nichts haben.“ Also nahmen sie dieses Buch und versteckten es in einer Höhle. Jesus aber sah sie und rief sie sogleich zurück: „Was habt ihr aus meiner Wahrheit gemacht? Stellt es lieber ganz hinauf, damit es ein jeder lesen kann.“ Alle waren betrübt, aber der Älteste riet: „Tragen wir also das Buch hinauf, wie uns gesagt worden ist.“ Also gingen sie auf die Spitze des Berges Sinai und stellten es auf einen Felsen, so daß man es lesen konnte, aber nur, wenn man sich an den Felsen festklammerte. So kommt es, daß das Bartholomäusevangelium unbekannt geblieben ist und kein Mensch je davon spricht. Aber jedesmal, wenn der Wind auf dem Gipfel stärker weht, löst sich daraus ein Blatt und fällt unter die Menschen. Und die es aufheben, blicken verwundert darauf, ziehen sodann herum und verkünden die darin verzeichneten Wahrheiten. Die Siebzig aber, die dies bemerken, lassen sich die Schriften zeigen, und unter dem Vorwand, sie abschreiben zu wollen, lassen sie sie sogleich abschaben. Darum sagt man bei uns vom heiligen Bartholomäus, daß er als Lebender wie als Toter geprellt worden sei.

5. Als der heilige Johannes auf der Insel gefangen war, wurde er am Tage des Herrn vom Geiste entrückt und eine mächtige Stimme rief hinter ihm: „Alles, was du von meinen Worten und Werken noch weißt, stelle zu einem Buch zusammen und übersende es den Sieben Gemeinden.“ Johannes begann zu schreiben, und als er geendet hatte, ließ er einen jungen Diener rufen, den er vor kurzem bekehrt hatte: „Nimm nun dieses Buch, bringe es über das Meer und übergib es insgeheim den Vorstehern der Sieben Kirchen. Achte jedoch darauf, daß du es nicht verlierst und daß es dir nicht gestohlen wird, denn kein Schatz der Welt wiegt den darin enthaltenen Schatz auf.“ Der Diener glaubte, daß es sich um einen wirklichen Schatz handelte, und sobald er in Ephesus war, lief er auf den Markt, es zu verkaufen. Aber niemand kaufte es, und man verlachte ihn, als man den geforderten Preis erfuhr. Ein Christ ging vorbei und fragte ihn: „Wer hat dir dieses Buch da gegeben?“ Da floh der ungetreue Diener und wurde nie mehr gesehen. Und so wurde auch jenes Evangelium nicht mehr gefunden, und der heilige Johannes mußte später ein anderes schreiben. Aber da er schon alt war und Eile hatte, es zu beenden, und da auch sein Gedächtnis nachgelassen hatte, geschah es, daß er vieles wegließ oder zu schreiben vergaß, was in dem verlorenen Buch jedoch enthalten war. Doch alle hundert Jahre taucht am Johannistag der Diener, als Büßermönch gekleidet, wieder auf und verstreut die Seiten jenes Evangeliums über die Erde. Satan aber, der sich davor fürchtet, eilt sich, sie zu verbrennen, und als kleine Flämmchen fallen sie

dann zu Boden. Darum bangt und wartet unser Volk, mindestens einmal im Leben die Flammen des heiligen Johannes zu sehen, und darum fällt sein Fest mitten in den Winter, wenn die Erde naß ist, da sonst seine Worte die Erde in Brand setzen könnten.

Die Legende vom Wort

1. Als die Christen zu Rom ihre Kirchen erbaut hatten, bemerkte der heilige Johannes, daß das Wort ohne Kirche geblieben war; er ging zu Jesus, um ihn darauf aufmerksam zu machen. ,,Du hast recht", sagte Jesus und rief Simon Petrus, der ein großer Erbauer war, und gebot ihm, anzufangen. Simon Petrus freute sich, erschrak aber sodann, da er feststellte, daß er nicht wußte, womit er sie errichten sollte. Da rief er den heiligen Matthäus, und der heilige Matthäus brachte ihm die Steine. ,,Um das übrige", sagte dieser, ,,bitte den heiligen Markus." Der heilige Markus brachte ihm den Kalk. ,,Hast du mir sonst nichts zu geben?" ,,Um das Restliche bitte den heiligen Lukas und den heiligen Johannes." Der heilige Lukas brachte ihm die Säulen für die Kirchenschiffe und der heilige Johannes den Marmor für den Altar und das Gold für den Tabernakel. Er sah, daß er das schönste Baumaterial besaß, das man je auf Erden gesehen hatte, und so machte sich Simon Petrus fröhlich an die Arbeit. Aber die Zeit verging und seine Kraft ließ nach, und dabei hatte er erst die Grundmauern errichtet. Da wandte er sich an Jesus Christus: ,,Herr, schenke mir Zeit zu leben, damit ich fortsetzen kann." ,,Laß nur alles wie es ist, und komme herauf zu mir", erwiderte ihm Jesus. ,,Wisse nämlich, daß jeder Mensch, der an dieser Kirche vorübergeht, seinen Stein und seine Kelle mit Kalk zur Mauer hinzugeben und daß jedes Menschengeschlecht seine Säule errichten wird."

2. Als die Christen zu Rom ihre Kirchen erbaut hatten, bemerkte Jesus, daß das Wort ohne Kirche geblieben war, und er rief Simon Petrus, um ihn darauf aufmerksam zu machen. Simon Petrus, ein großer Baumeister, betrübte sich darob und machte sich sogleich ans Werk, um dem Mangel abzuhelfen. Aber er maß falsch und der Entwurf wurde zu groß, und so stellte er bald fest, daß ihm das Baumaterial ausgehen würde. Also rief er Jesus herbei, damit ihm dieser helfe. ,,Simon, Simon, wann wirst du weise werden? Habe ich dir denn nicht eine Kirche für das Wort angeordnet?" ,,Doch, Herr, eben das hattest du mir befohlen." ,,Und warum sorgst du dich jetzt, daß du sie zu groß gemacht hast? Weißt du nicht, daß jeder Mensch seinen Stein und jedes Geschlecht weiteren Marmor für den Altar beitragen wird?"

3. Als die Christen zu Rom ihre Kirchen erbaut hatten, bemerkte der heilige Johannes, daß das Wort ohne Kirche geblieben war und er ging zu Jesus, um ihn darauf aufmerksam zu machen. ,,Du hast recht", sagte Jesus. ,,Aber

wie willst du, daß sie aussehe?“ Der heilige Johannes sann nach, dann antwortete er: „Ich möchte, daß sie deinem Worte gleiche, o Herr.“ Jesus lächelte und rief Simon Petrus, der ein großer Erbauer war, und sprach zu ihm: „Simon, errichte mir nun eine Kirche, die meinem Worte gleiche.“ Fröhlich machte sich Simon an die Arbeit, doch die Zeit verging, seine Kräfte ließen nach, und er bemerkte, daß er sie nicht werde fertigstellen können. Da bat er Jesus: „Gewähre mir, solange zu leben, bis ich die Kirche, die du mir befohlen hast, vollendet habe.“ „Simon, Simon, wann wirst du weise werden? Habe ich dir nicht angeordnet, eine Kirche zu bauen, die meinem Worte gleiche? Weißt du denn nicht, daß mein Wort ohne Vollendung bleibt?“

Die Legende von Nikodemus

1. Nikodemus, der geheime Jünger, hatte vernommen, daß Jesus Christus vom Tode auferstanden war, und in derselben Nacht stieg er zum Grab hinauf und trug eine Lampe bei sich. Und als er sie entzündet hatte, war er voller Verwunderung und konnte sich nicht fassen, denn das Grab war leer. Da erschien ihm Jesus, und Nikodemus fiel ihm zu Füßen: „Meister, also ist es wahr, was man sagt, daß du auferstanden bist?“ Jesus lächelte: „Jetzt also hast du geglaubt?“ Nikodemus schämte sich und sagte dann: „Herr, gewähre nun auch mir, dein Evangelium zu schreiben.“ „Also sei es“, erwiderte Jesus. „Schreibe auch du mein Evangelium. Wisse jedoch, daß du es nur nachts wirst schreiben können, da du mich nachts suchtest.“ „Herr, wie soll ich nachts sehen können?“ Jesus lächelte: „Hast du nicht deine Lampe?“ So begann Nikodemus zu schreiben, doch bald ging ihm das Öl aus. Da wandte er sich neuerlich an Jesus: „Herr, wie kann ich im Dunklen weiterschreiben? Gib mir soviel Öl, daß ich dein Evangelium fertigschreiben kann.“ Da erschien ihm Jesus: „Zu schreiben hast du verlangt. Hast du mich etwa um genügend Öl für deine Lampe gebeten?“ Doch von da an erbarmte sich der Herr seiner: Und so gebietet er jedem neuen Heiligen, der auf die Welt kommt, an Nikodemus vorüberzuziehen, um Öl in dessen Lampe zu gießen und sie neu zu entzünden. Darum sagt man bei uns, daß jedesmal, wenn ein Heiliger zur Welt kommt, dem Nikodemusevangelium ein Vers hinzugefügt wird. Und darum steigen wir in der Nacht, die dem Ostertag folgt, auf die Berge und bringen unsere Lampen mit, weil wir hoffen, daß ihr Licht bis zu Nikodemus dringe und dieser sein Evangelium bald beende.

2. Als Jesus auferstanden war, versammelte er seine Jünger um sich und teilte einem jeden seine Aufgaben zu. Er bemerkte, daß Nikodemus abseits stand: „Bist auch du gekommen?“ „Herr, ich bitte dich, verfüge auch über mich.“ „Und was möchtest du tun?“ Nikodemus sann nach: „Gewähre auch mir, dein Evangelium zu schreiben.“ „Wie kann ich das, da du mir ein unvollkommener Jünger warst?“ „Herr, das ist wahr. Du weißt aber auch, wiesehr

ich dich geliebt habe." „So sei es", erwiderte Jesus. „Schreibe also mein Evangelium, und lasse es deiner Liebe zu mir angemessen sein." Nikodemus beendete sein Buch und ließ es lesen, aber er bemerkte, daß niemand es für wahr hielt. Da rief er Jesus: „Herr, wie kann das sein? Ich habe dein Evangelium geschrieben, wie du mir gesagt hast, und doch nimmt niemand mein Zeugnis an." „Wie soll man dein Zeugnis annehmen, da du mich so lau bezeugtest?" Darum heißt es, daß jenes Evangelium geheim bleibe, da auch Nikodemus ein heimlicher Jünger war. Und wer es gelesen hat, sagt auch, daß es wahr, aber unvollkommen sei, da jener den Herrn nur mit einer armseligen und unvollkommenen Liebe geliebt habe.

3. Des Nachts begab sich Nikodemus zu Jesus: „Meister, gib mir ein Zeichen, damit ich die Wahrheit erkenne, und, wenn ich sie erkannt habe, gleichfalls dein Evangelium schreibe." „Kann jemand die Wahrheit erkennen, der mich in der Finsternis sucht?" „Du hast recht, Meister. Du aber, gib mir ein Zeichen." „Du bist gekommen, ein Zeichen zu verlangen?", erwiderte ihm Jesus. Aber Nikodemus verstand ihn nicht, und in derselben Nacht ging er hinweg. Als Jesus später mit dem Kreuze auf den Kalvarienberg stieg, erblickte er Nikodemus, der ihm folgte. „Bist du auch am Tage gekommen?" „Du siehst es, ich bin gekommen. Du aber, gib mir ein Zeichen, daß ich die Wahrheit erkenne und auch ich dein Evangelium schreibe." Jesus bewegte die Lippen, um die Antwort zu sprechen, aber die Menge schrie laut, und Nikodemus vermochte nichts zu hören. Seit jener Zeit schreibt Nikodemus nur noch an seinem Evangelium, doch kann er es nicht beenden, weil er die Antwort nicht vernommen hat.

Man sagt auch, die anderen Jünger hätten sich seiner erbarmt und flehten den Herrn an, ihm helfen zu dürfen. Wenn es daher Nacht wird auf Erden und die Stille sich vertieft, rufen sie Nikodemus die Worte zu, die er schreiben möge. Und wenn zufällig der Wind weht, so geschieht es manchmal, daß er sie auffängt und bis zu den Ohren jener trägt, die wach sind. Jene vernehmen sie und wissen nicht, woher sie kommen, und sind voller Furcht und sagen, es sei der Wind gewesen. Dennoch aber werden sie dadurch aufgerüttelt und laufen von Haus zu Haus und klopfen an die Türen, damit die Schlafenden sie hören. So wecken sie die Welt auf, auch wenn die Welt sie nicht versteht und nicht weiß, daß es Worte des Evangeliums sind, an dem geschrieben wird.

DER GRIECHISCHE MÖNCH

Zu Beginn der auf das Jahr 1065 bezüglichen Seite verzeichnet das Chronikon Casauriense, *die berühmte Chronik des Klosters San Clemente in Casauria, die Flucht einiger ruheloser Mönche, ja Verlorener (wie der Text ausführt), die das Kloster nachts verlassen hatten, „um wie Christus als Wanderer und nach jenem Evangelium zu leben, welches sie für das wahre halten". Noch in demselben Jahr, fast am Ende der gleichen Seite, wird die Ankunft eines Briefs des heiligen Petrus Damiani vermerkt, der sich über die Nachricht beunruhigte, daß einige Mönche des Klosters vagierten und die Menschen „mit dem Beispiel eines herumziehenden Jesus und der Ankündigung eines Evangeliums" auf verwegene Weise in Aufruhr versetzten. Dies war meine erste Begegnung mit dem Abenteuer dieser Wanderer in Christus, das ich jedoch, offen gesagt, niemals mit dem Mythos – oder der Existenz – eines unbekannten, fünften Evangeliums in Verbindung gebracht hätte, hielt ich es doch eher für eine der vielen Volksbewegungen, welche das Leben der Kirche im Mittelalter erschütterten, hätte ich nicht bei der Durchsicht des Briefwechsels von Papst Alexander II. den Hinweis auf „einen griechischen Mönch" und auf „sein unbekanntes Evangelium" gefunden. Der Hinweis war natürlich nicht besonders bedeutsam. Aber abgesehen davon, daß die Erinnerung an den griechischen Mönch aus der Vivariensischen Handschrift diesem Hinweis in meinen Augen durch unterschwellige Suggestion stärkeres Gewicht verlieh, zeigte er mir eine konkrete Spur, da er nämlich an den Bischof von Todi gerichtet war. Zumindest ergab dies für mich, zusammen mit allem übrigen, ein zu durchforschendes Gebiet zwischen Todi und San Clemente, also zwischen Umbrien und dem Herzen der Abruzzen. Von nun an suchte ich, rückschreitend bis zum Archiv der Klosterkirche von Pescocostanzo, derselben, an welcher der treuherzige Verfasser des ersten dieser Briefe das nächtliche Umtreiben seiner Mitbrüder ausspioniert hatte. Ich weiß nicht, ob das Abenteuer, das ich rekonstruiert zu haben glaube, für unsere Belange dadurch interessanter wird, wenn ich Ihnen sage, daß die Lunette einer Seitenkapelle der Klosterkirche noch heute einen Mann erkennen läßt, der ein Buch in Händen hält: Diese Abbildung könnte natürlich irgendeinen Heiligen darstellen, doch nennt man sie in Pescocostanzo – und ich weiß nicht, warum dies ein Zufall sein sollte – noch immer den griechischen Mönch.*

1.

Ludwig von Càsoli, Prior der Augustiner von Pescocostanzo, an Nikolaus von Sulmona, Abt des Benediktinerklosters San Clemente in Casauria.

Einen der beiden Mönche, welche dir diesen Brief überbringen, kennst du bereits, es ist dieser Landolf, der vor einem Jahr eure Gemeinschaft verließ und nach vielem Herumwandern zu uns kam. Ich bitte dich, ihn ohne Härte und Bitterkeit aufzunehmen, nicht wie den verlorenen Bruder, sondern wie den wiedergefundenen Sohn. Im übrigen glaube ich auch nicht, daß er andere Strafe verdiene als die beschämende Feststellung deiner großmütigen Liebe und seiner grundlosen Furcht, sie nicht zu verdienen, hielt ihn doch bisher eine Art Scham zurück, ,,zu seinem Vater heimzukehren" und auf dessen Verzeihung zu hoffen. Nun aber ,,ist er wiedergefunden".

Als ich ihn hier aufnahm, war sein Geist unsicher, seine Seele ruhelos und voller Skrupel, nicht aber voller Zweifel und auch nicht von jener beschränkten, ziellosen Anmaßung erfüllt, welche so viele unserer Mönche dazu bringt, unsere Häuser zu verlassen und, wie sie sagen, Wanderer des Herrn zu werden. Wenn in ihm vielleicht auch jenes Ausschlaggebende fehlte, nämlich jene starkmütige Milde, jene Zucht der Liebe, die so kennzeichnend ist für alle, die nach eurer Regel geformt werden, so war es doch nicht so sehr ein Mangel an Glauben, der ihn unsicher machte, als vielmehr das Gefühl, von einem überschäumenden Glauben gleichsam überwältigt zu werden, und dies ließ ihn andere Prüfungen und eine vielleicht eigensinnigere, weniger behutsame, darum aber nicht minder strenge Askese ersehnen als jene, die in eurer Gemeinschaft geübt wird. Ähnliche Momente und auch ähnliche Verwirrungen kennen wir doch, wenn eine Seele meint, den Ruf der Wüste zu vernehmen, und sich vermißt, Gott nur mittels Gott allein finden zu wollen und die eigene Versuchung mit Berufung verwechselt. Aus diesen Erfahrungen geht man im allgemeinen enttäuscht hervor: Doch gehört wohl auch das, wie ich glaube, dem Plan der göttlichen Gnade an, da man sich nachher der Autorität williger unterwirft und nicht mehr so unbescheiden annimmt, einer außergewöhnlichen oder in irgendeiner Weise bevorzugten Berufung teilhaftig zu sein.

Ebenso geschah es mit unserem jungen Landolf. Während der Monate, die er hier verbrachte, beobachtete und prüfte ich ihn. Und entdeckte ich anfangs an ihm Spuren seines Irrtums und sozusagen die Wurzeln seiner Regellosigkeit, angefangen mit einer Art zu deutlich gezeigter Liebe und jenem unterschwelligen Stolz des demütigen Büßers, die stets Anzeichen einer unbefriedigten Seele sind, so scheint mir der Mensch, den ich dir jetzt zurückschicke, zu jedem Gehorsam bereit und vor allem darauf bedacht, seine Berufung nicht zu verschwenden. Nimm also um seinetwillen das Wagnis des Verzeihens auf dich. Und prüfe ihn ruhig, ja, aber mit der Milde, die ein Mensch verdient, der sich auch jeglichen Anscheins eines Stolzes entäußert hat.

Du wirst erstaunt sein, in seiner Begleitung einen andern Mönch zu sehen, der kaum älter ist als er (laß dich nicht durch seinen Bart täuschen, er ist noch keine dreißig Jahre alt), einen jener seltsamen Wandermönche, die immer wieder durch unsere Gegend ziehen. Athanasius ist sein Name. Aber laß mich erst das Wenige, das ich über ihn weiß, berichten und auch den Grund, weshalb ich ihn ausgerechnet zu dir schicke.

Du weißt ja, wie unsere Gemeinschaft zusammengesetzt ist und nach welcher Art sie lebt. Wir sind bei weitem nicht so stark an eine feste, einheitliche Regel gebunden wie ihr, die ihr unterschiedslos von einem jeden eine hart erarbeitete Zucht und eine schon ausgereifte Berufung verlangt; wir hingegen nehmen jeden offen und gleichsam zur Erprobung – oder zur Ermöglichung einer Erprobung – bei uns auf, sofern er nur den guten Willen hat. Diese Gewohnheit bestand schon früher und wurde von mir noch ausgeweitet. Und so ziehen nun die verschiedenartigsten Menschen durch unser Kloster, fast möchte ich sagen, die verschiedenartigsten Bettler des Geistes: Von den Lokkungen der Welt enttäuschte oder deren überdrüssige Laien und Anachoreten, welchen die Einsamkeit jäh zur Last wird, unsichere oder niedergeschlagene Seelen auf der Suche nach Trost und vor allem jene seltsamen irregulären Mönche; diese oft nur zu verwahrlosten und oft im Rufe des Sehertums stehenden Wanderer pflegen häufig an unsere Pforte zu klopfen, sei es, daß der Wunsch sie drängt, uns kennenzulernen und mit uns zu sprechen – oder gar uns zu ihrer Lebensweise zu bekehren –, sei es vielleicht in der Hoffnung, durch die Berührung mit unserem Frieden und dank einer wachsameren und geordneteren Frömmigkeit der Unordnung ihres Seelenlebens Herr zu werden.

Ebensolcher Art, dachte ich, sei Athanasius, als ich ihn zum erstenmal sah. Aber da wir in der Regel keine Fragen stellen und er mir gleich zu fügsam und zu gottesfürchtig schien, als daß ich ihn hätte mit meiner Neugierde in Verlegenheit bringen wollen, zeigte ich ihm nur seine Zelle und räumte ihm seinen Platz in unserer Mitte ein. Und wahrlich, weshalb hätte ich an ihm zweifeln sollen? Da er die meiste Zeit schweigsam und in sich gekehrt war (übrigens stammelt er unsere Sprache mehr als er sie spricht) und sich zu jeglichem Gebet und zu allem Gehorsam demütig bereit zeigte, hielt ich ihn für ein Muster jener durch Einsamkeit und langes Fasten geformten griechischen Mönche, welche den Verzicht und die Geduld zum Wahlspruch erkoren haben und aus der Tiefe ihres Schweigens das Wort zu hören und die aufquellende Freude zu erwarten scheinen.

Allerdings bemerkte ich nach einiger Zeit ein allzu häufiges Ein- und Ausgehen und ein nächtliches Verweilen in seiner Zelle, das mir nicht gefallen wollte und mich sogar, wie ich offen gestehe, an das Schlimmste denken ließ. Leider gibt es ja auch unter uns Fälle ungeahnter Laster und verabscheuungswürdigen Wandels, die weder durch Tadel noch durch Achtsamkeit auszurotten sind: Und plötzlich fand ich keine Ruhe mehr, da ich nun in jeder seiner Handlungen etwas Listiges und Verschlagenes und selbst in der demütigen Art seiner Frömmigkeit die Zeichen von Verstellung und, schlimmer noch, lasterhafter

Unaufrichtigkeit zu entdecken glaubte. Kurz, mißtrauisch, wie ich nun einmal geworden war, beschloß ich, mir Gewißheit zu verschaffen; ich wollte nicht mehr nur im geheimen Nachrichten über ihn erlangen, sondern ihm nachspähen, ja selbst nachts an seiner Türe lauschen (nun, da ich es dir erzähle, erröte ich) und sogar den armen alten Pater Bernhard (den du kennen mußt, da ich ihn einmal zu dir sandte) zwingen, einen Teil seiner Nachtruhe zu opfern.

Die Überraschungen blieben nicht aus, doch in einem anderen Sinn als ich befürchtet hatte. Wenn ich von Überraschung spreche, so drücke ich mich wahrscheinlich zu gelinde aus. Stelle dir einmal die Verwunderung eines armen, hinter einer Zellentür in der Kälte eingenickten Priors vor, wenn er plötzlich mitten in der Nacht, während ein ganzes Kloster seinem Schweigen überlassen ist „und die sich neigenden Gestirne zum Schlummer mahnen", hört, wie man drinnen in der Zelle wacht und teils hitzige, teils zur Besonnenheit mahnende Auseinandersetzungen über Christus, seine Botschaft, das rechte Verständnis seines Wortes, wohl auch über die Reife der Zeit führt und über das Ereignis Seiner Wiederkehr, die Ankunft des Gottesreiches und was das Gottesreich wirklich sei, und wenn darüber hinaus noch stundenlang die Heilige Schrift nach Buchstaben und Geist verglichen wird oder der Klang der Reden und Sprüche Jesu in unseren lateinischen Evangelien jenem gegenübergestellt wird, den sie im Griechischen, in dem sie geschrieben sind, haben. Und dies alles nicht in dem Ton, den wir für gewöhnlich annehmen und der uns die Heilige Schrift aus allzu großer Gewöhnung (oder, vielleicht im Gegenteil, weil wir sie unrichtig lesen) zu völliger Klarheit herabgemindert hat und uns glauben läßt, mit ihrem Sinn und Gehalt in jeder Hinsicht vertraut zu sein, sondern mit der leidenschaftlichen Betonung dessen, der sie zum erstenmal entdeckt und darin noch unangetastete Wahrheiten zu finden meint. Und wenngleich mich in dem Wenigen, das ich hinter einer Türe zu verstehen vermochte, ein Übermaß an Freiheit, ja fast Kühnheit, störte, so gefiel es mir im Grunde, wie ich dir gestehen muß, doch, da ich darin den unverbrauchten, furchtlosen Überschwang der Seele erkannte, welche die Trägheit ablegt und sich glühend dem Wahren hingibt. Wir sind daran, offen gesagt, nicht allzusehr gewöhnt: Die meisten unserer Mönche, selbst wenn sie fromm scheinen, lieben diese Übungen nicht besonders, auch interessieren sie sich nicht übermäßig für das Evangelium, das sie – wenn überhaupt – zerstreut, oberflächlich und, ich würde fast sagen, mit einer Art Lauheit lesen, fast wie einen braven Text, dem man einige Regeln für die tägliche Praxis entnimmt, nicht aber wie etwas, das man Tag für Tag neu entdecken und im Inneren gleichsam Tag für Tag neu schreiben muß.

Soweit in Kürze meine ersten Nachforschungen. Und sei versichert, daß ich danach gänzlich beruhigt, ja besonders erfreut gewesen wäre und höchstens von ferne jenes Kommen und Gehen und die unschuldige Evangeliumsverschwörung überwacht hätte, wären mir nicht von der Außenwelt andere Nachrichten zugekommen, einige vereinzelt und von durchziehendem Volk, die meisten aber von einem Eremiten, an welchen ich mich gewandt hatte, da ich erfahren hatte, daß Athanasius einige Zeit mit ihm zusammen gewesen war. Athanasius scheint also nicht immer der ruhige, gehorsame Mönch gewesen zu sein, den ich in mein Kloster aufgenommen hatte, sondern hinter dem schüchternen Äußeren einen kühnen, um nicht zu sagen feurigen Geist zu verbergen. Es scheint, als habe er bei seiner Landung in Tarent vor nicht ganz zwei Jahren den Verdacht des dortigen Bischofs und Klerus erweckt. Weiters scheint er nach seiner Vertreibung von dort in der Gegend von Lecce, und einige Zeit danach in den Orten an der anderen Küste aufgetaucht zu sein; von da an soll er an allen Orten, die er auf seiner Wanderung entlang dem Meere bis zu uns herauf durchzog, zu wiederholten Malen versucht haben, meist außerhalb der Kirchen, zu predigen und zu weissagen; er verwirrte dabei die Gemüter, machte Proselyten, erlegte Bußen auf und seltsame Sühnewachen und erweckte, wo er vorüberzog, unkluge Erwartungen, ja sogar Unruhen. Nach neuerlicher Verfolgung und sogar Androhung des Todes scheint er bei dem erwähnten Eremiten Zuflucht gesucht zu haben und von dort aus kam er nach einer Zeit untadeligen Einsiedlerlebens und eifrigster, lauterster Demut in unsere Mitte, um sich hier zu verhalten, wie ich dir beschrieben habe.

Nun wirst du mir sagen (ich sehe schon die gezügelte Ungeduld deines Lächelns vor mir), daß bis hierher nichts wirklich Überraschendes oder Neues zu sehen sei: Wir seien schon zu sehr an diese allzu heiligmäßigen Heiligen gewöhnt, wirst du mir sagen, mit ihrer augenfälligen Seelenhaltung und ihrem aufdringlichen Glauben, die sich einbilden, einem Ruf des Heiligen Geistes zu folgen, wenn sie herumziehen und außergewöhnliche Reformen und neue Adventserwartungen verkünden. Und die Erde ist weit genug, um ihre Stimmen aufzunehmen und wieder zu zerstreuen: So wie auch die Kirche ihnen entweder Schweigen gebieten oder ihre Erwartungen ohne Furcht, ja diese zu einem guten Ende führend, teilen kann. Aber siehe, unter den Mitteilungen des Eremiten war auch eine, die zwar allgemein gehalten und unbestimmt war, aber doch so, daß sie eine ganz anders geartete Besorgnis verdient: Ich meine den Hinweis auf ein unbekanntes Evangelium, das Athanasius aus dem Morgenland mitgebracht und das ihn bei seiner Verkündung inspiriert haben soll. Als habe er es gleichsam auf sich genommen, fügte jener hinzu, die darin enthaltene Botschaft in unserer Gegend bekanntzumachen und zu verbreiten.

Stelle dir nun meine Bestürzung vor; und wie ich nun alles miteinander in Verbindung brachte, die Ereignisse in Apulien, die nächtlichen, vertraulichen Gespräche, die Unruhe meiner Mönche und meine Arglosigkeit im Ausspionieren; und wie ich meine Leichtgläubigkeit bedauerte, diese meine törichte Untugend, die mich trotz meines Alters und meiner Bemühungen, mich davon zu befreien, immer wieder verfolgt. Nun gut: Was hättest du nun gemacht? Ich, für meinen Teil, ließ jedenfalls sogleich Athanasius rufen, und befand mich in der Verfassung eines Menschen, der sich anschickt, einen Brand zu löschen oder den in die eigenen Mauern eingedrungenen Feind zu vernichten. Vor allem aber fühlte ich mich entrüstet und nicht nur in meinem Stolz verletzt, sondern auch verraten und unverdienterweise betrogen.

Nun, würdest du es glauben? Es ist nicht so, daß er mich geradezu bekehrte (das nicht), aber doch, als habe er mich gegen meinen Willen entwaffnet: Möglicherweise, weil er in einem mir unbekannten Ausmaße die Wirkung und innere Glut der Sanftmütigen in Christus besitzt, die bedingungslose Milde derer, von welchen es heißt, daß sie im Leben mit den Füßen auf der Erde, aber mit Blick und Geist zum Himmel gerichtet schreiten. Vor allem aber gehört er nicht zu jenen, die nach einer Lehre leben, sondern zu jenen Armen im Geiste, welche bloß aus der Unterweisung Jesu Kraft gewinnen und deren einziges Ziel es zu sein scheint, uns daran zu erinnern, daß niemand „neugeboren" wird außer durch Sein Wort. Das mag uns beunruhigen oder verfolgen und ein solcher Mensch mag uns unbequem, halsstarrig oder störend vorkommen. Doch sage: Was wären wir ohne diese Feuerträger, welche die Fackel überall wieder zu entzünden und uns zum Evangelium zurückzurufen vermögen, sollten wir davon abweichen? Schau, vielleicht bin ich ein denkbar schlechter Prior: Und im Grunde mache ich ja täglich auf meine Kosten die Erfahrung, daß Mönche zu leiten und Seelen zu lenken zweierlei Ding ist. Aber, beim Herkules, ich glaube, doch genügend Seelenkenntnis zu haben, um hinter der Hülle der Aufrichtigkeit die böse Absicht und hinter dem Schein der Begeisterung Unverschämtheit und Berechnung erkennen zu können.

Dies alles sage ich, um dich vorzubereiten und, wenn möglich, günstig zu stimmen, damit du dich nicht sogleich hinter meinem Mißtrauen und deiner Ablehnung verbirgst und seine Offenheit – und Unschuld – für Anmaßung hältst. Wie könnte man auch einen Menschen der bösen Absicht oder der Unverschämtheit zeihen, welcher so innig mit und aus dem Evangelium lebt, daß wir uns im Vergleich dazu wie die Heiden vorkommen müssen? Mit einem Wort, als ich diesen Menschen fragte, weshalb er so umherziehe und ob es nicht richtiger sei, wie wir in einer Gemeinschaft zu leben, murmelte er zunächst einen Satz, den ich nie zuvor vernommen hatte (im weiteren Verlauf wirst du verstehen, woher er stammt): „Wanderer seid, und nicht Seßhafte", und fügte dann zu meinem Erstaunen einfach hinzu: „Du weißt, daß Er zu ihnen sagte: Geht hin in alle Welt und predigt das Evangelium." Ich frage ihn, worin denn seiner Meinung nach das Evangelium bestehe, und er entgegnet mir: „Predigt und verkündet im Umherziehen, daß das Reich Gottes nahe ist." Ich sage ihm, daß es zweierlei sei, die Frohbotschaft zu verkünden oder die Gemüter zu beunruhigen und Unordnung zu säen; er aber, ohne die Miene zu verziehen und kaum den Blick hebend: „Und doch haben wir ihn ertappt, wie er das Volk aufwiegelte." Fassungslos und wohl auch etwas ungeschickt (es war ja auch Grund dazu vorhanden) werfe ich ihm seine Gewohnheiten als irregulärer Wandermönch vor, der lieber auf Straßen und im Freien predige als in den Kirchen, und wiederum hat er Jesu Worte bereit: „Laßt uns anderswohin gehen, in die umliegenden Ortschaften, um auch dort zu predigen." Ich rufe ihm sodann die vielen Orte in Erinnerung, aus welchen man ihn verjagte, und die vielen Feinde, die er sich auf seinem Wege machte, und was tut er? Er zitiert folgenden Johannesvers: „Da sandten die Hohenpriester und Pharisäer Diener ab, die ihn ergreifen sollten", und jenen anderen, der so anhebt: „Da hoben sie Steine auf, um nach ihm zu werfen." Ich halte ihm vor, daß sogar der hochwürdigste Bischof von Tarent sich gezwungen gesehen habe, ihn zu verfolgen und zu bannen, doch er, stets mit der gewohnten untadeligen Sanftmut: „Es glaubten doch nicht einmal seine Verwandten an ihn." Aber es war auch darin keine Spur der Einbildung eines Menschen zu spüren, der sich als neuer Christus oder als dessen neuer Prophet aufspielt, auch nicht die mindeste Salbung oder gemüthafte Zerknirschung, womit unsere Mönche – die seltenen Male, da sie es tun – Worte aus dem Evangelium zitieren; eher lag darin eine Art mutiger Liebe, die sich, ich weiß nicht wie, mit einem leisen Spott verband und mich schließlich eroberte, ja sogar ergötzte; so wollte ich mich meinerseits auf sein Spiel einlassen und warf ihm lächelnd mit dem heiligen Lukas die Worte hin: „Bist du es, der da kommen soll, oder haben wir einen anderen zu erwarten?" Da sah er mich mit einem stillen Lächeln an und entwaffnete mich vollends. Kurz darauf sprach er einen Satz, der, soviel ich in der Folge verstehen sollte, in dem Evangelium steht, das er bei sich trägt: „Der, auf den ihr gewartet habt, ist schon gekommen, aber ihr habt ihn nicht erkannt."

Glaube jedoch nicht, daß ich mit ihm sanft umging oder daß ich mich so leicht geschlagen gab. Im Gegenteil, wir führten unsere Auseinandersetzungen weiter und stritten sogar. Als er uns vorwarf, nicht mehr an das Reich Gottes zu glauben und nichts mehr zu tun, um uns auf seine Ankunft vorzubereiten (dies ist, wie ich glaube, sein stärkster Vorwurf und der Kern der Botschaft, die er verkündet), gab ich ihm zunächst recht sachte zu verstehen: „Aber seit tausend Jahren tun wir doch nichts anderes!", und, sein Schweigen bemerkend, erinnerte ich ihn gleich darauf, daß Jesus auch gesagt hat: „Seht zu, daß euch niemand irreführt. Denn viele werden in meinem Namen auftreten und sagen: Ich bin der Messias. Und sie werden viele irreführen."

Soviel nur, ganz ungefähr, über den wichtigsten Inhalt eines Gesprächs, das mich recht unsicher und zwiespältig zurückließ: Und das Wenige, das ich über die Handschrift weiß, welche Athanasius mit sich führt, vertieft diesen Zwiespalt noch mehr. Beachte, daß ich nichts weiß und auch nichts verstehe! Auch gehöre ich nicht zu jenen, welche ständig eine neue Offenbarung oder die Wiederkunft zu erwarten scheinen. Noch weniger wage ich es, mich auf irgendwelche Weise zu einem Buch zu äußern, das in einer Schrift abgefaßt ist, die ich nicht kenne, und in einer Sprache, die ich nicht verstehe. Und dennoch frage ich mich: Kann denn die Versuchung ähnlich wirken und aufrütteln wie die Liebe? Ich bat Athanasius, mir sein Buch zu zeigen, und so berührte ich dieses abgenützte, alte Buch, von welchem er hartnäckig behauptet, daß es den vier kanonischen Evangelien nicht widerspreche, sondern sie bloß ergänze und da und dort vervollkommne. Und als es mich leicht überrieselte und ich fast wünschte, daß es tatsächlich echt sein möge, ermahnte ich mich vergebens zur Klarheit der Vernunft, welche mir zu verstehen gab, daß nach tausend Jahren sogar das Wagnis der Hoffnung absurd sei, es möge ein fünftes, den übrigen vier an Wahrheit ebenbürtiges Evangelium noch erhalten sein – sofern es überhaupt geschrieben wurde. Und während ich mir einerseits den Ausspruch eines unserer Heiligen vorsagte: „Herr, lehre uns verstehen, indem du uns zu unterscheiden gewährst zwischen dem, was aus der Schöpfung kommt und dem, was unmittelbar vom Heiligen Geist ausgehet", kam mir anderseits ein Satz in den Sinn, den mir Athanasius kurz zuvor mitgeteilt hatte und der gleichfalls in jenem Evangelium stehen soll: „Hebe den Stein auf, und du wirst mich dort finden. Breche die Siegel auf, und ich werde dort sein."

Aber weshalb sage ich dir dies? Weil diese plötzliche, nicht bezwingbare Aufregung in meinem Inneren vermutlich das einzige ist, was mich entschuldigen und von der Tatsache freisprechen kann, daß ich an die Echtheit eines Evangeliums glaube – oder zu glauben versucht bin – über welches ich nichts anderes weiß, als Athanasius davon behauptet; seiner Aussage nach war es ursprünglich, ehe es in griechischer Sprache verfaßt wurde, in der Sprache Jesu geschrieben worden, und soll sich viel später im Besitze einer Gemeinschaft oder Sekte befunden haben, die man die Armen nannte, sei es, weil sie beschlossen hatten, wie Christus und seine Apostel arm zu leben, sei es, weil sie das Matthäusevangelium ausbesserten, indem sie lasen „Selig die Armen" anstatt „die Armen im Geiste" (ich machte ihn jedoch aufmerksam, daß auch Lukas so schreibt). Im übrigen, fügte er hinzu, wollten sie es lieber verborgen halten, da man sie verdächtigte; und damit es nicht verworfen werde, nahmen sie sich vor, es erst zur rechten Zeit und wenn die Zeichen offenbar würden, zu verbreiten. Ich fragte ihn, auf welche Weise und von wem er es erhalten habe, doch er verstummte. Ich fragte, ob er ein Zeichen habe, daß nun die rechte Zeit sei, und zunächst wollte er auch darauf mit stummem Lächeln antworten, doch auf mein Drängen entgegnete er leise: „Wir leben doch zwischen tausenderlei Zeichen. Welche aber sind die rechten?" Darauf bat ich ihn, mir einige Stellen zu übersetzen, doch geschah dies in einem so anfechtbaren, ungenauen Latein, daß ich nicht feststellen konnte, ob die gestammelten, sinngemäß von der Heiligen Schrift nicht abweichenden Sätze nur durch ihn und seine zögernde, ungenaue Übersetzung andersartig klangen.

Das Merkwürdigste aber kam, als er mir beweisen wollte, daß sein Evangelium nicht nur echt sei, sondern dem Worte Jesu näherkomme als die unseren, und mir einen Vers zitierte, der da lautet: „Wer gegen seinen Bruder zürnt, soll dem Gerichte verfallen", während bei Matthäus (den er nur im Griechischen kennt) weit ungenauer stehen soll: „Jeder, der seinem Bruder grundlos zürnt, soll dem Gerichte verfallen." Zunächst schwieg ich und gab ihm in meinem Herzen recht. Dann aber ließ ich, doch nicht recht überzeugt, unsere Vulgata holen. Und da im Lateinischen „grundlos" nicht vorkommt, war nun er es, der verwirrt wurde. Und etwas Ähnliches ereignete sich kurz darauf, als er behauptete, Matthäus habe im Gleichnis von den hundert Schafen den Ausspruch Jesu zu berichten unterlassen: „Der Menschensohn ist ja gekommen, zu retten, was verloren war", und ich ihm in der Vulgata des heiligen Hieronymus zeigte, daß der heilige Matthäus auch bei uns so sagt.

Du begreifst wohl, daß an diesem Punkte alles zweifelhaft wird; schließt man die Möglichkeit einer apokryphen Schrift einmal aus (zu welcher Ansicht ich nach den daraus vernommenen Stellen neige), so darf man entweder annehmen, dieses angeblich neue und unbekannte Evangelium unterscheide sich nicht wesentlich von den schon vorhandenen und werde von dem Mönche nur darum für andersartig gehalten, weil er die unseren in irgendeinem ungenau kopierten Codex gelesen hat, oder höchstens daß es sich um eine jener Harmonien handeln könne, die, wie du weißt, in der Vergangenheit oft zusammengestellt wurden, indem man die kanonischen Evangelien miteinander verschmolz. Soferne nicht das Buch in Anbetracht gewisser Übereinstimmungen mit Matthäus und der Erzählung des Athanasius über seinen Ursprung (aber bei der bloßen Annahme erbebe ich schon) den griechischen Text jenes ersten Matthäusevangeliums enthält, von dem der heilige Hieronymus berichtet, daß es ursprünglich in hebräischer Sprache verfaßt worden sei. Oder vielleicht ist die Wahrheit eine ganz andere: daß nämlich Athanasius ganz einfach das immerwährende Evangelium als neu ausruft. Nicht in dem Sinne, als gäbe es neue oder unbekannte Evangelien, sondern vielmehr neue Seelen, jene, sagt Jesus, welche aus dem Geiste geboren sind und dessen Stimme vernehmen, ohne zu wissen, woher sie kommt. Mögen wir jene für Narren oder Betrüger halten; mögen sie sich einbilden, im Namen unbekannter Evangelien das zu bringen, was wir in den vier bekannten schon enthaltenen wissen. Und doch genügt es, sie daraus zitieren zu hören, um verwirrt und staunend zu meinen, jene Worte seien unbekannt, ungebräuchlich und stammten tatsächlich aus einem nie zuvor gehörten Evangelium.

Aber, wie ich schon sagte, ich weiß nichts, verstehe nichts und will mich auch nicht in einer Frage zum Richter aufwerfen, welche mich höchstens meine Unkenntnis ermessen ließe. Dies ist auch der Grund, wie du sicherlich schon verstanden hast, weshalb ich Athanasius zu dir schicke. Wir sind eine arme Gemeinschaft, ungebildet, unwissend und durch unsere Mystik, so sehr sie uns im Gebete erhebt, zu mancherlei Irrtum und Irreführung bestimmt, sofern wir uns auf Dinge einlassen, wie diese hier. Abgesehen davon, daß du als Kenner der Heiligen Schrift schon sprichwörtlich geworden bist, gibt es unter euch Männer der Wissenschaft; auch habt ihr Kopisten im Überfluß und bisweilen, so wurde mir berichtet, ziehen sogar Boten aus Byzanz vorbei. Und wer weiß, so sagte ich mir, ob nicht einer unter euch, des Griechischen kundig, imstande sein mag, die Wahrheit über Athanasius und seine Handschrift festzustellen. Er scheint mir ehrlich und gut und zu jeder Prüfung bereit, soferne sie ihn nicht erniedrigt. Und selbst wenn er dir unfolgsam oder widerspenstig vorkommen sollte, berücksichtige bitte, daß schließlich alles von einem gerechten Eifer und einer eifersüchtig-hartnäckigen Liebe kommt, die zwar Fanatiker hervorbringt, aber auch Heilige entstehen lassen kann.

Erforsche daher seinen Geist, aber sei nicht voreingenommen und mäßige mit der Güte, die man sich von Bruder zu Bruder schuldet, den Scharfsinn, den du, wie ich weiß, sicherlich zeigen wirst. Leben wir etwa nicht wie Pilger auf dieser Welt und fühlen wir uns nicht alle wie Wanderer? Vor allem aber prüfe sein Buch und entledige dich seiner nicht zu bald, ich bitte dich. Vielleicht ist es ein Nichts, ein beliebiges Machwerk, eine grobe Fälschung, die nichts Besseres verdient als Vernichtung, vielleicht auch das Werk eines enttäuschten oder satanischen Geistes, das uns gesandt ward, um uns vom Wege abzubringen und Irrglauben zu säen. Aber ,,vermögen wir denn das Licht zu erkennen, solange wir in der Höhle bleiben", wie ein Satz aus dem Evangelium des Athanasius lautet? Können wir uns dagegen versichern, indem wir uns hinter unserem Mißtrauen verschanzen und jenes nur als trügerisch und verderblich zu verdammen bereit sind? Was mich betrifft, so wirst du schon gemerkt haben, daß ich recht zögere, es für ein solches Werk zu halten, besonders nach dem Wenigen, das Athanasius daraus übersetzte. Und wenn uns jemand auch nur die Vermutung eingäbe, daß im Inneren eines Berges ein einziger unbekannter Ausspruch Jesu begraben liege, würden wir da nicht jedenfalls hingehen und in diesen Berg unterirdische Gänge graben, selbst auf die Gefahr hin, dabei Schlangennester aufzudecken?

2.

Nikolaus von Sulmona, Abt des Benediktinerklosters San Clemente in Casauria, an Ludwig von Càsoli, Prior der Augustiner von Pescocostanzo.

Mein Gott, so ist es denn wahr, daß wir so ausgesetzt sind? Oder willst du uns etwa absichtlich beschämen und uns unsere Geringheit wieder einmal vor Augen führen, um uns solchermaßen einer anderen Art von Vollkommenheit zuzuneigen? Ich spreche natürlich von mir und nicht von dir. Denn bisher hatte ich mich in dir, offen gesagt, getäuscht und wußte nichts von deiner Schriftgelehrtheit, auch zweifelte ich einigermaßen an deiner Fähigkeit als Prior. Zum Glück aber klärt mich dein Brief über meinen Irrtum auf. Und ich bin nunmehr sehr ernsthaft davon überzeugt, daß die dortigen Mönche, als sie dich wählten, wahrlich niemanden besseren wählen konnten.

Wer hätte in der Tat wünschen oder glauben mögen, daß sich ein Prior, ich sage ein Prior, als solch vortrefflicher Ausforscher erweise und von den Pflichten und der Würde seines Standes so erfüllt sei, daß er seine Gesundheit aufs Spiel setze, um hinter Türen zu lauschen? Und daß er so sehr mit Glauben oder Gutgläubigkeit – versehen sei, einem Vagabunden in Sehergewandung Glauben zu schenken und zu erwarten, daß aus einem beliebigen Machwerke alter Schriften ein nie zuvor bekanntes Evangelium hervorgehe? Und daß er weiters so voller Vorsicht und Voraussicht sei, mir einen Landolf in Begleitung eines Athanasius zu senden, als sendete man Öl und Feuer im gleichen Krüglein? Gewiß ist, daß ich darob noch immer staune. Und wenn ich mich nicht erinnerte, wie kindlich deine Güte ist, müßte ich letzten Endes sogar daran denken, daß du in einem Anfall feiner List oder sogar boshaften Spottes den Brand von deinem Kloster abwenden, indem du meines entzünden und mich erproben wolltest. Sofern du mich mit deinem begeisterten Brief nicht allen

Ernstes in einen Irrtum drängen wolltest, um mir den Gedanken einzugeben, daß die Ordnung, in welcher wir leben, letztlich auch nicht mehr wert sei als eure Unordnung. Ja, gewiß: Ihr improvisiert euer religiöses Leben, während wir es vermutlich allzusehr regeln; ihr vertraut auf die natürliche Güte und verhaltet euch im übrigen wie Menschen, welche glauben, daß der Heilige Geist mit seinen Gaben ständig im Begriffe sei, an ihre Tür zu klopfen. Überzeuge dich jedoch: Wir sind nicht gut. Höchstens werden wir unschuldig, vielleicht auch furchtsam, geboren. Und wenn wir nicht daran arbeiteten, mit Hilfe der Ausdauer die Natur zu Gehorsam und Zucht zu erziehen, wären wir verloren.

Tatsache ist, daß Landolf schon immer war, der er ist: Ein mißgeformter Geist, zu ungeduldig, um zuchtvoll zu sein, und unfähig, sich den Härten des strengen Lebens zu unterwerfen. Seine Herkunft wirkt ein Übriges (weißt du, daß er von den Grafen von Fara abstammt?), indem sie seiner Rastlosigkeit das Siegel des Hochmuts aufdrückt. Die vergangenen Monate haben ihn nicht verändert und auch deine liebevolle Güte (ich sehe, du glaubst mir nicht) vermochte ihn nicht zu bessern. Sie gab seiner seherischen Pose und seinem Hang, sich als Mystiker oder – schlimmer noch – als Reformator zu gebärden, höchstens noch neue Nahrung. Was Wunder, wenn es daher so wenig brauchte – ich meine die Reise in Begleitung deines Athanasius –, um ihn in einen neuen Apostel eines solch neuen Christus zu verwandeln? Als wäre ein Athanasius nicht schon genug, haben wir nun deren zwei, und der zweite ist noch hitziger als der erste. Und wenn schon der erste, allein und unserer Sprache kaum mächtig, halb Apulien mit seiner Zuchtlosigkeit versuchen konnte, vermagst du dir vorzustellen, was er nun mit Hilfe eines unerschrockenen Gefährten von solch unaufhaltsamer Beredsamkeit anrichten wird?

Kurz, weder der eine noch der andere befindet sich noch hier bei mir. Im Gegenteil, sie ziehen mit einem Teil meiner Mönche und zahlreichem Volk der umliegenden Gegenden nun von Ort zu Ort und verkünden das neue Evangelium. Unterwegs bewirken sie Bekehrungen und, wie es scheint, sogar Heilungen. Zunächst schienen sie gegen Rom zu ziehen, nun aber, nachdem der Graf von Celano sie aus seinem Gebiet vertrieben hat, wandern sie mit vermehrter Vorsicht in Richtung Spoleto. Dennoch aber sammeln sie Anhänger, nennen sich Wanderer in Christus, richten Botschaften an Bischöfe und Klöster, verhetzen die Mönche und Priester des niederen Klerus, und wer gewillt ist, ihnen Gehör zu schenken, dem pflegen sie zu sagen: „Wanderer seid, und nicht Seßhafte!", da dies die Gewohnheit Christi und seiner Jünger gewesen sei; denn nur durch eine Änderung des Lebens würden „euch die Sünden vergeben" (sie entnehmen dies der *Apostelgeschichte,* wie ich glaube), „dann kommen durch die Gnade des Herrn Zeiten der Erquickung, die er für euch bestimmt hat".

Was den Inhalt der Reform anbelangt, so werden wir alle, ich, du, der Verderbtheit, der Lauheit und mangelnder evangelischer Gesinnung beschuldigt, sei es, daß wir angeblich nicht arm genug lebten (wenn ich bedenke, daß wir bisher nur mit zu unterhaltungssüchtigen Mönchen Schwierigkeiten hatten!), sei es, daß wir mit Fürsten und Mächtigen verbündet seien und die sichtbare

Kirche auf Kosten der unsichtbaren liebten. Und dazu pflegen sie folgende, ebenfalls abgewandelten Worte aus der *Apostelgeschichte* zu sprechen:

„Zusammen tun sich Könige und Priester
Wider den Herrn und sein Evangelium."

Was nun ihre Gebräuche und angewandten Riten anbelangt, so berichteten mir Augenzeugen, daß sie in Prozessionen ziehen und dabei Verse aus jenem angeblichen, fünften Evangelium sprechen, die sie häufig wie Hymnen im Chore singen. Und dazwischen sprechen sie nach Art eines Refrains bald diesen Spruch aus der *Apokalypse:* „Fürchtet Gott und gebt ihm die Ehre! Gekommen ist die Stunde seines Gerichtes", bald jenen anderen aus einem Paulusbrief: „Dann kommt das Ende, wenn er seine Königsherrschaft Gott dem Vater übergibt, nachdem er zuvor alle andere Herrschaft, Macht und Gewalt zunichtegemacht hat." Und an dieser Stelle erhebt sich stets eine einzelne Stimme: „Damit wir Glieder untereinander seien und damit alle eins seien."

3.

Andreas, Priester an der Kirche Santo Stefano in Antrodoco,
an Maurus von Casale, Bischof von Spoleto.

Wenn ich mich recht entsinne, sind es nun Jahre her, seit ich einen meiner Lehrer sagen hörte, jedesmal, wenn die Erwartung einer neuen Wiederkunft hervorbreche, sei dies ein Zeichen, daß die Kirche aufzublühen beginne. Und ich hörte ihn weiters sagen, daß man unter solchen Umständen von einem neuen Evangelium gleichsam träume: Nicht in dem Sinne, als wolle man das alte ablehnen, sondern als lese man es mit neuen Augen, fast als entdecke man es wirklich zum erstenmal.

Nein, ich glaube gewiß nicht, daß besagte Wanderer in Christus tatsächlich ein unbekanntes Evangelium verkünden. Als sie durch unsere Gegend zogen, war mein Eindruck der, daß sie dasselbe Evangelium wie wir bekennen: Nur, daß sie es anders lesen. Auch was dir über sie und ihren Brauch berichtet wurde, ja selbst ihre Wahrsagung einer erneuerten Kirche in einem allgemeinen Priestertum der Gläubigen, scheint mir kein Zeichen von Ketzerei zu sein, sondern nur ein erneuertes religiöses Leben anzudeuten. Du wunderst dich über ihre Glut und meinst, sie sei gefährlich? Aber ist unser Gott etwa kein „verzehrendes Feuer"? Du wunderst dich, daß sie noch immer von einer neuen Ankunft des Herrn träumen? Ich für meinen Teil habe keine Angst davor, da ich daran denke, daß geschrieben steht: „Noch einmal will ich die Erde erschüttern." Du staunst über ihren Hang, in Prophezeiungen zu sprechen und vermutest dahinter Betrug, ja geradezu Zauberei? Aber weißt du denn nicht mehr, was wir alle gelesen haben: „Ich wollte, ihr könntet alle in Sprachen reden, noch lieber jedoch, ihr könntet prophetisch reden"? Und was die Frauen betrifft, die mit ihnen ziehen, so zögere ich sehr, an die abscheulichen

Dinge zu glauben, die man dir berichtete; wenn ich, im Gegenteil, an diese neue Gemeinschaft denke, die Menschen so verschiedener Herkunft vereinigt, so denke ich zwar an Narren, aber an Narren in Christus, für die es nicht mehr zählt, ,,Jude oder Heide, Knecht oder Freier, Mann oder Weib" zu sein. ,,Ihr seid alle einer in Christus Jesus."

Wie du siehst, läßt sich alles in der Schrift finden, sogar die Ursprünge dieses neuen Skandalums, ja sogar das, was das Beunruhigende an diesen neuen Pilgern rechtfertigt. Darum auch die im Chor gesungenen Worte, welche dir so verdächtig schienen: ,,Wer mir nahe ist, ist dem Feuer nahe, aber wer mir fern ist, ist dem Himmelreich fern." Freilich finden sich diese in keinem Evangelium: Und doch ist es, als müßten sie dort stehen.

4.

Papst Alexander II. an Romuald, Bischof von Todi.

Wir beunruhigen Uns sehr wegen der Nachrichten, welche Uns über die neue Sekte, die sich die Wanderer in Christus nennen, zukommen. Ihr Anführer ist ein griechischer Mönch, welcher anscheinend in Apulien landete und ein unbekanntes Evangelium mit sich führt. Dieser durcheilt nun von Etappe zu Etappe ganz Italien und soll sich schon an den Grenzen deiner Diözese befinden. Die Mitteilungen, die Uns darüber gemacht wurden, sind sehr widersprüchlich; einige sprechen über ihn wie von einem Dämon, den man verfolgen und bannen sollte, andere wieder von einem evangelischen Geist und wie von einem Heiligen. Tatsache ist, daß er gleich einer Flamme vorüberzieht, bald Hoffnungen, bald maßlosen Haß entzündend, und dabei die geliebteste Herde der Gläubigen, ja selbst die Hirten untereinander uneins macht, so daß er gerade beim Klerus, zumal beim niederen, bisweilen Beistand und Ermutigung findet.

Da Uns jedoch Unsere Liebe und die unter ähnlichen Umständen bereits gesammelten Erfahrungen anraten, vorsichtig und unvorsichtig zugleich zu sein, und der Klerus selbst derart geteilter Meinung ist, empfehlen und gebieten Wir dir: Sollten dir die Absichten besagter Sekte wirklich gut erscheinen, solltest du, mit anderen Worten, in besagter neuer Verkündigung die Anzeichen jener wiederhergestellten Liebe des Evangeliums entdecken, wie sie ja auch in der Absicht unseres Pontifikates liegt, dann gehe so verständig vor, daß dein Eingreifen keinen schlechten Ausgang zeitige, sondern die sogenannten Wanderer in Christus von dir ordentlich vor jenen beschützt werden, welche allzusehr auf deren Unterdrückung bedacht sind.

Sollte hingegen ein solcher Mensch Ärgernisse zu erregen drohen und in unserer Kirche verderbliche Spaltungen hervorrufen, dann setze jedes Gott wohlgefällige Mittel ein, damit er entweder schweige und Gehorsam leiste, oder dorthin zurückgeschickt werde, woher er gekommen ist.

5.

Romuald, Bischof von Todi,
an Papst Alexander II.

Jene, welche du Wanderer in Christus nennst und die deiner Aussage nach durch Italien ziehen, indem sie ein nie zuvor gehörtes Evangelium verkünden, konnte ich nicht kennenlernen: Zwar zogen sie gegen Todi, aber nach ihrer Zersplitterung durch das Gefolge des Herzogs von Spoleto bei Acquasparta scheinen sie nun entweder in Richtung Gualdo oder Gubbio zu wandern: Wie man sagte, waren es tausend und vielleicht mehr, jetzt aber sind es weniger als zweihundert, darunter Frauen. Die anderen streifen einzeln umher. Und wenn die meisten nicht zu ihren Feldern zurückkehren, so geschieht dies aus Furcht vor der Rache der Grundherren.

Ein Flüchtling, der unter ihnen gelebt hatte, berichtete mir, daß sie sich sehr gewissenhaft und von Liebe durchdrungen verhielten. Sie stehlen nicht, sie rauben nicht, sie wenden keine Gewalt an, sie schlafen in Scheunen und manchmal im Freien, ihr Antlitz zeigt Heiterkeit, auch wenn sie keine Nahrung mehr haben, und das Wenige, das sie besitzen, teilen sie untereinander. Wenn sie angegriffen werden, leisten sie keinen Widerstand, selbst dann nicht, wenn sie in der Überzahl sind: Es ist daher nicht verwunderlich, daß tausend Menschen von dreißig bewaffneten Reitern auseinandergetrieben werden konnten. Sie haben die Herren gegen sich und die Aldionen und Unfreien auf ihrer Seite, da diese frei werden möchten und ihnen insgeheim helfen, sofern sie ihnen nicht folgen; und gleichermaßen verhalten sich viele Priester und Bewohner unserer Marktflecken.

Sie unterscheiden die sichtbare Kirche von der unsichtbaren, jene nennen sie Babylon, diese Jerusalem; und sie erwarten einen neuen Papst, den sie das Lamm nennen, der erstere zerstören und letztere wiedergewinnen möge. Sie bemitleiden jene, die das Wohlergehen auf dieser Welt suchen, und schmähen in ihren Reden die allzu reichen Christen und alle, die Ruhm- oder Machtsucht zeigen, auch uns Priester, die wir uns vielmehr an das Vorbild des apostolischen Lebens halten und das Unglück der Armen und Elenden lindern sollten. Und darum nennen sie sich apostolisch und uns zu wenig evangelisch. Und in diesem Zusammenhang wenden sie zwei Sätze an, einen Vorwurf und ein Gebot, die sie Jesus zuschreiben und die sie anscheinend ihrem geheimnisvollen Evangelium entnommen haben: „Und ich fand unter ihnen nicht einen, den dürstete", und „Wisset, daß ich euch nicht zum Gebieten aussende, sondern zum Dienen". Wie man mir berichtete, bezeichnen sie uns geradezu als die neuen Pharisäer und bekräftigen dies mit Matthäus, den sie aber so zitieren: „Auf dem Stuhle Petri haben sich die Schriftgelehrten und Pharisäer eingenistet", und auch in anderen Dingen pflegen sie sich gegen uns des Evangeliums zu bedienen, als habe Jesus nicht über die Juden, sondern über die heilige Kirche gesprochen. Beachte, daß sie es nicht ablehnen, heilige Stätten zu betreten; im Gegenteil, sofern sie nicht abgewiesen werden, gehen sie alle zum Tische des Herrn, und ihre Andacht ist größer als die unsere. Auch bezeichnen sie sich keineswegs als Rebellen gegen die Heilige Kirche: sie wollen sie nur bessern. Und wie zum Vorwurf erheben sie oft ihre Stimme mit dem Ruf: ,,Nicht jene, die sagen: Herr, Herr! Und nicht jene, die haben, sondern jene, die gaben.“ Schließlich behaupten sie, um des Zeugnisses willen zu wandern, damit sich jeder, den es nach dem Guten und der Wahrheit dürste, ihnen anschließen und seinen Willen mit dem ihren vereinigen möge, um den Herrn anzuflehen, den Tag des Gerichts zu beschleunigen. Und wer zaudert oder an ihren Gebräuchen Anstoß nimmt, dem antworten sie aus der *Apostelgeschichte:* ,,Die Menge der Gläubigen war ein Herz und eine Seele. Keiner nannte etwas von seinem Besitztum sein eigen. Alles hatten sie miteinander gemeinsam. Wer Grundstücke oder Häuser besaß, veräußerte sie. Davon wurde dann jedem zugeteilt, was er nötig hatte.“ Und wer ihnen vorwirft, die Gesetze zu lockern, die Menschen aufzuwiegeln und die irdische Gerechtigkeit für unrecht zu halten, dem antworten sie mit dem heiligen Paulus: ,,Wenn ihr euch vom Geiste leiten laßt, so steht ihr nicht unter dem Gesetze.“

Kurz, mit jedem Bibelspruch vertiefen sie meine Unschlüssigkeit, und doch finde ich an ihnen nichts gegen den rechten Glauben Gerichtetes oder wirklich Verdammenswertes. Ich glaube nicht, will ich damit sagen, daß sie Ketzerei verbreiten, sondern nur, daß sie den Samen einer neuen Botschaft und einer wahrhaftigeren Form der Frömmigkeit aussäen. Und sofern sie tatsächlich an ein unbekanntes, fünftes Evangelium glauben, das von dem griechischen Mönch, ihrem Anführer, mitgebracht wurde (und welches die Person, mit der ich gesprochen habe, mit unseren eigenen Evangelien verwechselt), so zeigt ihr Glaube dessen Harmlosigkeit, da es sie durchaus nicht von der Heiligen Schrift ablenkt, sondern nur insofern Besorgnis erregen könnte, als es sich auf die Disziplin neuerungssüchtiger Priester und Mönche auszuwirken vermag. Wie du weißt, hat schon so mancher seinen Stand und die geregelte Ausübung seines Amtes aufgegeben, um nun zu den ausdauerndsten und eifrigsten Anhängern der neuen Sekte zu gehören. Es scheint sogar, als sei einer von ihnen, ein gewisser Landolf, der als Mönch dem Kloster San Clemente angehört hatte, der Verfasser jener seltsamen Botschaften, welche, soviel ich weiß, an die Gläubigen unserer Gemeinden ausgeschickt werden; bei deren Abfassung ließ er sich wohl durch die Sendschreiben an die Sieben Gemeinden, von denen die *Apokalypse* spricht, anregen. Persönlich habe ich sie nicht gesehen und ich wäre darauf recht neugierig. Nur so könnte ich über etwas Gewißheit erlangen, was ich zu vermuten beginne: Daß diese Wanderprediger nämlich das immerwährende Evangelium befolgen, so getreu jedoch, daß man es fast nicht wiedererkennt.

6.

Gualbert, Domherr an der Kapitelkirche von Gualdo, an Romuald, Bischof von Todi.

Deinem Wunsche gemäß habe ich nach bestem Vermögen nach jenen Menschen geforscht, welche sich Wanderer in Christus nennen lassen, und will dir nun kurz mitteilen, was ich in Erfahrung bringen konnte.

Wie dir vielleicht schon bekannt ist, zogen sie gegen Gualdo, wurden aber nach einem neuerlichen Überfall teils ergriffen, teils vereinzelt und in unsere Wälder versprengt, wo sie von kleinen Diebstählen und raschen Raubzügen leben. Der griechische Mönch, welcher, ein unbekanntes Evangelium mit sich führend, soviel Aufregung verursacht hat, ist mit ihnen verschwunden und mit ihm sein Evangelium. Dafür befinden sich unter denjenigen, welche wir in unserer Stadt so lange festhalten, bis wir wissen, was mit ihnen geschehen soll, zwei flüchtige Mönche, Venantius und jener Landolf, welcher ihm als erster gefolgt war und zum Zeitpunkt seiner Festnahme die letzte Gruppe anführte. Von den beiden ist er der gelehrtere. Seinem eigenen Geständnis nach war er der Verfasser jener seltsamen Botschaften, welche im Laufe des Aufruhrs, der über unser Land hinwegging, den Gläubigen zukamen. Wie vorauszusehen, gibt es von diesen Schriften keine Spur mehr: Die Empfänger haben sich vermutlich beeilt, sie rasch zu vernichten. Auch über die beiden Mönche konnten wir nicht viel in Erfahrung bringen: Der eine ist so glühend überzeugt wie der andere, und beide weigern sich, Buße zu tun und in ihre Klöster zurückzukehren; ja, sie wollen nicht einmal zugeben, daß sie ein ketzerisches Evangelium verbreitet haben. Und auch die bei ihnen gefundenen Schriftstücke, wenige Seiten, welche auf den ersten Blick nur Bruchstücke enthalten, reichen sicherlich nicht aus, über die Ziele der neuen Sekte Aufschluß zu geben.

Ich will dir sogar sagen, daß ich davon Abstand genommen hätte, mich mit ihnen zu befassen, da ich in ihnen nur irreredende, vom Wege abgekommene, überspannte Menschen sah, wäre mir bei näherer Prüfung nicht aufgefallen, daß, was ich bloß für unvollendete Sätze gehalten hatte, in Wahrheit Verse waren, zwar kunstlos und gleichsam jeder Regel bar, wie jener Landolf selbst zugab, welcher sie verfaßt hatte (übrigens hat er mit erzählt, daß er sie während der Ruhepausen am Lagefeuer aus dem Stegreif gedichtet habe. Hättest du geglaubt, daß er auch Dichter ist?), darum aber nicht minder wirkungsvoll bei leichtgläubigem, unwissendem Volk: Kurzum, ich begriff endlich, daß dies die Quelle jener Art von Responsorien war, welche die sogenannten Wanderer in Christus anzustimmen pflegten, wenn sie in Prozessionen von Ort zu Ort zogen, und mit welchen sie unser Volk dermaßen in Erregung versetzten.

Da aber gleichermaßen ein guter Teil von ihnen ohne Regel und Zusammenhang bleibt und fast dem Volksgeschrei und gemeinen Gassenliedern gleicht, habe ich für dich nur jene Stellen abgeschrieben, welche mir nicht nur leichter zugänglich sind, sondern auch eine bessere Vorstellung von den Absichten des griechischen Mönchs und seiner Anhänger vermitteln können.

Hier die Klage über die bejammernswerten Zustände unserer Zeit:

Die Himmel bleiben ohne Regen
und ohne Hirt die Menschen.
Die Fürsten gleichen tollen Hunden,
das Volk verstreuten Lämmern.

Hier eine Anklage gegen die Reichen:

Der Herr ließ frei die Meere, die ineinander fluten.
Doch ihr stellt Mauern auf, zu trennen Feld von Feld.

Vorwürfe gegen uns Priester:

Ihr habt euch der Wahrheit Schlüssel bemächtigt,
doch ihr tretet nicht ein, noch öffnet ihr andern.
Mit Mönchen habt ihr die Klöster gefüllt,
doch niemals mit Liebe der Erde Fluren.
Das Reich sei nicht von dieser Welt, ist euer Spruch,
doch euer Mund trieft nur von dieser Welt.

Der folgende Vers bezieht sich vermutlich auf ihr unbekanntes Evangelium:

Du liest dieses Buch und verstehst nicht, wozu es geschrieben;
doch das Buch, das du liest, ist geschrieben für dich.

Diesem Buch entstammen vielleicht diese Gebote mit ihrem evangelienhaften Klang:

Hat jemand einen einzigen Menschen getötet,
ist er, als hätte er alle Menschen getötet;
und hat jemand einen einzigen Menschen gerettet,
ist er, als hätte er alle Menschen gerettet.
Über die Wahrheit sprecht zu jenen, die sie nicht kennen,
und über die Liebe zu dem, der danach hungert.
Eure Habe teilt mit den Armen und helft denen, die leiden,
richtet auf die Gedrückten und die Schlafenden wecket zu Gott.
Wirket das Gute nicht nur unter euch und für einander,
nach Vollkommenheit zu streben verkehrt nicht in Ehrsucht.
Behaltet nicht für euch, was euch enthüllt ward,
denn das Wort ist erschienen und offenbar geworden.

Wie du siehst, handelt es sich bis hierher um beinahe harmlose Dinge, welche auch wir sehr wohl hätten sagen können. Aber ich will dir sogleich andere Verse wiedergeben, die, zu einer Art Sequenz zusammengestellt, wie ich es zu tun versuchte, nicht nur die geheimen Absichten der Sekte enthüllen, sondern, wie ich glaube, weit besser als alles andere die Ursache der Unruhe erklären, welche plötzlich unter unserem Volke entstanden ist:

Weil ihr das Volk beraubt
und Gewalt gegen das Land geübt habt,
weil ihr geschändet habt die Häuser,
habt ihr euch hoch oben das Nest errichtet.
Aber kommt nicht etwa auch dieses von Gott,
daß die Menschen wegen eines Nichts erschlaffen,
und der Vermessene untergeht mit dem Unredlichen,
während der Gerechte durch seinen Glauben lebt?

Wehe dir, Zerstörer, dem selbst nichts zerstört ward,
Menschenplünderer, der selbst nicht beraubt ward.
Wehe aber auch dir, der du dich unterdrücken läßt
und nicht im Namen des Herrn Gerechtigkeit forderst.
Wach auf, wach auf, und löse die Ketten.

Ohne Geld hat man euch erworben,
Ohne Geld wird man euch loskaufen.
Warum seid ihr wie das Gras, das man mit Füßen tritt,
und aus euch kommt kein Laut?

Zur Zeit des Erbarmens wird er uns helfen,
am Tage des Heils uns erretten,
zu den Gefangenen wird er sagen: Kommt heraus,
und zu denen, die in Finsternis leben: Steigt wieder herauf ans Licht.
Denn gesandt wurde er, den Armen das Evangelium zu künden,
den verwundeten Seelen die Male zu verbinden,
die unter der Ungerechtigkeit leben, zu trösten
und ihre verschreckten Herzen wieder aufzurichten.

Harrt der Verheißung, werdet seine Jünger,
erkennt die Wahrheit, und sie macht euch frei:
Seht ihr denn nicht, wie Gras unter Steinen wurzelt?

DIE BLÜTENLESE

1.

Aus dem *Liber glossarum et expositionum super quattuor evangelia,* einem in Verviers aufbewahrten Codex des IX. Jh. Er enthält eine Fülle von Zitaten aus nichtkanonischen Evangelien, doch sollen hier nur jene wiedergegeben werden, die, nebst einem ausdrücklichen Hinweis auf das fünfte Evangelium, Dinge enthalten, die in den bisher bekannten Apokryphen nicht aufscheinen. Nach analogen Gesichtspunkten wurde auch dieser Abschnitt angeordnet, der weitestgehend nur reine Dokumente wiedergibt.

Im fünften Evangelium erwiderte Jesus denen, die ihn fragten, wann denn das Reich komme, das er verkünde: „Dies wird geschehen, wenn nicht mehr gesagt wird: „Das ist mein und das ist dein." Wieder ein anderesmal sprach er so: „Dies wird geschehen, wenn nicht mehr gesagt wird ich und du." Als es das vernahm, erschrak das Volk *(Glosse zu Markus, 1,15).*

Anstatt der Worte über die Sünde wider den Geist bringt das fünfte Evangelium folgende andere: „Wahrlich, ich sage euch, alles wird den Menschen vergeben werden, außer der Herzenskälte und der Sünde wider die Liebe. Und wenn du auch mit Engelszungen redetest und allen Glauben hättest, so daß du Berge versetztest, und wenn du, nur noch am Boden kriechend, alle deine Habe den Armen austeiltest, hättest aber die Liebe nicht, so wärest du nichts" *(Glosse zu Markus, 3,28–29).*

Nachdem die Tochter des Jairus zum Leben erweckt ist, spricht Jesus im fünften Evangelium noch folgende Worte: „Wo sterben die Tauben? Habt ihr auf den Straßen der Stadt je eine tote Taube gesehen? So wird es auch mit euch geschehen, ihr werdet wohl sterben, doch wird man euren Tod nicht sehen" *(Glosse zu Markus, 5,42).*

Nach dem „Wer sich erhöht, wird erniedrigt werden etc.", mahnt uns Jesus im fünften Evangelium wie folgt: „Wenn ihr darum zu einem Gastmahle geladen seid, so setzt euch nicht an die ersten Plätze, damit man euch nicht sage, daß sie schon für andere bestimmt seien. Geht vielmehr an die letzten Plätze, damit der Gastgeber, wenn er euch dort unten erblickt, sage: Rücket höher hinauf zu mir" *(Glosse zu Lukas, 18,14).*

2.

Aus der *Descriptio* des nunmehr zerstörten Frauenklosters von Sigena in Katalonien (XI. Jh.).

Neben dem Fresko im Kapitelsaal, darstellend die Berufung der Apostel, wünschte die Äbtissin ein anderes, auf welchem Judas finster und widerspenstig dargestellt sein sollte und Jesus, wie er, gemäß dem Bericht des fünften Evangeliums, auf ihn milde blickt und ihn auffordert: „Folge auch du mir. Weißt du nicht, daß meine Liebe für beide ausreicht?" Denn dies ist der Wahlspruch unseres Klosters.

3.

Aus den *Facetiae* eines unbekannten Spaniers (XIII. Jh.).

Die Äbtissin von Santa Maria de Tarrasa ließ den Prior von San Saturnino in der Nähe von Gerona um die leihweise Überlassung eines Kommentars zur Geheimen Offenbarung des heiligen Johannes bitten. Da ihr aber jener dies nicht schicken wollte und den Boten fragte, wieso man in Santa Maria noch die Zeit finde, Kommentare zu lesen, sandte sie ihm eine Miniaturmalerei, welche folgenden Spruch aus dem fünften Evangelium illustrierte: „Wehe euch, ihr Schriftgelehrten, denn ihr gleicht dem Hund, der vor der Krippe ausgestreckt liegt, um weder selbst zu fressen, noch die Rinder fressen zu lassen." Und anstelle des Hundekopfes ließ sie jenen des Priors malen.

4.

Aus den *Reglas de piedad* des Alonso Campana (Madrid, 1683).

Als Herodes hörte, so berichtet das fünfte Evangelium, daß die drei Weisen Jesus Geschenke brachten, fürchtete er sich, da es das erstemal war, daß die Reichen dem Armen Geschenke brachten.

Im selben Evangelium wird berichtet, daß Jesus einen Armen erblickte, welcher einem Pharisäer die Hand zustreckte. Dieser aber war in sein Gebet versunken und ging vorüber. Jesus fragte ihn, weshalb er dem Armen nicht geholfen habe. Der Pharisäer erwiderte, daß er so bemüht sei, Gott zu dienen, daß er wenig Zeit habe, gut zu sein.

5.

Aus den *Mirabilia Angliae* eines unbekannten Autors (X.–XI. Jh.).

Noch viel heiligmäßiger lebt ein anderer Orden, jener der Grammonteser oder Volk der Armen Brüder, welcher aus Frankreich stammt und vom heiligen Stefan gegründet wurde. Wie es heißt, habe dieser seine Ordensregel aus jenem Leitspruch des neuesten Evangeliums abgeleitet: ,,Wenn du dich nicht auch selbst verlässest, so hast du noch nichts getan.“ Und dieser steht auch über dem Eingang zu ihrem Kloster. Niemand unter ihnen wird Prior genannt, aber der Älteste leitet sie nach dem Spruch: ,,Wer unter euch der erste sein will, sei der Diener aller.“ Und da ihm keine Verwaltung über Güter anvertraut ist, denn sie besitzen keine, sondern nur die Sorge für die Seelen der Mitbrüder, handelt er wirklich wie einer, der dem Herrn Rechenschaft gibt, und geht herum und ermahnt sie mit diesen beiden Sprüchen aus ihrem Evangelium: ,,Seid nicht zufrieden, bis ihr mit Liebe zu schauen versteht“, denn ,,man wird euch nach eurer Liebe richten“. Sie leben abgeschlossen und gehen nur paarweise aus der Klausur, denn ,,wehe dem Einsamen: wer richtet ihn auf, wenn er fällt?“. Sie leben nur von Gaben und nicht vom Zehent oder von Eintreibungen, und von dem Empfangenen verteilen sie wiederum dankbar, sie ,,öffnen die Hand einem jeden, der bittet“, denn, so sagen sie, ,,es ist seliger zu geben als zu nehmen“. Und wenn nichts Eßbares übrig ist, ,,geben sie Almosen von dem, was in ihren Schüsseln ist“ – und nicht nur von dem, ,,was sie im Überflusse haben“, wie jene, die das Evangelium verfälschen – und fasten sie auch einen ganzen Tag oder länger. Sie züchten keine Tiere außer Bienen, sei es, um ,,dem Vieh der Nachbarn kein Weideland zu nehmen“, sei es, wie sie sagen, um ,,alles gemeinsam zu besitzen“. Sie frohlocken auf Wiesen und unter Blumen und ,,verjagen die Traurigkeit“ *(Eccl. 11,10)* und ,,sind ein Zeichen brüderlicher Liebe“. Sie versammeln sich dreimal des Tages und einmal des Nachts, um gemeinsam zu beten, und vor jedem Gottesdienste meditieren sie über den Spruch, welcher ihrer Ordensregel zugrundeliegt, und gleich darauf auch über jenen aus diesem neuesten, fünften Evangelium: ,,Herr, wenn ich nichts anderes habe, opfere ich dir meine Schuld auf.“ Gleicherweise ist unter ihren Hymnen eine, welche so anhebt: ,,Zeige mir, Herr, mit welcher Liebe ich dich lieben soll“. Und unter den Leitsprüchen, über welche sie am meisten nachsinnen, befinden sich die Worte, welche Jesus nach dem Evangelium, das sie besitzen, zu den Aposteln sprach: ,,Wer euch fragt, welches Zeichen in euch wohne, dem gebt zur Antwort: Es ist der Friede, den wir bringen.“ Sie nehmen stets gemeinsam ihre Nahrung ein, mit Ausnahme der Kranken, und an den Wänden des Refektoriums steht zur ständigen Ermahnung jener Vers aus ihrem neuesten Evangelium: ,,Du folgtest mir bis zum Abendmahlsaale, aber nicht bis zum Kreuze.“

6.

Von einem Sgraffito der Felsenkirche Buona Nuova in Massafra bei Tarent (XI. Jh.).

Jesus hat gesagt, die Heiligkeit ist eine Pflanze,
die in den Himmel ragt und in der Wüste wurzelt.
Und Jesus hat gesagt im fünften Evangelium:
„Gesegnet seid ihr, die ihr mich in der Wüste suchtet."

7.

Dies ist das zweite der in Köln unter den Schriftstücken des Pfarrhauses aufgefundenen Dokumente. Es trägt weder den Namen des Verfassers noch den des Empfängers, enthält jedoch folgenden Vermerk meines Priesters: „Aus Maulbronn stammend, Ende des XIV. Jh."

Entsinnst du dich noch Bruder Alberts, unseres alten Bibliothekars? Für ihn bedeutete es, sich ein Stück Herz aus dem Leibe zu reißen, wenn er ein Buch verlieh. Er hütete seine Bücher in einer Art eifersüchtigen Besitzens und verbot uns selbst die Annäherung an die Bücherregale, als würden sie durch unsere bloße Berührung verpestet.

Nun, da er tot ist, fiel jene Aufgabe an mich. Und du kannst dir vorstellen, daß ich die Gelegenheit nützte, um unsere Bibliothek endlich kennenzulernen und auch dort zu suchen, wo es uns bisher verboten war. Du kannst dir auch denken, daß ich Dinge entdeckte, von deren Besitz wir nichts mehr gewußt hatten: Darunter viele alte Texte der scholastischen Philosophie und sogar einen lateinischen, ziemlich korrekten Aristoteles, den ich für dich abschreiben lassen könnte, da ich weiß, wie sehr du dafür Anteilnahme zeigst.

Die größte Überraschung jedoch bereiteten mir etliche Bücher, welche er hinter den anderen, in einer zweiten Reihe verborgen hatte. Niemand ahnte es mehr, doch gibt es bei uns eine richtige Sammlung von Schriften, welche in dem katholischen Kanon keine Aufnahme gefunden haben: Darunter eine Abschrift der *Pilatusakten*, und eine der sogenannten *Infantia Salvatoris*, die nur zu bekannt und verbreitet ist und keiner Beschreibung bedarf. Aber siehe: Eben im Anhang dieses Buches habe ich etwas gefunden, das mir, offen gestanden, die Fassung raubt: Ein ausführliches Stück einer Schrift, welche sich die *Weisheit Jesu* nennt und die ich auf den ersten Blick für eine Übersetzung mancher Reden Jesu in unsere Volkssprache hielt; dann aber, nach sorgfältigem Vergleich mit den Evangelien, überzeugte ich mich, daß auch sie einem dem katholischen Kanon nicht zugehörendem Buche entstammen müssen. Und dennoch zögere ich, dieses einfach als apokryph abzutun: Die Pseudoevangelisten kannten Christus dem Fleische, nicht dem Geiste nach, und folgten legendarischen Berichten, nicht aber seiner Botschaft. Diese Schrift hingegen enthält eine solche Fülle wunderbarer, den Unterweisungen Jesu verwandter Lehren, daß ich mich, seit ich sie gesehen und gelesen habe, ständig frage, ob sie nicht derselben Quelle entspringen wie die Evangelien der Heiligen Schrift.

Freilich stellte ich mir die Frage, und tue es noch jetzt, ob es sich nicht um Fälschung und reine Nachahmung handeln kann; ein solcher Umstand verbirgt sich ja durch die Sprache, in welcher das Buch geschrieben ist, viel leichter, als es im Lateinischen möglich wäre. Doch liegt in den Worten Jesu etwas, das mir älter als die Menschensprache scheint und sich zur Nachahmung keineswegs eignet: Wer immer sich je darin versuchte, brachte es bloß zu ungefügem Stammeln, wie die Apokryphen zeigen. Ich habe mich auch gefragt, ob wir annehmen dürften, daß uns die vier heiligen Evangelisten nicht alles überliefert haben. Geschieht es nicht auch dir, in der Heiligen Schrift oft ein Verschweigen zu bemerken, welches unserer Frömmigkeit unerträglich vorkommt und uns gleichsam Weiteres ersehnen läßt, das das Bezeugte vermehren und vollenden möge?

Ich habe einmal von einem unbekannten Evangelium gehört, welches immer wieder auftaucht, wenn die Menschen seiner bedürfen. Und der Lehrer, welcher mir darüber berichtete – mir, der ich bereits von etwas Bestimmtem und Greifbarem träumte –, meinte, es könne dies nichts anderes bedeuten, als daß „das Wort Gottes lebendig und wirksam" sei und nie aufhöre, uns neu vorzukommen. Urteile du nun nach den wenigen Versen, welche ich dir sende, ob sie nicht beides zugleich glaubhaft erscheinen lassen.

1. Jesus sagte: „Die Liebe baut auf."
2. Jesus sagte: „Seid nicht zufrieden, bis ihr mit Liebe zu schauen versteht."
3. „Man wird euch nach eurer Liebe richten."
4. „Die Liebe sagt nicht: Dies ist mein, sondern sie sagt: Dies ist dein."
5. Er sagte: „Geben ist seliger als empfangen, und kein Gefühl ist unredlicher als der Eigennutz."
6. Er sagte: „Der Glaube ist der Beginn, aber die Liebe ist die Vollendung. Tuet Gutes und hoffet, und verzweifelt an nichts."
7. „Mein Leben ist mein Zeichen und die Liebe ist mein Merkmal. Ich bin nicht gekommen, zu beweisen, zu unterweisen bin ich gekommen."
8. Jesus sagte: „Keiner wird ohne Verzeihung gehen."
9. Und an demselben Tage, als er einen Mann weinen sah: „Mann", sagte er, „du weinst, und ich bin hier!"
10. Jesus sagte: „Wir leben auf dem anderen Ufer."
11. „Und auf dem Meere wird Sturm sein, wo ihr vorüberziehen werdet."
12. „Gehet hin und predigt, bis euch einer zuhört; nur Steine gehören den Wüsten an."
13. „Ihr wart in der Wüste, und ich habe euch berufen, aus eurer Einsamkeit habe ich euch neu belebt."
14. „Habe ich euch vielleicht der Wüste entrissen, um euch in den Hain zu führen? Ich habe euch nur gesagt: Kommt näher heran zu mir".

15. Er sagte: „Wer hat aus mir einen gemacht, der trennt?“
16. „Was zerstört wurde, wird durch mich wiederentstehen, und was krank war, wird genesen.“

8.

Unter dem Titel „Die vier Worte des heiligen Johannes vom Kreuz“ erschien dieser Brief (sofern es sich um einen solchen handelt) zum erstenmal in der posthumen Ausgabe der *Cartas espirituales,* die, fast dreißig Jahre nach dem Tod des Heiligen, 1619 gedruckt wurde. Die „vier Worte“ kamen aber schon in den Leitsprüchen der *Avisos y sentencias espirituales* vor, wenngleich ohne nähere Quellenangabe.

Zu lange warst du mein Lehrer und Beichtvater, um nicht mein Inneres, meine Antriebe und meinen Glauben zu kennen. Du kennst auch meine Untugenden, meine Sünden, meine Fehler. Wem also, wenn nicht dir, sollte ich mich aufrichtig eröffnen?

Man wirft mir vor, zur Unterweisung meiner Schüler das sogenannte fünfte Evangelium benützt zu haben, welches die Wenigsten kennen und das allgemein für apokryph gehalten wird. Nun, ich leugne nicht, es gelesen und überdacht zu haben, auch gestehe ich dir ohne weiteres in voller Überzeugung, daß ich es noch immer für echt halte. Du weißt ja, daß eine apokryphe Schrift sich sogleich durch sich selbst verrät: Sie ist etwas, das an die Evangelien nur mit dürftigen Erkenntnissen heranzureichen sucht. Und, abgesehen davon, sagen die Apokryphen immer zuviel. Was mich hingegen schon immer an den Evangelien am meisten berührt hat, ist, daß sie das Schweigen zu bewahren verstehen.

Jenem Buche aber habe ich zur Unterweisung meiner Schüler und für meine eigene Lebensführung nur zwei Maximen entnommen, welche mir sehr schön erschienen. Die erste lautet: „Bis zum Abendmahlsaale werdet ihr an meiner Seite bleiben. Werdet ihr mir aber auch bis zum Kreuze folgen?“ Diese Worte spricht Jesus zu seinen Jüngern, während sie nach Jerusalem ziehen, und gleich darauf folgen die schon von den anderen Evangelisten wiedergegebenen: „Könnt ihr den Kelch trinken, den ich trinke?“ Findest nicht auch du, daß der Herr diese Worte gesagt haben könnte und daraus das eigentliche Wesen des christlichen Lebens hervorgeht, welches ja ständig aufgerufen ist, den Weg vom Abendmahlsaale bis zum Kreuze zu Ende zu gehen? Wenn man sie näher überdenkt, begreift man, was uns anstachelt und was uns, als Christen, einengt und betrübt; und weshalb unser Leben, so gerecht, rein und heilig es auch sein mag, von uns so mangelhaft und im Innersten unerfüllt empfunden wird; und daraus erwächst dennoch dieses unser ständiges Sehnen, das uns, sind wir auch Sünder, die Nachfolge Christi erstreben läßt, indem wir mit ihm die Strecke bis zum Kreuze zurücklegen.

Die andere Maxime, welche nach den Versen kommt, die sich auf das Gesetz beziehen, lautet: „Ich bin nicht gekommen, zu beweisen, zu unterweisen bin ich gekommen.“ Und dies erinnert mich an das, was du am Anfang eines deiner ersten Werke schriebst: Daß Christus uns keine einzuhaltenden Vorschriften hinterlassen habe, sondern ein nachzuahmendes Leben. Ich entsinne mich auch, gelesen oder die Behauptung gehört zu haben, wir hätten die Evangelien entstellt, indem wir ihnen Regeln, Verbote und ein Gesetz entnommen hätten, in dessen Einhaltung wir unser ganzes Verdienst erblickten, während wir vergessen hätten, was im Hebräerbrief über das Gesetz stehe, daß es „nicht zur Vollkommenheit führe“.

Damit du aber den Wert dieses Buches besser erfassest, will ich dir noch zwei Leitsprüche wiedergeben, welche auch du sicherlich, nachdem du sie gelesen hast, für göttlich inspiriert halten wirst. Der erste, welcher lautet: „Wir leben auf dem anderen Ufer“, versinnbildlicht, glaube ich, im höchsten Maße unsere Lage und den Ausgangspunkt unserer Askese, unser Dasein in der Welt, der wir nicht angehören. Dank dem zweiten habe ich endlich begriffen, worin die Erwartung des Reiches besteht, von welcher in den Evangelien so oft die Rede ist: In der Erwartung nämlich, daß die Liebe den Platz des Gesetzes einnehme. Man findet ihn an einer Stelle, da Christus erklärt, daß das Wesentliche seines Evangeliums in der Liebe bestehe, und er ist in folgende Worte gekleidet (welche mir wunderbar klingen): „Ihr werdet ohne Gesetz sein, aber nicht ohne mich.“

DAS GRÜNE HOLZ

1.

Theodor von Tortona, Abt von Bobbio, an Benedikt von Monforte, Bischof von Vercelli (die ganze Geschichte spielt zwischen dem Jahre 1219, in dem mit dem Bau von Sant' Andrea zu Vercelli begonnen wurde, und dem 9. März 1224, dem Datum des Verhörs des Petrus von Narbonne. Zur Entdeckung dieses ganzen Aktenhefts, das sich heute in den Staatsarchiven in Mailand befindet, brachte mich ein Hinweis der *Annalen* von Muratori, wonach in jenem Jahr in Pavia ein Mann verhaftet und verhört wurde, der, zunächst für einen fanatischen Anhänger der Katharer gehalten, später wegen der Verbreitung eines nichtkanonischen Evangeliums angeklagt wurde. Muratori berichtet weiters, daß jener schließlich freigelassen wurde, „da man an ihm keine wirkliche Ketzerei fand".

Du willst in aller Kürze wissen, was wir von der Angelegenheit halten, die du uns über die sogenannten Pseudoapostel berichtetest? Erst kürzlich meinte der Mönch Eligius, der erste, ja der Vater unserer Schreiber, nachdem er sich wiederum des Morgens mit ihren Schriften befaßt hatte: „Denn wenn es so dem grünen Holz ergeht, was wird mit dem dürren geschehen?"

Nein, wir halten die Papiere, die du uns sandtest, keineswegs für Teile eines ketzerischen Evangeliums. Selbst dort, wo wir etwas fanden, das einem unbekannten Buch zugehören könnte, wäre eine Erklärung aus dem anderen Klang und der fast größeren Intensität der Worte denkbar. Wenn zum Beispiel geschrieben steht: „Siehe, ich habe die Welt verbrannt", was dir so seltsam, ja gefährlich klingt, könnte man auf Lukas hinweisen, bei welchem dies ebenfalls, wenngleich weniger eindringlich aber verständlicher, zu finden ist. Und auch was die Worte: „Die Armen sind meine Stimme", anbelangt, findest du nicht, daß sie dem Sinn und Ton nach so vielen anderen Worten Jesu gleichen? Ja, daß sie durch ihren Gehalt allein schon ein unbekanntes Evangelium, sofern es wirklich vorhanden sein sollte, authentisch zu machen vermögen?

Nach dem Wenigen zu schließen, welches deine Papiere uns zeigen, haben wir eher den Eindruck gewonnen, daß besagtes Buch ein Auszug sein muß, welcher die einzelnen Evangelisten einer, man möchte sagen: mehr irdischen Absicht entsprechend miteinander vereint. Wenn du zum Beispiel den Anfang der Seligpreisungen betrachtest, so bemerkst du gleich, daß er sowohl aus Lukas wie aus Matthäus geschöpft , aber in der Zusammenstellung folgendermaßen umgeordnet ist: „Selig ihr Armen, denn euer ist dieses Reich. Selig ihr Sanftmütigen, denn euer ist diese Erde. Selig, die ihr hungert, denn jetzt werdet ihr gesättigt werden."

Am meisten jedoch hängt die Verschiedenartigkeit jener Blätter gewiß von der Weise ihrer Übersetzung ab. Der dies unternahm, war entweder in solcher Arbeit unerfahren oder er wollte sie aus einer bestimmten Absicht heraus vollbringen; folglich war er entweder zuwenig umsichtig oder sehr voreingenommen. Zum Beispiel braucht man bloß dort (ich zeige dir absichtlich das banalste Beispiel), wo geschrieben steht: „Weh euch, ihr heuchlerischen Priester und Hirten", lesen: „Weh euch, ihr Schriftgelehrten und Pharisäer, ihr Heuchler!", und schon sind wir auf vertrautem Wege zu Matthäus und einer genaueren – jedenfalls weniger irritierenden – Sprechweise zurückgekehrt. Mache selbst die Probe und du wirst sehen, in wievielen Fällen eine kleine Änderung genügt, um wieder auf vertrautem Boden zu stehen.

Und dennoch, schau, am Ende dieser Summa aus Ungenauigkeiten steht ein alles andere als angenehmer Eindruck und ein dem Unbehagen recht ähnlicher Seelenzustand. So als blieben jene Schriften zwar dem Buchstaben nach mehr oder weniger dieselben, wären aber dem Geiste nach verändert, gewagter, beunruhigender, aufrüttelnder und unbequemer, ich möchte fast sagen, mit härteren Fasern verwoben. So kommt es, daß ich mich seit einigen Tagen öfters frage: „Was haben die Evangelien denn nur an sich, daß man sie bloß in einer etwas anderen Übersetzungsart zu lesen oder in etwas ungewohnter Art zu hören braucht, um in unseren Ohren plötzlich aufrührerisch zu klingen?"

2.

Adalbert von Chieri, Bischof von Saluzzo, an Benedikt von Monforte, Bischof von Vercelli.

Deinem Briefe haben wir entnommen, daß einige Anhänger dieses Petrus, der aus der Provence gekommen ist, um neue Evangelien und neue Wiederkünfte zu predigen, sich kürzlich unserem Gebiete näherten, und so haben wir denn etwa zehn von ihnen festgenommen. Wir halten sie jetzt solange unter Bewachung, bis wir von dir erfahren, wie wir vorgehen sollen. Ich verhehle dir wahrlich nicht, daß ich mich in Verlegenheit befinde: Weniger darum, weil eine solche Art von Häresie in unserer Gegend bisher unbekannt war, sondern weil sie, sofern sie eine ist, dem Fieber gleicht, welches den Körper ohne Spur eines anderen Übels in Brand setzt. Mit anderen Worten, jene, welche du Pseudoapostel nennst, für sich aber keine andere Bezeichnung in Anspruch nehmen, als die „Apostolischen", weisen etwas kaum Erklärbares, etwas Ausweichendes und Beunruhigendes auf, das mir ein Vorgehen gemäß dem Recht erschwert.

Nach außen hin bekennen sie keine anderen Dogmen als die unseren. Indes behaupten sie, durch die Dogmatisierung hätten wir aus einem nahen Christus einen fernen Gott gemacht. Sie tragen Sorge, in allem dem Evangelium gemäß zu leben, und auch der Umstand, daß sie in Apostelgewandung leben wollen, scheint mir, offen gesagt, keines Verdachtes würdig, es sei denn, weil wir uns davon weit entfernt haben. Indes halten sie uns nicht bloß für zu weltlich gesinnt, sondern sie träumen von einem allgemeinen Priestertum der Gläubigen, wodurch alle und wo auch immer, selbst in einem Stalle, predigen dürften: Und wer es ihnen verwehrt, dem bringen sie in Erinnerung, daß Christus zu seiner Lebenszeit ein einzigesmal angebetet worden sei, und dies in einem Stalle. Aber, davon abgesehen: Ist es an sich sündhaft, von einer Wiederkunft zu träumen? Steht es nicht gerade so in der Schrift? Und was würde aus uns, den Anhängern Christi, wollten wir nicht täglich darauf hinwirken, daß er sich kundgebe, was geschähe ohne jenes ständige Gefühl der Unerfülltheit, welches uns verwehrt, auf dem schon Erreichten auszuruhen? Und doch, wie sollten wir uns nicht ärgern, da uns vorgeworfen wird, durch die Gründung einer Kirche das Gottesreich verloren zu haben? Und vor allem, wie soll man jenen Sehern Glauben schenken, die sich das Reich Gottes nicht nur unmittelbar bevorstehend denken, in welchem die Liebe die Stelle des Gesetzes einnehmen werde (wie sie sagen), sondern die behaupten, da die vorhandenen Evangelien nicht genügt hätten, „alles neu zu machen“, daß das Evangelium sich von neuem offenbaren müsse? Und hierin erkennt man ihre Zweifelhaftigkeit am deutlichsten, denn einmal sagen sie, man müsse das Evangelium von neuem verkünden, dann aber behaupten sie wiederum, daß man ein neues Evangelium predigen solle; einmal vermitteln sie folglich den Eindruck, auf die schon vorhandenen anzuspielen, ein andermal scheinen sie sich auf ein gänzlich neues Evangelium zu beziehen. Und wenn man ihnen entgegenhält, daß schon bei den unseren Bekehrung gleichbedeutend sei mit Lebensänderung, so erwidern sie, wenn dem so wäre, müßte das Reich schon mitten unter uns sein. Sie wissen nichts anderes vorzubringen, auch zeigen sie keine Kenntnis jenes angeblichen, unbekannten Evangeliums, von dem du mir sprachst; und nur einmal sagten sie einen Satz, den sie für evangelisch halten, welcher aber in der Heiligen Schrift nicht zu finden ist: „Machet es wie die Vögel und die Tiere auf dem Felde, welche in dem glücklich sind, was sie nicht besitzen.“

Dies ist so ungefähr das Wesentliche dessen, was ich sie sagen hörte. Und angesichts dieser Ansammlung von Ungereimtheiten und Wahrheiten und einer Gerechtigkeit, welche aus Liebe zum Recht ungerecht wird, fühle ich mich unversehens, wie ich dir schon sagte, in Verlegenheit, sie zu beurteilen; ja, ich sage mir geradezu, daß wir, sollten wir sie für Ketzer halten, nicht weit davon entfernt wären, die Evangelien selbst für häretisch zu erklären.

3.

Benedikt von Monforte, Bischof von Vercelli, an Bruder Theobald von Cremona, Inquisitor häretischer Verderbnis für die Provinz Lombardei.

Unter den Schriften, welche ich dir übersende, befindet sich das Urteil Theodors, des hochwürdigsten Abtes der Benediktiner zu Bobbio, über einige Seiten des angeblichen fünften Evangeliums, welches die sogenannten Apostolischen verbreiten. Ich hatte sie ihm geschickt, da ich gehört zu haben meinte, eine Abschrift dieses Evangeliums solle sich in seinem Kloster befinden. Es ist merkwürdig, daß er in seiner Antwort dessen keinerlei Erwähnung tat. Jedenfalls kann ich dir sagen, daß sein Eindruck durchwegs mit meinem übereinstimmt. Da er mir aber jene Blätter noch nicht zurückstellte (wohl um sie, wie ich annehme, noch einer näheren Prüfung zu unterziehen), mußt du dich für den Augenblick mit seiner Ansicht und der meinen begnügen. Ich glaube übrigens kaum, daß deren Kenntnis dir sehr viel helfen könnte: Handelt es sich doch bloß um kurze, überdies fragmentarische Stellen, welche bisweilen wie Entwürfe oder Versuche zu einer Übersetzung anmuten. Als mochten sie höchstens als Stichworte für Meditation und Gebet gedient haben, so wie wir vorgehen, indem wir eine Stelle aus einem Evangelium auswählen. Sie aber (und dies wirkt am befremdlichsten und macht sie am ehesten verdächtig) tragen sie eifersüchtig gehütet unter ihren Gewändern, ja sogar an ihrer Brust, als handle es sich um Amulette.

Weiters sende ich dir einen Brief Adalberts, des hochwürdigsten Bischofs von Saluzzo: Und auch in diesem Falle stimmt sein Urteil mit dem meinen, wie du noch sehen wirst, weitgehend überein.

Dem bisher Berichteten wirst du schon entnommen haben: Ich besitze das Buch nicht und konnte es auch nicht auftreiben. Als ich mich auf deine Bitte hin auf die Suche machte, erfuhr ich, daß jener Bruder Petrus, von dem du sagst, daß er aus der Provence zu dessen Verbreitung und Verkündigung gekommen sei, schon geflohen war. Und die wenigen unter seinen Anhängern, welche noch beisammengeblieben waren, versichern, nichts mehr über ihn zu wissen. Darob bin ich, nach dem nächtlichen Überfall des Marquis von Monferrato, und nach dem überaus grausamen Gemetzel, durchaus nicht erstaunt. Als ich sie am Sesiaufer in einem verlassenen Kloster auffand, waren es nur noch wenige, vom Hunger gepeinigte Menschen, Schattenbilder ihrer selbst. Und dennoch hatten sie etwas Mutiges beibehalten, das mich noch immer in Erstaunen versetzt, und sie bekannten sich weiterhin zu ihren Grundsätzen und deren treuen Einhaltung; doch gleicht durch ein Übermaß ihre unerschrockene Demut oder uneinnehmbare Sanftmut schon stolzer Verbohrtheit.

Beachte, daß ich kein Mißverständnis über sie verbreiten möchte. Sie sind keine Fanatiker und noch viel weniger gewalttätig. Auch ziehen sie kein einziges unserer Dogmen in Zweifel. Doch spürt man in ihrer Haltung etwas Unbeugsames, das der Zuchtlosigkeit gleicht: Als leuchte aus dem Grunde ihrer unschuldigen Augen, aus den Worten, welche sie sprechen, und aus der Art, wie sie sie aussprechen, die gleichmütige, ruhige, unverletzbare Intransingenz jener, von welchen der heilige Paulus sagt, daß sie sich nicht unter dem Gesetze, sondern unter der Gnade fühlen, und als ob gerade dieser Umstand sie anrege, sich als die einzigen ,,Kinder Gottes ohne Makel inmitten eines verderbten, irregeleiteten Geschlechts" zu empfinden.

Du spürst aus meinen Worten wohl eine noch nicht überwundene Unschlüssigkeit: Als zauderte ich einerseits, sie der Hoffart zu beschuldigen, und wäre andererseits gleichzeitig doch dazu geneigt. Und in Wahrheit verhält es sich ja so: Denn ich fühle mit ihnen, wenn sie uns zu einer Gerechtigkeit auffordern, welche über die ,,der Schriftgelehrten und Pharisäer hinausgeht", und ich ärgere mich, wenn sie uns als die neuen Pharisäer bezeichnen; in meinem Herzen stimme ich ihnen zu und sage mir bei ihrem Anblicke: ,,Sollten wir gerade die Inbrunst zur Armut, wie sie das Evangelium fordert und welche wir an unseren Priestern sosehr rühmen, nur darum ablehnen, weil jene sie uns in Erinnerung rufen? Und sollten wir sie nur darum verabscheuen, weil sie uns mahnen, nach dem Evangelium zu leben und nicht nur davon zu reden?", indes aber, ich weiß nicht wie, festigt sich in mir der Verdacht, ihr Evangelienkult könne zur Versuchung werden und zur Anmaßung oder ehrgeizigen Rebellion ausarten. Kurz, ich finde sie zu kühn und sozusagen nicht genügend milde; ich finde an ihnen vor allem den Hang, das Evangelium mehr als Buch der Ungeduld aufzufassen denn der Geduld. Denn siehe, es ist doch seltsam: Aus ihrem Munde klingen die Evangelienstellen nicht mehr wie aus einem Sanftmut einflößenden Buch der Milde, sondern es wird zu einem Buche der Kraft, welches Zwietracht bringt. Und doch gestehe ich dir im selben Augenblicke meine Befürchtung ein, ich könnte mit diesen Worten zuweit gegangen sein und jene in einem allzu verfälschten Lichte dargestellt haben. Ich habe in der Tat versucht, die Evangelien wiederzulesen, und wohl infolge der mit ihnen geführten Unterhaltungen, fand ich sie ganz anders als ich sie in Erinnerung gehabt hatte. In welcher Hinsicht, frägst du mich? Nun, ich will es dir sagen: Bisher hatte ich an das Evangelium stets wie an ein Andachtsbuch gedacht, nun aber habe ich entdeckt, daß es eine Quelle einander widerstreitender Kräfte ist.

Ich habe nichts weiteres hinzuzufügen und harre nur der Einsicht, wie ich mich den Menschen gegenüber verhalten soll, welche wir in Gewahrsam nahmen. Sie sind fast alle Bauern, und wollen wir sie nicht vor Gericht bringen, müßten wir sie zu ihren Grundherren zurückschicken. Da sie sich jedoch freigeworden fühlen und keineswegs wieder an die Scholle gebunden sein wollen, am allerwenigsten auf den Ländereien der Marquis von Monferrato, habe ich sie vorläufig unter die Arbeiter aufnehmen lassen, welche an der neuen Kirche Sant' Andrea, die in unserer Stadt errichtet wird, arbeiten.

4.

Antonius, Domherr zu St. Just in Narbonne, an Theobald von Cremona, Inquisitor häretischer Verderbnis für die Provinz Lombardei.

Jenen Bruder Petrus von Narbonne, welchen als Ketzer abzuurteilen du dich vorbereitest, habe ich in der Tat gekannt; und obgleich er mir als ein in jeder Hinsicht ungewöhnlicher Mönch erschien, hatte ich nie den Eindruck, daß er jener Sekte angehört, welche wir bald Katharer, bald Albigenser nennen und die von uns kürzlich zersprengt wurde. Nach allem, was ich von ihm weiß und über ihn gehört habe, glaube ich nicht einmal, daß er ein ungewöhnliches Evangelium predigt: Nur die Art, es zu verkünden, ist ungewöhnlich, da er ja dessen Verwirklichung fordert, denn, so behauptete er schon immer (du weißt, daß ich sein Beichtvater war) und tut es noch jetzt, Christus habe uns keine Lehre hinterlassen, die wir befolgen, sondern ein Leben, das wir nachahmen sollten.

Noch einen seiner Leitsprüche will ich dir wiedergeben und dir dann das Urteil überlassen: ,,Wisset, daß die unsere keine Religion ist, sondern ein Dienst.“ Und obgleich er sich nicht vermißt, jenen dem Evangelium zu entnehmen, behauptet er doch, daß dem so sein könnte.

5.

Protokoll der Untersuchung des Petrus von Narbonne, aufgezeichnet durch den Notar Ambrosius Parisi, datiert 9. März 1224.

Bruder Petrus von Narbonne, wie er sich nennt, obgleich er keinem regulären Orden angehört, wurde vor Gericht geladen und erschien vor Bruder Theobald von Cremona, Inquisitor häretischer Verderbnis für die Provinz Lombardei; nach der Verweigerung des Schwures, weil so im Matthäusevangelium geboten sei, versprach er, die reine und nackte Wahrheit zu sagen, soweit sie sich auf ihn persönlich beziehe, da er keinerlei Namen anzeigen oder preisgeben wolle von Menschen, die entweder derselben Sekte angehörten oder ihm während seiner Wanderungen Nahrung und Unterschlupf gewährt hätten.

Von obengenanntem Inquisitor befragt, wie es komme, daß er sich Bruder nenne, gab er zu, keinem Orden als Mönch anzugehören, fügte aber hinzu, daß alle Christen Brüder in Christo heißen sollten, wie es ja auch in den Apostelbriefen und in der Apostelgeschichte stehe.

Auf die Befragung, wieso er und seine Mitbrüder sich als die Neuen Apostel bezeichneten und unter diesem Namen für sich warben, erwiderte er, daß sie von den anderen Menschen wegen ihrer Lebensweise so genannt würden, für sich selbst aber nur die Bezeichnung Apostolisch beanspruchten.

Auf die Frage, wieso sie sich auch die Geringsten nennen ließen, entgegnete er, daß Jesus seine Jünger so genannt habe, wie in Matthäus 10,42 zu lesen sei.

Befragt, ob er die Apostolischen für vollkommener halte als jene, welche der Heiligen Kirche gehorsam blieben, antwortete er, daß er sie für Freunde Gottes halte und für gehorsam dem Worte Jesu: „Ein neues Gebot gebe ich euch: Liebet einander!"

Auf die Befragung, wie er jene beurteile, die ihn beherbergt und genährt hatten, antwortete er mit dem Vers, worin es heißt: „Wer einem von diesen Geringsten hier nur einen Becher frischen Wassers zu trinken reicht, weil er mein Jünger ist, fürwahr, ich sage euch: Er wird seines Lohnes nicht verlustig gehen."

Auf die Frage, was er von der Autorität der Heiligen Kirche halte und ob er bereit sei, dem Verbot zu gehorchen, der neuen Sekte zu folgen, wollte er nicht einfach antworten, sondern nur bedingt, indem er die Kirche nur in dem als heilig bezeichnete, was sie in der Befolgung des Evangeliums tue.

Daraufhin befragt, ob er den Geboten der Heiligen Kirche treu sei, erwiderte er, Jesus habe uns keine zu befolgende Vorschriften, sondern ein Leben hinterlassen, welches wir nachahmen sollten.

Auf die Frage, ob er beabsichtige, seine Lebensweise zu ändern, gab er zur Antwort, daß Pilgerschaft, schlichte Kleidung und besondere Armut dem Beispiel Christi und der Lebensweise seiner Apostel und Jünger nicht entgegenständen.

Befragt, ob der jetzige Papst ebensoviel Autorität besitze wie sie der heilige Petrus gehabt habe, erwiderte er ja, was das Recht, und zweifelhaft, was die Voraussetzung betreffe, das heißt, daß er sie besäße, wäre er ebenso heilig wie jener. Aber er fügte noch hinzu, daß in einem solchen Falle keine Autorität mehr nötig wäre.

Auf die Frage, ob er es auf sich nähme, anders zu leben, wenn ihm dies vom heiligen Petrus persönlich aufgetragen würde, erwiderte er, der heilige Petrus würde ihm solches sicherlich nicht auferlegen, da er ebenso gelebt habe und das Amt des Gebote-Auferlegens nicht ausgeübt habe.

Auf die Befragung, ob er den von ihm eingeschlagenen Weg für vollkommener halte als jenen des heiligen Ambrosius, des heiligen Gregor und sovieler anderer Heiliger und Lehrer der Kirche, antwortete er, daß er sich mit jenen weder vergleichen könne noch wolle, daß aber der heilige Gregor, der heilige Ambrosius und die übrigen Heiligen, sofern sie wahrhaft heilig waren und als Heilige urteilten, den von ihm eingeschlagenen Weg als heilig erachtet hätten, da er jener der frühen Kirche sei, welche bis zum Pontifikat des heiligen Sylvester im Stande der Heiligkeit verblieben sei.

Darüber weiter befragt, erwiderte er, die Kirche der ersten Christen sei gut, keusch, arm und verfolgt gewesen, seit dem heiligen Sylvester gut, reich und geehrt, doch die der heutigen Christen reich und verderbt. Und daß sie bei den

Apostolischen oder Geringsten der Kirche wiederum gut, keusch, arm, verfolgt und geschmäht sei wie zur Zeit der ersten Christen.

Auf die Frage, ob er es für erlaubt halte, predigend herumzuziehen und sich das Hirtenamt anzumaßen, gab er die Antwort, daß es weder Hirten noch einfache Gläubige gebe, wie es sie auch in der frühen Kirche nicht gegeben habe, sondern daß es allen erlaubt sei, Zeugnis zu geben, sofern sie nur der Heiligen Schrift treu blieben.

Daraufhin befragt, ob er an ein allgemeines Priestertum der Gläubigen glaube, antwortete er ja, unter der vorerwähnten Bedingung. Und auf die Aufforderung, jene genannte Bedingung näher auszuführen: „Nach der Weise Christi zu sein und inspiriert von der Schrift."

Auf die Frage, ob sich die Apostolischen von der Autorität der Heiligen Kirche und von dem Gebot des Gehorsams für frei erachteten, erwiderte er, die Kirche sei das allgemeine Konzil der Gläubigen, die nur durch Bande des inneren Gehorsams vereint seien.

Nochmals befragt, ob die Apostolischen die Vorschriften des Papstes und der kirchlichen Hierarchie befolgen wollten, entgegnete er, auch Christus habe zu seiner Zeit einen Hohenpriester und eine kirchliche Hierarchie vorgefunden, sei aber zum Tode verurteilt worden, da er ihnen nicht gefolgt habe. Er gab auch zur Antwort, daß der Gehorsam solange notwendig gewesen sei, als es um die Erhaltung des christlichen Volkes ging, daß aber nun die Zeit gekommen sei, Vieles, welches bisher aus Furcht geschehen sei, aus Liebe zu tun.

Auf die Frage, ob er eine Erneuerung der Kirche anstrebe, antwortete er ja. Auf die Frage, wie die erneuerte Kirche aussehen solle, erwiderte er, daß sie aus lebendigen Menschen und nicht aus Steinen bestehen möge. Nochmals dazu befragt, wie jene sein solle, gab er zur Antwort, sie solle sein wie zur Zeit der ersten Christen, da alle Gläubige und alle Priester waren, da allen alles gemeinsam war, und Christus alles in allen.

Befragt, wann eine solche neue Kirche sein solle, erwiderte er, sie habe schon mit den Apostolischen begonnen. Befragt, auf welche Weise man die Zeichen dafür ersehen werde: „Das Evangelium ist den Armen verheißen."

Auf die Frage, ob man in dieser erneuerten Kirche ein anderes Evangelium bekennen werde als das unsere, antwortete er ja, aber in dem bedingten Sinne, daß die von uns gelesenen vier Evangelien mit erneuerten Augen betrachtet würden.

Daraufhin befragt, ob die Apostolischen sich für befugt hielten, das Evangelium außerhalb der Autorität der kirchlichen Hierarchie zu deuten, antworte er mit einem Spruch aus dem Johannesevangelium: „Wenn ihr in meiner Lehre verharrt, seid ihr wahrhaft meine Jünger. Dann werdet ihr die Wahrheit erkennen, und die Wahrheit wird euch frei machen."

Nochmals zu demselben Punkte befragt, gab er zur Antwort, die Gläubigen der erneuerten Kirche würden genügend Gnade und Liebe besitzen, um das Evangelium zu vervollkommnen.

Auf die Frage, ob er das Evangelium für vervollkommbar halte, sagte er ja, aber unter der Bedingung: In dem Sinne, daß es nur insoferne unvollkommen sei, als jene ihm untreu seien, welche sich dazu bekannten.

Befragt, ob ein solches neues Evangelium neue Dinge offenbaren würde, antwortete er mit einem Spruch aus der Apostelgeschichte: „Das Wort Gottes breitete sich immer mehr aus", und mit dem heiligen Paulus: „Lebendig ist das Wort Gottes und wirksam."

Nochmals über denselben Punkt befragt, erwiderte er, daß die Wahrheiten, welche im Evangelium samenhaft seien, erst in der Seele der Menschen Frucht bringen müßten. Und je mehr deren Liebe wachse, umso deutlicher würden die Wahrheiten offenbar, die jenes enthalte.

Auf die Frage, ob er einem fünften, unbekannten Evangelium anhänge, gab er zur Antwort, allein die vier Evangelien des Neuen Testaments zu befolgen und zu bekennen. So aber, wie die Christen unserer Zeit sie bekennten, sei es gerade, als blieben sie unbekannt.

Auf die Verlesung einiger Verse aus jenem unbekannten Evangelium, erwiderte er, dieselben könne man in den vier Evangelien des Neuen Testaments finden. Da aber die Christen unserer Zeit sie nicht läsen, seien sie vergessen worden und für jene nicht mehr erkennbar.

Auf die nochmalige Verlesung anderer Verse, welche man bei den Anhängern seiner Sekte gefunden hatte, gab er zu, jene seien etwas frei gedeutet worden, das heißt, dem Geiste und nicht dem Buchstaben nach, und im Hinblick auf eine erneuerte Kirche.

Befragt, ob dies eben das fünfte Evangelium sei, dessen man sie anklage, gab er zur Antwort, er wolle sich über die Bezeichnung nicht äußern, doch schiene ihm dies dem Wesen nach nicht sündhaft, da es einer besseren Kenntnis der Heiligen Schrift dienlich sei und uns gleichsam die Wahrheit der Wahrheit zeige.

Zu demselben Punkt neuerlich befragt und nach dem Beweise, daß bei dem Buche, welches sie verkündeten, die Evangelien nicht bloß verändert, sondern auch Dinge hinzugefügt seien, welche in jenen nicht vorkämen, antwortete er, das Wort sei ohne Grenzen und ohne Grenzen gleichermaßen auch jener, der es gegeben habe, und daß es nicht genüge, die Evangelien zu lesen, sondern daß man sie auch befragen und sich mit ihnen auseinandersetzen müsse, damit sie zu uns sprechen. Und wenn dies erfolge, sagten sie nicht bloß Dinge, welche wir vorher nicht verstehen konnten, sondern es sei, als fügten sie Wahrheit zu Wahrheit, wie jedem Christen bekannt sei, der sie wirklich innerlich überdenke.

Auf die Erwiderung, daß solcherart die Welt mit fünften Evangelien erfüllt wäre, entgegnete er, genauso verhalte es sich auch, da das Evangelium jedesmal, da es mit freiem Herzen und im Geiste der Liebe gelesen werde, seinen Inhalt zum Grünen und seine Wahrheit zur Erneuerung bringe.

Nochmals befragt, ob sich die Apostolischen für befugt hielten, die Heilige Schrift außerhalb der Autorität der kirchlichen Hierarchie zu deuten, antwortete er mit einem anderen Bibelspruch: „Gottes Wort ist nicht gefesselt."

Daraufhin befragt, ob er bekennen wolle, daß nur die Heilige Kirche die Heilige Schrift und das Glaubensgut verwahre und behüte, antwortete er mit ja, soferne man noch hinzufüge, daß man jenes Gut Frucht bringen lassen müsse, wie Christus in seinem Gleichnis gelehrt habe, was aber in der gegenwärtigen Kirche nicht der Fall sei.

Auf die Frage, was, zusammengefaßt, seine Erwartung sei, erwiderte er, er erwarte ein Konzil und eine erneuerte Kirche.

Befragt, ob er wisse, welche Strafe ihn erwarte, antwortete er: ja, aber Christus habe auch gesagt: „Wer mir nahe ist, ist dem Feuer nahe, und wer von mir fern ist, ist dem Himmelreich fern."

Auf die Frage, wo er diesen Spruch gefunden habe, der in keinem der kanonischen Evangelien stehe, gab er zu, ihn dem neuen Evangelium entnommen zu haben, welches die Anhänger seiner Sekte verkünden.

DAS EVANGELIUM DER PÄPSTE

Am Ende meines Einführungsbriefes sagte ich Ihnen, daß das fünfte Evangelium, sofern es existiert, nur in Rom zu finden sein könne. In dem Zusammenhang mag Ihnen dies als bloße effekthascherische Phrase erschienen sein, und doch wurde sie mit einigem Grund und unter Berücksichtigung einer geradezu beeindruckenden Tradition ausgesprochen; demnach soll sich in Rom ein vom heiligen Petrus mitgebrachtes, verborgengehaltenes oder vergessenes Evangelium befinden, das dessen Nachfolger weiterhin verwahren. Davon berichten die Autoren der christlichen Frühzeit und in vielen mittelalterlichen Texten wird immer wieder darauf hingewiesen. Nur im fünfzehnten Jahrhundert bröckelt die Tradition ab, wie Sie bald in dem Abschnitt ,,Das Gastmahl zu Lyon" sehen werden, und wird Gegenstand des Spotts. Aus dieser Folge von Stimmen habe ich Ihnen eine Auswahl zusammengestellt, die möglichst kennzeichnend sein und das Wesentliche darstellen soll: Ein naiver Reisender und Sammler von Legenden, ein Chronist, ein zynischer Priester und ein Franziskaner, Bruder Eligius, der jenes Evangelium mit eigenen Augen gesehen haben will, und dessen Zeugnis, von Redlichkeit erfüllt, meiner Meinung nach auch die übrigen Schriften beglaubigt (weshalb sollte man an einem Mann zweifeln, der um einer solchen Überzeugung willen schließlich sein restliches Leben aufs Spiel gesetzt hat?). Aber auch dieses Zeugnis wäre mir, zugegebenermaßen, fragwürdig erschienen – das vierzehnte Jahrhundert kennt prophetische und seherische Mönche im Überfluß – wäre ich nicht auf das Manuskript mit dem Verzeichnis gestoßen, an dem Bruder Eligius, wie er versichert, mitgewirkt und das der anonyme Verfasser der betreffenden Schrift offensichtlich nur in einer gedruckten Ausgabe vorliegen hatte. Nun gut, während das Verzeichnis hinsichtlich der ersten hundertneun Kassetten sehr gut geordnet ist, bemerkt man bei der Beschreibung der letzten die Spur einer Radierung, die praktisch den Raum einer ganzen Zeile leer läßt. Sollte es etwa stimmen und nach vielen Bedenken der Vorschlag angenommen worden sein, das Buch zu verschweigen, ,,damit es vom jetztigen Papste nicht auch noch verkauft werde"?

1.

Aus den *Itinera* des Eucharius von Lyon (IX. Jh.)

In Angers wird auf einem Behältnis zwischen den vier Evangelisten Christus als fünfter Evangelist dargestellt. Christus, erhaben gearbeitet, blickt gerade vor sich hin, doch in seiner Rechten hält er ein Buch erhoben, welches die Inschrift zeigt: ,,Das Ewige Evangelium". Und als ich den Abt über den Sinn dieses Symbols befragte, erwiderte er mir, die wahren Christen hätten die vier uns überlieferten Evangelien betrachtet und getreu befolgt, jedoch zugleich zu

Christus gebetet, daß das fünfte Evangelium vollendet werde. Und dies sagte er nicht, weil er dieses etwa tatsächlich als vorhanden annahm, sondern um anzudeuten, daß die Wahrheit in ihrer Fülle nur von Christus selbst zur Gänze aufgezeichnet werden kann.

Als ich nach Corbie kam, wurde mir dort eine Miniatur gezeigt, worauf eine Quelle zu sehen ist, welche in vier Bächen herabfließt. Am Ufer eines jeden Baches sieht man Menschen in gebückter Haltung trinken, an der Quelle aber steht die Inschrift: „Hier entspringt das Ewige Evangelium". Und in der Nähe Roms, so berichtete mir der Mönch, welcher diese Miniatur verfertigte, soll es eine Quelle mit vier Wasserstrahlen geben, die man die Evangeliumsquelle nennt. Aber sie versiegt, wenn nicht jeder Papst nach seiner Wahl sogleich dorthin pilgert, um von der Quelle zu trinken. Und in Rom, so heißt es, gibt es ein Buch, das Ewige Evangelium genannt, welches in einem mit vier Schlüsseln zu öffnenden Schrein aufbewahrt wird. Und jedesmal, wenn ein Papst dieses Evangelium aufschlägt und darin liest, ersteht Christus wieder, sagt man in Rom. Und man sagt auch, daß unser Glaube nicht untergehen wird, solange ein Papst diese Schlüssel gebraucht.

Auch hier, in der Nähe von Lyon, hörte ich über ein Ewiges Evangelium sprechen. Denn, so heißt es hier, in Wirklichkeit seien es fünf Evangelien, und das fünfte sei wie ein Buch, welches der Herr offengelassen habe. Wir schreiben es ganz alleine, mit den Werken, die wir wirken, und jedes Menschengeschlecht trägt ein Wort dazu bei.

2.

Aus der *Historia B. Gregorii VII Papae* des Bernold von St. Blasien (die Wahl Gregor VII. erfolgte im Jahre 1073).

In jenen Tagen erfolgte auch die Wiederauffindung des *Liber Pontificalis*, welchen die meisten zerstört glaubten, da so viele Jahre vergangen waren, daß jede Erinnerung daran erloschen war. Und um den Beginn dieses Pontifikats dem Gedächtnis noch besser einzuprägen, lief das Gerücht um, daß zugleich auch das Evangelium gefunden worden sei, welches der heilige Petrus nach Rom gebracht und seinen Nachfolgern anvertraut habe. Und da jenes, wie man sagt, verlorengehe, wenn die Kirche entarte, und jedesmal wieder auftauche, sobald sie sich bessere und erneuere, so wurde auch dies zu den Zeichen der Zeit gezählt.

3.

Aus Walter Map, *De nugis curialium* (Die Begebenheit spielte sich während des III. Laterankonzils 1179 ab).

Beim Konzil waren auch einige Waldenser anwesend, unwissendes, tölpelhaftes Volk, welches sich nach seinem Oberhaupte, Waldes, benennt. Sie wiesen ein Buch in gallischer Mundart vor, welches ihrer Aussage nach die Übersetzung der Evangelien enthalten soll, und für dessen Verkündung sie beharrlich um Erlaubnis baten. Obgleich der Geringste unter den Anwesenden, wütete ich, als ich ihr Anliegen so ernsthaft erwogen sah; bis mir mit Hilfe eines günstiggesinnten Prälaten die Erlaubnis zuteil wurde, sie einer öffentlichen Prüfung zu unterziehen, und ich zwei vor mir stehen hatte. Ich begann zunächst mit einigen ganz einfachen Fragen, da ich sie dem Geflügel ähnlich wußte, welches sicher herumhüpft, wenn es die Schlingen nicht sieht: „Glaubt ihr an Gott Vater?" „Wir glauben." „Und an den Sohn?" „Wir glauben." „Und an den Heiligen Geist?" „Wir glauben." „Und an die vier heiligen Evangelien?" „Wir glauben." An dieser Stelle brach ringsum großes Gelächter aus. Diese Toren wußten nicht, daß das Verb „glauben" nur auf Glaubensdinge gerichtet ist: Und in den Sätzen des *Credo* wird das Evangelium nicht genannt.

Sie gehen je zwei und zwei umher, barfuß, mit Bußkleidern angetan, ohne allen Besitz; als die von allem entblößten Apostel folgen sie dem von allem entblößten Christus. Sie haben keine festen Wohnsitze, noch Kirchen für den Gottesdienst, denn nach ihrer Anschauung habe Jesus gesagt: „Ich habe nie in einem Hause gelebt", und „Meine Ernte wächst nicht vor dem Tempel". Und den Leichtgläubigen, die ihnen Gehör schenken, versichern sie, daß ein Reich nahe sei, in welchem die Liebe an die Stelle des Gesetzes treten werde. Sie wissen fast nichts über unsere Dogmen, und ihre ganze Regel führen sie nur auf zwei Verse zurück, welche sie in barbarischem Idiom folgenderweise sagen:

Autra ley d'aqui enant prus non deven haver
*ma ensegre Jeshu Christ e far lo sio plaçer.**

Freilich, sie könnten nicht demütiger vorgehen: Können sie doch kaum gehen! Wehe jedoch, wenn man sie zuläßt: Dann wäre es an uns, zu gehen.

Im Auftrage eines Prälaten konnte ich das Evangelium prüfen, welches sie zu verkünden verlangen, und ich sage, daß sich darin Unwissenheit mit Bosheit paart: Es unterstellt vieles, was die kanonischen Schriften nicht bestätigen, vieles andere wird darin auf solch gefährliche Weise übersetzt, daß es nicht genügt, es zu verurteilen: Man müßte es vernichten. Ich sagte dies meinem

*) Kein anderes Gesetz wird es von nun an geben
als nach Jesus Christ und seinem Willen leben.

guten Prälaten, doch dieser verlachte mich und fragte, ob ich es nicht zufällig mit jenem fünften Evangelium verwechselte, welches die Päpste, so sage man in Rom, versteckt zu halten beschlossen hätten, damit es die christliche Welt nicht umwälze.

4.

Dieser mit S. F. signierte Artikel erschien unter dem Titel *L'Inventario di Assisi* in den „*Studi Francescani*" (Jg. I, Nr. 4, 1962).

Von Eligius Regaldi aus Cortona, dem abtrünnigen Franziskanermönch, der es wagte, eine Exkommunikationsbulle gegen einen Papst zu richten, sind uns, außer der Bulle, zwei Briefe und ein Bild erhaltengeblieben. Von den beiden Briefen war der erste, in gutem Latein des vierzehnten Jahrhunderts geschrieben, aus Assisi, als er noch Novize im Kloster San Francesco war; den zweiten schrieb er in Vulgärlatein nach seiner Rückkehr aus Avignon, wo er vergeblich einem Dekret entgegengetreten war, in dem Johannes XXII. (Jakob, der sich Papst Johannes nennt, wie der Mönch boshaft sagt) es ablehnte, die Kirche an das Gesetz der Armut zu binden und die Franziskaner der strengen Observanz endgültig verurteilte.

Der Brief ist voller Angriffe und in manchen Abschnitten auch schön; jedenfalls sagt er genug über Fra Eligius' Vorstellungen aus. („Und ich sage, daß Christus und seine Apostel, nachdem sie seiner Predigt folgten, so große und bitterste Armut einhielten, daß sie keinen Besitz noch Herrschaft über irgendwelche Dinge hatten: Und das halte ich für ein apostolisches Leben! Und ich sage, daß Christus, der König des Friedens, der seine Jünger zu Aposteln des Friedens gemacht hat, sie von jeglichem Besitze und von jeglichem öffentlichen und weltlichen Beweggrund löste: Und das halte ich für eine evangelische Lehre!") Das Bild befindet sich in dem kleinen Kloster Santa Chiara bei Fermo, dort ist Eligius auf einem schon recht vermoderten Jüngsten Gericht als Franziskaner in den Klauen des Teufels zu sehen. Der Teufel müht sich ab, ihn nach unten, zur Hölle zu ziehen; der Mönch steht unbeweglich, unerschrocken, beinahe gleichgültig. Und obgleich der Maler in allem auf die Hoffart hinweist, tritt doch der wahre Charakter unseres Mönchs hervor: ein herbes, hageres Gesicht, voll heimlicher Kraft, die der Hoffart zwar nicht widerspricht, sich aber von ihr unterscheidet.

Auf dem Bild ist Fra Eligius ungefähr vierzig Jahre alt. Vor sechs Jahren hatte er also das sogenannte Konzil von Fermo einberufen, eine Zusammenkunft von Dissidenten verschiedener Herkunft, die seine Exkommunikationsbulle billigten. Diese ist recht knapp gehalten und mag auf den ersten Blick enttäuschen: Der Papst und seine Kurie werden darin „Exkommunizierte" genannt, weil sie simonistisch, korrupt und „in der Sünde der Hurerei" lebten, vor allem aber, weil sie das Evangelium vernachlässigten, indem sie die Armut

Christi und seiner Jünger „ein Beispiel, kein Gebot" nannten und folglich keine für die gegenwärtige Kirche anzuwendende Lehre daraus machen wollten.

Der Text ist, wie ich schon sagte, farblos und mag enttäuschen. Auch ist bei der Behandlung der Armut und der irdischen Macht – die fixen Ideen des Bruder Eligius – nicht der feurige Stil des Avignoner Briefs zu finden. Und man könnte fast an seiner Urheberschaft zweifeln, wäre da nicht eine Wendung, eine kurze Einschaltung, die dessen Authentizität verbürgt: Die Einfügung lautet folgendermaßen: „Die Päpste von Avignon ermangeln der Charismen, ließen sie doch das Evangelium in Rom zurück"; diese so unklare Wendung könnte bedeutungslos scheinen, gäbe es nicht den älteren der beiden Briefe.

Als er ihn schrieb, war Fra Eligius ungefähr zwanzig Jahre alt. Sehr wahrscheinlich bereitete er sich auf die Priesterweihe vor, und fast sicher war er einer der Schreiber, die sich mit der Abschrift von Codices und der Ordnung der Bibliothek befaßten. So ist, glaube ich, nicht nur die Klarheit seiner Autographen zu erklären, sondern auch die Tatsache, daß er noch als Novize zu jenem Dienst ausersehen wurde, den er hier knapp schildert. Übrigens waren seine Jahre bis dahin ohne irgendwelche Besonderheiten verlaufen. Nach seiner bäuerlichen Herkunft und seiner Heranbildung in einem Orden zu urteilen, der immer mehr seinen ersten Schmelz und seine Schwungkraft verlor, schien er nicht zum Rebellen bestimmt. Er hätte unbegrenzt im Halbdunkel bleiben und nach jener mittelmäßigen Askese leben können, mit der sich ein Großteil der Franziskaner allmählich abfand; auch hätte er mit Klugheit eine jener langsamen Karrieren verfolgen können, die aus einem mäßig ehrgeizigen Klosterbruder im Laufe von zwei bis drei Jahrzehnten einen brauchbaren Guardian machen. Aber auf einmal tut er es den Sperlingen in Sardinien gleich (so eine Schmähschrift über ihn, die in die Beschimpfungen eine seltsam poetische Note mischt), die, von den Masten der durchziehenden Schiffe angelockt, solange mit diesen davonziehen, bis sie die Rückkehr nicht mehr wagen. Dies ist natürlich ein Gleichnis: Die Wahrheit ist, wie immer, einfacher und komplizierter zugleich; und jedenfalls bedarf sie einer Vorgeschichte, um verstanden zu werden.

Als die Päpste im Jahre 1305 Rom verließen, blieb das Vermögen der römischen Kirche, das heißt die Güter des Heiligen Stuhls – Bücher, Schriften, Wertgegenstände, Siegel, Kirchengeräte – in den Lateranischen Palästen zurück. Erst ein paar Jahre später sorgte man für die Bergung, indem das Vermögen auf Maultieren eilig nach Assisi gebracht und dort der Obhut des Priors von San Francesco übergeben wurde; dieser ließ es in einer der Sakristeien der Basilika unterbringen und, wohlgemerkt, mit strikter Formalität versiegeln. Fünfzehn Jahre lag es dort, ohne daß man sich darum gekümmert hätte. Als nun der damalige Papst, Johannes XXII., davon Kenntnis erhielt (so groß war die Nachlässigkeit!), wollte er wenigstens das Verzeichnis sehen und entsandte zu diesem Zweck zwei Vertrauenspersonen, einen Dominikaner, Guglielmo

Dultini aus Faenza, und einen Kanoniker aus Forlì, Angelo Carici, die am 3. September 1322 gemeinsam in Assisi ankamen; Fra Eligius sieht sie von seinem Platz im Refektorium zur Stunde des Abendmahls zu beiden Seiten des Priors sitzen, betrachtet sie aber zunächst ohne besonderes Interesse, da er sie für zwei beliebige Gäste hält, wie sie so zahlreich in das Kloster einkehren. Aber lassen wir nun den Mönch sprechen:

„Am nächsten Morgen kam ich gerade von der Messe in der Unterkirche, als mich der Prior rufen ließ und in die Sakristei der Oberkirche hinaufgehen hieß, wohin ich bis zu jenem Tage nie hatte gehen dürfen. Auf der Galerie, auf die weitere drei junge Ordensbrüder befohlen worden waren, fand ich nebst den beiden Personen vom Vorabend noch Fra Giovanni Clavelli, den hochwürdigsten Prior unseres Klosters, Ser Pietro Crispolti aus Gubbio, im Auftrag des Papstes Statthalter des Herzogtums Spoleto, Ser Conturzio Mattei aus Macerata, kaiserlicher Notar, und den hochwürdigsten Abt der Benediktiner in Perugia, P. Bernardo Ségneri.

Nachdem wir zur Geheimhaltung all dessen, was wir tun und sehen sollten, verpflichtet worden waren, verlas der Notar ein Breve, worin der gegenwärtige Papst eine Feststellung des römischen Kirchenschatzes (welcher, wie ich da erfuhr, bei uns verwahrt wurde) anordnete und ein Verzeichnis aller Gegenstände verlangte, welche man finden würde, ferner ein Verzeichnis ihres Zustands, ihres Wertes, und ihrer Verkaufsmöglichkeit und des möglichen Erlöses dafür. Nachdem er dies verlesen und uns der hochwürdigste Prior Fra Giovanni nochmals an die Geheimhaltung erinnert, übergaben Ser Pietro Crispolti und P. Bernardo Ségneri, welche seit der Zeit Papst Clemens' die Schlüssel zur Sakristei in Verwahrung hatten, diese dem Notar; die Sakristei war nämlich mit zwei verschiedenen Schlössern versperrt.

Als wir eingetreten waren und die Fenster geöffnet hatten, um Moder und Hitze aus den beiden Räumen zu vertreiben, bemerkten wir viele Schreine (bei späterer Zählung waren es hundertzehn), deren jeder mit einer Zahl versehen und mit Stricken verschnürt war. Außerdem lagen überall verstreut, sogar auf den Deckeln aufgetürmt, wie es sich in der Eile der Abladung ergeben hatte, einunddreißig Bischofsstühle, Gemälde, Tabernakel, Schemel, Betstühle und andere Kirchengeräte, größtenteils ruiniert und einige auch wurmstichig; darunter sogar der staubbedeckte päpstliche Thronsessel, auf welchem eine Stola lag und an dessen Armstütze ein Bischofsstab lehnte.

Nachdem unsere Aufgaben zur rascheren Durchführung aufgeteilt worden waren (mir wurde befohlen, dem Notar bei der Abfassung des Verzeichnisses zu helfen), prüften wir zunächst die Gegenstände Stück für Stück, wobei ein jeder verzeichnet und sein Wert geschätzt wurde; auch der Papstthron, und dieser erschien mir als das Bild der Kirche selbst, wie sie heute sosehr herabgesunken ist. Nachdem daraufhin die Schreine auf eine Seite zusammengeschoben und der dichte, jahrealte Staub von den freien Stellen abgekehrt worden, gingen wir in der Reihenfolge der Numerierung an die Öffnung der einzelnen Behälter.

Im ersten, überaus schönen, mit Steinen und Emaille verzierten – allerdings beim Transport beschädigten – Schrein fanden wir sowohl päpstliche als auch kaiserliche Urkunden und Privilegien, nebst Botschaften von Kaisern, Königen und kleineren Fürsten an die Päpste, außerdem eine Menge geheimer Dokumente der Heiligen Kirche, welche, wie alles übrige, mit Petschaften und goldenen Siegeln versehen waren. Im folgenden waren, nebst Schriften von minderer Bedeutung, noch Linnen, Seidenstoffe, Meßgewänder, Pluviale, Stolen, kostbar golddurchwirkte Paramente und feingearbeitete Altartücher enthalten. Aber verstörend und von großer Traurigkeit war, daß sie alle in Stücke zerfielen, so daß wir uns oft begnügen mußten, sie zu verzeichnen, ohne irgendwelchen Wert anzugeben. Nach dem sechsten Schrein hingegen fanden wir wieder Dinge von größerem Wert, Silberkreuze, Kelche, Hostienkapseln, Siegel, Kandelaber. Und ich entsinne mich noch besonders eines ganz plastisch gearbeiteten, vom Aquitanischen Herzog Papst Innozenz zum Geschenk übergeben, welchen der hochwürdige Angelo Carici mit hundert Gulden bewertete, während P. Ségneri ihn für weit wertvoller hielt.

Ab dem zehnten Schrein fanden wir nur noch Bücher, und da wir nicht wußten, wie wir bei der Schätzung vorgehen sollten, entschieden wir, nach Größe, Zustand, Verzierung, Schrift, Einband, Miniaturen, kurz, nach aller äußeren Zier, vorzugehen und ohne den Inhalt zu berücksichtigen. So konnte ein Neues Testament, da es der Blätter beraubt war, als wertlos, und das Buch *De scientia Christi* des heiligen Bonaventura mit nur einem Gulden geschätzt werden; wobei P. Dultini unserem Prior lachend sagte, daß unser Orden wirklich sehr herabgekommen sein müsse, wenn ein so großer Heiliger für einen Gulden verkauft werde (und worauf unser Prior erwiderte, daß Christus in der Tat noch mehr gesunken sei, koste doch seine scientia so wenig). Aber davon abgesehen, waren unser aller Gesichter von Schreck und Trostlosigkeit gezeichnet. Und als unser hochwürdigster Prior sah, wieviele Bücher man beseitigen mußte, ja mehr als Bücher, süße Quellen und Wohnstätten des Heiligen Geistes, fragte er P. Dultini, was wohl der Papst jetzt lese und betrachte, sofern die Meditation überhaupt nach Avignon passe.

Es war fast schon Abend, als wir mit Gottes Hilfe zum letzten Schrein gelangten, welchen wir, obzwar ermüdet, neugierig und bebend aufschlossen, da der rote Samt, womit er ausgeschlagen war, und das darauf geprägte päpstliche Wappen etwas Seltenes und Wunderbares erwarten ließen. Und in der Tat war er mit überaus wertvollen Reliquien angefüllt, welche wir mit Ehrfurcht und Liebe betrachteten: besonders ein kleines Kreuz, bar jeglichen Schmuckes, aus dem echten Kreuzesholz unseres Heilandes verfertigt; und ein in weißes Linnen gehülltes Kristallkästchen mit einigen Reliquien der Seligen Jungfrau Maria; und weiters ein Kästchen mit Teilen des Kreuzes des heiligen Petrus. Bei diesem Anblick rief P. Ségneri bewegt aus, dies sei kein Schrein, sondern ein Heiligtum.

Während wir einander scheu anblickten, bückte sich der ehrwürdige Prior, um vom Grunde des Schreines ein winziges, in braunes Leder gebundenes

Büchlein herauszuholen, welches wir bis dahin nicht beachtet hatten; und als er uns dessen Überschrift zeigte, welche *Das fünfte Evangelium oder die Apostellehre* lautete, meinte er, wenn man den Schrein zu Recht ein Heiligtum nenne, so müsse dieses Buch wahrhaft dessen Tabernakel sein, enthalte es doch seines Wissens den wahren, immerwährenden Glauben, wie ihn die heiligen Apostel der Kirche anvertraut hätten. Und zu unserer Verwunderung fügte er noch hinzu, daß er verschiedentlich gehört habe (es aber bis dahin für bloße Erfindung gehalten, da er an das Vorhandensein eines solchen Buches nicht einmal geglaubt), unser Glaube könne nicht wanken, solange dieses Büchlein beim Papste verbleibe. Und weiters erzählte er uns von einem Gerüchte der Römer, wonach der Herr in Seiner Gnade jedesmal, wenn ein Papst dieses Buch aufschlage und darin lese, einen neuen Heiligen auf Erden erwecke: Und dies bedeute die Wiedergeburt der Liebe und eine Erneuerung der Kirche. Darum sei von den vielen Schätzen, welche wir am heutigen Tage gesehen, dies der kostbarste, welcher der Kirche in Avignon und dem gegenwärtigen Papste jedenfalls am meisten fehle. Und da P. Dultini ungläubig lächelte, las jener, ohne sich beirren zu lassen, ja sich ereifernd, zunächst einige Stellen vor, um diesem, wie er sagte, zu beweisen, welch starken, stichhaltigen, heiligen und im wahren Sinne evangelischen Grundton es aufweise; als er dann des kleinen Verses ansichtig wurde: ,,Darum sage ich euch: Seid wie die Vögel und Tiere des Feldes, welche glücklich sind in dem, was sie nicht besitzen", rief er aus, er wundere sich nicht mehr, daß die Päpste Avignons, welche ein solches Buch unbeachtet ließen, das Evangelium gegen die Tiara eingetauscht hätten. Und da er noch vieles andere über unsere traurige Zeit und die davon betroffene Kirche und die fast verlorengegangene Liebe gesagt (welchem P. Dultini und Hw. Carici nichts entgegenzuhalten wußten), schlug er vor, das Buch nicht in das Verzeichnis aufzunehmen, damit es vom jetzigen Papste nicht auch noch verkauft werde.

Nach langen Auseinandersetzungen wurde beschlossen, vorläufig, bis der Herr uns anderen Rat geben würde, so vorzugehen. Und als dem Notar die Obsorge für das Verzeichnis übertragen und dessen Durchsicht und Approbation auf den nächsten Tag verschoben worden war, begaben wir uns in die Kirche, um gemeinsam zu beten, daß der Herr uns erleuchte."

An der Entscheidung wurde offenbar nichts mehr geändert, da im Wortlaut des nach Avignon übersandten Inventars das Buch nicht vorkommt; dies bestätigt auch Fra Eligius' Version im großen und ganzen. Für den Mönch aber war die Angelegenheit, wie wir wissen, damit noch nicht beendet. Wir stehen vielmehr erst am Beginn seines bewegten, prüfungsreichen Lebens. Der Brief, den er entgegen dem auferlegten Verbot schrieb, und der nach wenigen Jahren fast öffentlich bekannt wurde, bringt ihm zunächst eine Strafe, eine Verbannung nach Greccio ein, und sollte später (aber erst viel später, da er sich inzwischen mit seinem Prior ausgesöhnt hatte und diesem zu der denkwürdigen Begegnung mit Papst Johannes nach Avignon gefolgt war) als, zumindest offizieller, Anlaß seines Ausschlusses aus dem Franziskanerorden gelten.

Von hier bis zur Verbindung mit abtrünnigen Gruppen und zur Ausrufung des Konzils von Fermo ist nur noch ein kleiner Schritt. Nachher allerdings wird sein Leben zur praktisch zugrundegerichteten Untergrundsexistenz. Und bezeichnet der Ausgang des Konzils auch den Höhepunkt seines Ruhms, so bedeutet er doch gleichzeitig dessen Niedergang. Einige Zeit hält sich Eligius noch in Neapel auf, wo er unter dem Schutz König Roberts steht; dieser hatte sich zeitweilig so sehr für seinen Eifer und seine Thesen begeistert, daß er sogar selbst einen Traktat über die Armut schrieb. Doch das Einschreiten der Inquisition zwingt ihn, auch von dort wegzuziehen, und nach der *Historia tribulationum fratrum minorum,* worin ihm ein längerer Abschnitt gewidmet ist, irrt er nun bis zu seinem Tod als Flüchtiger von Ort zu Ort.

Insgesamt aber zeigen uns die *Historia* wie auch die Dokumente der Inquisition über dieses Leben tatsächlich ein einzigartiges Phänomen. In ersterer heißt es, wenngleich nur in einer Einfügung, er sei von Ort zu Ort gezogen, „quia alterum evangelium volebat reperire", und in den Prozeßakten wird seine Absicht, „das Evangelium in der Kirche wiederherzustellen" (wie er sich im Avignoner Brief ausdrückte) zum „Ehrgeiz, ein unbekanntes Evangelium zu verbreiten". Die längst vergangene Episode aus seiner Zeit in Assisi wird schon zur Legende. Und legendär scheint auch schon bald die Gestalt unseres Mönchs geworden zu sein, da bereits ungefähr dreißig Jahre nach seinem Tod Romualdo Dominici, jener aufrechte, unerschrockene Sammler mündlicher Überlieferung, eine recht liebenswerte Legende über ihn aufzeichnen konnte.

Fra Eligius, so berichtet Dominici, hatte gelobt, „jenes Evangelium wiederaufzufinden, ohne welches die Kirche der Charismen ermangelt", und er wollte es, einmal wiedergefunden, nach Avignon bringen, um es dem Papst zu übergeben und ihn als Gegenleistung um die Rückkehr nach Rom zu bitten. So irrte er sein Leben lang vergeblich umher. Als er aber schon alt war und seinen Tod nahe fühlte, beschloß er, dennoch um einen Empfang beim Papste zu bitten, und gestand diesem unter vielen Tränen seine Absicht und deren Fehlschlag. Der Papst ließ sich durch Erzählung und Tränen rühren, und ihn umarmend meinte er, er solle „den Mut nicht verlieren, da ja sein Glaube das wahre fünfte Evangelium" sei, die „ewige Verkündigung unserer Heiligen Kirche". Daraufhin beschloß er, nach Rom zurückzukehren.

DIE GESCHICHTE DES MINORITENMÖNCHS FRA MICHELE

Neben der Fassung der Geschichte des Fra Michele aus dem vierzehnten Jahrhundert, die 1864 von Francesco Zambrini in Bologna herausgegeben wurde, gibt es noch vorliegende, ganz im Tonfall des fünften Evangeliums gehaltene Bearbeitung, deren Manuskript in der Bibliotheca Mediceo-Laurentiana in Florenz aufbewahrt wird; vermutlich wurde sie von einem Anhänger Savonarolas kurz nach dessen Tod verfaßt. Die Umstände, die mich zu diesem Manuskript führten, sind einigermaßen komplex und verdienen erwähnt zu werden. Um das Jahr 1550 kam ein italienischer Häretiker, Gerolamo Lisio, von Florenz nach Genf, mit der Absicht, eine lateinische – um die Wahrheit zu sagen, in schlechtem Latein verfaßte – Version, die er mitgebracht hatte, zu veröffentlichen. Da aber, vielleicht gerade wegen der Geschichte Fra Micheles, *zwischen ihm und Calvin eine Meinungsverschiedenheit entstanden war (zu jener Zeit errichtete auch Calvin seine Scheiterhaufen), mußte Lisio fliehen und das Manuskript beim Drucker zurücklassen. Ein Basler Kollege fand es vor Jahren wieder und machte mich darauf aufmerksam. Und am Rande fand ich einen Hinweis, der mich auf die Spur des Originaltextes brachte.*

1. Nach ihrer Gewohnheit sandten die Armen Brüder des heiligen Fanziskus, welche so sehr wegen der strengen Einhaltung seiner Regel verfolgt wurden, den Minderbruder Michele aus, und mit ihm einen jungen Gefährten namens Pietro; sie kamen aus den Marken nach Florenz, um dortselbst die Getreuen Christen zu stärken und zu unterweisen.

Als sie dort angekommen waren, hatte gerade erst die Fastenzeit des Jahres des Herrn 1389 angefangen, und am Palmsonntag sagte Fra Michele, nachdem er den Bedürfnissen unserer Seelen Genüge getan und die Ölzweige geweiht hatte, daß er nun gerne abgereist wäre. Wir baten ihn, noch zu bleiben, und er willigte ein. Doch am Morgen des Ostertags, da er gepredigt und einigen neu hinzugekommenen Gläubigen die Beichte abgenommen hatte, sagte er wiederum, daß er am folgenden Tage abreisen wolle, und in aller Demut nahm er Abschied von einem jeden mit der Rede, er sehe nun nichts mehr zu tun und erbitte unsere Vergebung, so er in etwas gefehlt. Am folgenden Tage aber, da alles schon vorbereitet war, sagte er, er habe nicht das Herz, auf solche Weise zu gehen, und so fragte er sich, ob es noch etwas gäbe, was er tun könne.

Solcherart verbrachte er den halben Tag. Und zur neunten Tagesstunde, als sei es so vorherbestimmt, ließen ihn einige Töchter Judas (es waren insgesamt drei Betschwestern und vier verwitwete Frauen, die wie Büßerinnen zurückgezogen lebten), vom Teufel angestachelt, Botschaft schicken, sie würden ihn um ihres Seelenheiles willen gerne hören, wenn er sich zu ihnen begeben wolle. Frohen Mutes ging Fra Michele mit seinem Gefährten dorthin. Und kaum eingetreten, ohne sich die Zeit zu nehmen für die Umstände, die jene machen wollten, begann er sogleich mit dem Evangeliumsvers, der da lautet: „Hütet euch vor den falschen Propheten", und sagte ihnen viel Wahres über die heutige Kirche. Dann sprach er über die Armut nach dem Gebote des heiligen Franziskus und setzte hinzu: „Wenn schon nicht uns, so glaubet doch der Schrift, welche an einer Stelle sagt: ‚Nehmt weder Gold noch Silber noch sonstiges Geld noch Brot mit.' " Und noch vieles sprach er, ihre Festigkeit zu erproben, so daß sie große Erschütterung vortäuschten und nur zwei zur Beichte sich geneigt zeigten, während die anderen noch zu zweifeln und der Skrupel voll schienen und fragten, ob es Sünde sei, das Haus, in welchem sie lebten, und ein Landgut außerhalb der Stadt, von welchem sie ihren Unterhalt bestritten, zu besitzen.

Unter solchen Gesprächen wurde es Abend. Und jene Judastöchter brachten den Frater und seinen Gefährten unter dem Anscheine großer Nächstenliebe dahin, noch den Abend zu bleiben, da sie ihn noch in vielen anderen Dingen befragen wollten. Und nach dem Abendbrote hießen sie ihn von Gott und der Heiligen Schrift reden, und von der heiligen Taufe, und wann es erlaubt sei, sie zu erteilen, und ob bei den Reichen die Sakramente wirksam seien; damit jene, müde und schlaftrunken, auf ihr Fortgehen vergäßen.

Nach Tagesanbruch baten jene Judastöchter unter dem Vorwand heftiger Gewissenskämpfe und zu großer Verwirrung, sie von der Beichte zu entschuldigen, und beschleunigten den Fortgang der beiden. Und nachdem eine von ihnen aus einem kleinen Türchen geblickt hatte, öffnete sie mit großem Lärm das Tor. Und kaum waren die beiden in die Morgendämmerung hinausgegangen, setzten sich ihnen viele Schergen und Fußknechte an die Fersen. Und da diese ihnen die Hände gebunden hatten, führten sie sie zum bischöflichen Palaste und warfen sie unter vielerlei Schmähungen ins Gefängnis; vergeblich bat Fra Michele, ihm wenigstens das Brevier zu lassen.

2. Gegen die Vesperstunde ließ Bartholomäus, welcher sich Bischof nennt, das Oberhaupt der neuen Pharisäer in Florenz, Fra Michele holen und begann ihn zu verhören: „Was für Leute seid ihr, und nach welchem Gesetze lebt ihr, und welche Lehre verbreitet ihr, und für wen legt ihr Zeugnis ab?" Zugegen war der Inquisitor, welcher sich Lucas Magister nannte, vom Orden der Dominikaner. Gleichfalls zugegen waren der Vikar des Bischofs und einige andere Magister. Und Fra Michele antwortete bescheiden der Wahrheit gemäß und erklärte, zu den Anhängern der wahren Regel des heiligen Franziskus zu gehören. Und der Bischof, an die Umstehenden gewendet und gleichsam mit dem Ausdruck eines Menschen, welcher sich verwundert: „Also stimmt es nicht, was ihr herumschwätzt, da ihr ihn beschuldigt, ein anderes Evangelium als das unsere zu verkünden?" und es erwiderte der Frater, daß dies falsch und verleumderisch sei, da alles, was er und die Seinen verkündeten, in den Evangelien zu finden sei. Und da der Bischof sich geduldig stellend sagte: „Wenn es sich so verhält, wie kommt es dann, daß nur wenige euch folgen und an euch

glauben?", anwortete jener mit dem Vers aus dem Johannesevangelium: „Herr, wer glaubt unserer Botschaft?" Worauf jener sich erzürnte: „So glaubst du, allein in der Wahrheit zu sein, gegen uns alle, Päpste und Bischöfe zusammen?" „Du sagst es", erwiderte der Frater. „So sind wir Ketzer?" „Ketzer", sagte der Frater, „war Papst Johannes XXII., da er sich in der Frage der Armut dem Evangelium entfremdete und Ketzer waren seine Nachfolger, welche seine Erlässe aufheben konnten und es nicht taten." Da sagte das Oberhaupt der neuen Pharisäer: „Habt ihr gehört, wie er lästert? Was brauchen wir ihn noch zu verhören?"

3. Den Tag darauf begab sich der Inquisitor mit dem Notar und einigen Zeugen ins Gefängnis, ein Geständnis aus ihm herauszulocken. Und zunächst legte er ihm ein schon vorbereitetes vor, und da er es gelesen hatte, fragten sie: „Was sagst du dazu?" Worauf der Frater entgegnete, daß es sich nicht so verhalte, und verlangte, es solle nur geschrieben werden, was er zu sagen habe. Und forderte dies solange, bis der Notar sich anschickte, zu schreiben. Und mutig sagte der Frater, daß Christus als umherziehender und sterblicher Mensch kein weltlicher König gewesen sei; und daß er und seine Apostel, da sie den Weg der Vollkommenheit gingen, nichts in Eigentum oder Besitz gehabt haben, weder einzeln noch gemeinsam, sondern arm und ohne jegliche politische oder weltliche Herrschaft leben wollten; und daß dies keine Ketzerei sei, sondern gesunde, getreue, katholische Lehre. Und er führte zu seiner Verteidigung die anerkannten Ordensregeln an, besonders die des heiligen Franziskus, und setzte hinzu, daß Jesus selbst derart zu sprechen begonnen habe: „Selig ihr Armen!", und: „Weh euch, ihr Reichen!" Da verdrehten jene die Augen, weil sie ihm nichts konnten entgegenhalten. Worauf der Inquisitor zu ihm sprach: „Wir wissen, daß du gegen die Einhaltung unserer Gesetze predigst." Und der Frater erwiderte, kein anderes Gesetz zu kennen als das in den Evangelien enthaltene, und das sei die Nachahmung des Lebens Jesu, welcher nicht zur Befolgung des Gesetzes gekommen, sondern der Liebe und der Verkündung des Himmelreichs wegen. Und da man ihn noch befragt, ob er sich gehorsam erkläre gegen die Heilige Kirche: „Wisset, daß ich ihr gehorche und sie für heilig halte, insoweit sie die Evangelien schützt und befolgt, insoweit sie aber besitzt und herrscht und das Richteramt samt öffentlicher und weltlicher Macht übt, erkläre ich sie für ketzerisch und durch die Kumpanei mit der Welt bloßgestellt. Und sollte ich je das Gegenteil sagen, so schreibet, daß ich es aus Angst vor dem Tode sage."

4. Des anderen Tages ließ der Bischof die Pharisäer sich versammeln zum Konsistorium, darunter viele Magister. Und Frater Michele wurde herausgezerrt und vor sie geführt. Und nach vielen Schmähungen verlas man sein Geständnis, welchem viele falsche Folgerungen angehängt waren. Und er antwortete, indem er sprach: „Warum habt ihr Falsches geschrieben, da ihr doch am Tage des Gerichts darüber werdet Rechenschaft ablegen müssen?" Darauf

einer: „Siehst du also, wie er hoffärtig und halsstarrig ist.“ Und ein anderer: „Je mehr man sie schlägt, desto mehr ereifern sie sich.“ Und sie lachten und fragten, warum er nicht für wahr halten wolle, was soviele Lehrer und das ganze christliche Volk für wahr hielten. Und ein anderer mit falscher Freundlichkeit: „Mein Sohn, siehst du nicht, daß es kein Glaubenssatz ist, ob Jesus arm oder reich gewesen, und daß in dieser Hinsicht jeder denken mag, was er will?“ Und er hielt ihm das Wort aus dem Alten Testamente vor: „Gehorchet ihr treulich dem Gesetz, so wird der Herr euch mit allen Gütern in Überfülle segnen.“ Und Fra Michele: „Ach, kennst du nicht das Wort des heiligen Paulus, daß sich die Leidenschaften des Gesetzes bedienen, um Frucht zu bringen für den Tod?“ Und zu ihrem Erstaunen: „Seht, ihr kennt das Alte Testament, aber das Neue Testament Christi habt ihr vergessen!“ Und er sagte noch, daß er kein anderes Gesetz einhalten wolle als das Gesetz Christi, welches in seinem Evangelium stehe: „Wer nicht allem entsagt, was er besitzt, kann mein Jünger nicht sein.“ Und als ihm einer entgegenhielt, daß Christus dies für seine Jünger gesagt habe, erwiderte er kühn: „Und was seid ihr?“ Darauf das Oberhaupt der neuen Pharisäer: „Du also leugnest das Alte Testament?“ „Ich leugne es nicht: Wo es aber von unserem neuen abweicht, halte ich es für verwerflich und ablehnbar.“ Darauf wandte sich der Bischof zornerfüllt zum Notar: „Schreibe auch dieses: Und dies ist das Zeichen seiner Ketzerei, welche er verbreitet.“ Aber Fra Michele, da er einige Angehörige des Franziskanerordens vor sich sah: „Merkt ihr nicht, daß ihr verleugnet, was ihr gelobt habt? Oder habt ihr vergessen, was unser Heiliger sagte?“ Und da einer von ihnen verwirrt sagen wollte: „Ich würde unsere Ordensregel wahrhaftig nicht verleugnen“, unterbrach ihn der Bischof mit großem Ungestüm und Zorn: „Sagt ihm lieber, er möge seinen Irrtum zurücknehmen.“ Und ließ ihn mit Fußfesseln ins Gefängnis zurückbringen.

Und dorthin begaben sich oft die Pharisäer und ihre Proselyten und baten ihn, nachzugeben. Aber der Frater kümmerte sich nicht darum, sondern tröstete, im Gegenteil, wie ein guter Hirte seinen jungen Gefährten, da er vernommen hatte, wie im Gefängnis die Gefahr der Apostasie so groß sei, und sagte: „Woher kommt uns solche Vergünstigung, so geschlagen und beschimpft zu werden? Bitten wir Gott um die Gnade, in die Tat umzusetzen, was wir so oft verkündet.“ Zu anderen Zeiten hingegen schien es, als sei er ganz niedergeschlagen: „So ist das Volk, so verwerflich! Ich kann wahrhaftig nicht glauben, daß es zum Zeugnis der Wahrheit Jesu Christi berufen sei.“

5. Als der vierte Tag herangekommen war, versammelte sich der Rat der neuen Pharisäer in der Kirche zum Heiligen Erlöser in Gegenwart des Volkes. Und sobald der Frater dort war, wurden zwei Protokolle verlesen, deren eines wenige seiner Taten enthielt, das andere sein Geständnis, ganz verfälscht und voller Fehler, um das Volk zu verblenden. Und während es der Notar verlas, unterbrach ihn der Frater: Und so oft beteuerte er, er wolle sein Geständnis wiederholen, daß man es ihm gestatten mußte, wegen des Volkes, welches

murrte. Da begann der Frater, sich ereifernd und ganz der Menge zugewandt, welche sich drängte, um ihn von der Nähe zu hören: Unter den Christen gebe es zwei Familien; in der einen lebe man nach der Weise der gegenwärtigen Stadt, in der anderen aber gemäß der Verheißung der zukünftigen; und die eine gehöre jenen an, welche ohne Hoffnung sagen: ,,Ach, wo ist denn die Verheißung seines Reiches?", die andere aber jenen, welche sich nicht ergeben und noch auf die Erfüllung der Verheißung warten, gemäß dem Worte Christi an seine Jünger: ,,Das Reich des Vaters ist schon in euch, und es ist an euch, es kommen zu lassen."

So hatte er begonnen, doch wurde er sogleich unterbrochen und es entflammte ein Streit, und einer jener Lehrer schrie: ,,Was du einen Ausspruch Christi nennst, ich weiß es, daß er nirgends im Evangelium steht", und der Bischof: ,,Sicher findet er sich in dem neuen, welches er verkündet", und zum Notar gewendet: ,,Verzeichne auch dies als Beweis und Merkmal seiner Ketzerei." Und Fra Michele, die Stimme stark erhebend, damit das Volk ihn besser höre, erwiderte, kein anderes Evangelium zu kennen, als die vier. Aber wenn sie damit sagen wollten, das Gebot der Armut stehe nicht in den Evangelien, und auch nichts gegen jene, so Schätze sammelten und wie Könige gekleidet gingen, und die ersten Plätze in den Kirchen und auf den Plätzen liebten, und Handel trieben mit heiligen Dingen, nun gut, dann möge man ihn getrost als Anhänger eines unbekannten Evangeliums bezeichnen, denn dann kenne er das ihre wahrhaftig nicht. Und er sagte noch, er glaube, daß Jesu Wort, obleich an sich vollendet und vollkommen, doch durch den Gebrauch der Menschen unvollkommen und unvollendet sei, da soviel Unrecht und Greuel sichtbar sei, und die Schwachen noch schwächer und die Mächtigen noch mächtiger würden, und Kriege und Gewalttaten anstelle von Frieden und Liebe stünden; und ihr, Bischöfe und Priester, sagte er, seid noch schändlicher als die anderen, die ihr aus Christus einen gemacht, welcher spaltet, und da keiner versuche, in der Nachfolge Christi zu leben. Und wer ihm sage, dies in Erinnerung zu bringen und die Christen aufzufordern, die verheißene Vollkommenheit anzustreben, bedeute Zeugnis ablegen für ein fünftes, unbekanntes Evangelium, nun gut, dem erwidere er, ruhig so zu sprechen, da er nichts auf die Meinung vom Wege abgekommener, aus der Gemeinschaft ausgeschlossener Menschen gebe. Und das Oberhaupt der Pharisäer, da er dies hörte, bleichen Antlitzes: ,,Vermerke auch dies, und daß er sonach gesteht."

Gleich darauf ward ihm befohlen, sein Geständnis der Reihe nach zu wiederholen, und er begann zu sprechen, daß er eine Erneuerung der Kirche wolle, die arm, rein und friedliebend sein möge, und daß er hoffe, Christus werde unter den Menschen lebendig sein. ,,Ach, ist er denn noch nicht gekommen?", unterbrachen sie ihn lachend. ,,Doch, und ihr habt ihn gekreuzigt." ,,So sprichst du zu den Priestern?" Und einer erhob sich und schlug ihm ins Gesicht. Und Fra Michele: ,,Warum schlägst du mich?" Und einen Augenblick war es, als wolle er weinen. Dann sprach er, da er sich wieder aufgerafft: ,,Wir müssen wahrhaftig auf eine Erneuerung der Kirche warten, und möge sie in allem und bald sich vollziehen, denn Gott kann nicht zuwarten, wenn er sieht, wie die Häupter der Kirche in Ruchlosigkeit entarten, und die Gerechten verjagt werden, und Gewalttätige die Erde beherrschen, und die Sünder verstockt sind und ihr Leben nicht ändern wollen, ja, wie Ketzer jene verurteilen, welche zur Bekehrung ermahnen, und sie schlagen und verhöhnen. Und du, Rom, auch du verharrst in Halsstarrigkeit. Seht, wie Rom voller Hoffart ist; seht, wie sich in ihm die Sünden mehren; geht und seht, was in den Kirchen vorgeht und welche Andacht darin wohnt und wie man die Evangelien liest."

Und noch anderes hätte er hinzugefügt, doch man ließ ihn nicht weiterreden und unter vielen Schmähungen schickte man ihn ins Gefängnis zurück. Und einige aus dem Volke sagten im Weggehen: „Er hat wohl den Teufel im Leib." Und andere: „Ich sehe nichts von dem, wessen man ihn beschuldigt. Er spricht ja nur durch die Evangelien." Und einer, als der Frater vorüberging: „Selig, die ihr um meinetwillen Verfolgung leidet."

6. Kurz darauf brachte ihm der Notar Bogen, Feder und Tintenfaß und hieß ihn, sein eigenes Geständnis binnen drei Tagen zu schreiben, da ihm nicht recht gewesen sei, was sie geschrieben hätten. Und wenn er sich innerhalb dieser Frist für schuldig erkläre, so werde ihm vergeben; wenn nicht, werde er der weltlichen Herrschaft zum Verbrennen übergeben werden. Und da er Bücher, besonders die Evangelien, verlangte, antwortete man ihm: „Ach, kennst du sie denn nicht auswendig?" Und sie wollten sie ihm nicht geben. Und dies geschah, um ihn eher der Verurteilung zuzuführen, wie man bald sehen wird.

Also schrieb der Frater, was er über das Gebot der Armut und die Dekrete des Papstes Johannes dachte, und fügte noch vieles der Ordnung gemäß hinzu indem er sagte, der Christ finde nur in Christus sein Vorbild und folglich gebe es für ihn kein anderes Gesetz als das von Christus mit eigenen Worten kundgetane, *in primis* und insbesondere in der Bergpredigt, und dann *passim* in anderen Stellen und Gleichnissen der Evangelien: Und nach diesem Gesetze werde der Christ nicht nur freiwillig arm und teile das Seine mit dem, so nichts hat, und verborge sein Geld nicht gegen Zinsen, sondern *solum* jenem, von welchem er weiß, daß er es nicht zurückerhalten werde; sondern der Christ sei arm im Geiste, wie der heilige Matthäus schreibt, um die Demut des Herzens und jene Haltung zu kennzeichnen, welche alles vom Herrn erwartet. Auch kümmere er sich weder um politische und weltliche Macht, noch halte er es mit den Mächtigen, sondern mit den Schwachen; er übe auch kein Amt aus, um nach weltlichen Gesetzen und Regeln Recht zu sprechen, welche, da von Menschen gemacht, das Unrecht zum Recht erhöhten, und was den Krieg betreffe, so halte er sich um jeden Preis davon fern, auch wenn jener von anderen heilig oder gerecht genannt werde. Und insbesondere sei es wahr, daß der Gebrauch des Schwertes nicht einmal zur Verteidigung gegen Bösewichte erlaubt sei, denn die Waffen der wahren Christen seien nicht Macht und Gewalt, sondern Gebet und Sanftmut, um das Böse durch das Gute zu besiegen. Und wer ihn frage, wie er diese Dinge mit dem Naturrecht und den Erfordernissen der Welt in Einklang bringe, dem gebe er zur Antwort, daß dem Christen weltgemäß zu leben oder Übereinstimmung mit den weltlichen Gesetzen zu suchen nichts bedeute, da allein wichtig sei, das Leben auf der Welt zu ändern, denn dies sei im eigentlichen Sinne und *specialiter* christlich. Und wer ihm entgegenhalte, daß dies nicht nach Menschenmaße sei, dem antworte er mit dem heiligen Paulus: ,,Wisset, Brüder, das Evangelium, das ich euch verkünde, ist nicht Menschenwerk.“ Und sie mögen nicht denken, daß sie ihn erschreckten, wenn sie ihn als Anhänger eines unbekannten Evangeliums bezeichneten, sie mögen, im Gegenteil, ruhig so sprechen, wolle sich doch die Lüge zur Gefährtin der Wahrheit aufwerfen.

Es kam der Notar, die Schrift zu holen, und mit ihm der Inquisitor. Und nachdem er sie gelesen, sagte er: ,,Sei vorsichtig, ich weiß, daß Vieles, von dem du sagst, es stehe in den Evangelien, dort nirgends geschrieben steht.“ Und der Frater: ,,Ich sehe, du kennst sie gut. Mögest du auch danach leben!“ Und jener mit großem Zorne: ,,Du willst doch wirklich sterben!“

Als der dritte Tag gekommen, zur Stunde der Komplet, da das Oberhaupt der Pharisäer auf der Terrasse sich erging, ließ er die beiden vom Gefängnis heraufkommen und sprach zu ihnen: ,,Ich möchte euretwegen nicht vor Gott beschuldigt werden. Wollt ihr eure Irrtümer noch bereuen?“ Und Fra Michele: ,,Das sind keine Irrtümer, sondern katholische Wahrheiten, welche ich aufgeschrieben, damit auch ihr eure Bekehrung wirket.“ Daraufhin wandte sich der Bischof an den jungen Gefährten: ,,Ist es denn möglich, daß auch du, der du noch so jung bist, wie ich sehe, sterben willst, um dem Starrsinn jenes Toren zu folgen?“ Und Fra Pietro mutig: ,,Ihr möget sagen, was ihr wollt, um keinen Preis würde ich ihn verleugnen.“ Darauf jener, glühend vor Zorn: ,,Ich bin nicht hier, um weiterhin zu streiten. Führt sie hinab.“ Aber bald darauf, als sie im Gebet versunken waren, kamen einige mit dem Befehl, Fra Pietro freizulassen. Und dieser wehrte sich: ,,Ach, warum darf ich euch nicht folgen? Denn mir erscheint dies als Verrat an euch.“ Aber Fra Michele entgegnete ihm, daß er gehen müsse, und dabei blickte er ihn traurig an, wie um zu sagen: ,,Sohn, Sohn.“ Aber er sprach es nicht aus, sondern sagte: ,,Siehe, ich bete für dich, damit du in deinem Glauben verharrest.“ Dann umarmte er ihn heftig und drängte ihn bei der Türe hinaus. Und allein geblieben, verweilte er lange im Gebet und sagte: ,,Herr, ich bin bereit. Es geschehe, wie du willst.“ Und litt die ganze Nacht.

7. Als der neue Tag angebrochen war, versammelten sich die Pharisäer, um zu sehen, auf welche Art er sterben solle. Und zu diesem Zwecke stellten sie aus seinem Geständnis alle Worte zusammen, welche er aus den Evangelien zitiert hatte, die aber, auswendig gesagt, nicht buchstäblich mit den Evangelien übereinstimmten. Und mit den Folgerungen, welche er daraus gezogen hatte, stellten sie diese in der Anklageschrift zusammen, so daß es aussah, als entstammten sie jenem fünften Evangelium, als dessen Anhänger sie ihn bezeichneten. Als dies geschehen war, ließen sie ihn holen; und da er vor dem Konsi-

storium erschien, ließ man ihn alle heiligen Paramente anlegen. Und er wurde zuerst gefragt, ob er bereuen wolle, und, nachdem er verneint hatte, lasen sie ihm die neue Anklage vor, welche er schweigend anhörte. Nur als von einem fünften, unbekannten Evangelium gesprochen wurde, erwiderte er, nicht zu wissen, welch fünften Evangeliums man ihn beschuldige. Aber so sie damit sagen wollten, daß er einem anderen Evangelium treu sei als jenem, welches seine Richter befolgten, so müsse dies offenbar wahr sein, angesichts deren Verleumdungen und deren Mangels an Liebe, wodurch sie allzusehr den Heiden glichen. „Du erklärst also, nicht dieselben Evangelien zu befolgen wie wir?" „Selbst wenn ich euch nein sagte, würdet ihr es nicht schreiben."

Dann zwang man ihn gewaltsam, niederzuknien, das Haupt zum Boden geneigt; und unter Lesungen aus bestimmten Büchern nahm man ihm ein Parament nach dem anderen ab, bis er nur mehr in einem kurzen Rocke verblieb. Da dies geschehen war, rasierte man ihm die Tonsur ab und führte ihn, die Hände auf den Rücken gebunden, zwischen vielen Schergen und Fußknechten, die ihn schmähten, zum Palaste vor den Statthalter. Dieser fragte, welche Anklage man gegen jenen erhebe. „Wir haben herausgefunden, daß dieser da die Evangelien umstürzt, und haben noch andere Dinge bewiesen, welche er gegen unsere Gesetze sagt." Und der Statthalter, ohne ihn weiter zu verhören, legte ihm mit eigener Hand die Fußeisen an und befahl seinen Schergen, ihn ins Gefängnis zu führen.

8. Am nächsten Tag ward er neuerlich vor ihn in den großen Saal geführt und die Anklage der Pharisäer verlesen. Und der Frater verteidigte sich bei jedem Absatz mit den Worten: „Sünder ja, aber katholisch: Ein Ketzer bin ich nicht. Und ihr betrügt das Volk mit Schriften und Worten." Und da man ihm Schweigen gebot: „Lasset mich reden, denn der Seele wegen bin ich hier." Und er wiederholte alles, was er gesagt und geschrieben hatte, eines nach dem anderen, und tat es mit großem Eifer und Beredsamkeit. Es war viel Volk gekommen; und viele, welche zuerst erfreut waren, wurden ganz verwirrt, als sie seine Worte hörten. Und einige murrten. Und man hörte den Statthalter selbst, welcher den Vikar des Bischofs beiseitegezogen hatte: „Ich finde die Schuld nicht an ihm, derer ihr ihn bezichtigt." Und der Vikar: „Wir haben ein Gesetz, und nach diesem Gesetz muß er sterben." Und der Statthalter sagte: „Aber was hat er denn Böses getan?" „Du siehst, wie er das Volk aufwiegelt und wie er unseren Glauben verachtet."

Da sprach der Statthalter, gegen den Frater gewendet und mit ganz entstelltem Antlitz: „Warum willst du denn sterben, anstatt das zu glauben, was alle anderen glauben?" Und der Frater antwortete ihm mit tapferer Sanftmut: „Ich habe es euch gesagt, wegen der Seele bin ich hier, und lieber sterbe ich, als die Wahrheit zu verleugnen." Darauf zu ihm der Statthalter: „Und was ist Wahrheit!" Doch von neuem abseits zu dem Vikar: „Macht mit ihm, was ihr wollt, denn ich finde keinen Grund zur Verurteilung an ihm." „Wir haben ihn geprüft und der Ketzerei schuldig befunden. Aber du weißt, daß wir ihn nach unserem Gesetze nicht richten dürfen." „Aber was hat er denn Böses getan?" Und der Vikar zu ihm: „Willst du denn, daß man sage, du schätzest den Bischof und die Meinung der Lehrer nicht, welche über ihn urteilten?" Da fürchtete sich der Statthalter und sagte, zu Fra Michele gewendet: „Du widerrufst also nicht?" „Ich habe es euch gesagt", entgegnete der Frater. „Wahrhaftig, du willst sterben. Aber jeder hier diene mir zum Zeugen, daß ich an deinem Tode unschuldig bin."

9. Den Tag darauf holten sie Fra Michele zum Martyrium. Und als er in den Palasthof geführt worden war, stellte er sich gesenkten Hauptes zwischen das Volk und die Bewaffneten, ohne anderes zu tun als zu beten. Es war der Morgen des Freitag, des dreißigsten April, und es goß in Strömen; und der Frater hatte nichts weiter an als einen kurzen Rock, worin er eingehüllt war. Schließlich kam der Statthalter und nahm seinen Sitz ein und der Palastnotar begann die Anklageschrift vorzulesen, und der Statthalter wandte sich zum Frater: „Siehst du, wievieler Dinge man dich anklagt: Warum antwortest du nicht?" Aber Fra Michele schwieg die ganze Zeit, so daß sich der Statthalter verwunderte.

Nach der Verlesung kehrte der Statthalter in den Palast zurück, ohne das Urteil zu verkünden, und hielt sich in keiner Weise an die Ordnung, welche man in solchen Fällen einzuhalten pflegte. Und dies tat er, um zu zeigen, daß er am Tode dieses Menschen unschuldig sei, wie er gesagt hatte. Und nachdem jener gegangen war, wurde Fra Michele gewaltsam von den Bewaffneten zum Palasttore hinausgestoßen; und er blieb unter den Bewaffneten, welche zu Pferde saßen, ganz allein, barfüßig, in seinem kurzen Rock mit losgelösten Knöpfen. Und er ging langsamen Schrittes und geneigten Hauptes und betete sein Brevier, so daß er wahrhaft wie ein Märtyrer aussah.

Es war soviel Volk versammelt, daß man kaum sehen konnte. Und einige sprachen zu ihm: „Ach, stirb doch nicht." Und ein Getreuer Christ, der sich unter die anderen gemengt: „Fra Michele, bitte zu Gott für uns."

Und in der Nähe der Mauern von Santa Liberata sagte einer: „Du Tor, glaub an den Papst!", worauf er den Kopf hob: „Ihr habt euch aus diesem Papste da einen Gott gemacht. Hütet euch, hütet euch vor dem Sauerteig der Pharisäer."

Auf der Piazza dei Priori bereitete ihm einer großen Kummer, welcher sagte: „Du bist ein Märtyrer des Teufels. Glaubst du denn, du weißt mehr als so viele Lehrer, mit denen verglichen du kaum lesen kannst?"

Und als er auf der Piazza del Grano sich befand, sagte ein anderer zu ihm: „Ach, ihr behauptet, daß wir weder getauft noch Christen seien." Und der Frater entgegnete ihm: „Ich sage euch doch, getauft seid ihr, aber ihr lebt nicht als Christen. Tut Buße für den Wucher und den falschen Handel, bereuet eure Sünden, ändert euer Leben."

Als er in San Romeo angelangt war, rief ihn ein Getreuer Christ beim Namen und sagte ihm, er solle an das Leiden Jesu Christi denken. Und er: „O Getreue Christen, betet zu Gott, daß er mich stärke."

Vor Santa Croce erhob er die Augen zum Himmel: „Bruder Franziskus, mein Vater, bitte Christus für mich." Dann wandte er sich zu den Brüdern, welche auf den Gerüsten standen: ,,Unsere Ordensregel, welcher ihr euch verlobt habt, ist verurteilt worden; und ihr laßt jene im Stich, welche sie einhalten wollen?" Und einige von ihnen zuckten mit den Achseln, andere verbargen ihr Gesicht im Mantel. Nur einer entgegnete: ,,Stimme des Volkes, Stimme Gottes." Und der Frater laut: ,,Die Stimme des Volkes brachte Christus ans Kreuz."

Bald darauf, in der Nähe der Porta alla Giustizia, sagten sie zu ihm: ,,Widerrufe, stirb doch nicht." Und er entgegnete: ,,Und starb nicht Christus für uns?" ,,Ach, du bist nicht Christus, daß du für uns sterben müßtest."

Und indem er so hinging, näherte sich ihm jener junge Frater Pietro, welcher ihn begleitet hatte, und kam, ihn zu trösten und sagte: ,,Bleibt stark." Und da er sah, wie jener naß war, reichte er ihm ein Tuch. Dies sah einer der Schergen und fragte ihn: ,,Gehörst du nicht zu den Anhängern dieses Menschen?" Und jener erwiderte: ,,Ich bin es nicht." Und ein anderer: ,,Doch, du bist es, denn ich habe dich gesehen, wie du mit ihm zusammen gingst." Und wiederum leugnete Fra Pietro, ihn je gekannt zu haben und entfernte sich etwas und mengte sich unter die Leute.

10. Und als sie das Tor durchschritten hatten, näherten sie sich dem Scheiterhaufen, der dort zur Verbrennung des Fraters aufgerichtet war. Das Geschrei war groß. Der Ausrufer tat öffentlich kund, daß das Volk beiseitegehen möge, und die Bewaffneten bildeten mit den Pferden einen Kreis. Beim Scheiterhaufen angelangt trat Fra Michele tapfer vor und ward mit den Handgelenken an die Säule gebunden. Und einige reckten die Köpfe und sprachen: ,,Ach, stirb doch nicht", andere, um ihn zu ängstigen, taten, als zündeten sie das Feuer an. Aber der Heilige blieb stark, und zu einem, der ihm das Feuer zeigte, sprach er: ,,Was kommst du, dies zu tun?", und zu einem anderen: ,,Es sei dir verziehen, denn du weißt nicht, was du tust." Man wies ihn auf einen jungen Mann hin, welcher mit zehn Knechten vom Statthalter geschickt worden, um ihn heil und gesund zurückzubringen, wenn er widerriefe. Und einer der Knechte sagte, da er seine Festigkeit sah: ,,Wer ist er, welcher den Teufel im Leibe zu haben scheint?" Und jener Jüngling: ,,Vielleicht hat er Christus?"

Endlich war das Feuer am Scheiterhaufen entzündet, und Fra Michele begann, nachdem er das Credo gesprochen hatte, das Te Deum zu singen. Er sang davon vielleicht acht Verse, dann war es, als hebe er die Augen und das Antlitz zum Himmel, und er sagte: ,,In manus tuas, domine, commendo spiritum meum." Und als die Fesseln verbrannt waren, fiel er kniend zu Boden, das Gesicht zum Himmel gerichtet und mit geöffnetem Munde, tot.

Einige baten den Anführer der Bewaffneten um die Gunst, den Leichnam begraben zu dürfen. Und jener, nachdem er dessen Tod vermerkt hatte, gab ihnen die Erlaubnis und ging mit den Seinen hinweg. Und sie hüllten den Leib in ein Linnen und begruben ihn unweit des Scheiterhaufens. Und viele der Menschen waren verstört, als sie nach Hause gingen. Und einige sagten: ,,Er ist ein Märtyrer." Und andere: „Er ist ein Heiliger." Und einige stritten und behaupteten das Gegenteil.

In derselben Nacht, ohne daß einer vom anderen wußte, fanden sich viele Getreue Christen dort ein, wo sein Leichnam bestattet war und trugen ihn heimlich fort. So ward er am Morgen des Samstag nicht mehr gefunden, und sogleich verbreitete sich das Gerücht in Florenz, so daß manche Prediger von der Kanzel sagen mußten: „Man hätte Wachen aufstellen müssen, denn so werden sie ihn heiligsprechen und als Heiligen verehren."

DAS GASTMAHL ZU LYON

Dies ist der Titel der italienischen Fassung einer (in der Städtischen Bibliothek von Lucca aufbewahrten) Erzählung, die in der französischen Version Das Evangelium des heiligen Petrus *heißt. Fast macht es den Eindruck, als habe sie denselben Reiseweg wie der darin vorkommende adelige Sendbote zurückgelegt, sei allmählich von Spanien nach Italien gewandert und habe dabei im Laufe des Weges immer mehr an Umfang zugenommen: Es gibt davon eine spanische Fassung mit nur zwei Legenden (eben den beiden, die Diego Alvarez de Castro erzählt), eine französische mit drei und eine vollständige italienische mit allen sechs Legenden. Und auch ich entdeckte sie in derselben Reihenfolge, wenngleich in langen zeitlichen Abständen und im Verlauf von zwanzig Jahren. Hinsichtlich der Datierung ermöglicht uns die Person des Diego Alvarez de Castro eine Festlegung der französischen Fassung um die Mitte des fünfzehnten Jahrhunderts, während der Hinweis auf Lodovico Vartomanno die italienische Fassung, zumindest im letzten Entwurf, in die ersten Jahrzehnte des sechzehnten Jahrhunderts verlegt.*

Zu den namhaftesten Personen seiner Zeit gehörte zu Lyon Messer Arrigo della Marca, der rasch aus der Armut emporgestiegen war und nicht nur in Frankreich, sondern auch in Italien und Spanien Niederlassungen besaß und mit Handelsleuten Beziehungen unterhielt. Er war ein überaus freigebiger Mann, allem Neuen zugetan, so daß in seinem Hause nicht nur seine Geschäftsfreunde zusammentrafen, sondern oft auch durch Abstammung oder Begabung berühmtgewordene Leute.

Nun geschah es, daß eines Tages Monsignor Diego Alvarez de Castro, Statthalter und Gesandter des Königs von Kastilien, auf seiner Reise nach Italien, wohin er gewisser Missionen wegen sich begab, durch Lyon zog. Da Messer Arrigo ihn seiner Stellung gebührend ehren wollte, ergriff er die Gelegenheit der Ausstellung gewisser Wechselbriefe, die jenem durch seine Agenten in Florenz sollten ausgezahlt werden, ihn mit anderen Edlen und Vornehmen der Stadt zu Tische zu laden.

Die Unterhaltung während des Gastmahles war anregend, mannigfaltig und heiter. Aber als man schließlich auf die Kriege zu sprechen kam, die damals die Länder des Königs verwüsteten und dort, wo sie am längsten tobten, den ganzen christlichen Erdkreis mit Wunden bedeckten, sagte einer der Tischgenossen, es sei wirklich Zeit, daß Christus wieder Mensch werde, habe doch das eine Mal nicht genügt, die Menschen zu ändern. Worauf Messer Arrigo lachend entgegnete, daß jener Christus wirklich sehr lieben müsse, wolle er doch seinen neuerlichen Kreuzestod. Und hieraus entstand die Frage, warum sich Christus nur einmal habe offenbaren wollen; und als daraufhin ein anwesender Priester, ein Domherr und berühmter Theologe, befragt ward, wehrte er sich zunächst, indem er behauptete, nicht antworten zu können, sagte aber dann, daß ihm die vorhin gesprochenen Worte Messer Arrigos eine kleine Erzählung in Erinnerung gebracht hätten, die er in Paris von einem großen Gelehrten, seinem Lehrer, gehört habe; und nachdem er die Erlaubnis dazu eingeholt hatte, erzählte er sie in Kürze:

„Ihr müßt wissen, daß die Heiligen des Himmels, die sich über die glaubenslosen, ausschweifenden Menschen entrüsteten, eines Tages Rat hielten, um zu sehen, auf welche Weise man diese zur Umkehr bewegen könne. Und nach mannigfachen Überlegungen schlug einer von ihnen vor, daß nunmehr die Heiligen zur Eroberung der Erde vorgehen und die Menschen gewaltsam zur Tugend und Wahrheit zurückführen sollten, da es nicht genügt habe, daß der Sohn Gottes Mensch geworden und gestorben sei. Der Vorschlag fand großes Gefallen, und nachdem sich die Heiligen unerschrocken zu einer großen Heerschar versammelt hatten, war binnen kurzer Zeit und geringem Kampf die ganze Erde erobert. Und nachdem die Herrschaft den wenigen Gerechten, die sie dort fanden, anvertraut war, versammelten sie die Bösen und alle jene, die ihre Bekehrung verzögerten, in einem großen Tal; dort wollte man sie auf riesigen Scheiterhaufen verbrennen, um sie auszurotten und die Erde vor weiterer Gefahr zu schützen. Es war zu diesem Zwecke schon alles vorbereitet, als sie eines Mannes ansichtig wurden, der, inmitten der anderen schreitend, ein Kreuz auf den Schultern trug und auf diesem sterben zu wollen verlangte. Den Heiligen erschien es als großer Frevel, daß ein gemeiner Sünder denselben Tod wie unser Erlöser erbat. Darum führte man jenen, nachdem er gefesselt worden, zum heiligen Petrus, welcher in ihm, da er ihn zu Lebzeiten gekannt, Jesus Christus erkannte: Und nachdem er ihm sein Erstaunen darüber gezeigt hatte, daß der Sohn Gottes unter den Letzten der Menschen sich befinde, unter dem Abschaume aller, entgegnete ihm Jesus, ob er sich wohl der Worte erinnere, die er einmal gesprochen habe, daß der Menschensohn nicht gekommen sei, die Gerechten, sondern die Sünder zu retten. Und er setzte noch hinzu, wenn es ihm, Petrus, genügte, daß einer für das ganze Volk sterbe, wie es schon dem Vater im Himmel genügt habe, so sei er entschlossen, neuerlich für die Menschen zu sterben, da ihn ja auf Erden unter den Heiligen keiner davor bewahre. Die Heiligen waren beschämt, ließen alles andere und nahmen Jesus mit sich in den Himmel zurück. Dort halten sie ihn aber noch immer gefesselt, damit er nicht auf Erden zurückkehre und Ärgernis errege."

Alle Tischgenossen sprachen viel über die Bedeutung dieser kleinen Erzählung, wobei einige aus ihr schlossen (was der Priester später theologisch begründete), daß Christus, da er uns doch vollkommen machen konnte, uns lieber freien Willens wollte, während es anderen schien, Christus habe unsere Menschheit, die er am eigenen Leibe kennengelernt, so sehr geliebt, daß er, der sich am liebsten Menschensohn nannte, uns so wollte wie wir eben seien, das heißt mehr menschlich als heilig.

Monsignor Diego Alvarez de Castro hatte ernsthaft zugehört, war als Spanier jedoch ein recht stolzer Mann und vertrug keinen Spott über die Heiligen, er wollte aber auch nicht für unhöflich gehalten werden von einem Manne, der ihm offensichtlich Ehre erwiesen hatte und so erbat er sich die Erlaubnis, seinerseits eine kleine Geschichte zu berichten, die, wie er sagte, von dem Volke auf seinen Ländereien erzählt werde.

„Jeder von euch weiß sicherlich, daß die Evangelien erfüllt sind von dem, was Christus bis zum Tage seines Todes sagte und wirkte. Darüber aber, was er vom Tage seiner Auferstehung bis zu seiner Himmelfahrt lehrte, schweigen sie, als könnten sie es nicht fassen. Nun aber sagt man gerade bei uns, daß über die Wahrheiten, die er während der vierzig noch auf Erden verlebten Tage offenbarte, von seinen Jüngern ein apokryphes, das heißt verborgenes Evangelium geschrieben worden sei. Und da Jesus es gelesen und ihm zugestimmt hatte, gab er dem heiligen Johannes den Auftrag, nicht eher zu sterben und auf Erden zu bleiben, bis zum Tage seiner Wiederkunft, um es jenen zu offenbaren, die dessen würdig schienen. Johannes sagte: „Herr, wie soll ich sie erkennen können?" Ihm gab Jesus zur Antwort: „Zeige es allen, denn es wird nur sehen können, wer mich aus ganzem Herzen und mit wahrer Liebe sucht." Seit damals irrt der heilige Johannes auf Erden umher und zeigt das Evangelium allen, denen er begegnet. Die meisten gehen vorüber und sehen es nicht, gleich Blinden. Wenn aber einer stehenbleibt, es aufschlägt und zu lesen beginnt, so ist dies ein sicheres Zeichen, daß er ein Heiliger ist."

Alle Anwesenden, zumal der Priester, verstanden den versteckten Vorwurf wohl. Und nachdem dieser sich wegen des zuvor von ihm ausgelösten Gelächters entschuldigt hatte, bedeutete er, er habe damit eben sagen wollen, daß Christus uns nach seiner Rückkehr in den Himmel keineswegs verlassen habe, sondern sich noch immer durch seine Heiligen offenbare; und nachdem Messer Arrigo bemerkt hatte, daß auch für unsere Evangelien gelte, was Monsignor von dem apokryphen gesagt habe, denn sie seien es ja, welche die Heiligen hervorriefen, sagte ein Kaufmann aus Montpellier, der sich, unterwegs auf der Reise nach Italien, dem Gefolge Monsignores angeschlossen hatte und mit ihm zum Mahle Messer Arrigos geladen worden war, daß ihn die kleine Erzählung über das apokryphe Evangelium daran erinnere, wie ihm in Sorìa, wohin er in seiner Jugend öfters gereist sei, wiederholt ein Evangelium gezeigt worden sei, das man dort sehr verehre, ja für ein fünftes Evangelium halte und für nicht minder wahr als unsere vier; und er schlug vor, daraus ein Gleichnis zu erzählen, das ihm zum Gegenstand ihres Gespräches sehr passend schien, dieser sei ja, wenn er nicht irre, folgender: Ob Christus, ein für allemal geoffenbart, nun zuwarte, ob wir selbst unser Heil zu wirken vermöchten, oder ob er, im Gegenteil, in allem, was wir von ihm erbäten, zu unserer Rettung bereit sei. Und so lautete das Gleichnis:

„Von seinen Jüngern befragt, wann er wieder, wie er versprochen, in ihre Mitte kommen werde, hub Jesus an: Ein Mann ließ auf seinem Sterbebett sein Haus und Gut armen Verwandten, unter der Bedingung, einen alten, allzeit getreuen Diener wie ein Familienmitglied zu halten. Die Erben nahmen diese Bedingung gerne an und hielten den Diener zunächst in Ehren, ließen ihn nicht nur an ihrem Tische essen, sondern wandten sich auch in allen ernsten Dingen an ihn und behandelten ihn wie einen Vater. Jener erläuterte ihnen alles liebevoll, beriet sie klug und zeigte ihnen, da er mit dem Gut sehr vertraut war, wie sie es am besten verwalten sollten. Doch nach kurzer Zeit wurden sie dieser Art von Bevormundung müde und wollten sich frei fühlen. Darum begannen sie untereinander zu reden: „Wer ist er denn, daß er uns fast wie der Herr des Besitzes lenken will, als könnten wir es nicht selbst?" Und allmählich vernachlässigten sie ihn, zuerst, indem sie es vermieden, seinen Rat zu erbitten, dann, indem sie nicht mehr mit ihm sprachen, so daß sich der Diener betrübt in seine Kammer zurückzog und nicht mehr an ihrem Tische zeigte. Jene aber freuten sich sehr und wollten, da sie sich frei wähnten, nun allein nach der Verwaltung des Gutes sehen. Doch bald erkannten sie, daß sie allzu wenig über ihr Erbe wußten, um es ohne die Erfahrung des Dieners klug verwalten zu können, und reuevoll ließen sie ihn holen und baten ihn, ihnen wieder mit seinem Rat beizustehen. Nachdem er eine Weile zugehört hatte, gab der Diener sich ihnen zu erkennen und sagte, er sei kein Diener, wie er vorgegeben habe, sondern der Herr selbst, und daß er sie in dieser Verkleidung habe auf die Probe stellen wollen, um zu sehen, ob sie seiner Erbschaft würdig seien. Und da er ihre Verwirrung sah, sagte er noch offen, daß er, nicht ihrer Fehler, sondern ihres Stolzes wegen, jetzt sicherlich beschlossen hätte, sie zu enterben, wären sie heute nicht gewillt gewesen, ihn doch als Vater zu betrachten."

Dieses Gleichnis gefiel allen recht wohl, meinten sie doch daraus folgern zu können, daß Christus uns nicht verlassen habe, sondern vielmehr unter uns geblieben und jederzeit bereit sei, sich uns kundzutun, wenn wir ihn darum anflehten: Und wir mit unserem Stolze seien es, die ihn nicht beachteten und so verhinderten, daß er uns, wie er es gerne möchte, als seine Kinder ansehe.

Als die erste Frage so abgeschlossen und bald darauf eine andere über den Glauben an ein unbekanntes Evangelium aufgetaucht war, welches die meisten für Torheit und reine Erfindung hielten, und als jener Kaufmann geantwortet hatte, darüber nicht urteilen zu können, obwohl er jenes Evangelium tatsächlich gesehen habe, bestätigte Messer Arrigo, ein großer Bücherfreund, bei Lodovico Vartomanno, der auch den Orient bereist hatte, gefunden und gelesen zu haben, daß dort viele Völker an das Vorhandensein eines solches Buches wirklich glaubten, es für wahr hielten und darüber zu sagen pflegten: daß es nie an einem Orte bleibe, sondern immer von Volk zu Volk gehe. Und weiters meinen sie, der absinkende Glaube eines Volkes sei Zeichen dafür, daß sie es nicht mehr besäßen; wenn hingegen ein Volk Treue zu Christus zeige und Beweise erbringe, sein Gesetz wahrhaft zu kennen, so sage man dort, daß in jenem Augenblick das Evangelium mitten unter ihnen sei.

Als er das vernommen, erbat der Priester wiederum das Wort und sagte, er wisse ein anderes Geschichtchen, das er gerne erzählen wolle, nicht um über die Heilige Römische Kirche zu lachen, deren ehrerbietiger Sohn er zu sein glaube, sondern nur um zu zeigen, wie verbreitet der Glaube an ein wahres, unbekanntes Evangelium sei. Und als alle zu hören bereit waren, begann er:

„Nachdem der heilige Petrus lange im Morgenlande gepredigt und dortselbst viel Volk bekehrt hatte, erschien ihm Jesus, der ihm sagte, es sei nun an der Zeit, als Apostel nach Rom zu gehen. Da er aber wüßte, daß das dortige Volk mehr als irgendein anderes halsstarrig und überaus verderbt sei, er es jedoch zum allerchristlichsten machen wolle, um darauf seine Kirche zu errichten, wolle er ihn mit einem Evangelium ausrüsten, das vollkommener sei, als die anderen vier, welche bis zu diesem Tage für die anderen Völker verwendet worden waren, damit er mit dessen Hilfe eine aufrichtige Bekehrung bewirken könne. Nachdem er ihm dies gesagt hatte, vertraute Jesus ihm das Buch an, das groß war und schön verziert, und zeigte ihm, in wievielen Dingen es wunderbarer war als die anderen vier. Frohen Mutes begann der heilige Petrus sein Schifflein zu rüsten und, nachdem er es mit allem beladen, dessen er bedurfte, fuhr er ohne weiteres Zögern nach Rom. Aber noch war er keine zwei Tage auf dem Meere, als ein starker Sturm aufkam, der die Wellen auftürmte, am Holz des Schiffleins rüttelte und es zur Seite neigte. Darob ängstigte sich der heilige Petrus über alle Maßen, und nachdem er vergebens versucht hatte, es wieder aufzurichten, entdeckte er, daß das Boot zu schwer beladen war. Und wie er eilends aussuchte, wessen er sich entledigen könnte, geriet ihm auch die Kiste mit dem anvertrauten Evangelium in die Hände und wie blind warf er jenes weg. Doch es geriet ihm wohl, denn gleich darauf lag das Boot wieder ruhig auf dem Meere, und ohne weitere Sorge gelangte er nach Rom. Daher kommt der Ausspruch, daß das Boot des heiligen Petrus derart erleichtert die Stürme wohl meistere, doch sei dabei auch das von Christus anvertraute Evangelium leichtsinnig verloren gegangen und nicht mehr aufzufinden. Und es heißt auch, das größte Wunder des heiligen Petrus in Rom sei es gewesen, daß er die Stadt ohne Hilfe des Evangeliums bekehrt habe."

Trotz der vorher vom Priester gegebenen Warnung lachten alle recht über das Geschichtchen, mit Ausnahme Monsignores, der, sich neuerlich verdüsternd, eine andere Geschichte über den heiligen Johannes erzählen wollte, allerdings von ganz anderem Klang als die vorhergehenden. Und, nachdem die anderen Tischgenossen verstummt waren, begann er sie zu berichten:

„Da Jesus sich zu seiner Himmelfahrt rüstete, rief er den heiligen Johannes zu sich und übergab ihm ein Evangelium, das alles enthielt, was er seinen Jüngern während der vierzig Tage nach seiner Auferstehung geoffenbart hatte; und er sagte zu ihm, daß er nicht sterben und zu den anderen Heiligen des Himmels gelangen werde, wenn er vorher niemanden Würdigen gefunden habe, dem er das Buch anvertrauen könne. Der heilige Johannes glaubte, nur unter den Priestern eine würdige Person zu finden, die das Evangelium hüten und jedenfalls begreifen könne, welch großer Schatz ihr anvertraut werde, und so suchte er unter diesen viele Jahre lang, doch vergeblich. Endlich beschloß der heilige Jakobus, sein Bruder, den jener, alt und müde geworden, erbarmte, ihm im Traume zu erscheinen: Und im Traume bedeutete er ihm, daß, solange er unter den Priestern suche, keiner gefunden werde, dem er das von Jesus aufgetragene Evangelium anvertrauen könne."

DER CHRISTUS VON GUARDIA

Diese von Ferdinando Derosa unterzeichnete Schrift erschien in der Zeitschrift „Rassegna delle province meridionali", Jg. III (1921), Nr. 4. Vermutlich hätte ich trotz meiner hartnäckigen Suche nach etwas auf das Evangelium der Waldenser Bezügliche (wozu mich die kurze Darstellung von Walter Map angeregt hatte) nie auf Derosa zurückgegriffen, hätte mich nicht die in Kalabrien so starke Überlieferung von dem Buch, beginnend mit dem Schicksal der Vivariensischen Handschrift, veranlaßt, deren kirchengeschichtlichen Hintergrund so genau wie möglich kennenzulernen.

Die Inquisition und die Waldenser Kalabriens von Filippo de Boni, erschienen in Mailand 1864, trägt als Motto einen dem heiligen Lukas (9,56) zugeschriebenen Vers: „Ich bin nicht gekommen, zu zerstreuen, sondern zu berufen", der mir sogleich ungenau, wenn nicht sogar apokryph erschien. Und tatsächlich fehlt er im griechischen Text des Evangeliums, und in der Vulgata des heiligen Hieronymus hat er einen ganz anderen Klang und Sinn. Es gibt noch ein zweites Motto, eine Maxime des Paolo Sarpi: „Ich werde an keine Wandlung des Staates glauben, wenn sich die Religion nicht wandelt!" Und ich denke, dies sagt genug über die Grundhaltung des kleinen Werkes aus.

Die darin geschilderte Geschichte ist, wie ich annehme, weitgehend bekannt. Es handelt sich um das Schicksal der Waldenser von Guardia Piemontese, die von den Marquis von Fuscaldo, lombardischer Herkunft und vielleicht ebenfalls Waldenser, herbeigerufen worden waren und dort ungestört und praktisch unbeachtet bis zur Mitte des sechzehnten Jahrhunderts bleiben konnten: drei Jahrhunderte, eine lange Zeit, doch mit nur spärlichen und bruchstückhaften Erinnerungen, geduldigen Anpassungsbemühungen und ungewollter Nikodemushaltung. „Einfache, ehrliche, ganz der Feldarbeit sich widmende Leute, von der Welt vergessen, die auch sie vergessen hatten", so schreibt De Boni, „so konnten sie leben und ihren eigenständigen Glauben, ihren Dialekt und ihre Gebräuche beibehalten. Zwar waren die Priester zunächst beunruhigt, als sie bemerkten, daß jene von ihren Zeremonien fernblieben. Doch zahlten diese Waldenser dem Klerus, um sich nicht unnötig Feinde zu schaffen, pünktlich den Zehent. Die Erinnerung an alte Verfolgungen und die Furcht vor neuen ließ sie ihren Kult, sofern es überhaupt einen gab, verborgenhalten."

Die protestantische Reformation rüttelte sie auf. Aus Piemont kam Giovanni Negrino, ein kühner Agitator und möglicherweise Schüler Calvins, der sie nicht nur dazu überredete, recht bald „jede vorsichtige Verstellung aufzugeben", sondern mit Kraft für die Verbreitung der Reformation in den umliegenden Gebieten sorgte. Selbstverständlich erhielt die Inquisition sogleich davon Kunde. Um nicht hineingezogen zu werden, gab der Marquis von Fuscaldo seine gewohnte tolerante Haltung auf: Negrino wurde gefangengenommen und von seinen Wächtern umgebracht.

Er hatte jedoch einen jungen Gefährten gehabt, Giosuè Borgogno, den Negrino unter den Einwohnern von Guardia entdeckt und nach seinen Grundsätzen erzogen hatte. Und gerade jener sollte es sein, der sein Erbe weitergab: Ein paar Jahre später, führt De Boni weiter aus, „nimmt er die Mission seines Lehrers auf, verbreitet dessen Lehre und findet bald nicht wenige Anhänger und Gefolgsleute, und lange Zeit kann er sich seinen Verfolgern entziehen". Schließlich jedoch geriet er in eine Falle und starb nach dem üblichen Ketzerprozeß; jedoch nicht in Cosenza, wo das Urteil verhängt worden war, sondern in Neapel, wie es die staatlichen Behörden vorsichtshalber anordneten.

Doch das Merkwürdigste an dem ganzen Prozeß war die hartnäckige Befragung über ein gewisses Buch, das er zum Zeitpunkt der Gefangennahme bei sich hatte. „Das Evangelium", behauptete Borgogno. „Ein falsches Evangelium", entgegneten ihm seine Richter. Und in der Tat zitierten sie daraus Stellen, die in den Evangelien nicht vorkommen; unter anderen den Vers, den man als Motto gesehen hat. Im folgenden Jahr, gegen Ende 1561, erfolgten dann die Belagerung und das Gemetzel von Guardia Piemontese. Die kalabresischen Waldenser sollten nach vielen Qualen dezimiert und die wenigen Überlebenden zur Abschwörung gezwungen werden.

Soweit die historische Begebenheit, die in dem kleinen Werk äußerst weitschweifig und mit viel Entrüstung dargestellt wird. Aber Filippo De Boni ist nicht nur ein Schriftsteller stolzer ghibellinischer Gesinnung, wie man einst zu sagen pflegte. Als echter Romantiker hegt er auch die Volkstraditionen. Und eine davon schildert er im Anhang seines Buches, die er, wie er sagt, „zur Zeit, als er im Gefolge Garibaldis mit dem Zug der Tausend nach Kalabrien ging und mit einigen anderen auf unwegsamen Straßen bis zum letzten Dorf hinaufkletterte", von den Bewohnern Guardias selbst hörte und aufzeichnete. Lesen wir also seine Niederschrift; abgesehen von ihrem biblischen Beiklang, in der Art der Josefsgeschichte, wird man feststellen, daß wiederum auf das Buch angespielt wird.

„Giuseppe Borgogno, ein junger Waldenser, trennte sich von seinen Brüdern und verließ die Gebirgstäler, wo er bisher gelebt hatte; auf der Suche nach Arbeit zog er gegen Pavia. Nachdem er eine Weile versucht hatte, dort sein Leben als Weber zu fristen, trat er in die Wache des Herrn von Monforte, Hauptmann Kaiser Friedrichs II., folgte diesem in all seinen Unternehmungen und war ihm von Herzen ergeben. Als dieser bei einem Gefecht eines Tages verwundet wurde, eilte er ihm sogar zu Hilfe und konnte ihn in Sicherheit bringen. Darum wurde er dem Herrn von Monforte sehr lieb und von diesem nicht nur zu seinem Schildknappen gemacht, sondern, da dieser von Kaiser Friedrich das Marquisat von Fuscaldo zum Lehen erhalten hatte, als dessen Stellvertreter dorthin entsandt, wo ihm alles zu verwalten übertragen wurde.

Giuseppe fand ein fast völlig unbesiedeltes Land vor, jedoch reich an Quellen, die von den Bergen heruntersprudelten, und für Olivenhaine, Weideland und Weinberge geeignet. Und während er sann, wie er dieses Land fruchtbar machen sollte, hörte er von der neuerlichen Verfolgung seiner Glaubensbrüder, die flüchten und fast ohne Nahrung leben mußten. Da schämte er sich, sie verlassen zu haben, und sandte einen Boten aus mit dem Auftrag, seine Lage zu schildern und auszurichten, wer immer sich zu Giuseppe gesellen wolle, finde dort ein Land mit genügend Brot und Freiheit für ihren Glauben. Es kamen ihrer siebzig mit Frauen und Kindern, und sie brachten auch das Buch ihres Glaubens mit. Giuseppe siedelte sie um das Gebiet von Guardia an, und da er die Angelegenheiten seines Herrn geordnet hatte, erlaubte ihm dieser bald darauf, unter ihnen zu leben. Nach dem Tode des Marquis kam jedoch ein anderer Herr, dem Giuseppe ein Fremder war, und der den Leuten von Guardia die Ausübung ihres Glaubens verbot. Aus Furcht fanden sie sich damit ab, ihn zu tarnen: das Buch aber vertrauten sie den Nachkommen Giuseppes an, damit sie es hüten und dem alten Glauben bewahren sollten. Mit der Zeit aber vergaßen sie das Buch, wußten nicht mehr, was es enthielt und erinnerten sich auch nicht mehr, wo es verborgen war. Seit jener Zeit warten die Leute von Guardia auf einen Nachkommen der Borgogno, der das Buch wieder entdeckt, es zu lesen vermag und sie zum Evangelium aufrüttelt."

Am Ende seines kleinen Werks behauptet De Boni, daß dies die einzige Erinnerung – und das einzige Andenken – der kalabrischen Waldenser an ihre ursprüngliche religiöse Situation geblieben sei. Aber im Jahre 1902 veröffentlichte ein Gelehrter aus Cosenza, Filiberto Vernieri, eine nur in wenigen Exemplaren verlegte Broschüre mit dem Titel *Il Cristo di Guardia,* die, wie er sagt, eine „in unsere Sprache übertragene und eingerichtete" Aufzeichnung einer Legende enthalte, die in Guardia Piemontese noch immer verbreitet sei und die ihm ein alter Weber in einem noch „dem Provenzalischen und Französischen gleichenden" Dialekt erzählt habe. Doch ist es keine Legende im eigentlichen Sinn, sondern, unter geänderten Bedingungen, wiederum das Schicksal Giovanni Negrinos und Giuseppe Borgognos, allerdings romantischer oder vielmehr in der Art einer Heiligenbeschreibung gestaltet. Bezüglich der Arbeit Vernieris, der wohl eine gewisse Vorliebe für Effekthascherei von zweifelhaftem Geschmack und für ungeschickt verallgemeinernde Ergüsse hat, glaube ich zwar, daß er im unklaren war, ob er eine Volkserzählung oder die Autoren historischer Romane nachahmen sollte, aber nicht, daß er sich soviel Freiheit herausnahm, aus dem Leben Borgognos eigenwillig eine Art Abklatsch des Lebens Jesu zu machen. Folgen wir ihm also, oder besser, umschreiben wir den Inhalt.

Giovanni Negrino, jung, kühn, ausdauernd, energisch (so wird er von Vernieri eine Seite lang beschrieben), kam also, wie wir wissen, als Missionar. Nach seiner Ausbildung in Genf wollte er nicht nur die kalabrischen Waldenser zu ihrem ursprünglichen Glauben zurückführen, sondern die neuen Lehren der protestantischen Reformation vorbereiten. Er stieß allerdings auf Verständnislosigkeit und mußte Enttäuschungen erleben. Zwar fand er in Guardia, diesem gottvergessenen Nest „eine natürliche, aber einfältige und unerleuchtete Güte und echte Religiosität, die aber schüchtern und ohne Ausweitungsdrang bleibt; mit einem Wort, einen armen, beinahe gewohnheitsmäßigen Glauben". Seine mehr paulinische als evangelische Predigt, die mit kalvinischer Strenge gefärbten Themen – Rechtfertigung durch den Glauben, Prädestination, Gnade – waren den religiösen Bedürfnissen dieser Menschen nicht angemessen. Und seine starre Haltung erschreckte sie nur. Ist diese ja, wenn sie sich nicht in all ihren Wirkungen nach der Liebe richtet, eine Erscheinung der Hoffart selbst; und Giovanni besaß wohl die Strenge des Täufers, vermochte sie aber nicht mit der Überzeugungskraft Jesu zu vereinen. In einer seiner Predigten, die sich an den Worten des Täufers inspirierte: „Eines Herolds Stimme in der Wüste: Bereitet den Weg des Herrn!", schlug er den Leuten von Guardia eine Zeit der Sühne vor. Sie folgten ihm so willig, daß es der Ironie nicht ermangelt. Und einer der Alten fragte ihn unter unabsichtlicher Benützung eines anderen Bibelspruchs: „Bist du es, der da kommen soll, oder sollen wir einen anderen erwarten?"

Aber, wie es fast immer der Fall ist, der wahre Konflikt brach wegen einer rituellen Frage aus: Giovanni hielt die katholische Taufe für ungültig (der sich, wie wir wissen, die Guardieser in vielen Fällen unterzogen) und schlug einen feierlichen, allgemeinen Ritus vor, in deren Verlauf er sie alle wieder taufen wollte. Für jene aber war die Frage weit heikler, da sie ja nicht nur die Lebenden, sondern auch die Verstorbenen miteinbezog. Wenn sie Giovanni rechtgaben, hieß das, daß ihre Lieben im Stande der Erbsünde gestorben waren. Giovanni eiferte, nannte sie lau und bezeichnete sie als Sadduzäer, schließlich verweigerte ihm die Versammlung der Ältesten die Kirchenschlüssel. Giovanni verließ Guardia und zog sich in die Einsamkeit zurück, an ein Bachufer, um dort Buße zu tun und den Herrn zu bitten, er möge seine widerspenstigen Glaubensbrüder erleuchten. Einige wagten es, beeindruckt, ihn aufzusuchen: Unter ihnen war eines Morgens ein Knabe in Begleitung der Mutter, dem Giovanni die Wiedertaufe erteilte. Der Knabe war ungefähr dreizehn Jahre alt und hieß Giosuè Borgogno.

Giosuès Lebensgeschichte ist recht merkwürdig. Sein Großvater Giuseppe, einziger Erbe einer Familie, die, wie wir gesehen haben, die erste des Dorfes gewesen war, lebte als Zimmermann unter ärmlichen Verhältnissen. Doch war er ein gerechter Mensch, schreibt Vernieri, und nahm noch immer seine alte Stellung in der Versammlung ein. „Nun geschah es", ich setze nun mit Vernieris Worten fort, „daß seine Tochter von einem Unbekannten ein Kind empfing und Giuseppe Borgogno, der sie zärtlich liebte und der Schande seines Volkes entziehen wollte, sie zur Niederkunft auf katholisches Gebiet, in die Gegend von Scalea, brachte. Dort nahmen sie in einer elenden Hütte, die sie verlassen vorfanden, Unterschlupf, und dort gebar die Frau später einen Knaben, der dem Ortspfarrer zur Taufe gebracht und dem der Name Giosuè gegeben wurde. Lange Zeit lebten sie unter den Katholiken, Giuseppe arbeitete als Zimmermann und seine Tochter webte Gewänder für die Frauen des Dorfes. Insgeheim blieben sie dem Glauben der Waldenser treu, nach außen hin aber nahmen sie an der Messe und an den anderen kirchlichen Zeremonien teil. Giosuè wuchs heran und unterschied sich von seinen gleichaltrigen Gefährten. Und da der Pfarrer sah, daß er aufgeweckter war als die anderen, unterwies er ihn nicht nur im Katechismus, sondern hatte ihm recht bald die lateinischen Grundkenntnisse beigebracht. Und da er ihn für Glaubensfragen aufgeschlossen sah, sagte er zu seiner Mutter: ‚Wahrhaftig, die Hand Gottes liegt auf ihm'."

Die Dinge waren sogar soweit gediehen, daß Giosuè eines Tages von zu Hause fortlief, um sich einer Wallfahrergruppe zur Madonna der Ähren anzuschließen: Nach zweitägiger Sorge und Suche wurde er dort von seinem Großvater und seiner Mutter aufgefunden, friedlich unter Mönchen sitzend, die sich ob seiner Altklugheit freuten und verwunderten. Für die beiden aber war dies wie ein Signal. Und nachdem sie ihn zurückgeholt hatten, beschlossen sie, ihn auf waldensischen Boden zurückzubringen. Dort fanden sie das alte Haus so vor, wie sie es hinterlassen hatten; dort waren sie, als Giovanni seine Mission begann, unter den wenigen, die sich betroffen fühlten, und unter den ersten, die seinem Rufe folgten, indem sie ihm Giosuè zur Wiedertaufe brachten.

Die Begegnung mit Giosuè ist in Giovannis kurzem Leben eine Wende. In ihm erkennt er eine verwandte Seele, die er an sich zieht, da er in ihm einen Nachfolger sieht; und er vertieft nicht nur seine Schreib- und Lesekenntnisse, sondern widmet sich seiner religiösen Ausbildung, wobei er sich bemüht, jede katholische Spur zu verwischen. Wie er dabei vorging, werden wir nie erfahren. Nach den unglaubwürdigen Unterredungen, von denen uns Vernieri berichtet, ahnt man jedoch, daß Giovanni Negrino den ihm kongenialsten Weg einschlägt, indem er Dogma für Dogma widerlegt und den Knaben mit doktrinären Fragen ablenkt, die er noch nicht verstehen kann.

Nun aber geschieht das Unerwartete, etwas, das über Giosuès religiöses Schicksal entscheiden soll: Als der Knabe eines Tages neugierig durch das für ihn neue Haus streift, das er erst seit kurzem bewohnt, findet er in einer Wandnische das vergessene Buch wieder, das provenzalische Evangelium*), das der Familie Borgogno vor langer Zeit anvertraut worden war. Natürlich zeigt er es seinem Lehrer, und es wird seit jenem Tag zum Hauptinhalt ihrer Gespräche und praktisch zum einzigen Bildungsmittel Giosuès. So kann es geschehen, daß die bescheidene, übrigens nur kurze Zeit dauernde Unterweisung durch Giovanni seinen Charakter nicht durch theologische Abstraktionen zu bre-

*) Das sogenannte Provenzalische Evangelium hielt man seit dem XV. Jahrhundert für verschollen. Dies ist die einzige Kunde davon, daß es ein Jahrhundert später noch vorhanden war.

chen vermag, da sie durch die unmittelbare Berührung mit einer Schrift, die für beide eine Offenbarung bedeutet, ihre Berichtigung erfährt. Und während der eine durch ein Buch, das ihm in dieser Ausgabe unbekannt gewesen war, fast ohne sein Zutun zu den Ursprüngen des Glaubens zurückkehrt, lernt der Knabe es lieben und nimmt es unwillkürlich zum Leitbild. Unter den vielen Aussprüchen, die uns Vernieri überliefert, ist einer, der das neue Verhältnis zwischen den beiden erhellt: Jener Satz, in dem der Meister bekennt, mit einem Klang, daß der Schüler betroffen wird, er habe begriffen, daß Christus uns keine zu befolgende Lehre, sondern ein nachzuahmendes Leben hinterlassen habe. Filiberto Vernieri unterstreicht diesen Satz mit Recht; er enthält das Beste von allem, was Giovanni dem Giosuè übertragen hat.

Giovanni überträgt ihm auch seine Unrast, die Lust und Liebe zum Wandern. Da er von der Bevölkerung Guardias enttäuscht ist, zieht er predigend soweit als möglich herum und dringt auch oft in die Täler des Landesinneren vor, wo an die letzten winzigen waldensischen Enklaven katholische Ortschaften grenzen. Giovanni besucht die einen wie die anderen; Giosuè begleitet ihn und hält in seinem Herzen alles fest. Am meisten berührt ihn die Unkenntnis des Volks hinsichtlich des Evangeliums. Es ist, als befinde sich das Land noch im Stadium der Missionierung und als sei das Wort noch unbekannt. Dies ist für Giosuè eine entscheidende Erfahrung. Als später auch er in das Landesinnere eindringt, tut er dies als Apostel, der die Verkündigung der Frohbotschaft in Missionsland bringt.

Giovannis Abenteuer dauert nicht ganz vier Monate. Die Priester der Umgebung werden unruhig, Mißtrauen breitet sich aus, die Behörden von Cosenza üben Druck aus auf den Marquis von Fuscaldo. Auch werden die beiden mehrmals von Bauern mit Steinen beworfen und verjagt, da diese vor solchen Propheten mit fremder Aussprache und unverständlichen Reden gewarnt worden waren. Eines Tages wird Giovanni von einer Wache festgenommen, an einen Strick gebunden und zu Fuß bis nach Fuscaldo geschleift. Von weitem folgt der Knabe seinem Meister solange, bis dieser im Wohnsitz des Marquis seinen Augen entschwindet. Zwei Tage wartet er auf ihn, dann kehrt er, vom Hunger bezwungen, allein nach Guardia Piemontese zurück, wo er erfährt, daß man Giovanni erdrosselt habe, ohne sich der Mühe eines Verhörs zu unterziehen.

Manche Ereignisse prägen das Leben eines Menschen für immer. Und ein solches stellt Giovannis Tod dar, sein einsamer Tod, der nicht einmal Trauer auslöst, sondern nur ängstliche Kommentare der Bewohner Guardias. In Giosuè verdichten sich bisher schlummernde Strebungen und verwandeln sich in Berufung. War er bisher vor allem ein Kind, das die Rolle des Jüngers, oder, wahrscheinlicher noch, des bestürzten Begleiters spielte, so wird er nun plötzlich zum Erben einer Mission. Über seine weitere Bildung und Formung wissen wir fast nichts, aber alles läßt darauf schließen, daß er sie als eine Vorbereitung auffaßt. Und als er einige Jahre später wieder aus dem Dunkeln hervortritt, geschieht dies in der Haltung und dem Stil als der angekündigte Nachfolger, als der Berufene.

Wie ich schon sagte, weist seine Lebensgeschichte eine Lücke von einigen Jahren auf. Nicht einmal Vernieri, mit all seinem guten Willen, kann sie füllen. Wenn er schreibt: „Er wuchs heran und nahm zu an Weisheit", so ist dies reine Heiligenlegende, ein Zitat nach Lukas. Daß er ihn an der Seite seines Großvaters, des Zimmermanns, arbeitend beschreibt, paßt ganz dazu. Bei allem ist eines gewiß: Etwa seit seinem zwanzigsten Lebensjahr ist Giosuè für die Bevölkerung von Guardia nicht irgendein beliebiger junger Mann, sondern jener, „der das Buch wiedergefunden hat". Ob versteckt oder nur vergessen, es war auf jeden Fall nicht mehr bekannt gewesen, und nun war das mythische, den Borgognos anvertraute Buch wieder zum Vorschein gekommen, und Giosuè liest ständig darin. Doch, seine Glaubensgenossen sind nicht etwa begeistert, sie sind davon eher beunruhigt, Giosuè wird in ihren Augen verdächtig und fremdartig, und dies, meine ich, führte zu seiner Einsamkeit, der schicksalhaften Einsamkeit aller Gezeichneten oder Heiligen. Übrigens empfindet er sich selbst auch als fremd. Alles deutet darauf hin, daß das Evangelium das einzige von Giosuè je gelesene Buch war, und man muß bedenken, was diese Tatsache für den Geist eines jungen Menschen bedeuten mußte. Was sonst hätte aus ihm diesen reinen Evangeliumsträger machen können? Von wo sonst wäre dieses Streben gekommen, eine Art Nachfolge Christi zu leben, wenn nicht durch die ständige, ausschließliche Beschäftigung mit einer Schrift, die für ihn praktisch alles ist, Dichtung und Wahrheit bedeutet, Nahrung für seinen Glauben und Befriedigung der Bedürfnisse seiner Phantasie? Fest steht jedenfalls, daß Giosuè weder etwas von Philosophie noch von Theologie versteht, kein Neuerer in der Art des Giovanni ist und insbesondere nichts von der protestantischen Reformation weiß, dennoch ist sein Programm stets klar umrissen: Wo er nur kann, das Evangelium anbieten. Und von dem ersten Augenblick seines Auftretens an (die Worte stammen von Vernieri) trägt er das Buch in seinen Händen.

Um die Osterzeit des Jahres 1559 liest und kommentiert er in der Kirche von Guardia folgende Worte: „Der Geist des Herrn ruht auf mir. Er hat mich gesalbt, den Armen die frohe Botschaft zu bringen. Er hat mich gesandt zu heilen, die gebrochenen Herzens sind, den Gefangenen die Befreiung anzukündigen. Den Blinden das Augenlicht, Bedrückte in Freiheit zu setzen." Seine Predigt, schreibt Vernieri, ist zugleich Aufruf und Verkündigung, Programm und Botschaft, ein Appell an die Waldenser, ihre Trägheit abzuschütteln und den alten Missionsgeist wieder zu beleben. Der typische Wahn, der Menschen wie Giosuè kennzeichnet, läßt auch ihn hoffen, durch die einfache Wiedergabe des Wortes seine Zuhörer in ebenso waghalsige Evangeliumsbringer zu verwandeln. Aus seinen Predigten heben sich zwei Sätze deutlich ab: „Wanderer seid, und nicht Seßhafte", und: „Wir leben am anderen Ufer", die von Vernieri mindestens zweimal hervorgehoben und somit betont werden. Wie wir noch sehen werden, hat Giosuè diese Sätze tatsächlich gesprochen.

Der Rest der Szene gleicht wie eine genaue Kopie jener des in Nazareth predigenden Christus, wie sie in Lukas 4,16–30 dargestellt ist, wo es heißt: „Kein Prophet gilt etwas in seiner Vaterstadt." Auch hier kommt es zu Auseinandersetzungen und Gegensätzen, auch in Guardia sind die Menschen unsicher und furchtsam; vielleicht kommt auch Spott hinzu, jene übertriebene, in Sarkasmus umschlagende Empfindlichkeit eines schlechten Gewissens, das dennoch unsicher und widerspenstig bleibt. Unter anderen Voraussetzungen kommt es wieder einmal zu dem üblichen Zusammenprall zwischen den unbequemen Ruhestörern, wie sie Glaubensbringer in der Regel sind, und der Gemeinschaft, die an eine althergebrachte Ordnung gewöhnt und damit zufrieden ist. Manche lächeln oder zucken mit den Achseln; andere wiederum wenden sich an ihre Nachbarn und fragen: „Ist er denn nicht der Sohn der Maria, des Zimmermanns Enkel?". Schließlich verläßt Giosuè sein Dorf voller Entrüstung und entschlossen, seine Sendung anderswo zu vollbringen. Nun mag das natürlich reine Legende sein, eine tendenziöse Darstellung Vernieris, um Giosuès Leben dem Leben Jesu möglichst ähnlich zu gestalten. Es kann aber auch wahr sein. Überlegen wir einmal: Auf der einen Seite stehen die kalabrischen Waldenser, auf der Suche nach Verfolgungsfreiheit hierhergeflüchtet, seit Jahrhunderten verschanzt in einer kleinen, eingeschränkten, abgesonderten, eigentlich nikodemitischen Kirche, die jedenfalls jeglichen Missionsgeist verloren hatten, auf der anderen Seite ein ungeduldiger Prophet, der, wie alle Schwärmer, deren Bildung aus dem Evangelium stammt, keine Halbheiten, Durchführungsschwierigkeiten oder Zufälle kennt, und dessen Rede einzig ein Aufruf ist, Furcht und Vorsicht abzulegen und sich wieder auf die Wege zu machen, um herumwandernd Bekehrung zu predigen. Aber da wird dieser unvorsichtige Agitator abgelehnt, der im wesentlichen nichts anderes anzubieten hat als neue Gefahren und einen neuen Exodus. Darauf antwortet Giosuè mit Verachtung, und die Worte, die er beim Weggehen impulsiv ausruft, bedeuten unter anderem eine Wende in seiner Mission und zeichnen sein künftiges Programm schon kurz ab: Er verläßt das kleine Israel der Waldenser und bringt das Wort der Frohbotschaft ihren Nachbarn.

Wenngleich aber die Entscheidung auch schon getroffen ist, so ist die Seele noch erschüttert und vielleicht noch nicht bereit. Er zieht sich in völlige Einsamkeit zurück (auch die Mutter und der Großvater haben ihn verlassen) und verbringt Tage der Unentschlossenheit, ja nahe der Versuchung. Wir können uns die Situation vorstellen: Die Erinnerung an ein Haus, das noch warm ist von seiner Gegenwart, und an ein bisher so friedliches Leben, ein Rest von Kleinmütigkeit und sogar Zweifel an sich selbst, der Zweifel, ob er wirklich für ein Unternehmen bereit ist, in dem er bereits den Untergang seines Lehrers erlebt hat; alles drängt sich in seinem Inneren zusammen und scheint ihn zu verwirren oder zumindest noch zurückzuhalten.

Jedoch eines Morgens kommen zwei junge Brüder zu ihm (Vernieri bemerkt nebenher ihre Namen: sie heißen Andrea und Simone Orsello) und bitten ihn, seine Jünger werden zu dürfen. Am nächsten Tag kommen weitere zwei. Für

Giosuè bedeutet dies mehr als einen Auftrieb, es ist das erwartete Zeichen. Kurz darauf finden wir ihn schon jenseits waldensischen Gebietes, in der Gegend von Rota Greca, wo er, wie Vernieri berichtet, „mit machtvollen Worten predigt, so daß das Volk staunt". Am Sonntag darauf ist er in Cerzeto, wo er einige Menschen bekehrt. In Malvito setzt fast ungewollt seine lange Polemik gegen den verdorbenen, so wenig nach dem Evangelium lebenden katholischen Klerus jener Zeit ein, wobei er den merkwürdigen, vielleicht apokryphen Vers kommentiert (wir werden noch sehen, woher er stammt): „Und ich fand unter ihnen nicht einen, den dürstete."

Wir wollen Giosuè und seinen Jüngern nicht auf all ihren Wanderungen folgen. Aber um sich ihre Erfolge und den Umstand erklären zu können, daß sie ihre Missionsarbeit solange ungestört fortsetzen konnten, muß man von der Gegend, wo sie sich abspielte, und ihren Menschen eine Vorstellung haben. Und hierin folgt man am besten Vernieri, der in der Beschreibung äußerlicher Fakten so genau ist, während er die inneren allzu trocken behandelt.

„Zwischen dem von den kalabrischen Waldensern bewohnten Gebiet und der Cratiebene, dem einzigen flußähnlichen Lauf Kalabriens, liegt eine Gebirgskette voll abschüssiger Steilhänge, zerklüfteter Erhebungen und kleiner Täler, worin die Bäche skelettartig ruhen. Straßen sind selten und schwer zu begehen; rar sind die Felder an den meist dürren, rauhen Hängen; und vereinzelt und arm sind auch immer noch die Dörfer, die, größtenteils im Schutze von Bergvorsprüngen errichtet, auf Hochebenen liegen, die sie eher verbergen als dem Auge preisgeben. Und tatsächlich waren sie alle als Unterschlupf für Flüchtlinge entstanden. Die Lateiner hatten die von Seeräubern überfallenen Küsten verlassen, Griechen und Albaner waren auf der Flucht vor den Türken über das Meer gekommen, um eine neue Heimat zu finden, und sie alle suchten eher einen Zufluchtsort als eine Wohnstätte, so daß sie sich um Bequemlichkeiten gar nicht kümmerten und mit dem bloßen Überleben zufrieden waren. Das Bemerkenswerteste daran ist jedoch die Vielfalt der Bewohner. Noch heute kann jeder, der auf Sitten und Gebräuche, dort gesprochene Dialekte oder Trachten achtet, von Ort zu Ort unerwartete Abwechslung finden. Um wieviel größer aber war sie noch zur damaligen Zeit, als Lateiner, Griechen, Albaner (ganz zu schweigen von den Waldensern und den überall verbreiteten Zigeunern) nebeneinander, ohne jede Berührung lebten, Christen des lateinischen Ritus neben Orthodoxen, und wo die Verehrung eines Heiligen, einer Reliquie, eines eigentümlichen, besonderen, vielleicht zum Zeitpunkt der Flucht mitgebrachten Bildes Völker und Orte weit mehr voneinander trennte als der gemeinsame religiöse Hintergrund sie einander hätte annähern können."

Dieses Gebiet mit dem vielschichtigen, schwer bestimmbaren Äußeren und den fließenden Religionsgrenzen stellt also einen idealen Boden für Giosuès Erfolge dar, ist es doch nur oberflächlich christianisiert und von ethnischen Minderheiten bewohnt, die von den Bischöfen vernachlässigt und von den staatlichen Behörden überhaupt nicht erfaßt werden; auf diesem Boden verwischen sich hinsichtlich Ritus und Glaubensbekenntnis die Grenzen, Byzanz spielt fast dieselbe Rolle wie Rom, neben dem zölibatären (jedoch häufig im Konkubinat lebenden) katholischen Priester lebt der verheiratete orthodoxe Geistliche; Lokalheilige werden zum Gegenstand eines Kults, der oft an Aberglauben heranreicht und von der Religion zum Götzendienst ist es, wenn überhaupt, nur noch ein kleiner Schritt. Dafür ist es auch ein Land gläubiger Erwartung, das für jede Verkündigung bereitsteht. Die Tradition der Eremiten und irregulären Mönche, die in Kalabrien so alt und zu jener Zeit auch so verbreitet ist, bewirkt, daß jeder, der sich in die Einsamkeit zurückzieht oder Buße predigend umherstreift, bald Glauben findet und auf jeden Fall geduldet wird. Und wenn sich etwas aus dem Evangelium den Seelen dieser Menschen eingeprägt hat, so ist es das Bild des heiligen Johannes in der Wüste und das Bild Christi, wie er mit seinen Jüngern umherzieht.

Hatte Giosuè dies alles vorhergesehen? Feststeht, daß er sich von allem Anfang an auf diesem Boden mit einer Sicherheit bewegt, die uns nur erstaunen kann; als begegne er Menschen, Stätten, örtlichen Gegebenheiten durchaus nicht zum erstenmal, als habe er all dies schon zu einem früheren Zeitpunkt kennengelernt. Aber freilich: Er kannte sie ja aus dem Evangelium. Ein mächtiger anachronistischer Antrieb, wie er allen an der Bibel geformten Schwärmern eigentümlich ist, zwingt die Realität, sich der Phantasie anzupassen; oder besser noch, dank einer ganz und ausschließlich aus dem Evangelium gespeisten Phantasie werden Unterschiede beseitigt und nur Analogien herausgegriffen. Was Wunder, wenn Giosuè das Land, das er durchstreift, in allem dem Lande Jesu gleichstellt? Und wenn in seinen Augen das Volk dasselbe ist? Der einzige Unterschied ist, daß die Samariter jetzt Albaner heißen und die Galiläer und Judäer jeweils Orthodoxe oder Katholiken. Und so gibt er das Gleichnis vom barmherzigen Samariter wieder: Aus dem Priester und Leviten werden zwei Priester, der eine katholisch, der andere orthodox.

Diese Einbildungskraft ist ein durchaus konkreter Faktor. Die wenigen, von Vernieri (oder dessen Quellen) erhaltenen Predigten Giosuès zeigen uns keine Predigten im herkömmlichen Sinn mit ihren ermahnenden Ausschmückungen und ihrer doktrinären Schwerfälligkeit. Sie sind vielmehr Beschwörungen, lebendige Schilderungen, Zitierungen. Er beseitigt die lateinische (oder griechische) Hülle und durchbricht das scholastische Predigtschema; er trägt das Evangelium fast wie ein Straßensänger vor, wie ein gewaltiges Volksepos, das für sich selbst spricht, dessen Geschehnisse einsichtig und dessen Gleichnisse dem alltäglichen Leben entnommen sind; die bodenständige, vertraute, sprichwortreiche Sprache läßt die Armen wirklich arm und die Reichen wirklich reich sein, die Personen entstammen dem wirklichen Leben und sind keine fremdartigen Symbole: Der Hirte, der Sämann, die Witwe, die das ihre opfert, der verlorene Sohn, sie alle sind bekannte Gestalten, die man auf der Straße trifft und deren konkretes Verhalten man kennt. So geschieht es zum erstenmal, daß Christus diesen Menschen als eine Gestalt entgegentritt, die wie sie fühlt und die Leitsätze zum ewigen Leben in ihrer Alltagssprache spricht. Und wenn der eine oder andere Begriff unverständlich bleibt, so übersetzt ihn Giosuè schnell in die gewohnte Sprache und bringt ihn in Beziehung zur vertrauten Wirklichkeit: Der Pharisäer wird zum Priester und der Zöllner zum Zollbeamten, und wenn er zufällig sagt: „Weh euch, ihr Satten", so betont er es so, daß er damit sogleich an die dortigen Grundherren erinnert, und dies genügt schon, um den Evangeliumstext zu beleben und ihn verständlich, aktuell und eindrucksvoll zu machen!

Er gibt sich jedoch nicht damit zufrieden, dem Evangelium seine ursprüngliche Eindringlichkeit wiederzugeben. Er geht weiter, indem er es neu belebt. Die Beschreibung des Lebens Jesu wird durch ihn, wie schon angedeutet, zum Gegenstand eines ständigen vergegenwärtigenden Schauspiels, in dessen Verlauf man nicht mehr weiß, ob er jetzt sein eigenes Leben lebt oder wie der Darsteller in einem Mysterienspiel der Gestalt Jesu Gesicht und Stimme leiht. Nur einen einzigen Satz scheint er von Negrinos Lehren behalten zu haben: „Der Gerechte wird durch den Glauben leben", doch verwandelt er ihn bei der Anwendung wie folgt: „Der Gerechte wird Christus gemäß leben." Er wiederholt ihn häufig; manchmal verbindet er ihn auch mit einem anderen, den er dem Buch, „seinem" Evangelium, entnommen hat: „Ich bin nicht gekommen, zu beweisen, zu unterweisen bin ich gekommen." Einmal setzt er auch hinzu: „Mein Leben ist mein Zeichen." Fügt man sie zusammen, so bedeuten sie mehr als nur ein Programm. Sie sind ein Lebensentwurf, der in dem gewohnten Vorstellungsvermögen Stütze (und Ermöglichung) findet. Gemeinsam mit seinen Jüngern, deren Zahl in der Zwischenzeit angewachsen ist, verweilt er auf den Marktplätzen und Feldern, besucht Jahrmärkte und Wallfahrten, nimmt an Prozessionen teil; ja, er dringt sogar in die Kirchen ein, begibt sich in die Häuser, um Kranke zu trösten, geht (es ist Sommer) auf die Tennen hinauf und hilft bei der Drescharbeit. Überall unterhält er sich mit Menschen aller Stände; er spricht mit den Frauen, lächelt und scherzt mit den Kindern (die sein buntes Gefolge bei jeder seiner Ankünfte oder Abreisen aus einem Dorf bilden), lehnt wie ein vertrauter Freund an den Türschwellen der Behausungen; mit unbewußtem, gewinnendem Komödiantentum hört er dort die Alten an, beweist seine Anteilnahme, tröstet die Bresthaften und Gelähmten, die man wie Säcke auf einem Stuhl an der Sonne zurückgelassen hat. Und wo er auch vorüberzieht, überall entsteht lärmende Fröhlichkeit, denn neben seinen anderen Gaben besitzt Giosuè im höchsten Maß die Fähigkeit, Frohsinn und schließlich Freude zu verbreiten. Filiberto Vernieri schildert auf einigen schönen Seiten eine Ankunft in San Donato di Ninea, die Neugierde wegen des ungewohnten Blondhaars, das Staunen über den Anblick seines seltsamen Gefolges, das zunächst wie eine Gesellschaft von Seiltänzern anmutet, das Geflüster von Haus zu Haus, das Zusammenströmen auf dem Platz, eine plötzlich eintretende festliche Stimmung, das Verlesen des Evangeliums, das sich für dieses Volk mit dem rauhen Gemüt und dem kargen, düsteren Los zu einer Art sonnigen, geisterfüllten Freiraum verwandelt. Weitere, schöne Seiten sind Giosuès zweifacher Gabe der Überzeugung und der Suggestion gewidmet, seiner Freundlichkeit und gleichzeitig seiner Wirkung. Da wird zum Beispiel ein Abend auf der Tenne beschrieben: In einer Ecke schlafen die Pferde gesenkten Hauptes (immer wieder hört man das Stampfen ihrer Hufe auf den Steinen), die Luft ist noch voll Spreu und scharfem Geruch der harten Arbeit; fröhlich trinkt Giosuè aus der gemeinsamen Flasche und hält seine erstaunten Zuhörer wach, indem er ihnen die Stelle über den Sämann auseinandersetzt, der „Früchte des ewigen Lebens sammelt". Und noch eine andere Nachtszene gibt es, die vielleicht etwas zu idyllisch beschrieben ist. Sie spielt sich diesmal auf einer Berghöhe ab, die zusammengepferchten Schafe ruhen still in den Gehegen, und die Hunde rennen bellend im Schein des Mondes umher; Giosuè liegt mitten unter den Hirten ausgestreckt auf dem Gras und erzählt ihnen, als seien es Märchen, Episoden aus dem Leben Jesu. Da ruft einer der Hirten aus: „Wie schön ist es für uns, bei dir zu sein. Bleibe bei uns, und wir wollen dir morgen zwei Zelte errichten, eines für dich und eines für deine Jünger." Aber im Morgengrauen sehen sie ihn, im ersten Dämmerlicht im Gebet versunken, und als er ihnen entgegentritt, kommt er ihnen seit dem Vorabend so verändert vor, daß sie ihn verstört fragen: „Meister, du hast uns noch nicht gesagt, wer du bist."

Aber die zarteste Episode ist wohl jene der Dirnen von Acquaformosa. Dirnen werden sie genannt, arme Frauen, die keine Zukunft mehr haben; in ihrer Jugend waren sie vielleicht in einer flüchtigen, heftigen Begegnung hinter einer Hecke oder unter einer Brücke verführt worden, oder sie waren in reichen Häusern herangewachsen, wo sie als Mägde und Geliebte zugleich benutzt wurden, bis man sie dann, als sie verblüht waren, wie gebrauchte Besen wegwarf. Nun, da sie von jedermann gemieden und aus den Dörfern verbannt waren, suchten sie in dem kleinen Inferno von Acquaformosa (Ironie des Namens!) Zuflucht, das aus wenigen, schmutzigen Häusern in der Nähe eines Ziehbrunnens besteht. Dort warten sie bedrückt und verdrossen um des Überlebens willen, aber dennoch träumen sie davon, und manchmal warten sie darauf, daß ihnen in ihrer Nacht ein Mensch begegne.

Als Giosuè eines Tages dort vorbeikommt (seine Begleiter sind zurückgeblieben), sieht er den Brunnen und geht darauf zu. Es ist Hochsommer, überall herrscht der große Durst der glutheißen Tage, hier aber gibt es einen Schattenrand, aus der feuchten Erde steigt Frische auf, und Giosuè setzt sich ermattet auf einen Stein. Da kommt eine Frau, um Wasser zu schöpfen. Und als der knarrende Eimer oben angelangt ist, bittet der junge Mann lächelnd um einen Schluck Wasser. Die Frau reicht ihm schweigend ihren gefüllten Krug und mustert ihn, während er trinkt, halb gerührt, halb mütterlich. Durch sein Lächeln ermutigt, fragt sie ihn schüchtern: „Warum bittest du ausgerechnet eine wie mich um einen Trunk?" Giosuè erwidert ihr: „Hast du denn keinen Mann?" Die Frau entgegnet: „Ich habe keinen Mann gehabt." „Du hast die Wahrheit gesprochen: Du hast viele gehabt, aber es waren nicht deine Männer." Verlegen und verstohlen sieht ihn nun die Frau an: „Ist es war, daß du gesandt bist, die Sünden zu erkennen?" Giosuè schüttelt den Kopf: „Ich komme für den, der den Geist der Liebe hat." Mißversteht nun die Frau die Bedeutung eines Wortes, das nach ihrem Sprachgebrauch für sie nur eine Empfindung hervorrufen kann? Oder werden Tiefen aufgerührt, wenn sie einen Schritt auf Giosuè hin geht und die Hände um den Krug legt, bis sie seine Finger berührt, wenn sie ihn ungeschickt, wohl mit dem armseligen Lächeln der alten Verführerin anstarrt? Die Jünger kommen herbei und wundern sich, Giosuè mit einer solchen Frau anzutreffen. Er aber sieht sie mit unerschütterlicher Unschuld an: „Wer von uns ist so rein, daß er über sie urteilen mag?" Später folgt die Frau, noch immer verstört und zur Änderung ihres Lebens entschlossen, der Gruppe nach. Und bald darauf folgen ihrem Ruf noch ein paar andere. Selbstverständlich wurde auch das später als Ärgernis angesehen.

Dennoch könnte man Giosuès Erfolge ohne die Kenntnis anderer Legenden, die damals in Kalabrien erzählt wurden, nicht verstehen; sie erklären noch besser als das bisher Erzählte das Vibrieren der Massen, denen Giosuè begegnet. In San Basile sagt man, Christus habe sich den Menschen nicht ein für allemal geoffenbart, sondern erscheine jedem einzelnen Menschengeschlecht einmal, und wer ihn sogleich erkenne, komme ins Paradies. Und in Trebisacce heißt es, Christus sei noch nicht bis nach Kalabrien gekommen, darum werden in jeder Christnacht Strandfeuer angezündet, damit er sehen kann, wo er landen soll: Und seinen Namen leitet das Dorf von den drei Quersäcken* ab, die, mit Gaben gefüllt, für ihn vorbereitet sind, falls er kommen sollte. In der Nähe von Firmo wieder verehrt man den Christus der Armen; neben der Wallfahrtskirche befindet sich eine Höhle, die, wie es heißt, Christus beherbergen soll, falls er auch für die Armen Mensch werden wollte. Und es kursiert auch die Legende vom verlorenen Buch – vielleicht war sie aus dem Waldensergebiet durchgesickert –, auf dessen Wiederentdecker man warte. Mit einem Wort, dies alles zusammengenommen bildet einen Nährboden der Hoffnung, die sich beim Durchzug des jungen Wanderers mit dem blonden Haupt neu belebt; er zieht von Ort zu Ort, ohne daß man recht wüßte, warum, aber er spricht zu dem Volk mit dem Buch in den Händen.

Doch nicht alles an Giosuès Sendung war so heiter und hell. Anfangs betrachtete ihn ein Großteil des Klerus, des römischen wie der griechischen, bei seinem Durchzug etwas fassungslos, manchmal auch gerührt, jedenfalls ohne eigentliche Besorgnis; höchstens bedachten sie ihn mit einem spöttischen Lächeln („Hat man je einen Propheten aus Guardia gesehen?", bemerkte der Pfarrer von Lungro, und der Ausdruck gefiel und verbreitete sich sogleich); auch bewirkte gerade Giosuès Wandernatur, daß er wie ein vorbeiziehender Schwarm empfunden wurde (wir können uns die Erleichterung mancher Geistlichen vorstellen, wenn er ihr Gebiet gleich wieder verließ), doch wurde

* Tre bisacce = drei Quersäcke

der Waffenstillstand recht bald gebrochen und der Fehdehandschuh geworfen. Man muß zugeben, daß es Giosuè war, der als erster herausforderte. Als man ihn auf dem Platz von San Marco Argentario in aller Öffentlichkeit fragte, welches das größte Wunder Jesu gewesen sei, antwortete er: „Daß er das Herz eines Priesters bekehrt hat." Das Volk lachte. Und für den Augenblick lachte auch der Erzpriester des Dorfes, der ihn zu Tische lud, um sich mit ihm zu unterhalten (und ihn zu beobachten). Die Unterhaltung mochte ihn wohl beruhigt haben. Der leichten Skepsis dieses alten Priesters, der die Klassiker weit besser kannte als die Heilige Schrift, erschien dieser fast gänzlich ungebildete Jüngling, der des Lateinischen kaum mächtig war und die Heilige Schrift wohl auswendig hersagen konnte, aber nichts von Reformen und Reformatoren verstand, kaum mehr als ein armer Einfältiger. Ein Evangeliumsbringer: wozu sich Sorgen machen?

Aber es verstrichen keine vierundzwanzig Stunden, und schon muß er seinen Irrtum einsehen. Die Rede, die Giosuè am nächsten Tag vor der Menge hält, ist nichts anderes als eine Paraphrase des „Weh euch, ihr Pharisäer", wiedergegeben von einem Mann, der aus jener Unterredung viel gelernt hat. So, wie diese Stelle jetzt wiedergelesen, auseinandergesetzt, gegenwartsbezogen und durch greifbare, naheliegende Beispiele ätzend wird, stellt sie die damaligen Laster des Klerus, seine Hinterlist und die Dürftigkeit seines Glaubens bloß. Als Giosuè, wie Vernieri berichtet, die Worte kommentiert: „Weh euch, ihr fordert den Zehnten der Ernte, aber Gerechtigkeit und Barmherzigkeit laßt ihr außer acht", läuft ein Beben durch die Menge, und nicht bloß des Staunens wegen. Und als er kurz darauf mit noch größerem Nachdruck hinzufügt: „Weh euch, ihr blinden Führer, ihr handelt anders als ihr lehrt, und fordert die ersten Sitze und wollt auf den öffentlichen Plätzen gegrüßt werden, aber den anderen legt ihr untragbare Lasten auf, die ihr nicht einmal mit einem Finger berührt", da zeichnet die Deutlichkeit der Anspielung, wie Vernieri sagt, auf den Mienen der erschaudernden Zuhörer etwas anderes und stärkeres als bloßes Erstaunen. Und wir könnten Vernieri, wie stets, mißtrauen, besäßen wir nicht in einem Dokument, das sich unter Giosuès Prozeßakten fand, letztlich eine Art Ergänzung seines Zeugnisses. Der Erzpriester, der gestern noch über Giosuè gelacht hatte, schreibt nun in aller Eile einen Brief an seinen Bischof, worin er die Episode kurz schildert und zum erstenmal im Zusammenhang mit Borgogno den Ausdruck Lutheraner verwendet, jene unglückselige Bezeichnung, die seit dreißig Jahren die Gemüter uneins macht und die Hierarchie erzittern läßt.

Der Brief muß den Bischof wohl unaufmerksam vorgefunden haben, denn für den Augenblick scheint er keinerlei Folgen zu zeitigen. Es ist auch anzunehmen, daß die Trägheit, die diesen im Grunde agnostischen Mann kennzeichnet, der mehr Humanist als Christ ist und seinen Aufstieg nur seinem Namen verdankt (er ist ein Carafa), in vorsichtigem Hinauszögern zum Ausdruck kommt. Doch wurde Alarm gegeben: in den Augen des Klerus und der ersten Familien des Landes, die Giosuès Anziehungskraft auf die Landbevölkerung erschreckt, ist dieser nun kein Heiliger mehr, über den man lachen kann, sondern er wird plötzlich zum Abgesandten der Reformation.

Trotz oder vielleicht wegen der allzu vielen Ausschmückungen Vernieris erscheint Giosuès Bild unscharf (der Leser hat es wohl schon bemerkt); wir können sein Gesicht nicht deutlich sehen. Und auch das Wesentliche seines Programms, sofern es eines ist, können wir nicht wirklich erfassen. Doch ist die Anklage gegen ihn, wie wir wissen, unrichtig. Borgogno ist keineswegs ein Geheimagent der Reformation, deren Namen er vermutlich nicht einmal kennt. Und ebensowenig ist er irgendein neuer Prophet eines Millenarismus, wie sie in Kalabrien so überaus häufig waren. Für Giosuè ist die Geschichte kein göttlicher Plan, der nach Verwirklichung strebt, sondern sie ist das sich offenbarende Wort: Das Reich ist schon da, im Evangelium voll gegenwärtig, es ist eine Botschaft, die sich bewahrheiten muß, aber kein zu erwartendes Ziel. Und eben in diesem Sinn, man muß es ganz schlicht wiederholen, ist er nicht mehr und nicht weniger als ein Evangeliumsbringer; äußerlich ist er jemand, der ein heiliges Mysterium vorträgt – oder eher lebt –, in den Händen jenen Text als Vorlage; im Inneren, im Kern seines geistigen Lebens, ist er ein Mann von nur wenigen Schwerpunkten, wovon vielleicht keiner original ist. Seine ganze Polemik gegen den Klerus ist, wie wir gesehen haben, nur die Auslegung im Evangelium schon vorgefundener Motive. Und wenn er von einem Glauben der Armen, Verlassenen und Betrübten und damit vielleicht dunkel von einer Volksbewegung träumt, die eine befleckte, zu sehr in den eigenen Privilegien verschanzte Kirche untergraben (oder verwandeln?) will, so nimmt er im Grunde nur das Evangelium beim Wort. Er besitzt wohl genügend Geist, um es ganz zu erfassen, doch – bewußt – keinen Ehrgeiz, es zu verändern. So bleiben selbst manche seiner anscheinend tendenziösen und sicherlich nichtkanonischen Leitsprüche (ich zitiere davon nur zwei: ,,Der Arbeiter ist mehr wert als sein Lohn", und: ,,Das Reich Gottes ist die Zukunft der Betrübten") immerhin im Rahmen des Sinnes der Evangelien. Und ebenso jene andere Maxime, die er bei seinen Reden oft benützt, die kühnste in der Auslegung, die wirksamste für seine Zuhörer: ,,Die Heiligkeit ist der Reichtum der Armen."

Doch erhebt sich hier eine besondere Frage, die bereits De Boni angeschnitten hat und die, kurz zusammengefaßt, so lautet: Kannte Giosuè tatsächlich das Evangelium in der Fassung, die wir besitzen? Oder vielmehr, war das provenzalische Evangelium, das er auffand und dann zur Grundlage seiner Bildung und Predigt machte, inhaltlich mit den kanonischen Evangelien identisch, oder war es durch Abänderungen, Interpolationen, veränderte Teilstellen, die auf den Übersetzer zurückzuführen sind (dies freilich als kühne, reine Hypothese), schließlich fast zu einem fünften Evangelium umgewandelt worden? Oder war es sogar ein solches, wie bei seinem Prozeß behauptet wurde?

Bisweilen ist man versucht, dies zu bejahen. Außer den vorher erwähnten drei Leitsprüchen gibt es noch andere, die, legt man sie frei, durch die Erzählung wie schrille Schreie klingen. Woher leitet sich zum Beispiel folgender Vers ab: „Ich bin nicht gekommen, Lasten aufzuerlegen, sondern zu befreien", der in Giosuès Verkündung solches Gewicht hat und mit dessen Hilfe er scheinbar in seinen Angriffen sagen will (so zumindest fassen es seine Inquisitoren auf), daß der Glaube kein Gebot des Gehorsams ist, sondern der Freiheit? Und woher der Vers „Keiner wird ohne Verzeihung gehen", der ihm während des Prozesses zu Cosenza so oft vorgeworfen wird? Und woher der dunkle, verwirrende Satz: „Ihr werdet ohne Gesetz sein, aber nicht ohne mich", den er unter die Gebote Jesu an seine Jünger verlegt und unweigerlich mit paulinischem Gedankengut färbt (während die Inquisitoren darin eine Polemik gegen die Kirche erblicken)? Und dann gibt es noch die zwei schönen Leitsprüche – ein ganzer Lebensplan in zwei kurzen Redewendungen –: „Wanderer seid, und nicht Seßhafte", und: „Wir leben am anderen Ufer", denen wir, wie wir uns erinnern, schon begegnet sind und die den Erzpriester von San Marco sosehr beunruhigten, daß er sie zwischen den eleganten Floskeln seines Briefs an den Bischof wortwörtlich anführte.

Phantastereien, wird man sagen. Und man könnte ohne weiteres hinzufügen: „Alles deutet auf eine gewöhnliche Mystifikation hin", besäßen wir nicht die Prozeßakten von Cosenza und wüßten wir nicht, daß die Treue zum Wort – und zum Buch, dem er die Kenntnis des Wortes verdankt – zu den wenigen gesicherten Tatsachen des Phänomens Giosuè gehört. Seine Haltung gegenüber dem geoffenbarten Wort ist genau dieselbe wie gegenüber der Wahrheit: Beide sind für ihn schon vorher gegeben, ja ihm mitgeteilt worden, und da er sie empfängt, kann er sie vermitteln, aber nicht abändern; Sprechen bedeutet für ihn soviel wie wahrheitsgemäß reden, und das Wort ist ein Werkzeug des Absoluten.

Aber lassen wir dies vorläufig beiseite. Die Geschichte ruft uns zurück, und zwar zu dem Augenblick, da sich der Widerstand gegen Giosuè, wenngleich noch mit unkoordinierten Maßnahmen verdichtet. Es geht nicht darum, ihn zu bekämpfen, sondern ihn zu isolieren und, wenn möglich, unglaubwürdig zu machen. Dies versucht man, indem sein barfüßiges Gefolge lächerlich gemacht wird, die Frauen in seinem Gefolge zum angeblichen Ärgernis erklärt werden und man ihn sogar zum Wunderwirken herausfordern will.

Denn dem Wunderwirken hatte sich Giosuè stets widersetzt. Seine ganz intime Kenntnis des Religiösen, unter anderem auch durch seine waldensische Herkunft zu erklären, hatte ihn bisher vor einer solchen Versuchung bewahrt. Aber der als Falle aufgestellte Krüppel, der, im Einverständnis mit dem Pfarrer, längs des karstigen Saumes von Roggiano auf ihn wartet (einer Stätte, die mit ihren Höhlen oft Einsiedler anlockte), und, sich am Boden windend, seine Kleider ergreift, um eine Heilungskomödie aufzuführen, zwingt ihn, gegen seinen Willen stehenzubleiben und es zu versuchen. Er hätte nicht anders handeln können, denn die Menschen, die von der Inszenierung wissen und deshalb herbeigeströmt sind, drängen sich schweigend und herausfordernd um ihn.

Errät Giosuè, welchen Spott man mit ihm treibt? Jedenfalls benimmt er sich, als wüßte er nichts davon. Er legt dem angeblichen Krüppel die Hände aufs Haupt und verharrt lange im Gebet. Hat er nicht gelesen (so Vernieris Erklärungsversuch), daß Glaube und Gebet alles vermögen? Aber da geschieht es: Kaum hat Giosuè seine Hände zurückgezogen, da versucht der angeblich Verstümmelte vergebens, sich zu erheben. Zunächst glauben die Umstehenden an eine Fortsetzung des Spaßes (der Mund des Krüppels zeigt ein Grinsen, ähnlich einem Lächeln), doch dann weichen selbst die Ungläubigsten entsetzt zurück: Er kann sich tatsächlich nicht mehr rühren, er verbleibt in der Stellung, die er der Verspottung Giosuès wegen angenommen hatte. Brüllend und mit Schaum vor dem Mund verbringt er so zwei Tage, und niemand, nicht einmal der Pfarrer, wagt es, sich ihm zu nähern. Auch als man schließlich seine Gliedmaßen aus der Verrenkung lösen kann, geht er noch mit stumpfsinnigem Gesichtsausdruck herum und flößt den Menschen Furcht ein.

Unverständlicherweise scheint dieses entsetzliche Beispiel, das alle Merkmale des Wunders aufweist (obwohl die heutige Wissenschaft dafür freilich andere Erklärungsmöglichkeiten hat), Giosuè mehr zu schaden als zu nützen. Ähnlich den Leuten von Gerasa, die, durch das Wunder an dem Besessenen in Furcht versetzt, Jesus baten, sie in Ruhe zu lassen, so umringt auch das Volk von Roggiano Giosuè und fleht ihn an, das Dorf nicht zu betreten.

Dies ist ein Wendepunkt. Von nun an geht das Früchtestrotzende, Offenherzige, Prangende verloren, das bisher seine Auftritte stets in festliche Ereignisse verwandelt hatte, statt dessen entsteht eine ernste, besorgte, bang zitternde, letztlich angsterfüllte Atmosphäre: Und einem Evangeliumsbringer steht es schlecht an, Furcht zu verbreiten. Schlimmer noch, aus dem Heiligen, für den man ihn gehalten hatte, wird er in den Augen der Leute ein Mensch, der Besessenheit hervorrufen kann. Selbst das Buch, dieses Sinnbild in seiner Hand, dem er feierliche, geheimnisvolle Worte entnimmt, wird nun zum Werkzeug seiner Macht, die man fürchten muß, kann sie doch sowohl das Gute wie das Übelbringende bewirken. Seine Gegner ziehen rasch Nutzen daraus: Die Grenze zwischen Religiosität und Aberglauben ist zu labil, und so kann die Anschuldigung gegen ihn, Magie zu betreiben und vertrauten Umgang mit Dämonen zu pflegen, ihre Wirkung nicht verfehlen.

Kurz, Giosuès Untergang scheint begonnen zu haben. Sein Wort macht geringeren Eindruck, es weckt nur noch langsam Bekehrungen, sein Vorgehen erinnert nunmehr an einen eingedämmten Fluß. Mehr als Gebote und Lehren fordert man nun Zeichen von ihm. Manche Jünger verlassen ihn sogar. In einem Augenblick der Mutlosigkeit versammelt er die Verbliebenen um sich und fragt sie: „Wollt auch ihr gehen?" Die Antwort ist vorhersehbar: sie verneinen, wüßten sie doch nun, da sie ihn kennengelernt, nicht mehr, wohin sie gehen sollten. Aber Giosuè schüttelt den Kopf und lächelt wehmütig; er spürt wohl, daß die Einsamkeit sein Geschick wird. Er fühlt es noch deutlicher, als er bei Trèmoli einer Gruppe von Leuten aus Guardia begegnet, die ihn von seiner Mission abbringen wollen. Inzwischen hatte nämlich der endlich alarmierte

Inquisitor auf den Marquis von Fuscaldo Druck geübt, und dieser hatte seine Untertanen, die Waldenser, aufgefordert, Borgogno zum Aufgeben zu bewegen, wenn ihnen ihr Friede lieb wäre. Natürlich läßt sich Giosuè nicht überreden. Aber im Augenblick der Trennung versuchen seine ehemaligen Glaubensbrüder, wenigstens seine Anhänger zu überzeugen: „Seht ihr nicht, daß er ein Irrer ist? Warum verlaßt ihr ihn nicht?"

In derselben Nacht, während seine Gefährten alle schlafen, betet Giosuè und erforscht sich selbst; während qualvoller Stunden des Leids, erfüllt von Zweifeln und Vorahnungen, fragt er sich, ob er wirklich Gottes Willen erfüllt. Am nächsten Morgen versammelt er seine Jünger um sich und, nachdem er aus dem Buch die Stelle vorgelesen hat, die so beginnt: „Wer mir nachfolgen will, verleugne sich selbst", prüft er die wahren Absichten jedes einzelnen. Mit denen, die bei ihm bleiben, nimmt er die Wanderung wieder auf. Wenige Tage darauf erfolgen die ersten Anzeichen des Kommenden; vor den Toren von Montalto steht ein Trupp Bewaffneter aus Cosenza, der ihn festnehmen will. Doch zwei Frauen, die ihm entgegeneilen, und die rasche Flucht ins Gebirge retten ihn.

In der Wiedergabe eines Berichts mag manches entfallen. Und so wollen auch wir ohne weiteres viele Seiten Vernieris überspringen, die von Katechesen, Begegnungen, Zwischenfällen und auch Fluchten erzählen. Nun, da Giosuè systematisch gesucht wird, wäre er bald eingekreist und gefangengenommen, wäre das Land nicht voller Wälder und unübersichtlicher Gebirge; auch gesellen sich den Reihen seiner ohnedies noch zahlreichen Anhänger, die ausreichten, die zu seiner Verhaftung ausgesandten Truppen einzuschüchtern, Holzfäller, Köhler, geplagte Fronbauern, ja sogar einige Vogelfreie hinzu; diese neuen, merkwürdigen Proselyten, die ihr einsames Landstreicherleben satt haben, suchen vielleicht nichts weiter als ein Lächeln. Unter ihrer Führung ist es Giosuè ein leichtes, seinen Verfolgern auszuweichen und plötzlich dort aufzutauchen, wo man ihn am wenigsten erwartet. Im Laufe der Zeit gerät er immer weiter nach Norden und hält sich gerne in den Gebieten der Albaner auf, die, in ihrer Lage als vergessene Minderheit, Flüchtigen und Rebellen gegenüber eine günstige Haltung einnehmen. Aber all das muß Giosuès Sendung verzerren: Er gerät in Gefahr, aus dem Urheber einer Volksbewegung, die eine erstarrte, ermattete Religion beleben und eine Ordnung einführen will, die auf allgemeiner Liebe beruht (auf dem Brote des ewigen Lebens, wie Giosuè es nennt), nun gegen seinen Willen zu einem Bandenanführer mit zweifelhafter Zukunft erniedrigt zu werden. Das mag auch der Grund sein, weshalb sich sein Gemüt verdüstert, sein Gesichtsausdruck unfreundlicher und strenger wird und weshalb er lieber mit seinen Jüngern spricht, besonders den wenigen, die ihn von Anfang an begleitet haben, als mit der Volksmenge. Daher gewinnt man während dieser Phase den Eindruck, als gehe er ohne Ziel und Zweck gleichsam ins Leere. Wenn man die Wanderungen Giosuès während dieser Periode seines Lebens auf einer Landkarte verfolgt, so denkt man unwillkürlich an einen jener Flüsse, die zum Meer fließen wollen, aber unterwegs in Sümpfen versickern. Manchmal wirkt er fast kampfesmüde, unentschlossen und resigniert, dann wieder geheimnisumwoben und zu plötzlichen Aufschwüngen fähig; manchmal vom Banalen und Alltäglichen gefangengenommen, dann wieder in unbestimmbare eschatologische Träume versunken. Mit einem Wort, eine ihren Erschütterungen, unaufhörlichen Veränderungen und Widersprüchen preisgegebene Existenz. Aber wer möchte ihm das zum Vorwurf machen? Jede Seele ist doch ein Geflecht aus den verschiedensten Fäden.

Indessen aber hat man in Cosenza keineswegs aufgehört, sich mit ihm zu befassen. Aus Neapel erfolgen energische Aufforderungen, diese „allerneueste Ketzerei" auszurotten (woran auch die kalabrischen Barone ihren Anteil haben), vor allem aber kommt ein Mann, der Priester Ananias (Vernieri und die anderen Quellen bezeichnen ihn nicht anders), der den trägen Bischof von Cosenza aufrütteln und mit allen Mitteln für die Verhaftung Borgognos sorgen soll. Er ist fanatisch, ehrgeizig, keineswegs skrupelhaft; er hat genügend Erfahrung, einen Prozeß einzuleiten (eigentlich ist er mehr in Gerichten als in Kirchen zu finden), und genügend Geduld, die günstige Gelegenheit abzuwarten. Er hat sich schon bald davon überzeugt, daß es fast unmöglich ist, Borgogno in den bewaldeten, wilden Bergen Kalabriens zu verfolgen, darum beruft er die Soldaten zurück, die zu Giosuès Gefangennahme ausgesandt worden sind, und er tut alles, damit über diesen so wenig als möglich gesprochen wird: Man muß in ihm den Eindruck erwecken, vergessen zu sein, und inzwischen, wie schon gesagt, eine Gelegenheit abwarten. Und wie es im Leben oft geschieht, bietet sie sich unversehens.

In der Umgebung von Montalto wird ein seltsamer, schwieriger Mensch mit einer rastlosen, fast unentwirrbaren Vergangenheit verhaftet: ein ehemaliger Augustiner, der aus seinem Kloster entflohen war, später in Neapel auftauchte (und dort anscheinend mit reformierten Kreisen in Berührung kam, die in der Stadt noch heimlich wirkten), in Vicenza kurz mit einer Gruppe von Wiedertäufern gesehen wurde, bald darauf in Kalabrien auftauchte und dort in die Falle irgendeiner obskuren Agitation und Aufwiegelung geriet, einer bäuerlichen Privatfehde gegen den Baron von Spezzano. Ein religiöser Agitator also, aber auch ein Mann – um dem einzigen Zeugnis außer dem Vernieris zu folgen, das noch dazu von Borgogno selbst stammt und in einer Antwort an Ananias enthalten ist –, „bei welchem zu fürchten ist, daß unter dem Namen des göttlichen Geistes sich nur der menschliche nach vorn dränge". Seit zwei Jahren war er neuerlich verschwunden. Aber aus den Eingeständnissen, die er schon bei der ersten Untersuchung macht, geht hervor, daß er eine Zeit lang Giosuès Gefolge angehört und ihn dann verlassen hat, weil er ihn enttäuschend und nichtssagend findet. (Ein Satz, der, wie er behauptet, von Borgogno stammen soll, fällt auf: „Wir werden weder Fürsten noch andere Regierende als christlich oder evangelisch bezeichnen, denn Fürsten und Regierende bedienen sich der Macht." Wir wollen ihn jedenfalls vermerken: Er mag uns helfen, die dürftigen Kenntnisse über Giosuès Gedankengut zu vervollkommnen.) Aus den Aussagen dieses Mannes geht auch hervor – und dies ist der unklarste Punkt –

daß er Giosuè, wenn er wollte, an seinem jetzigen Aufenthaltsort zu finden wüßte.

Sobald der Priester Ananias davon Kenntnis erhalten hat, besucht er Corvino (so heißt der Verhaftete) im Kerker und verspricht ihm Straffreiheit, wenn dieser ihm Borgogno in die Hände spiele. Da Corvino zögert, verspricht er ihm noch eine Belohnung. Der Mann ist durchtrieben und scheint in Versuchung zu geraten – oder zumindest stellt er sich so (er ist die verwirrendste Erscheinung der ganzen Geschichte, fast schon ein Rätsel: Wer vermöchte ihn zu beurteilen?). In einer Reihe von Unterredungen arbeitet der Priester Ananias gemeinsam mit ihm einen Plan aus, um Giosuè gefangenzunehmen; er ist scheinbar absurd, aber doch dessen Gemütsart und heiliger Narrheit am besten angemessen. Kurz, Corvino macht sich auf den Weg. Und nachdem er Giosuè wiedergefunden hat, überhäuft er ihn mit Vorwürfen und mit inständigen Bitten, die Hülle der eigenen Unentschlossenheit abzuwerfen und aus dem allzu engen Kreis herauszutreten, in dem er sich verschließen will: Er müsse sich aufraffen, öffentlich zeigen. Zuletzt schlägt er ihm vor, zum bevorstehenden Osterfest nach Cosenza hinabzusteigen. Er macht ihn darauf aufmerksam, daß man ihn dort nicht mehr suche, versichert ihm, daß es in der Stadt viele Menschen gebe, die sein Wort hören wollen und die bereit seien, sich von ihm bekehren zu lassen. Und überdies sei Ostern zu Cosenza die Zeit der Jahrmärkte und der großen Volksmengen, die aus dem ganzen Umkreis herbeiströmten, so daß er unter ihnen leicht unbeobachtet bleiben könne.

Hierin hat er recht: Während der ganzen Karwoche ändert Cosenza, diese untätige, stille Stadt, ihr Gesicht; ganz plötzlich verliert sie dann ihr abweisendes Aussehen und wird nicht nur zum Schauplatz feierlicher öffentlicher Handlungen, sondern auch des Umsatzes und Handels; Fremde drängen sich in den Straßen, Gruppen in den verschiedensten Aufzügen, die sich untereinander in den verschiedensten Dialekten verständigen. Zu den dortigen Gebräuchen gehört auch die sogenannte Kreuzeswache, in der sich die Volksfrömmigkeit frei entfalten kann und die Menge selbst zur Darstellerin einer Art heiliger Handlung wird, die Jesu Prozeß und Sterben zum Gegenstand hat.

Braucht Giosuès verwegene Unschuld mehr? Für einen Menschen wie ihn, der von Vorspiegelungen lebt, müssen Corvinos Vorwürfe einen Ruf bedeuten, und das Osterfest von Cosenza, so wie es ihm geschildert wird, muß ihm die ideale Gelegenheit scheinen, seinem Geschick und dessen Launen zu folgen. Nicht einmal die Befürchtungen seiner Jünger vermögen ihn davon abzubringen: Von den vielen bleiben ihm ungefähr zwölf, die bereit sind, ihm in ein solches Abenteuer zu folgen. Und schon sehen wir ihn unterwegs: dem Meer entlang und, ohne sich umzusehen, das Gebiet von Guardia streifend, „den Ort, in dem er heranwuchs und der ihn nicht erkannte"; innerhalb von zwei Tagen, schreibt Vernieri, erreicht er Paola; und unter die Menge gemischt, die scharenweise gegen Cosenza zieht, betritt er am Palmsonntag gegen Abend unbemerkt die festliche Stadt.

Er hätte in weniger als einer Stunde verhaftet werden können, aber hier erfolgt das Unvorhersehbare, wie Vernieri schreibt: Während der mit Giosuè verbrachten Tage war Corvino neuerlich dessen Einfluß erlegen, wiederum hatte in ihm, wenn man seine Vergangenheit tiefer durchdringen will, jene Ungeduld der Liebe Gestalt angenommen, die, so ungeordnet sie auch sein mochte, aus ihm doch etwas mehr machte als einen gewöhnlichen, gegen seine Gemeinschaft rebellierenden Mönch. Offenbar gibt es Kerben, die für immer eingeschlagen bleiben. Tatsache ist, daß er nun nicht nur zögert, Giosuè zu verraten, sondern daß er sich ganz für ihn einsetzt. Er hat Bekannte und auch einige Verwandte in der Stadt, und eben dort bringt er ihn unter. Und gleich darauf veranlaßt er dort Begegnungen, geheime Unterredungen und Konventikel.

Wir möchten nicht in der Art Vernieris übertreiben, der aus seinem Cosenza (dem Cosenza eines Telesius, wie er schreibt) eine Art Zentrum des freien Gedankenaustausches macht. Man muß die Jahrhunderte sozusagen an ihrem Platz lassen. Doch stimmt es, daß Cosenza hinter seinem gleichmütigen Äußeren ein kleiner Mittelpunkt des Aufruhrs ist. Dort gibt es Humanisten, die Erasmus gehört haben, Gelehrte, die nach Wissenschaft und Erfahrung lechzen, und sogar Theologen, die sich für die Neuerungen der Reformation interessieren. Darunter ist einer, der in einem (in Neapel aufbewahrten Brief) so schreibt: „Christus hat uns nicht nur von der Erbsünde erlöst, sondern auch von jeder jetzigen Bosheit und gegenwärtigen Sünde, die wir begehen.“
Einige von ihnen, durch Giosuès Ruf neugierig geworden, besuchen ihn. Daraus ergeben sich wirre Unterredungen, in denen keiner die Sprache des andern versteht. Welchen Sinn mag es zum Beispiel für diese Männer haben, wenn Giosuè von der „Wiedergeburt von oben“ spricht? Und wie sollen sie seine Forderung, „nur der Wahrheit Zeugnis zu geben“, nicht enttäuschend finden, da es doch gerade das Kriterium der Wahrheit ist, das sie zur Diskussion stellen wollen? Und was sollen sie damit beginnen, daß er über den Glauben so schlicht spricht wie einer, der ihn besitzt, und nicht wie einer, der ihn sucht und erforscht? Welche Überraschung jedenfalls für solch gewitzte, oft skeptische Männer, die viele, nicht immer nur christliche Bücher kennen und die auf ihre Art für die geistige Krise ihrer Zeit empfindlich sind, wenn dieser glutvolle, aber naive und fast bildungslose junge Mann, der anscheinend nichts anderes gelesen hat als sein Evangelium, nun von Christus spricht, als lebe er noch, und im wörtlichen Sinn im geistigen Kindheitsstadium verharrt?

Bei den Begegnungen sind auch Giosuès Gefährten, darunter Corvino, anwesend. Es ist anzunehmen, daß sich sein schürfender Verstand von der Urteilslosigkeit der verbliebenen Jünger abhebt. Was immer er sich von der Herausforderung dieser Begegnungen versprochen haben mag (eine Bestätigung seiner Ideen? Eine Vereinigung der Kräfte für die Bildung eines Kreises von Reformierten?), jedenfalls hat er allen Grund, ratlos zu sein: Der Mann, den er seinen Freunden vorführt, ist kaum mehr als ein Schwärmer, stark nur in seiner Unschuld. Falls er in ihm einen Reformator oder einen Mann der Tat gesehen hat, muß er nun erkennen, daß er es höchstens mit einem Heiligen zu tun hat. Und soweit wir Corvino kennen, ist er nicht der Mensch, der sich mit den Worten eines Träumers oder mit den lächerlichen Erwartungen eines Heiligen identifiziert.

Indessen aber wird es Giosuè in der Enge der Mauern und der verschwörerischen Atmosphäre zu eng, und allen Vorbehalten und Verboten Corvinos zum Trotz, beschließt er, das schützende Haus zu verlassen. Es ist der Mittwoch in der Karwoche, der große Jahrmarkt ist in vollem Gang und auf den Straßen, wo sich der junge Mann bewegt, ohne äußerlich von einem gewöhnlichen Pilger abzustechen, findet er plötzlich wieder sein Publikum und sein Prestige. Die Erfahrung hat ihn gelehrt, nicht zu predigen, aber er führt da und dort Gespräche und versammelt fast wie ein fahrender Spielmann kleine Zuhörergruppen um sich. Und dabei kann niemand Verdacht schöpfen; sind doch genügend Zigeuner, Ausrufer und Scharlatane aller Art unterwegs; und diese Art von Straßensänger, der von Jesus statt von Roland erzählt, paßt sich der erwartungsvollen Atmosphäre dieser vorösterlichen Zeit bestens an. Dies ist ein neuer Beweis für das Ergreifende der Evangelien, für ihre Eigenschaft als ganz gewaltiges Volksepos. Es ist aber auch eine Bestätigung des Paradoxons, daß man die Evangelien nur versteht, wenn man sie empfindet. An diesem Abend gibt es Menschen, die rings um das Lagerfeuer sitzend, das man unterhalb der Stadtmauern entzündet hat, erbeben beim Anhören der Stelle, die so beginnt: „Denn ich war hungrig, und ihr habt mir nicht zu essen gegeben"; die weinen oder zürnen beim Anhören der Verse über Jesu Leiden. Hätte man zufällig in diesem Augenblick versucht, Giosuè festzunehmen, so wäre zweifellos die Volksmenge auf seiner Seite gewesen. Aber auch am folgenden Tag kann er unbehelligt weiterwirken. Und dies erschiene uns unerklärlich, bedächten wir nicht, daß es eigentlich seine eigene Verwegenheit ist, die ihn schützt. Wie hätte der Priester Ananias, streng folgerichtig, hinter soviel Unschuld das bösartige Ungeheuer erkennen sollen (Verfolgern mangelt es ja bekanntlich an Phantasie), das er in Borgogno erwartet? Übrigens weiß er von dessen Ankunft noch nichts, denn er wartet vergeblich auf ein Zeichen Corvinos. Dieser freilich ist zuinnerst bekümmert. Er hält sich von Giosuè fern und teilt dessen Narretei nicht; aber die Nachrichten, die ihm in der Kammer, in der er sich verborgen hält, zukommen, lassen sein Inneres zwischen Furcht und Liebe schwanken: zwischen der gewohnten, geheimnisvollen Anziehungskraft Giosuès und seiner Ablehnung, es mit dem Schwächeren zu halten.

Schon ist der Nachmittag des Gründonnerstags gekommen, und nun soll die große feierliche Handlung beginnen, die in Cosenza Brauch ist. Sie ist offensichtlich ein Rest der alten liturgischen Mysterienspiele: ein Rest, aber auch eine Fortentwicklung. Aus der Tiefe des Mittelalters, als der Schauplatz der Handlung sehr wahrscheinlich das Innere der Kathedrale war, war der Brauch überkommen und dabei allmählich ausgeweitet worden, bis er die jetzigen Ausmaße erreichte. Das Spiel beginnt am Gründonnerstag Abend, um spät abends am Karfreitag mit der Grablegungsszene zu enden. Und während all dieser Zeit ist die Stadt selbst der Schauplatz, sie bietet ihre Stätten sozusagen schon fertig als Szenen an. Da gibt es ein Haus, in dem sich traditionsgemäß der Abendmahlsaal befindet, zwei andere dienen als Wohnstätten des Kaiphas und Herodes; in einem alten Kreuzgang findet die Versammlung des Hohen Rates statt, ein Turm mit Zinnen stellt das Tor der Burg Antonia dar; dann gibt es noch die Straßen und Plätze von Cosenza, und außerhalb der Mauern einen Hügel als Golgotha und schließlich längs des Crati Gärten für die Gethsemaneszene. Wie man sieht, eine riesige, einzigartige Bühne, auf der sich die Grenzen zwischen szenischer Fiktion und Wirklichkeit verwischen und die Unterscheidung zwischen Darstellern und Zuschauern an Bedeutung verliert. Die Menge sieht nicht nur zu, sie folgt Jesus nicht nur von Stätte zu Stätte, sondern sie wirkt bei Bedarf selbst mit und ist bereit, „Barrabas, Barrabas" zu schreien, zu lärmen, mitzuleiden. Bei dieser Gelegenheit sieht der Klerus bloß zu. Eine kleine Gruppe von Leuten aus dem Volke, an ihrer Spitze der Festleiter, bereitet das ganze vor, organisiert es, leitet es und teilt die Rollen zu. Und einige dieser Leute haben Giosuè bemerkt. Durch Zufall haben sie, auf der Suche nach Komparsen, am Vorabend seine Beschwörung der Passion mitangehört. Und von diesem Augenblick an steht es für sie fest, daß es keinen besseren Christus geben kann: Er hat eine geeignete Stimme, er sieht auch wie Christus aus, wenn er wollte, brauchte er sich nicht einmal zu verkleiden. Außerdem strahlt er so etwas wie erlebte Wahrheit aus, was verwirrt und zugleich mitreißt: Welch besseren Christus könnte man sich denken? So hat man Borgogno suchen lassen, um ihm die Darstellung der Person Jesu vorzuschlagen. Und am meisten bittet ihn jener darum, dem bisher diese Rolle zugekommen war. „Du kennst die Worte", sagt er voll Schlichtheit.

Tatsächlich muß man Giosuè nicht lange bitten: Hat er, als er hierher kam, nicht etwas derartiges, wie man es ihm heute anträgt, dunkel erträumt? Und steht es nicht mit seinem ganzen Leben in Einklang? Die Nachfolge Christi, das sich zeigende Wort, das von der Lehre wieder in die Tat rückübersetzte Evangelium: Ist nicht dies sein Programm, oder zumindest sein Trugbild? Und wie so manche Wirklichkeit, ereigne sie sich auch nur wie an den Grenzen des Traumes, möge auch dieses geschehen: Denn Giosuè ist sicher nicht bereit, eine Gelegenheit zurückzuweisen, seinen Traum einmal konkret zu erleben. Und mag ihm auch für einen Augenblick der Gedanke durch den Kopf gehen, welcher Gefahr er sich durch ein solches Hervortreten aussetzt, so zuckt er darüber wohl mit den Achseln: Wenn schon nicht sein Leben, so soll zumindest sein Tod sein Geschick erfüllen.

So beginnt auch dieses Jahr bei Einbruch der Dunkelheit die Darstellung des Mysteriums, in der in Cosenza seit Jahrhunderten die Karwoche ihren Ausdruck und ihren Gipfel erreicht. Betrachtet man den äußeren Rahmen, so scheint nichts verändert. Wie immer wird beim roten Schein der Fackeln rezitiert, die Fenster sind drapiert wie sonst, auch die dichtgedrängten Gesichter der Menge sind scheinbar dieselben. Und so müßten auch die vorgetragenen Sätze dieselben scheinen. Aber durch kaum spürbare Anzeichen fühlt man von Beginn an die ganz andersartige Bedeutung des heutigen Darstellers. Giosuè ist nicht nur jener, der die Worte weiß. So wie er sie spricht, klingt es, als würden sie zum erstenmal gesprochen. Dank einer Stimme, die selber teilnimmt, selber leidet, die sich je nachdem stark und glutvoll erhebt oder bis zum Flüstern erstirbt, hebt er die Fiktion auf und verwandelt sie in Realität. Wenn er zum Beispiel sagt: „Wie ein Knecht bin ich unter euch . . .", verschmelzen Demut und Würde auf das vollkommenste miteinander. Und wenn er flüstert: „Wahrlich, ich sage euch, einer von euch wird mich verraten", dann ist er wirklich innerlich erschüttert und seine Stimme ist gedrückt von Vorahnung. Tatsache ist, daß er sich nicht mit dem Vortrag der Passionsgeschichte begnügt, sondern daß er diese, bewußt oder nicht, selbst erlebt. In seiner Seele verdichtet sich etwas, Erwartung oder Vorahnung, das ihn erregt und das Leid Tropfen für Tropfen auskosten läßt. In der Ölbergszene, am Fluß, sieht man ihn im Scheine des über dem Wasser zitternden Fackellichts weinend knien und beten, und den dichtgedrängten Zuschauern kommt es wirklich vor, als leere er den bitteren Kelch der Verlassenheit. Nie war Christus diesen Menschen so nahe gewesen, nie so menschlich und so bemitleidenswert erschienen. Als er kurz zuvor auf dem Weg nach Gethsemane, auf verstummten, wachsamen Straßen und inmitten zuckender Gesichter, jene lange Stelle über die Liebe sprach, die uns im Johannesevangelium erhalten ist, da erbebte das Volk vor religiöser Erschütterung. Nie war die Gestalt Jesu so übersteigernd erschienen. In dieser Zeit der schon ausgehenden Renaissance, da sich die alte Zeremonie schon ihrer Entartung zum Spektakel und zur Folklore nähert, kehrt sie noch einmal zu ihren Wurzeln zurück und wird wieder zum sakralen Mysterienspiel.

Bei der Gethsemaneszene ist unbeachtet inmitten der Menge auch Corvino zugegen. Unbeobachtet, doch teilnehmend, befindet er sich in einem Zwiespalt der Gefühle, die jedoch sein introvertiertes Wesen weit mehr verletzen als rühren. Gewissermaßen ist auch er in das Spiel mit einbezogen, und wenn Giosuè in unendlich schlichtem Ton spricht: „Aber nicht wie ich will, sondern wie du willst", bricht auch in ihm das Staunen des Menschen aus, der den wahren Glauben erkennt. Aber eben darum, weil es wahrer Glaube ist, wird er ihm unbegreiflich. Corvino ist ja ein Mensch voller religiöser Gelüste: ein Glaubender ohne Glaube, wie Vernieri sagt. Ja, soweit er dazu überhaupt imstande ist, ist er immer geneigt, einen Strahl davon zu erfassen. Aber hätte er das Wort Glaube nicht aus den Büchern gelernt, er könnte es nicht einmal aussprechen. Und nun, da er einer solchen Empfindung ansichtig wird, die ihn einen kurzen Augenblick lang streift und plötzlich erschreckt, gärt in ihm so etwas wie Neid auf die nie erlangte Gabe, wie Trauer und Wut über die ihm verschlossene Gnade.

Glücklicherweise mindert sich diese Wut bald darauf beim Anblick des linkischen Judas, der die Arme ausbreitet, um Giosuè zu umarmen, und verbirgt sich hinter einer kurzen spöttischen Betrachtung; seine Gefühle gleichen nun eher der Verärgerung eines Schauspielers, der sich um seine Rolle betrogen sieht. Die Wurzeln aller Leidenschaften liegen in der Seele. Als er sich später in der Stille der wiederum einsamen und leeren Gärten vom Schauplatz entfernt, ist er gespannt und versonnen: ihm ist, als blitze hinter dem Gesehenen die Erinnerung an ein Geschehnis auf, das ihn betrifft und das er schon einmal erlebt hat.

Während die Darstellung des heiligen Dramas an anderen Stätten weitergeht, hetzt Corvino durch den Rest der Nacht in unstillbarer Getriebenheit. Was für die anderen Schauspiel und vielleicht reine Dichtung ist, bedeutet für Giosuè und ihn – doch das weiß nur er – tödliche Gefahr: Von einem Augenblick zum anderen kann diese absurde Inszenierung zum wirklichen Drama werden, wie ja auch die Verratsszene für ihn vor kurzem ein wirkliches Drama war, das ihm ins Mark gedrungen ist. Sie ist aber auch eine Versuchung: Da er sich aus dem verrückten Spiel, in das er sich mit Giosué eingelassen hat, nicht anders lösen kann, bleiben noch, so überlegt er, die Versprechungen des Ananias. Diese Vorstellung nimmt in seinem Kopf nach vielem für und wider und in einer vorübergehenden Stumpfheit seiner moralischen Kräfte immer deutlichere Umrisse an. Und dennoch zögert er, seinen Widerstand niederzukämpfen: hat er doch diesen Giosuè geliebt. Soweit sein unentwickeltes Gemüt dazu imstande war, hat er die empfundene Anziehungskraft für Liebe gehalten, für Liebe das undeutliche Bedürfnis nach Zugehörigkeit, das ihn zweimal dazu getrieben hat, Giosuès Anhänger zu werden.

Am folgenden Vormittag geht er spät aus dem Haus, der Prozeß ist schon fortgeschritten. Nach der Nacht beim Hohenpriester hat man Giosuè vor den Hohen Rat geführt; nach seinem ersten Gespräch mit Pilatus läßt ihn dieser vor Herodes bringen. Gerade, als Giosuè den Palast des Herodes verlassen will, um zu Pilatus zurückzukehren, begegnet er Corvino. Die schlaflosen, ermatteten Züge sind sichtlich von den Erschütterungen der vergangenen Nacht und der soeben erlebten Augenblicke gezeichnet, auf den Schultern hängt unordentlich der lächerliche Purpurmantel, den ihm Herodes zum Schimpf hat überwerfen lassen.

Ihn so zu sehen, ist für Corvino eine Überraschung. Hat er ihn nicht verlassen, als Giosuè mit souveräner Geste das gezückte Schwert des Petrus zurückgehalten hat? Und nun sieht er einen beschimpften Mann mit erloschenen Augen vor sich. Er starrt sie an, und wird angestarrt. Und wird erkannt. Und während eines Augenblicks bleibt das Spiel zwischen Furcht und Treue in Corvinos Innerem unentschieden. Aber seine Liebe ist, wie schon gesagt, eine Herdenliebe, die der Unterordnung bedarf. Einem Überlegenen könnte er noch treu bleiben. Wie aber soll er sich in diesem armen, wehrlosen Christus, in diesem erschütternden König der Utopie wiedererkennen? Wie sich von der Absurdität eines verlierenden Gottes erfassen lassen? Jäh erwacht in ihm wieder die Abneigung, es mit einem armseligen Träumer zu halten, der sich in einem Phantasiegebilde verirrt hat und nur zur Unschuld fähig ist. Und während die Volksmenge auf dem freien Platz vor dem Tor der Burg Antonia ihr „Kreuzige ihn" skandiert, eilt Corvino zur Behausung des Ananias, voller Angst, daß es schon zu spät sein könnte, doch auch mit einem überwältigenden Gefühl der Erleichterung; als habe er in dem Drama, das sich soeben abspielt, endlich die ihm zukommende Rolle erhalten.

Die Worte zwischen ihm und dem Priester Ananias sind bald gewechselt. Sie sind knapp, zurückhaltend und verschämt. Aber während der eine schon unter der Last der Gewissensbisse und eines jämmerlichen Selbstmitleids zusammenbricht (er geht sogar soweit, auf die Knie zu fallen und den Priester um Absolution zu bitten), schweigt der andere und lächelt zerstreut. Er hat das Risiko schon berechnet: Es wäre ungünstig, Giosuè jetzt, vor den Augen des Volkes, zu verhaften. Wollte er es jetzt, in diesem Augenblick so großer religiöser Spannung versuchen (Christus begibt sich schon auf den Weg nach Golgotha), so hieße das nicht nur, einen Aufruhr heraufzubeschwören, sondern aus dem Ketzer einen Märtyrer, und Schlimmeres noch, zu machen. Wer könnte dann dem Gedächtnis des Volkes die Erinnerung an diesen neuen Christus entreißen, den die Priester neuerlich verhaftet und verurteilt haben? Ein zur Legende gewordener Giosuè und ein wiederum erfülltes Evangelium sind das letzte, was sich Ananias wünschen kann.

Ananias ist jedoch kein plumper Mensch. Er besitzt, im Gegenteil, einen scharfsinnigen, ironischen Verstand, und das Paradoxe der Situation wirkt auf ihn eher anregend als bedrückend. Das Paradoxe aber ist, daß man Giosuè bequem fangen kann, ohne das laufende Schauspiel zu stören und ohne sich im mindesten von der Heiligen Schrift zu entfernen. Man brauchte ja nur die Beendigung der Grablegungsszene abwarten, nach der, wie es der Brauch und die Heilige Schrift verlangen, der Leib Christi allein zurückgelassen wird. Am Ostermorgen wird dann die Grabhöhle, wie schon einmal, leer vorgefunden werden. Nur, daß es dieses eine Mal – so überlegt Ananias, und daher sein Lächeln – durchaus nicht stimmen wird, daß Christus gemäß dem Evangelium vom Tode erstanden ist; vielmehr wird stimmen, was die Priester beteuerten, daß man Jesu Leichnam gestohlen habe.

Der Plan gelingt vollkommen. Noch an demselben Abend nehmen vier Wachen einen Mann fest, der sich nicht zu wehren versucht und der mit dem Hinstrecken der Handgelenke eine gewohnte Geste vollzieht. Auch in dem Augenblick, da er gebunden wird, spricht er bekannte Worte. Es sind ungefähr dieselben, die er am Vorabend bei der Gefangennahme gebraucht hat. „Ihr habt mich den ganzen Tag gesehen, und habt nicht gewagt, gegen mich vorzugehen!" Nur, daß es diesmal fast mit Erleichterung geschieht. Wozu sich darüber wundern? Ist das ganze nicht eher eine Erfüllung, eine Verwirklichung als eine Überraschung, ein schon vorgezeichnetes Geschick, das seiner Vollendung entgegeneilt? Denn was Giosuè seit seiner Kreuzabnahme, vor ungefähr einer Stunde, unklar empfunden hat, gleicht entfernt einem Gefühl der Unerfülltheit, dem Eindruck, das eigene Leben irgendwie zu verfehlen.

Während der restlichen Nacht, in der Wohnung des Ananias, spricht er nichts mehr. Aber die rohen Wachen, die ihn verhöhnen und weiterhin Christus nennen, scheinen ihrerseits, die Grenzen der Wirklichkeit überschreitend, dem Schauspiel, das doch soeben beendet wurde, wieder Leben zu geben.

Von diesem Augenblick an vereinfacht sich die Geschichte, sowohl im Bericht Vernieris als auch auf dem wirklichen Schauplatz. Einerseits fragt man sich in der Stadt, die immer noch von Fremden wimmelt, bis zum Abend des Ostertags, wohin der junge Mensch geraten sein mag, der sie einen Tag lang erschüttert und über sich selbst hinausgehoben hat; man will sich mit seinem Verschwinden nicht zufriedengeben und denkt fast an ein Wunder („noch ein Wunder", sagt Ananias dazu); anderseits stoßen im Haus des Priesters zwei verschiedene Verfassungen, zwei entgegengesetzte Naturen aufeinander; und die zweite trägt, wie Giosuè bitter ausruft, den Glauben auf den Lippen, aber nicht im Herzen.

Eigentlich sind es seltsame Gespräche, zwischen dem einen, der droht, und dem anderen, der ihn kühn ansieht und zum Erröten bringt; zwischen dem einen, der seine tückischesten Waffen, sein gewinnendes Lächeln und seine Spottsucht, aus der Scheide zieht, und dem anderen, der ihm seine unverwundbare Reinheit entgegenhält; zwischen dem einen, der ihn der Ketzerei zu überführen sucht, und dem anderen, der (mit einer wunderbar einfachen Antwort) erwidert: „Ich lebe das Evangelium"; zwischen dem einen, der ihn einen Reformierten nennt, der die Kirche untergraben will, und dem anderen, der zunächst entgegnet, ein Mann ohne Gehorsamsbindungen zu sein, dann aber, mit einer raschen boshaften Betonung in Erinnerung ruft, daß auch Christus bekräftigt habe: „Ich sage euch aber: Hier ist mehr als der Tempel." Mehrmals werden die Unterredungen unterbrochen und wieder angeknüpft. Bisher war es Ananias noch nie geschehen, irgendwohin zu geraten, wohin er nicht wollte. Und sich gegen seinen Willen in jemandem wiedererkennen zu müssen. Nach und nach gewinnt er den Eindruck, an eine Rolle geheftet zu sein und unmerklich zur Figur eines Schauspiels verwandelt zu werden. Als Giosuè, über sein Programm befragt, auch ihm zur Antwort gibt, daß er nur die Wahrheit habe bezeugen wollen, entfährt es Ananias: „Und was ist Wahrheit?", um sich gleich darauf auf die Lippen zu beißen. In Wirklichkeit haben sich die Positionen nun verschoben: Wirken Drohung und Verhöhnung zugunsten des Inquisitors, so gereicht die Ironie unterschwellig zu Giosuès Vorteil. Und die Ironie besteht darin, daß ihm Giosuè immer häufiger schlagfertig mit Evangeliumszitaten antwortet und sich beinahe darüber zu unterhalten scheint, den eigenen Prozeß in eine Art von Wiederholung des Prozesses Jesu zu verwandeln. Ananias erinnert ihn daran, daß er Gewalt habe, ihn zu verurteilen, so er aber spreche, habe er auch Gewalt, ihn freizugeben; und Giosuè antwortet Wort für Wort die diesbezügliche Antwort Jesu. Und als der Inquisitor die Beherrschung verliert und ihn ohrfeigt, sagt Giosuè: „Habe ich unrecht geredet, so beweise mir das Unrecht; habe ich aber recht geredet, warum schlägst du mich?"

Am meisten bringt es Ananias zur Verzweiflung, daß er an Borgogno keinerlei Schuld finden kann. Man verurteilt einen Menschen nicht, weil er so töricht ist, ein Leben Jesu nachzuäffen; im übrigen tastet Giosuè die Dogmen nicht an, da er ja nichts von Theologie versteht, er spricht nicht von der Reformation, er sagt nichts gegen Rom, und wenn man von ihm sozusagen sein Evangelium abzieht, scheint er über alle Dinge im dunkeln zu tappen. Ein Mensch ohne Theologie nimmt dem Inquisitor die Waffe aus der Hand. Und die Inquisition ist skrupelhaft. Das heißt, sie hat ihre Skrupel. Die Untersuchungsakten sind voll davon, zum Beispiel: Wenn einer behauptet, ,,wer an das Evangelium glaubt, ist wiedergeboren und wird nicht mehr verworfen", so könnte er ohne weiteres als Anhänger der Reformation gelten. Wenn er aber, wie Giosuè, sogleich hinzusetzt, daß ,,der Glaube der Anfang und die Liebe die Vollendung" ist, so neigt er schon mehr zur katholischen Anschauung des Heils durch die Werke als zur lutherischen der Rechtfertigung durch den bloßen Glauben. Wie also ihn beurteilen? Und wie ihn verurteilen?

Zum Glück für Ananias war sein Sekretär, ein junger Theologe aus Benevent, der eben erst das Seminar verlassen hatte, am Nachmittag des Karfreitags unter der Menge gewesen, die auf Golgotha der Todesszene beiwohnte. Und von den am Kreuz gesprochenen Sätzen ist ihm einer noch in Erinnerung: ,,Vater, ich habe sie alle gerettet", der ihm sogleich ungewöhnlich und nichtkanonisch vorgekommen war; doch hatte er ihn für ein harmloses Versehen oder höchstens für eine kleine künstlerische Freiheit gehalten. Nun, da sich Giosuès Persönlichkeitsbild immer mehr abzeichnet, hält er es für richtig, Ananias darüber zu berichten. Beim Vergleich mit den Texten der Heiligen Schrift findet man diesen Satz natürlich nicht. Aber als Ananias ihn Giosuè vorhält, behauptet dieser mit Festigkeit, ihn dem Evangelium entnommen zu haben, und zum Beweis spricht er die ganze Stelle vor, die diesen Satz enthält. Die anderen stellen sich, als wären sie überzeugt, und um ihn nicht weiter zu beunruhigen, denken sie, sich bei Corvino zu vergewissern. Und eben dieser ist es, der unter Gewissensbissen und in neuerlicher Feigheit Ananias das provenzalische Evangelium verschafft, das Giosuè seit seiner Kindheit begleitet hat.

Schon die erste Durchsicht ergibt weitere Anlässe zum Ärgernis, und von diesem Augenblick an wird der Prozeß gegen Giosuè zu einem Prozeß gegen das Buch, das ihn inspiriert hat. ,,Es ist ein fünftes Evangelium", wird ihm vorgehalten, und er begreift nichts: kennt er doch nur das eine. ,,Es ist ein neues Evangelium", und er erwidert: ,,Jedesmal, wenn das Evangelium sich zeigt, ist es neu" (*,,Est neuve l'Evangile"*, dies ist die einzige idiomatische Einfügung Vernieris, und so, wie er sie bringt, klingt es, als habe er sie von Giosuè selbst gehört). Auf jeder einzelnen Seite werden ihm die Abweichungen, die Einfügungen, die nichtkanonischen Verse gezeigt, man fragt ihn, ob er bereit sei, es für ketzerisch anzusehen. Aber um dieses Evangeliums willen ist er zum Wanderer Christi geworden: Wie kann er es verleugnen? Voll anmaßender Freude hält der Sekretär Weigerung für Weigerung in seinem Protokoll fest. Als man Giosuè den Vers vorliest: ,,Das Zeichen in uns ist der Friede, den wir bringen", forscht er ernst in Ananias' Gesicht, ehe er antwortet. Als ihm der Satz als unannehmbar vorgelesen wird: „Keiner, der zu euch kommt, wird ohne Verzeihung gehen", suchen sich beider Augen unwillkürlich, und von den beiden ist es der Inquisitor, der den Blick zuerst senkt. Aber freilich muß auch das Giosuè zum Schaden gereichen; Demütigung und Groll haben ein gutes Gedächtnis.

Kurz, der Prozeß wird eingeleitet und bald darauf im geheimen abgehalten; der einzige Anklagepunkt, den man gegen Giosuè finden kann, ist das Evangelium. Zwar könnten wir an Vernieris Zuverlässigkeit zweifeln, doch haben wir die von De Boni überprüften Prozeßakten. Und wie wir gesehen haben, sagen sie uns in kurzer Form dasselbe.

Die Geschichte ist jedoch noch nicht zu Ende, noch fehlt ihr Pilatus. Ascanio Caracciolo, Statthalter von Cosenza, weigert sich, der Urteilsvollstrekkung zuzustimmen: Wenn es unbedingt sein muß, soll es im geheimen oder, noch besser, weit weg von der Stadt geschehen. Nicht hier, in Cosenza; nicht einmal in Kalabrien, wo Giosuè in den Augen des niederen Volkes schon zum Mythos, ja fast zum Heiligen geworden ist. Zweckmäßigkeit, Staatsraison und sogar vielleicht Gewissensgründe lassen ihn fest bleiben und Nein sagen.

Ananias kann sich damit freilich nicht zufrieden geben, ist er doch hierher gekommen, um die Ketzerei auszurotten, und während der in Kalabrien verbrachten Zeit hat er nicht weniger als Giosuè entdeckt, daß dies ein Boden leichtgläubiger Erwartungen ist, für jede Wiederkunft aufgeschlossen. Wenn nun Giosuè anderswo sterben soll, so bedarf es als Gegenleistung eines öffentlichen Beispiels, mag es auch entsetzlich sein, das in der Phantasie der Leute lange weiter lebt und von nun an alle ketzerischen Gelüste mit der Wurzel ausreißt. Diese Idee war ihm beim Prozeß gegen Giosuè gekommen: Von den Waldensern stammt dieser, von den Waldensern auch das Evangelium, das über den Prozeß entschieden hat. Er stimmt zu, daß das Urteil an Giosuè fern von Cosenza vollstreckt wird, doch verlangt er als Gegenleistung, daß man gegen das kleine Jerusalem der kalabrischen Waldenser einschreite. Erpreßt, eingeschüchtert und in vielfacher Weise überwunden (Ananias droht, sich an den Vizekönig zu wenden), gibt Ascanio Caracciolo nach und stimmt dem Gemetzel von Guardia Piemontese zu, das, wie wir wissen, von De Boni beschrieben wurde. Absurderweise wird das, was man gegen einen einzelnen Menschen nicht vermochte, gegen ein ganzes Dorf möglich.

Indessen wird Giosuè bei Nacht aus seinem Kerker herausgeholt und auf den Weg nach Neapel gebracht, wo er hingerichtet werden soll. Obwohl er von der Gefangenschaft und den Strapazen der Reise erschöpft ist und von den rohen Gewaltverbrechern, die als Eskorte dienen, beschimpft wird, geht Giosuè weiter, ohne zu klagen. Als aber Guardia in Sicht kommt und sie ihm grinsend sagen, was mit seinen ehemaligen Glaubensbrüdern geschehen soll, da schleicht er sich abseits und weint lange. Ein Mann, dem noch alle seine Tränen zu eigen sind.

DAS GLAUBENSBEKENNTNIS DES PETRUS VON ARTOIS

Petrus von Artois, ein typischer Augustiner des 16. Jahrhunderts, der sich in seiner regelwidrigen Rastlosigkeit mehrmals reformierten Kreisen angenähert hatte, war der Autor eines Dialogs *De quinto evangelio,* über dessen Inhalt uns diese „professio fidei" des Jahres 1555 ziemlich genau Aufschluß gibt. Sie war an den Papst und an alle Söhne der Heiligen Kirche gerichtet und schiene für unsere Zwecke nebensächlich, wäre sie nicht eine Quintessenz der sinnbildlichen Motive so vieler anderer Schriften, die ich übergehen mußte.

Es heißt, wer viele Bücher schreibt, ist auch vieler Kritik ausgesetzt. Und auch ich, der ich nur ein einziges verfaßt habe, bin Eurem Tadel nicht entgangen. Aber mag ich in so manchen Irrtum verfallen sein, so rufe ich doch Gott zum Zeugen an, daß ich nichts aus Bosheit, Stolz oder geheimem Wunsch nach einem Schisma geschrieben habe, wie mir von einigen vorgeworfen wird. Offen habe ich über die Auferbauung des Glaubens gesprochen, so wie es mir recht nutzbringend schien, und bin in den Stürmen, welche die Kirche erschüttert haben, zu ihrer Verteidigung aufgetreten. Und dies erfolgte in aller Demut und ohne jede Absicht, eine eigene Sekte zu gründen oder Anhänger an mich zu ziehen.

So erfahre denn Eure brüderliche Liebe, daß ich, obgleich der geringste Sohn der Kirche, annehme, was sie annimmt, und ablehne, was sie ablehnt. Und daß ich mich nie von ihrem Credo entfernt habe, so tadelnswert mein Verhalten ausgesehen haben mag. Da aber einige Abschnitte meines Dialogs zu Mißverständnissen und falschen Deutungen führen können (wie es leicht geschieht, wenn man sich der Hilfe von Symbolen und Figuren bedient), so will ich dieselben vorsichtig ausführen, in der Hoffnung, damit Zweifel und Mißtrauen zu beseitigen.

Vor allem leugne ich, geschrieben oder durch meine Schrift ausgedrückt zu haben, Christus sei als Prophet und Verkünder der Buße und nicht als Messias und Sohn Gottes gekommen, weil die Welt, wäre er in der vollen Macht seines göttlichen Willens gekommen, sonst schon gänzlich wiedergeboren und das Reich Gottes vollkommen erreicht wäre. Ich glaube vielmehr, daß Er, der Messias und wahre Gott, uns soviel Gnade geschenkt hat, als zu unserem Heile nötig ist, und uns soviel Freiheit läßt, als wir brauchen, dieses Heil zu verdienen; und daß das Reich Gottes schon errichtet wäre, wenn wir das Heil vollendet empfangen hätten.

Desgleichen habe ich mit dem Satz, daß die vier Evangelien das Wort Jesu nicht vollständig bezeugen, durchaus nicht sagen wollen, daß sie an sich unklar oder unvollkommen seien: Vielmehr habe ich sagen wollen, daß sie es in bezug auf uns sind, die wir sie noch nicht vollkommen aufzunehmen verstanden haben.

Ebenso habe ich mit dem Ausdruck, daß das Evangelium noch nicht beendet sei, nur mit dem heiligen Paulus sagen wollen, daß „das Wort lebendig" ist und sich in dem Maße weiter enthüllt, als es zu unserer Bekehrung wirkt. Es ist daher unrichtig, daß ich gesagt haben soll, das Evangelium, wie es uns Christus gelehrt hat, sei vergänglich und irdisch und man habe ein anderes zu erwarten, das ewig und geistig sei. Ich habe vielmehr gesagt, daß es in seinen Bildern gleich bleibt, aber in seinem tiefsten Sinn sich ewig erneuert; so wie auch eine Quelle immer die nämliche bleibt, auch wenn stets neues Wasser aus ihr hervorsprudelt; und wie auch die Dürstenden – wenn ich mich eines anderen Gleichnisses bedienen darf – von stets neuem Durst dazu getrieben werden, zu der Quelle zu gehen.

Auch soll die Stelle, worin ich behauptet habe, daß die Evangelien im wörtlichen Sinne von den vier Evangelisten geschrieben, dem geistigen Gehalt nach aber von den späteren Menschen verfaßt worden seien, nur bedeuten, daß das Verständnis der Heiligen Schrift seit der Zeit Christi mit Hilfe der Kirchenväter, der Kirchenlehrer und all jener, die sie mit Liebe gelesen haben, zu einem vollkommeneren Erkennen, wie „von Angesicht zu Angesicht", wie der heilige Paulus sagt (1 Kor 13,12), vorangeschritten ist.

Wenn ich also behaupte, daß wir durch Christus beauftragt seien, ein fünftes Evangelium zu schreiben, da die vier nicht genügt hätten, die Welt zu erlösen und zu verwandeln, so heißt das durchaus nicht, wie mir vorgeworfen wurde, daß ich damit tatsächlich ein anderes Buch gemeint habe, sondern nur, daß unser Verständnis durch das immer tiefere Eindringen in das Evangelium, in dem wir „nach der Liebe trachten" sollen, wie der heilige Paulus fordert (1 Kor 13,14), so vollkommen wird, als hätten wir ein fünftes Evangelium geschrieben. Und etwas Ähnliches habe ich auch damit sagen wollen, daß mit jedem neuen Heiligen ein neues Evangelium geschrieben wird. Dies kann jedoch auch anders aufgefaßt werden: Daß unsere guten Werke das neu zu schreibende Evangelium sind, oder genauer, daß das Evangelium soviele Male stirbt und wiedergeboren wird, als die Liebe schwindet oder wieder aufblüht.

Wenn darum in meinem Dialog steht, daß Christus sich nicht ein für allemal gezeigt habe, sondern sich, im Gegenteil, jedem neuen Menschengeschlechte offenbare, so bedeutet das nur, daß Er mit seinem Wort in uns so oft wieder lebendig wird, als wir die Evangelien neu lesen. Und nicht viel anderes habe ich damit sagen wollen, daß jedes einzelne Menschengeschlecht sein eigenes Evangelium schreibe. Was aber wiederum auf dreierlei Art aufgefaßt werden kann: Daß jeder einzelne darin ein neues Licht der Wahrheit sucht; daß jede Wahrheit, die man im Heiligen Geiste sucht, dem Evangelium etwas hinzufügt; und daß das Evangelium nicht mit dem Maßstab des daraus Erfahrenen, sondern der daraus gewonnenen Liebe zu messen ist.

Wenn ich schließlich gesagt habe, daß die Wahrheit nichts Feststehendes ist, sondern vorwärtsschreitet, vorangeht, weitergeht, und daß sie es dem Heiligen

Geiste gleichtut, der sich ohne Maß verströmt, so bedeutet das, daß jede vom Heiligen Geiste inspirierte Schrift dem Feuer der Wahrheit stets neues Öl hinzugießt. Und dies, und nichts anderes, ist das fünfte Evangelium, wonach mein Dialog sich benennt.

ANMERKUNG: Vor einigen Monaten wurde ich darauf aufmerksam gemacht, daß sich eine Kopie der Schrift *De quinto evangelio* des Petrus von Artois in einer Privatbibliothek in Cosenza befindet. Dieser Umstand wirft, wenn ich mich nicht täusche, ein unverhofftes, neues Licht auf Corvino, den rätselhaften Judas des vorigen Kapitels. Die Hypothese, daß Corvino – der, wie wir nicht vergessen dürfen, gleichfalls Augustiner war – von den Vorstellungen des Petrus von Artois eine Ahnung gehabt haben könnte, dürfte den Grund und die Art seines Interesses für Giosuè einigermaßen erklären.

DAS LEBEN DES CHEVALIER DU BREUIL

Diese in Briefform gehaltene Biographie, die noch zu Beginn des achtzehnten Jahrhunderts in einigen jansenistischen Korrespondenzen erwähnt wird, wurde von Dominique Dubos – dem Oratorianer, der jahrelang Du Breuils Beichtvater und später der Herausgeber seiner Aufzeichnungen war – im Jahre 1681 an Pierre Vermeil gerichtet, der als Jansenist verbannt in Holland lebte. Sie war für mich zu einer Art beweglicher Zielscheibe geworden, so zahlreich waren die Hinweise, die mich von einem Ort zum anderen schickten. Dabei befand sich die Biographie ganz einfach im Archiv der Universität Leiden in einer Sammlung von Dokumenten, die sich auf die religiösen Spaltungen in Frankreich bezogen.

So ist denn Monsieur Du Breuil von uns gegangen, mein Freund. Und was man Euch über die Umstände seines Todes berichtet hat, daß seine letzten Worte solche der Verzeihung waren, ist begründet. Doch richtiger hätte man Euch sagen sollen, daß er mit Segensworten auf den Lippen starb. Es gibt Seelen, die in der Übung der Liebe nicht nachlassen, bis der letzte Moment erreicht ist. Du Breuil war eine von diesen. Es wäre wohl auch seinem Wesen fremd, wenn ein Mann wie er, der seit Jahren ständig wiederholte, daß alles Gnade ist und der diese Worte zu einer dauerhaften Seelenhaltung verwandelte, der sich so bemühte, in allem nur das Gute zu sehen, nun, im Augenblick des Todes, das Unrecht nicht auch als Erweis der Gnade angesehen hätte, gemäß dem Wort: „Segnet die, die euch verfolgen." Er tat es, und zwar mit der größten Selbstverständlichkeit, verabscheute er doch im Geistigen nichts mehr als jegliche Übertriebenheit. Wenn Ihr mir daher in Eurem Briefe schreibt, er sei auf einem Ehrenbett gestorben, so kommt Ihr zwar an die Wahrheit heran, färbt sie aber etwas zu weltlich, das heißt, Ihr laßt durchblicken, sein Tod sei etwas Feierliches, wohl Vorbereitetes, eine Art szenischer Handlung gewesen, in welcher der Darsteller die Beleidigungen edel verzeiht. Falls Ihr dies wirklich dachtet, muß ich Euch sagen, nichts war dem Geschehenen unähnlicher. Ein andauernder Schmerz verfeinert den Geist, sagt man. Und ich möchte noch hinzusetzen, er hatte alles zu beseitigen getrachtet, was nicht Ausdruck des Geistes ist. In unserem Freund hatte die Gefangenschaft, die Einsamkeit des Gefangenen, die Gewohnheit, keinen anderen Zeugen als sich selbst zu haben, nicht Mißachtung dem Außen gegenüber hervorgerufen, sondern Gleichgültigkeit, und seine Tugend befreit von jener gewissen Beredtheit, die sich im allgemeinen aus dem Drang zur Äußerung ergibt.

Wenige Stunden vor seinem Hinscheiden (wir standen zu dritt an seinem Lager) bat er um Wasser; das Fieber schwächte ihn nicht nur, sondern verursachte fortwährenden Durst. Als er getrunken hatte, deutete er an, daß er sprechen wolle. Es war das erstemal, daß er es versuchte – ich meine, seitdem er von seinem nahen Ende wußte –, und Ihr wißt ja, was in solchen Augenblicken geschieht: Fast unwillkürlich erwartet man Worte einer Grabinschrift, das große Testament, eine Lehre, die man weitergeben, einen Auftrag, den man erfüllen muß; schon darum, weil wir uns in unserer Eitelkeit unbewußt darauf vorbereiten, Empfänger einer Botschaft oder wenigstens Zeugen eines denkwürdigen Geschehens zu werden. Aber nichts dergleichen; so daß ich in diesem Augenblick (ich sage es mit Erröten) es wagen konnte, zu denken, sein Tod erreiche eigentlich nicht die Größe seines Lebens. Dieser Mann, dem man, wie Ihr schriebt, tatsächlich nachfolgen mußte, um ihn einzuholen, der in der Verwandlung des Leids zur Würde und des Unrechts und Mißgeschicks zur Standhaftigkeit unerschöpflich war, machte beinahe den Eindruck – hätte man ihn nicht gut gekannt –, als wolle er widerrufen und geradezu um weltliche Anerkennung flehen. Er klagte über die Schwierigkeiten, die dem rechten Verständnis unseres Wirkens entgegenstünden, und bat uns, dem König (seinem ärgsten Feind und Verfolger, demjenigen, der ihm letzthin sogar die kleinen Annehmlichkeiten und armseligen Tröstungen einer Gefangenschaft hatte nehmen wollen) in seinem Namen zu versichern, daß er gegen ihn niemals böse Absichten gehegt habe; auch sei er bei der Affäre der eingeschmuggelten Bücher eher ein Opfer widriger Umstände gewesen; und wenn er jetzt etwas bedauere, so sei es das, ihn niemals um ein Zeichen gebeten zu haben, das ihn zumindest seine Vergebung hätte erkennen lassen, wenn schon nicht die Anerkennung seiner Unschuld. Nach einigen Augenblicken des Schweigens, während derer er die Augen geschlossen hielt, fragte er uns, ob wir ihn in Paris begraben wollten: So würde er sich weniger einsam fühlen, sagte er wörtlich. Erst später erfolgte etwas, das Monsieur Du Breuil glich (ich meine dem Bilde, das Ihr von ihm gebt): Er segnete seine Verfolger, wie ich schon sagte. Aber auch dies geschah eher ungeschickt und, wenn ich so sagen darf, mit übermäßiger Schüchternheit.

Ich weiß, daß Ihr Euch wundert: In meiner Erzählung kommt die Ausgeprägtheit, das Hervorragende, das Blendende der Liebe, kurz, jene Art des Christentums großer Seelen nur mit Mühe zur Geltung, die Ihr an dem Manne, den Ihr kanntet, so anziehend fandet. Tatsache ist, mein Freund, daß uns die Wirklichkeit stets überflügelt; oder anders ausgedrückt, daß sie uns plötzlich unvorbereitet trifft. Ich muß zugeben, daß auch ich glaube, nur mit Mühe wirklich erkannt zu haben, daß Monsieur Du Breuil die Grenze zwischen Demut und Unschuld seit langem überschritten hatte, und vielleicht nur, weil ich in den letzten Jahren sein Beichtvater war. Ich meine den Punkt, da die Seele sogar ihre Tugenden hinter sich läßt, um wieder zur Unschuld zu gelangen. Das ist der Grund, weshalb Euer Nachruf (wenn ich Euren Brief an mich so nennen darf) mir in allem gefällt, bis auf eines: daß er mir seltsam anachronistisch vorkommt. Er enthält zwar die Skizze des Menschen, den wir geliebt haben, doch sind dies die Züge eines Antlitzes, wie es vor mindestens fünfzehn Jahren war. Ich mache Euch dies nicht zum Vorwurf. Während Eurer langen Verbannung, da Euch nur der Mut einiger Freunde vor dem Gefühl des Vergessenseins bewahrte, konntet Ihr freilich nicht über unsere Angelegenheiten am laufenden bleiben, und noch viel weniger über ein Schicksal wie das Du Breuils, das sich nur in seinem Inneren abspielte und nur wenigen nahen Freunden bekannt war. Indes hat aber selbst der Stoizismus, den Ihr ihm nach wie vor zuschreibt und der spurenweise in seinem Charakter zweifellos zurückgeblieben war, den Nachteil einer zu abstrakten Tugend, verglichen mit dem, was ich, da ich ihm näherkam, fühlte. Es gibt ja verschiedene Grade der Seelenstärke; und die seine äußerte sich in den letzten Jahren durch eine außergewöhnliche Fügsamkeit. Seht, durch sein Leben übte er das Nichtwollen und er betete darum, nur noch ein Erfüllter sein zu können. Und auch wenn Ihr von seiner jansenistischen Natur sprecht und von einer Härte, die ihn – wie Ihr sagt – nur zu extremen Berufungen befähigte, zeigt Ihr damit Unkenntnis darüber, daß dieses Dornenfeld (um nochmals einen Eurer Ausdrücke zu gebrauchen) nunmehr vielerlei Anmut hervorbrachte.

Warum aber sage ich Euch das alles, mein Freund, anstatt Euch weiterhin Eure Überzeugung und den niemandem zum Nachteil gereichenden Glauben zu lassen, unser Du Breuil sei bis zuletzt in der kühnen kämpferischen Gesinnung der Anhänger des Jansenius verblieben, wie Ihr es nennt? Letzten Endes hängt doch eine als falsch empfundene Meinung mit verletzter Eigenliebe recht eng zusammen. Im allgemeinen sind wir ja geneigt, alles an einem Menschen zu verstehen, sofern es uns nicht zwingt, unsere Meinung über ihn zu ändern und dadurch über uns selbst enttäuscht zu sein. Und doch war es notwendig: Einmal aus Liebe zur Wahrheit, vielleicht aber auch, um Euch aufmerksam zu machen, daß Ihr durch die allzu große Idealisierung von Tugenden, auf deren Besitz Du Breuil verzichtet hatte, einen Beweis dafür liefert, daß Ihr an den Anhängern Jansenius' nur Ausnahmseigenschaften – eben die kämpferischen – bewundert, von denen ich nicht weiß, ob ich sie für wunderbar oder für übertrieben haben soll; vor allem aber, um Euch auf eine neue Erkenntnis vorzubereiten, die Euch, wie ich nicht bezweifle, Anlaß zu neuem Staunen geben wird:

Monsieur Du Breuil war den Anschauungen von Jansenius schon seit zwanzig Jahren oder mehr nicht mehr gefolgt, wenngleich er in seiner Ablehnung (wie jetzt in den Lobreden) weiterhin das Schicksal der Jansenisten erlitt. Ja, ich glaube sogar, daß man zu seiner Ehre am stärksten hervorheben sollte: Er unternahm nichts, sich diesem Schicksal zu entziehen. Der Grund dafür bleibt jedoch eines der Geheimnisse, auf deren Lösung er selbst, wie er sagte, verzichtete. Was mich betrifft, so machte ich schon oft die Erfahrung, daß, wer einmal den Jansenisten nahestand, eine Reihe guter Eigenschaften besitzt, die manchmal bis zum Fehler getrieben werden können: dazu gehört auch das Zusammengehörigkeitsgefühl. Unser Du Breuil mußte diese Eigenschaft übernommen haben. Ein Abschwören wolle er sich jedenfalls, wie er lächelnd bemerkte, für den Augenblick des Undanks aufheben. Er meinte auch, man könne sehr wohl eine Lehre aufgeben, aber nicht in Frage stellen, weiterhin einer Berufung zu folgen: Und in ihm war die Berufung zum Opfer so sehr verwirklicht und der Glaube, für seine Ideen leiden zu müssen, so zur Lebenshaltung geworden, daß es für ihn ein Sakrileg gewesen wäre, diese Einstellung nur darum aufzugeben, weil er gewisse Vorstellungen nicht mehr teilte. Aber vermutlich liegt die Wahrheit in noch größerer Ferne oder, wie er sagte, an einem unbestimmbaren Ort. Einem Menschen wie ihm, der die Gabe hatte, alles, auch das eigene Schicksal, Gott zu übertragen, mußte der Versuch einer Auflehnung dagegen wie eine Störung des göttlichen Planes vorkommen. Dies ist, wohlgemerkt, nicht viel mehr als eine Hypothese meinerseits; sie will auch nicht die scheue, eifersüchtige Zurückhaltung verletzen, die Du Breuil über diese Frage stets bewahrte. Im übrigen bemerkte er selbst in einem seiner Tagebücher (ich nehme an, Ihr wißt wohl noch nicht, daß er Tagebücher hinterließ), daß niemand, der über einen Menschen spricht, ihn so darzustellen hoffen darf, wie er vor Gott ist.

Da ich Euch aber das Vorkommen von Tagebüchern verraten habe, laßt mich wenigstens noch zwei weitere Sätze zitieren, die seine Einstellung während der letzten Jahre recht gut wiedergeben. In dem einen empfiehlt er sich selbst, weder eine Beschreibung noch eine Beurteilung der eigenen Person zu versuchen, da wir nicht wüßten, was wir vor Gott darstellten. Und im anderen bemerkt er zu einer Biographie (Ihr wißt ja, wiesehr er diese Art von Lektüre liebte), daß der Fehler, vor dem man sich bei der Lebensbeschreibung eines Menschen am wenigsten hüte, jener sei, den äußeren Erscheinungen eines Charakters nachzugehen, anstatt darin die Intentionen Gottes zu suchen. Mein Freund, ist das etwa keine gute Warnung, zumindest für jemanden, der in Du Breuils Leben forschen will? Und ist das für einen Menschen, der kein Jansenist mehr war, nicht sehr jansenistisch?

Ich möchte in Euch jedoch nicht den Eindruck erwecken, als ob er ständig auf blumigen Wiesen wandelte. In seinen Tagebüchern steht auch anderes. Da sind zum Beispiel einige Zeilen, worin er klagt, nicht die friedlich vollendete Bekehrung jener Seelen erlangt zu haben, die sogleich in der Gewißheit landen. Ein derartiger Satz, der sich freilich auf die Zeit bezieht, da ich ihn kennenlernte, Ihr jedoch schon sein Freund wart, wirft, wie mir scheint, ein eigenartiges Licht auf eine Existenz, die uns damals, Euch wie mir, nur auf eine Richtung bezogen schien, und zwar im Hinblick auf eine Vollendung. Hier bedarf es einer Klärung: Wir unterhielten uns oft über die Zeit, da er seit kurzem zu den Büßern von Port-Royal gehörte, während ich, ein Opfer widersprüchlicher Impulse, hingezogen doch auch unsicher, in ihrer Nähe blieb. Was mir am deutlichsten in unseren gegenseitigen vertraulichen Aussprachen klar wurde, war die Ähnlichkeit unseres damaligen Zustands. Denn er, den ich für unverletzbar heiter wie in einer Festung gehalten hatte, deren Tore wohl versperrt, deren Laufgräben aber dem Himmel offen waren, war noch viel unsicherer, innerlich gespalten, erstaunt, daß eine mit aller Inbrunst gewollte Hingabe ihm nicht die Ruhe in der gesuchten Gewißheit gewährte. Und doch war er nach außen hin anders, werdet Ihr sagen. Ich zögere nicht, Euch rechtzugeben. Es kommt ja oft vor, daß eine noch zarte Hingabe, verbunden mit dem Empfinden der Unmöglichkeit, das Bedürfnis weckt, um jeden Preis über uns selbst zu siegen. Das innere Unbehagen und die Angst vor Irrtum erweckten in ihm, je stärker sie empfunden wurden, immer mehr die Hinwendung zu einer ständigen spirituellen Zucht, eben jenes Äußerste, jene fordernde Leidenschaft der Unbeugsamkeit, die uns, die wir an seiner Seite standen, den Eindruck vermittelte, einen jener Menschen vor uns zu haben, die Grenzen nur erreichen, um sie zu überschreiten. Dazu kommt, daß er sich bei seiner Suche von den sittlichen Lehren des Monsieur Arnauld hatte anziehen lassen. Wie alle noch unsicheren Seelen brauchte er ein Vorbild. Und ich möchte sagen, er brauchte auch einen Gegenspieler: Und diesen, den scharfsinnigsten und strengsten, suchte er in seinem eigenen Gewissen. Muß ich mehr sagen, um begreiflich zu machen, wie beinahe ungangbar sein Weg war? Und wie sehr seine Züge von dem inneren Kampf und dem inneren Rückhalt in der Würde von unstillbarer Trauer gezeichnet wurden?

Zum richtigen Verständnis müssen wir aber noch einen Schritt zurückgehen und uns die Umstände seiner Bekehrung, ja sogar noch das Vorhergehende in Erinnerung rufen. Er selbst pflegte es zu tun: Damit schützte er sich vielleicht, denn wie er sagte, bedürfe es eines ganzen Lebens, um über ein Leben zu berichten, und gleichzeitig setzte er hinzu, sei die Deutung eines Lebens schon die Geschichte dieses Lebens selbst. Wohlgemerkt, soviel nehme ich mir gar nicht vor: Schon aus dem Grund, weil es einen Raum gibt, der nur den innersten Bewegungen der Seele vorbehalten ist und wo ein Biograph notgedrungen weniger zählt als ein Beichtvater. Doch will ich Euch zumindest den jungen Du Breuil in Erinnerung rufen. In unserer Welt wird der Ruhm durch eine Reihe von Fehlern geformt, und unser Freund hatte von seinem zwanzigsten bis dreißigsten Lebensjahr alles in seiner Macht Stehende beigetragen, sich diesen Ruhm zu erwerben. Nun, als er schon zur Nachsicht geneigt war, sagte er mir, er wolle seine damalige Person mit jenen jungen Frauen vergleichen, welche die Tugend als etwas Unschickliches und als einen natürlichen Mangel ansähen, den man beseitigen müsse. Wenn dem so war, muß er öfters eine derartige Befreiung versucht haben. Ich weiß nicht, ob Ihr noch die Gerüchte über seine Duelle kennt und über seine zahlreichen, oft recht unordentlichen Liebschaften, das Geringste, was es darüber zu sagen gibt, ist, daß er auch im Stil sündigte, und über so manches Abenteuer, das er absichtlich suchte, damit es in Paris von Mund zu Mund gehen sollte: So zum Beispiel, als er andächtigen Frauen, die soeben bei einem den Jansenisten nahestehenden Oratorianer gebeichtet hatten, mit vielen Zweideutigkeiten halb frommer, halb galanter Art, versteht sich, nachstellte (wer hätte sich seine erste Berührung mit dem Jansenismus so vorgestellt?).

Wir Ihr seht, fehlte es dem Du Breuil von damals auch beim Sündigen nicht an Phantasie. Doch davon abgesehen, legte er dabei dieselbe maßlose Art an den Tag wie wir sie später, nach seiner Bekehrung, kennengelernt haben. Er selbst konnte nur mit Schmerz an jene Zeit zurückdenken, da es ihm nicht genügte, seiner jugendlichen Natur nachzugeben, sondern da er noch Gefallen daran fand, sie bis zur Frechheit und Zügellosigkeit zu steigern und sich geradezu einer Art von geistiger Libertinage hinzugeben, nämlich der Übung des Zweifels und eines dem Zweifel dienenden Verstandes. Und obgleich er in religiösen Fragen durchaus nicht gebildet war – dazu hätte er keine Zeit gefunden – spielte er mit der Überspitzung jenes Quentchens Unglauben, der unter den Schöngeistern, mit denen er damals Umgang pflog, Mode war, da man nach der Art der damaligen Zeit den Zweifel dem Wissen vorzog. Dies war auch gewissermaßen sein Motto. Du Breuil pflegte zu sagen, ein frommes Leben, wie er es verstehe, erfordere zuviel Beständigkeit, und er fühle, daß er nur im Zweifel beständig sein könne. Doch sagte er auch, daß ihn ein solches Leben insgeheim anziehe. Wie Ihr seht, ließ diese Wolkendecke feine Lichtstrahlen durchscheinen, um sich aber bald wieder zusammenzuschließen.

Mit all dem war Du Breuil eine Kraft, die ausgelastet sein wollte. Hinter der Lust zur Verneinung, die bis zur Gereiztheit zugespitzt wurde (wir werden sehen, wie in Bälde selbst darin der verhüllte Gott erahnt wird), selbst hinter der Zügellosigkeit des Betragens ruhte ein Bedürfnis nach Ruhe und Ausgewogenheit, dem es nur an Zucht mangelte, um zum Ausdruck zu kommen. Er glaubte, diese im Beruf des Soldaten gefunden zu haben. Als er seinem Leben ein Ziel geben wollte, schien ihm die militärische Laufbahn für seine edle Abstammung am geeignetsten, und grundsätzlich gefiel sie ihm in allem, selbst in ihren Vorschriften. Wie er versicherte, fanden dadurch in ihm zwei bisher gegensätzliche Strebungen ihren Ausgleich, nämlich sein Bedürfnis nach einer Regel und sein natürlicher Überschwang; außerdem befriedigte er damit manche seiner charakterlichen Neigungen, den Stolz nicht ausgenommen. Den Stolz, wie Du Breuil genauer sagte, und jene Freude am Wagnis, die seiner dreisten Jugend zur Gewohnheit geworden war.

Zu jener Zeit unternahmen wir unsere Feldzüge zur Unterstützung der deutschen protestantischen Fürsten, und Du Breuil entging der seltsame Widerspruch nicht, daß im Ausland Glaubensrichtungen begünstigt wurden, die man im eigenen Land bekämpfte. Doch bedeutet das nicht, daß er darüber etwa länger nachdachte, sondern nur, daß er sich sagte, das Los einer Wahrheit sei recht seltsam, die ihre Gegner je nach der Grenze wechsle. Aber dabei blieb es auch: Der damalige Du Breuil war zusehr von der Sucht nach Ruhm und Ehre dieser Welt erfullt, und diese wurde durch jene Art von Ergebenheit für die Person des Monarchen noch gesteigert, die im militärischen Leben umso stärker wird, je weniger man von ihr etwas anderes als die bloßen Insignien zu sehen bekommt. Ist es denn nicht sonderbar, daß sich ausgerechnet im Namen solcher Gefühle in eine seiner Schriften zwei Worte einschlichen, die er zunächst nur unabsichtlich benutzte, die aber bald zum neuen Wahlspruch seines Lebens werden sollten? In einem Brief an seinen Vater, worin er ihm mitteilte, daß er zum Regimentskommandeur ernannt worden sei, schrieb er, seitdem er im Dienste des Königs stehe, habe sich sein Leben und die Art seines Ehrgeizes geändert: Und er bitte Gott jetzt um die einzige Gnade, sich verschenken und, wenn nötig, in seinem Dienste sterben zu dürfen.

Weder das eine noch das andere sollte ihm zuteil werden. Bevor er noch an irgendwelchen großen Waffentaten teilnehmen konnte, wurde er in einem Scharmützel ganz gewöhnlich von den Kaiserlichen gefangengenommen und nach Eßlingen gebracht, wo er ranggemäß und mit allen seiner Herkunft gebührenden Ehren untergebracht wurde, umso mehr als der Befehlshaber dieser Festung mütterlicherseits mit den Pomponne verwandt war und nichts lieber tat als einen Du Breuil aus Unannehmlichkeiten und – das muß man dazu sagen – von den Härten der Bewachung zu befreien. Hier erfolgte die Episode seiner Flucht, über die soviel gesprochen wurde, daß ich Euch nicht daran erinnern muß. In der Folge gab es jedoch eine andere, weit weniger bekannte Episode, ohne die man die weitere Lebensgeschichte Du Breuils nicht verstünde. Er war erst seit kurzem wieder in Paris, als er erfuhr, daß man den Befehlshaber der Feste zumindest der Nachlässigkeit beschuldigt und ihn sodann verurteilt und enthauptet hatte. Nun treten zum erstenmal die eigentlichen Züge Du Breuils zutage. Denn es wäre zuwenig gesagt, daß diese Nachricht ihn verstörte. Er hatte diesen Mann gekannt. Und außer der natürlichen Dankbarkeit hatte er für diesen Mann fast wider Willen die zarten Impulse der Freundschaft empfunden. Er beschrieb ihn als eines jener seltenen Wesen, welche die Natur bisweilen als Einzelexemplar hervorbringt, um dann deren Prägeform wieder zu zerbrechen. Auch sagte er in seiner typischen Ausdrucksweise, jener habe in einer Welt, die nur zu geneigt war, die Tugend der guten Manieren mit den guten Manieren der Tugend zu verwechseln, die Gabe beider besessen. Vor allem aber hatte Du Breuil dessen zurückhaltende und doch untadelige Frömmigkeit beeindruckt, die weder übertrieben noch lau war, kurz, eine Religiosität ohne Verstellung, die sich aber doch, ohne jegliche Aufdringlichkeit und sozusagen auf Zehenspitzen, bemerkbar machte. Er erinnerte sich seines Gesichtsausdrucks, der nach der Messe wahrhaft gesammelt und verinnerlicht war, gleich darauf aber wieder den Ausdruck eines Menschen zeigte, der zu Witzen, ja Spaßhaftigkeit aufgelegt ist. Unser Freund wäre, wohlgemerkt, noch viel weiter gegangen und hätte sich selbst gewisse bequeme Gewohnheiten versagt. Aber der damalige Du Breuil, für den Mangel an Geschmack, besonders in Fragen der Moral, das größte Laster war, hatte sich mehrmals dabei ertappt, diesen Mann von Welt zu bewundern, der seine Pflichten gegen Gott so gut mit seinen übrigen Neigungen zu vereinen verstand. Sie hatten sich darüber auch unterhalten. Insbesondere erinnerte sich Du Breuil seines eigenen Ausspruchs, wenn er eines Tages beschließen sollte, fromm zu werden, so würde er es auf diese Weise werden wollen; doch fühle er seine Seele so wenig für eine Bekehrung geeignet (dies setze er so hastig hinzu, daß er seine innere Spannung kaum verhehlen konnte), daß er sich selbst nur als eine verlorene Gelegenheit der Gnade empfinden könne. Die Antwort war, wie Du Breuil anerkannte, dem Niveau dieses Mannes voll angemessen; von Gnade und Bekehrung verstehe er sehr wenig – dies habe er im wesentlichen erwidert – und er verzichte gerne darauf, über derlei Dinge zu sprechen, umso mehr als ihm die Neigung, die eigene Seele als Schauplatz eines Dramas oder wenigstens einer heiligen Handlung anzusehen, für Menschen passend scheine, die hochtrabend zu denken pflegten. Und doch falle es ihm dank weniger erhaschter Andeutungen nicht schwer, zu erkennen, daß unter den vielen Akteuren des Schauplatzes Du Breuil auch Gott verhüllt zugegen sei. Er brauche nicht zu sagen, fuhr unser Freund fort, wiesehr ihn diese Worte verletzten, legten sie doch unter anderem eine gewisse Großmannssucht und Freude an Theatralik bloß, die hinter seinem Leugnen standen. Doch als sich sein Ingrimm über die Demütigung gelegt hatte und er sich ehrlich prüfen konnte, wurden diese Worte das Fahrzeug auf dem Weg seiner langen Reise zur Demut.

Nun war derjenige, der diese Worte gesprochen hatte, seinetwegen und wegen des Vertrauens, das er in ihn gesetzt hatte, gestorben. Und es hieße, Du Breuil bösartig beurteilen und den Blickwinkel, von dem aus wir ihn kennenlernten, außer Acht lassen, vor allem aber den verhüllten Gott unterbewerten, auf den wir vor kurzem anspielen hörten, wollten wir seine Verstörtheit zu groß oder übertrieben und seinen Entschluß unüberlegt finden, sein Leben gewissermaßen als Sühnopfer für das andere darzubringen. Folgendes kann man höchstens über die Art seiner Absichten sagen: vor allem schien ihm die Lösung ehrenhaft. Ein anderer sollte nun den Platz eines Gläubigen einnehmen, der selbst nicht mehr sühnen konnte – so etwas Ähnliches mochte sich Du Breuil gedacht haben. Etwa, wie ein Zivilist an die Stelle eines Soldaten tritt, der, um ihn zu retten, den Tod fand. In seiner scharfen Urteilsfähigkeit, die er durch eine so harte Prüfung gewonnen hatte, sah der spätere Du Breuil in all dem ein feines Zeichen der Unvollkommenheit; in dem Du Breuil, der auf dem Wege der Bekehrung war, erblickte er einen Menschen, der eher ein Übereinkommen mit dem eigenen Gewissen suchte als Gottes Spuren folgen wollte. Vermutlich hatte er recht: Die Rolle, die er sich zugeteilt hatte, war die eines wahren christlichen Edelmannes, und vorläufig überwog freilich noch der Edelmann.

Aber lassen wir dieses Thema des Ehrbegriffs beiseite – wir werden ihm übrigens noch mehrmals begegnen – und versuchen wir, unseren Freund von der Nähe zu betrachten, wie er das Geflecht seines neuen Lebens webt. Dazu werden wir wohl seine Einsamkeit hervorheben müssen. Manche Seelen können sich aus einem Impuls heraus entscheiden, aber für gewöhnlich durchqueren sie so manche Wüste, ehe sie zum durststillenden Wasser gelangen. Er hatte sich eine Art Klause im obersten Stockwerk seines Palais ausgesucht, neben den Dienerzimmern gelegen. Und während sich im Erdgeschoß nach wie vor das glänzende gesellschaftliche Leben seiner Familie abspielte, befaßte er sich dort oben ganz allein mit erhabenen Begriffen, wie Glaube, Tugend, Berufung, Bekehrung, unter denen er wie in großen leeren Sälen wandelte. Er ging nur aus dem Hause, um nach St. Sulpice zu gehen, das wenige Schritte entfernt lag, und hörte dort mit Vorliebe stehend und hinter einer Säule halb verborgen die Predigt. Auch die Messe besuchte er regelmäßig, was nur natürlich ist, doch zögerte er noch, sich wieder den Sakramenten zu nahen. Er fühlt sich dessen noch nicht würdig, er bereitete sich noch darauf vor, und dazu betete, las, meditierte er. Wie er mir später sagte, wollte er zunächst die Trägheit aus der Seele vertreiben.

Es ist merkwürdig, werdet Ihr mir sagen, daß er das aus eigener Kraft, ohne Ratschläge, ohne Führung und noch dazu seit langem ohne Sakramente erreichen wollte. Aber das ist es ja: Gewisse, noch nicht beschwichtigte Arten des Stolzes lassen es schön finden, den Weg allein zu suchen, besonders wenn man noch nicht weiß, wohin man gehen soll. Hatte er übrigens nicht selbst in einem seiner Tagebücher bekannt, daß er damals so sehr damit beschäftigt war, sein Gewissen einem Tabernakel ähnlich zu machen, daß er nicht im mindestens merkte, daß dieser leer blieb? Ja, in seiner alten Gewohnheit, sich selbst zu lenken und in dem hartnäckigen Bestreben, in allem nur von der eigenen Natur abzuhängen, wäre er, hätte er es gekonnt, sogar sein eigener Priester geworden; umsomehr als es Vorwürfe gibt, die man, dem Bußsakrament entwöhnt, nur dann erträgt, wenn man sie sich selbst macht. Und obgleich der damalige Du Breuil sicherlich zu einer bis zum äußersten unnachgiebigen Prüfung und Beurteilung seiner selbst bereit war, störte die Vorstellung, sich einem Seelenführer anzuvertrauen, seine Eigenliebe, die nicht beherrscht sein wollte. Und doch darf man nicht glauben, daß er einen einfachen Weg einschlagen wollte. Vielmehr hatte er sich von diesem Sakrament eine so hohe Vorstellung gebildet, die einem so absoluten Kriterium und derart zwingenden Gründen entsprach, daß er genau das Gegenteil jener liebenswürdigen, ungezwungenen Beichtväter suchte, wie er sie in seiner Jugend kennengelernt hatte; um ihren Beichtkindern Samtstufen zu bereiten (so seine damaligen Worte), hatten sie ein heiliges Geschehen profaniert, das er sich furchtbar und feierlich erwartet hatte. Eben darum schob er dieses Sakrament hartnäckig hinaus: erst wollte er dafür bereit sein. Und bereit sein bedeutete, sich ihm mit einem so durchformten Gewissen und einem so völlig neu belebten Geist zu nähern, daß der äußere Akt der Beichte in seinen Augen zum letzten Zeichen eines totalen inneren Vervollkommnungsprozesses wurde. Wie Ihr seht, läßt das alles schon an die Jansenisten denken. Es hat schon den Ton, wenn auch freilich nicht den Schmelz und die Feinheit. Und es ist auch kein Zufall, denn jene bereiten sich schon, bei ihm anzuklopfen.

Erst vor kurzem war *La fréquente communion* erschienen, und ich brauche Euch nicht an die Wirkung, die diese Schrift hatte, zu erinnern. Offenbar, sagte man später (ich behaupte nicht, daß es zu Recht gesagt wurde), mußte in Paris ein großer Hunger nach Tugend geherrscht haben, wenn sich eine ganze Stadt leidenschaftlich für einen Traktat begeistern konnte, der doch so streng mit den Leidenschaften verfuhr, und wenn auch Menschen mit, gelinde gesagt, gelokkerten Sitten Partei für die Strenge ergriffen. Jedenfalls hatte dieses schwierige und letztlich wenig angenehme Buch das von uns mit Staunen beobachtete Wunder vollbracht, die Moral aus den Beichtstühlen in die Salons zu bringen, Du Breuils Salon nicht ausgenommen. Es braucht nicht erwähnt zu werden, daß das Echo dieser Unterhaltungen recht bald von den unteren Räumlichkeiten in das Kämmerchen unseres Freundes hinaufdrang, und damit auch das

Buch. Es braucht auch nicht gesagt zu werden, wie sehr er sich davon angesprochen fühlte. Das Mißverständnis, in das er, wie so manch anderer, verfiel, daß er darin nämlich das Modell einer erhabenen, nur außergewöhnlichen Naturen vorbehaltenen Frömmigkeit sah, war ganz dazu angetan, den Kampfgeist einer Seele anzureizen, die sich noch ausschließlich mit erhabenen Gefühlen befaßte und eher nach Vollkommenheit als nach Heiligkeit strebte. Überdies schien ihm der Sinn des Buches so sehr mit seiner Vorstellung von der Würde der Sakramente übereinzustimmen, daß er es zur Rechtfertigung und Anregung für seine Zurückhaltung benützte. Besonders gefiel ihm aber in dem Buche Monsieur Arnaulds jenes Kapitel über die innere Zucht, die Aufforderung, Gott nur in den verborgenen Stätten der eigenen Seele zu folgen, und die – wie er glaubte – darin enthaltene Mahnung, die Schwierigkeiten zu vermehren, um sie überwinden zu können. Wir sind wieder beim alten Kampfgeist angelangt, der durch die Autorität eines Mannes, welcher in so vieler Hinsicht mit Gott vertraut zu sein schien, noch ermutigt wurde.

Diese Lektüre hatte aber noch eine weitere Wirkung: Du Breuil wurde durch sie angeregt, mit Monsieur Arnauld zusammenzutreffen. Trotz allem hatte er doch das Bedürfnis, sich mit jemandem auseinanderzusetzen. Aber davon abgesehen, schien ihm die Begegnung erstrebenswert, weil Monsieur Arnauld kein Priester war: Ich meine, er wünschte eine Begegnung als Laie auf gleicher Ebene mit einem Laien in gegenseitiger Wertschätzung, in freimütiger Diskussion, oder auch mit einem frommen Menschen auf der Suche nach Gott, nicht aber in der Rolle des Büßers. Auch müssen wir berücksichtigen, daß Monsieur Arnauld bereits versteckt leben mußte, um einer Verhaftung zu entgehen. Kein Wunder also, daß Du Breuil, der so begierig und ehrgeizig über sich selbst hinauswachsen wollte, unter tausend in seiner Reichweite befindlichen Männern des Glaubens ausgerechnet den am schwersten erreichbaren zu sehen wünschte.

Das Treffen gestaltete sich allerdings schwieriger als erwartet. Ohne Du Fossé, einen der wenigen, die Arnaulds Versteck kannten, hätte es wahrscheinlich nie stattgefunden. Aber auch das Ergebnis war anders als erwartet: Du Breuil war hingegangen, um dort eine Gegenüberstellung zu suchen, und fand unerwartet sein Schicksal. Er faßte den Entschluß, einen Mittelweg zwischen Laienstand und Eremitentum einzuschlagen und sich möglichst bald den Einsiedlern von Port-Royal anzuschließen; da er sich für einen Eintritt in einen regulären Orden für zu alt hielt, schien ihm dieser Weg nicht nur der ehrenhafteste (schon wieder dieses Wort!), sondern auch der geeignetste, sich nach dem Vorbild Monsieur Arnaulds zu formen. Ich glaube, ich sagte es schon: Es genügte, ihn kennenzulernen, um schon zu wünschen, ihm gleichzuwerden. Die schon vorher empfundene instinktive Sympathie für einen Mann, dessen Impulse und Seelengröße ihm, der gelesenen Schrift nach zu urteilen, geistesverwandt schienen (wie man sieht, war Du Breuil noch nicht geneigt, andere Tugenden zu bewundern, als er selbst zu besitzen glaubte), wurde durch diese Begegnung womöglich noch größer, in der selbst Monsieur Arnaulds sichtbarster Fehler, nämlich die Tendenz, die Menschen weit weniger zu lieben als die Ideen – und sich selbst in den eigenen Ideen –, für Du Breuil mit seinen offenkundigen Qualitäten verschmolzen, wie sein Gesichtsausdruck, die Offenheit, die Leidenschaft der Unduldsamkeit, die Wahrheitssucht, sein Kult der Konsequenz. Später, wenn auch nicht gerne, sollte unser Freund zugeben, daß es sich um einen Mann von naturhafter Stärke, Würde und voller natürlicher Tugenden handelte, dessen Liebe zu den Menschen aber kalt war. Er gab auch zu, daß Monsieur Arnauld samt all seinen Talenten nur sich selbst zugeneigt war. Später schrieb er sogar (wie ich in seinen Schriften las): „Dieser Mann fürchtete nichts, nicht einmal die eigenen Irrtümer." Doch sind dies die Urteile eines erwachsengewordenen Du Breuil, der sich nicht fürchtet, ironisch zu sein. Vorläufig aber reifte Du Breuils Enthusiasmus zu einer Art Lebensplan heran, wonach er, wenn wir ihm glauben dürfen (ich zitiere wiederum aus seinem Tagebuch), die Qualitäten Arnaulds in heftiger Hingabe erreichen, steigern und angleichen wollte.

Monsieur Arnauld tat noch mehr: Er stellte die Verbindung mit Monsieur Rebours her, dem damaligen Spiritual der sogenannten „Solitaires", der einsiedlerhaft lebenden Familiaren von Port-Royal des Champs. Jener Mann war es, der Du Breuil nach langer geistlicher Unterweisung und einem langsamen, skrupelhaften Bußplan die Rückkehr zu den Sakramenten gestattete und ihn daraufhin unter die Solitaires einführte.

Man muß das berücksichtigen, um die verwinkelten Wendungen, durch die die Formung unseres Freundes hindurchging, zu verstehen und die inneren Widersprüche, die wenigstens noch bis zu der Zeit, in der wir ihn kennenlernten, andauerten. Denn im Gegensatz zu Monsieur Arnauld war Monsieur Rebours ein kühler Mann von berechneter Trockenheit, dessen Art es war, die Seelen wie hinter einem Eisengitter zu lenken. Darauf geht übrigens Du Breuils lange Zeit empfundener Eindruck zurück, zwischen zwei Wänden zu leben, deren eine zu warm und die andere zu kalt war. Unser Freund pflegte sich noch eines anderen Bildes zu bedienen: In seinem Zwiespalt zwischen der Sympathie für Arnauld und der strengen Leitung durch Rebours fühlte er sich, wie er sagte, wie rotglühendes Eisen, das ständig dem Wasser ausgesetzt wird. Wir können es uns vorstellen: Nach der Wandlung seines Lebens ist er ganz Überschwang, ganz Ungeduld, ganz Begeisterung und Expansionsdrang und nahe daran, in Liebe aufzugehen. Und da ist Rebours, der ihn zügelt, der seine Skrupel vermehrt, der ihn (ich entnehme den Satz flüchtig seinen Tagebüchern) warnt, auf den Höhen der Gnade wandeln zu wollen, deren Ausläufer er gerade erst betreten habe, kurz, der ihn gleichsam in ein zu enges Gewand zwängen will, während er doch ein Übermaß erwartet.

Doch betrachten wir unseren Chevalier Du Breuil, da er endlich in Port Royal ist. Wir kennen ihn schon genügend, um ihn zu verstehen. Übrigens ist er, zumindest nach außen hin, genau so wie Ihr ihn kanntet, eine völlig der Zügelung der Leidenschaften gewidmete Energie, eine Natur, die über die eigenen Triebe und den eigenen Stolz siegte. Seine Züge waren in der letzten

Zeit viel weicher geworden, es lag darin Sanftmut, keine Herrschsucht mehr, und gleichsam ein bezwungener Stolz. Wer ihn aber damals hätte zeichnen wollen, hätte (damit habt Ihr recht) das Strahlende, die Kraft, die Hingabe, das Wuchernde und was sonst noch seine Züge an Ungemäßigtem andeuteten, angefangen mit der Schönheit, hervorgehoben: Denn, gestehen wir es nur, er war auch schön, wie es mitunter Menschen von altem Adel sind, deren Züge die Zeichnung durch Würde, vielleicht auch durch Hoffart, beibehalten. Versuchen wir aber nun, den äußeren Schein zu durchdringen und in seine innere Festung einzudringen, wie Ihr sie nennt. Wir erwarten dort die Begegnung mit einem erneuerten Geist, der sich ganz dem Voranschreiten auf den Höhen der Gnade widmet, und finden statt dessen eine eher bekümmerte als erlöste Seele vor; das heißt, einen Menschen, der noch immer darüber grübelt, ob er nicht etwa nur die Art seines Ehrgeizes vertauscht hat. Freilich übertrieb er. Und doch trugen tatsächlich vielerlei Dinge dazu bei, aus seiner Bekehrung eine jener unvollkommenen Konversionen zu machen, die man an der Vollkommenheitssucht erkennt. Man gehe nicht ungestraft von den Ausschreitungen der weltlichen Freuden zu denen der Buße über, vertraute er mir einmal im Gespräch an. Überdies fühlte er sich durchaus noch nicht vor all dem gefeit, was die Widerstände des Fleisches an leidenschaftlichen Erschütterungen in eine Bekehrung hineintragen können, und dies ließ in seinen Augen ungeheuerlich die Schwierigkeiten seiner Lage anwachsen, die durch das Fehlen von Ordensgelübden wohl erträglicher, doch zugleich auch ausgesetzter war.

Tatsache ist, daß unser Freund wie eine noch ungenutzte Energie war: eine ganz lichtvolle Natur, herabgewürdigt, das Halbdunkel zu lieben; eine großherzige Aufnahmsbereitschaft für Eindrücke, durch einen Eifer zur Strenge eingeschüchtert und unterdrückt, dazu erzogen, sich selbst zu überwachen, zu mißtrauen und jeden Aufschwung für eine Versuchung zu halten; ein Wille, begierig, sich nach außen auszudehnen, sich zu verströmen, in den Feuerofen zu gehen, wie er sagte, und doch gezwungen, kleinliche Frömmigkeitsübungen zu ersinnen, die den Willen erschöpften, ohne ihn auszuschöpfen. Dies war die Methode von Rebours, der – wie ich schon sagte – gegenüber einem Überschwang, der durch Arnaulds Einfluß noch bestärkt wurde, nur darauf sah, ihn in die Schranken einer rein verinnerlichten Religion und einer skrupelhaften, vorsichtigen Frömmigkeit zu verweisen. Du Breuil betete, meditierte, nahm andächtig an den gemeinsamen Gottesdiensten teil, bereitete sich jedesmal eifrig auf die Sakramente vor, verbrachte viele Stunden in absolutem Schweigen, schrieb sich Bußübungen, Verdemütigungen und Verzichte vor, nahm kleine Gebetsübungen und sonstige Pflichten auf sich, wie das Umgraben des Gemüsegartens und das Aufbinden der Reben des Klosters, mit einem Wort, in der Arbeit wie in der Askese versuchte er, die Lebensweise der anderen Einsiedler, die an seiner Seite lebten, nachzuahmen, fühlte sich jedoch dabei wie ein leerlaufendes Rad oder ein auf der Stelle tretender Soldat. Er hatte einen Bediensteten mitgenommen und wechselte, sehr zu dessen Unbehagen, das Bedientwerden mit dem Bedienen ab. Dies war eine seiner kleinen Prüfungen, die ihn zwar beschwichtigten, aber nicht befriedigten; bald sah er in der Demut ein zu überwindendes Hindernis, und keinen Gipfel, den er erklimmen mußte, bald neigte er wieder dazu, sie als eine der letzten Äußerungen seines Stolzes anzusehen. Und bei all dem erforschte er nach wie vor, nur verdüsterter, sein Gewissen, wie alle Menschen, die nicht zufrieden sind (bemerkte unser Freund).

Und doch haben wir auch jetzt noch kaum die äußerste Schichte erreicht. Manche Naturen bekunden sich im Schweigen. Andere wieder durch heimliche Rufe, die bis ins Mysterium dringen. In den Tagebüchern jener Zeit sind solche Rufe zu finden. So schreibt Du Breuil, die Erde scheine ihm dort, wo er genötigt sei, sie zu betrachten, kaum auch nur spurhaft vom Himmel berührt. In manchen Augenblicken – schreibt er sogar – sei es besser, sich der eigenen Hölle zu überlassen. Was das bedeuten soll, werden wir wohl nie begreifen. Es sei denn, wir erklären es als den plötzlichen Ausbruch eines Geistes, der sich durch den Zweifel einer Lehre an den Quellen der menschlichen Natur veranlaßt sieht, den Bereich der Hoffnung zu vernachlässigen; dann könnte man das mit einem Ausspruch in Verbindung bringen, den ich von ihm oft über seine jansenistischen Freunde hörte, nämlich daß sie Menschen seien, denen nichts Christliches fehle außer der Freude (doch wie sollten wir die Seelengründe erforschen, die sich nur Gott voll aufschließen können?). Aber noch geballter und aufschlußreicher sind einige Bemerkungen in seinen letzten Tagebüchern, wo die Erinnerung an seine früheren Verirrungen wie die Reste eines Schiffbruchs auftauchen. So schreibt er zum Beispiel, es gebe bei den Jansenisten zwei entgegengesetzte Strebungen, die eine wende sich zur Liebe, die andere verharre in der Wüste; oder kurz darauf, sie verlangten zuviele Wüsten zu durchqueren (fast schon eine fixe Idee!), ehe sie bei Gott landen; oder wiederum, sie hielten die Heiligkeit für eine Pflanze, die in den Himmel rage, aber in der Wüste verwurzelt sei; oder er stellt fest (wer sähe darin keine Anspielung auf Port-Royal?), eine unausgesetzte Angst um die Gnade könne aus einem Heiligtum einen Hort für verquälte Gewissen machen; sehen wir da nicht, wie sich der Kreis vollendet und sich darin eine Verfassung ängstlicher Spannung, Unruhe, Freudlosigkeit, ja, sogar der Furcht abzeichnet?

Furcht, Qual, Bangen um die Gnade: Wie oft loteten wir nicht all diese Gefühle aus! Die Furcht vor einem Gott, der nur wenigen Auserwählten die Hand reicht, die Furcht, vielleicht nicht zu den Auserwählten zu gehören, der Gedanke an die unmeßbare Seltenheit der Gnade, der Zweifel daran, in den Heilsplan einbezogen zu sein, das Zittern vor dem Christus mit den geizigen Armen, wie er sagte. Das waren seine fixen Ideen, das Fundament seiner Unsicherheit und all dessen, was aus ihm damals einen freudlosen Büßer machte, einen Mann der düsteren, fast widerborstigen Frömmigkeit und, sagen wir es, eines bedrängten Gewissens.

Mein Freund, wir könnten endlos über das jansenistische System der Gnade diskutieren. Ich fürchte nur, es würde nichts nützen, wir würden uns weiterhin wie von zwei gegenüberliegenden Ufern ansehen, ohne das Trennende genau bestimmen zu können. Ich möchte lieber die Auswirkungen auf Du Breuils Seele herausgreifen und einen Augenblick bei seinen Wünschen, bei seiner Bestürzung und Richtungslosigkeit verweilen. Wieso hatte er denn die Richtung verloren? Dieses ganze, auf die Frage sich zuspitzende Lehrgebäude, ob wir prädestiniert seien oder frei, ob wir allein zwischen Gut und Böse entscheiden könnten, ob unser gutes Wollen das Heil bewirke, oder ob uns der Herr schon unabhängig von unseren Verdiensten auserwählt habe, ob schließlich Christus für alle Menschen gestorben sei oder nicht, das senkte sich in einen von Theologie fast unberührten Geist und verdichtete sich zu einer allgemeinen, unbestimmten Vorstellung von der Gnade als einer überaus hohen, allein am Himmel hängenden Leiter, es machte ihn, wie er mir erzählte, auch viel empfänglicher für die unendliche Entfernung Gottes als für die unendliche Nähe unseres Erlösers. Seltsamerweise drückte ihn dies aber nicht nieder, sondern gab ihm Auftrieb, er war gleichsam versucht zu hoffen, die Verachtung eines leichtgemachten Glaubens, die strenge, ängstliche, freudlose Zucht, ja selbst die Berufung zum Extremen, um deretwillen Ihr ihn so sehr bewundertet, werde schließlich zur Überwältigung durch die Gnade führen. Aber um welchen Preis! Einem seiner damaligen Sätze entnehmen wir eine steinig harte Askese, ein verbissenes Vollkommenheitsstreben, letztlich eine hoffärtige Bekümmernis am Rande der Verzweiflung: „Der Weg zu Gott führt von hier aus ins Unendliche; doch muß man ihn ganz durchlaufen, um gerettet zu werden.“ Darin liegt das Geheimnis der Jansenisten und vielleicht das ihrer Erfolge: Dieser Mann hatte statt einer Zufluchtsstätte einen Kalvarienberg gefunden, doch suchte er keinen Trost; man könnte vielmehr sagen, er erhob den eigenen Kampfgeist zu der Illusion, den Blick Gottes dadurch auf sich zu lenken, daß er sich am Unmöglichen maß. Doch, sagen wir es noch einmal, um welchen Preis! Er erzählte mir, daß er an manchen Tagen, wenn ihm die Niederlagen seines Stolzes am schwersten und grausamsten und sein Unvermögen am heillosesten schienen, in der Welt des Christentums nur mehr anstelle des Jubels eine Stätte des Gemetzels an Seelen sehen konnte: natürlich auch an der seinen.

Manchen Existenzen ist das Schrittmaß der Zeit das Jahrzehnt. Und diese Spanne ist für Du Breuil notwendig, um in seinem Leben eine an sich banale, auf lange Sicht aber entscheidende Episode herbeizuführen. Es waren die unruhigen Zeiten der Fronde, und angesichts all der Truppen der beiden Parteien, die plündernd durch das Land zogen, bot sich Du Breuil an, rings um die Klostermauern die Bewachung zu organisieren. Aber – Ironie des Schicksals – nicht einmal dabei fand er Gelegenheit, sich auszuzeichnen, sofern er es überhaupt wollte: Als er hinausging, um zu inspizieren, fiel er in einen Wassergraben und brach sich das Bein. Und da es in Port-Royal des Champs wegen des Krieges keine Ärzte oder sonstige Hilfe gab und er den anderen nicht zur Last fallen wollte, beschloß er, sich nach Paris in sein Haus transportieren zu lassen. Du Breuil dachte stets mit Staunen an jene Tage zurück: Zehn Jahre hatte er darauf gewartet, so erinnerte er sich, der Welt abzusterben, und nun wendete sich diese ihm zu und bot ihm ihre innigste Zärtlichkeit an. Seine Mutter war eine impulsive, überaus liebevolle Frau, und sein Bruder, obwohl durch Ehrgeiz dazu verleitet, sich mit der Fronde einzulassen, besaß im Grunde dieselben guten Eigenschaften wie unser Freund, wenngleich weniger kraftvoll und mit mehr Weichheit verbunden. Und indem beide ihren von Schlaflosigkeit gezeichneten, aus einem Thebais zurückgekehrten Angehörigen mit schüchterner Aufmerksamkeit umgaben, wurde dieser verwundert zu einer Gefühlswärme wiedererweckt, die er verschüttet geglaubt hatte.

Aber die Welt kam ihm noch auf anderen Wegen entgegen. In seinem Zustand konnte er den Empfang von Besuchern nicht verhindern, umso weniger, als die alten Freunde neugierig waren, einen so verdienstvollen Mann als Büßer wiederzusehen. Und trotz der Abwehr unseres Freundes hätte nicht viel gefehlt, und sein Lager wäre zum modischen Pilgerziel gewisser Leute geworden, während im Raum nebenan Intrigen gesponnen wurden. Fast unbewußt fand Du Breuil diesen Menschen gegenüber etwas von seiner alten Angriffslust wieder: Etwa über den Unterschied zwischen Jesuiten und Jansenisten befragt (denn das war das Tagesgespräch), erwiderte er, die Jesuiten fänden sich eher dazu bereit, dem auferstandenen Jesus nachzulaufen als dem gefangenen Jesus zu folgen; oder als man ihn um ein Urteil über den Kardinal-Erzbischof bat, meinte er, er gehöre zu jenen Menschen, in deren Gegenwart es unklug sei, Meinungen zu äußern, da sie die eigenen so oft änderten; oder schließlich (um Euch ein weiteres Beispiel zu geben), als ihm sein Bruder freudig mitteilte, Saint-Réal sei für die Fronde gewonnen – oder zurückgewonnen – worden, murmelte er, es sei schön zu sehen, wie die Fronde einen Anhänger gewinne, ohne ein Gewissen zu verlieren, denn, so fuhr er fort, man verliere nicht, was man nie besessen habe. Wir können es uns vorstellen: das Lächeln, das kaum wahrnehmbar durchschimmert, während Geist und Urteil streng und untadelig bleiben. Wer in dieser Zeit öfters mit ihm zusammenkam, erlebte ihn stets so: Völlig gleichwertig in allen Qualitäten, die den Geist zieren, aber überlegen in allen, die ihn heiligen. Denn man kam nicht mehr nur zu Du Breuil, sich des Wirkens einer Bekehrung zu vergewissern, sondern um ihn über Heiliges sprechen zu hören, verwundert über diesen Mann, der mit beseelter Selbstverständlichkeit über seinen Glauben sprechen konnte und sich nach so vielen Schweigejahren als Autorität und gewandter Redner entpuppte, wodurch alles, was er sagte, verlockend und fast alles überzeugend klang. So konnte man einige Monate hindurch das seltsame Phänomen beobachten, daß ein geistlich lebender Mann gesellschaftlichen Erfolg hatte wegen seiner Strenge.

Freilich ist auszuschließen, daß Du Breuil diesen suchte. Ja, in manchen Augenblicken, da seine lange zur Gewohnheit gewordenen Skrupel wieder stärker auftauchten, fragte er sich, ob er nicht der Eitelkeit nachgebe oder wenigstens, nachdem er so lange der letzte zu sein gestrebt hatte, nun unter die Ersten geraten sei. Aber das waren nur Augenblicke: Man ist nicht immer so vollkommen. Außerdem überwog in ihm ein anderes Gefühl: Dieser Mann, der, wie er sagte, jahrelang nur die Überwindung der eigenen Natur angestrebt hatte, entdeckte nun zum erstenmal nicht nur eine Übereinstimmung mit sich selbst, sondern das Bedürfnis nach einer anderen Zielsetzung seiner Liebe, umso mehr als er die Kraft seines Talents und die natürliche Ausstrahlung seiner Autorität stärker empfand. Daher kam, erzählte mir Du Breuil, der Gedanke, sich von nun an einer Art von Laienpriestertum zu widmen oder wenigstens die Rolle eines freien Verkünders der Lehren, die er bekannte, auf sich zu nehmen. Das waren Anwandlungen, wohlgemerkt: Sein Thebais erwartete ihn noch und sollte den Lehrer bald wieder in den Büßer verwandeln. Aber dennoch sind seine Erwartungen, wenn auch kaum wahrnehmbar, zum erstenmal abgeändert. Bei einem solchen Lebenslauf muß alles ins Kalkül gezogen werden.

In dieser Zeit entstanden auch seine ersten Schriften, die gewandten, liebenswürdigen Briefe an die Freunde, die sich hatten zurückziehen müssen, wovon einige als Manuskripte zirkulierten, und der erste Entwurf seiner kurzen und so kostbaren *Apologie des Geschmacks,* des einzigen Werks, das vor der Beschlagnahme seiner Schriften gedruckt wurde. Übrigens war es kein Zufall, daß es entstand, als Du Breuil gleichsam von der Welt eingeklammert war, ich meine, von einem Mann geschrieben wurde, der seine Augen wieder zur Welt erhob und sie gleichsam aus Gottes Blickwinkel beurteilte. In diesem Sinne muß man auch versuchen, diese Schrift neu zu lesen, um die Ursprünge eines Stils zu verstehen, der vollkommen nüchtern ist, in dem aber wie Sterne geheime Zeichen schimmern, und von dem wir heute leider nur mehr in den Tagebüchern Spuren vage angedeutet finden; es sei, so betonte er, in einer Zeit so großer Gelockertheit des Geschmacks wie der Sitten sein stärkstes Bemühen – und die vordringlichste Regel, die er jedem Schreibenden vorschreibe –, einen bis zur Zurückhaltung beherrschten Ausdruck zu finden. Es gibt noch eine andere Regel, wenn wir sie so nennen wollen, die auf andere Art dasselbe Ideal zeigt: „Der Irrtum ist nichts anderes als eine durch gelockerten Wortgebrauch verletzte Wahrheit.“ Doch kaum scheint der eigene Gesichtskreis fertig bestimmt, überspringt er ihn schon; kaum ist ein Ordnungs- und Verhältnisprinzip aufgestellt, wonach der gute Geschmack ein Synonym der Wahrheit und Moral ist, fordert er schon mehr und verlangt vom Schreibenden Dichte und Sinnfülle der Sprache, so daß mehr gesagt werde als man ausspricht, kurz, er fordert das Wort, das uns zum Unsichtbaren hinzieht und aus der eigenen Spiegelkraft uns zum Mysterium Zugang gibt. Gerade das soll wohl die häufigst zitierte Maxime aus seiner *Apologie* bedeuten: „Das Wesen des guten Schreibens und der guten Literatur besteht darin, daß das Wort als göttliches Zeichen behandelt wird.“

Wir könnten jedoch diesen neuen, gelösteren, freieren, jedenfalls feurigen und dabei heiteren Du Breuil nicht verstehen, ohne auf einen anderen Umstand hinzuweisen, der alles Weitere erklärt. Monsieur Rebours war in Port-Royal geblieben, und unser nach Paris zurückgekehrter Freund bat, Monsieur de Saci sehen zu dürfen, um dessen geistliche Führung zu erbitten. Wie vorauszusehen war, willigte dieser sogleich ein, und so begann die lange, brüderliche Kameradschaft der beiden, die noch immer alle rührt, die sich daran erinnern. Saci war nur etwa zwei Jahre jünger als Du Breuil, aber er hatte sich noch die jugendlichen, offenen Züge jener Priester bewahrt, die eine frühe Berufung erfahren und diese unverletzt bewahrt haben. Im Vergleich zu Monsieur Rebours schien er zunächst unerfahren und farblos. Aber in der Tiefe seines Blickes und in den Spuren seines Lächelns konnte man bei näherer Betrachtung unschwer den feinen, durchdringenden Weitblick der Liebe beobachten und etwas, das ich zornige Milde nennen möchte. Seine Methode als Beichtvater faßte er in einem Satz zusammen: „Gut zu beichten besteht nicht darin, auf den Knien zu liegen, sondern sich haargenau so zu zeigen, wie uns Gott sieht." Seine hervorstechendste Gabe war jedoch die Geduld: die Bereitschaft, sagte Du Breuil, sich seinen Beichtkindern unterzuordnen, anstatt sie sich zu unterwerfen, und einer Seele willig durch all ihre Schlangenwindungen zu folgen. Und um die Art dieser Richtung besser verständlich zu machen, griff er zu einem merkwürdigen Bild; er sagte, Saci sei ein Mensch, der in seinem Leben nur die Flüsse gekannt habe, der aber wisse, daß er ihrem Laufe folgend in das Meer eindringen würde.

Doch wollen wir jetzt den langjährigen Beichtvater und Kameraden nur mit Du Breuils eigenen Worten beschreiben. Das enthebt uns selber des weiteren Sprechens. Du Breuil pflegte zwei Vergleiche anzuwenden, einen für sich und einen für Saci. Von sich sagte er, er sei in seiner damaligen Strenge eine Natur ohne Landschaft gewesen. Und über Saci, er habe einem schmalen, hochgelegenen Fenster geglichen, von dem aus man unermeßlich weit sehen konnte. Und doch, überlegte er beinahe verwundert, schienen dessen Augen mehr dazu geschaffen, den Widerschein wahrzunehmen als das Feuer. Eines Tages wollte er mir Sacis Sanftmut und seine Fähigkeit, Freude zu empfinden und zu geben andeuten und meinte, lachende Engel könne man sich schwer vorstellen, dafür aber lächelnde. Wieviele Worte für einen Menschen! Und wieviele Beweise wahrer Liebe! Jedenfalls staunte Du Breuil, der seit Jahren an die Strenge Monsieur Rebours' gewöhnt war, über Sacis anpassungsfähigen Geist, der gerade im richtigen Maße gewissenhaft war und die jansenistischen Härten durch weitausholende Liebe milderte.

Es war Sacis Verdienst, schon bald zu spüren, daß unser Freund mehr des Schutzes vor eigenen Übertreibungen bedurfte als der Mahnung, Unzulänglichkeiten abzulegen. Gleich von Beginn an versuchte er, ihn zu einem weniger strengen Sündenbegriff und einer weniger fernen, hoffnungsraubenden Sicht der Gnade zu lenken. Er riet ihm, jene äußerlichen Übungen der Askese zu meiden, die nichts als fühlbare Abgründe hervorrufen; nicht immer unter der lastenden Angst vor Gott auf den Knien zu liegen, sondern dessen Barmherzigkeit nicht minder zu erwarten als die Gerechtigkeit, denn die größte Sünde sei die wider den Heiligen Geist, das mangelnde Vertrauen in Sein Eingreifen, das Verzweifeln an der Hoffnung: Dies war im wesentlichen die Lehre Sacis, wie ich sie Du Breuils Erinnerungen entnahm. Und ein Satz, der ihm bei der ersten Begegnung entschlüpft war: „Wenn wir Gott wahrhaft in Liebe suchen, dürfen wir ihn überall zu finden hoffen", überraschte Du Breuil nach so langer Zeit noch immer. Er hatte recht: Das war kein jansenistischer Ausspruch mehr. Vor allem aber vergaß er niemals die freundliche Vertrautheit der Gespräche jener Monate, da Saci mehr als Freund denn als Beichtvater an seinem Bette saß und ihn nicht lenkte, sondern aufzuheitern und, wenn wir den Ausdruck gebrauchen dürfen, ihn von sich selbst zu heilen versuchte. Auch in den Tagebüchern fallen Sätze auf, die für Saci charakteristisch sind und zu seinen besten gehören. So empfahl er ihm zum Beispiel, der Gnade nicht bis in die äußersten Winkel der Seele nachzuspüren und, falls sie sich nicht zeige, der Niedergeschlagenheit nicht nachzugeben, da – wie er sagte – beides Auswirkungen unseres Stolzes seien; er machte ihn immer wieder darauf aufmerksam, daß sich eine Berufung zum Letzten auch in äußerster Gefügigkeit ausdrücken könne; und als er ihn eines Tages infolge allzu ungestüm gesuchter Askese übermäßig erschöpft und an der Gnade verzweifelnd fand, mahnte er ihn zwar, Gott zu suchen, aber ohne Tyrannisierung der eigenen Seele, denn, so fuhr er fort, die Ungeduld nach der Gnade sei mehr das Anzeichen eines maskierten als eines erneuerten Geistes und Gott könne sich mehr dem verschenken, der seine eigene Erfolglosigkeit annehme als einem, der unbedingt Bevorzugung suche. Wie Ihr seht, wollte er aus diesem Manne, der sich dem Kampf geweiht hatte, gleichsam ein Boot machen, das sich der Strömung überläßt.

Unter anderem legte er es ihm ans Herz, seine Gedanken ebenso aufrichtig festzuhalten, wie er es bei der Beichte gewöhnt sei. Denn, so sagte Saci, abgegrenzt, präzisiert und durch das Bemühen, ihn auf Papier festzuhalten, geklärt, werde ein Gedanke auf seinen richtigen Begriff zurückgeführt, werde von allem Trügerischen befreit und gewinne an Wahrhaftigkeit, was er an Wirkung verliere. Das Schreiben, sagte er, sei eine Methode, ein Ordnungsprinzip in die eigenen Gefühle einzuführen, und letzten Endes eine sittliche Übung. Wir haben schon gesehen, daß diese Ratschläge nicht vergebens waren. Und als Du Breuil seine ersten literarischen Entwürfe vorlegte, trat an die Stelle des Beichtvaters der Leser und Kenner. Überrascht stellte Saci fest, daß er ein Talent vor sich hatte, und so forderte er immer mehr und beurteilte kritisch. Wie es bei Anfängern vorkommt, lief Du Breuil ständig Gefahr, über das Ziel hinauszuschießen und aus Wahrheitsliebe die eigenen Gefühle zu unterdrücken. Saci erwies sich gleichsam als Filter und als das beste Gegenmittel. Er beobachtete für sich wie für den Freund zwei Regeln: „Über die Worte wachen, wie man den eigenen Geist bewacht", und „Der Ausdruckskraft die Flügel stutzen, damit sie nicht im Leeren herumflattert". Du Breuil hatte seinerseits eine dritte hinzugefügt, die den Lesern seiner *Apologie des Geschmacks* wohlbekannt ist: „Auf dem Papier ist der wahrheitsgetreueste Aspekt meistens der unscheinbarste."

Allmählich und mit dem stets größer werdenden gegenseitigen Vertrauen legte auch Saci dem Freunde eigene Versuche vor. Unter anderem hatte er gerade mit der Übersetzung der Evangelien begonnen, und da er sich an die Prinzipien, die wir gerade vernahmen, selbst strengstens hielt, plagte er sich oft tagelang mit Hindernissen, die er hätte im Anlauf nehmen müssen. Am Ende merkte er, daß er auch das ins klare Licht heraufgeholt hatte, was wie aus Abgründen tönen sollte. Das war seine Schranke, sein Kreuz, und darüber klagte er De Breuil. Doch mehr noch, er holte seinen Rat ein, da er nunmehr fühlte, daß der Freund genau das besaß, was ihm trotz allem am meisten abging, nämlich Sinn und Gespür für die knappe Form und die Begabung zum ungesicherten Wagnis. In solchen Augenblicken, da der Instinkt des einen rasch über die Skrupel des anderen hinwegging und sich endlich die passendste Tönung ergab und ein Evangeliumsvers seinem Geheimnis wiedererschlossen wurde, mußte die Idee der brüderlichen Gemeinschaft entstanden sein, auf die schon früher hingewiesen wurde. Tatsache ist, daß Du Breuil nach seiner Genesung auf die Rückkehr nach Port-Royal des Champs verzichtete und beschloß, als Freund und Mitarbeiter Sacis in Paris zu bleiben. Auch das Palais Du Breuil sollte er nie wiedersehen.

Ich weiß nicht, ob Ihr je das Haus besuchtet, in dem die beiden während der ersten Jahre wohnten, jene seltsame Klause, in der ein Großteil der Übersetzung des Neuen Testaments gedieh: Vier Räume mit niederem Gewölbe und schmucklosen Wänden, einem Altar für die Gebete, wenigen, schlichten Möbeln, einem kleinen Kamin, der aussah, als sei er immer kalt geblieben. Als ich die Behausung besuchte, stand sie wieder leer. Aber Jahre hindurch hatte unser Freund im kleinsten dieser Räume gelebt, dessen Fenster auf die Dächer und Gärten der Kapuziner hinaussieht; sie waren das einzige, was ihn von seiner kühnen Einsamkeit ablenkte, und dort hoffte er einfach das zu sein, was er sein wollte: eine brauchbare Hand zur Abschrift der von Saci fertigübersetzten Seiten aus dem Neuen Testament. Dies sind seine eigenen Worte, und er sagte sie mit Stolz. Aber man darf mit Recht annehmen, daß er mehr war: ein wachsames Auge und wohl auch ein Geist, der sich schweigend hingab, zu prüfen, zu verbessern und manchmal neu zu schreiben. In der Tat werden wir nie wissen, welche Rolle Du Breuil bei diesem hervorragenden Werk wirklich zukam. Wir können nur aus Sacis eigenen Aussprüchen Schlüsse ziehen, denn er war der erste, der bescheiden anerkannte, daß ihm die Übersetzung ohne die Kühnheit und Eingebung des Freundes nicht so getreu und lebendig gelungen wäre.

Wer Du Breuil übrigens in jenen Abschnitt seines Lebens nachgehen wollte, würde nur Vertiefung der Frömmigkeit und immer stärkeres Hineinwachsen in Sanftmut und Milde feststellen. Dabei blieb seine innere Zucht unverändert und, wohlgemerkt, seine Askese kaum nachvollziehbar; jedenfalls blitzte daraus der alte Ehrgeiz, die Natur zu vernichten, um der Gnade Platz zu schaffen. Nicht selten konnte man beobachten, wie er sich in alter Gewohnheit, wie zur Zeit seiner Bekehrung, selbst überforderte und die Zahl seiner Prüfungen inngrimmig vermehrte, um sich zu überwinden. Kurz – dies sind Du Breuils eigene Worte –, die zwar gemilderte, aber noch nicht gänzlich erloschene Neigung, in unserer Natur nur das Erschreckende zu sehen, setzte den Bewohner dieser neuen Einsamkeit denselben Härten, wenn nicht Exzessen, wie in der Vergangenheit aus.

Und doch begann seine ausdauernde Liebe wie ein endlich an seinem richtigen Ort gepflanzter Baum Früchte zu tragen, und sein Geist, nun entspannter und weniger müßig, stellte den Bewegungen der Gnade nicht mehr ständig Hindernisse in den Weg. Das waren natürlich die Auswirkungen der Führung Sacis, der sich bemühte, ihn vom Entschluß zur Vollkommenheit abzubringen, ohne in ihm deren Begriff irgendwie ändern zu wollen (dazu war er zu sehr Jansenist), und aus seiner Seele eine Wohnstätte der Hoffnung zu bereiten. Aber mehr noch waren es die Auswirkungen seines Umgangs mit dem Evangelium. Dieses Buch, das er bisher flüchtig und schlecht gelesen hatte, änderte nun, da er es durch tägliche Pflicht nicht nur zu lesen, sondern zu verstehen und zu interpretieren gehalten war, seine ganze innere Einstellung, es entspannte, was in ihm im Widerstreit lag und führte zu einer neuen verdichteten Existenz. Im Grunde war es wie eine Vorahnung, ja wie ein Vorspiel zur Freude: Der Zustand eines Menschen, der sich zum erstenmal in das Wort versenkt und dadurch zu luftigeren Höhen emporgerüttelt wird. Durch das Wort trat an die Stelle des Gedankens an einen fernen, unnahbaren Gott, der fixen Idee seines langen Noviziats, das Bild eines liebevollen, nahen Christus, der seine Angst um die Gnade linderte, der ihn von der allzu hartnäckigen, anspruchsvollen Hingabe an den Gedanken unserer unendlichen Schwäche zu Vertrauen, Heiterkeit und Zuversicht zurückführte, ja sogar zu jener ursprünglichen Unschuld des Glaubens, die, wenngleich getrübt, nie ganz verloren geht.

Ich gestehe, daß ich schwerlich besseres oder mehr sagen könnte: weil es ein Schweigen gibt, das dem Glauben allein zugehörig ist, indem es nämlich dem Schweigen des Herrn lauscht. Jedenfalls vollziehen sich seine Vorgänge im Verborgenen, in einem geheimen, eifersüchtig gehüteten Bereich, wo der Biograph – ich sagte es schon – notgedrungen weniger zählt als der Beichtvater. Zum Glück besitzen wir Du Breuils Tagebücher, die uns wenigstens einige Spuren dieses Prozesses bewahren. In der Tat schrieb unser Freund, je mehr er in den Evangelien las, immer häufiger auf, was ihn dort am meisten berührte. Da waren Sätze und ganze Abschnitte, entweder bloß abgeschrieben oder von kurzen Betrachtungen begleitet, wie plötzliche Ausrufe des Jubels oder Staunens, die gleich darauf verschämt abbrechen. Das Charakteristische an seiner Art der Evangeliumslekture war es eben, daß sie genau die Wärme und Reinheit des ersten Eindringens hatte. Mehr jedoch sagt uns, was er bevorzugte: Wir sehen da, so meine ich, wie sehr ihn in diesen Schriften der Aufruf zur Hoffnung anzog; überrascht vor allem von einer Art heimlichen Instinktes (den Du Breuil die Intelligenz des Herzens nannte), wählte er Stellen der Verheißung aus und übertrug sie und all das, was uns der Gnade gegenüber nicht nur erbärmlich dastehen läßt. Seine Tagebücher aus dieser Zeit sind mit derartigem übersät. Und was wir in dieser Hinsicht über Du Breuil wissen, läßt uns schließlich, mehr als jede Beichte es könnte, die Bedeutung ermessen, die manche Aussprüche unseres Heilands für ihn annahmen, worin dieser in seiner bis an die Enden des Himmels ausgespannten Liebe versichert, er sei gekommen, Barmherzigkeit zu bringen, nicht Gerechtigkeit, zu suchen und zu retten, was verloren war, ,,damit alles Fleisch das Heil des Herrn" sehe. Für den Augenblick freilich fühlte er sich davon mehr geblendet als erleuchtet. Dennoch wollen wir versuchen, uns den Zustand einer Seele vorzustellen, die aus ihrem Zittern und ihrer ängstlichen Einsamkeit heraustritt und sich Schritt für Schritt an dieses Hoffen in der Hoffnung gewöhnt. Selbst sein Äußeres veränderte sich: Diese Züge, über die alle Trugbilder des Lebens hinweggegangen waren, zeigten sich nun wie ein Abbild des Erlöstseins.

Die Auswirkungen wären unzweifelhaft bald öffentlich sichtbar geworden, zu dem Zeitpunkt nämlich, da an der Sorbonne Arnaulds Anschauungen verurteilt wurden (Ihr erinnert Euch sicherlich noch des Aufhebens, das man davon machte), hätten ihn nicht seine eigenen Bedenken und Sacis Ratschläge davon abgehalten, ein kleines Werk zu veröffentlichen, das er unter dem Eindruck jenes Ereignisses innerhalb weniger Tage niedergeschrieben hatte. Auch davon haben wir leider nur noch Fragmente, wenige, in seinen Tagebüchern verstreute Stichworte (denn auch das lag in seiner Natur, daß er seine Gedanken zuerst einzeln festhalten mußte, ehe er sie in einen Zusammenhang bringen konnte), die uns aber durch ihre Beschaffenheit dennoch seine Verfassung erahnen lassen, ähnlich wie wir dank vereinzelter Lichtstrahlen eine längere Wegstrecke erkennen können.

Ich will Euch damit nicht an einen Streit erinnern, lieber Freund, der falsch begonnen und am Ende falsch aufgefaßt wurde. Dazu sind die Theologen da, falls etwa die Theologie in dieser Angelegenheit zählt. Für Du Breuil hatte dieser Streit, den er aus seinem Schlupfwinkel und, wenn ich so sagen darf, aus seiner bebenden Einsamkeit heraus verfolgte, außer der aufsteigenden Bitterkeit und dem Unbehagen über eine Auseinandersetzung, in der – wie er mir sagte – jeder einzelne Teilnehmer vorgab, alles über Gott zu wissen, nur insoweit Bedeutung, als er ihn über die Mysterien, die ihn beunruhigten, zu meditieren veranlaßte. Wohlgemerkt, wir haben es noch mit einem Du Breuil zu tun, der zaudernd in der Vorhalle steht und nicht in das Heiligtum eintreten will. Indes, wie könnten wir den Gehalt mancher Ausdrücke übersehen, seinen Ausspruch, nach der Ankunft Christi seien wir nicht mehr Erdreich, sondern Samen der Gnade; oder, die Seele sei der natürliche Ort der Gnade, ein Wasserspiegel zum Auffangen des Lichtes; oder aber (ich zitiere weiter aus seinen Tagebüchern), die Gnade wirke überall, nur sehe man sie nicht, ähnlich, wie man das Gras nicht wachsen höre. Eines der häufigsten Bilder dieser Entwürfe ist das der Gnade als ein Wasser, von dem es köstlich sei, umspült zu werden, und nicht als ein Fluß, dessen Lauf man mit Mühe verfolgen müsse. Ihr werdet sagen, das seien alles bloß Schattierungen; doch diese Schattierungen haben den Klang und die Dichte einer Rechtfertigung und halten uns letztlich einen Menschen vor Augen, der sich stufenweise von seiner Angst freimacht, um die harte Erarbeitung der Freude zu erfahren; wir müssen sie nur ein wenig mit anderen Betrachtungen in Zusammenhang bringen, die wie geheimnisvolle unterirdische Formationen verlaufen (zum Beispiel: ,,Gott gefällt es, mit der

Gnade zu retten, was der Natur nach verloren ist, um zu zeigen, daß er nicht zerstören will, sondern heilen."), oder einige seiner Korrekturen betrachten (so hatte er geschrieben: „Die göttliche Gerechtigkeit, obschon geheim, ist immer untadelig", und den Satz dann folgendermaßen abgeändert: „. . . ist immer barmherzig"), oder schließlich jenen Satz, der vermutlich die Besiegelung seines ganzen Werkes war, die innige Aufforderung, die Evangelien wieder zu lesen, denn „man braucht nur das Leben unseres Erlösers zu betrachten, um zu begreifen, daß der Ursprung all unserer Irrtümer in der Verwechslung des Urteils Gottes mit seiner Barmherzigkeit liegt". Wie es jedem wahrhaft Glaubenden widerfährt, fand er das Zeichen instinktiv.

Dennoch hätte ein solcher Mensch endlos auf jansenistischen Wegen weitergehen können, sei es auch auf der Schattenseite. Es waren ja alle Voraussetzungen gegeben: Die Menschen, mit denen er verkehrte, die Art seiner Askeseübungen, die geistliche Führung, der er sich unterwarf. Gerade die oft so ungerechten Urteile über die Jansenisten veranlaßten ihn, sich mit ihnen verbrüdert zu fühlen, wie einer, der diesseits der Barrikade lebt: schon wieder solch eine ehrenhafte Lösung! Die Zuneigung zu Saci gab natürlich den Ausschlag: Das Herz widersetzt sich nicht den Gründen des Herzens.

Aber schließlich gleicht sich jedes Leben seinem Schicksal an. Es vergehen weitere drei Jahre, die Übersetzung des Neuen Testaments ist beinahe beendet, siehe, da muß sich Monsieur de Saci infolge eines Wiederaufflackerns der bedauerlichen Verfolgungen gegen die Jansenisten von unserem Freunde trennen, weil ihm Verhaftung droht. Die Flucht erfolgt in aller Eile, nachts, mitten im Winter, und er findet nicht mehr die Zeit, nach seinen Papieren zu sehen. Nur Du Breuil sollte in der gemeinsamen Wohnung bleiben und darauf achten, daß sie nicht zerstört oder beschlagnahmt würden. Es nützte auch nichts, daß sich der Chevalier Du Breuil mit all seinem beeindruckenden Ansehen, ja selbst mit seinem Hochmut einsetzte – jene weltlichen Eigenschaften des alten Menschen, die der neue mit soviel Mühe zurückzudrängen suchte! –; der Kommissär ließ seinen Verdacht gegen Saci als Anzettler einer Verschwörung erst fallen, nachdem er überzeugt werden konnte, daß er nichts Geringeres als die sanften Gleichnisse Jesu für die Beweise einer nicht näher bestimmbaren Verschwörung gehalten hatte. Hier erwartet unseren Freund eine neue Aufgabe. Während Monsieur de Saci sich von einem Haus zum anderen flüchtet und sogar Paris verläßt, um seine Spuren zu verwischen, wird nun Du Breuil nicht nur zum Verwalter seiner Schriften, sondern zum Erben seiner Arbeit; er ist nun verpflichtet, sie zu vollenden. Dies ist der Wunsch Sacis, der ihn in einem langen Brief flehentlich darum bittet, und es ist auch der Rat der gemeinsamen Freunde: Die Übersetzung des Neuen Testaments darf keine weitere Verzögerung erleiden. Könnte man sie zu diesem Zeitpunkt der Verurteilungen und Verleumdungen drucken lassen, so wäre das dem Beweis für die Reinheit ihrer Absichten und die Unantastbarkeit ihres Glaubens sehr dienlich. Doch müßte es bald geschehen; die Auseinandergesprengten, die Verdächtigten – manche auch im Kerker – dürfen nicht länger warten.

Du Breuil zittert selbstverständlich vor der Aufgabe, die auf ihn zukommt, ist er doch zusehr daran gewöhnt, sich als Schatten Sacis anzusehen. Aber sobald der Gehorsam seine Bescheidenheit überwindet, sehen wir ihn schon mit Kühnheit gewappnet. Er liest wieder, er prüft, verbessert, beseitigt letzte Zweifel, beendet das Begonnene (die wunderbare Übersetzung des Hebräerbriefs ist praktisch sein alleiniges Werk), er versenkt sich in bisher unbeachtete oder vernachlässigte Fragen, zieht Vergleiche zwischen verschiedenen vorliegenden Texten Sacis, wo ihn die Fassung einer Stelle noch nicht befriedigt, kurz, er verfolgt nochmals den ganzen Weg seines Lehrers und greift dabei auch auf den griechischen Text zurück. Hier spielte sich nun die merkwürdigste Episode seines Lebens ab, buchstäblich der Anfang seiner zweiten Bekehrung. Unter den Bänden in Sacis Bücherregalen befand sich ein Foliant, der vor hundert Jahren in Lyon gedruckt worden war und den gesamten Bibeltext sowohl im Griechischen wie in der Vulgata enthielt. Da er so platzraubend war, hatte sich unser Freund seiner ungern bedient und ihn eher als kostbare Antiquität betrachtet. Soviel er wußte, hatte auch Saci ihn äußerst selten benützt. Doch eines Tages, als er an seine Übersetzung des Hebräerbriefes letzte Hand anlegen wollte, beschloß er, zur Beseitigung eines noch bestehenden Zweifels auch einen Blick in dieses Buch zu werfen. Und dort entdeckte er am Rande des Verses: „Ich will ihrer Ungerechtigkeiten und ihrer Sünden nicht mehr gedenken", folgende seltsame Glosse: „Wie Jesus im fünften Evangelium sagt: Vater, ich habe sie alle gerettet"; bewegt und erstaunt las er sie immer wieder. Und, vorläufig zumindest, berührten ihn auch gar nicht sosehr die Worte des ersten Teils des Satzes; während der langen Jahre seines Umgangs mit den Evangelien hatte er schon zu oft von apokryphen Schriften erfahren, um jetzt durch die Erwähnung eines anderen Evangeliums übermäßig betroffen zu sein. Eher läßt sich seine Gemütsbewegung auf das Wort „alle" zurückführen und auf das, was es für ihn bezeichnen oder erahnen ließ. Wie ich schon sagte, sucht der Durstige nur das Wasser für seinen Durst. Die bloße Vermutung nun, endlich eine Bestätigung seiner Gedanken gefunden zu haben, die er in dem kleinen, vorerwähnten Werkchen eben erst zaghaft umrissen hatte, berührte nun unseren Freund, machte ihm Mut und zog ihn an.

Du Breuil sollte immer ein mittelmäßiger Metaphysiker bleiben. Die wenigen dogmatischen Abhandlungen, mit denen er versucht hatte, sich zu befassen, hatten ihn verwirrt und schließlich entmutigt. Auch das Wenige über die Gnade wußte er eher durch Erfahrung und Erduldung am eigenen Leib als durch das Verständnis der Ideen des heiligen Augustinus oder der Thesen des Jansenius. Er betrachtete und ertrug sie, aber im Grunde blieben sie ihm fremd. Wahrscheinlich empfand er leichte Unduldsamkeit, ähnlich wie der Gefangene seine Fesseln nicht liebt. Mit dem Evangelium hingegen war es wie bei einem Menschen, der unter tausenden die Stimme seiner Lieben erkennt oder daheim auch im Dunkeln die Gegenstände, die er braucht, findet. Und es genügte ihm nicht nur, wenn sich ein Spalt auftat, um daran tausend Zusammenhänge zu knüpfen, sondern er durchdrang es sozusagen, ohne es zu verstehen, der Sprache der Seele horchend, die jeden Vernunftschluß übersteigt.

Man muß das berücksichtigen, um die Wirkung dieses kurzen Satzes auf das Innere unseres Freundes zu verstehen, und um zu begreifen, wie er dadurch endlich zwar nicht die Freude selbst, aber doch die schwindelerregende Wonne des Aufstiegs zur Freude kennenlernte. Und siehe, nun tauchten aus seiner Erinnerung, gleich Felsvorsprüngen aus dem Dunklen, andere Schriftworte auf, mit neuen Sinngehalten, die er zwar bisher schon gekannt, aber nie richtig bemerkt hatte: Jesus, der ein alle Menschen umfassendes Heil zu versprechen scheint, wenn es heißt: „Christus ist alles und in allen"; Jesus, der feststellt: „Euer Vater will nicht, daß einer von euch verlorengehe"; Jesus, der mit unendlicher Liebe versichert: „Ich aber werde, wenn ich von der Erde erhöht bin, alle an mich ziehen"; Paulus, der bekräftigt: „Durch seine Gnade werden sie aber ohne Verdienst dank der Erlösung in Christus Jesus gerechtfertigt." Er kannte diese Stellen, er war ihnen viele Male begegnet, aber das Zeichen, das ihm gegeben ward – der Ausdruck stammt von ihm – war stumm geblieben. Jetzt blendete es ihn und machte ihn fast verwegen. An diesem „alle", das er sich immer vorsagte und das auf sein Inneres wie ein Sog wirkte, entflammte er sich zur Gewißheit einer überwältigenden Gnade, die in allen Menschen ganz enthalten ist und die Auserwählten nicht zählt.

Du Breuil sollte genügend Zeit haben, all dies zu überdenken: Sein ganzes restliches Leben, die Werke, die er zu schreiben versuchte – beginnend mit der *Apologie der Gnade* –, all seine Beispiele hingebender Liebe (Ihr habt sicherlich von den Wohlfahrtsstiftungen gehört, die er gründete und denen er sein ganzes ererbtes Vermögen widmete), sollten nichts anderes sein als ein Widerschein der damals erahnten Dinge. Im Augenblick war er von der entdeckten Spur ergriffen, er mußte sie verfolgen, in dem Folianten ausforschen, mit einem Wort, weiteren Zeichen nachjagen. Und bald fand er weiteres: kurze Glossen, Fragmente, ausgewählte Reliquien sozusagen, die Gott weiß wie und aus welchen Quellen zusammengetragen und von derselben Hand wie die erste sorgfältig an den Rändern der Seiten eingetragen worden waren. Fügte man sie zusammen, so entsprachen sie einander und bildeten eine Art von Gewebe. Vor allem hatten sie den Ton und die Sinnfülle, wie sie nur Schriftworte besitzen, deren Aussage für die Ewigkeit gilt und die von einer mehr als nur menschlichen Stimme gesprochen wurden. Und was sie so eindringlich, ja gebieterisch machte, war die sonderbare Eingangsformel, die ihnen jedesmal voranging und die schließlich Du Breuils Phantasie entzündete. Darf ich es Euch sagen, mein Freund? Zu meinen liebsten Erinnerungen an ihn gehören jene Stunden, da er mir im Halbdunkel seiner Gefängniszelle einige davon vorsagte: Langsam, liebevoll, jede Silbe einzeln sprechend, immer wieder jene Formel gebrauchend, wie bei einem sich stets wiederholenden Gebet: „Wie Jesus im fünften Evangelium sagt: Seht, ich habe euren Tod auf mich genommen. – Wie Jesus im fünften Evangelium sagt: Nicht einer wird beim Herrn vergessen sein. – Wie Jesus im fünften Evangelium sagt: Nur Steine gehören der Wüste an. –

Wie Jesus im fünften Evangelium sagt: Und ich sage euch, euer Vater erwählt nicht nach eurem Ansehen." Zwei Stellen jedoch pflegte er mir besonders ans Herz zu legen, aus denen seiner Ansicht nach die wahre christliche Gnadenlehre am deutlichsten hervorgeht. Die erste hatte er in dem von mir vorhin erwähnten Folianten gefunden: „Keiner, der zu mir kommt, wird ohne Verzeihung gehen", und die andere, die er später einer weiteren Quelle entnommen hatte: „Auch wenn ihr mir untreu werdet, so werde ich euch treu bleiben."

Nur ein Narr, werdet Ihr mir sagen, konnte sich aus so spärlichen Hinweisen von der Existenz eines unbekannten Evangeliums überzeugen lassen. Aber Du Breuil ließ sich davon überzeugen, ja sogar begeistern, so sehr war er von einem Gedanken ergriffen, der ihn gepackt hatte, seitdem er sich mit den Evangelien beschäftigte. Mehrmals, so erinnerte er sich, hatte ihn die Überfülle und erdrückende Intensität einer aus den Ufern tretenden Wahrheit – so, als vermöchte sie das überlieferte Wort nicht mehr einzudämmen – zu der Betrachtung und deren Besprechung mit Saci geführt, daß die unendliche Weite der Botschaft Jesu, wie er sagte, nicht einmal von vier verschiedenen Zeugnissen vollständig überliefert werden konnte. Mehrmals versenkte er sich auch in die Worte des heiligen Johannes: „Es gibt noch vieles andere, was Jesus getan hat. Wollte man das im einzelnen niederschreiben, so könnte, glaube ich, die ganze Welt die Bücher nicht fassen, die man schreiben müßte." Und er fragte sich, was uns die vier Evangelisten wohl aus dem Leben Jesu vorenthalten haben mochten, ja, in kühnen Augenblicken phantasierte er geradezu von einem Buch der Bücher, von einem Text also, der uns, wenn ich so sagen darf, die Quintessenz der Wahrheit enthüllen könnte. Freilich zitterte er davor, aber in der Art, wie man vor einem unmittelbar bevorstehenden Zeichen oder in einer Vorahnung bebt. Man braucht sich also nicht zu wundern, wenn er jetzt, da sich dieses Zeichen unvermutet eingestellt hatte, mit jugendlicher Leidenschaft beschloß, sein restliches Leben dem Blendwerk zu widmen, in das er durch jene Glossen einen zwar zugegebenermaßen zweifelhaften, aber umso suggestiveren Einblick gewonnen hatte. Wenn übrigens etwas von dem alten Menschen in ihm zurückgeblieben war und ihn weiterhin antrieb, dann war es die Risikofreude, das Bedürfnis, sich einem außergewöhnlichen Ziel zu weihen. Und wenn anderseits auch seine langen Jahre strenger Askese und jansenistischer Disziplin ihre Spuren hinterlassen hatten, so in der Einstellung, sich als Werkzeug für Gottes Absichten anzusehen. Diese beiden Strebungen, die bisher so auseinandergelaufen waren, daß sie zwei verschiedene Naturen ausgebildet und, wie wir sahen, Du Breuils Seelenfrieden gestört hatten, flossen nun zum erstenmal zu einem bis zur Tollheit – oder meinetwegen bis zur Häresie – kühnen Plan zusammen, der gleichzeitig aber auch gefügig und treu dem Gehorsam entsprach. Ich meine, daß darin Du Breuils Bestes zusammenkam, sein zur extremen Berufung hingespannter Kampfgeist und seine durch Saci erweckte Unterwerfung unter den göttlichen Willen. Es war kein Zufall, wenn er wenige Tage nach der Entdeckung der Fragmente folgende Maxime in einem

Tagebuch vermerkte: „Das Wort spricht zu allen Menschen und erwartet ihre Antwort. Und das Schicksal jedes Menschen hängt von seiner Antwort ab." Das ist im Grunde die vollkommenste Definition der Gnade, der Punkt, an dem ein Mensch ankommt, der die Lehre Jansenius' auf Zehenspitzen verlassen hat, nachdem er sie lange Zeit anhand der Worte des heiligen Paulus überdacht hatte: „Das Evangelium ist ja eine Gotteskraft zur Rettung für jeden." Aber abgesehen davon, findet nicht auch Ihr bei näherer Betrachtung, daß beide Du Breuils endlich miteinander versöhnt sind?

So jedenfalls war der Mann beschaffen, der sich zur Reise in unerforschte Gebiete und zur Suche nach einem vielleicht nicht existierenden Text rüstete. Er hatte zwar beschlossen, um keinen Preis umzukehren, doch ließen ihn Zuneigung, Treue, Gewohnheit, wohl auch das Bedürfnis nach Zustimmung – war er es doch so sehr gewohnt, die eigenen Neigungen und Absichten einer Führung zu unterwerfen – den Entschluß fassen, an Saci zu schreiben. Und nun trat der einzige Riß in dieser wunderbaren Freundschaft ein. Ein Riß, sagte ich, doch sollte ich lieber sagen, eine Wunde; denn Saci mit seiner geduldigen Liebe und der Bereitschaft, seine Gefühle zu kontrollieren, konnte es nicht verhindern, daß aus seinem Antwortschreiben ein unwilliger Ton und unterschwelliger Hohn durchdrang. Wir müssen uns vor Augen halten, daß es ein kummervoller, beunruhigter Saci war, der mit seinem alten Freund plötzlich so hart verfuhr. Nur, daß sich der für seine Intuition berühmte Seelenführer diesmal in der Zielscheibe irrte und so weit ging, dort Ehrgeiz und Anmaßung zu erblicken, wo nichts anderes vorlag als inbrünstig empfundene, heftige Berufung. Aber Saci beging noch Schlimmeres: In der Sammlung von Fragmenten, die ihm Du Breuil zaghaft übersandt hatte, sah er bloß eine Gefahr für die jansenistischen Anschauungen. Und er entsetzte sich darob: Parteiliebe gewann die Oberhand über die Wahrheitsliebe. Sein Antwortschreiben war zur Hälfte eine Abhandlung über die Evangelien aus der jansenistischen Gnadensicht; deutlich tritt daraus der rettungslos gefallene Mensch hervor, der wegen seiner traurigen Grundbeschaffenheit in Begierlichkeit zum Bösen neigt, und an die Stelle des unendlich liebevollen Christus, „der sich selbst zum Lösegeld für alle" hingab, tritt der furchtbare Christus, der sagt: „Viele sind berufen, aber wenige sind auserwählt", und: „Wer kann dann gerettet werden?"

Für Du Breuil war das eine Überraschung und zugleich ein Erwachen. Später sollte er sich selbst demütig eingestehen, daß der Jansenismus kein Bekenntnis, sondern leider nur eine Sekte war. Vorläufig aber schrieb er nur umso bescheidener zurück (glücklicherweise fehlte die Wolke des Undanks in diesen sonnenlosen Tagen), daß er in dem von Saci beschriebenen Evangelium nicht das Buch ihres täglichen Trostes wiedererkennen könne; denn, so schrieb er, lese man es mit dem Herzensverstand und in der Art, die ihm sein Freund beigebracht habe, dann überzeuge man sich nicht nur, daß die Heilige Schrift nur Liebe – ihr Wesen und ihr Ziel – enthalte, sondern man empfinde einen Zustrom süßer Empfindungen, die Freude, wie er fortfuhr, jedesmal noch inniger

„die Hoffnung auf den lebendigen Gott, den Erlöser aller Menschen", zu erfahren. Und da er sich nun einmal auf metaphysische Fragen eingelassen hatte, empfahl er Saci, nicht zu vergessen, daß es in jedem Falle Gott sei, der unseren Willen bewege, und deswegen könne dieser nur gut sein.

Dies sollte der Grundpfeiler und Mittelpunkt seines Systems der Gnade werden, das leider in den allzu gewagten Satz mündet (aber lehnt ihn nicht gleich ab, ich finde ihn auch wunderbar), daß „Christus uns offensichtlich alle erlösen wollte: Warum wäre er sonst nur einmal gekommen?" Die *Apologie der Gnade* scheint uns nach dem Wenigen, was uns davon erhalten ist – einige Seiten vollgepfropft mit Korrekturen (aber wie sollten wir sein Zaudern und seine Skrupel nicht verstehen, da er nebstbei überzeugt war, daß man eine Wahrheit nur unter Herstellung einer Harmonie ausdrücken könne) – nichts anderes zu sein als ein langer Kommentar dazu. Höchstens blitzte daraus bisweilen der Zweifel, daß eine Askese, wie sie von den Jansenisten geübt wird, mehr zur Heranbildung auserwählter Geister als liebeerfüllter Seelen führe und im wesentlichen mehr Charaktere forme als Heilige hervorbringe. Dieser Zweifel tauchte auch bald darauf unauffällig in einer weiteren Überlegung auf: „Das Vollkommenheitsstreben, eine der Versuchungen der Heiligen, schlägt in sein Gegenteil um, wenn es mit der Eigenliebe vermengt bleibt." Und in den von seinem alten Freunde einst vernommenen Worten, die damals seine Bewunderung hervorgerufen hatten: „Ich bin jeder Zuneigung gestorben; nur die engsten Angehörigen haben noch einen Platz in meinem Herzen", meinte Du Breuil nun eine deutliche Dürre zu beobachten, das Zeichen einer Berufung zur Wüste, wie er fortfuhr, die sich für Liebe hält.

Ihr seid erstaunt, ich weiß. Und doch wäret Ihr gleichermaßen erstaunt, wenn Ihr selbst in diese Entwürfe Einblick nehmen könntet und gleichsam unter den Bewegungen der Feder das fortwährende Zaudern eines großherzigen Menschen entdecktet, der seinen Bogen spannt, dann absetzt, dann trifft und es wieder bereut; wäre nicht die alte Zuneigung gewesen, er hätte über die Jansenisten zweifellos schärfere Dinge zu schreiben gewagt. So kann man zum Beispiel unter den meistkorrigierten und dann gänzlich gestrichenen Zeilen einen Satz entziffern, in dem sich Du Breuil die Frage stellte, ob eine so abgeschiedene, auf sich selbst konzentrierte und verschlossene Lebensweise wie die der Jansenisten, die sich nur um das eigene Heil sorgen, nicht die Einstellung und Vorliebe für ein Privileg zeige und aus diesen sonst so bewundernswerten Menschen Wesen mache, welche die Wüste bebauen. Und um Eure Zweifel gänzlich zu beseitigen, will ich Euch eine letzte Bestätigung geben: Kaum hatte er zu Ende geschrieben, daß eine Lehre nichts sage, wenn man sie nicht ausübe, fragte er sich auch schon, wie man die strenge, wenn auch unerschrockene Absonderung von der Welt mit der Praxis der Evangelien vereinen könne: Christus, bemerkte er, habe nur vierzig Tage in der Einsamkeit gelebt, und er habe es getan, um sich auf seine Mission bei den Menschen vorzubereiten.

In der Tat hatte der Du Breuil, der diese Worte schrieb, längst den Menschen überwunden, der sich bebend zur Suche nach einem unbekannten Evangelium und zur Reise in ein unerforschtes Land rüstete. In der Zwischenzeit hatte er gesucht, geschürft, war gereist, hatte von Gelehrten aller Richtungen Erkundigungen eingezogen, hatte allein ganze Bibliotheken durchgearbeitet und eine Menge gedruckter Bücher wie Manuskripte geprüft. Und ohne je davon abzulassen, stand er doch unter dem Eindruck, gemäß dem Worte des Evangeliums zu leben: ,,Ein anderer wird dich gürten und führen, wohin du nicht willst.“ In den langen Jahren seiner Suche gibt es wahrlich keinen Augenblick, da er uns nicht heiter bereit erschienen wäre, aus sich ein einfaches Werkzeug zu machen, jedem Ruf oder Befehl gefügig. Das war es, was ihm Kraft gab und ihn davon abhielt, aufzugeben. Und doch hatte er alles kennengelernt: brennendes Streben, Enttäuschung, Zweifel, das Unverständnis anderer, die Qual des Irrtums. Sogar das Selbstmitleid: Wie oft betrübte ihn die Angst, um eines absurden Einsatzes willen das eigene Heil aufs Spiel zu setzen! Dieser Verdacht drängte sich nach jedem Mißerfolg auf, wenn Müdigkeit und Bitterkeit ihn zu der Frage zwangen, ob er nicht das Opfer einer Täuschung oder, noch schlimmer, einer Versuchung sei. Doch wehrte er sich kraftvoll, prüfte sich neuerlich und fand zur Reinheit seiner Absichten und zur Schönheit seines Blendwerks zurück. In einem seiner Tagebücher erinnerte er an einen Satz von Saci, wonach die Arbeit um die Wiedergewinnung einer einzigen Seele bedeute, sich auf einen entscheidenden Konflikt einzulassen, in dem es um die Liebe Gottes und seine Gnade selbst gehe. Er schrieb diesen Satz nieder, fügte aber seltsamerweise hinzu (die leeren Stellen zu füllen und zwischen den Sätzen eine Verbindung herzustellen ist unsere Aufgabe), daß sich die Wiedergewinnung auch nur einer einzigen Silbe des geoffenbarten Wortes nur in neue Liebe und neue Gnade verwandeln könne. An anderer Stelle erfaßte ihn wieder der Zweifel, einem Traum nachzujagen; aber er beruhigte sich, indem er sich sagte, daß die Wahrheit nie so exakt abgegrenzt sei, daß sie nicht auch ein gewisses Maß an Imagination zuließe. Er erinnerte sich, bei Matthäus und Markus gelesen zu haben: ,,Denn ich bin nicht gekommen, die Gerechten zu berufen, sondern die Sünder“, und bei Lukas: ,,Ich bin nicht gekommeen, um die Gerechten zu rufen, sondern die Sünder zur Buße.“ Unter den Fragmenten des fünften Evangeliums jedoch, die er in der Zwischenzeit gefunden hatte, gab es folgende Fassung: ,,Ich bin nicht gekommen, um die Gerechten zur Bekehrung zu rufen, sondern die Sünder.“ Eine kleine, aber desto eindringlichere Variante: Sie bestätigt die erste, erweitert die zweite, und geht durch die Art, wie sie den tatsächlichen Sinn der Mission Jesu ausstrahlt, über beide hinaus. Konnte also der Text, den er suchte, nicht als Probierstein dienen und geradezu die Quellen der Wahrheit neu erschließen? Ein Vers des heiligen Lukas enthält folgende Lehre: ,,Tut Gutes und leiht, ohne etwas zurückzuerwarten.“ Und in zwei Fragmenten seines gesuchten Evangeliums hieß es: ,,Tut Gutes und leiht nicht dem, der hat, sondern dem, der nicht hat. Verleiht eure Schätze nicht gegen Zinsen, sondern gebt sie denjenigen, von denen ihr sie nicht zurückzubekommen glaubt.“ Welche Fassung war die entsprechendste, fragte sich Du Breuil, welche führte am besten zu den Worten, die Jesus selbst gesprochen hatte?

Reine Überspanntheiten, werdet Ihr sagen. Wie aber konnte er jetzt umkehren? Und sollte man aus so vielen verschiedenen Anregungen nicht einen Ruf und Befehl ersehen statt einer Versuchung? Und ermutigte ihn nicht jenes andere Fragment aus seinem geheimnisvollen Evangelium, standzuhalten: „Wer sucht, höre nicht auf zu suchen, bis er gefunden hat"? Er machte daraus sogar seinen Wahlspruch; dieses Gebot gab ihm jedesmal neuen Mut, wenn ihm der Verdacht kam, sein Vorhaben könnte kein gebotenes sein, sondern ein verdammenswertes, ja letztlich häretisches Ziel, kurz, eine Übertretung der Wahrheitsordnung. Und als ein Gelehrter, den er über einen alten, in der Bibliothek der Mechitaristen in Venedig aufbewahrten Codex um Auskunft gebeten hatte, ihn warnte, Grenzen zu überschreiten und von anderen Schriften und Erkenntnisquellen zu träumen, gab er die paradoxe Antwort, unser Erlöser hätte seine Worte sicherlich nur einer Stimme anvertraut, hätte er sie weniger einleuchtend gestalten wollen; denn wird eine Wahrheit, so setzte er fort, nicht umso gesicherter, von je mehr Stimmen sie bezeugt wird?

Ihr habt nun schon begriffen, daß er kein verwerfliches Wagnis und kein oberflächliches, neugieriges Herumschweifen im Utopischen beabsichtigte. Vielmehr trug alles dazu bei, daß seine Illusion – mag sie auch eine gewesen sein – glaubhaft wurde. Zwar entzog sich ihm dieses Buch und wich fortwährend vor ihm zurück, aber ähnlich dem Meere, das bei Ebbe da und dort Tümpel hinterläßt, die den Himmel einfangen. Und tatsächlich überzeugten ihn die Bruchstücke, welche er schrittweise zusammengetragen hatte, durch ihren Klang in seinen Ohren, durch ihre Wesensähnlichkeit mit dem Kern der Schrift und bestätigten bisweilen auch durch gewisse Erweiterungen den Sinn der vier kanonischen Evangelien, dadurch, daß sie seine Seele aufwühlten, ähnlich gewissen langerwarteten Gnadenzeichen; es mußte also einen nicht minder authentischen Text geben, wohl nur wenigen geoffenbart, aber von solcher Art, daß seine Auffindung unser Glaubensgut vervollständigen und unsere Bereitschaft zur Liebe vermehren kann. Unter den Fragmenten befindet sich ein wunderbarer Satz, den er eines Tages einer zu Köln aufbewahrten Handschrift entnommen hatte: „Gehet und verkündet jedem Geschöpf: In Wahrheit werdet ihr nicht gerettet werden, wenn ihr es nicht alle werdet." Dieser Satz regte ihn zuinnerst an und inspirierte ihn fast ohne sein Wollen nicht nur zu seiner *Apologie der Gnade,* sondern auch zur Gründung jener Schulen, von denen Ihr spracht, die auch unter dem niedersten Volke die Kenntnis der Evangelien verbreiten sollten.

An der *Apologie der Gnade* arbeitete er jedoch recht langsam, verfaßte er sie doch während seiner Suche, bei der er schon ungefähr fünfzig Fragmente gesammelt hatte. Sobald er ein weiteres Fragment entdeckt hatte, unterbrach er diese Arbeit und änderte ihren Plan; ein einziges neu aufgetauchtes Wort veranlaßte ihn, ganze Kapitel neu zu schreiben. Diese Fragmente waren in Wirklichkeit seine stärkste Triebfeder, das Ferment seiner Freuden wie ständigen Niederlagen; mit ihrer Hilfe sammelte er sich, so oft es nur ging, gleichsam in einer bebenden Sphäre seiner Existenz. Er sichtete, ordnete, interpretierte sie;

in ihrer Zusammenstellung schien sich ihm bereits eine Ordnung zu ergeben; er plante eine Herausgabe und bereitete sie vor, doch mit jedem neuen Fragment oder mit jedem neuen Hoffnungsschimmer, daß die Entdeckung des ganzen Buches bevorstehe, verschob er sie wieder. Eines Tages lockte ihn ein Brief nach Brüssel, der auf ein unbekanntes Evangelium hinwies; es stellte sich als wertlose apokryphe Schrift heraus, doch fand er dort in der quälenden Einsamkeit des Exils einen Mann, der, wie Ihr sicherlich wißt, in einem der ärmlichen, schmalen Häuser bei St. Gudula wohnte, und der soviele Spuren in ihm hinterlassen hatte: Monsieur Arnauld.

Selbstverständlich besuchte Du Breuil ihn sogleich und vertraute ihm alsbald seine Entdeckungen und Pläne an. Und an dem unverhüllten Erstaunen und der Ablehnung Arnaulds erneuerte sich in härterer, leidenschaftlicherer Form die Kluft zwischen Du Breuil und den Jansenisten. Hier standen sich in der Tat nicht mehr Lehrer und Schüler gegenüber, sondern zwei verschiedene Apologeten der Gnade und zwei entgegengesetzte Auffassungen des Heilsplanes. Monsieur Arnauld, dem Exegeten des Jansenius, dem überlegenen Polemiker und Hauptakteur so vieler Auseinandersetzungen, dessen Reiz und überragendste Gabe in der Unbeugsamkeit bestand, der hartnäckig in jedem menschlichen Aspekt die unverzeihlichen Spuren der Begierde und des Sündenfalls sah, stand nun ein anscheinend schüchterner und weniger selbstsicherer, vielleicht auch noch immer seinem Einfluß und Prestige unterworfener, aber ebenso unbeugsamer Du Breuil gegenüber, sobald es um den Kern seiner Überzeugung ging, ein Du Breuil, der immer wieder mit unerschütterlichem Glauben fragte, ob denn die menschliche Natur durch die Menschwerdung Christi nicht ganz erlösbar sei.

Freilich gibt es keine Aufzeichnung dieser Gespräche, aber wir können versuchen, sie uns vorzustellen. Einige Seiten im letzten Tagebuch unseres Freundes beziehen sich auf Monsieur Arnauld und haben den Anschein, als seien sie gleich nach der Begegnung von einem verbitterten, vielleicht sogar zur Ungerechtigkeit neigenden Du Breuil geschrieben worden. Anders wäre es nicht zu erklären, wie ausgerechnet er schreiben konnte, Monsieur Arnauld sei zwar ein machtvoller Geist, aber ohne Weitblick, er suche nicht die Wahrheit, sondern betreibe Selbstbestätigung nach der Art von Menschen, die alles über Gott zu wissen glaubten, und gleich darauf noch schroffer, er sei ein Mann von Genie, der aber vielleicht nichts anderes besitze. Das ist sicher schmerzlich für Euch, ich weiß es: Aber ich mußte Euch darauf hinweisen, um Euch Du Breuils Wandlung verständlich zu machen und den wahren Grundton eines Gesprächs erahnen zu lassen, in dessen Verlauf sich unser Freund wohl mehrmals von der alten Angst um die Gnade gestreift fühlte und neuerlich das Zittern vor dem Christus mit den geizigen Armen empfand; um sich aufzuraffen, mußte er sich wohl mehrmals das Bild Christi vor Augen führen, der „sich selbst als Lösegeld für alle" hingab, und sich (mit einem Zitat aus seinem fünften Evangelium) sagen, daß Gottes Barmherzigkeit immer bereit sei, uns mit Gnaden zu überhäufen.

Zum Glück kommt aber stets der Augenblick, da schmerzliche Gegensätze in der Rührung verblassen und unwegsame Temperamente wieder schlicht Menschen werden. Auch das können wir uns vorzustellen versuchen: Monsieur Arnauld, dessen Ton immer schwächer wird, und Du Breuil, der plötzlich beschließt, zu schweigen. Und er tut recht daran: Manchmal ist der Sieg eine unechte Freude. Als er seinen alten Lehrer näher betrachtete, gewahrte er die Müdigkeit, die sein Antlitz mit Falten zeichnete, das Alter, das ihn auflöste und verwundbar machte, und bedrückt dachte er an das Schicksal dieses hochgesinnten, verdächtigten, heimatvertriebenen Talents, das nun zu einem Leben im Versteck gezwungen war; seit jeher wegen einer Idee verfolgt, verbarg er nun hinter der Rechthaberei die Unsicherheit eines Menschen, dem sein eigener Schüler widerspricht. So war es denn Du Breuil nicht möglich, nein zu sagen, als er von Monsieur Arnauld gebeten wurde, einige Abschriften eines soeben fertig gedruckten anonymen Werkchens nach Paris mitzunehmen und es dort unter seinen Freunden zu verteilen (es waren die *Betrachtungen über die Heilige Schrift,* inhaltlich so ziemlich das Gegenteil der *Apologie der Gnade).* Wie ich schon sagte, wenn es um das Herz geht, widersetzt sich das Herz niemals. Zwei Tage später umarmten sie sich beim Abschied unter Tränen. Und von den beiden war Monsieur Arnauld der herzlichste bei der Umarmung, und er bat am flehentlichsten um Verzeihung, falls er hart und ungerecht gewesen sein sollte. Gerührt fragte sich Du Breuil, ob nicht im Grunde die wahrhaftigste Seite eines Menschen stets die verborgenste sei.

Das übrige kennt Ihr: Die Durchsuchung an der Grenze (später sprach man von einem Spion), die Auffindung der versteckten Bücher im Gepäck, die hochherzige Weigerung, die Namen des Autors oder der Personen preiszugeben, denen er sie übergeben sollte, die langen Verhöre, ein Prozeß, in dessen Verlauf durch eine Ironie des Schicksals die Ideen, die Arnauld in seinem kleinen Werk verfocht, ausgerechnet zum Hauptanklagepunkt gegen Du Breuil wurden. Soweit ich es von ihm selbst erfahren konnte, versuchte ich Euch schon zu erklären, weshalb er das nicht berichtigte; aber in manchen Menschen bleiben immer unbeleuchtete Seiten. Auch die in seiner Wohnung verwahrten Schriften landeten, bis auf die Tagebücher und wenige, von seinem Bruder in Sicherheit gebrachte Entwürfe, in den Händen seiner Inquisitoren. Unrichtig gelesen und aufgefaßt, flüchtig geprüft und beurteilt, wurden sie im Prozeß aus Vorurteil für jansenistisch gehalten und allesamt als Beweise gegen ihn verwendet. Was die Bruchstücke anbelangt, die er Fragmente aus dem Fünften Evangelium nannte, so bat er lange Zeit flehentlich, sie nicht zu vernichten, doch ließ ihn der Erzbischof wissen, daß sie ihm des Feuers würdig schienen. Es nützte auch nichts, daß Du Breuil ihm gestand, weshalb er sie gesammelt hatte, und daß er ihm auf tausenderlei Weise zu zeigen versuchte, daß sie nicht verwerflich waren: Das Vorurteil findet leider nie genug Beweise, sich von einer Wahrheit zu überzeugen. So wurde einem Manne, der schon geraume Zeit kein Jansenist mehr war und sogar Argumente gegen Jansenius' Lehre suchte, selbst daraus ein Strick gedreht.

Wer vermöchte hier zu sagen, was in seinem Inneren vorging und ob er nicht dieses Zusammentreffen der Umstände als Verhängnis, als Aufruf oder sogar als Strafe empfand? Feststeht, daß er, als ich ihn einige Jahre später sah, da die Härte der Gefangenschaft endlich gemildert war und er zu bestimmten Stunden einige Freunde empfangen konnte, so war, wie ich ihn Euch anfangs beschrieb. Ein Mann, der auch in seinen äußeren Handlungen an einen jener stillen Heiligen erinnerte, die gleichsam spurlos vorüberziehen. Und was seine Züge anbelangt, die Ihr noch fiebernd vor Stolz und Ungeduld kanntet, so schienen sie nun, wenn ich so sagen darf, in der sanften Stumpfheit der Demut zu verblassen. Er schrieb schon lange nicht mehr, aber auch von allem anderen hatte er sich gelöst, selbst von seinen Erinnerungen; er war entschlossen, keinerlei lehrhafte Debatten mehr zu führen und alle Fragen, die ihn hätten an die einstigen Auseinandersetzungen erinnern können, zu ignorieren. Und wenn ihn jemand über seine jansenistischen Freunde befragte, so sprach er in unveränderter Zuneigung und Liebe über sie, aber in einem Ton, der zeigte, daß er keinerlei Tugend mehr ohne die Unterordnung bewundern wollte; und wenn ihn jemand zu der alten Auseinandersetzung über das Dogma der Gnade verführen wollte, so antwortete er, soweit er es begreifen könne, habe der Herr den Gipfel seiner Vollkommenheit in der Neigung gezeigt, unsere Unvollkommenheit zu lieben. Das Licht, führte er einmal weiter aus, bliebe ohne Wirkung, stellte sich ihm kein Hindernis in den Weg, das davon beleuchtet würde: Und desgleichen bliebe die Gnade, wenn sie sich endlos verbreitete, wirkungslos und vielleicht nutzlos, fände sie nicht in der Natur des Menschen, in seinen Leidenschaften, ja Fehlern, die Stätte ihrer Entfaltung. Konnte man es, wenn man es richtig überlegte, besser ausdrücken? Und konnte man mit größerer Gelassenheit eine Auseinandersetzung beenden, in der Eigenliebe und Parteinahme leider allzu oft an die Stelle der Liebe getreten waren?

Das übrige habe ich Euch schon berichtet. Aber vielleicht sagte ich Euch nicht, daß er beschlossen hatte, sich nur der Lektüre der Evangelien zu widmen, gleich einem Menschen, der – wie er eines Tages zu einem Freund sagte – seinen Altar nur im Heiligen Land errichtet. Und wenn ich von ihm nun nicht mehr als Freund, sondern als Seelenführer spreche, so muß ich sagen, daß er im Mitgefühl und in der Reinheit so weit vorangeschritten war, daß er der Beichtvater dessen, dem er beichtete, zu sein schien. Nur mit einem hatte er sich nicht abgefunden: mit dem Verlust der Fragmente, die er mit soviel Liebe zusammengetragen hatte. Er hatte nochmals an den Erzbischof geschrieben und ihn lange Zeit gebeten; es schien ihm undenkbar, daß die Tropfen des Wortes, wie er sie nannte, verlorengehen sollten. Als die Antwort kam, waren wir zu zweien bei ihm, aber wir versuchten vergeblich, ihn zu trösten: Er war verstört und den Tränen nahe. Schlimmer noch, er schien an der Vorsehung zu zweifeln. Und doch lächelte er am nächsten Tag schon wieder. Er gestand uns, daß er die ganze Nacht über jene Stelle meditiert und gebetet habe, welche so beginnt: „Euer Herz zage nicht“, und daß dies genügt habe, ihm die Gelassenheit und nunmehr völlige Ergebenheit zu schenken. Man versteht es: Wer gewisse Höhen erreicht hat, dem können Zeichen der Freundschaft nur noch von Gott gegeben werden.

DIE RECHTFERTIGUNG DES PRIESTERS DOMENICO DE LELLIS

Auf Seite 23 seines Reformplanes für die Priesterseminare, *eines Buches, das mich wegen seiner häufigen Zitierung neugierig gemacht hatte, schreibt Domenico De Lellis, er sei „durch die Lektüre eines unbekannten Evangeliums, das ich in Archi im Hause meiner Vorfahren fand und das meine Oberen später verurteilten", zur wahren Berufung gelangt. Und einige Seiten weiter erinnert er sich „des Studierstübchens, wo ich als Knabe die heiligen Worte jenes Evangeliums kennenlernte, das mich seit damals für immer zum Gefangenen des rechten Glaubens machte, ähnlich wie die Vögel Gefangene des Himmels sind". Das genügte mir, nach Archi zu eilen. Dort besuchte ich das alte, auf einen Seitenzweig der Familie übergegangene Haus der De Lellis und besichtigte auch zwei kleine Kammern mit kahlen Wänden, deren eine wohl das einstige Studierstübchen gewesen sein mußte. Als ich jedoch die alten Familiendokumente sichtete, die mir die letzten Nachkommen zur Verfügung gestellt hatten – ein ganzer Kasten war damit angefüllt, eine endlose Erbschafts- und Nachlaßgeschichte –, fand ich einen Hinweis auf einen Bücher- und Manuskriptenachlaß, der sich in der bischöflichen Bibliothek von Lanciano befinden sollte. Und eben dort entdeckte ich zwar nicht das Buch selbst, das De Lellis als Knabe so sehr beeindruckt hatte, aber doch diese Aufzeichnungen seiner leidenschaftlichen Rechtfertigung; sie befanden sich in einem gänzlich vergessenen „De Lellis-Archiv", bestehend aus ein paar, von keinem Menschen mehr benützten Bücherregalen.*

Ich wurde am zehnten Tag des Januar des Jahres 1722 zu Archi, einem kleinen, aber sehr alten, schön gelegenen Weiler diesseits der Abruzzen, geboren. Mit drei Jahren verlor ich meine Mutter, die starb, als sie einem Bruder das Leben schenkte (später war er ein allgemein geschätzter Advokat in Neapel). Im großen und ganzen kümmern sich Väter wenig um die ersten Lebensjahre ihrer Kinder, aber meiner vernachlässigte sie völlig, da er sich nur mit der Jagd und der Verwaltung unseres Besitzes befaßte. So wuchs ich ohne jegliche Unterweisung heran, dachte nur an Herumlaufen und Spielen, und im Alter von zehn Jahren waren Lesen und Schreiben ohne Grammatik das einzige, was ich konnte. Erst zu diesem Zeitpunkt entsann sich mein Vater, daß es Zeit wäre, mir ein wenig Bildung zukommen zu lassen, und so vertraute er mich dem Erzpriester unseres Ortes, Don Paolo Verratti an; er war ein braver Mann, aber seine Stimme und seine Sitten waren derart rauh und derb, daß er mich vor Angst erstarren ließ und vom Lernen abhielt. Und da er häufig die Züchtigungsrute benutzte und ich stotterte, überzeugte er meinen Vater, daß ich aus dem Studium wenig Nutzen ziehen würde und besser zur Feldarbeit taugte. Mein Vater, wenig erfahren, glaubte an meine Abneigung gegen jegliches

Lernen, und das hatte für mich eine recht fatale Folge: Ich wurde aus jener Schule herausgenommen und blieb bis zu meinem fünfzehnten Lebensjahr in völliger Unwissenheit nicht nur jeglicher Art von Literatur, sondern auch der Religion, ja sogar der Anfangsgründe des Katechismus. Und während mich alle wie einen Schwachsinnigen ansahen, wurde ich immer scheuer und schämte mich in meinem Inneren, von allen jungen Leuten des Dorfes das ungebildetste Wesen zu sein. Es ist gar nicht zu sagen, wie sehr mich dies quälte und welches Verlangen nach Unterweisung mich erfüllte.

In unserem Hause gab es im obersten Geschoß zwei Räume, über einen Balkon erreichbar, mit einer für gewöhnlich versperrten Türe. Darin hatte in seinen letzten Lebensjahren mein Großonkel gewohnt, der noch vor meiner Geburt gestorben war. Früher war er Kanoniker an der Kathedrale von Lanciano und Lehrer am dortigen Seminar gewesen, ein überaus gebildeter Mann, wie man erzählte. Und wahrhaftig, als ich einmal in Begleitung einer unserer Mägde, die irgendein Werkzeug suchte, dort hinaufstieg, sah ich, daß die beiden Räume voller Bücher waren. Doch kehrte ich lange Zeit nicht mehr dorthin zurück, teils, weil es der Vater verboten hatte, der den Balkon für zu wenig tragfähig erachtete, teils, weil ich mich in diesen beiden verstaubten und fast stockdunklen Zimmern fürchtete. Aber eines Tages trieben mich die Langeweile und mein ungestillter Wissensdrang dorthin, und da ich den Schlüssel nicht fand, versuchte ich, jene Türe auf andere Weise zu öffnen. Nach vergeblichen Bemühungen sah ich, daß ein danebenliegendes Fenster nicht fest zugemacht war. Ich drückte etwas dagegen und konnte es gerade so weit öffnen, daß ich durch diesen unverhofften Durchschlupf in die Räume meines Großonkels gelangen konnte; verwundert ergötzte ich mich dort den ganzen Tag, waren sie doch mit Dingen angeräumt, die eine Knabenphantasie besonders reizen mußten. Dort gab es Schreibfedern und kleine Kiele, Kratzeisen, seltsame Pulver zur Tintenbereitung, Stichel, um Steine zu schneiden, ein noch spielbares Spinett und einen Schreibtisch mit einem Aufsatz voll kleiner Fächer, sogar eine kleine Druckerpresse mit einigen Bleilettern. Und, wie gesagt, viele Schriften und Bücher. Das erste, was mir davon in die Hände fiel, waren meiner Erinnerung nach der *Buovo d'Antona,* der *Fuggilozio,* die *Reali di Francia, Guerino detto il meschino,* die *Storia di Barlaam e di Giosaffat,* die *Cassandra,* der *Faramondo,* die *Arte poetica* von Menzini, *Bertoldo, Pastor fido* und zwei Bände von Tasso. Ich las sie alle mit unglaublicher Begierde, aber nur *Das befreite Jerusalem* las ich wieder, dessen Verse in mir die überaus süße Empfindung eines Gesanges erweckten.

Ich hatte die Gewohnheit angenommen, zu den Stunden, da ich meinen Vater außer Haus wußte und die Mägde des Hauses mich beim Spiel glaubten, heimlich hinaufzugehen, und nachdem ich hinter mir das kleine Fenster zugemacht hatte, riß ich die großen, auf ein Dach blickenden Fenster auf, so daß mich von unten niemand entdecken konnte. Dort oben lebte ich fast wie ein Eremit und blickte häufig zu den Hügeln und Feldern unterhalb der Majella; bald übte ich, so gut ich es vermochte, an meiner kleinen Druckerpresse, die bis zum Seminar fast meine ganze Schule des Schreibens darstellte, bald ergötzte ich mich am Lesen und Durchstöbern der Bücher, stets von meiner unstillbaren Neugierde getrieben. Nur war der größte Teil der Bücher meines Großonkels, die vorerwähnten und einige andere ausgenommen, lateinisch verfaßt; und da ich außer den in der Kirche gesprochenen Gebeten und Formeln kein Latein konnte und mir die Plage mit einem alten Wörterbuch nicht viel weiterhalf, mußte ich entmutigt davon ablassen.

Nun ereignete es sich, daß ich mich eines Tages bei meiner weiteren Suche mit dem ganzen Körpergewicht auf die Klappe des Schreibtisches stützte, wodurch eine geschickt versteckte kleine Schublade heraussprang, worin sich unter anderem ein Schlüssel befand. Ich machte mich sofort auf die Suche nach dem dazu passenden Schloß und fand schließlich an demselben Schreibtisch ganz unten ein Türchen, das viele, größtenteils lose gedruckte Blätter enthielt, die offensichtlich mit den Bleilettern meiner Druckerpresse verfertigt worden waren. Die meisten enthielten Verse: Sonette zu Hochzeiten und Einkleidungen, ein Hymnus zu Ehren der heiligen Jungfrau, eine Kanzone, die mein Großonkel zur Bischofsweihe des hochwürdigsten Monsignore Baldassare Melchiorre verfaßt hatte, auch Liebeslieder und ein Hirtengedicht. Doch kann ich darüber nichts weiteres sagen, da ich sie nur flüchtig durchsah, lag es doch anscheinend in meiner Natur, daß ich derlei Frivolitäten nicht sehr liebte. Es gab aber auch einige handgeschriebene Blätter, darunter, in schöner Handschrift, ein schon gehefteter, aber noch umschlagloser Band, dessen Titelblatt mit folgender Überschrift sichtbar war: *Zweites Evangelium nach Johannes, oder auch das Fünfte Evangelium, neuerlich ins Italienische übersetzt von Mons. Raphael de Lellis, Kanoniker an der Kathedrale von Lanciano.* Und obgleich ich für den Augenblick nicht auf den Titel achtete und auch gar nicht in der Lage war, mich darüber zu wundern, da ich ja nichts über die Evangelien wußte, so erinnere ich mich noch, daß ich diese Blätter sogleich neugierig zu prüfen begann, teils wegen der Neuheit, etwas von meinem Großonkel Geschriebenes zu lesen, teils, weil ich bis dahin noch nie etwas anderes als gedruckte Bücher gesehen hatte. Wie man noch sehen wird, hieß es später, daß es sich um ein ketzerisches und verdammenswertes Buch handle. Und da ich es seit meinem neunzehnten Lebensjahr nicht mehr zu sehen bekam, wage ich darüber kein Urteil. Aber daß ich es überhaupt fand, halte ich noch immer für den Willen Gottes: Denn ich, der ich von den Evangelien nur in der Kirche gehört hatte, und auch dort mehr in Form von Erzählungen für Kinder als in jener der Verkündung der Wahrheit, empfand nun, kaum daß ich mit dem Lesen begonnen hatte, wunderbare Wirkungen auf mein Gemüt, einen glühenden Willen zum Guten, den frommen Wunsch, über das Leben unseres Heilandes und seine heiligen Gaben nachzudenken und ein großes Sehnen, es ihm gleichzutun. Kurz, diese Lektüre war ohne jeden Zweifel der Beginn meiner Berufung. Und darum predige ich, seitdem ich in ein urteilsfähiges Alter gekommen bin, nichts anderes als eine neue Anwendungsweise der Evangelien in unseren Priesterseminaren, damit unsere Theologen ihre Ausbildung in erster Linie daraus beziehen mögen, während die übrigen Lehrfächer, selbst die Theologie, eher am Rande bleiben sollen, da sie mehr dazu angetan sind, den Geist unfruchtbar zu machen als das Gemüt der Liebe des Evangeliums zu erschließen.

Indes nahm sich mein Vater eine neue Frau und gab uns nach zwölfjähriger Witwerschaft ein kaum siebzehnjähriges junges Ding zur Stiefmutter, während er selbst schon über vierzig war. Ich sah die Folgen einer so ungleichen Ehe voraus, die man auch sogleich erkennen konnte, und wurde gleichzeitig von dem, wenn auch nur undeutlich empfundenen Wunsch getrieben, dieser Berufung zu folgen und so sann ich, wie ich in das Seminar eintreten könnte. Mein Vater verweigerte mir dies, da er noch immer überzeugt war, daß meine Natur nicht zum Studium geeignet sei, und da er überdies, durch die Stiefmutter aufgestachelt, die Kosten für meinen Unterhalt fürchtete. Und nur, um mich abzuschrecken, stellte er mir die Härten des Priesterstandes dar und welche Mühe es mich kosten würde, sie zu ertragen. Während ich auf meinem Wunsch auf das hartnäckigste bestand und an nichts anderes dachte, als ihn in die Tat umzusetzen, ergab es sich, daß Monsignore Baldassare Melchiorre, ein Mann von hervorragender Frömmigkeit, Wohltätigkeit und mit allen christlichen Tugenden außergewöhnlich bedacht, zur bischöflichen Visitation nach Atessa kam, das etwas über zehn Meilen von unserem Weiler entfernt liegt. Als ich davon hörte, entsann ich mich der Kanzone, die ihm mein Großonkel gewidmet hatte, und nachdem ich, so gut ich es vermochte, noch eine eigene achtzeilige Strophe hinzugefügt hatte, worin ich mich und meine glühende Berufung darstellte, machte ich daraus ein Päckchen und schlich damit bei Morgengrauen aus dem Haus, heimlich über die Felder hetzend. Etwa gegen zehn Uhr kam ich völlig zerschlagen und erschöpft in Atessa an; auf meine sofortige Frage, wo sich der Bischof befinde, erfuhr ich, daß er schon in San Leucio sei und sich auf die Erteilung des heiligen Sakraments der Firmung vorbereite. Daraufhin drängte ich mich durch die große Menschenmenge in der Kirche bis zur Schwelle der Sakristei, wo ich mit Don Paolo Verratti zusammenstieß, demselben, der mich vor fünf Jahren unterrichtet hatte. Als er mich fragte, was ich hier suche, antwortete ich kühn, ich sei gekommen, um unseren Bischof zu sehen. Und da er mich völlig verstaubt, keuchend, kaum zum Sprechen fähig und mit dem Päckchen in der Hand sah, dachte er, es handle sich wirklich um eine Angelegenheit von höchster Wichtigkeit, und wollte es mir aus der Hand reißen, um es dem Bischof zu übergeben. Ich wehrte mich dagegen, so daß er gezwungen war, mir voranzugehen und mich dem Bischof vorzustellen. Dieser war schon mit der Stola angetan und bereit, in die Kirche hinauszutreten, und mit ihm eine Schar anderer Priester. Dessen ungeachtet öffnete er mein Päckchen und prüfte es wohlwollend; als er zu meinen linkischen Zeilen kam, runzelte er etwas die Brauen und meinte dann lächelnd, er wisse meine Berufung wohl zu schätzen, hoffe aber, daß sie besserer Natur sei als meine Verse. Als er aber sah, wie ich errötete, erbarmte er sich meiner und sagte, er erinnere sich meines Großonkels wohl, sei dieser doch auch sein vielgeschätzter Lehrer im Seminar gewesen, und er zweifle nicht, daß meine Berufung von derselben Art sei; und was die Verse anbelange, so seien sie in Anbetracht meiner Jugend sogar recht gut. Dann fragte er mich, was ich von der Religion wüßte und weshalb ich die Weihen so heiß ersehnte, worauf ich, durch die Anwesenheit meines alten Lehrers erkühnt, erwiderte, daß ich von der Religion wenig wisse, da man mir recht wenig beigebracht habe, daß ich aber immerhin das Zweite Johannesevangelium gelesen hätte, dem ich meine große Inbrunst verdankte. „Du meinst wohl, das Evangelium nach Johannes", verbesserte mein ehemaliger Lehrer, aber ich sagte nein, das Evangelium, das ich kenne, sei sehr wohl das Zweite Johannesevangelium. Alle lachten über meine vermeintliche Unwissenheit. Aber der Bischof sagte, es sei das erstemal, daß er einen jungen Menschen kennenlerne, der wegen der Evangelien Priester werden wolle, und dies sei ein so seltener Fall, daß man mich nicht entmutigen dürfe. Und als er schließlich sah, in welchem Zustand ich mich befand, wollte er, daß ich ihm erklärte, wie es soweit gekommen und weshalb ich so atemlos sei. Ich berichtete von meiner Flucht und den Schwierigkeiten, die mir mein Vater bereitete, und wie ich um keinen Preis zu ihm zurückkehren würde, sofern ich nicht sicher wüßte, in das Seminar eintreten zu dürfen; zunächst machte mir der Bischof auf überaus warmherzige Weise darüber Vorhaltungen, dann redete er mir zu, fürs erste ruhig nach Hause zu gehen, was das übrige betreffe, so werde man bald sehen. Und von demselben Fuhrmann, der mich zurückfuhr, ließ er meinen höchlichst erschrockenen Vater holen. Er kam noch denselben Tag nach Atessa, und nachdem ihm der Bischof auseinandergesetzt hatte, daß er für meine Ausbildungskosten aufkommen wolle, teils zum Andenken an meinen Großonkel, teils, weil er in mir das Licht der wahren Berufung erblickt habe, war jener bald überredet, mich im Seminar von Lanciano unterzubringen.

Die Fortschritte, die ich im Studium machte, entsprachen den Erwartungen meines Wohltäters. In weniger als zwei Jahren lernte ich, mit einiger Gewandtheit das Lateinische zu sprechen, jene Sprache, die von den Professoren dieses Seminars mit besonderer Sorgfalt unterrichtet wurde, wofür aber, wie ich schon damals sah, allzu viel anderes vernachlässigt wurde. So konnte ich zwar mit siebzehn Jahren innerhalb eines halben Tages ein langes Gebet und etwa fünfzig nicht unelegante lateinische Verse schreiben, doch nur mit Mühe einen Brief in der eigenen Muttersprache. Vor allem aber mißfiel mir, daß das Studium der Evangelien, denen allein ich den Eintritt ins Seminar zu verdanken glaubte, in der Überfülle antiker und klassischer Bücher unterging. Und darin sah man auch gar nichts Unnatürliches. Im Gegenteil, als ich einmal einem meiner Vorgesetzten mein Erstaunen darüber aussprach, daß in den Seminaren so wenig von den Evangelien gesprochen und noch weniger darin gelesen werde, verwunderte er sich darüber, ich erinnere mich noch, wie über etwas, woran man noch nie gedacht hat. Und in der Tat, er dachte gar nicht daran, daß man in den Seminaren anders vorgehen könnte, hatte er doch auf dieselbe Art gelernt, wie er uns unterrichtete. Aber das war noch das geringste; denn es gab sogar solche, welche die Evangelientexte im Vergleich zu den lateinischen

Schriftstellern roh und ungeschliffen fanden und die letzten Worte der sterbenden Dido auswendig kannten, die Worte Jesu am Kreuze jedoch nicht, während ich mir nicht helfen konnte und davon tausendmal mehr erschüttert wurde. So daß ich eines Tages gleichsam zum Beweis, daß die Evangelien alles andere als ungeschliffen sind, wenn man sie nur vom schlechten Vulgatalatein befreite, mit der größten Naivität daran dachte, einige Stellen in gewählterem Latein neu zu schreiben und mit einigen eleganten, poetischen Wendungen meinerseits auszuschmücken. Doch sah ich bald das Lächerliche dieses Vorhabens ein, stellte sich ihm doch die unbeugsame Schlichtheit der Evangelien entgegen, und gleichzeitig erinnerte ich mich auch des starken Eindrucks, den die Handschrift meines Großonkels auf mich geübt hatte; so dachte ich, es wäre für meinen Zweck doch viel passender, wenn ich versuchte, die Evangelien in gutes Italienisch zu übertragen, damit ihre Wirksamkeit, nach Beseitigung des Schleiers des Vulgärlateins, gleichsam besser zutagetrete. Und um mich auf mein schwieriges Beginnen vorzubereiten, ließ ich einstweilen die lateinischen Autoren beiseite, wandte mich unseren eigenen guten Autoren zu und vertraute in jugendlicher Keckheit und Unerfahrenheit mein Vorhaben dem Rektor unseres Seminars an. Dieser war ein gelehrter und vielleicht auch guter Mensch, aber durch die Natur seines Amtes mißtrauisch geworden. Zunächst musterte er mich ein wenig und lachte über meinen Plan; dann aber, als ich darauf bestand, daß ein in guter Sprache geschriebenes Evangelium die Religion näherzubringen vermöchte, erwiderte er barsch, dies schiene ihm eine recht gewagte, fast lutherische Sache, habe es doch seit dem Konzil von Trient keiner mehr gewagt, die Vulgata in unsere Sprache zu übersetzen. Ich entgegnete, daß dies nicht stimme, sei doch das erste, was ich über die Religion gelesen hätte, ein von meinem Großonkel ins Italienische übersetztes Evangelium gewesen. Und da er das nicht glauben mochte, ich ihm aber umso hartnäckiger beweisen wollte, daß ich die Wahrheit sagte, schrieb ich an meinen Vater, er möge dieses Manuskript durch einen unserer Bauern, der öfters von zu Hause Nachricht brachte, eilends schicken, wobei ich ihm erklärte, wo er es finden könne. Sobald das Buch angekommen war, lief ich, ohne es erst aus seiner Papierhülle zu nehmen, zu meinem Vorgesetzten, um es ihm zu zeigen. Kaum hatte er die Überschrift gelesen, verdüsterte er sich etwas, und nach Durchsicht einiger weiterer Seiten bat er mich, es zur genaueren Prüfung behalten zu können. Ich willigte ein, und so blieb es einige Tage dort, ohne daß er das Wort an mich gerichtet oder ich es gewagt hätte, ihn anzusprechen.

Eines Tages, als ich mich zur Erholung im Refektorium befand, wurde mir mitgeteilt, daß mich der hochwürdigste Herr Bischof am nächsten Morgen zu sehen wünsche. Da ich die große Zuneigung dieses guten Prälaten wohl kannte und oft darüber traurig gewesen war, so selten mit ihm sprechen zu können, eilte ich zur vereinbarten Stunde vertrauensvoll in sein kleines privates Studierzimmer, wo er mich andere Male empfangen hatte. Diesmal aber befand er sich im Audienzsaal, zusammen mit meinem Rektor und Monsignor Pietro Manca, einem unserer Lehrer, der allgemein als überaus scharfsinniger Theologe galt.

Das erste, was ich auf dem Tisch erblickte, an dem jene saßen, war mein unglückseliges Manuskript. Worauf ich, der ich einen solchen Verrat nicht erwartet hatte, meinen Rektor fest ansah. Er aber wandte den Kopf ab, und der Bischof deutete mir mit müder Hand, ich möge mich setzen und zu Monsignor Manca, daß er spreche. Zunächst fragte dieser mich über viele Dinge aus, woher ich das Manuskript hätte, wann ich es gelesen und was ich davon verstanden hätte, überhaupt, was ich darüber zu berichten wüßte, und als er durch meine Aussage überzeugt war, daß ich es seit vielleicht zwei Jahren nicht mehr gesehen hatte, begann er, das Manuskript in der Hand haltend, mir vieles darüber zu sagen, wovon ich herzlich wenig behielt, da ich in der Theologie damals völlig unbewandert war. *In primis,* daß es ein ketzerisches Buch sei, wie schon der Titel deutlich zeige, und daß ich gut daran täte, im Falle ich davon noch etwas willen sollte, es zu vergessen, wenn mir mein Seelenheil lieb sei. Worauf ich in jugendlicher Verwegenheit und durchaus nicht eingeschüchtert, vielmehr wegen des Verrats meines Rektors noch ganz erzürnt, erwiderte, daß ich von Häresie nichts wisse, wenn aber dieses Buch meine Seele so sehr entflammt habe, daß in mir trotz meiner völligen religiösen Unwissenheit meine Berufung erweckt werden konnte, wie der hochwürdigste Herr Bischof wisse, so könne es doch kein ketzerisches oder verderbliches Buch sein. Und ich sagte ihm auch von der heftigen Sehnsucht nach der Heiligen Schrift, die ich beim Lesen dieses Evangeliums empfunden hatte, und fügte noch hinzu, daß es meines Wissens nicht von den vier Evangelien abweiche, die ich später studiert hätte. Und ich zitierte einige Stellen, die in beiden Fällen gleichlautend waren. Worauf Monsignor Manca sich ereiferte: „Also erinnerst du dich doch!“ Und er sagte, daß zwar hinsichtlich der Ereignisse Übereinstimmung vorliege, nicht aber hinsichtlich der Aussprüche und der Bedeutung der Ereignisse. Und um mir dies vor Augen zu führen, las er einige Stellen daraus vor, darunter eine, die lautete: „Selig, wer an mein Wort glaubt, denn er wird gerechtfertigt werden“, was, wie er sagte, fast lutherisch sei. Und noch einen anderen Ausspruch erwähnte er, der seiner Meinung nach verurteilungswürdig sei: „Er, der Vater, hat mich für euch zum Sünder gemacht, auf daß ihr durch mich heilig werden könnt.“ Und weiters einen Vers, worin es heißt: „Wir leben am anderen Ufer“, der ihm gleichfalls besonders gefährlich erschien, weil er das Weltliche vom Geistigen zu sehr trenne. Und da mein Großonkel in dem Vers, in dem es heißt: „Gebt dem Kaiser, was des Kaisers ist“, anstelle des „gebt“ „gebt zurück“ gesetzt hatte, sah er mich an und rief aus: „Nun siehst du wohl, daß auch dies Bosheit und Quelle des Ärgernisses ist, wie sie heutzutage den Fürsten und allen, denen es nach dem Gut der Kirche gelüstet, wohl gefallen würden.“ Und er sagte noch vieles über die Willkür bei Übersetzungen und über die Gefahren, denen man bei Wortänderungen des Glaubensgutes begegne, sei es, daß dies durch zu große Vermessenheit und Neuerungssucht oder durch die Anpassung der Heiligen Schrift an die eigenen Absichten geschehe. Und um mir dies deutlich vor Augen zu führen, bewies er mir, wie oft in meinem Manuskript anstelle von „Schriftgelehrte und heuchlerische Pharisäer“ übersetzt war: „Priester und heuchlerische Hirten", wie um die Verderbtheit der heutigen Kirche stärker hervorzuheben als die der Juden. Und am Ende blätterte er, als habe er es anfangs vergessen, heftig in meinem armen Manuskript, und als er das Gesuchte gefunden hatte, sagte er: „Hier ist es." Darauf buchstabierte er: „Ich bin der, den ich liebe, und der, den ich liebe, ist ich", und sagte noch Gott weiß was über Pantheismus und Häresie.

Ich, der ich von so vielen Spitzfindigkeiten nichts verstand und bei der Lektüre dieses Evangeliums keinerlei Ärgernis empfunden hatte, wußte nicht mehr, was ich sagen sollte und schwieg daher vernichtet. Dies bemerkte der hochwürdigste Herr Bischof, und da er mit meiner Lage Mitleid hatte und begriff, daß man über Dinge sprach, die meinem Alter nicht angemessen waren, sagte er, er sei überzeugt, daß weder mein Großonkel mit dieser Übersetzung Ketzereien habe verbreiten wollen, noch daß ich so geartet sei, solchen zuzustimmen. Und um die Dinge wieder ins Lot zu bringen, sagte er lächelnd noch etwas über die Wirkung der Schriften des Evangeliums und über die geheimnisvollen Wege des Herrn, habe doch ein so verdorbener Text in einem so ungelehrten Jüngling den Wunsch nach dem Priestertum erwecken können, was die Theologie allein sicherlich nicht vermocht hätte. Und nachdem er mich noch über meine Studien befragt und mich ermahnt hatte, ihnen zu obliegen, ohne nach Dingen zu streben, für die ich noch zu jung sei, entließ er mich gütig.

Später erfuhr ich, daß Don Paolo Verratti mit Zustimmung meines Vaters die Bücher meines Großonkels untersucht hatte, um zu sehen, ob noch Gefährliches darunter sei. Da jener aber in solchen Dingen viel zu ungelehrt war, nahm er nur nach kurzer Durchsicht einiger Bücherregale eine Schmähschrift gegen die Jesuiten mit dem Titel *Die demaskierten Wölfe* mit, sowie ein Werk von Pufendorf, das er, wie er sagte, lesen wollte.

Wie es Sitte war, wurde ich mit achtzehn Jahren für drei Monate nach Hause geschickt, um meinen Entschluß zum Priesterstand noch einmal zu überdenken. Ich fand das Haus voller Kinder aus meines Vaters zweiter Ehe, und da ich vor allem alleine bleiben wollte, bat ich meinen Vater inständig, in den Räumen meines Großonkels schlafen zu dürfen. Er gewährte es mir gerne, so daß ich dort oben in Zurückgezogenheit den Großteil des Tages und die Nacht verbrachte; da ich aber für die Öllampe mehr Öl verbrauchte als ich sollte, meinte mein kleinlicher Vater, er könne nicht glauben, daß zum Meßlesen und für die Erteilung einiger Sakramente so viele Studien nötig seien. Dazu bewegte ihn auch Don Paolo Verratti, bei dem er sein Herz ausschüttete, und der, anstatt ihn zu beruhigen, irgendetwas über die Gefahren des Lernens brummte und ihn warnte, daß ich solcherart ein unruhiger Priester werden würde. Ich aber hatte nichts anderes im Kopf als die Bücher, die ich las, und schenkte ihnen wenig Gehör. Unter anderen hatte ich einige Werke von Gassendi entdeckt, die ich höchst aufmerksam las, da sie mir zustimmenswert schienen. Ich hatte aber auch einige scholastische, der Methode des Aristoteles und des heiligen Thomas von Aquino folgende Werke gefunden, und so ging ich fortwährend vom einen zum anderen über, ohne begreifen zu können, daß es zwei verschiedene Philosophien, ja sogar zwei entgegengesetzte wissenschaftliche Wahrheiten geben könne. Außerdem hatte ich ein Buch über die rechte Heiligenverehrung gefunden. Und auch in diesem Falle mißfiel mir, daß die abergläubischen Gebräuche, die ich ringsum sah, unseren gesunden Vernunftschlüssen so sehr entgegenstanden. Ich stieß auch auf den *Principe,* ein Buch, das man im Seminar verurteilte und verbannte. Und obgleich mir vor manchen der grausamsten Maximen schauderte, mußte ich gleichzeitig zugeben, daß sie stimmten und die menschliche Natur gut dargestellt war, und all dies hätte mich recht niedergeschlagen gestimmt, hätte ich nicht Heilung im Evangelium gefunden, in dem ich das einzige Gegengift gegen soviel Böses sah. So setzte sich in mir seit damals der Gedanke fest, von dem ich nie mehr ablassen sollte: Daß die menschliche Gesellschaft ohne die von den Evangelien verkündete Moral nichts als ruchlos, gottlos und unehrlich wäre, genau wie sie Machiavelli in seinen furchtbaren Maximen beschrieben hatte; aus diesem Grunde und da ich nun einmal beschlossen hatte, Priester zu werden, blieb mir keine andere Wahl, als Zeuge für das Evangelium zu werden, da es die einzige Möglichkeit darstellt, den Menschen von seiner Natur zu erlösen. Und darin lag meine ganze Berufung, obschon ich es damals noch nicht wußte.

Immerhin entkräfteten diese gegensätzlichen Bücher meinen Geist, so wie eine Pflanze von entgegenpeitschenden Stürmen niedergeworfen wird. So kam es, daß mich mein Vater streng ansah, wenn ich ausgelaugt, geistesabwesend und mit dunklen Ringen unter den Augen aus meinen Räumen trat, vermeinte er darin doch, glaube ich, die Zeichen jugendlicher Versündigung zu sehen. Und das schlimmste war, daß ich keinen Menschen hatte, dem ich mich anvertrauen konnte, denn meine Pläne entsetzten meinen Vater nicht wenig. In seinem Geiz erhoffte er sich viel von meiner Bestallung. Der einzige Mensch, von dem ich Verständnis erhoffen konnte, war ein junger Mann, der soeben sein Rechtsstudium in Neapel beendet hatte; er gab mir zwar teilweise recht und nannte mir ein Buch, worin stand, daß die Religion leuchtende Nationen auf die Welt gebracht habe, während mit dem Atheismus keine einzige gegründet worden sei, nichtsdestoweniger warnte er mich aber, daß die Moral des Evangeliums entsprechend Ort und Zeit anzuwenden sei, denn wollte man sie allgemein anwenden, vermöchte sie die Welt in Flammen zu setzen.

Bei meiner Rückkehr ins Seminar erhoffte ich mir jedoch sehr viel vom Studium der Philosophie, das nun einsetzen sollte. Der ganze Stoff gliedert sich in vier Abschnitte, in Logik, Physik, Moral und Metaphysik, die nach scholastischer Methode stufenweise gelehrt wurden. Während des ganzen Verlaufs der ersten beiden Abschnitte fühlte ich mich, wie schon früher, schrecklich bedrängt, denn da mir noch die Werke Gassendis im Kopf herumgingen, zu denen sich in der Zwischenzeit noch eine kleine Schrift von Delle Carte gesellt hatte, verwirrte mich der Logik- und Physikunterricht meiner Professoren, und ich verfiel nicht nur wieder in ein Staunen darüber, daß es zwei entgegengesetzte Wissenschaften von der Wahrheit geben konnte, sondern ich fragte mich, welche der beiden von einem Christen angenommen werden sollte. Mit umso mehr fiebernder Seele wartete ich auf den Unterricht der Moral, der, wie ich meinte, jeden Zweifel in mir beseitigen mußte. Indes sollte mich auch dieser enttäuschen, denn das Lehrbuch, woraus man uns die Moral lehrte, war eine höchst umständliche moraltheologische Abhandlung mit einer Menge imaginärer Sünden und spitzfindiger Grenzfälle des Gewissens, so daß ich wiederum verwirrt war. Und da ich sah, daß die Evangelien selten, ja fast nie genannt wurden, der Stoff aber in juridischer Methode behandelt war, so daß ich schon meinte, ich sei ins Seminar eingetreten, um Jurisprudenz anstatt Theologie zu studieren, und da ich weiters sah, daß die Sünden des Fleisches, im Evangelium so selten genannt, in dieser Abhandlung an die zweihundert peinlichst genau und eng beschriebene Seiten einnahmen, fragte ich mich verstört, wie man den wenigen, milden, allgemeinen Worten Jesu über die Moral so viele Vorschriften, Definitionen und Ausnahmefälle entnehmen konnte, und fast schien es mir, als herrschten Schatten und Nebel gerade dort, wo die Heilige Schrift Licht verbreitete. Und da mein Lehrer in der Heiligen Schrift nicht nur fast unerfahren war, sondern von ihr sprach, als fürchte er die Begeisterung seiner Schüler, und da ich weiters begriff, daß es mich von meinem Ziel eher abbringen würde, wenn ich nur bei den vorgeschriebenen Studien bleiben wollte, beschloß ich in jugendlicher Entschlossenheit insgeheim, selbständig vorzugehen und die Moral ausschließlich aus den Evangelien abzuleiten. Ich erinnerte mich, unter den Büchern meines Großonkels eine Ausgabe des Neuen Testaments mit den Moralischen Betrachtungen des P. Quesnel gesehen zu haben, und da sie mir der Überschrift nach für meine Zwecke sehr geeignet schien, schrieb ich meinem jüngeren Bruder, er möge mir das Buch schicken. Das Werk kam mit einigen Kleinigkeiten, die mir meine Verwandten schickten, und von jenem Tag an begann für mich eine überaus mühevolle Zeit, denn nach dem normalen Studium widmete ich viele weitere Stunden der Betrachtung dieses Buches; und da ich hier unzählige Aufforderungen zur Liebe fand, dort aber unzählige Verbote, so als zeige uns die Heilige Schrift die Menschheit von der Seite des Guten, das Buch aber, das man uns zum Lernen gegeben hatte, nur die Kehrseite, das Böse, hatte ich fortwährend den Eindruck, von der Wärme in die Kälte zu gelangen. Dazu bedenke man noch, daß ich die wunderschönen Kommentare des P. Quesnel wie eine Zukost für mein Brot schätzte und mich gänzlich darin vertiefte und davon mitreißen ließ, ohne zu ahnen, daß ihre Lektüre mit der Exkommunikation belegt war. Als ich es von einem Mitschüler erfuhr, der mir den Rat gab, das Buch verborgen zu halten (was ich auch getreulich tat und worauf ich nichts anderes mehr wagte als mich mit den Sümpfen des moraltheologischen Traktats zu befassen), geriet ich in größte Aufregung. Ich konnte nicht einsehen, aus welchem Grund man Meinungen verurteilen konnte, die – so schien mir – wahrhaft von heiliger Liebe zur Schrift diktiert worden waren.

In dieser Zeit einer verhängnisvollen Ratlosigkeit, da ich mich sogar fragte, was für eine Kirche das sei und woran ich glauben sollte, geschah es, daß ich für eine der scholastischen Disputationen, die wir von Zeit zu Zeit übungshalber abzuhalten pflegten, mit List die Verfechtung einer These wählte, die mir sehr christlich schien und sich aus einer der Betrachtungen meines Buches ableitete. Die These lautete: „In den Evangelien ist nichts anderes enthalten als Liebe, das ist ihr Inhalt und Ziel", und ich verfocht sie gelehrt und mit vielen Zitaten, besonders einem des heiligen Paulus, das sagt: „Denn das ganze Gesetz wird in dem einen Wort erfüllt: ‚Du sollst deinen Nächsten lieben wie dich selbst'." Aber sei es, daß es mir nicht gelang, diese These genügend darzulegen, sei es, daß ich aus jugendlicher Unvorsichtigkeit tatsächlich die Grenzen des rechten Glaubens überschritt, indem ich mich zusehr gegen die Moral gerichtet zeigte, die man uns lehrte, jedenfalls entstand eine hitzige Auseinandersetzung, in deren Verlauf nicht viel gefehlt hätte, daß ich zum Ketzer erklärt worden wäre. Und sei es wegen der Enttäuschung und wegen des Mißtrauens, das ich mir zugezogen hatte, sei es wegen der Erschöpfung infolge des vielen Lernens während der vergangenen Monate, jedenfalls verfiel ich in ein leichtes Fieber, das von Schwermut und Schwäche des ganzen Körpers begleitet wurde und den Rektor sehr um meine Gesundheit bangen ließ, so daß er sich entschloß, mich zu beurlauben, damit ich in der heimatlichen Luft genesen möge. Und als ich dort allmählich wieder zu Kräften kam, wie der Rektor vorausgesehen hatte, geschah es, daß ich eines Nachts von einem Traum geweckt wurde: Ich sah eine Hand, die sich entlang der Bücher meines Großonkels bewegte; sie waren alle in Schatten gehüllt, bis auf ein Regal, das von einem schönen, weißen Licht strahlte; dort zögerte die Hand etwas, als sei sie im Begriffe, mir etwas zu zeigen. Zunächst wurde ich, unsicher und noch völlig schlaftrunken, gegen meinen Willen vom Schlaf wieder überwältigt, doch dann war ich wegen der Seltsamkeit des Erblickten plötzlich hellwach und so trat ich zu dem Bücherregal, das, wie ich noch wußte, ganz hoch oben lag, und stieg die Leiter hinauf. Anfangs fand ich dort nichts, was ich nicht schon gekannt hätte oder was mich interessieren konnte. Als ich jedoch genauer hinsah, so gut ich es bei dem spärlichen Licht vermochte, fiel ein Buch, das ich wegrücken wollte, zu Boden, und dahinter sah ich einige Behälter oder Metallkästchen, in welchen ich sogleich die Behältnisse für die Bleilettern meiner kleinen Druckerpresse erkannte. Und als ich das erste von seinem Platz herausgezogen hatte, sah ich, daß es bereits einen druckfertigen Satz enthielt; da ich ihn für den Augenblick nicht entziffern konnte und vor Kälte am ganzen Körper zitterte, ging ich ins Bett zurück, wo ich den Rest der Nacht in höchster Aufregung über das Wundersame dieser abenteuerlichen Entdeckung und in ungeduldiger Erwartung, sie in meiner Druckerpresse abzuziehen, verbrachte.

Endlich, spät genug, graute der Morgen; welches Staunen erfaßte mich, als ich die erste Seite gedruckt hatte und folgende Überschrift las: „Die Apostellehre oder Quintessenz der christlichen Moral im Lichte des Fünften Evangeliums, neuerlich in die italienische Sprache übersetzt von Raphael de Lellis, Kanoniker an der Kathedrale von Lanciano. Mit Anmerkungen desselben." Und als ich alle zehn Seiten fertiggedruckt hatte, sah ich, daß es sich um einen kleinen Traktat mit wunderschönen, von reinstem christlichem Geiste erfüllten Maximen handelte, von welchen viele nur klangmäßig von jenen abwichen, die meiner Erinnerung nach in den anderen vier Evangelien vorkamen; viele wiederum wären mir neu vorgekommen, hätte ich mich nicht erinnert, sie als Knabe in dem später beschlagnahmten Buche gelesen zu haben.

Das ganze war in drei Teile gegliedert, die ich nicht oft genug lesen konnte, da sie mich nicht nur, nach dem Sumpf des scholastischen Unterrichts, an den Quellen des Evangeliums labten, sondern mir bestätigten, wie schlicht, keusch und vernünftig die Lehre der Apostel war, wo es keinen Apparat dogmatischer Unklarheiten, keine spitzfindigen Unterscheidungen, keinen endlosen Gebrauch von Definitionen und Deduktionen gab, keine weitschweifende Aufzählung von Sünden, die ich mir vorher nie hatte vorstellen können und die meinen jugendlichen Geist abstumpften, sondern einzig und allein die sprühende Kraft des Manuskriptes meiner Kindheit, und damit eine gesunde, nüchterne und solide Philosophie aus ganz wenigen, wesentlichen Geboten, die als wichtigstes die Liebe zu Gott und zu den Menschen vorschreibt und alles andere von diesem allgemeinen Grundsatz ableitet, nämlich die Einhaltung der Gebote Gottes, demütig zu sein, geduldig, friedfertig, barmherzig, zur Liebe bereit zu sein auch gegen jene, die uns übelwollen und dem Bittenden zu geben, ohne etwas dafür zu erwarten. Vor allem aber staunte ich neuerlich, welch untergeordnete Rolle die Sünde des Fleisches spielte, die doch im Seminar so sehr hervorgehoben wurde, und welche Bedeutung hingegen meine kleine Abhandlung den Geboten einräumte, die sich auf die Pflicht, den Notleidenden beizustehen, beziehen und darauf, alles, was man besitzt, mit den anderen zu teilen, so daß schließlich in ihnen die christliche Vollkommenheit ganz eingeschlossen war. Ich vermag gar nicht zu schildern, welche Bewegung manche dieser Maximen in mir erregten, die ich für völlig evangeliengetreu hielt, auch wenn sie in den vier kanonischen Evangelien nicht zu finden waren: Besonders jene, die besagen, daß bei Gott reich ist, der gibt, und nicht derjenige, der hat, daß das Geben, nicht das Besitzen den Menschen mit wahren Gütern erfüllt, und daß sich Liebe und Besitz nicht vertragen, weil Gott die Dinge für alle Menschen gemeinschaftlich erschaffen hat. Vier dieser Sätze jedoch bewahrte ich vor allem in der Seele, die mir nicht nur erinnernswert schienen, sondern als wahrhaft der eigentlichen Quelle des Wortes entsprungen, aus deren Überfluß sie sich gleichsam in ein anderes Bett ergossen. Der erste Spruch lautete: „Tut es den Vögeln gleich, die nicht auf der Erde lasten, sondern von ihr nehmen, wessen sie bedürfen!“ Und der zweite: „Die Kinder des Vaters sind glücklich in dem, was sie nicht besitzen.“ Der dritte: „Gebt Almosen auch von dem, was in euren Schüsseln ist.“ Und schließlich der vierte: „Bringt euch auch selbst als lebendige Opfergabe dar.“ Besonders die beiden letzten wollte ich mir tief in mein Gemüt einprägen, da ich darin das Wesen des Priestertums und die zweifache Liebe zu sehen glaubte, die ein Priester haben muß.

Nicht minder schön waren die Kommentare meines Großonkels, die er am unteren Rande jedes einzelnen Blattes hinzugefügt hatte; sie schienen mir alle sehr gut mit dem Sinn der Heiligen Schrift und mit der Ansicht übereinzustimmen, die sich in mir immer mehr festigte, daß nämlich die Evangelien nichts außer Liebe enthalten. Insbesonders zwei Sentenzen hoben sich wie ein roter Faden in dem Gewebe ab: Daß Christus von den Demütigen und Leidenden aufgenommen worden sei, und daß alles, was die Seelenhirten unserer Zeit mehr besäßen als Christus, nur zeige, wie sehr sie sich von ihm unterschieden. Und da ich erkannte, daß diese und weitere Sentenzen, zumindest sinngemäß, von jenem Quesnel abgeleitet waren, den ich im Seminar gelesen hatte und dessen Buch ich, wegen der Exkommunikation, die dessen Lektüre bedrohte, verstecken mußte, fühlte ich mich wiederum voller Betrübnis zu der Frage veranlaßt, wo denn die Kirche stehe, und ob der Glaube Christus näher sei, der Jesus einfach in den Armen sieht, oder jener, der ihn mit so vielen Spitzfindigkeiten und Lehren umgibt. Und ich fragte mich auch, auf welche Weise und auf welch seltsamen Wegen auf so schlichten Grundsätzen und so reinen Fundamenten ein scholastisches Lehrgebäude und jene schreckliche Ernte unfruchtbarer und philosophisch wenig einleuchtender Gedankengänge hatte entstehen können, die mich der lebendigen Quelle des Wortes nur entfremdeten. Wenn ich aber bedachte, wieviele theologische Systeme in den letzten Jahrhunderten entstanden und wieder zerfallen waren, während das Wort doch immer nur eines ist, dann konnte ich mir selbst die Antwort geben – die ich auch beweisen wollte, sowie ich die Kraft dazu hätte –, daß die Theologie vergänglich sei, das Evangelium aber nicht, und daß man folglich in unseren Seminaren schlecht daran tue, den Glauben auf die Theologie anstatt auf das Evangelium zu gründen. In dieser seelischen Zerrissenheit blieb ich dennoch von meiner Berufung zum Priestertum überzeugt, weil ich diese überdacht und mich innerlich darauf eingestellt hatte, und ich festigte in mir den Vorsatz, im Gehorsam gegenüber den erkannten Grundsätzen alle meine schwachen Kräfte dafür einzusetzen, um aus der Kirche ein sichtbares Evangelium zu machen. Kaum hatte ich mich entschlossen, da hörte mein Übel auf und ich wollte unverzüglich in das Seminar zurück. Dort aber bewog mich die Vorsicht, die bekanntlich die Mutter der Weisheit ist, nichts davon verlauten zu lassen und mich erst zu eröffnen, sobald ich Priester sein würde.

Dennoch kostete es mich Mühe, mich wieder hineinzufinden, auch weil ich Zeit versäumt hatte und mir das Studium größere Anstrengung bereitete und gleichzeitig meinen Verdruß am Unterricht steigerte. Dies, und eine Art von Härte, die durch das fortwährende Verbergenmüssen meiner Gefühle in mir entstanden war, sowie die Taubheit meiner Gefährten gegenüber den Dingen, die mich aufwühlten – waren sie selbst doch nur auf ihre künftige Bestallung bedacht –, und schließlich ganz allgemein das Bedürfnis nach einem weiteren Horizont weckten in mir den Gedanken, mein Studium in Neapel zu beenden. Als daher mein jüngerer Bruder dorthin zog, um an der Universität die Jurisprudenz zu studieren, und mein Vater zu weichherzig war, ihn alleine gehen zu lassen, ergriff ich die Gelegenheit, ihm in einem Briefe darzulegen, daß ich binnen eines Studienjahres und ohne große Kosten, für die er sich übrigens durch den Verkauf einiger kleiner Ländereien entschädigen konnte, die mir meine Mutter hinterlassen hatte, geweiht werden und als viel besserer Priester heimkehren könnte, als dies aus dem Seminar von Lanciano der Fall wäre. Und da mein Vater anfing, in einem guten Priester eine Zierde der Familie zu sehen, und meinte, da ich so lernbegierig sei, würde ich in Neapel eine bessere Schule haben, stimmte er willig zu, unter der Bedingung, daß der hochwürdigste Herr Bischof seine Einwilligung gäbe. Diese war schwerer zu erlangen, als ich gedacht hatte. Und wäre der Rektor nicht gewesen, der mich wenig leiden mochte und froh war, mich aus dem Seminar zu haben, hätte sie mir dieser teure alte Mann nicht gegeben. Schließlich erteilte er sie mir unter wehmütigen Tränen, machte mich jedoch darauf aufmerksam, daß ich, sofern ich in Neapel geweiht würde, auch in dieser Diözese würde bleiben müssen. Ich aber achtete wenig auf diesen Punkt, da ich schon fieberte, fortzukommen.

Das erste, was ich nach meiner Ankunft in Neapel unternahm, war das Ansuchen um eine Audienz beim Kardinal-Erzbischof, dem ich einen Brief überreichen wollte, womit mich mein guter Bischof ausgerüstet und worin er ihm meine Lage und meine Berufung dargelegt hatte. Aber schon hier mußte ich eine arge Ernüchterung erfahren, denn anstelle eines Vaters fand ich nur einen Fürsten, der mich einen Monat warten ließ, ehe er mich empfing, und als er es tat, war er von einem Schwarm schmeichelnder, bittstellender Priester umgeben, die sich alle beim Ringkuß mit übertriebener Unterwürfigkeit näherten und dabei fast zu Boden warfen. Als die Reihe auch an mich kam und ich den Ringkuß recht linkisch dargebracht hatte, ließ er sich von einem Sekretär meinen Namen und meine Bitte ins Ohr flüstern, worauf er mich anlächelte, sich zu erinnern zeigte und einige kurze Sätze murmelte, wobei er mich segnete; das war alles, was ich von dem Erzbischof zu hören bekam. Auch im Seminar ließen sich die Dinge für mich nicht viel besser an, wo ich mich unter einem Schwarm höchst redegewandter Kameraden fast wie ein Wilder ausnahm und immer mehr auf den letzten Platz zurückgedrängt wurde, teils wegen meiner scheuen Natur, die mich wenig geeignet machte, mich hervorzutun und zu glänzen, teils wegen der Standes- und Vermögensprivilegien, die in der Schule, im Chor, bei Tische, ja sogar in der Messe fühlbar waren und es vermochten, daß Verdienstlose, ja Unwürdige den Vorzug fanden. Dazu kam, daß ich den Fehler beging und nicht, wie es der Großteil der Mitschüler schlauerweise tat, unseren Rektor zum Seelenführer gewählt hatte. Und obwohl ich mehr aus Schüchternheit denn aus Tüftelei so entschieden hatte, weil ich ihn zusehr mit anderen Sorgen belastet glaubte, um ihn für meine Lenkung geeignet zu halten, wurde dies als Stolz und Anzeichen sündhafter Neigung ausgelegt. So kam es, daß zu meiner Gabe, anscheinend allen Rektoren zu mißfallen, noch das Mißtrauen hinzugelangte, das ich nie mehr abschütteln konnte. Auch meine Lernerfolge waren in Anbetracht der überragenden Rolle, die in Neapel das kanonische Recht spielte, das man in Lanciano fast völlig vernachlässigte, mittelmäßig. Und glänzte ich schon wenig in der Theologie, so stand ich in jener trockenen, unglückseligen Materie plötzlich erst recht mittelmäßig da, während sie bei meinen Kameraden außerordentlich beliebt war, gewährte sie doch am sichersten den Aufstieg zu den besten Stellungen, besonders an den kirchlichen Tribunalen, die unter den Priestern sehr gesucht waren. Es nützte auch nichts, daß ich all dem die liebende Kraft meines armen Evangeliums entgegenstellte, das in Neapel womöglich noch geringer geschätzt wurde als in Lanciano; denn diese Seelen, die an die Maximen der Heiligen Schrift nicht gewöhnt und von ihr nicht geformt worden waren, vielmehr dem Ehrgeiz dieser Welt folgten, empfanden, soviel ich sah, weder die Kraft der Gottesfurcht und Askese, noch die Sehnsucht der Religion, so daß sie nur darauf achteten, äußerlich fromm zu sein mit allerlei Kniebeugen und Gebeteleiern. Kurz, je mehr ich jene Männer der Kirche kennenlernte, mit denen ich zu tun hatte, desto ähnlicher fand ich sie meist jenen Hirten, die das Buch, welches mein Großonkel übersetzt hatte, als dem Wege des Todes folgend bezeichnet, das heißt nach den Worten der Schrift als Götzenanbeter, abergläubische, doppelherzige, hoffärtige, boshafte, geizige, anmaßende und prunkliebende Menschen, gleichgültig gegenüber der Wahrheit und wenig besorgt um die Armen und Betrübten, Anwälte der Reichen und ungerechte Richter der Bedürftigen. Wenn ich all dies erwog, ereiferte ich mich in meinem Inneren nur um so stärker gegen jenes langweilige kanonische Recht, in dem ich den Ursprung und Ausgangspunkt der kleinlichen Gesinnung sah, die sich bei unseren Priestern eingebürgert hatte.

Aus all diesen Gründen wurde ich recht bald von einer heftigen Schwermut ergriffen; und wäre nicht die Furcht gewesen, für leichtfertig und feige gehalten zu werden, da ich doch so inbrünstig und hartnäckig hatte fort wollen, so hätte ich gebeten, nach Lanciano zurückkehren zu dürfen. Doch da ich bedachte, daß mein Studium beinahe beendet war, beschloß ich zu bleiben. Auch war mir dabei mein Beichtvater, Don Giovanni Spinelli, unser Lehrer in der Heiligen Schrift, von großer Hilfe, der wegen seiner Demut, Unschuld und wegen seiner Art, sich zu kleiden, nämlich in ein altes, abgetragenes Gewand, und durch seine fast stammelnde Sprechweise von meinen Kameraden allgemein sehr gering geschätzt wurde, während ich ihn nicht nur als außerordentlich gütig und wohltätig kannte (er hatte an der Avvocata ein Waisenhaus gegründet, dem er sich gänzlich widmete), sondern auch als Gelehrten in seinem Fach, als den ersten vielleicht seiner Zeit in Neapel. Ihm schilderte ich meinen Seelenzustand und meine Zweifel; immer wieder sagte er mir, ich möge mich ermannen, denn, so meinte er, es habe schon immer eine sündige und eine erlösende Kirche gegeben, und jene ranke sich um die andere wie das Schlinggewächs um die Pflanze, könne sie aber dennoch nicht ersticken, da diese in der Höhe blühe. Und wegen der einen werde dem göttlichen Wort ständig Gewalt angetan, während die andere dieses immer wieder zum Leben erwecke und kundgebe. Außerdem ermunterte er mich mit einem Vers aus der Heiligen Schrift, zu einem Gott Vertrauen zu haben, der sich selbst aus Steinen Söhne Abrahams erwecke und wider alle Hoffnung zur Hoffnung veranlasse, wie in unserem Falle, da wir uns doch trotz der Schwären der Heiligen Kirche weiterhin Gläubige nennten und Christus getreu leben wollten. Auch machte er mich aufmerksam, daß ich als Verkünder des Evangeliums, für den er mich halte, nicht gerne gesehen und vielleicht sogar verfolgt sein würde, doch fuhr er gleich fort, daß ich, um standzuhalten, Christi gedenken müsse, der selbst in seiner Kirche in ständiger Agonie liege. Und eines Tages, als er mich besonders bekümmert und geradezu gewillt sah, aus dem Seminar auszutreten (so dachte ich oft in den ernstesten Augenblicken der Enttäuschung), sprach er zuerst sehr milde zu mir: ,,Mein Sohn, wohin würdest Du gehen?", womit er ausdrücken wollte, daß ich die Kirche nicht verlassen konnte, ohne meine verlorene Berufung wie eine Verurteilung zu tragen, dann holte er ein Buch herbei und zeigte mir darin einige Sätze, die wir gemeinsam lasen und überdachten; vier davon schrieb ich mir auf seinen Wunsch hin ab, um sie nach der Weise der asketischen Blütenlesen aus den Schriften der Väter zur Betrachtung zu verwenden und mir, wie er sagte, für mein ganzes Leben zueigen zu machen: ,,Sich nichts anmaßen und an nichts verzweifeln." – ,,Die christliche Geduld ist bereit, alles anzunehmen und zu erleiden." – ,,Nur die Erwählten können begreifen, daß man auf dieser Welt gekreuzigt werden muß." – ,,Jesus Christus gibt uns keine andere Gewißheit als das Kreuz und die Erniedrigung: Dies ist in der Tat der Anteil seiner Auserwählten in diesem Leben."

Als ich mit Gottes Hilfe die Prüfungen mit mittelmäßigem Erfolg bestanden hatte, legte ich die ewigen Gelübde ab und wurde geweiht. Während der Monate des Wartens auf eine Bestallung wurde ich Chormitglied an der Kathedrale und sah dort weitere Dinge, die mir nicht gefielen, und beging anderes, was meinen Vorgesetzten mißfiel; ich wohnte bei meinem Bruder, der sich in der Nähe von Santa Maria la Nova niedergelassen hatte, wo die Mönche eine besondere Kongregation aufgebaut hatten, der viele gelehrte, eifrige und ernste Männer angehörten. Sie wohnten an Sonn- und anderen Feiertagen gemeinsam den Gottesdiensten bei und unterhielten sich darüber hinaus über humanitäre und philosophische Themen, die sie freimütig besprachen, und wobei ich äußerst begierig lauschte, um so mehr, als mir das Leben und die Unterhaltung jener Männer sehr wohl zeigten, wie die neue, aus Frankreich gekommene Philosophie – die überall im Zuge war, die Scholastik zu verdrängen, zu der man sich in den Seminaren und Klöstern noch bekannte – mit unserer Religion in Einklang zu bringen wäre und sie reiner und weniger abergläubisch gestalten könnte. Vor allem überzeugte ich mich aber bei ihren Worten immer mehr davon (wofür ich übrigens in einem Buche Bestätigung fand, das man mir zu lesen gab), daß bei einer Rückkehr zum bloßen Evangelium und bei Weglassung vieler, später darum angesammelter, anfechtbarer Lehrmeinungen jeder Anlaß genommen wäre, die Menschen gegen ihre Einsicht zu zwingen und ihren Verstand gegen das zu wenden, was Natur, Vernunft, Erfahrung und gesunder Menschenverstand ihnen zeigen und sagen; dann könnte man vielmehr sehen, wie sehr unsere Religion mit dem Lichte der Vernunft übereinstimmt, da sich Christus und seine Jünger nur bemüht hatten, das wahrhaft Göttliche und dessen Erfordernissen aufzuzeigen, das Gesetz der Gerechtigkeit und der gegenseitigen Liebe verständlich zu machen, die Menschen mit Frömmigkeit ohne List zu erfüllen, mit Gerechtigkeit ohne Gewalt, mit Aufrichtigkeit ohne Verstellung, mit dem Empfinden für Gleichheit ohne Ehrsucht, mit einem Wort, in der menschlichen Gesellschaft das gegenseitige Vertrauen, die Fröhlichkeit, die rechte Gesinnung, die Friedfertigkeit und allgemeine Liebe zu erwecken, damit wir uns des wahren, und nicht des vorgetäuschten Menschenantlitzes erfreuen können. Dies war das von Christus angekündigte Reich, von dem sich die gegenwärtigen Hirten entfernt hatten, indem sie einen unsinnigen Stoff an Riten, Einrichtungen und theologischen Spitzfindigkeiten aufhäuften, von denen im geoffenbarten Wort keine Spur zu finden ist. Ich vertraute dies alles Don Giovanni Spinelli an; dieser aber warnte mich, daß ich auf diesem Wege und wenn ich eine so wenig metaphysische Religion suchte, am Ende sogar das Übernatürliche der Evangelien ausschließen würde. Ich sah ein, daß er recht hatte und gelobte, darauf zu achten. Was aber seine übrigen Ratschläge anbelangte, nach dem Spruch zu verfahren: ,,Ich stimme der Kirche nicht zu, aber dennoch gehorche ich ihr; und ich beachte nicht das Böse, das sie zeigt, sondern das Gute, das sie predigt", so war ich eher im Zweifel und mochte nur versprechen, darüber nachzudenken.

In Santa Maria la Nova lernte ich unter anderen einen jungen Advokaten kennen, einen Neffen des berühmten Giannone, mit dem ich bald vertrauter wurde; und da ich sah, daß er sowohl in rechtlichen wie in religiösen Fragen bewandert war, begann ich ihm allmählich mein Inneres aufzudecken und über die Dinge zu sprechen, die mich bedrückten. Worauf er mir eines Tages sagte, daß ich ein Anhänger der Aufklärung sei, ohne es zu wissen, und ein Schüler seines Onkels, ohne diesen gekannt zu haben. Als er mich aber eines Tages gequälter denn je fand, gab er mir einen Brief zu lesen, den sein Onkel kurz vor seiner Verhaftung aus Genf an ihn gerichtet hatte, und worin er wunderbar auseinandersetzte, wie es kommen konnte, daß auf der Grundlage einer so weltverachtenden Religion wie der von Jesus gelehrten ein so üppiges Gebäude wie das unserer gegenwärtigen Kirche hatte entstehen können. Was ich darin las, schien mir so zutreffend, daß ich es abschreiben wollte, um es besser im Gedächtnis zu behalten: Da die Frühzeit der Kirche, hieß es darin, zu Ende und die Märtyrerkirche Teil des Kaiserreichs geworden, da sich die Priester unter die Staatslenker gemengt und solcherart Menschen wie alle anderen geworden seien, habe allmählich Ehrgeiz die Gottesfurcht verdrängt und sei anstatt der Schaffung eines himmlischen Reiches die Einrichtung eines irdischen getreten, wie man es nie vorher gesehen habe; der Erfolg sei um so größer gewesen, als die Menschen, einmal überzeugt, daß materielle Güter mit den geistigen austauschbar seien und Schenkungen und Erblassungen zugunsten der Kirche ihre Seelen von Sünden frei machen könnten, nun diesen neuen und bequemen Weg in weitestem Ausmaß den Wohlhabenden und Mächtigen erschlossen gesehen hätten, wobei den übrigen Menschen angenehme Pfade äußerlicher Frömmigkeitsübungen aufgetan seien, wie Wallfahrten, besondere Heiligenverehrungen, Novenen und ähnliches, mit deren Hilfe man geglaubt habe, jede Rechnung mit Gott bereinigen und das eigene Seelenheil absichern zu können. Daraus hätten sich zwei Auswirkungen ergeben, die den gegenwärtigen Zustand bestimmten. Erstens, daß unsere Religion auf eine mechanische, äußerliche Fertigkeit herabgesetzt worden sei; und zweitens, daß es nicht genügt habe, neue Lehren zu verbreiten, andere Maximen auszusäen und neue Evangelien zu erfinden, man habe vielmehr das Evangelium Christi austilgen müssen. Denn wann immer dieses bekannt werde, führe es die Menschen zu dem Versuch, jene neuen Systeme umzustürzen, die heute als christliche Religion erwünscht seien.

Von dieser Lektüre war ich über alle Maßen begeistert, und da ich nun besser verstand, weshalb man dem überaus heiligen fünften Evangelium, das ich als Jüngling unter den Schriften meines Großonkels gefunden hatte, in Lanciano soviel Mißtrauen entgegengebracht hatte, beschloß ich, jenes andere Buch, das ich vorsichtshalber nicht mit nach Neapel genommen hatte, irgendeinmal der Welt bekanntzugeben. Vorläufig aber konnte ich nicht nach Archi zurückkehren, um es zu holen, und ich wußte, daß ich mich nur auf mich selbst verlassen durfte; so beschloß ich, den Inhalt indessen aus dem Gedächtnis wiederzugeben. Recht bald aber schon bemerkte ich, wie armselig und dürftig sich das ausnahm, was mein Gedächtnis davon tatsächlich behalten hatte; da ich aber meinen inneren Aufruhr keiner Unterbrechung aussetzen wollte und ich mich dessen erinnerte, was mir Don Giovanni Spinelli über die beiden Kirchen gesagt hatte, dachte ich daran, eine kleine Abhandlung über dieses Thema zu schreiben. Darin wollte ich zunächst nach den Worten Spinellis darlegen, daß es eine erlösende und eine sündige Kirche gibt, ich wollte mich ohne Feigheit gehorsam der ersten und ablehnend gegenüber der zweiten bekennen. Und ich konnte es nicht lassen, ehe ich nicht das Büchlein geschrieben hatte, das ich die *Zehn Regeln über die Zeichen, an denen man falsche Hirten erkennt* nannte und das wie andere meiner Schriften anonym verbreitet wurde. Zunächst legte ich in einem Kapitel dar, wie das göttliche Wort im Laufe der Jahrhunderte von dem menschlichen behindert wurde, dann rief ich liebevoll dazu auf, ohne weitere Philosophien zur Suche nach dem alleinigen Evangelium zurückzukehren (wie ich es später in meinem *Reformplan für die Priesterseminare* ausführlicher sagen sollte), schließlich führte ich in zehn kurzen Abschnitten meine zehn Regeln zur Erkennung schlechter Priester an. Diese beschreibe ich hier nicht, weil sie später ziemlich bekannt und fast populär wurden. Und obgleich mich jener junge Advokat und mein äußerst erschrockener jüngerer Bruder vor der Verbreitung warnten, indem sie mir vorhielten, was ich dächte, dürfe nur als Norm für mein inneres Leben gelten, während es nach außen hin klüger wäre, mich in vernünftiger Vorsicht anzupassen, antwortete ich erbittert, das möge ihnen genügen, da sie keine Priester seien, nicht aber mir, der ich einer war. So erreichten sie am Ende nur, daß ich jenes Büchlein anonym drukken ließ. Kaum war es erschienen, so dauerte es nicht lange, bis es dem Generalvikar in die Hände geriet (der nun die Kurie leitete, seitdem den Kardinal eine Lähmung befallen hatte). Es wurde mit berichtet, daß er nach dessen

Lektüre gelacht habe, sei es doch wahrheitsgetreu, einnehmend und harmlos. Dennoch wollte er erfahren, wer der Autor war, und er ruhte nicht, ehe er es erfuhr. Als er mich rufen ließ, meiner unbedeutenden Person ansichtig und, wie ich vermeinte, wegen meiner Jugend milde gestimmt wurde, sagte er mir als erstes, ich möge ohne Erlaubnis meiner Oberen nichts mehr schreiben und bedenken, daß zu meinen jugendlichen Jahren eher ein reines, großherziges Denken passe als jenes Vernünfteln und Richten, das man aus meinem Buch recht wohl ersehen könne, worin ich übrigens eher zuwenig als zuviel geschrieben hätte, da die Plagen der heiligen Kirche zu zahlreich seien, als daß sie ein junger, unerfahrener Priester aufzählen könnte; dann erkundigte er sich offen über meine Lage, und als er erfuhr, daß ich noch nirgends untergebracht war, nannte er mir einige Brüderschaften, die einen Kaplan brauchten, und einige reiche Familien, in welchen er mich hätte als Hauslehrer unterbringen können. Daraufhin entgegnete ich, daß ich nur Pfarrer werden wollte und daß dies mein Bestreben sei, seitdem ich mich zum Priestertum entschlossen hätte. Er fragte mich nach dem Grund und ich erwiderte, dies schiene mir die beste Weise, mich dem Dienst am Nächsten, besonders an den Armen, zu widmen, die ich für bereitwilliger hielte, Jesus zu erkennen und zu bekennen, als die Reichen; doch hätte ich gesehen, daß jene in Neapel äußerst zahlreich, bedürftig und ohne jegliche Kenntnis des Lichtes der wahren Religion seien; daraufhin sah er mich recht erstaunt an, versprach mir aber schließlich, meinen Wunsch nach Möglichkeit zu erfüllen, unter der Bedingung, daß ich meine Ideen einer großen Reform aufgäbe, teils, weil er, wie er lachend sagte, Neapel für keinen evangeliumsbereiten Boden halte, teils, wie er plötzlich streng werdend hinzusetzte, weil die Kirche keine Reformatoren, sondern Heilige brauche.

Es waren erst wenige Tage vergangen, als er mich wissen ließ, daß er mich zum Vikar an der Kirche San Marco di Palazzo in Monte di Dio bestimmt hatte; dort war ein Priester namens Don Giuseppe Marigliano Pfarrer, von den Herzögen von Marigliano abstammend, wie er oft und gerne nach der Art von Menschen sagte, die nichts als ihren Namen haben. Und durch ihn lernte ich, ohne es zu erwarten, bald die Boshaftigkeit des Generalvikars kennen und den Ort, an den er mich zu meiner Heiligung gesandt hatte: Denn hatte ich gehofft, Hirte einer Herde zu werden, so stand ich nun vor einem Manne, der mich nicht wie einen Mitarbeiter, sondern wie einen Diener behandelte, und an einem Ort, wo es nur von reichen, stolzen Leuten bewohnte Familienpaläste gab; auch das niedere Volk, dem ich nach dem Grundsatz entgegentreten wollte, der sich mir in meiner Jugend eingeprägt hatte: „Der Glaube sieht Jesus in den Bedürftigen und Leidenden“, bestand entweder aus der feigen, engherzigen Dienerschaft der Großen, oder aus Tischlern, Schnitzern und anderen Handwerkern, die ausschließlich für deren Häuser arbeiteten und daher deren Untugenden angenommen hatten. Und bei soviel Hoffart und Unterwürfigkeit war das schlimmste die Erkenntnis, daß es zwei Arten von Christus und zwei verschiedene Darlegungsweisen des Evangeliums geben konnte, wovon eine den Reichen und Mächtigen so sehr angepaßt war, daß sie mich ständig an den geheimnisvollen Spruch gemahnten, den ich gleichfalls in meiner Jugend gelesen hatte, ohne ihn zu verstehen: „Das Wort Gottes wird im Worte seiner Kinder bis zum Ende der Tage erniedrigt und gequält."

Die Unterkunft, die mir Don Giuseppe zugewiesen hatte, bestand aus einem schmutzigen Loch unter dem Dach des Pfarrhauses, wo ich mich verkroch. Aber das bedeutete nichts, angesichts seines Lebens voller Bequemlichkeit an der Seite einer recht schönen Nichte, die er sehr liebte, oder seiner Habgier bei Messen und Begräbnissen, angesichts der Pflege der Verehrung mancher Heiligenbildchen, wodurch er dem Aberglauben des Volkes entgegenkam, angesichts der Interesselosigkeit, womit er alles andere verrichtete, ohne die Gläubigen zu erbauen, oder wenn ich sah, daß unsere Kirche bei Hochämtern (die er mit viel Musik und kleinen, scholastischen Ausführungen schmückte) fast zu einer weltlichen Stätte und zum Schauplatz des Adels und der Offiziere der benachbarten Kaserne erniedrigt wurde, welche dort zusammentrafen, um den Damen mit militärischer Galanterie den Hof zu machen, was jenen sehr gefiel. Besonders aber quälte mich der Umstand, daß er mir nicht erlaubte, Predigten zu halten oder Beichte zu hören, was er sich und den anderen, an unserer Kirche sehr zahlreichen untergeschlupften Priestern vorbehielt, die geriebener waren als ich und das Gesetz Christi bequem nach dem Wunsche ihrer Beichtkinder auslegten, während ich, der ich sein Amtsgehilfe war und von ihm wie ein Sohn gehalten werden sollte, nur mit der Matrikelführung und einigen stillen Messen an Seitenaltären beschäftigt wurde oder allenfalls einem Sterbenden, wenn er niederen Standes war, beistehen durfte. In dieser auferzwungenen Muße, bar seelsorglicher Aufgaben, denen ich mich hätte widmen können, und in der Überzeugung, daß dies nicht mein Platz war, ich aber, schmerzlicher noch, keinen eigenen hatte, in dieser Situation, als ich fast an meinem Glauben zweifelte, da ich die Kirche nicht nur nicht meiner Sehnsucht entsprechend, sondern schlimmer als meine schlimmsten Erwartungen sah und ich überdies von jener äußerst verdorbenen Nichte belästigt wurde, die zu den Frauen gehörte, deren Herz allen offensteht, und die keine Gelegenheit versäumte, mich in Versuchung zu führen, fand ich keinen anderen Trost als in meinen geliebten Studien; diese wurden zum Teil durch einige alte, allerdings meist langweilige Bücher gefördert, die ich in einem Raum des Pfarrhauses gefunden hatte, teils durch die Bibliothek von Santa Maria Egiziaca, das nur wenige Schritte entfernt lag und wo ich, so oft ich es konnte, Asyl suchte, um meine schwache Seele wieder aufzurichten. Dort lernte ich einen Priester von heiligmäßiger Lebensführung kennen, den Leiter dieser Bibliothek, und da er sich für meine Lektüre interessierte, faßte ich Vertrauen zu seiner Güte und eröffnete mich ihm allmählich, indem ich ihm mein Leben und meine innere Verwirrung schilderte. Zunächst meinte er lachend, ich käme ihm vor wie Roland unter den Ungläubigen, dann fügte er hinzu, er vermute, daß ich wenig betete. Ich antwortete, daß dies stimmen könne, denn es falle mir in Tat schwer, mich längere Zeit dem Gebet zu widmen, dennoch aber sei ich fest davon überzeugt, daß es nicht die Anzahl der in unseren Kirchen üblichen Gebete sei, welche den guten Christen ausmachten, da uns Christus doch nur eines, und noch dazu ein so kurzes, gelehrt habe. Und da ich ihn zweifeln sah, forderte ich ihn zu der Überlegung auf, wie selten – wenn überhaupt – die Priester unter so vielen Geboten jenes in Erinnerung riefen, das ich für das erste und wichtigste von allen hielt: das Evangelium zu leben, weil es sonst nichts gilt. Mit dem Vorbehalt, daß dies ein abstrakter Gedankengang sei, denn dem Evangelium gemäß leben sei nur wenigen Heiligen möglich, stimmte er mir darin zu, daß durch die Vernachlässigung der Evangelien schlechte Priester und unechte Berufungen entstünden, wie man sie heutzutage sehe. Und so begann ich ihm von dem geheimnisvollen Evangelium zu erzählen, das ich als Knabe unter den Schriften meines Großonkels gefunden hatte, und klagte über dessen Beschlagnahme; es sei mir nicht im mindesten gefährlich vorgekommen, habe es in mir doch den Wunsch nach dem Priestertum erweckt, vielmehr könnte es bei seiner Verbreitung ein neues Studium der Heiligen Schrift, neue Liebe zum Wort und damit Gelegenheit zu neuer Gnade bewirken. Er antwortete, daß er selbst schon in alten Legenden von einem unbekannten Evangelium gehört habe, das den bekannten vier Evangelien zugrundeliege und das sich jedesmal kundgebe, wenn der Glaube gefährdet oder im Niedergang begriffen sei, doch habe er es für eine reine Erfindung oder allenfalls für ein Symbol gehalten, das bedeuten sollte, wie lebendig das Wort sei, und daß man nie aufhören möge, sich damit zu befassen. Als ich ihm entgegenhielt, daß ich dieses Symbol mit eigenen Augen gesehen hatte und mit mir meine Professoren von Lanciano, und daß ich beinahe in eine Untersuchung verwickelt und vom Seminar entlassen worden wäre, meinte er, es müsse sich sicherlich um eine apokryphe Schrift handeln, eine der vielen, die *ab antiquo* verfaßt worden seien, wie ich hätte ersehen können, wenn ich in das Oratorium der Hieronymiten gegangen wäre, woselbst sich eine Sammlung befinden müsse.

Auf diese Nachricht hin war ich ganz Feuer und Flamme, und als erwachte ich aus einer langanhaltenden Lethargie, begab ich mich eilends zum Oratorium, fand aber dort einen für meinen Wissensdurst nicht genügend aufgeschlossenen Bibliothekar vor, der mir ein in Deutschland gedrucktes Buch zu lesen gab, das, wie er sagte, eine Sammlung aller bekannter Apokryphen enthielt. Ich sah es mit Wonne durch, fand aber darin nirgends das Evangelium, das ich in meiner Jugend kennengelernt hatte, noch irgendeine andere ihm ähnliche Schrift – denn jene Apokryphen enthielten nur lauter Fabeln, die selbst für Kinder unglaubwürdig waren, während ich mein Evangelium ganz anders in Erinnerung hatte –, und so kehrte ich zu dem Bibliothekar zurück und bat ihn inständig, mir sagen zu wollen, ob es noch anderes gäbe. Er verneinte es, aber in einem Ton, dem ich die Lüge anhörte, so daß ich meinerseits vorgab, nicht aus eigenem Antrieb zu kommen, sondern im Auftrage eines meiner Lehrer von Lanciano, und daß ich eine Handschrift suchen müsse, die sich *Das Zweite Johannesevangelium* nenne, die jener eben in dieser Bibliothek gesehen habe. Und ich solle sie nur aus dem Grunde durchsehen, um darin einige Abweichungen aufzuzeigen, die den Inhalt der vier heiligen Evangelien vielleicht besser erhellen könnten. Meine Ausflucht hatte Erfolg, mehr aber noch vielleicht meine Bemerkung, daß ich aus den Abruzzen stammte, woher auch er kam. Er wurde plötzlich eilfertig und, nachdem er mich in einen Raum gebracht hatte, wo das Archiv der Apokryphen untergebracht war, erlaubte er mir, eigenständig zu suchen, doch warnte er mich vor einer Enttäuschung, denn er erinnere sich nicht, je ein Buch dieses Titels gesehen zu haben. Daraufhin ließ er mich allein. Als ich nun allein vor dem Bücherregal stand, auf dem sich weit mehr Manuskripte als gedruckte Bücher befanden, noch dazu meist in Griechisch, das ich gerade nur gedruckt lesen konnte, befand ich mich plötzlich in einer hilflosen Lage, und ich war nahe daran, mein Unterfangen aufzugeben. Da bemerkte ich beim Durchblättern eines Codex, in dem ich eines der phantasievollen Evangelien über die Kindheit unseres Herrn erkannte, das ich kaum beachtete, daß er mit einem anderen Buch in uralter Schrift zusammengebunden war, das nach dem Wenigen, was ich den verblaßten Buchstaben entnehmen konnte, das Protoevangelium des Heiligen Johannes hieß; ein solches war aber in der Hamburger Sammlung nicht enthalten. Im Fieber meiner Entdeckung war ich sofort überzeugt, daß es sich nur um jenes zweite Johannesevangelium handeln könne, das ich in meiner Jugend gefunden hatte und das mir so bald beschlagnahmt worden war. Ich eilte mit dem Buch zu meinem guten Bibliothekar, teils, um ihm die Entdeckung mitzuteilen, teils um ihn um Hilfe beim Entziffern zu bitten. Als er mich atemlos und glühend sah, lächelte er zunächst und schüttelte dann den Kopf. Als er es aber aufgeschlagen und einige Seiten durchgesehen hatte, die er wegen seiner Übung mühelos lesen konnte, wurde er ernst und sagte, daß er ein solches Buch noch nicht gesehen habe und sich dazu nicht äußern wolle, daß er mir aber unter keinen Umständen erlauben könne, es ohne Erlaubnis meiner Vorgesetzten zu prüfen, denn dies schiene Stoff für andere, nicht für mich. Und so sehr ich ihn auch bat, ich konnte ihn nicht mehr erweichen. Als ich etwas von meiner Liebe zum Worte murmelte, dessen Spur in irgendeiner Weise auch in der geringsten apokryphen Schrift enthalten sein könne, und als ich ihm weiters von dem Nutzen sprach, den man aus der Veröffentlichung eines neuen Evangeliums gewinne, das die Seelen aufzurütteln und das Studium der Heiligen Schrift neu zu beleben vermöchte, was den anderen Evangelien anscheinend nicht mehr gelinge, war er noch viel entsetzter über das, was ich ungeschickt auszudrücken versuchte; falls dieses Buch, wie er annahm, nicht authentisch wäre, meinte er, es sei besser, es dort zu belassen, wo es bisher gewesen sei; wenn es aber zufällig doch echt wäre, so müßten andere darüber urteilen als ein junger, unüberlegter Mensch, dem es an Erfahrung und Voraussetzung, selbst im Griechischen, fehle.

So entließ er mich. Schmerzerfüllt, aber dennoch entschlossen, die Sache nicht aufzugeben, da mir jenes Manuskript als Spur zu wichtig schien und ich zu sehr fürchtete, es wie mein Manuskript von Archi wieder aus den Augen zu verlieren, schickte ich mich zu einer langen Bittschrift um die Erlaubnis an, es mir auszufolgen. Und als ich sie ordentlich geschrieben hatte und dem zuständigen Monsignore persönlich übergeben wollte, um ihm mein Anliegen mit eigenen Worten ausführlicher darzulegen, da konnte ich erst ermessen, was es in Neapel, zumal an einer Kurie, bedeutet, nicht vorgestellt oder sonstwie protegiert zu sein, denn bereits an der Schwelle traf ich einen überaus flinken Geistlichen, der, nachdem er mich gemustert und sich überzeugt hatte, daß ich ein Niemand war, die Bittschrift ergriff und mich um keinen Preis vorlassen wollte, vielmehr meinte, ich möge wieder vorbeikommen. Dies ließ mich den Ausgang leicht vorhersehen. Und so kam es auch, denn als ich nach wenigen Tagen um Antwort kam, ließ er sein *non expedit* verlauten. In dieser großen Enttäuschung und Niedergeschlagenheit meines ganzen Gemüts entsann ich mich Don Giovanni Spinellis. Zu diesem begab ich mich nun, da ich ihn als guten Menschen kannte, aber auch, weil ich von seiner Liebe zur Heiligen Schrift wußte. Ich ging also zu ihm, aber nur, um den Unterschied zwischen einem zwar tugendreichen, aber hoffnungsarmen Manne und einem seiner geringen Tugenden eingedenken (so beurteilte ich mich), aber in der Hoffnung unerschrockenen Menschen zu ermessen. Denn als ich noch ganz entrüstet über die Ablehnung zu ihm kam, wußte er mir nichts anderes zu sagen, als mir eine innere Kirche zu errichten, da mich die äußere nicht befriedige, wobei er seine Rede mit kleinen jansenistischen Lehrsätzchen ausschmückte, wie dem folgenden: „Der wahre Glaube nimmt die Härten und Abweisungen an und bedient sich ihrer, um sich stärker an Gott zu binden.“ Und da ich ihm entgegnete, ich sei noch nicht ergeben genug, um meine Seele durch Weltflucht zu retten, vielmehr wolle ich den eigenen Glauben für diese Welt nutzbringend machen, meinte er darin zunächst Ehrgeiz zu sehen, dann aber fragte er mich, ob ich tatsächlich glaubte, ein fünftes Evangelium könnte, selbst wenn es echt wäre, die Heilige Kirche heiliger gestalten, da es doch die vier nicht vermocht hätten. Und hier fügte er unachtsamerweise noch etwas hinzu, was, wie man später sehen wird, große Wirkung auf mich übte: Daß das fünfte Evangelium schon in den vier anderen geschrieben sei und daß man es nur zu lesen verstehen müsse. Daraufhin begann er über sich selbst zu erzählen, er schilderte mir das Mißtrauen, das er sich in seiner Jugend dadurch zugezogen hatte, daß er für das Studium der Evangelien mehr Raum im Vergleich zum Dogmatikstudium gefordert hatte und daß er von seinen Oberen fast für einen Lutheraner gehalten worden war. Seit damals habe er die Überzeugung gewonnen, daß es eine Zeit für die Enthüllung und eine Zeit des Verbergens gebe, eine Zeit, die große Wahrheiten ausspreche, und eine, die sie verschweige: und die unsere sei eine solche. Und dies sprach der arme alte Mann mit solcher Bitterkeit aus, daß ich fast nicht den Mut fand, weiter zu sprechen. Aber dennoch bat ich ihn hartnäkkig, er möge doch an meiner Stelle das Manuskript des Oratoriums erbitten, da man es ihm, als Lehrer der Heiligen Schrift, nicht gut abschlagen könne. Doch auch dies verweigerte er mir, indem er meinte, ich habe die Angelegenheit durch meine Unbesonnenheit verdorben; denn selbst wenn er es erhielte, würde man ihm nun, da man von mir wußte, verbieten, es mir zu zeigen. „So bleibt mir denn“, rief ich aus, „nur noch der Weg zum Generalvikar.“ Dies sagte ich aus einer Art Verzweiflung und in einem Tone, als glaubte ich, einen mächtigen Protektor zu haben. Worauf er aber den Kopf schüttelte und mich davor warnte, denn wo ich an einen aufgeschlossenen Menschen geglaubt hätte, würde ich nur äußerstes Mißtrauen finden, habe jener doch nicht nur meine Schmähschrift gegen die schlechten Seelsorger übel verlacht, sondern zu derselben Zeit, da ich zum Pfarrverweser bestellt worden war, Don Giuseppe Marigliano rufen lassen, um ihm in Anwesenheit vieler zu sagen: „Ich schicke Dir einen unruhigen Priester. Du wirst ihn ein Jahr lang aushalten und ihn mir dann gewandelt zurückschicken.“

Diese Worte machten mir nicht nur die Ursache meiner traurigen Lage verständlich, sondern enthüllten mir die beklagenswerte Scheinheiligkeit der Menschen, und so war ich zunächst fast zerschmettert, und mehr als zwei Tage ging ich wie im Traume umher. Dann aber fühlte ich mich plötzlich durch die Ungerechtigkeit, die ich erdulden mußte, gleichsam gestärkt, und von keinerlei Vorsicht gezügelt, die in mir ohnedies sehr gering war, die ich aber jetzt völlig außer acht lassen wollte, beschloß ich, etwas zu unternehmen, was entweder den Generalvikar bekehren oder mich zu Boden werfen würde. Und so zog ich mich denn in mein Loch zurück und verbrachte dort den ganzen Tag mit der Abfassung eines Memorandums an ihn, obschon ich ahnte, daß ich mir damit ein grausames Los bereiten würde. Ich beschrieb ihm zunächst meine traurige Lage, die so ganz anders war als versprochen, die Verweigerung seelsorglicher Arbeiten, die für den Priester Pflicht und höchste Ehre bedeuten, sodann schilderte ich ihm eingehend die Situation unserer Kirche, wie man das Volk vom Evangelium fernhalte, da man sich nur an die Verehrung einzelner Heiliger halte, wie die ganze Religion zu einer materiellen, geistlosen Kruste oder in überaus abergläubische und gewinnsüchtige Übungen verunstaltet werde, so daß aus der Kirche, dem sichtbaren Evangelium – so fügte ich mit List hinzu – eine Spelunke gemacht worden sei. Dann ging ich dazu über, ihm zu sagen, daß die Gott geschuldete Verehrung vernünftig sein müsse, und daß dies nur durch die Rückkehr zur Reinheit des Evangeliums möglich sei; ich flehte ihn an, mir eine Vertiefung der Kenntnis der Evangelien zu ermöglichen und mir zu gestatten, das im Oratorium aufgefundene Buch zu benützen. Wenn es sich als gefälscht herausstellen sollte, mochte es ohne meine weiteren Forderungen oder ehrgeizigen Bestrebungen dort bleiben; sollte es sich aber zufällig gemäß dem Urteil von Gelehrten, die er auswählen konnte, als echt erweisen, dann möge sich Monsignore das Glück eines Anwachsens des anvertrauten Wortes vorstellen, und wie sehr es dem göttlichen Willen entsprechen müsse, daß sich dies gerade jetzt ereigne, da die vier Evangelien nicht mehr auszureichen schienen.

Als ich zu Ende geschrieben hatte, wollte ich nicht weiter überlegen, und so brachte ich meinen Brief eilends zur Kurie. Als ich von dort wieder zurückkam und gerade in der Nähe des Palazzo Cassano vorbeiging, sah ich eine schon zur Ausfahrt bereitete Equipage; und während sich ein halbnackter kleiner Bursche mit irgendetwas an einem Pferdegeschirr abmühte, peitschte einer der Söhne des Herzogs, selbst noch keine sechzehn Jahre alt, heftig auf ihn ein und brüllte ihn an, er möge sich beeilen. Bei diesem Anblick wurde ich so zornig, daß ich, ohnedies schon entschlossen, etwas zu unternehmen, damit mein Bericht nicht wirkungslos bleibe (denn wenn man will, daß etwas geschieht, muß man etwas tun), geradezu eine Gelegenheit zum Skandal suchte, um mir eher Gehör zu verschaffen (als ließe mein Gefühl, ganz allein auf mich gestellt zu sein, meine Kühnheit wachsen, anstatt mich zu entmutigen). Und plötzlich kam ich zu einem Entschluß. Ich rief einige Weiblein herbei, welche die stillen Messen besuchten, und versprach ihnen, am nächsten Morgen etwas Wichtiges zu verkünden; damit erreichte ich, daß am folgenden Tag die Kirche halb voll war. Ich erblickte nebst vielen Dienern aus den großen Häusern, besonders Kutschern und Stallknechten, die zu dieser Stunde weniger zu tun hatten, auch einige Sekretäre und sogar manche Edelfrau, die durch die Zofen neugierig geworden war. Da nahm ich das Evangelium des Tages zum Anlaß, welches vom Gespräch Jesu mit dem reichen Jüngling handelte, um ungeachtet des Verbots Don Giuseppe Marigliano's eine schon vorbereitete und geschriebene Predigt zu halten, worin ich, um späteren Vorwürfen zu entgehen, fast ohne eigene Worte, nur Sätze aus den Evangelien und Sentenzen von Kirchenvätern zusammengestellt hatte, und die etwa so lautete: „Wie weit, ihr Reichen, wollt ihr mit euren Begierden noch gehen? Glaubt ihr etwa, die Erde alleine zu bewohnen? Die Welt wurde für alle geschaffen und die Natur kennt keine Unterschiede, denn sie nimmt uns alle in unserer Nacktheit auf. Warum also verachtet ihr die Bedürftigen? Und wenn ein Mensch, der dem anderen die Kleider raubt, zu Recht Räuber genannt wird, verdienst du, der du dein Pferd schmückst, aber deinen Knecht nicht kleidest, etwa einen anderen Namen? Das Brot, das du für dich behältst, gehört dem Hungernden, der Mantel, den du im Schrank hängen läßt, gehört dem Nackten, die Schuhe, die in deinem Hause vermodern, gehören dem Barfüßigen, das Geld, das du zurücklegst, gehört dem Armen.“ Diese und andere Sentenzen hatte ich, wie schon gesagt, geschickt zu einer Predigt zusammengestellt, die ich etwas hitzig hielt, teils wegen der Erregung, gegen das Verbot meiner Vorgesetzten zu handeln, teils, weil ich zum erstenmal öffentlich sprach; aber am Ende der Predigt änderte ich meinen Ton ganz und gar und beschrieb, was ich gestern vor dem Palazzo Cassano gesehen hatte, dann nahm ich die Homilien des hochwürdigen P. Segneri von der Gesellschaft Jesu zur Hand, die ich absichtlich mitgenommen hatte, und las, nachdem ich den Verfasser genannt und erklärt hatte, wer er war, ernst die Stelle vor: „Die Reichen essen öfter das Brot der anderen als das eigene, da sie gewöhnt sind, von Raub zu leben“, bis zu der Stelle: „Pressen wir diese Türvorhänge aus: siehe, es kommt Blut. Durchbohren wir diese kostbaren Möbel, diese Bettgestelle, Bettdecken, Bettumhänge, diese wunderschönen, gleichfalls purpurnen Samtstühle, möge es Gott gefallen, daß nicht auch aus ihnen Blut träufle und uns auf diese Weise gezeigt werde, daß dieses feinste Karmesinrot hauptsächlich aus den Adern der Armen kommt.“

Die Wirkung meiner ungewohnten Kühnheit auf dieses verdummte, feige gewordene Volk konnte ich sogleich erfahren, denn während des Restes der Messe herrschte Lärm, und als ich am Ende die Kapelle, wo ich zelebriert hatte, verließ, ging ich unter ihnen wie ein verlachter Christus. Noch schlimmer war es, als ich die Sakristei betrat und dort Don Giuseppe Marigliano antraf, der, von meiner Ankündigung der Predigt benachrichtigt, zu dieser frühen Stunde vom Pfarrhause heruntergekommen war und alles gehört hatte. Er sagte kein Wort über meine Predigt, da er wohl gemerkt hatte, daß sie eine reine Zusammenstellung war und nur aus frommen Zitaten bestand, aber fast wie von Sinnen begann er mir meinen Ungehorsam vorzuwerfen, da ich aus eigenem Antrieb und ohne Erlaubnis gehandelt und gegen sein Predigtverbot verstoßen hätte. Darauf entgegnete ich, daß ich als Priester drei Gelübde abgelegt hätte: das der Armut, der Keuschheit und des Gehorsams. Und die Armut käme vor den anderen, und damit die Liebe zu den Armen, und dies sei ein geheiligter Teil unser selbst und unseres Amtes; und was den Gehorsam betreffe, sagte ich, seien wir in unrechten Dingen zu keinerlei Gehorsam gegenüber irgendjemandem verpflichtet. Und es sei unrecht, mir das Predigen zu verwehren, da es einen so wichtigen Anteil an der Seelsorge habe. Er wurde noch wütender, staunte aber auch, da er statt eines Knaben, wie er geglaubt hatte, einen Mann vor sich sah; er drohte mir, mich vor den Generalvikar zitieren zu lassen, und dann werde man schon sehen. Ich erwiderte, gerade das sei es, was ich wünschte.

Ich dachte, man werde mich sofort rufen, statt dessen aber vergingen mehr als drei Wochen. In dieser Zeit wurde voller Hinterlist so manches Gerücht über mich verbreitet, worunter keines zu meiner Verleumdung geeigneter sein konnte, als das niedere Volk glauben zu lassen, ich leugnete die Wunder; schon begann ich um meine Sicherheit zu bangen, denn ich konnte nicht mehr durch die Straßen des Viertels gehen, ohne daß man mit Fingern auf mich gedeutet hätte; und einmal, gegen Abend, sah ich einige Diener des Herzogs von Cassano hinter mir herkommen, vor welchen mich nur die Zuflucht bei meinem Bruder rettete, der mich dann mit anderen Studenten, seinen Freunden, geleitete. Sogar ein Mädchen wollte man in meinem Bett finden. Doch bemerkte ich es rechtzeitig und verbrachte die ganze Nacht in der Kirche.

Endlich wurde ich, nach Gottes Willen, vom Generalvikar empfangen. Und da konnte man erst seine Bosheit sehen, denn wo ich geglaubt hatte, mit tausenderlei Vorwürfen empfangen zu werden, auf die ich mich zur Verteidigung wunderbar vorbereitet hatte, kam mir ein Bischof mit freundlichem Lächeln und sanfter, zu diesem Lächeln passender Rede entgegen, der sich entschuldigte, daß er mich nicht früher habe rufen lassen, sei er doch durch die Pflichten der Kurie und einige, in Zurückgezogenheit verbrachte Tage verhindert gewesen. Ich war erst fünfundzwanzig Jahre alt, und trotz meines glühenden Eifers war ich doch nichts anderes als ein hilfloses Bürschlein im Vergleich zu einem Bischof, der mir mit seiner falschen Güte überlegen war. Nachdem ich ihm aber den Ring geküßt, er sich gesetzt und ich auf einem Stuhl Platz genommen hatte, wo ich in demütiger, fast zitternder Haltung verharrte, sagte er mir, er habe meinen Bericht gelesen, der ihm sehr gefallen habe und von dem er viel halte, da es doch sein Anliegen sei, die Kirche in Neapel nach seinen besten Kräften zu reinigen, wozu Berichte mehr beitrügen als Schmähschriften, die ja nur Ärgernis erregten und keinen Nutzen zeitigten. Und hier ging er nun auf das Manuskript des Oratoriums über, sicherlich, sagte er, werde er es prüfen lassen, wenngleich er von einer Verbreitung keinen großen Nutzen erwarte, da man darin entweder die bisher verkündeten Wahrheiten entdecken würde, in welchem Falle nur ein Buch dazu käme, oder Dinge, die zu der bisher verkündeten Wahrheit in Gegensatz stünden, womit den Glaubensfeinden Beweisgründe gegeben wären. Ich solle mich daher – sagte er weiters – nicht mehr mit der Idee abplagen, die Evangelien durch die Abschrift eines alten Buches zu verjüngen, denn der Evangelien gäbe es auf dieser Welt schon genug, vielmehr seien die Werke der Ausdruck des Glaubens, und daher solle ich, angesichts meiner seelsorglichen Berufung, die ich zeigte, mein Evangelium durch die Tat schreiben. Ja, da ihm meine Erfahrung ausreichend scheine, sei es nicht klug, mich weiterhin in Neapel zu behalten, wie ich selbst gut wisse, und so habe er beschlossen, mich zum Pfarrer auf einer der Ländereien der Mazzoni zu bestellen, in Casal di Principe, wo ich Arme finden würde, soviele ich nur wolle, und somit genügend Gelegenheit für meinen Eifer in der Nächstenliebe. Und da er sah, daß ich widerspruchslos zum Gehen bereit war (ich ahnte ja nicht, wozu er mich bestimmt hatte), betrachtete er mich ein wenig und fragte, ob es mir, besonders in Anbetracht meiner Jugend, nicht schwerfalle, von der Lieblichkeit Neapels Abschied zu nehmen, außerdem von einem Bruder, den ich innig liebte, um in ein Land zu gehen, wo ich nur verlorenes Volk finden würde. Ich antwortete, daß mich dies nicht abschrecke, da ich mich für den Glauben aller Dinge ledig und als Sklave aller in der Liebe fühlte. Und nach dieser erhabenen Phrase, die er sehr lobte, erhob er die schläfrige Hand, um mich zu segnen; und beim Weggehen war ich von so viel honigsüßer Güte derart erfüllt, daß ich erst nachträglich bemerkte, wie wenig er mich hatte zu Wort kommen lassen und wie ich nichts von dem, was ich mir vorgenommen hatte, hatte sagen können.

Ich packte sogleich meine wenigen Habseligkeiten, mietete einen Handkarren – anderes konnte ich mir nicht leisten –, verabschiedete mich unter vielen Tränen von meinem jüngeren Bruder und drei Tage darauf begab ich mich nach Casal di Principe. Doch schon von weitem sah ich, was mich erwartete. Denn anstatt eines Dorfes oder wenigstens Weilers fand ich ein verlorenes Nest, das nicht nur wegen der Feuchtigkeit, die aus den Sümpfen stieg, übel roch, sondern wegen der Herden wilder Büffel, die auf dem umliegenden Land verstreut waren. Es war ein Land von höchster Trostlosigkeit, bewohnt von einem armseligen, zügellosen Volk, das wie das Vieh oder wilde Tiere in Schmutz und Elend lebte. Dieses Casal di Principe war Lehen der Fürsten von Serra, Vettern eben jener Herzoge von Cassano, die in Neapel meine Feinde waren, welche sich um ihr Land nur kümmerten, um ihre Häuser daraus mit Vieh und Dienerschaft zu versorgen, ohne sich aber sonst in irgendeiner Weise dafür zu interessieren oder zu veranlassen, daß ein Hauch oder äußerer Anschein von Gesetzlichkeit dort Fuß fasse. Aber noch schlimmer war die baldige Entdeckung, daß diese Viehtreiber, was den Glauben betraf, kaum wußten, wer Christus war. Und wahrlich, ich glaube, es gibt wenige Orte im Königreich, wo es mehr Totschläge und Bluttaten und weniger an fremdem Blute unschuldige Familien gibt, wo sich die Hüter der Herden, wilde, heftige, erbarmungslose Gesellen, aus nichtigeren Anlässen mit der Waffe entgegentreten und wo die herumstreifenden, barfüßigen Weiber auf den Feldern auf traurigere Weise der Promiskuität und abscheulichem Inzest unterliegen, und wo besonders die richtige Vorstellung von der Religion, die Ehrfurcht vor den Sakramenten, die Liebe, ganz zu schweigen von der Feindesliebe, die brüderliche Ermahnung, die Förderung des Mitmenschen, die Achtung vor der Kirche und ihren aufrichtigen Absichten, kurz, alles, was das Wesen eines guten Christen ausmacht, seltener verkündet und gepredigt wurden. Dazu bedenke man noch das Elend, zu dem ich gezwungen war; denn da ich wegen des Zehents von ihren Herren abhing, die ihn mir entweder überhaupt nicht, oder nach Willkür eines äußerst habgierigen Verwalters entrichteten, bestand mein Frühmahl aus Brot, meine Mittagsmahlzeit aus Brot und Kräutern, und mein Nachtessen manchesmal nicht einmal aus Brot, sondern nur aus Kräutern und Tränen.

An einem solchen Ort nahm ich sogleich wahr, daß ich nur alles oder nichts sein konnte: Kirche und Schule, Arzt und Helfer, Gesetzeslehrer und Verkünder des Evangeliums. Von allen Rollen war die letzte die schwierigste, denn während ich wollte, daß man Gott rechtmäßig verehre, eine richtige, nicht mißbräuchliche Auffassung von den Heiligen habe, die Religion zum Prinzip allen Handelns und Christus zum Vorbild nehme, daß man Gebete und Sakramente nicht äußerlich anwende, sondern zur liebenden Vereinigung mit Gott, fand ich ein Volk vor, das an gleichgültige, im Konkubinat lebende Priester gewöhnt war – was sie in keiner Weise tadelten –, durch deren Schuld diese Leute nebensächliche Frömmigkeitsübungen, wie Heiligenkulte, Novenen, Festtage, übertriebene Ornamente zu Ehren eines besonderen Heiligen, von Betschwestern geleierte Gebete, den Obolus für Begräbnisse, besondere Messen für die Verstorbenen, das amulettartige Tragen von Kreuzen und Rosenkränzen, die Verkleidung von kleinen, von irgendeiner Krankheit genesenen Knaben als Mönchlein, das Besprengen von Kranken und Tieren mit Weihwasser, das Küssen der Füße von Statuen und von Reliquienschreinen als wichtigste Christenpflicht hielten und allgemein an die Stelle Christi setzten. So kam es, daß es diesem unwissenden, überaus brutalen Volk bei meiner ersten Verkündigung des Evangeliums war, als höbe es zum erstenmal die Augen, um die Sterne zu bemerken.

Ich wollte sie von ihrem Aberglauben loslösen, besonders von der Anwendung von Magie und Teufelsaustreibung zur Heilung ihrer körperlichen Leiden, und so hatte ich mir zu diesem Zwecke aus Neapel von einem Gewürzhändler bestimmte Pulver gegen das Fieber und Wundsalben schicken lassen, und diese verabreichte ich bei jeder Gelegenheit, warnte jedoch, daß sie keine Wunder bewirkten, was aber das einzige war, was sie davon erwarteten. Und da der Erfolg oft erst spät eintrat und ungewiß war, kehrten sie zu meinem großen Leidwesen zu ihren Gebräuchen zurück. Aber dennoch waren sie mir dankbar und hielten mich für einen guten Menschen. Desgleichen wollte ich ihrer Unwissenheit abhelfen und hielt jeden Tag nach der Vesper Katechismusunterricht, der nicht nur dem Verstand der Kinder und Halbwüchsigen angepaßt war, sondern auch dem der Erwachsenen, sofern sie sich dazugesellen mochten. Und in meiner Überzeugung, daß es keinen besseren und verständlicheren Lehrer gibt als unseren Heiland, wenn man ihn mit seinen eigenen Worten sprechen läßt, hatte ich die Gewohnheit angenommen, um ihnen die heiligen christlichen Lebensregeln, ja die Grundregeln menschlichen Zusammenlebens überhaupt (wessen sie am meisten bedurften) beizubringen, in der Kirche, auf der Straße und in den Häusern immer mein kleines Evangelienbuch in der Hand zu halten, woraus ich einfach einmal diesen, ein andermal jenen Abschnitt vorlas, je nachdem, wie es am besten zum Anlaß und am ehesten für ihre Unbildung paßte. Und es war wunderbar zu sehen, wie sehr sie über soviel Ungewohntes und ihrem Urteil nach Unsinniges staunten. Und so wenig waren sie es gewöhnt, über Christus zu hören, daß einer von ihnen mir eines Tages entgegnete, mein Jesus müsse ein Trugbild sein, denn wenn er wirklich auf Erden gelebt hätte, sähe die Welt anders aus. Aber zu meinem Erstaunen konnte ich etwas anderes bemerken: Daß seine Wunder als etwas völlig Natürliches aufgenommen wurden, während die Gleichnisse, besonders die sittlichen Lebensregeln (die ich am liebsten vorlas, da sie mir am geeignetsten schienen, ihr infantiles, zum Märchenhaften geneigtes Denken zu einer vernunftgemäßen religiösen Methode zu lenken) von ihnen als etwas Neues aufgefaßt wurden, als Wunder und Fabel, die man Kindern überließ. Und doch, obschon sie beim Vorlesen mancher Stellen lachten, wie zum Beispiel bei jener, worin es heißt, man möge dem Beleidiger die andere Wange hinhalten, was in diesem Ort der Vendetta undurchführbar schien, ließen sie sich doch davon allmählich beeindrucken und wie durch den Klang aus einer anderen Welt und in einer anderen Sprache aufschrecken. Und als eines Tages auf der Piazza zu den Messern gegriffen wurde, vermochte ich sie durch das Emporheben meines Büchleins zurückzuhalten. Und dies wurde allgemein für ein solches Wunder gehalten, daß man begann, das Buch beinahe wie einen Talisman anzusehen, und ich konnte von da an zwischen Familien, die einander Blutrache geschworen hatten, tränenreiche Friedensschlüsse bewerkstelligen, die ich auf mein Evangelienbuch beschwören ließ.

Was jene Leute am meisten verwirrte, weil es für sie eine große, völlig ungewohnte Neuheit darstellte, war meine Abschaffung der Stipendien für Messen auf besondere Meinung und für Seelenmessen. Und da sie mich deswegen mißtrauisch ansahen, so als würden die von ihnen verlangten Gottesdienste dadurch wirkungslos, erklärte ich ihnen mein Armutsgelübde und meinen Willen, Christus ähnlich zu leben. Und sie möchten lieber, so sie es wünschten, was sie erübrigen konnten, bei den Sonntagsmessen darbringen, wovon ich soviel entnehmen würde, als für die Kirche nötig sei, während ich den Rest für den Bedarf der Ärmsten verwenden würde, wie es mein apostolisches Amt verlange. Und als sie mir das nicht glauben wollten, zeigte ich ihnen jene Evangeliumsstelle, worin es heißt, man möge weder Gold noch Silber anhäufen, und weiters die Stelle aus der Apostelgeschichte, die so beginnt: ,,Keiner nannte etwas von seinem Besitztum sein eigen.“ Und obgleich ich sie nicht völlig überzeugen konnte, waren sie mir doch ergeben, da sie mich für gut hielten; und sie selbst wurden barmherziger und gütiger. Aus dieser Erfahrung gewann ich die Überzeugung, die ich in einem weiteren Buche darlegte: daß der Seelsorger ohne evangelische Armut nicht glaubwürdig sein kann. Aber ich ging noch weiter. Um sie von ihrem Abscheu vor ihrer Armut zu befreien, zeigte ich ihnen durch Lesungen aus dem Evangelium, wie oft der Herr zeigt, daß er sie bevorzugt, oder las ihnen ein andermal jene Paulusstelle vor: ,,Was der Welt niedrig und verächtlich erscheint, ja, was ihr nichts gilt, hat Gott auserwählt, um das, was etwas gilt, zunichte zu machen“; und indem ich sie ihnen auslegte, wies ich sie darauf hin, daß die Verworfenheit und Knechtschaft, in die sie durch die Anmaßung ihrer Herren und des habgierigen Verwalters geraten seien, sie nicht entmutigen dürften, denn vor ihrem Nichts werde noch das Unrecht zittern. An dem erzielten Erfolg ermaß ich den Irrtum, den man begeht, wenn sich die Religion ausschließlich an das Geistig-Seelische wendet, und wie richtig hingegen jene Maxime aus dem Manuskript meines Großonkels war, das ich als Jüngling gefunden hatte: ,,Das Evangelium ist ja eine Gotteskraft zur Rettung für jeden.“

Aber es war mir beschieden, daß dieses seelsorgliche Glück nicht lange anhalten sollte. Zunächst waren einige meiner Worte über die allzu große Wundergläubigkeit und über den Heiligenkult von den Herren denunziert worden, was mir eine Rüge der Kurie eintrug. Dem hielt ich entgegen, daß jeder, der dort lebe, wo ich leben müsse, selbst die Überzeugung gewänne, daß man gegen die Religion nicht ärger sündigen könne als durch das, was Aberglaube genannt werden müsse, das heißt die Weigerung, Gott vernunftgemäß und ohne materielle Äußerlichkeiten zu verehren; auch klagte ich sehr, daß alle meine Bemühungen, meine Herde weniger grausam und etwas menschlicher zu gestalten, durch die Unmenschlichkeit ihrer Herren zunichte gemacht würden. Denn, so sagte ich, wo das Unrecht wohne, dort könne weder die Güte Wurzel fassen noch Christus aufgenommen werden. Und ich sagte weiters, die Kirche sei in einer verderbten, tödlichen Gesellschaft nur zu retten, wenn diese gänzlich erneuert würde. Aber nicht genug damit, daß ihre Herren mich verleumdet hatten, ja immer zorniger gegen mich gestimmt waren – wie Menschen, die gewöhnt sind, die Religion als Mittel für ihre Zwecke und die Männer der Kirche als ihre Untertanen anzusehen –, hetzten sie nun einige Priester der Umgebung gegen mich auf, die ihnen mehr ergeben und mir neidisch waren, sei es meines Eifers wegen (denn Neid erträgt nichts, was aus Nächstenliebe geschieht), sei es wegen des schlechten Beispiels, das ich durch die Einführung einer gelebten Armut gegeben hatte; ja, sogar mein unseliger Sakristan, ohnedies schon verärgert, weil sein Brot durch mein Bemühen um Befolgung des Evangeliums knapper wurde, verband sich mit ihnen, und alle zusammen verwirrten meine kurzsichtige, schlichte Herde, indem sie vorgaben, ich verbreite Ketzerei. So sah ich zu meinem Erstaunen, wie durch sie das größte Wunder des Glaubens in mir erneuert wurde: Daß ich ihn nämlich trotz jener, die diesen Glauben bekannten, bewahrte. Dazu nehme man noch den Zorn mancher alter Frauen, die durch Zauberei und Besprechen Heilungen zu wirken pflegten, und die wegen meiner Heilversuche gegen mich aufgebracht waren.

Nun geschah es, daß ich eines Sonntags jenen Abschnitt auslegen sollte, worin es heißt, daß man auch Berge versetzen könne, wenn man Gott mit genügendem Glauben darum bitte. Und um diese Stelle besser zu erläutern, hatte ich mir vorgenommen, an das Wunder Jesu an der Tochter der Kanaaniterin zu erinnern. Man bedenke aber meine Unerfahrenheit und Unklugheit: Denn in dem Eifer, vor einer so großen, gespannt lauschenden Menge zu sprechen, wurde dieses Evangelium von mir mit solch glühender Inbrunst verkündet, besonders bei den Worten: „Alles, um was ihr vertrauensvoll im Gebete bittet, werdet ihr erhalten", daß diese Schar, bisher nur in Träumen und Zauberei bewandert, glauben mußte, ich verspräche wunderbare Heilungen. Und in dieser Überzeugung kam noch an demselben Abend die Mutter eines malariakranken Knaben zu mir, der, wie sie sagte, mit dem Tode rang. Und als ich ihr meine Fieberpulver anbot, begann sie mich, gemeinsam mit den Angehörigen, die sie begleitet hatten, anzuflehen, ich solle ihn lieber durch das Gebet zum Herrn zu retten trachten; denn wenn auch ihr Glaube unvollkommen und sündhaft sei, so sei doch der meine so rein und mein Leben so heiligmäßig, und das Knäblein, das sie mich zu reten bäten, so unschuldig, daß mich Gott, wenn ich es wollte, sicherlich erhören würde. Ich wehrte mich voll Angst, sie blickten mit so viel Glauben einmal auf mich, einmal auf mein kleines Evangelienbuch, das gerade auf dem Tisch lag, und worin sie die Worte enthalten wußten, die ich heute Früh so glühend kommentiert hatte, daß ich trotz meines geringen Hanges zu einer Wunderreligion begriff, daß nun ein Wunder erfleht werden mußte, sofern ich meine Herde für Christus bewahren wollte. Als ich mich nun an das Lager des Kindes begeben hatte, oder besser, von ihnen hingezerrt worden war, kniete ich im dürftigen Schein einer Kerze nieder und flehte zu Gott, er möge, da er mich bis an diesen Punkt geführt, ein Zeichen geben, daß er mein Wirken für seine armselige, kindliche Herde billige, und er möge diese Herde sich und seinen wahren Absichten treu bewahren. Und da der Knabe kein Zeichen einer Belebung von sich gab, legte ich voll Verzweiflung und fast von Sinnen, überdies durch das laute Wehklagen der Umstehenden aus der Fassung gebracht, dem Kind mein Evangelienbuch auf, wobei ich Gott bat, die Wahrheit seines Wortes zu beweisen. Und entweder waren in diesem Augenblick die Inbrunst meiner Gebete und die Kühnheit meines Glaubens derart groß, oder mußte die Krankheit auf natürliche Weise weichen, jedenfalls hörten bald darauf die heftigen Fieberschauer plötzlich auf. Der Knabe schlug die Augen auf und sah uns bestürzt an, weil die Umstehenden laut aufschrien. Daraufhin wollten sie ihn in die Kirche tragen, um Dank zu sagen, und zu diesem Weg gezwungen, indem sie mir das Kind auf die Arme legten und mir laut betend folgten, hatte ich doch das Gefühl, die Unschuld der Welt auf mir zu tragen. Nie in meinem Leben hatte ich eine tiefere Freude empfunden.

Von da an ging das Gerücht um, daß ich Heilungen bewirkte. Und obschon ich erklärte, daß ein Glaube, der Zeichen und Wunder erwarte, unvollkommen sei, und allenthalben und mit aller Kraft auseinandersetzte, daß schwerlich zu wiederholen sei, was Gott durch besondere Gnade habe geschehen lassen, und daß es den Herrn versuchen hieße, wolle man es verlangen, da er sich wohl zu unserer Schwachheit herablasse, niemals aber auf irgendeine Weise zu unserem Ehrgeiz (dies sagte ich, um ihnen begreiflich zu machen, wie unvollkommen ich mich dünkte), kamen nun andere mit solchem Überschwang zu mir, daß ich mich nur mit großer Mühe abschirmen konnte. Und in dem Schwebezustand zwischen der Bitterkeit, es ihnen abschlagen und sie enttäuschen zu müssen und der Furcht, sie zu verlieren und damit die Früchte meiner seelsorglichen Mühe (denn sie gingen murrend über meine Weigerung fort, die sie für Geiz und Grausamkeit hielten), geschah es, daß ich mich noch einmal beugen ließ und Gott anflehte, seinen Gnadenerweis zu erneuern. Doch vergebens. So wurde ich bald gerade in den Augen derer lächerlich, die mich vor kurzem noch für einen Heiligen gehalten hatten. Und als ich sehen mußte, daß meine Kirche mit jedem Tag leerer wurde und als ich hörte, daß der Erzpriester von Villaricca herumerzählte, ich müsse mit dem Teufel Umgang haben, denn es sei des Teufels, falsches Vertrauen zu Gott einzuflößen, und als ich erfuhr, daß selbst die Zauberweiblein über mich lachten und denen, die sie aufsuchten, anrieten, sich doch lieber durch mein Evangelienbuch heilen zu lassen, und weiters als eines Tages ein Brief von meinem Bruder kam, der gehört hatte, ich wendete Zauberei an und der mir darüber höchst erstaunt schrieb, da wurde ich von dieser Last der Lüge und Ungerechtigkeit so niedergedrückt, daß ich meine Gesundheit hinwegschwinden fühlte. Das Schlimmste aber war, daß ich dem Generalvikar mitgeteilt hatte, meine Firmlinge seien für das Sakrament vorbereitet, worauf er einen seiner Koadjutoren schickte (was bisher noch nie dagewesen war), der sie in der Dogmatik für unwissend und meinen Katechismusunterricht für unrichtig hielt und meinen Kindern die Firmung verweigerte. Das war ein unerhörter Skandal und gab zu den schlimmsten Befürchtungen Anlaß. Und gerade damals, als ich krank darniederlag und von allen verlassen war, außer von der Frau, der ich den Sohn geheilt hatte, verfaßte ich jenes Sonett, dessen Beginn so lautet:

> Dies ist meiner Seele quälendes Dasein,
> immer im Kampfe und stets nur geschlagen,

und worin ich noch sage (so groß war meine Verzweiflung), daß das Wenige, das Gott aus meinem armseligen, menschlichen Vermögen herausholen konnte, bereits völlig erschöpft war. Und danach verfaßte ich noch andere schmerzliche religiöse Gedichte, worin ich versuchte, mir über meine geistige Verfassung klar zu werden. Sie zeigen recht gut sowohl meine Qual, denn ich begriff wohl, daß meine Seele unter der Wucht so vieler Ereignisse leicht hätte in die Irre gehen können, als auch die Kraft, womit ich meinen schwankenden Glauben verteidigte, obgleich ich zu jedem Augenblick die Trost-Losigkeit eines Gottes empfand, der nichts als sein Schweigen kundgab.

Mein Bruder, der erfahren hatte, wie krank ich war, kam mit der Erlaubnis meiner Vorgesetzten, die man ihm der Krankheit wegen nicht hatte verweigern können (und die er übrigens dank des Eingreifens des berühmten Arienti erlangt hatte, der ihm sehr gewogen war und seine ersten Schritte in der Advokatur protegierte), um mich trotz meiner Entschlossenheit, in meinem ausweglosen Labyrinth zu bleiben und dort womöglich zu sterben, nach Neapel zurückzuholen, damit ich dort genäse. Und tatsächlich fühlte ich mich dort bald darauf wie neu geboren, sei es durch die Wirkung der Meeresluft (mein Bruder hatte jetzt eine kleine Wohnung an der Chiaia), sei es durch die Wohltat, so vieler Sorgen ledig zu sein; dennoch verblieb mir eine Art von Langsamkeit und Schlaffheit in allen Gliedern, was mich jedoch nicht hinderte, nach soviel seufzender Mühe der Gottsuche nun meine Betrachtungen auf andere Art wieder aufzunehmen, auch unter Verwendung manch guten philosophischen Buches, das ich bei meinem Bruder fand. Ich beschäftigte mich auch mit nichts anderem, denn ich war es müde, für andere zu leiden, und hatte es nun nötig, ein wenig für mich selbst zu leiden.

In diesem Stadium besuchte mich Arienti, ein äußerst liebenswerter, in allen Fächern bewanderter Mann, der noch durch andere Geistesgaben derart ausgezeichnet war, daß mir der Gedanke kam (den ich auch später aufschrieb), daß in unserer Zeit die Laien weit bessere Christen seien als wir Priester. Mit ihm unterhielt ich mich über die vielen Dinge, die ich durchgemacht hatte, und um mir das Herz zu erleichtern, erzählte ich ihm von den Umständen, die mir die Feindseligkeiten des Generalvikars zugezogen hatten, darunter auch von dem im Oratorium gefundenen Manuskript; da er neugierig geworden war, versprach er mir, Erkundigungen darüber einzuziehen, und als er mich nach einigen Tagen wieder besuchte, berichtete er mir, er habe in Erfahrung gebracht, daß man es Don Giacomo Turrisi, einem Lehrer am Seminar (und dem voreingenommensten Manne, den ich dort kannte) zur Prüfung gegeben habe, worauf es nach dessen Urteil ohne weitere Untersuchung wieder in der Versenkung verschwunden sei. Als er daraufhin meine Entrüstung darüber sah, daß man in einer solchen Sache derartiges habe beschließen können, meinte er, ich solle mich darüber nicht wundern, sondern vielmehr daraus lernen, vorsichtiger zu werden, denn schon immer habe er die großen Theologen in demütiger, respektvoller, ernster Haltung gesehen, die mittelmäßigen aber, welche die Mehrzahl ausmachten und in Neapel die Oberhand hätten, stolz, anmaßend und mit tyrannischen Allüren behaftet.

Ich aber achtete wenig darauf, sondern wurde, im Gegenteil, hitzig und meinte, wenn man schon nicht das Manuskript aus dem Oratorium veröffentlichen könne, und vor allem das Evangelium, das ich im Schreibtische meines Großonkels gefunden hätte, in Lanciano beschlagnahmt und vielleicht verlorengegangen sei, so würde ich doch auf jeden Fall das kleine Büchlein der *Apostellehre* veröffentlichen, das ich auf so wunderbare Weise im Traume gesehen und dann hinter den Büchern meines Großonkels entdeckt hätte (wie ich Arienti noch eingehender erzählen wollte), einerseits, weil ich es für wahr und für einen heiligen Tropfen des Evangeliums hielte und man es daher um jeden Preis bekannt machen müsse, anderseits, damit sich der Zorn gegen mich, wenn er sich schon entladen müsse, bis zur Neige entlade. Arienti erwiderte, er sehe darin keinen großen Nutzen, denn es bedürfe anderer Dinge als eines Evangeliums, um eine Kirche zu erneuern, auch handle es sich insbesondere in diesem Falle um weniger als ein Evangelium. Und um mich besser zu überzeugen, setzte er noch etwas hinzu, das ich schon das letzte Mal, als ich diesen besucht hatte, von Don Giovanni Spinelli vernommen und inzwischen vergessen hatte. Er sagte also, ich solle aufhören, über den Verlust eines einzelnen und vermutlich fragwürdigen Buches zu klagen, denn was ich das fünfte Evangelium nenne, sei schon in den anderen vieren enthalten, und man müsse es nur zu erkennen wissen, indem man jene mit offenen Augen lese.

Ich kann nicht mehr ausdrücken, wie sehr mich solche Worte bewegten, die mir doch das erste Mal, als ich sie von Don Spinelli gehört hatte, fast paradox erschienen waren. Nun, da mir plötzlich vorkam, als verstünde ich voller Klarheit Dinge, die mir bisher nebelhaft waren, plante ich zuerst eine Schmähschrift, um zu beweisen, daß man das Evangelium verfälscht habe, da man es so lange schlecht angewendet habe, bis dessen wahrer Gehalt ausgelöscht oder begraben worden sei. Da ich aber sogleich die Überzeugung gewann, daß diese Schrift ohne Beispiele wertlos bleiben würde, schickte ich mich an, die Vulgata unvoreingenommen und mit offenen Augen – wie sich Arienti ausgedrückt hatte – neu zu lesen, das heißt, ohne andere Hilfe als mein Latein und ein griechisches Evangelium, das mir mein Bruder beschafft hatte, und worin ich jene Stellen, die mir unklar waren, nachschlug. Mit Hilfe dieser Vorgangsweise bemerkte ich allmählich, wie viele Aussprüche Jesu – die ja das Wesentliche der Evangelien ausmachen – anders aufgefaßt werden konnten als ich bisher immer gesehen oder selbst aus Faulheit bis zum heutigen Tage getan hatte, und wie sehr sie dadurch fast allenthalben an Inhalt und Aussagekraft gewannen. Eines Morgens stieß ich insbesondere auf folgendes Gebot: „Quod superest date eléemosynam“ (Lk 11,41), das ich seit der Zeit meines ersten Katechismusunterrichts stets gedeutet hatte: „Gebt als Almosen von dem, was euch übrigbleibt“; auch dieses Mal faßte ich es so auf und wollte schon weiterlesen, da entsann ich mich plötzlich eines Satzes aus dem Büchlein meines Großonkels, das ich, wie schon erwähnt, auswendig gelernt hatte, und fast ohne mein Zutun hörte ich mich sagen: „Gebt Almosen von dem, was in euren Schüsseln ist.“ Darüber war ich sehr erstaunt, und ich fragte mich, ob nicht dies der eigentliche Sinn des Gebotes sei, und mit Hilfe des griechischen Textes hatte ich mich recht bald davon überzeugt. Und halb verwundert, daß ich mit philologischer Arbeit das beweisen konnte, was ich anfangs eher für eine poetische Verallgemeinerung gehalten hatte, halb erbost, daß man die Lehre aus Absicht oder Unwissenheit getarnt hatte, dank des Umstandes, daß die meisten Gläubigen kein Latein, geschweige denn Griechisch verstanden, so daß man aus den Evangelien, die doch volkstümlich sein sollten, eine besondere, beinahe geheime Wissenschaft gemacht hatte, verfaßte ich in etwas mehr als zwei Monaten in strenger Arbeit eine Zusammenstellung jener Sentenzen Jesu, die ich nach ihrem, meiner Meinung nach richtigen, Sinngehalt in unsere Sprache übersetzte. Und nachdem ich in einer Art Einleitung vorausgeschickt hatte, was diese Schrift enthalten würde, mochte ich sie nicht anders betiteln als: *Die neu enthüllten Worte Jesu, oder das fünfte Evangelium, wie es der Lehre der vier kanonischen Evangelien entnommen wurde.* Dies schien mir auch gar nicht hochtrabend: denn in der Tat glaubte ich jedesmal, wenn ich diese Zusammenstellung durchlas, ein neues Evangelium vor mir zu haben.

Ehe ich diese Schrift drucken lassen wollte, hatte ich beschlossen, wieder der *Apostellehre* habhaft zu werden, (denn ich glaubte tatsächlich, eine gemeinsame Veröffentlichung würde größere Wirkung erzielen, und müsse überdies wegen der ähnlichlautenden Titel größere Neugierde erwecken). Da sich jene aber noch in Archi befand und ich eine sichere Gelegenheit abwarten wollte, bis sie mir gebracht würde (was erst drei Monate später durch meinen Bruder erfolgen sollte), meine Ungeduld aber den Müßiggang nicht mehr ertrug, wollte ich in der Zwischenzeit mit dem Druck der ersten beginnen. Und durch Erfahrung klug geworden, suchte ich eine besondere, wenig bekannte Druckerei in einem Gäßchen der Quartieri, wo ich mit dem Drucker einen Preis aushandelte und ihm mehr als das Geschuldete gab, damit er Schweigen bewahre; dorthin begab ich mich öfters heimlich, um mein Buch entstehen zu sehen; und genauso verfuhr ich, als mir das Büchlein meines Großonkels gebracht wurde. Dieses wollte ich unter dem Namen des Autors erscheinen lassen, einerseits wegen des bißchen Ruhms, das auf ihn abfallen mochte, anderseits, um im Falle eines Vorwurfs leicht beweisen zu können, daß ich es nicht selbst verfaßt hatte.

Ich wußte jedoch nicht, daß meine häufigen Gänge zur Druckerei bemerkt worden waren: Ja, da die Quartieri eine Gegend der Bordelle waren, hatte man anfangs Schlimmeres vermutet. Als man nun, ich weiß nicht wie, die Wahrheit erfahren hatte und ein Buch schon fertig und das zweite nahezu bereit zum Binden war, geschah es, daß ein Gerichtsbote in meiner Abwesenheit mit einem Durchsuchungsbefehl bei dem höchst verängstigten Drucker erschien. Und nachdem er ihn gewarnt hatte, mir irgendetwas darüber zu sagen – woran dieser sich feige hielt – und einige Exemplare meiner Bücher mitgenommen hatte, kehrte er nach zwei Tagen mit dem strikten Verbot zurück, sie ohne kirchliche Druckerlaubnis zu verbreiten, handle es sich doch um Dinge, die den heiligen Glauben beträfen. Gleich darauf wurden die beiden Bücher einer gehässigen Zensur unterworfen, wie ich später von Arienti erfuhr, doch konnte man darin keinerlei häretischen Absichten feststellen. Immerhin konnte man die Richtigkeit dessen bestätigt finden, was mir vorausgesagt worden war, daß ich nämlich als Evangeliumsbringer unbeliebt und vielleicht sogar verfolgt sein würde: Denn einige Tage darauf wurde mir der Befehl zuteil, mich bei ebendemselben Koadjutor des Generalvikars zu melden, der mir in Casal di Principe die Firmung meiner Kinder verweigert hatte. Zu diesem begab ich mich, mit Festigkeit gewappnet. Kaum hatte er einige Einwendungen gegen die Authentizität mancher der von mir übersetzten Verse erhoben, als ich ihm sogleich zeigte, woher sie stammten. Und da er weiterhin behauptete, sie nicht zu erkennen, erhob ich Einspruch dagegen, daß man es mit den Evangelien wie mit Christus halte, der (nach einem der Sätze aus dem Büchlein meines Großonkels) erklärt hatte, wenn Er wiederkäme, würde man ihn nicht erkennen. Und nachdem ich noch anderes gesagt hatte, um die Echtheit einmal dieses, ein andermal jenes Abschnittes zu beweisen, und um zu zeigen, wie gut sie zum Sinne der Heiligen Schrift paßten, setzte ich noch hinzu, die ganze Existenz der Kirche liege meiner Ansicht nach in der Erneuerung des Wortes Christi. Und eben dafür habe mein Großonkel gesorgt, indem er sich bemühte, manch lebendiges, verlorengegangenes Büchlein wieder ans Tageslicht zu holen, wie auch ich, indem ich das Wort von der Hülle befreien wollte, mit der es fest umwickelt worden war.

Aber der Koadjutor hörte mir nicht einmal zu, und mit den Worten, daß schon die Überschriften der beiden Bücher genügten, um Ärgernis zu erregen und die Gemüter zu verwirren, deklamierte er mit großem Pathos: „Die neu enthüllten Worte Jesu, oder das fünfte Evangelium, wie es der Lehre der vier kanonischen Evangelien entnommen wurde“, dann schrie er in fast lächerlicher Weise, als ob das bloße Erheben der Stimme die Gefährlichkeit aufzeigte: „Die Apostellehre oder Quintessenz der christlichen Moral im Lichte des Fünften Evangeliums, neuerlich in die italienische Sprache übersetzt von Raphael de Lellis, Kanoniker an der Kathedrale von Lanciano“. Ich aber entgegnete ihm, er möge nicht auf die Bezeichnungen achten, sondern eher bedenken, daß ich im einen Falle für ein Werk verurteilt werden sollte, das nicht von mir stammte, im anderen aber Christus, denn Er und kein anderer habe es verfaßt.

Aber bald sah ich ein, daß auch diese Rede ihn nicht berührte, sondern daß vielmehr der ganze Zweck meiner Vorladung in der Unterzeichnung eines Formulars bestand, worin ich meine Irrtümer erklären sollte. Und tatsächlich unterbreitete er mir dieses schon vorbereitete Papier und drohte mir mit der Exkommunikation, sollte ich es nicht unterzeichnen. Worauf ich bis zum nächsten Tage Bedenkzeit erbat; und nach einer Beratung mit Arienti legte ich eine andere (von diesem diktierte) Formel vor, worin ich mich frei von Nötigung, nicht aber von Zwang erklärte; und was erstere betreffe, so erklärte ich mich jenen Grundsätzen treu, die ich durch letzteren zu dementieren gezwungen war, wobei ich jegliche Häresie ausschloß. Aber dies schien meinem Verfolger zu genügen, da er von mir jetzt nur noch eine Unterschrift verlangte. Und diese gab ich in Eile: Denn wenngleich man auch mein Gewissen beleidigt hatte, so war ich doch jetzt des Rechthabens überdrüssig. Erst als mich der Koadjutor im Augenblick der Verabschiedung, vielleicht ermüdet, oder von Mitleid für mich – oder für sich selbst – ergriffen, fragte, ob ich ihn um etwas bitten wolle, antwortete ich Nein, und ich sei zufrieden, denn wer Kindern die Firmung verweigere, werde auch einem Christus keinen Essig reichen.

Einige Tage darauf kamen die Boten mit dem Gerichtsbeschluß wieder, wodurch die Bücher und Blätter, die noch in meiner Druckerei lagen, beschlagnahmt wurden. Doch ich hatte mir bereits vorgenommen, in die Abruzzen zurückzukehren, obschon ich wußte, daß mich dort kein Himmel schirmen und keine Erde tragen würden, auch keine Freunde und kein Trost dort zu finden seien. Dennoch schickte ich mich zur Abreise an, da ich eine Weile für mich selbst in der Einsamkeit leben mußte.

BRIEFE VON SCHÜLERN

Unter den vielen Briefen und Berichten, die mir in den letzten Jahren von meinen Schülern zugekommen waren, suchte ich drei aus, die mir am ehesten symptomatisch und jedenfalls geeignet schienen, sowohl von unserer Arbeit als auch von der Atmosphäre unserer Schule ein Bild zu geben.

1.

Lieber Professor Bergin (oder lieber Meister, wie man in Paris sagen würde), der Artikel über „Die Irrtümer Gerardos", den ich Ihnen schicke und den ich nach monatelanger Suche beinahe durch Zufall fand, ist an sich wohl kaum mehr als ein weiteres Steinchen eines Mosaikbilds, das wir, wie ich fürchte, nie ganz zusammensetzen werden. Doch enthält er zwei Sätze, die in mir geradezu eine Krise auslösten. Der eine stammt von einem anderen Meister, sozusagen einem Ihrer Kollegen aus ferner Vergangenheit – ich meine den Ausspruch über Gerardo, der auf der Suche nach dem fünften Evangelium sein Leben ließ – und er flößte mir Schauder ein. Einen Augenblick lang glaubte ich darin Ihr (und mein) Schicksal zu sehen. Im zweiten Satz deutet der Verfasser des Artikels auf eine gewisse Konstante in der Geschichte des Christentums hin und warnt uns praktisch – auf meine Art ausgedrückt –, den unbeweisbaren Text, den wir suchen, für etwas anderes zu halten als ein Symbol, oder meinetwegen als eine Metapher, jenes ewigen inneren Anstoßes, der verhindert, daß das Evangelium ein gewöhnliches Buch wie andere wird. Denken Sie, daß der Gegenbeweis den Einsatz eines ganzen Lebens – des Ihren und des meinen – wert ist? Als wir uns das letzte Mal sahen, meinten Sie, als einziges bliebe, dort, wo wir uns jetzt befinden, sich damit zu begnügen, Glauben zu haben (dieses Wort berührte mich tief, ich hatte es von Ihnen noch nie gehört). Könnten Sie mir jetzt, nach einem zeitlichen Abstand von so vielen Monaten, aufrichtig sagen, ob sie noch andere, *gute* Gründe dazu haben? In der Erwartung Ihrer Antwort will ich Ihnen nun den Wortlaut des erwähnten Artikels wiedergeben:

Auf Seite 272 seiner Anmerkungen in der Ausgabe des *Chartularium Universitatis Parisiensis,* der Sammlung von Akten und Protokollen der Sorbonne, erwähnt Heinrich Denifle eine Bemerkung über Gerardo von Borgo San Donnino, der ‚um das fünfte Evangelium zu finden sein Leben verlor'. Diese Wendung, für den Eingeweihten von größerer Bedeutung als man im ersten Augenblick meint, stammt von einem der zwölf Magister der Sorbonne, die den armen Minoriten, der vermeint hatte, Paris zu den Prophezeihungen seines Lehrers bekehren zu können, verurteilten.

Eigentlich hatte Gerardo nicht nur einen Lehrer, sondern auch ein Vorbild gehabt. Ersterer war Joachim von Fiore, letzterer der heilige Franziskus. Der erste hatte in ihm die Überzeugung geweckt, daß man an der Schwelle eines neuen Zeitalters stehe; Franziskus aber hatte ihm durch sein Leben und seinen Orden gezeigt, wie dieses aussehen müsse und wie es zu erreichen wäre. Seine Ideen nun hatte er in einem verlorengegangenen Werk dargelegt, in dem *Introductorius in Evangelium aeternum,* das er in Paris verbreiten wollte und das nach den Berichten seiner Verleumder (wie es ja immer der Fall ist) einem wirren Zeug glich.

Sehr viel wahrscheinlicher ist, daß Gerardo, wie alle verblendeten Phantasten, Eingebungen hatte, die mit Träumen und Phantasievorstellungen verbunden waren. Von Joachim von Fiore hatte er übernommen, daß das *Evangelium aeternum* aus der Geheimen Offenbarung 14,6 nichts anderes sei als der geistige Inhalt und das richtige Verständnis der ewigen Heilsbotschaft Jesu, und er dachte, der heilige Franziskus sei gekommen, sie nach tausendjähriger Entstellung neu zu beleben. Aber er glaubte auch, – und das war der häretische Aspekt seines Gedankengangs –, daß man am Beginn eines neuen Weltzeitalters stehe, in dem ein neues Evangelium, das des Heiligen Geistes, an die Stelle der vier kanonischen Evangelien treten werde, da diese in ihrer Verzerrung nicht mehr genügten, die Welt zu verwandeln. Das Ganze klang prophetisch, wie wir bald sehen werden, und war von echter evangelischer Gesinnung reinster franziskanischer Prägung gekennzeichnet.

Aber welche Aufnahme konnte Paris, das Paris der Scholastik und der großen *Summae,* einem unschuldigen Mönch bereiten, der seine Seele für die Idee (alles übrige ist nur Beiwerk) aufs Spiel setzen wollte, daß sich das Evangelium erst offenbaren müsse und daher noch alles zu sagen habe? Tatsache ist, daß Gerardo nicht einmal bei den Poeten Glück hatte, den einzigen, die sich mit ihm hätten geistesverwandt fühlen können. Rutebeuf lacht über „ce cinquiesme evangeliastre“, der einen „novel Dieu et neuve evangile“ verkündet, das er, statt wie Christus dem Volke, „au parvis Notre Dame“ anzubieten gekommen sei. Und Jean de Meung, der Kundigere, aber auch Bissigere, widmete ihm folgendes Epigramm:

Uns livre de par le diable
c'est l'Evangile perdurable
que li Sainz Esperiz ministre
par le cinquiesme evangelistre.*

Inzwischen rühren sich aber auch die Magister der Sorbonne (wir sind im Jahre 1256) und graben aus Gerardos Buch jene gewissen *XXXI errores* aus, die heute jeder in Denifles Ausgabe nachlesen kann; ein verwirrender Auszug aus einem ohnedies schon verwirrenden Buch. Doch gefällt dieser anscheinend den

* Ein Buch hat der Teufel gesandt / das überdauernde Evangelium genannt / der Heil'ge Geist selbst soll ihm dienen / darum ist der fünfte Evangelist erschienen.

Franziskanern überhaupt nicht und dem Papst nur wenig, denn dem Bischof von Paris wird in einem Schreiben empfohlen, den guten Ruf der Minoriten, der ,,Pupille Unserer Augen und Hoffnung Unserer Kirche" zu schützen, und so wurde eine gekürzte und entschärfte Version abgefaßt, die in den Pariser Archiven für Kirchengeschichte aufbewahrt wird und deren zufällige Entdekkung der Anlaß dieser Anmerkung war.

Ich gebe sie unverändert wieder, mit dem Hinweis, daß aus den ursprünglich einunddreißig jetzt achtzehn Irrtümer geworden waren und daß anstelle der abstrakten Formulierung jetzt das direkte Zitat steht, wodurch wir zumindest eine Ahnung von Gerardos Schrift bekommen. Doch bleibt noch immer die grundlegende Zweideutigkeit, die nicht einmal so gelöst werden kann: Ist das neueste Evangelium, auf das Gerardo hinweist, ein schon bestehender Text oder ein erst zu schreibendes Buch? Und besteht es darin, daß man die Evangelien auf neue Weise liest oder in der Erwartung eines tatsächlich neuen Textes, der die bisher benützten ersetzen soll? Unter den anonymen, von den Franziskanern abgestrittenen Anschuldigungen gegen Gerardo befand sich auch die, er habe behauptet, die kanonischen Bücher des neuen Zeitalters, also jenes fünfte und allerneueste Evangelium, das an die Stelle des Neuen Testaments treten solle, seien die Werke des Joachim von Fiore. Und das wäre auch denkbar: Bei einem so komplizierten und nicht genau bestimmbaren Phänomen wie Joachim ist jede Hypothese unterzubringen, und jede könnte die richtige sein.

Wahrscheinlich aber liegt die Wahrheit ganz woanders: Denn im Grunde sind sowohl Joachim von Fiore als auch Gerardo trotz allen Hochspielens nichts weiter als Episoden einer Konstante – oder eines Gesetzes –, die im Verlauf der ganzen Geschichte des Christentums leicht nachzuweisen sind. Und das Gesetz besteht darin: Daß jedesmal, wenn das Evangelium in einen Katechismus überzugehen scheint oder Gefahr läuft, in einer Kultur aufzugehen, irgendetwas erfolgt, das es zurückholt und danach strebt, es wieder zur Botschaft werden zu lassen.

Aber lesen wir jetzt gemeinsam die *Errores,* die von den ,,Zwölf Magistern der Theologie zu Paris zur Erbauung der Gläubigen aus dem *Introductorius in Evangelium aeternum* zusammengestellt wurden":

1. Daß ein Evangelium nichts ist, wenn es die Welt nicht ändert.
2. Daß sich folglich keines der vier Evangelien als vollkommen bezeichnen kann und ein fünftes zu erwarten ist, das sich Evangelium des Heiligen Geistes nennen wird und bei dessen Erscheinen die bisher verwendeten Evangelien außer Gebrauch kommen werden.
3. Daß die bisher verhüllten Wahrheiten in jenem klar und völlig entfaltet sein werden, da durch jenes die Wahrheit selbst aufgezeigt wird.
4. Daß sich dies aus Jesu Worten ableitet: ,,Wenn aber er, der Geist der Wahrheit kommt, wird er euch in alle Wahrheit einführen." Und desgleichen aus den Worten im Lukasevangelium: ,,Denn nichts ist verborgen, was nicht offenbar, nichts geheim, was nicht bekannt würde."

5. Daß das Warten auf dieses neueste Evangelium mit dem Vers aus der Apostelgeschichte übereinstimmt: „Das Wort Gottes breitete sich immer mehr aus."
6. Daß die vier kanonischen Evangelien gerade genügten, um eine Kirche zu gründen, daß aber mit dem fünften und kommenden das Reich Gottes errichtet wird.
7. Daß das neueste Evangelium den vier vorhandenen dem Wortlaut nach nicht unähnlich ist, unähnlich aber dem Geiste nach, in dem wir es lesen.
8. Daß es von den Heiligen und von der ganzen heiligen, leidenden Kirche, nicht aber von der fleischlichen und sündhaften, geschrieben wurde.
9. Daß das Erscheinen jedes neuen Heiligen einen weiteren Schritt zur Kundgebung jenes Evangeliums bedeutet, und daß jede gute Tat ein weiterer Vers ist, der dazu geschrieben wird.
10. Daß die Welt bei dessen Vollendung gerechtfertigt sein wird.
11. Daß daher nur in diesem neuen Evangelium stehen wird: „Vater, ich habe sie alle gerettet."
12. Daß weiters, wie in diesem neuesten Evangelium steht, „kein Sünder ohne Verzeihung gehen wird."
13. Daß desgleichen die Menschengeschlechter nicht mehr weinen werden, gemäß dem Worte im neuesten Evangelium: „Mann, du weinst, und ich bin hier."
14. Daß weiters die sichtbaren Güter ohne Frucht bleiben werden, wie in dem neuen Evangelium geschrieben steht: „Wisset, daß euer Leben nicht von euren Gütern kommt."
15. Daß die Kirche Christi erneuert wird, wie in jenem neuen Evangelium geschrieben steht: „Eure Religion sei ein Dienst, und anstelle des Gesetzes tuet die Liebe kund."
16. Daß durch dieses Evangelium ein neues Menschengeschlecht erwächst, in dem die „Zungen der Stummen gelöst werden", also das Wort befreit wird, und „die Toren sprechen und die Weisen schweigen werden", das heißt die Mystiker an die Stelle der Gelehrten und Theologen treten werden und das Wort des lebendigen Gottes unverhüllt kund wird.
17. Und daß, wie die Menschen früher unter dem Gesetze oder dem Alten Testament standen und danach unter der Gnade oder dem Neuen Testament, das dritte Stadium des neuesten Evangeliums die Liebe sein wird; und daß das erste Zeitalter das der Untertanen war, das heißt, der Unterwerfung, das zweite das der Kinder, also der Ehrfurcht, und das dritte und neue das Zeitalter der Brüder sein wird, wie in jenem neuen Evangelium geschrieben steht: „Ihr werdet alle Brüder sein in mir"; daß uns im Alten Testament die Wahrheit in Rätseln gezeigt wurde, im neuen in Bildern und im neuesten in der Fülle des Lichtes der Erkenntnis; daß das erste das des Vaters war, der durch Mysterien spricht, das zweite das des Sohnes, der in Bildern, und das dritte das des Heiligen Geistes, der in Klarheit spricht; daß der Vater, dessen die Furcht ist, die Härte des Gesetzes auferlegte, der

Sohn, der Weisheit ist, die Strenge des Gehorsams, und der Geist, der Liebe ist, die Freiheit bringen wird.

18. Daß es darum im neuen Zeitalter für die Kirche nicht mehr notwendig sein wird, durch Satzungen und Strafen zu regieren, sondern daß gemäß dem Worte des neuesten Evangeliums „Das Zeichen in uns der Friede sein wird, den wir bringen."

Ich vergaß Ihnen zu sagen, daß der Artikel in den *Miscellanea* zu Ehren von Jean Pasquier erschien, Brüssel 1903, und daß als Verfasser Jules Ferty zeichnet.

Mit den besten Grüßen

Ihr Thomas Stearns.

P. S. Ich habe nochmals den Anfang meines Briefes durchgelesen. Ich war hart, ich weiß es. Aber halten Sie mich für keinen Judas. Höchstens für einen Thomas.

Anmerkung: Nach seiner Rückkehr im darauffolgenden Monat aus Europa teilte mir Stearns mit, daß er aufgeben wollte. Er war müde, vergrämt, sogar gegen mich verärgert. Seither habe ich ihn nicht wiedergesehen. Aber zu meiner Verwunderung schrieb er mir vor zwei Jahren nochmals:

„Lieber Professor, so unwahrscheinlich es mir vorkommt, daß es in der heutigen Welt noch Evangeliensucher gibt (wie mir Philip, den ich vor einiger Zeit traf, bestätigte), so möchte ich Ihnen doch einige Aufzeichnungen oder eigentlich Anregungen für eventuelle Nachforschungen mitteilen. Was immer ich seinerzeit über Ihre Mosaikarbeit dachte (und daran hat sich nichts geändert), der Gedanke, daß auch etwas von meiner Hand dabei ist, gefällt mir doch.

a) In der *Rundschau über die bemerkenswertesten literarischen Kuriositäten* von Ippolito Palmieri (1863) wird auf eine anonyme Schrift aus dem vierzehnten Jahrhundert hingewiesen, die *Historie von Margarita der Schönen,* „die aus Liebe dem Ketzer Fra Dolcino folgte und durch ihn an das fünfte Evangelium glaubte".

b) In einer Sammlung von Studien über den Bretonischen Kreis (*A propos de la table ronde,* von Gustave Leclerc, Paris 1902) wird die Hypothese aufgestellt, die Gralslegende gehe von einer Gruppe von Rittern aus, die zur Zeit der Kreuzzüge ins Heilige Land gezogen seien und das Gelübde abgelegt hätten, das Evangelium Jesu, eben das fünfte Evangelium, zu finden. Ursprünglich sei sogar der Gral so etwas wie ein Gleichnis gewesen, eine Bezeichnungsart des Buches für Nichteingeweihte. Zum Beweis führt Leclerc einen kurzen Roman an, *Die Geschichte des Ritters,* worin von Gualbert, dem Sohn des Kastellans, erzählt wird, der noch als Kind in das Kloster St. Leonhard eintreten mußte und dann „aus Sehnsucht nach dem Weibe aus dem Kloster austrat und Ritter wurde". Er verliebte sich in eine Jungfrau, verführte sie und verließ sie dann schnöde, um sein Abenteurerleben fortzuführen. Durch Zufall fand er sie später in einem Bordell wieder. „Und als er sie sah, und sie ihn, fühlten sie beide großen Schmerz und große Scham. Und er blieb die ganze Nacht bei ihr, und am folgenden Tage führte er sie in ein Kloster, woselbst er sie als Nonne aufnehmen ließ." Er selbst aber legte als Sühne das Gelübde ab, im grauen Büßergewand ins Heilige Land zu ziehen und dort das fünfte Evangelium zu suchen.

c) Es gibt eine polnische Version der Legende vom Ewigen Juden (auf die mich ein Slawist hinwies), „der die vier Evangelien nicht annehmen wollte, da er auf ein fünftes wartete", und seither endlos suchen muß. Finden Sie nicht, lieber Professor, daß auch darin wiederum ein Gleichnis Ihres – und trotz allem auch meines – Schicksals liegt?

Mit den besten Grüßen

Ihr T. S."

Vor acht Monaten schrieb er mir neuerlich aus Buffalo, wo er einen Lehrauftrag für mittelalterliches Latein ausübt:

„Unter den Versen Stephan Langtons, Erzbischof von Canterbury im dreizehnten Jahrhundert (jenem Canterbury, das bekanntlich noch andere evangeliumssuchende Erzbischöfe hervorbrachte), der vor allem aber Dichter war, und zwar ein wunderbarer Dichter, fand ich vor einigen Tagen folgenden Hymnus. Ich schicke Ihnen diese Verse, weil ich sie Ihres Archivs für würdig erachte, selbst wenn sie in mir neuerlich den alten Verdacht erwecken, daß das fünfte Evangelium im ganzen gesehen eine Erfindung der Dichter war.

Verbi renovatio
nova parit gaudia;
revirescunt arida,
conresurgunt omnia.
Veni, Sancte Spiritus,
et emitte celitus
Verbi tui radium.
Veni, pater pauperum,
veni, Quinti munerum
dator Evangelii.
Riga quod est aridum,
flecte quod est rigidum,
fove quod est frigidum.
Verbum vera reserat,
homo jam recuperat
quos prius amiserat
Christi sensus intimos.

Schreiben Sie mir, wenn möglich.

Ihr Thomas S."

2.

Lieber Professor Bergin,
als getreuer Schüler habe ich Ihre Anregungen buchstäblich befolgt, sogar die, „nichts mit auf die Reise zu nehmen", „nicht einmal einen Quersack", um mich ohne Vorurteile bewegen zu können (ich gebe aber zu, daß ich ihn angesichts der geringen Beute nicht gebraucht hätte). Ich will Ihnen nur kurz das Ergebnis meiner Mission mitteilen: Ein weiterer Mißerfolg, wie Sie wohl schon wissen (dabei hatten wir die Schrift, auf die uns Anne hingewiesen hatte, endlich für die richtige gehalten!).

Um das Jahr 1733 erschien in Paris *Das geheime Buch der Weisheit Jesu* (das als Motto folgenden Spruch aus dem Buche Sirach trägt: „Die Furcht des Herrn ist die Wurzel der Weisheit." Es handelt sich um ein ganz kleines Büchlein, kaum im Halboktavformat, das im Zusammenhang mit der Verbreitung der Freimaurerlogen mehrere Auflagen erlebte und je nach dem Bedarf der einzelnen Logen abgeändert wurde. Die bezeichnendste Ausgabe ist die Dresdner aus dem Jahre 1741, deren Titel folgendermaßen abgeändert wurde: *Die Weisheit Jesu von Sirach,* die nun schon den besonderen Hinweis auf den Verfasser des Buches Sirach enthält (und folglich nicht mehr auf den Jesus der Evangelien, der darin überhaupt nicht aufscheint), ferner die Prager aus dem Jahre 1760 (wovon es jedoch eine analoge in Basel gab), die den Titel – eben Annes Hinweis – *Die Weisheit Jesu, oder das wiederhergestellte fünfte Evangelium* trägt; dieses Buch unterscheidet sich von den anderen durch verschiedene Kriterien, wegen des häufigeren Gebrauchs der Evangelien als Quellen und vor allem wegen eines zusammenfassenden erzählenden Rahmens, der jedes der einzelnen Kapitel mit einer der Erscheinungen des auferstandenen Jesus in Verbindung setzt.

Der anonyme Herausgeber rechtfertigt seinen Titel damit, daß er sagt, die vier Evangelien enthielten bloß die Offenbarungen Jesu während seines Erdenlebens, das fünfte aber die Summe seiner Lehren während der vierzig Tage nach seiner Auferstehung (und folglich das Beste seiner Weisheit). Und nach dem üblichen freimaurerischen Angriff gegen den Obskurantismus der Kirche, die die wahre Lehre Jesu vernebelt habe, setzt er noch hinzu – und das könnte uns als einziges vielleicht irgendwie betreffen –, daß das fünfte Evangelium um so eher wiederhergestellt werde, je mehr sich der Mensch von jener Kirche befreie.

Abgesehen davon, fällt der größte Nachteil all solcher Unternehmungen fast auf jeder Seite des Büchleins auf: der Mangel an Phantasie. In der Tat fehlt es dem kleinen Werkchen gänzlich an Einfällen, und im wesentlichen ist es nichts weiter als ein Durcheinander von Schlagworten, die manchmal den Evangelien entnommen sind und derart angepaßt oder umgeschrieben wurden, daß sie, falls es überhaupt noch notwendig wäre, wieder einmal beweisen, wie gefährlich es ist, sich mit der Sprache der Evangelien Freiheiten zu erlauben.

Aber all das ersehen Sie aus der beiliegenden Abschrift. Viel mehr berührten mich folgende Überlegungen, die ich bei deren Lektüre anstellte: Woher kommt dieses Bedürfnis, Erwartungen, die unter so unterschiedlichen geschichtlichen Voraussetzungen gediehen sind, oder Ideale, die – wie im Falle der Freimaurer – dem Evangelium so fremd, wenn nicht sogar entgegengesetzt sind, als Evangelium – oder als fünftes Evangelium, was uns ja hier interessiert – verschlüsselt festzuhalten? Oder stellen wir die Frage anders: Sollte es etwa stimmen, was ein christlicher Apologet sagte, daß die Geschichte seit der Ankunft Christi nichts anderes sei als eine Aufeinanderfolge jener Antworten, die von den späteren Menschengeschlechtern auf die Aufforderungen und Mahnungen der Evangelien gegeben wurden? Es würde der Komik nicht entbehren, wenn wir uns nach so vieler Mühe sagen müßten, daß eben dies und nichts anderes das fünfte Evangelium bedeute.

Herzlich Ihr

James.

3.

Lieber Professor Bergin,
vor kurzem besuchte mich James: Etwas verbittert, um aufrichtig zu sein, aber das haben Sie sicherlich seinem Brief entnommen (den er mir zu lesen gab, bevor er ihn aufgab). So lange im Kreise zu gehen, sagte er, nur um zwei Schritte hinter dem Haus wieder herauszukommen! Aber das wird wohl vorübergehen, sobald er die Enttäuschung über dieses Freimaurerevangelium, das er sogar abschreiben mußte, überwunden hat.

Mit mir steht es wie gewohnt: Symbole über Symbole oder, wie Anne sich ausdrückt, ein Haufen Metaphern, aber ich will nicht darüber klagen, da ich ernsthaft zu glauben beginne, daß sich ein solches Buch nur von dem finden läßt, der wirklich an dessen Existenz glaubt. Dazu braucht man Glauben, großen Glauben, ja den Berge versetzenden Glauben (oder den Berge auftürmenden, falls es noch keine Berge geben sollte). Doch fürchte ich, einen solchen Glauben haben weder Sie noch ich.

Doch Scherz beiseite, ich verfolgte in diesen vergangenen Monaten den roten Faden, den wir miteinander vor der Abreise besprochen hatten, und dabei kamen einige sehr interessante Ergebnisse heraus. Zumindest die bisher ausdrücklichste Bestätigung dessen, was Sie schon seit Jahren ahnten (wissen Sie noch, wie oft wir gemeinsam darüber sprachen?), wonach es möglich wäre, die Geschichte des Christentums im Lichte des Mythos eines fünften Evangeliums neu zu schreiben. Wenn ich nicht irre, war dies auch die Vorstellung Ihres Priesters: Ich meine die Idee einer nie endenden Entwicklung der Botschaft, oder einer Art ständigen Wachstums des Wortes, symbolisiert oder gar autorisiert durch den Glauben an ein noch nicht aufgefundenes fünftes Evangelium. Das Lächerliche läge in diesem Falle nicht so sehr darin, daß wir uns hätten überzeugen müssen, ein solches Evangelium existiere im eigentlichen Sinne nicht (ich weiß, daß Sie meine Meinung nicht teilen und sich damit nicht abfinden können), sondern daß wir, wie James sich ausdrückte, so lange herumreisten, um mehr oder weniger hinter unserem Haus – oder dem Pfarrhaus Ihres Priesters – wieder herauszukommen. Aber was tut's? Darum bleibt es doch eine schöne Reise, nicht wahr?

Aber genug davon. Ich will lieber mit dem Bericht über die Dinge anfangen, die mir die wichtigsten scheinen, das andere will ich mir für meine Rückkehr aufheben. Sie werden sehen, daß alles eine rein katholische Prägung trägt, und dies nicht von ungefähr. Bei meiner Auslese berücksichtigte ich ein Kriterium: Für unsere Zwecke ist es sinnvoller, zu beweisen, daß unser Thema im Schoße einer so vorsichtigen und wenig phantasievollen Tradition wie der katholischen der letzten vierhundert Jahre gärte und nicht ihm Rahmen einer der geläufigen heterodoxen oder protestantischen Bekenntnisse. Hier also meine Ergebnisse:

a) Aus der *Response de Pierre de Ronsard aux injures et calomnies de je ne sçay quels predicans* (diese Entgegnung auf einige protestantische Pamphlete, die gegen ihn gerichtet waren, stammt aus dem Jahre 1563):

Cette Eglise nous est par la tradition
de père en fils laissée en toute nation
pour bonne et légitime, et, venant des Apôtres,
seule la confessons sans en recevoir d' autres,
Elle, pleine de grace et de l'esprit de Dieu,
choisit quatre témoins, saints Jean, Luc, Marc, Matthieu,
secrétaires de Christ et, pour les faire croire
aux peuples baptisés, approuve leur histoire.
Puis, comme une douce pluye en sa vertu remet
la fleur à qui pendoit jà flétry le sommet,
elle nous apprend que le cinquième Evangile
de notre religion est la lampe et l'huile.
Car il n'est point, bavards, un livre de discorde:
il est la charité, l'amour, la foi concorde,
qui, comme une eau de grace, lorqu'elle semble abimée,
fait regermer l'essence de notre vérité.

b) Aus den *Controversiae* des Kardinals Bellarmin (1593): ,,Wir behaupten, daß die Heilige Schrift nicht ausdrücklich die ganze Lehre enthält, die mit dem Glauben oder den Sitten zusammenhängt, sondern daß es über das geschriebene Wort hinaus auch ein ungeschriebenes gibt, das mit der göttlichen und apostolischen Tradition beginnt. Daher die auch von den Kirchenvätern vertretene Ansicht, Christus habe nicht ein für allemal zu uns gesprochen, daher auch der uns so teure Spruch, die Offenbarung bleibe nicht stehen, sondern schreite voran, und daher sogar der in früherer Zeit so häufige und auch heute noch in manchen reformierten Schriften zutagetretende Glaube, daß ein fünftes Evangelium existiere oder gerade geschrieben werde. Dieser Glaube ist, wenn man ihn wörtlich nimmt, offensichtlich irrig, enthält aber sinnbildlich eine tiefe Wahrheit: Ein fünftes Evangelium sind in der Tat die Lehren der Kirchenväter, sind die von unseren Theologen in frommer Vertiefung in die Heilige Schrift ausgearbeiteten Lehren, sind, streng genommen, die Dogmen unserer Religion selbst, die in Wirklichkeit dem Buchstaben nach nicht den kanonischen Evangelien entnommen wurden, sondern wie in einem ungeschriebenen Buch, das schließlich die ganze Kirche in ihrer göttlichen Inspiration ist, enthalten scheinen. Und in diesem Sinne können wir auch der Maxime gänzlich zustimmen, die besagt: ,,Das fünfte Evangelium ist der Heilige Geist, den man sucht."

c) In den *Archives d'histoire moderne* gibt es einen Brief von Lamennais aus dem Jahre 1832 (der also beinahe aus derselben Zeit stammt wie die *Paroles d'un croyant),* worin ausdrücklich von einem *cinquième évangélisme* die Rede ist, das heißt von der Tendenz, ,,unablässig die Evangelien neu zu überdenken, angetrieben von dem Wunsch, deren ursprünglichen Absichten auszuweiten", als eine ständige Grundverfassung des Christen. ,,Die Lebensfülle des Evangeliums", schreibt Lamennais weiter, ,,besteht nicht in der engen Anlehnung an die Urelemente der Lehre Jesu, sondern in der Totalität einer Botschaft, die wohl ihren Ausgangspunkt im persönlichen Mittlerdienste Jesu hat, ihre Entwicklung und Verwirklichung aber in der gesamten Geschichte des Christentums. Was in die Evangelien Eingang gefunden hat, ist ebensogut in die christliche Tradition eingegangen, und als solche ist es lebendiger denn je (wer wagte es, das zu leugnen?), aber was im heutigen Christentum wahrhaft evangelisch ist, besteht durchaus nicht in dem, was sich nicht ändert oder nie geändert hat (denn in gewissem Sinne hat sich alles verändert), sondern in dem, was, vom Impuls der Heiligen Schrift ausgehend, dieser gewissermaßen hinzugefügt wird oder wurde."

d) ,,Paradoxerweise", bekräftigt Alfred Loisy in seiner Schrift *L'Evangile et l'Eglise* (1902), ,,handelt es sich nicht darum, zu wissen, ob die Heilige Schrift die Wahrheit voll und ganz enthält oder nicht, sondern darum, ob es die Aufgabe des Christen ist oder nicht, den eigenen Glauben mit Hilfe der Heiligen Schrift zu errichten: Ob man sich also fortwährend auf eine hypothetische ursprüngliche Reinheit der Lehre beziehen soll oder ob Glaube und Religion nicht vielmehr ein unaufhörliches und gemeinsames Werk sein sollen, aus dem jeder einzelne Nutzen zieht und zu dem jeder einzelne beiträgt; eine Anforderung, oder genauer, eine Spannung, die den zu anderen Zeiten so weitverbreitete Mythos eines fünften Evangeliums nicht nur vollkommen zum Ausdruck bringt, sondern die ihn gewissermaßen autorisiert. Der Weg von den vier kanonischen Evangelien zum ,fünften Evangelium, das geschrieben wird', ist der Weg des Senfkörnleins, das wächst, bis es ,zu einem großen Baume' wird."

e) „Auf der Suche nach dem Christus des reinen Evangeliums", schreibt E. Caird in *The New World,* März 1907, „kämen wir schrittweise dahin, unsere Vorstellung über ihn ihres Inhalts zu berauben oder sie zumindest zu etwas recht Ungewissem und Allgemeinem herabzumindern. Wenn wir hingegen eine derartige Methode verwerfen und zugeben, daß Christus durch das interpretiert werden soll, was von ihm ausgegangen ist, dann können wir keine strengen Trennungslinien mehr ziehen. Dann müssen wir ihn vielmehr so sehen, als ob er in der Christenheit lebte und sich durch sie immer vollendeter offenbarte. Als ob er für jede Generation von neuem Mensch würde und dabei ständig die eigene Botschaft entfalte und sich allmählich die neuen Inhalte der Menschheitsgeschichte angleiche. Mit anderen Worten, nicht minder als an den gewesenen Christus müssen wir uns an den Christus wenden, der ist und der sein wird, als an das Sinnbild und den Endpunkt unserer Erwartungen als Christen. In diesem Sinne ist richtig, was einer unserer Dichter sagt:

Jedem Geschlecht ist aufgetragen, sein Evangelium zu schreiben jetzt,
Und immer ist Vollendung nahe, in dem, das geschrieben zuletzt.

und es hat sogar jener alte Mythos recht, wonach sich das Wort noch nicht zur Gänze geoffenbart hat, und wonach wir in ewiger Erwartung eines fünften Evangeliums leben, an dem geschrieben wird."

f) „Der Glaube an ein fünftes, unbekanntes Evangelium", schreibt E. Van Huyten in den *Katholischen Studien,* April 1960, „bringt recht gut das Paradoxon des Christen zum Ausdruck, für den jede Rückkehr zu den Quellen des Evangeliums in Wirklichkeit ein Aufbruch zu unerforschten Gebieten ist. Und es ist natürlich zu erwarten, daß dieser Glaube einfach die Idee der unendlichen Fruchtbarkeit des Wortes verbirgt, jenes so verbreitete Gefühl einer unterschwelligen, noch nicht ganz enthüllten oder noch nicht geoffenbarten Wahrheit, kurz, jene ständige Ausarbeitung der Botschaft, die wir seit zwei christlichen Jahrtausenden miterleben. Aber auch so, als Mythos, hat dieser Glaube in der Geschichte des Christentums ebenso mitgewirkt, als bestünde im Sonnensystem eine ungeklärte Masse und als impliziere dies eine Verlagerung in den Planetenkreisen."

Das ist für den Augenblick alles. In einigen Monaten werden wir uns wiedersehen.

In der Zwischenzeit gedenke ich noch zügig weiterzuarbeiten. Diese Art von Arbeit gefällt mir. Ich meine, es gefällt mir, mich inmitten dieser Stimmen zu bewegen, die einander über Jahrhunderte hinweg Antwort zurufen, als sprächen sie aus den Zimmern desselben großen Hauses miteinander. Manchmal möchte man sich als eine dieser Stimmen empfinden. Und oft frage ich mich, ob Ihnen dies nicht insgeheim – wer weiß? – gelungen ist.

Mit besten Grüßen

Ihr Philip

DIE ANTWORT AUF EINE ANTWORT

An den Hochw. M.G., Sekretär an der Päpstlichen Bibelkommission, Rom.

Sehr geehrter Herr,

Ihre Antwort kam vor einer Woche an, – viel früher, will ich damit sagen, als erwartet – aber dennoch konnte sie Professor Bergin nicht mehr lesen. Sie wissen, wie manche langsam verlaufende Krankheiten sind: Sie entwickeln sich in einem ständigen, kaum wahrnehmbaren Verfall. Man erlischt allmählich im buchstäblichen Sinn, beinahe ohne Übergänge. Bei ihm hingegen trat unerwartet um die Mitte des vergangenen Monats eine erste Krise ein, so etwas wie ein furchtbarer Riß. Als ich ihn einige Stunden später sehen durfte, sah er mich schon mit schwerem, fernem Blick an. Gewisse Abgründe des Schmerzes berühre man nicht ungestraft, sagte sein Arzt. Von da an folgte ein Anfall auf den anderen. Aber genug davon, wozu darüber sprechen? Vor genau zwei Wochen starb der Professor. Und erst, als ich ihn am folgenden Tag auf der Bahre wiedersah, glaubte ich, sein wahres Gesicht zu erkennen; als wäre er von weither oder nach einer Abwesenheit zurückgekehrt, und als dürfte ich trotz der unermeßlichen Rätselhaftigkeit des Todes jene Gaben erkennen, um deretwillen wir ihn am meisten geliebt hatten: die hinter seiner Sanftheit verborgene Unbeugsamkeit, seine Seelenstärke und ja, seine Reinheit.

Auf dem Friedhof waren wir nur wenige Personen: Seine Mitarbeiter – zumindest diejenigen, die in New York waren oder noch rechtzeitig eintreffen konnten –, seine Fakultätskollegen, der Dekan, einige Studenten aus den ersten Semestern, meist Personen, die nicht einmal wußten, ob und wem sie die Hand drücken sollten. Auch herrschte ein scharfer Wind, der die Gebete verwehte, verstümmelte, rasch forttrug. Dafür aber hätte Bergin an dem Platz, den wir für ihn ausgesucht hatten, Gefallen gefunden, da er genau dort liegt, wo die protestantischen Gräberreihen an die katholischen grenzen. Als ich dann sah, wie er versenkt wurde, schien mir auch dieser Gedanke nichtig.

Die härtesten Augenblicke aber kamen auf der Rückfahrt. Wir saßen zu insgesamt siebt in dem Wagen zusammengedrängt, ich meine damit die kleine Gruppe seiner engsten Freunde, dazu noch Thomas Stearns (erinnern Sie sich an ihn?), der aus Buffalo herbeigeeilt war, um der Beerdigung beizuwohnen, und der uns im letzten Moment gebeten hatte, mitfahren zu dürfen. Er schwieg und schien der Traurigste von uns allen. Der Schmerz, dachte ich, würde für ihn ein tröstliches Gefühl sein (aber Sie werden sehen, daß ich unrecht hatte). Auch wir schwiegen. Und ich glaube, je näher wir der Stadt mit ihrem rußigen Himmel und ihrer unglückseligen Unförmigkeit kamen, desto mehr fragte sich jeder von uns, in sein Schweigen gehüllt, was nun aus uns und unserer Arbeit werden sollte, jetzt, da Bergin nicht mehr war. Denn sein Werk war nicht einfach nur eine Schule. Unabhängig von der Schule gab es vor allem ihn, mit seiner Ausdauer und seiner unbesiegbaren Hingabe; ihn, der sich nie mit dem Gedanken abgefunden hatte, daß jenes Buch, dessen Suche und Erforschung die Schule hatte entstehen lassen, ein Mythos, eine reine Hypothese, eine wunderbare Illusion sein könnte; ihn, der zu jedem Augenblick bereit war, wieder einen Anlauf zu nehmen und von vorne anzufangen, allen Niederlagen zum Trotz; ihn, der eine philologische Forschungsarbeit in ein Abenteuer, wenn nicht gar in eine Berufung verwandeln konnte. Stellen Sie sich vor: Eine Schule, die nur entstanden war, um ein bloß vermutetes und vielleicht gar nicht bestehendes Buch zu suchen und zu finden, die aber jedenfalls aus der Einbildungskraft und, sagen wir es ruhig, aus dem Glauben eines Mannes hervorgegangen war (manche Worte klingen immer zu hoch, nicht wahr?), um dann allmählich, fast unbewußt, zur Mission zu werden. Nun, da er nicht mehr war, vermißten wir nicht nur diese mächtige Antriebskraft seines Glaubens, der vielleicht auch der Grund dafür war, daß wir uns solidarisch, wie in einer Familie, ausschließlich an das gemeinsame Ziel hingegeben hatten, ja sogar in Liebe, sondern es war, als erlebte man am Ende einer Fahrt durch mythische Inseln, nach ständigen Verzauberungen, den festen und harten Stoß der Alltagsrealität, kurzum, die Rückkehr in eine graue Existenz ohne Luftspiegelungen. Über alles hinweg weiter trotzen! Aber wofür oder für wen? Peter Bergin schien ja eine einzig dastehende Wette eingegangen zu sein, und sein Plan war doch, selbst im Falle eines Erfolgs, völlig unsicher, denn unsere Zeit war ja an sich schon die Widerlegung einer Fabel, die uns ein Mensch, der sich für Gott hielt, vor zweitausend Jahren erzählen wollte!

Dieser Stimmung waren wir unterworfen, als wir im Institut ankamen. Und nachdem ich Kaffee gemacht hatte (den wir alle brauchten), versuchten wir, irgendwie über diese Dinge zu sprechen, obwohl wir uns durch die Anwesenheit von Thomas gehemmt fühlten. Dieser ging übrigens, fast ohne auf uns zu achten, in den Räumen umher, die wir etwas hochtrabend unser Archiv nennen (insgesamt zwei Zimmer und eine Dunkelkammer zur Entwicklung des photographischen Materials), wie ein Mensch, der sich wieder mit einem alten Haus vertraut macht. Wir kannten die Fragen, die uns quälten, im voraus, auch diejenigen, die niemand auszusprechen wagte, und, wohlgemerkt, auch die Antworten. Wie es einer von uns, ich glaube, Philip, darlegte, ging es keineswegs um die Auflösung unserer Schule. Es ging vielmehr um den Verzicht, weiterhin, wie bis zum heutigen Tag, Traumpilger zu sein. Entweder hatte es das fünfte Evangelium nie gegeben, oder es existierte jedenfalls jetzt nicht mehr. Jeder von uns hatte zumindest einmal den Eindruck gehabt, seiner Entdeckung nahe zu sein, jeder von uns hatte sich unmittelbar darauf davon überzeugen müssen, daß es eine Art bewegliche Zielscheibe, oder das Symbol von etwas anderem war: kurz, eine Luftspiegelung, wie es Bergin zu nennen pflegte. Was hatte es jetzt für einen Sinn, wenn wir uns weiterhin für eine Hoffnung plagten, die sich niemals erfüllen würde, da wir doch hier, mit dem im Archiv zusammengetragenen Material, noch jahrelang Arbeit mit dessen Katalogisierung, Sichtung, Übersetzung, Kommentierung und eventueller

Veröffentlichung hätten? Wir würden das Erbe unseres Lehrers im Sinne des Möglichen und Durchführbaren antreten, und letzten Endes wäre auch das eine Erfüllung.

Ich sagte Ihnen, daß Thomas sich von unserer Unterhaltung abgesondert hatte und neugierig in den Schriften des Archivs blätterte. Seit einigen Minuten war er sogar zwischen den Bücherregalen des zweiten Raumes verschwunden, so daß wir ihn nicht einmal mehr hörten. Aber als er wieder erschien, hielt er zwei kleine, etwas vergilbte Blätter in der Hand und indem er auf mich zutrat, fragte er mich: „Erinnerst Du Dich daran?" Dann wandte er sich den andern zu: „Stellt euch vor, das ist die erste Arbeit, die uns Bergin aufgegeben hatte!" Er lächelte, und ich durchschaute dieses Lächeln bald, es war das verschlagene und doch rührend linkische Lächeln, das er trug, wenn er uns eine Überraschung bereiten wollte. Ich erkannte auch den Text wieder, sobald ich ihn zu lesen begonnen hatte. Es war die ausgerechnet von uns beiden besorgte Übersetzung eines kurzen Textes aus den ersten Jahrhunderten, ursprünglich in koptischer Sprache verfaßt, der sogenannte *Apostelbrief an Jesus,* eine selbstverständlich apokryphe Version der Herabkunft des Heiligen Geistes, wie sie die Nomadenchristen des Oberen Nils begreifen konnten.

Jesus ist in den Himmel aufgefahren und die in einem Zelt versammelten zwölf Apostel warten seit vielen Tagen auf die Erfüllung der Verheißung. Aber nichts geschieht; und da sie ängstlich und ungeduldig werden, beschließen sie, Jesus einen Brief zu schreiben: Wir haben getan, wie Du uns geboten hast, wir haben gebetet und gewartet, aber wo bleibt die Wahrheit, die du uns zu offenbaren versprochen hast? Du siehst, daß wir im Dunkeln tappen und keine Gewißheit haben, wie also sollen wir die Sendung fortsetzen, die du uns aufgetragen hast? Aber auch darauf geschieht nichts. Und während sie einander verwirrt und unsicher fragen, was zu tun sei, ja während sie fast die Hoffnung verlieren (draußen ist es Nacht; im Zelt beginnt die Ampel zu schwelen), glaubt der heilige Petrus einzusehen, worin sie geirrt haben: Eigentlich, sagt er, hat uns Christus keinerlei Gewißheit gewährt, vielmehr ist er gekommen, uns eine Hoffnung anzuvertrauen. Und kaum gesagt, zerreißt der Schleier, die Ampel brennt heller, im Zelt verbreitet sich blendendes Licht und von oben ertönt eine Stimme, die fragt: „Kann der Wahrheit begegnen, wer im Zelt eingeschlossen bleibt?" Dann hören sie, nebst anderen Worten, ein Gebot, das sie aufrüttelt: „Wer sucht, höre nicht auf zu suchen, bis er gefunden hat"; es ist uns auch vom apokryphen Thomasevangelium, einem anderen koptischen Text, überliefert. Am nächsten Tag, beim ersten Tageslicht, versammeln sich die Zwölf rings um das Zelt und jeder richtet den Blick auf einen anderen Punkt des Horizonts. Und bei Sonnenaufgang geht jeder von ihnen durch die Wüste in die Richtung, die er sich erwählt hat.

Sehen Sie, ich weiß nicht genau, wie dann alles geschah, am Ende dieser Lektüre. Im übrigen gibt es Augenblicke, da jeder Beschreibungsversuch in Rhetorik zu entarten droht. Vielleicht hing es damit zusammen, daß in Thomas' Stimme etwas Verschleiertes mitklang, das im Verlauf des Vorlesens immer deutlicher hervortrat. Vielleicht hatte es mit unserer seelischen Verfassung zu tun, da wir doch noch ganz gebrochen vom Abschied und schon voller Gewissensbisse darüber waren, wie wir Bergins Lehren, oder meinetwegen Illusionen, vernichteten. Oder vielleicht ist es tatsächlich so, daß man gewisse Augenblicke wie in Erwartung eines Zeichens, vielleicht auch nur des richtigen Wortes, durchlebt. Jedenfalls fühlten wir uns nach Beendigung dieser Lektüre wieder von neuem ermutigt und entschlossen, Bergins Werk genau so fortzusetzen, als ob er noch lebte. Auch Thomas, der uns bat, in der Schule seinen alten Platz wieder einnehmen zu dürfen. Wie er sagte, hatte er nicht etwa plötzlich zu zweifeln aufgehört: Aber er war nicht mehr so fest davon überzeugt, daß jene Magister der Sorbonne recht hatten, als sie Gerardo verlachten (erinnern Sie sich noch an den Minoriten Gerardo, der, ,,um das fünfte Evangelium zu finden, sein Leben verlor"?).

Sie verstehen jetzt wohl, weshalb Ihre Antwort auf den langen Brief, den Bergin Ihnen vor zwei Monaten schrieb, nicht mehr die Macht hatte, unsere Pläne zu ändern. Schon darum nicht, weil das Entmutigende und Desillusionierende in diesem Brief (von den Lobsprüchen rede ich nicht) zu sehr unseren eigenen Einwänden gleicht, und letzten Endes auch den Zweifeln, die Bergin selbst stets gehabt hatte. Sicherlich ist das fünfte Evangelium *auch* die Geschichte einer langen Häresie; desgleichen ist es *auch* das ständig abgeschnittene und wieder erblühende grüne Holz der Kirche, und *auch* die ewige Utopie vom Reich Gottes; es ist *auch* das Sinnbild der Flucht nach vorne, die uns durch Christi Wort für immer aufgetragen ist. Nur daß die Suche nach einem tatsächlich vorhandenen, konkreten fünften Evangelium, kurz, nach einem wirklichen Buch, nicht nur eine Wette mit dem Unmöglichen war, wie Sie eigentlich sagen wollen. Dies stimmt höchstens insoweit, als sie *auch* das, wenn auch noch so verschwommene und phantastische, Bedürfnis war, einer Bestätigung nachzulaufen, um eine Hoffnung zu finden.

Ich glaube, eines der vielen Themen, die Sie in Ihrem Brief angeschnitten haben, hätte Bergin besonders betroffen: Jenes, wo Sie sich die Frage stellen, ob seine Suche jetzt nicht etwas noch Entfernteres, wenngleich weniger Unerreichbares, zum Ziel hatte. Als guter Seelenkenner haben Sie richtig gesehen. Und ich denke, die neue Schrift, die ich Ihnen schicke, bestätigt dies.

Ich fand sie in der kleinen Wohnung, die Bergin seit fast dreißig Jahren in unmittelbarer Universitätsnähe innehatte. Bis zum kommenden Monat müssen wir sie räumen, und Sie können sich vorstellen, in welcher Verfassung ich dorthin ging.

Auch hatte der Tod bei den Dingen, die ihm gehört hatten, gewissermaßen noch nicht eingesetzt, sie schienen noch immer auf die benützende Hand zu warten. Und überall waren die Spuren seines eigentlichsten Lebens zu sehen, jene geheimnisvollen Zeichen, die wir den Gegenständen aufprägen, mit denen wir die gehütetsten Stunden verbracht haben. Und als man dann erst begann, seine persönlichen Schriften auszusortieren, seine Tagebücher aufzuschlagen und seine zahllosen Notizbücher durchzusehen, so war es fast, als lernte man einen anderen Bergin kennen; oder eigentlich, als verfolgte man sein Schicksal von Anfang an, aber wie auf mir unbekannten, im Schatten liegenden Wegen. Denn ich kannte zwar den Gelehrten und Forscher, den Erwecker innerer Kräfte und, sagen wir es doch, den Meister. Und ich wußte, oder ahnte, überdies, mit welcher Scheu und bebender Ironie sich seine Stimme umflorte, wenn er sich als ,,Mensch auf der Suche nach Gott" bezeichnete, ,,doch nicht als Glaubender". Doch hatte ich mir überhaupt nicht vorstellen können, daß seine persönlichen Schriften eine Art von religiösem Gegengesang zu seiner wissenschaftlichen Arbeit waren, bestehend aus Zweifeln, Zornausbrüchen, spekulativen Anwandlungen und ständig widersprochenen metaphysischen Versuchungen. Ich meine, ich hatte nicht vermutet, daß Bergin mit dem Gegenstand seiner Forschung privat so leidenschaftlich weiterlebte, und zwar so stark, daß man auf ihn sehr gut hätte dieselben Worte anwenden können wie auf Du Breuil (erinnern Sie sich?): ,,Daß unter den vielen Akteuren des Schauplatzes Bergin auch Gott verhüllt zugegen sei."

Der fünfte Evangelist, so heißt die Schrift, die ich Ihnen schicke, ist eine kleine Summe all dessen; der – wenn er einer ist – Endpunkt seiner langen Versenkung in die Evangelien, mit der er vor so vielen Jahren, in den Kölner Tagen, begonnen hatte. Bis zu einem gewissen Grad kennen Sie auch den Ausgangspunkt, sofern Sie sich des Dramenentwurfs erinnern, den Bergin in Köln unter den Papieren seines Priesters fand. Ich schicke Ihnen das Ganze wie es ist, ohne dabei unterscheiden zu wollen, welcher Teil Bergin und welcher dem Originalentwurf zukommt. Ich glaube nicht, daß er es gewollt hätte: Für ihn mußte die Vollendung dieses Schauspiels eine höhere Weise gewesen sein, zwei Existenzen aneinander zu schweißen, auf jeden Fall eine letzte Erfüllung des ihm von seinem Priester anvertrauten Auftrags. Ich kann höchstens auf etwas anderes hinweisen: Unter den Blättern dieses Schauspiels fand ich die Abschrift einer kleinen Erzählung, die Bergin zu Beginn seiner Tätigkeit, kurz nach seiner ersten Rückkehr nach Europa, aufgefunden hatte. Ich weiß nicht, ob er sie als eine Art Warnung und Mahnung aufhob, oder ob er vorgehabt hatte, sie als Grabinschrift zu benützen. Der kurze Text lautet folgendermaßen: ,,Ein Mann ging auf Pilgerschaft, um das fünfte Evangelium zu suchen. Dies erfuhr ein frommer Bischof, der ihm aus Mitleid, sah er ihn doch schon alt und müde, folgende Worte sagen ließ: ,Trage Sorge, Christus zu begegnen, dann hast du das fünfte Evangelium gefunden'."

Mit besten Grüßen

Ihre Anne Lee

DER FÜNFTE EVANGELIST

Die Handlung spielt um das Jahr 1940 in einer deutschen Stadt.

Hinweise für die Kostümierung der Personen: Matthäus, Markus, Lukas, Johannes, Petrus, Judas, Kaiphas müssen nach dem Verlassen der Sakristei, wo sie sich vorbereitet haben, unbedingt in verschiedener Verkleidung auf die Bühne treten. Dies gilt noch mehr für den Fünften Evangelisten. Hingegen ist es ratsam, die anderen Personen in ihrer ursprünglichen Kleidung weiterrezitieren zu lassen. Für den Centurio, die beiden Soldaten und insbesondere für Hauptmann Klammer ist es sogar unerläßlich; dieser soll die Rolle des Pilatus in derselben Uniform eines Offiziers der deutschen Wehrmacht spielen, die er zu Beginn getragen hat.

Das ganze Stück spielt sich in einem Versammlungsraum, genauer in einem Pfarrsaal, ab. Wesentliche Einrichtung: Ein langer Tisch auf der linken Seite, parallel zur Schmalseite der Bühne, und einige ebenso aufgestellte Sesselreihen. Schräg zum Tisch und gut sichtbar, eine Tafel. An der Wand im Hintergrund zwischen zwei Fenstern ein Kruzifix. An der Wand zur Rechten ein Kasten und eine, wie man später sehen wird, zur Sakristei führende Tür. Es ist später Nachmittag, der allmählich in den Abend übergeht.

Beim Heben des Vorhangs ist hinter dem Tisch ein Priester zu sehen. Die Sitze sind von ungefähr dreißig Personen verschiedenen Alters und Standes besetzt. Darunter ein Offizier in deutscher Wehrmachtsuniform und, einige Reihen hinter ihm, drei Soldaten, unter ihnen ein Unteroffizier, gleichfalls in Uniform.

Zu Beginn der Handlung fordert der Priester (der, wie man bald sehen wird, soeben einen Vortrag über Jesus beendet hat) die Zuhörer zu einer Diskussion auf.

PRIESTER: Nun? . . . Was ist los? Ich erkenne Euch nicht wieder. Wenn mich nicht alles täuscht, muß es doch Einwände geben . . . *(Wartet)* Sie, Herr Rechtsanwalt Schimmell? . . . Nein, noch nicht? . . . Sie, Hauptmann Klammer? . . . Dann also Sie, Dr. Ehrart? . . . Na so etwas, dabei dachte ich doch, eine Darstellung der Gestalt Jesu anhand der bloßen Evangelien sei ein passendes Thema für einen Protestanten . . . Und Sie, Herr Studiosus Toepfer? . . . Los, Sie sind doch immer so polemisch, so dickköpfig . . .

TOEPFER: Nun gut. Aber ich möchte klarstellen, daß ich nur eine Zusammenfassung zu geben versuche. Ich bitte für dieses Unterfangen um Verzeihung, ich tue es für mich, nicht für die anderen . . . Übrigens waren Sie es, der sagte, daß alle Gegebenheiten zur Identifizierung Jesu und letztlich zur Aussage, wer er wirklich war, im Rahmen seines eigenen Zeugnisses verbleiben. Wir können zurückgreifen, so weit wir wollen, immer stehen wir zuletzt vor etwas, das je nach Belieben Mauer oder Bresche sein kann: vor Christus selbst, der von sich Zeugnis gibt und für sich selbst bürgt. Sogar die Stelle: „Ihr aber, für wen haltet ihr mich?", ist nur scheinbar eine Frage, die schon für eine bestimmte Antwort, und nur für diese, vorhergedacht ist. Und wenn der heilige Petrus sagt: „Du bist Christus, der Sohn des lebendigen Gottes", so greift er damit wohlüberlegt die Worte auf, die ihm in den Mund gelegt wurden. Und doch, behaupten Sie, mache gerade das die Situation Jesu mit nichts anderem vergleichbar. Wer sonst als der Messias konnte für den Messias garantieren? Es gibt keine Alternative: Entweder stehen wir vor einem Fall von Wahnsinn, der die Jünger und ganze Menschenmengen mit einbezog, oder wir müssen anerkennen, daß Gott selbst aus sich spricht . . . Ist das der Kern Ihres Vortrags?

PRIESTER: Genau das. Höchstens mit einer Nuance: Daß mein Ausgangspunkt, wenn Sie sich erinnern, ein anderer war. Als Autoren waren die Evangelisten wirklich ganz besondere Menschen. Sie beanspruchen für sich kein eigenes Eingreifen, keine Beschönigung oder Färbung, geschweige denn eine Erfindung, sie treten immer in der demütigen Haltung des Zuhörers auf, mit einem Wort, sie vermitteln den Eindruck, nur das berichten zu wollen, was sie tatsächlich gehört haben. Sie greifen das Wort auf und bemühen sich, es ganz schlicht weiterzugeben: Das ist es. Sie versehen es höchstens mit einem erzählenden Faden, erstellen eine ganz auf das Wesentliche gerichtete, wenn wir wollen fast primitive Chronik. Daraus ergibt sich der seltsame, absolut einzigartige Ton ihrer Bücher: Von der gemessenen, volkstümlichen Erzählweise heben sich Reden von außergewöhnlicher Intensität ab, Reden, die wirklich wie in einer anderen Sprache gesprochen scheinen. Kurz, Reden, die von diesen bescheidenen Schreibern, wie es die Evangelisten waren, nicht erfunden werden konnten. Sie mußten von ihm stammen, von Jesus. Wollen Sie einen Beweis dafür? Wir brauchen nur Lukas, den Verfasser des dritten Evangeliums, dem Lukas, der die Apostelgeschichte verfaßte, gegenüberstellen. Da ihm dort die Stütze der Reden Jesu fehlt, wirkt er als ziemlich farbloser Autor. Und so kehren wir denn zur Frage der Authentizität zurück: Was über Jesus gesagt wird, hat dieser selbst gesagt. Er selbst bewahrheitet sich, er ist es, der sich verkündigt. Nun, wenn es sich um keinen Fall von Massenwahn handelte, . . .

TOEPFER: Und warum nicht? Käme Ihnen das so außergewöhnlich vor? Denken Sie doch nur an das Phänomen der totalitären Staaten, der Diktaturen: Gibt es dort etwa für gewöhnlich kein Oberhaupt, das sich selbst, und vielleicht ein ganzes Volk, das ihm blind vertraut, einer Sache weiht? Und kommen Sie mir nicht damit, daß wir die Beispiele weit zu suchen hätten.

KLAMMER: *(Schroff):* Wir sind doch nicht hier, um über Politik zu diskutieren!

TOEPFER: Warum, haben Sie Angst davor? Oder halten Sie Religion und Politik im Ernst für zwei so getrennte Gebiete?

PRIESTER *(energisch):* Hauptmann Klammer hat recht. Kommen Sie nicht vom Thema ab. Beantworten Sie lieber meine Argumente, wenn Sie wollen.

TOEPFER: Was? Das literarische Niveau der Sprache Jesu? Aber das ist doch kein Argument! Wie oft hat man ebenso bescheidene Autoren gesehen, die hochtrabend werden, sobald sie ihre Helden zu Wort kommen lassen!

SCHIMMELL: Aber nehmen wir es doch einmal an. Nehmen wir einfach an, daß die in den Evangelien Jesus zugeschriebenen Reden alle von ihm stammen; demnach hätten uns die Evangelisten, die über rein authentisches Material aus erster Hand verfügten, bloß die unveränderten Worte überliefert. Aber dann erklären Sie mir doch *(zum Priester gewendet),* wieso es über dieselbe Person zu vier verschiedenen Versionen und schließlich zu vier verschiedenen Bildern kommen konnte. Wer also war dieser Jesus? Der Messias, wie Matthäus offensichtlich sagen will? Ein Mächtiger, eine Art Wundertäter, als der er bei Markus praktisch hervorgeht? Der Gute Hirt, der Heiland, wie bei Lukas? Der Sohn Gottes, wie ihn uns Johannes darstellt? Sie werden zugeben, daß das zu einer Art Versteckspiel wird. Wenn ich hier, wo ich bloß Gast bin, offen sprechen darf (aber stempeln Sie mich um Himmels willen nicht wieder als den gewohnten Skeptiker oder den Ungläubigen vom Dienst ab: Sie wissen, wie sehr ich, unparteiisch, an diesen Problemen Anteil nehme), wenn ich also frei reden darf: Kommt Ihnen dieser Gott auf der Suche nach der eigenen Identität nicht sonderbar vor?

DR. EHRART *(zum Priester):* Haben Sie etwas dagegen, wenn ich mich einschalte?

PRIESTER: Aber ich . . .

DR. EHRART: Seien Sie unbesorgt. *(Scherzhaft)* Hier haben wir einmal den Fall, daß ein Anhänger der Reformation, ein Protestant, einem katholischen Priester zu Hilfe kommt. Und glauben Sie mir, das wird einen hübschen Fall abgeben.

SCHIMMELL *(gleichfalls scherzhaft):* Dr. Ehrart, enttäuschen Sie mich nicht!

DR. EHRART: Aber nein, Herr Schimmell. Es ist ganz einfach Ihr Rationalismus, Ihr dickköpfiger Rationalismus, wollen wir ihn so nennen, der Sie nicht sehen läßt, was wir, wenngleich von zwei verschiedenen Ufern, sehen. Gott ist durchaus nicht, wie Sie sagen, ein Gott auf der Suche nach der eigenen Identität. Diese Aufgabe hat er uns überlassen. Er hat sich geoffenbart, er hat zu uns gesprochen, aber er hat sich nicht definiert. Es liegt an uns, ihn zu suchen, zu erkennen zu trachten, bis auf ihn zurückzugehen . . . Nehmen wir einmal – nur als Hypothese, wohlgemerkt – an, daß er wirklich Gott ist. Bedenken Sie: Gott, das Unendliche, eine unendliche Skala von Möglichkeiten. Und da verlangen Sie, daß er sich definieren soll! Oder daß es den Evangelisten gelingen möge, ihn in eine Definition zu pressen! Diese versuchen ihn zu begreifen, sie befragen ihn irgendwie, jeder von ihnen bemüht sich, einen anderen Aspekt herauszuarbeiten, eine der vielen Möglichkeiten augenfällig zu machen, jene eben, die ihnen faßbar ist oder die sie am meisten betroffen hat. Und dabei beanspruchen sie gar nichts, man lese nur wiederum die Evangelien . . .

SCHIMMELL: Ich kenne sie, Sie werden es nicht glauben . . .

DR. EHRART: Um so besser . . . Also, sie beanspruchen gar nicht, das Thema damit erschöpfend zu behandeln. Am Rande bleibt stets Raum für andere Hypothesen, und letztlich für das Mysterium. Jedenfalls erschließen die Evangelisten, aber sie schließen nicht. Die ganze, von ihnen angebotene Hypothesenskala – der Messias, der Mächtige, der Heiland, das menschgewordene Wort (und Sie müßten mir deren Widersprüchlichkeit erst beweisen) – die Hypothesenanzahl, sage ich, die sie uns anbieten, zeigt uns nicht nur die Vielschichtigkeit der Persönlichkeit Jesu und damit implizit einen neuen Beweis seiner überragenden Größe – seiner Göttlichkeit, wenn ich so sagen darf –, sondern sie ist der Ausgangspunkt des Abenteuers des Christen, die Plattform unserer Freiheit. So fragen wir uns nach der Art der Evangelisten weiterhin, wer Jesus ist, in dem Bewußtsein, daß wir niemals die richtige Formel finden werden, in der wir ihn voll erfassen. Wehe übrigens, wenn es anders wäre. Wir hätten mit Jesus abgeschlossen.

SCHIMMELL *(spöttisch):* Wenn Sie sich einbilden, daß die Katholiken damit einverstanden sein können . . .

FRAU KUYPER *(zuerst beinahe schüchtern, dann aber immer sicherer):* Ich weiß nicht, ob ich etwas bemerken darf. Ich weiß, daß ich damit einen Schritt zurück gehe. Es wurde vorhin gesagt, ein Beweis für die Wahrhaftigkeit der vier Evangelisten liege in ihrer Absicht, sich nicht vorzudrängen, nichts zu erfinden und sich fast nicht einzumischen. Nun, das scheint mir sehr richtig. Es ist wahr, wirklich wahr: Die Evangelisten verhalten sich wie Menschen, denen etwas anvertraut wurde – wir nennen es das Glaubensgut – und deren einziges Anliegen dessen unveränderte Weitergabe ist. Bedenkt zum Beispiel, wie sie sich zu den Gleichnissen verhalten: Sie berichten darüber, sie erklären sie nicht, sie wagen sich an keine Deutung heran. Höchstens erklärt sie, mitunter, Jesus selbst. Sie aber beschränken sich darauf, sie so wiederzugeben, wie sie sie vernommen haben, mit einem Unterton, als fragten sie nach deren Bedeutung, ja geradezu als hätten sie diese Gleichnisse nicht recht verstanden.

SCHIMMELL *(leicht väterlich):* Vorsicht, Frau Kuyper, ich weiß nicht, ob Sie sich dessen bewußt sind, aber damit stempeln sie die Evangelisten wirklich zu Einfaltspinseln, zu armen Ignoranten. Ich persönlich sage nicht, daß ich nicht einverstanden bin. Wenn dem aber so ist, wie bringen wir sie dann mit der Legende von der Herabkunft des Heiligen Geistes und mit dem Grundsatz der göttlichen Inspiration der Heiligen Schrift in Einklang? Lassen Sie das, um Himmels willen.

FRAU KUYPER *(mit Wärme):* Und doch ist es so. Es kommt bei einigen Gleichnissen sogar vor, daß sie nicht übereinstimmen, nach Art einer verständnislosen Berichterstattung. Denken Sie doch zum Beispiel an das Gleichnis vom ungetreuen Knecht im Lukasevangelium.

SCHIMMELL *(noch immer väterlich):* Aber freilich denke ich daran. Nur sehen Sie mir nicht danach aus, meine Liebe, als ahnten Sie, wo wir hingeraten sind. Sie sprechen von mangelnder Übereinstimmung. Aber da sie nun einmal nicht wegzuleugnen ist, weshalb nennen Sie diese nicht Inkonsequenz? Warum sagen Sie nicht, daß die Evangelientexte bei kritischer Durchleuchtung als das erscheinen, was sie tatsächlich sind? Ein Flickwerk oder nicht viel mehr, mit Hinweisen auf verschiedene Quellen, die, ohne geringste Sorge um einen logischen Faden, um ein Minimum an Zusammenhang, einfach zusammengestellt wurden.

FRAU KUYPER: Wir wollen doch nicht übertreiben. Die Kritik vermochte mit all ihren Bemühungen in den Evangelien wohl Leerstellen und Mängel aufzuzeigen, aber nicht, sie zu zerstören. Jedes Evangelium zeigt schließlich in sich eine eigene Geschlossenheit, eine eigene Struktur, eine einkalkulierte Strenge in der Durchführung und einen inneren Zusammenhang.

SCHIMMELL: Jedes einzelne Evangelium? Nehmen wir es einmal an . . . Ich bin nicht damit einverstanden, aber nehmen wir es an. Übrigens interessiert mich das für den Augenblick überhaupt nicht. Ich wollte auf etwas Höheres abzielen. Sie haben es hoffentlich schon verstanden. Ich zielte auf etwas ab, das für mich das Ausgangs-Absurdum des ganzen christlichen Glaubensgebäudes ist. Ich dachte, wie es möglich war, daß vier Autoren, verstandesmäßig ähnlich geartet, geistig verwandt und alle vier von demselben Ziel angetrieben, uns die Wahrheit eines Lebens zu berichten, wie sie also in den elementarsten Dingen so sehr voneinander abweichen konnten. Wie oft kommt es vor, daß sie uns eine Begebenheit auf dieselbe Art berichten? Viermal? Fünfmal? Höchstens sechsmal, nicht mehr. Und wie oft werden uns die Worte Jesu von allen vier Evangelisten gleichlautend wiedergegeben? Ich sage: von allen vieren! Ich wette, daß das überhaupt nicht der Fall ist.

DR. EHRART: Darin besteht ja die Frage gar nicht. Man muß sehen, ob sie einander Lügen strafen.

SCHIMMELL: Aber doch, das tun sie. Wollen Sie einen Beweis? *(Überlegt eine Weile still.)* Nun, nehmen wir zum Beispiel Jesus vor dem Hohen Rat. Wenn ich nicht irre, kommt diese Szene bei allen vier Evangelisten vor. Aber man müßte den Text vorliegend haben. Das Gedächtnis reicht nicht aus.

PRIESTER *(nimmt das Buch vom Tisch):* Wenn Sie wollen.

SCHIMMELL: O ja, sehr gut. *(Der Priester will den Evangeliumstext aufschlagen, doch Schimmell hält ihn mit einem Wink zurück.)*: Wenn es möglich wäre, die vier Stellen von vier verschiedenen Personen lesen zu lassen . . . Das ist es, wir sollten vier verschiedene Vorleser haben, damit jeder Evangelist einzeln zu Wort kommt . . . Die Nuancen und Unterschiede würden dadurch besser zutagetreten.

PRIESTER: Aber ja, wie ich sehe, trauen Sie mir nicht einmal ein unparteiisches Vorlesen zu! *(Schaut um sich:)* Nur müssen wir vier Personen finden, die dazu bereit sind *(einige erheben die Hand, der Priester wählt rasch aus).* Hier, danke, Sie lesen die Rolle des Matthäus; und Sie, ja, die des Markus; sehr gut . . . Und Sie Lukas . . . Sie werden Johannes lesen *(die vier Bezeichneten stehen auf und stellen sich hinter den Tisch).* Wie Sie sehen, Herr Schimmell, sind wir soweit. Da Sie Wert darauf legen, daß alles seine Richtigkeit hat, werden wir die günstige Gelegenheit ergreifen *(geht lächelnd zum Schrank und öffnet ihn),* hier müssen sie doch sein . . ., ja, ja, da sind sie *(entnimmt ihm vier kleine Volksausgaben, geht zum Tisch zurück und gibt jedem der vier ein Buch).* Ich habe immer einige da, wissen Sie . . . Gut, jetzt sind wir soweit. Sie können beim besten Willen nicht sagen, daß ich Sie boykottiere. *(Schimmell breitet, gleichfalls lächelnd, die Arme aus, während ein jeder der vier in seinem Buch blättert. Der Priester hilft dem Zunächststehenden, die richtige Seite zu finden und wartet bis auch die anderen soweit sind.)* Also, Sie kommen an die Reihe, Matthäus. Und lesen Sie, bitte, nicht zu schnell *(während Matthäus und die anderen lesen, verfolgt er den Text in seinem eigenen Buch).*

MATTHÄUS: ,,Die Häscher führten Jesus zum Hohenpriester Kaiphas, bei dem sich die Schriftgelehrten und Ältesten versammelt hatten. Petrus folgte ihm von ferne bis zum Hofe des Hohenpriesters. Er ging hinein und setzte sich zu den Dienern, um den Ausgang abzuwarten. Die Hohenpriester und der ganze Hohe Rat suchten nach einem falschen Zeugnis wider Jesus, um ihn in den Tod zu bringen. Aber trotz der vielen falschen Zeugen, die auftraten, fanden sie keines. Zuletzt kamen noch zwei und sagten: ,Er hat behauptet: Ich kann den Tempel Gottes niederreißen und ihn in drei Tagen wiederaufbauen.' Da erhob sich der Hohepriester und sprach zu ihm: ,Hast du nichts zu sagen zu dem, was diese gegen dich vorbringen?' Jesus schwieg. Da sprach der Hohepriester zu ihm: ,Ich beschwöre dich bei Gott dem Lebendigen: Sag uns, ob du der Messias bist, der Sohn Gottes.' Jesus antwortete ihm: ,Ja, ich bin es. Doch ich sage euch: Von nun an werdet ihr den Menschensohn zur Rechten des Allmächtigen sitzen und auf den Wolken des Himmels kommen sehen.' Da zerriß der Hohepriester sein Gewand und sprach: ,Er hat Gott gelästert! Wozu brauchen wir noch Zeugen? Ihr habt nun selbst die Gotteslästerung gehört. Was dünkt euch?' Sie erwiderten: ,Er ist des Todes schuldig!' Nun spien sie ihm ins Angesicht und schlugen ihn mit Fäusten. Andere gaben ihm Backenstreiche und höhnten: ,Messias, künde uns: Wer hat dich geschlagen?'."

MARKUS: Aus dem Evangelium nach Markus: ,,Die Hohenpriester und der ganze Hohe Rat suchten nach einem Zeugnis gegen Jesus, um ihn in den Tod zu bringen. Aber sie fanden keines. Zwar machten viele falsche Aussagen über ihn, aber ihre Aussagen stimmten nicht überein. Einige traten noch auf und sagten fälschlich von ihm aus: ,Wir haben ihn sagen hören: Ich will diesen Tempel, der von Menschenhand erbaut ist, niederreißen und in drei Tagen einen andern aufbauen, der nicht von Menschenhand gemacht ist.' Aber nicht einmal in diesem Punkte stimmte ihre Aussage überein. Da erhob sich der Hohepriester, trat in die Mitte und richtete an Jesus die Frage: ,Hast du nichts zu erwidern auf das, was diese gegen dich vorbringen?' Er schwieg und gab keine Antwort. Wiederum richtete der Hohepriester an ihn die Frage: ,Bist du der Messias, der Sohn Gottes, des Hochgelobten?' Jesus antwortete: ,Ja, ich bin es. Ihr werdet den Menschensohn zur Rechten des Allmächtigen sitzen und auf den Wolken des Himmels kommen sehen.' Da zerriß der Hohepriester sein Gewand und sagte: ,Wozu brauchen wir noch Zeugen? Ihr habt die Gotteslästerung gehört, was dünkt euch?' Sie erklärten einstimmig, er ist des Todes schuldig. Nun spien ihn einige an, verhüllten ihm das Gesicht, schlugen ihn mit Fäusten und höhnten: ,Weissage!' Die Diener gaben ihm Backenstreiche."

STIMME AUS DEM PUBLIKUM: Soviel ich sehe, ist das, was Markus sagt, gar nicht so sehr verschieden.

SCHIMMELL: Markus unterscheidet sich nicht so sehr, obgleich auch hier schon einige augenfällige Varianten vorliegen. Aber warten Sie nur auf die anderen.

LUKAS *(überfliegt zunächst den Text ohne zu lesen):* Tatsächlich steht es mit Lukas etwas anders. Zunächst ist hier schon die Reihe der Begebenheiten eine ganz andere. Als erstes kommt natürlich die Szene der Gefangennahme („Da nahmen sie ihn fest und führten ihn in das Haus des Hohenpriesters"), dann kommt im Anschluß die Verleugnung des heiligen Petrus, die bei den anderen in zwei Abschnitten dargestellt wird, dann folgen die Schmähungen und die Schläge, und erst dann, nicht früher, kommt die Verhörszene vor dem Hohen Rat. Und diese spielt sich bei Tag ab, nicht bei Nacht. Aber da haben wir die Stelle, die uns betrifft: „Die Männer, die ihn gefangen hielten, verspotteten und mißhandelten ihn. Sie verhüllten ihm die Augen, schlugen ihn ins Gesicht und sagten: ‚Sag an, wer ist's, der dich geschlagen hat;' Noch viele andere Schmähungen stießen sie gegen ihn aus. Als es Tag wurde, kamen die Ältesten des Volkes, die Hohenpriester und Schriftgelehrten zusammen und ließen ihn in ihre Versammlung führen. Sie sagten: ‚Wenn du der Messias bist, so sag es uns.' Er entgegnete ihnen: ‚Wenn ich es euch sage, so glaubt ihr mir nicht; wenn ich euch frage, so antwortet ihr mir nicht und laßt mich nicht frei. Aber fortan wird der Menschensohn zur Rechten des allmächtigen Gottes sitzen.' Da fielen alle ein: ‚Du bist also der Sohn Gottes?' Er antwortete: ‚Ja, ich bin es!' Da riefen sie: ‚Was brauchen wir noch ein Zeugnis? Wir haben es ja aus seinem eigenen Munde gehört'."

JOHANNES *(auf ein Zeichen des Priesters):* Ich brauche wohl nicht zu erwähnen, daß bei Johannes alles anders ist: Sogar die Episode mit Petrus ist anders, da er nicht mehr allein auftritt, sondern in Begleitung eines anderen Jüngers, offenbar Johannes' selbst. Und dann wird Jesus nicht vor Kaiphas, den Hohenpriester, geschleppt, sondern vor Annas, dessen Schwiegervater. In das Haus des Kaiphas kommt er erst später, ohne daß aber dort etwas Bemerkenswertes geschähe. Gar nicht zu reden von der Substanz, die eine ganz andere ist.

PRIESTER: Warum lesen Sie denn nicht?

JOHANNES: Richtig . . . „Die Kohorte, der Hauptmann und die Knechte der Juden ergriffen nun Jesus, fesselten ihn und führten ihn zunächst zu Annas. Dieser war der Schwiegervater des Kaiphas, der in jenem Jahre Hoherpriester war. Kaiphas war es gewesen, der den Juden den Rat gegeben hatte: Es ist besser, daß ein Mensch für das Volk stirbt . . . *(Pause, als ob er einige Zeilen überspränge.)* Der Hohepriester fragte Jesus nach seinen Jüngern und nach seiner Lehre. Jesus gab ihm zur Antwort: ‚Ich habe offen vor aller Welt geredet. Ich habe stets in den Synagogen und im Tempel gelehrt, wo alle Juden zusammenkommen, und habe nichts im Verborgenen geredet. Warum fragst du mich? Frage die, die gehört haben, was ich zu ihnen gesprochen habe. Die wissen, was ich gesagt habe.' Bei diesen Worten gab einer der Knechte, der dastand, Jesus einen Backenstreich und sagte: ,So antwortest du dem Hohenpriester?' Jesus entgegnete ihm: ,Habe ich unrecht geredet, so beweise mir das Unrecht; habe ich aber recht geredet, warum schlägst du mich?' Annas schickte ihn gefesselt zum Hohenpriester Kaiphas."

SCHIMMELL *(zum Priester):* Darf ich sprechen?

PRIESTER: Aber natürlich (leicht spöttisch). Sofern ich dann auch etwas sagen darf. Oder nicht?

SCHIMMELL *(geht zur Tafel und skizziert dort Zeichen und Pfeile, während er spricht):* Wenn wir zusammenfassen, haben wir drei Versionen. Bei Matthäus und Markus können wir die Verschiedenheiten übergehen und beide Version A nennen. B ist also die des heiligen Lukas und C die des heiligen Johannes. Sie werden schon bemerkt haben, daß zwischen A und C keine Beziehung vorliegt, aber das ist beinahe natürlich: Johannes geht fast überall seine eigenen Wege. Am befremdlichsten hingegen wirkt der Unterschied zwischen A und B. Bei Lukas vollzieht sich die Handlung bei Tag, nicht bei Nacht; Jesus wird zuerst geschlagen und dann verhört: es fehlen die Belastungszeugen der Version A, die Dialoge sind anders. Ein schönes Durcheinander, um es einmal beim Namen zu nennen: Nicht einmal die drei Synoptiker stimmen überein. Und Sie *(zum Priester gewendet)* verlangen von uns, daß wir aufgrund eines derartigen Zeugnisses glauben sollen!

PRIESTER: Sie sehen mich an, ich weiß. Sie sehen den Priester, den Geistlichen an und fordern ihn heraus: Also will ich Ihnen eine Erklärung geben. Doch schicke ich voraus, daß Sie sich keine offiziellen, kanonischen, das heißt, priesterlichen Antworten erwarten dürfen (sonst wären Sie enttäuscht). Von jetzt an will ich während des ganzen Abends so wenig als möglich in meiner Eigenschaft als Priester sprechen. Ich will versuchen, wie irgendein Mensch rein vernunftgemäß zu antworten, allerdings mit einem Minimum an Glauben, das Sie mir zugestehen müssen. Und als solcher antworte ich: Ja, es ist wahr, es gibt Unterschiede, und zwar wesentliche. Bei rein logischer Betrachtung könnten wir keinen Ausweg finden und müßten eine Entscheidung treffen. Nehmen wir beispielsweise Markus und Matthäus, die Sie die Version A nannten. Wir könnten sehr gut so vorgehen und würden damit los, was uns drückt. Sagen Sie mir: Nähmen wir einfachheitshalber die Version A an, hätten wir dann eine solide Grundlage, einen festen Boden, mit einem Wort, etwas, woran man ohne zuviele Hindernisse glauben könnte?

SCHIMMELL: Aber ja. Nur daß . . .

PRIESTER: Sehen Sie? Wenn wir also beide Historiker wären, die feststellen müßten, was wirklich geschehen ist, dann hätten wir beide schon den Zweifel überwunden, denn dann müßten wir sagen: Wir haben vier Dokumente. Aller vier berichten uns von einem Verhör, also gab es dieses. Alle vier sagen aus, daß es zu einer Verurteilung kam, folglich gab es diese. Was den Grundton des Verhörs anbelangt, haben wir zwei ähnlich lautende und zwei andere, in verschiedenem Maß abweichende Texte. Nehmen wir also einmal die beiden ersten an, dann werden wir sehr wahrscheinlich der Wahrheit nahekommen.

SCHIMMELL: O nein. Das gilt für den Historiker. Nicht für Sie, der Sie alle vier Zeugnisse für heilig halten.

PRIESTER: Eben, das gilt für den Historiker. Aber wenn er vor sich selbst Achtung hat, könnte er sich auch sagen: Die vier Texte sind für ein Verhör zu kurz, das vermutlich sehr viel länger dauerte, jedenfalls so lange, daß sehr wohl sowohl die einen wie die anderen Worte der Versionen A beziehungsweise B und C gesprochen werden konnten. Weshalb also ein Evangelium dem andern vorziehen? Warum sie nicht alle als vier gleich weit entfernte Zeugnisse behandeln? . . .

SCHIMMELL: Ach, warum nicht gar: Eine reine, einfache Parzellierung des Unendlichen!

PRIESTER: Ich bitte Sie! . . . Warum sollen wir sie nicht wie vier Zeugnisse gleichen Abstands behandeln, in der Überzeugung, daß das Gesamtbild des Verhörs durch deren Zusammenfügung leichter zu rekonstruieren ist? Warum sollte dem Christen verboten sein, was dem Historiker erlaubt ist? Warum sollten wir Lukas und Johannes zugunsten von Matthäus und Markus ablehnen, da doch das Bild, wenn wir diese als gleichwertig nehmen und als Ergänzung, nicht nur breiter, sondern auch wahrheitsgetreuer würde? Das ginge an, wenn die Evangelisten einander im Wesentlichen widersprächen. Das ist aber nicht der Fall: Von Details abgesehen, stimmt es überhaupt nicht, daß sie einander widersprechen. So berichtet zum Beispiel Matthäus, daß Jesus die Antwort verweigert. Und was ist es denn anderes, wenn Jesus bei Johannes entgegnet: „Warum fragst du mich? Frage die, die gehört haben, was ich zu ihnen gesprochen habe.“ Ist das etwa eine Antwort? Ist es nicht vielmehr eine Weigerung?

SCHIMMELL: Vollkommen. Nur daß – und damit komme ich wieder zu dem „nur“, bei dem Sie mich unterbrachen – wir nicht einfach vier gleich weit entfernte Zeugnisse vorliegen haben, die gleich zu behandeln sind. Wir haben eines, dieses hier (zeigt auf die Tafel) von Johannes, wohlverstanden, der nicht nur inhaltlich eigene Wege geht, sondern den Anschein erweckt, als lege er Wert auf eine Sonderstellung. Bedenken Sie, daß Johannes nicht unparteiisch berichtet, sondern daß er unauffällig eine ganze Reihe von Berichtigungen einfügt. Bei den anderen drei Evangelisten war es ganz allgemein eine bewaffnete Menge, die Jesus gefangennahm. Johannes führt es näher aus: die Kohorte, der Hauptmann und die Knechte der Juden. Die anderen Evangelisten sagen, nur Petrus sei Jesus bis zum Hof des Hohenpriesters gefolgt. Johannes führt nicht nur näher aus: „Simon Petrus und noch ein anderer Jünger“, sondern beschreibt ganz genau, daß dieser Jünger zuerst eintrat und die Türhüterin bewog, Petrus das Tor zu öffnen. Die anderen sagen aus, Jesus sei vor Kaiphas geführt worden, er berichtigt: zu Annas, dem Schwiegervater des Kaiphas. Es macht ganz den Eindruck, als wolle Johannes die Dinge richtigstellen, ja geradezu sagen: „Gebt acht, ich war dabei, ich war bei den Geschehnissen tatsächlich zugegen: Ja, ich war der einzige Evangelist, der alles selbst miterlebte." Und in diesem Fall nimmt man entweder Johannes an und lehnt die anderen drei ab, oder man akzeptiert Matthäus und Markus mit einigen Details aus Lukas, dann muß Johannes fallen, und dann fällt er nicht nur wegen dieser Episode: sondern wegen allem und jedem, und dann bleiben uns zur kargen Ausschöpfung der Evangelien nur mehr die drei Synoptiker.

JOHANNES: Aber das stimmt doch gar nicht: Zumindest ist es zu rasch geurteilt. Sehen Sie, vorhin bestätigte sich wieder einmal etwas, das für das Los des heiligen Johannes typisch ist. Wir haben zuerst Matthäus, dann Markus, dann Lukas gelesen, dann erst kam ich an die Reihe, mit dem Ergebnis, daß meine Aussage dann praktisch schon uninteressant geworden war; ich machte den Eindruck, als wäre ich eine weitere Stimme ohne Aussagewert. Das gilt für das Johannesevangelium unveränderlich: Sein Los ist, immer als Letztes an die Reihe zu kommen und als solches nebensächlich zu scheinen, nie in den Mittelpunkt zu treten. Man akzeptiert es wegen seiner Mystik, wegen der Feinheit seines Gedankenflugs, nicht aber wegen der Fakten, die es berichtet. Versuchen wir einmal, Johannes als ersten zu lesen, ihn in den Mittelpunkt zu stellen, kurz, ihn ernst zu nehmen. Ich wette, daß er uns in diesem Fall nicht nur wahrheitsnäher als die anderen drei vorkäme, sondern daß er diese in vielen Fällen verblassen ließe.

MARKUS: Du scherzst wohl!

JOHANNES: Warum, denkst du etwa, Markus sei um so vieles besser als Johannes? *(Weniger lebhaft:)* Überlegen wir doch einmal, bitte: Johannes war ein Jünger, wie es weder Markus noch Lukas waren. Und er war der Lieblingsjünger Jesu, wie es Matthäus nicht war. Von allen Aussagen ist seine die lebendigste, tatsächlich die aus erster Hand. Übrigens hatte ich bei jeder Lektüre der Evangelien stets diesen Eindruck: Daß Johannes der Genaueste und gleichzeitig der Tiefgründigste ist, daß er die meisten Nebenumstände schildert und uns hinsichtlich des Niveaus der Reden Jesu das beste Bild von dessen Größe gibt.

MARKUS: Und warum versagt er dann gerade in der Szene vor dem Hohen Rat? Denn hier, das wirst du zugeben, erscheint Jesus etwas blaß.

JOHANNES *(nach kurzem Zögern):* Eben, was die Details anbelangt, so ist Johannes, wie Herr Schimmell schon sagte, der Fruchtbarste und Genaueste: Annas, Schwiegervater des Kaiphas; Jesus wird zuerst vor den einen, dann vor den anderen geführt; Petrus wartet zuerst vor dem Hoftor, dann darf er eintreten; alles wirkt wie ein miterlebtes Geschehen, wie etwas selbst Mitangesehenes. Im Vergleich zu den anderen drei ist es, als füge er allem noch eine Nuance Realistik hinzu. Was das Verhör anbelangt, gebe ich wohl zu, daß sein Beitrag etwas dürftig ist. Dennoch würde ich lieber Vorsicht walten lassen, bevor ich ihn als unzuverlässig aburteilte. Seht Ihr, vorhin berührte mich eine Einzelheit. Wir sagen für gewöhnlich, das Johannesevangelium sei ganz auf die Gottessohnschaft Jesu ausgerichtet. Denkt an den Prolog, an so viele andere Stellen. Nun gut, was geschieht? Gerade vor dem Hohen Rat, also gerade da, wo die drei anderen Evangelisten immer wieder nur auf die Frage zurückkommen: „Sag uns, ob du der Messias bist, der Sohn Gottes", läßt er sich diese Gelegenheit entgehen und schlägt eine andere Richtung ein. Ich frage mich aber, ob er das täte, wenn er nicht sicher wüßte, daß eine derartige Frage überhaupt nicht gestellt wurde? . . . Sie haben sicher schon begriffen, worauf ich hinziele: Zumindest im Fall der Szene vor dem Hohen Rat ist die Version von Johannes die wahrheitsgetreueste. Je sachlicher und verhaltener seine Version ist, ja, je mehr sie seinem sonstigen Triumphalismus geradezu entgegensteht, desto gültiger ist seine Wahrscheinlichkeit.

STIMME AUS DEM PUBLIKUM *(scherzhaft):* Weißt Du, daß Du ohne es zu beabsichtigen, ja, fast ohne es zu bemerken, allmählich in die Rolle des Johannes hineingeschlüpft bist, daß Du sein Evangelium verteidigst als hättest Du es geschrieben? So daß ich meinerseits am liebsten die Rolle des Kaiphas (oder Annas, das gilt dasselbe) übernähme; jedenfalls habe ich schon darüber nachgedacht, was er zur Antwort gäbe, wenn er das Johannesevangelium lesen – oder anwesend sein – könnte.

SCHIMMELL: Wenn wir schon soweit sind, weshalb versuchen Sie es nicht?

STIMME AUS DEM PUBLIKUM: Was versuchen?

SCHIMMELL: Die Rolle des Kaiphas zu übernehmen.

STIMME AUS DEM PUBLIKUM: Ach nein, damit würden wir nur Theater spielen . . . Aber eines steht fest. Wenn Kaiphas zugegen wäre und Deine Aussage gehört hätte, Deine Behauptung nämlich, daß die Johannesversion die einzig richtige sei, weißt du, was er dann zur Antwort gäbe? Bedenke, daß Du durch die Art Deiner Berichterstattung einen Gegensatz verniedlicht hast, der doch viel tiefer liegt. Willst Du auf diese Weise so billig davonkommen? Es stehen einander doch zwei gegensätzliche Prinzipien gegenüber, eine neue, aufsteigende Religion, und die alte, die sich zur Wehr setzt; der Neuerer, der zum erstenmal dem Verteidiger der Tradition gegenübersteht und sich mit ihm mißt; zwei Häupter, die in Konflikt stehen, zwei Kirchen, zwei Lehren; aber was machst Du? Du bietest uns eine Art von Versteckspiel: „Frag die anderen, was ich gesagt habe, warum fragst du mich?" Gib es doch zu! Johannes, Du, der erhabene Johannes, hast diesmal nicht nur das Ziel verfehlt, sondern um mich, den Hohenpriester, herabzusetzen, hast Du Deinen eigenen Jesus verkleinert . . . *(hält Johannes mit einem Wink zurück).* Aber ja, aber ja. Denk doch an Matthäus: „Ich beschwöre dich bei Gott dem Lebendigen: Sag uns, ob du der Messias bist, der Sohn Gottes." „Ja, ich bin es. Doch ich sage euch: Von nun an werdet ihr den Menschensohn zur Rechten des Allmächtigen sitzen und auf den Wolken des Himmels kommen sehen." Welche Weite! Und welche Synthese! Der Lebendige Gott, der Allmächtige – der Sohn Gottes, der Menschensohn. Die Grundlagen der ganzen Theologie in zwei Zeilen zusammengefaßt.

JOHANNES: Aber das sagte Johannes doch schon früher, er wollte sich nicht wiederholen, nur um Literatur zu schaffen.

KAIPHAS: Das ist keine Literatur.

JOHANNES: Jedenfalls wollte er nicht auftrumpfen, im Gegensatz zu den anderen wählte er die leisesten Töne, das Diminuendo. Vielleicht eben darum, um die eigene Glaubwürdigkeit zu gewährleisten.

KAIPHAS: Ach, nur darum? Nur, um als Klassenprimus dazustehen? Und an mich dachtest du nicht?, würde Kaiphas sagen. Da stand ein Mensch vor mir, der sich zum Gott machte: die ärgste Gotteslästerung vor unserem Gesetz. Scheint Dir das nicht ausreichend, um meinen Zorn zu erklären, aber auch, um meine Rolle als Widerpart – und damit die Gestalt, die Größe Jesu selbst – zu retten? Was aber tust Du? Du stellst mich als Hysteriker dar, der sich bloß beleidigt fühlt, weil man es ihm an Achtung fehlen ließ . . . (Nachäffend.) „So antwortest du dem Hohenpriester?" Und Jesus, kraftlos, unsicher, eher kläglich, gedemütigt: „Habe ich unrecht geredet, so beweise mir das Unrecht" . . . Aber was denkst Du denn! . . .

JOHANNES: Das ist eine Frage der Betonung. Versuche es einmal so zu sprechen: „Habe ich unrecht geredet, so beweise mir das Unrecht. Habe ich aber recht geredet, warum schlägst du mich?" . . . Siehst Du, welche Würde? Außerdem betrifft die Szene nicht Dich, sondern Annas. Bei Johannes öffnet Kaiphas nicht einmal den Mund.

KAIPHAS: Noch schlimmer. Du hast mich zu einer nichtssagenden Person gemacht, zu einer Art Marionette, die der Schwiegervater tanzen läßt.

SCHIMMELL: Wenn ich nicht irre, sagten Sie, sie wollten kein Theater spielen.

KAIPHAS *(lachend und in verändertem Tonfall):* Sie haben recht.

DR. EHRART *(ebenfalls lachend):* Aber nein, nein, bleiben Sie nur dabei. Im Gegenteil *(zum Priester gewendet),* wissen Sie, woran ich dachte? Daß man nicht nur diese Gegenüberstellung der vier Evangelientexte fortsetzen sollte, sondern daß man sie in der Art, wie es vorhin geschah, beleben könnte. Sehen Sie, wir könnten doch einen ganzen Abschnitt wählen, die Leidensgeschichte zum Beispiel, da wir uns ja mit dem Hohen Rat schon mitten in der Passion befinden, und einige von uns für jene Rollen bestimmen, die in der Leidensgeschichte vorkommen. Wir könnten Einwendungen erheben, streiten, kurz, dieselbe Art von Konflikt schaffen, wie wir ihn soeben zwischen Kaiphas und Johannes miterlebten. *(Zu den anderen gewendet:)* Finden Sie nicht, daß das eine gute Idee wäre? Eine konkrete, lebendige Nachprüfung der verschiedenen Versionen der Passion Jesu und damit schließlich der Glaubwürdigkeit der vier Evangelisten.

PRIESTER *(den Kopf schüttelnd und in sehr bedenklichem Ton):* Wenn Sie meinen, daß das nützlich und möglich wäre, vor allem . . .

DR. EHRART *(eifrig):* Ich verstehe schon, das gehört zu jenen Dingen, die der katholischen Mentalität am zuwidersten sind. Für Euch Katholiken ist das Evangelium eine Art von Denkmal: etwas Feststehendes, das man bewundert, aber nicht antastet . . .

SCHIMMELL *(fast unhörbar):* und darum auch nicht liest . . .

DR. EHRART *(ohne darauf zu achten):* Für uns Protestanten hingegen ist es eine lebendige Erfahrung, eine Beziehung, die man erneuert, ja Tag für Tag nachvollzieht. Wir, wir haben keine Angst vor einer Erörterung.

PRIESTER: Ich fürchte, Sie haben mich tatsächlich mißverstanden. Ich dachte einfach, daß man derlei Dinge schwer improvisieren kann, auch psychologisch gesehen. Den Kaiphas zum Beispiel haben wir schon, wenn auch durch Zufall. Aber glauben Sie, daß einer bereit wäre, die Rolle des Judas zu übernehmen?

TOEPFER: Warum denn nicht? Es ist doch nur ein Spiel, nicht wahr? Und dann sage ich Ihnen ganz offen, daß es mir gar nichts ausmachen würde – natürlich nur, sofern mich die Wahl treffen sollte –, in der Rolle des Judas einmal ein paar kurze Worte mit Christus zu reden.

DR. EHRART: Christus sollte aber meiner Ansicht nach überhaupt nicht aufscheinen. Wir sollten über die Evangelisten diskutieren, nicht über Jesus, und uns über den Grad der Glaubwürdigkeit eines jeden vergewissern.

TOEPFER: Das gilt dasselbe. Ich würde dann eben mit den Evangelisten sprechen. Denn die Geschichte des Judas, wenigstens in der Art, wie sie uns berichtet wird, konnte ich nie recht schlucken.

HAUPTMANN KLAMMER *(steif):* So wenig wie ich die des Pilatus. Es ist doch tatsächlich so: Pilatus wird uns als Dummkopf dargestellt, als Mann ohne Tatkraft, der Jesus aus Schwäche preisgab, aber keiner streicht heraus, daß er Soldat war, also ein Mann der Pflicht und des Gehorsams gegenüber einem Eid. Mit einem Wort, er war ein Mann der Ehre, der die Argumente der Menschlichkeit zum Schweigen bringen mußte, weil der Staat, dem er in erster Linie Gehorsam und Treue schuldete . . .

DR. EHRART: Das können Sie ja später sagen. Wir wollen nicht vorgreifen. *(Zum Priester:)* Sehen Sie? Pilatus und Judas hätten wir schon.

PRIESTER: Wenn es so ist . . . *(Macht eine resignierte Bewegung.)* Also, fassen wir zusammen: Wir haben die vier Evangelisten, vorausgesetzt natürlich, daß Ihr bei Euren Rollen bleiben wollt *(die vier geben jeder auf seine Weise zu erkennen, daß sie einverstanden sind).* Wir haben Kaiphas, nicht wahr? *(Kaiphas nickt zustimmend).* Und wir haben Pilatus und Judas, wenn Sie beide nicht zurücktreten wollen.

TOEPFER: Aber ja doch. Wir sind nicht abergläubisch.

PRIESTER: Ausgezeichnet. Jetzt wollen wir sehen, wer uns noch fehlt. Petrus wenigstens für die Verleugnungsszene . . .?

EINER AUS DEM PUBLIKUM *(hebt die Hand):* Wenn ich das sein dürfte?

PRIESTER: Einverstanden. Dann Herodes, der Priester Annas . . .

DR. EHRART: Und Barabbas, die beiden Schächer, der Hauptmann und die Soldaten . . .

HAUPTMANN KLAMMER: Der Hauptmann und die Soldaten sind schon da, wenn Sie dazu bereit sind *(wendet sich zu den drei Soldaten, die sich sofort erheben).* Was die anderen betrifft, nur Mut, es sind ja keine sehr wichtigen

Rollen. Außerdem handelt es sich ja, wie gesagt, bloß um ein Spiel. *(Einige zeigen auf, der Priester verteilt rasch die Rollen.)*

PRIESTER: Ja, Sie sind Barabbas. Und Sie beide die zwei Schächer . . .

DR. EHRART *(unterbricht ihn):* Ich glaube, das genügt. Auf Herodes würde ich verzichten, eventuell auch auf Annas. Kaiphas genügt schon, wie wir gesehen haben. Eher *(sieht sich in Richtung von Frau Kuyper um)* fehlt eine Frau für die Rolle Mariens.

FRAU KUYPER: Nein. Maria spielt in der Leidensgeschichte eine ganz untergeordnete Rolle. Sie kommt nur bei Johannes vor und spricht überdies nicht. Offen gesagt, wüßte ich weder, was sie tun, und schon gar nicht, was sie erörtern sollte.

SCHIMMELL: Skrupel?

FRAU KUYPER *(schroff):* Skrupel, ja. Mir gefällt diese Farce nicht.

PRIESTER *(bittend):* Frau Kuyper, ich bitte Sie! Wir müssen doch beim Spiel bleiben, nicht? Außerdem ist es keine Farce. *(Nach einigen Augenblicken des Überlegens:)* Nein, hier würde ich vorschlagen, so vorzugehen: Während wir auf dieser Seite bleiben, um etwas Platz zu schaffen und, sagen wir, eine Art Minimalbühne vorzubereiten, mögen die Bezeichneten in die Sakristei hinübergehen *(zeigt auf die Tür im Hintergrund).* Dort können Sie die Reihung der Auftritte besprechen. Wenn Sie wollen, finden Sie dort sogar das Allernötigste für eine Kostümierung. Kirchenschränke enthalten ja stets eine Menge Gewänder, Paramente . . . Ich brauche Ihnen wohl nicht zu sagen, daß es bei diesem Vortrag darauf ankommt, nicht zu übertreiben und das vorgestellte Ziel nicht aus den Augen zu verlieren: Wir wollen einfach eine lebendige Gegenüberstellung der einzelnen Evangeliumsversionen geben. Deute ich Ihre Absicht richtig, Dr. Ehrart?

DR. EHRART: Ganz richtig. *(Die vier Evangelisten, Petrus, Kaiphas, Judas, Pilatus, Barabbas, Herodes, die Soldaten, die Schächer verlassen den Raum.)*

PRIESTER: Was uns betrifft, so würde ich sagen, daß ein jeder sich selbst darstellen möge. Sie zum Beispiel, Dr. Ehrart, werden der Protestant sein, Sie, Herr Schimmell der Freidenker, oder besser noch, der Atheist. Oder mißfällt Ihnen die Bezeichnung?

SCHIMMELL *(lachend):* Aber nein! Übrigens wissen Sie ja: Ich warte ständig auf ein Zeichen. Und wo nicht auf ein Heil, so doch auf einen Heiland . . .

PRIESTER: Gut. Ich schlage jetzt vor, den Tisch in die Mitte zu rücken, damit die vier Evangelisten dort Platz nehmen können. Die Stühle hingegen können hierher gerückt werden *(deutet auf die Stelle, wo jetzt der Tisch steht).*

Die im Saal Verbliebenen machen sich an die Arbeit. Der Tisch wird in die Mitte gestellt, parallel zur Bühne; die Stühle werden links, zum Teil in Reihen, zum Teil zu zweien aufeinander gestapelt, postiert. Vier Sessel werden auf Anweisung des Priesters hinter den Tisch gerückt. Während noch die Arbeit im Gange ist, tritt der Sakristan ein.

SAKRISTAN *(in klagendem Ton zum Priester):* Verzeihen Sie, aber ich begreife diese Neuerung nicht. Ich war schon im Gehen und hatte alles in Ordnung gebracht, als Sie mir diese Leute hinüberschickten, die mir die ganze Sakristei auf den Kopf stellen. Finden Sie das richtig?

PRIESTER: Gedulden Sie sich. Wegen einmal . . . Sie werden sehen, es wird nicht lange dauern.

SAKRISTAN: Wegen einmal . . . Als ob es das erstemal wäre. Tatsache ist, daß Sie alle hier an Ihren Diskussionen Geschmack finden. Aber das Kreuz trage letzten Endes immer ich. Wissen Sie, was das bedeutet, dort wieder alles in Ordnung zu bringen? Und auch hier, wie ich sehe.

PRIESTER: Übertreiben Sie doch nicht. Morgen werde ich Ihnen behilflich sein. Aber da Sie schon hier sind, könnten Sie bitte für Licht sorgen. Es ist fast schon dunkel geworden. Und schließen Sie bitte die Fensterläden gut zu: Wir haben Verdunkelung. *(Der Sakristan geht brummend weg, um Licht zu machen und die Fensterläden zu schließen. Dann geht er durch die Tür zur Rechten ab.)*

Sobald die Bühne vorbereitet ist (auf dem Tisch stehen vier Kartonschilder mit den Namen der einzelnen Evangelisten), kommen die Vier herein; jeder trägt die vorhin erhaltene Bibel in der Hand. Sie tragen alle eine weiße Tunika, wie sie bei Prozessionen von Bruderschaften getragen werden, auf dem Kopf eine Art von Kapuze, wodurch die Ohren zur Gänze und Stirn und Kinn zur Hälfte verdeckt sind. Sobald der Priester sie bemerkt, lädt er sie ein, an dem Tisch Platz zu nehmen.

PRIESTER: Meiner Treu, das ist eine Ausstaffierung! Ihr habt Euch fast vermummt. Aber das ist sehr gut so. Nun, Ihr könnt Euch hierher setzen. Und nach der üblichen Reihenfolge: Matthäus, dann Markus, Lukas und Johannes. *(Die vier folgen der Anweisung. Der Priester wendet sich zu den anderen, wobei er auf die Stühle zur linken Seite deutet.)* Auch Ihr könnt natürlich Platz nehmen, als Publikum, sozusagen.

STIMME AUS DEM PUBLIKUM *(scherzhaft):* Wollen Sie uns damit etwa zum Schweigen bringen?

PRIESTER: Aber nein, das wurde doch schon geklärt . . . Aber verhalten, bitte. Wissen Sie, was sonst für ein Lärm entstünde?

Während alle – mit Ausnahme des Priesters, der auf halbem Weg zwischen den Evangelisten und den übrigen seitlich des Tisches stehenbleibt – Platz nehmen, tritt widerstrebend der Sakristan wieder ein; er wird von den beiden Soldaten am Arm gezogen, macht einige Schritte und bleibt dann stehen.

PRIESTER: Und wer bist Du?

SAKRISTAN: (*halb verärgert, halb komisch*): Nehmen wir an, oder sagen wir, ich sei ein gewisser Simon von Cyrene, wie die Evangelisten sagen, der Vater von Alexander und Rufus, wie Markus näher ausführt. Ich bin derjenige, der mit den Geschehnissen am wenigsten zu tun hat und den die geringste Schuld trifft. Ich bin geradezu die typisch unfreiwillige Figur. Und wieder einmal trifft mich mein Los.

PRIESTER: Dein Los? In welcher Hinsicht?

SIMON: Daß ich, wie gewöhnlich, ein fremdes Kreuz zu tragen habe. Vor allem, Sie wissen doch, wie müde ich um diese Zeit bin, und daß ich ein gutes Recht darauf hätte, endlich nach Hause zu gehen. Statt dessen muß ich, soll die Reihenfolge eingehalten werden, beinahe als Letzter auftreten. Und während dort drinnen Vorbereitungen getroffen werden und die Vorgangsweise besprochen wird (denn Sie müssen zugeben, daß sich solche Dinge nicht improvisieren lassen!), drängt man mich hierher und zwingt mich, gleich einleitend die Entschuldigung anzuführen, daß ich einen typischen Fall darstelle: Die drei ersten Evangelisten, die Synoptiker, nageln mich in ihrer Geschichte fest, ohne daß sie mich etwas anginge, während der vierte, der sogenannte Lieblingsjünger, der Jesus bis zum Kreuz folgte, von mir nichts zu wissen scheint. Dort drinnen sagen sie, es wäre gut, wenn die Gegenüberstellung mit mir begänne. Wenn einmal festgestellt wäre, sagen sie, ob eine Nebenepisode wie die meine wahr ist oder nicht, könnte man wahrscheinlich auch im übrigen rascher vorankommen.

PRIESTER: Ja, das ist wahrscheinlich. Und dabei hätten wir Simon von Cyrene beinahe vergessen! Matthäus, was sagst Du?

MATTHÄUS (*liest*): „Während sie hinauszogen, trafen sie einen Mann aus Cyrene namens Simon. Den zwangen sie, ihm das Kreuz zu tragen."

PRIESTER (*zu Markus gewendet*): Und Du?

MARKUS: Dann führten sie ihn hinaus zur Kreuzigung. Sie zwangen einen, der vom Felde kam und eben vorüberging, Simon von Cyrene, den Vater des Alexander und Rufus, ihm das Kreuz zu tragen."

LUKAS (*liest fast ohne Zwischenpause weiter*): „Während sie ihn hinführten, hielten sie einen gewissen Simon von Cyrene an, der vom Felde kam, und legten ihm das Kreuz auf, damit er es Jesus nachtrage."

PRIESTER (*zu Johannes, der zögert*): Und Du?

JOHANNES: „Er trug selbst sein Kreuz und ging hinaus an den Ort, der Schädelstätte heißt, auf hebräisch Golgotha."

SIMON: Eben! „selbst". Sie haben recht, wenn sie sagen, ich sei ein typischer Fall. Drei Evangelisten sagen praktisch dasselbe über mich aus, während der vierte mich nicht nur ignoriert, sondern sich so ausdrückt, als sei es sein fester Vorsatz, die anderen Lügen zu strafen. Eine schöne Geschichte, das muß man sagen. Und ich bin hier wie festgenagelt zwischen dem Ja der einen und dem Nein des anderen, und muß den Simon spielen (*jemand lacht*). Die Sache ist die: Ich bin eben eine Nebensächlichkeit, ein armer Bauer, der, sofern es ihn überhaupt gegeben hat, nach beendetem Tagwerk nach Hause geht und mit Gewalt von den Soldaten ergriffen wird, um unbeabsichtigt die Geschichte Jesu mitzuerleben. Ich begreife wirklich nicht, was durch mich bewiesen werden soll (*will gehen, aber die Soldaten halten ihn fest*).

STIMME AUS DEM PUBLIKUM : Nichts weiter, als daß Johannes anfechtbar ist und daß wir uns zur Klärung der Frage, was mit Jeus geschah, sehr wohl auf die drei Synoptiker beschränken können.

JOHANNES : Fangen wir doch nicht wieder von vorne an. Ich habe so viele Dinge niedergelegt, die bei den Synoptikern nicht vorkommen, und die sich dann bei der Überprüfung der Tatsachen als sehr wahr erwiesen haben. Und selbst angenommen, daß ich mich in diesem Fall geirrt hätte (aber ich sehe noch Jesus vor mir, wie er, das Kreuz auf dem Rücken, nach Golgotha geht), so wäre es doch nur ein ganz unbedeutendes Detail.

STIMME AUS DEM PUBLIKUM : Aber eben darum! Es ist richtig, daß es sich nur um ein unbedeutendes Detail handelt, um eine zufällige Episode, aber eben darum wird sie zum Beweis der Glaubwürdigkeit der drei Synoptiker. Oder, wenn ich offen sein darf, Deiner tendenziösen Einstellung. Überlegen wir einmal: Wären die Dinge nicht genauso vorgefallen, wie sie von den drei ersten Evangelisten berichtet werden, wozu hätten diese eine so geringfügige Einzelheit hinzufügen sollen, die nichts nützt, nichts bringt, die aber doch, das möge man beachten, einen realistischen Beiklang hat? Denkt doch an die Einfügung bei Markus: „Der Vater von Alexander und Rufus." Denkt daran, wie sich Lukas ausdrückt: „Und legten ihm das Kreuz auf, damit er es Jesus *nachtrage*." Man glaubt, ihn zu sehen.

JOHANNES: Und Jesus, der *selbst* sein Kreuz trägt, den glaubt man nicht zu sehen?

MATTHÄUS: Aber warum fragen wir nicht die Soldaten? Wer könnte uns besser als sie eine Bestätigung geben? Sie waren doch vom Gerichtssaal bis auf Golgotha oben bei Jesus.

ERSTER SOLDAT: Nein, verzeiht. Auch das ist ein recht fragwürdiges Detail. Daß wir Jesus nach Golgotha brachten, wird nur von den beiden ersten Evangelisten gesagt. Nach dem Zeugnis der beiden anderen, folglich auch dieses hier *(zeigt auf Lukas)* waren überhaupt nicht wir es, sondern die Juden.

ZWEITER SOLDAT: Warum sagst Du nicht, daß uns Matthäus und Markus auch noch manche andere Dinge zuschreiben – das Spucken, Schlagen, die Dornenkrone –, von denen Lukas nicht spricht? *(Zu den beiden ersteren gewendet:)* Wir erfüllten nur unseren Auftrag: Das war doch unsere Pflicht, oder etwa nicht?

LUKAS (*streng*): Aber daß Ihr das Los um die Kleider warft, das bezeuge auch ich. Wurde Euch zufällig auch dies befohlen?

ZWEITER SOLDAT: Aber das war der Brauch. Wem hätten sie denn noch nützen sollen?

SCHIMMELL: Wenn ich nicht irre, fällt – sofern wir bei Simon die Version der drei Synoptiker annehmen – damit auch die Geschichte der drei Zusammenbrüche Jesu unter dem Kreuz.

JOHANNES: Aber die hat es doch nie gegeben! Keiner von uns behauptete je, sie bezeugen zu wollen.

SCHIMMELL: Auch die Begegnung mit Veronika, die Jesus den Schweiß abtrocknet?

JOHANNES: Nicht einmal diese.

SCHIMMELL: Merkwürdig: Ich war so sehr vom Gegenteil überzeugt, daß ich bei der Lektüre der Evangelien nicht einmal bemerkte, daß sie fehlen . . . *(Schüttelt den Kopf, dann in fast sarkastischem Ton:)* Wenn ich bedenke, daß ich mir als Kind vor manchen Eurer Kreuzwegstationen fast die Augen ausschaute: Veronika, die drei Zusammenbrüche . . . Für so viel unnötige Erschütterung solltet Ihr mich eigentlich schadlos halten. Denn ich glaubte daran. Es mag seltsam klingen, aber ich glaubte daran. Ja, diese Dinge berührten mich von der ganzen Leidensgeschichte am meisten. Stellt Euch nun die Wirkung auf mich vor, wenn ich entdecken muß, daß sie sogar noch unglaubhafter sind als die Erscheinung des Engels oder die drei Versuchungen.

PRIESTER *(in fast entschuldigendem Ton):* Diese Begebenheiten waren eben in den Apokryphen enthalten, Sie wissen ja . . .

DR. EHRART: Aber es waren Märchen, und nichts anderes. Die Kirche tat schlecht daran, sie gewissermaßen in ihren Kult aufzunehmen . . . Herr Schimmell hat recht: Wieviele verschwendete Emotionen, wieviele Mißverständnisse!

FRAU KUYPER: Verzeihen Sie, aber auf diese Weise kommen wir von der Frage ab. Stellen wir uns vor, wohin wir geraten, wenn wir nun auch noch das Problem der Apokryphen miteinbeziehen, der vielen, zugegebenermaßen linkischen Versuche, die Lebensgeschichte Jesu auszuführen und eventuell auszuschmücken, und der Volkslegenden, die daneben entstanden. Wichtig ist nur, daß die Kirche stets unerschütterlich blieb: Sie hielt nur vier Aussagen für gültig, alles übrige lehnte sie ab, duldete höchstens, daß sich der eine oder andere Künstler daraus manche Ideen oder Themata holte.

DR. EHRART: Auch das hätte nicht geschehen dürfen.

PRIESTER: Warum? Das sehe ich nicht ein. Schließlich hat der Künstler doch seine Freiheit. Und überdies ist ja das Apokryphe an sich, bedenken Sie das, keine Fälschung im üblichen Sinn, keine bewußte Verfälschung. Es ist ein naiver, fast immer volkstümlicher Versuch, die Gestalt Jesu noch stärker ins Licht zu stellen. Und letzten Endes ist es auch eine Suche, nämlich die Suche nach Christus. Ich meine, es wird darin auf phantasievolle Weise dieselbe Sehnsucht nach Erkenntnis ausgedrückt, die die Christen seit Jahrhunderten zu der Frage drängt, wer er war und die somit das christliche Denken in eine fortwährende Befragung Christi verwandelt. Was tun wir übrigens heute Abend anderes? . . . Soll ich Euch sogar etwas ganz Absurdes sagen? Was ist denn im Grunde die christliche Tradition anderes als eine nicht abreißende apokryphe Niederschrift, als eine Suche nach dem Evangelium an sich? Wenn es dieses etwa gäbe . . .

SCHIMMELL: Um Himmels willen! *(Lachend:)* So, wie die Dinge jetzt stehen, wünschte ich das wirklich nicht . . . Verflixt, das fehlte noch!

Während der letzten Sätze ist, gleichfalls von rechts, eine Gestalt eingetreten, die nach Art der anderen vier Evangelisten gekleidet ist. Die Person verschafft sich hinter deren Rücken einen unbesetzten Stuhl und zieht ihn hinter sich her. Sie nimmt neben Johannes Platz, hält sich aber etwas abseits, beinahe am äußersten Rand des Tisches.

PRIESTER *(bemerkt die Gestalt, in verwundertem Ton):* Wen stellst denn Du dar?

FÜNFTER EVANGELIST *(ernst):* Wer sagt denn Ihr, daß ich sei? *(Deutet mit dem Kopf in die Richtung, aus der er gekommen ist:)* Ich bin jemand, der von dort kommt.

PRIESTER: Das haben wir gesehen. Aber Du hast uns noch nicht gesagt, weshalb Du Dich so eingeordnet hast.

FÜNFTER EVANGELIST: Nehmen wir einmal an, ich sei ein fünfter Evangelist.

STIMME AUS DEM PUBLIKUM: Noch einer! Als ob wir mit den vieren nicht schon genug hätten!

PRIESTER: Scherzen wir nicht . . . Solltest Du zufällig gekommen sein, um uns zu verwirren . . .

FÜNFTER EVANGELIST: Aber Sie selbst haben mich doch herbeibeschworen!

JOHANNES: Du sagst, der Fünfte Evangelist genannt zu werden?

FÜNFTER EVANGELIST: So wie Du der vierte genannt wirst . . . *(Nach einer Pause, noch immer zu Johannes gewendet:)* Bedenke, bitte, Deinen eigenen Fall: Die synoptischen Evangelien waren schon seit etwa dreißig Jahren geschrieben, die Botschaft Christi hatte sich ausgebreitet, die Kirche war in Entfaltung begriffen; damit will ich sagen, daß niemand mehr auf Dein Evangelium wartete oder dessen Notwendigkeit wirklich empfand. Und plötzlich spürtest Du das Bedürfnis, Deinerseits ein Zeugnis abzulegen, Deine ganz persönliche Aussage anzubieten. Ich gehe noch weiter: Als die Auseinandersetzung über Christus schon abgeschlossen schien, eröffnetest Du sie wieder. Denn ich glaube nicht, daß Du das letzte Wort sprechen wolltest. Im Gegenteil! Du eröffnetest die Auseinandersetzung von neuem und brachtest sie damit zum Überfließen. Seit damals weitete sie sich so aus, daß jeder Versuch, die Person Christi aufzudecken, einer Reise in die Unendlichkeit gleichkam. Das heißt, daß wir uns vor etwas Abgeschlossenem hüten sollen, daß Du uns vor der Einbildung warnst, die Wahrheit schon fix und fertig zu besitzen zu wähnen, oder zu glauben, über Christus schon genug zu wissen. Du machtest uns übrigens selbst darauf aufmerksam: „Es gibt noch vieles andere, was Jesus getan hat. Wollte man das im einzelnen niederschreiben, so könnte, glaube ich, die ganze Welt die Bücher nicht fassen, die man schreiben müßte.“ Deutlicher geht es nicht!

JOHANNES (*unsicher*): Du wärest also der Verfasser eines dieser Bücher?

FÜNFTER EVANGELIST: Wie ich sehe, bestehst Du leider darauf, mich nicht zu verstehen . . . So will ich Dir denn darlegen, was ich nicht bin: Ich bin weder *die* exakte Version des Lebens Jesu, noch *die* endgültige Wahrheit, und am allerwenigsten der Verfasser eines dieser Bücher . . . Oder sagen wir lieber, ich könnte alle diese Bücher zusammengenommen sein. Das sind die Apokryphen, das sind all jene, die sich betrachtend und kommentierend dem Wort widmen; ich bin die Gesamtheit aller Christen, die sich im Laufe der Jahrhunderte fragten, wer Christus ist, ich bin die Zusammenfassung der Tradition und das Symbol dieser Suche. Ich stelle über jede Paradoxie hinweg die Spannung dar, die Ihr Vier durch Eure Berichte über Jesus auslöstet. Oder wenn Ihr wollt, so bin ich der Ausdruck der Sehnsucht, das Evangelium zu verbreiten – oder zu vollenden. Die Wahrheit ist, daß das Evangelium nicht beendet ist.

FRAU KUYPER: Jedenfalls genügte es uns.

FÜNFTER EVANGELIST: Ich weiß, ich weiß. Und doch sind die Größe der Person Jesu und die Spannweite seiner Botschaft solcherart, daß wir sogar aus den vier darüber vorhandenen Zeugnissen den Eindruck gewinnen, ihn nicht ganz erfassen zu können. Daher erklärt sich unsere Unruhe, unser Bedürfnis, das Fehlende auszufüllen und letztlich geradezu die Hoffnung auf ein anderes Buch, das beenden möge, was die anderen unvollendet ließen. Und, bildlich gesprochen, schreiben wir ja praktisch daran: Was ist schließlich jede neue Frage über Christus anderes als eine Seite dieses Buchs?

STIMME AUS DEM PUBLIKUM: Aber das ist ja völlig unlogisch.

FÜNFTER EVANGELIST: Durchaus nicht. Das liegt in der eigentlichen Logik der Weitergabe der Botschaft begründet. Warum gäbe es sonst vier Evangelien statt eines einzigen? Und warum stellte man sonst im Verhältnis der Evangelien zueinander eine Art Wachstumsprozeß fest? Warum hätten sich dann Matthäus und Lukas nicht mit dem Markusevangelium begnügt? Und wozu wäre nach dreißig Jahren ein viertes Evangelium erschienen, das alles wiederum in Frage stellte? Das Evangelium ist unvollendet, das sagten wir schon. Und jedesmal enthalten die vier Evangelien nicht alles.

FRAU KUYPER: Sie sind jedoch unsere einzige Quelle.

SCHIMMELL: Sagen wir allenfalls, die einzige Quelle, die von der Kirche, von Eurer Kirche, belassen wurde. Es ist die alte Geschichte: Die dazwischengeschaltete Autorität, das erstarrte Dogma, die eingeschränkte Freiheit, die zurückgehaltene Suche. *(Zum Fünften Evangelisten:)* Weißt Du, daß Du mir gefällst?

PRIESTER *(lachend)*: Die Umarmung des Teufels . . . *(Dann wieder ernst zum fünften Evangelisten gewendet:)* Wenn ich recht verstanden habe (verzeih, aber ich will versuchen, Ordnung in die Sache zu bringen, sonst bleiben wir die ganze Nacht bei diesem Punkt stehen), fügt jedes Evangelium dem vorherigen etwas hinzu, und in der gleichen Weise dürfen wir auch ein anderes Evangelium hypothetisch annehmen (so sagt man doch?), das jene vervollständigt und ihre zeitliche Wirkung verlängert.

FÜNFTER EVANGELIST *(breitet resigniert die Arme aus)*: Ungefähr, wenn Sie unbedingt wollen.

PRIESTER: Und worin die Quintessenz der Wahrheit festgehalten oder jedenfalls zu erahnen ist.

Fünfter Evangelist (*in geduldigem Ton*): Sofern sie überhaupt niedergeschrieben wurde. Und sofern es eine Quintessenz der Wahrheit gibt . . . *(Lebhaft:)* Aber versteht Ihr denn nicht, daß uns Christus in der Art, wie er die Weitergabe seiner Sendung wünschte, keine Wahrheit diktierte, sondern uns in ein Abenteuer schleuderte? . . . *(Ändert plötzlich den Tonfall:)* Ja, es wird besser sein, das Ganze umgekehrt darzustellen, es wird deutlicher sein . . . Also, wir wissen alle, daß die vier Evangelisten voneinander unabhängig sind, nicht abschreiben, einander nicht nachahmen, vielmehr den Eindruck vermitteln, als hingen sie alle mehr oder weniger von einer gemeinsamen Quelle ab . . .

Johannes: Eine gemeinsame Quelle? Aber die ist Christus selbst. Vor den Evangelien gibt es keine anderen Quellen als Christus selbst.

Stimme aus dem Publikum (*während der Fünfte Evangelist in einer resignierten Gebärde die Arme ausbreitet*): Wer Du auch sein magst, Tatsache ist, daß wir uns nicht vorstellen können, wozu wir Dich brauchen könnten: Ich meine, in dieser Debatte heute Abend. Schon ganz wenige Auszüge genügten – die eine Episode mit Simon von Cyrene – um festzustellen, wie viele Zweifel schon aus den vier kanonischen Evangelien erwachsen, ohne daß Du noch eines anbieten wolltest, um damit das Feuer zu schüren. Nein, nein, das fehlte uns noch. Wir brauchen Gewißheit.

Fünfter Evangelist: Vorhin sprach keiner von Euch von Gewißheit. Ihr sagtet, Ihr wolltet die Wahrheit zu suchen trachten. Und ich nehme an, daß Ihre keine fertig verpackte Wahrheit wolltet: Ihr fühltet ja, daß man sie erst schaffen, gemeinsam suchen muß. *(Ereifert sich:)* Aber begreift Ihr denn nicht, daß die einfache Tatsache der Suche unweigerlich zu einem Anschwellen der Botschaft führt? Und was ist das fünfte Evangelium letzten Endes anderes? Es wurde einmal gesagt: ,,Das Fünfte Evangelium ist der Heilige Geist, den man sucht.“

Priester: Gut, gut, Da Du schon einmal hier bist, bleibe nur. Aber unter einer Bedingung: Daß Du Dich wie eine Art Linienrichter verhältst. Oder wie ein Zeuge, der wirklich nur dann seinen Beitrag leisten will, wenn er glaubt, damit etwas Wissenswertes zu bieten. Sonst nichts, das bitte ich mir aus: Wir wollen uns an konkrete Fakten halten . . . *(Ändert den Ton und wendet sich um:)* Also, fahren wir fort. Wenn ich nicht irre, waren wir bei Simon von Cyrene stehengeblieben. Sowie bei der Tatsache, daß Johannes den drei Synoptikern widerspricht.

Schimmell: Und bei der Tatsache, daß dieser Umstand das ganze Zeugnis des heiligen Johannes ungültig macht.

Markus: Oder es zumindest tendenziös erscheinen läßt. *(Zu Johannes:)* Es ist wahr, daß Du auf eine Abweichung Wert legtest. Du wolltest nicht nur eine Wahrheit sagen, sondern Du wolltest sie so aussagen, daß damit die früheren Zeugnisse ungültig und Dein Evangelium zum einzig wirklichen werden sollte. Folglich kamst Du, des Guten zuviel zu tun, eigene Wege einzuschlagen und die Rolle des Lieblingsjüngers zu spielen. Du führst Dich ja sogar als den einzigen an, der auf Golgotha war: Du allein von allen Jüngern stehst unter dem Kreuz.

MATTHÄUS (*zu Johannes*): Darin liegt etwas Wahres. Erinnerst Du Dich zum Beispiel, als Du und Dein Bruder Jakobus, als wir Jünger alle dabeistanden, Jesus fragtet: „Laß in deiner Herrlichkeit den einen von uns zu Deiner Rechten, den anderen zu Deiner Linken sitzen.“

MARKUS: So ist es, die Beanspruchung des Primats. Das war Deine Leidenschaft. Darum zeigst Du Dich mit Petrus, ja noch vor Petrus, im Hof des Hohenpriesters.

JOHANNES: Die Beanspruchung des Primats . . . *(ernst und bekümmert)*. Aber ich bin es doch, der diesen Satz wiedergibt, den Ihr anscheinend nicht mehr wißt: „Dies ist mein Gebot: Liebet einander, wie ich euch geliebt habe.“ *(Ereifert sich:)* Aber Du vergißt, was wir waren, nämlich die ersten Jünger Jesu: arme, unwissende Wesen, die sein Wort verwirrte. Es brauchte immerhin einiges, bis wir es begreifen konnten, sofern wir es überhaupt je begriffen. Was Wunder, wenn wir also auch irren konnten? Wenn ich selbst anfangs durch Anmaßung sündigte?

SCHIMMELL: Tatsache ist, daß Du auch nachher gewissermaßen dabei bliebst, indem Du ein anderes Evangelium als die anderen drei vorlegtest. Freilich ist es vollkommen, zu mindest Deinen Absichten nach. Du übernahmst die Sorge für die Person Jesu, indem Du sie auf ein Postament stelltest. Von Jesus, dem Gottmenschen, interessierte Dich nur der Gott. Begreiflich, daß Du Simon von Cyrene übergehen mußtest: Ein inkarniertes Wort, ein Mensch gewordener Gott, sollte nicht die Kraft gehabt haben, das Kreuz selbst zu tragen?

SIMON: O sieh da; endlich hat man sich entschlossen, zu mir zurückzukehren . . . Durch Zufall ergriffen, inmitten von Fragen gestellt, die ich nicht verstehe, nicht losgelassen *(deutet auf die Soldaten)*. Laßt mich doch lieber gehen: Ich bin keine wichtige Person in dieser Handlung.

STIMME AUS DEM PUBLIKUM: Er hat recht: Bis zu diesem Augenblick sind wir keinen Schritt weitergekommen.

MATTHÄUS: Dem können wir rasch abhelfen. Eigentlich nahm von uns vieren nur einer keine Notiz von Simons Anwesenheit. Also ein Zeichen, daß es ihn gab.

JOHANNES: Aber ich stand auch unter dem Kreuz.

MATTHÄUS: Natürlich. Aber wer bestätigt es? Nur Du über Dich selbst. Erinnerst Du Dich übrigens nicht an das Wort Jesu: „Ihr werdet mir bis zum Abendmahlsaale folgen, aber nicht bis zum Kreuze“?

JOHANNES: Wo steht denn das? Ich erinnere mich nicht daran.

LUKAS: Es wurde jedenfalls gesagt. Ich erinnere mich gut, es irgendwo gelesen zu haben.

JOHANNES *(spöttisch):* In einem fünften Evangelium?

LUKAS: Oder in einem ersten, wenn Du lieber willst. Wesentlich ist, daß es wahr ist. Und wahr muß es sein, da es so sehr mit dem Los seiner Einsamkeit, vom Abendmahl an, zusammenhängt: allein auf dem Ölberg, allein vor dem Hohen Rat, allein bei Pilatus, allein also auf dem Kalvarienberg. Fändest du in all dieser Trostlosigkeit das Auftreten eines tröstenden Jüngers wahrscheinlich?

FRAU KUYPER: Aber es waren doch die Frauen dort. Darauf weist auch Du hin.

LUKAS: Die Frauen. Doch von den Jüngern wissen wir mit Sicherheit nur von Petrus, der als einziger folgen wollte. Allerdings nur bis zum Hof des Hauses von Kaiphas. Und nur, um ihn zu verleugnen.

PETRUS *(betritt die Bühne, während die Soldaten mit Simon von Cyrene beiseitetreten, um dann hinauszugehen):* Zu verleugnen, ich weiß; der Ausdruck ist hart, aber richtig. Du, mein liebster Freund, verwendest ihn *(zeigt auf Markus),* auch Du *(zeigt auf Matthäus)* und Ihr beiden anderen. Alle vier nagelt Ihr mich also an diese Schuld fest. Aber über die Rolle dieser Verleugnung im Aufbau des Erlösungsplanes, darüber äußert Ihr Euch nicht, deren Bedeutung wird nicht geklärt. Ich mußte fehlen: Es mußte in diesem Augenblick den Leugner geben, damit der Verleugnete besser hervortrete.

SCHIMMELL *(wie zu sich selbst sprechend):* Die übliche Neigung, die Leidensgeschichte als eine Art heiliges Schauspiel aufzufassen, von oben als eine Aufeinanderfolge von Symbolen vorbereitet, die in der Wirklichkeit Gestalt annehmen. Man kümmert sich nicht um ihren Wahrheitsgehalt, sondern nur um ihre mögliche mystische Bedeutung.

STIMME AUS DEM PUBLIKUM: Sie haben recht. Auch mich interessiert die Episode mit Petrus nicht wegen ihrer Symbole. Sie interessiert mich, weil sie wahr ist, weil sie offensichtlich alle Merkmale des wirklichen Geschehens aufweist, und weil sie damit nicht nur die Wahrheit alles übrigen beweist, sondern, weil es sich tatsächlich so abspielte, wie es die Evangelisten berichten. Und dennoch überrascht mich, daß diese Stelle blieb. Wieso wurde sie nicht gestrichen? Wieso gab es keine Zensur? Immerhin handelt es sich um Petrus.

PRIESTER: Aber darin liegt ja der Kern der Sache: Die Evangelien sind keine Heiligendarstellungen, sie entstanden außerhalb aller hagiographischen Kriterien. Das wollte ich Euch ja in meinem Vortrag aufzeigen. Das Markusevangelium, das bekanntlich von Petrus diktiert oder jedenfalls beeinflußt wurde, berichtet ja sogar über diese Episode am ausführlichsten: Als wäre es Petrus' Absicht gewesen, sich selbst anzuklagen.

PETRUS *(in Gedanken versunken):* Richtig, so war es. *(Zu Markus:)* Das war übrigens Dein Eindruck. Wir befanden uns – weißt Du noch? – auf dem Weg nach Rom und waren soeben in Ostia gelandet. Die Nacht brach herein, und wir wußten nicht, wohin wir uns wenden sollten. Müde und starr legten wir uns unweit des Strandes nieder und entzündeten ein Feuer. Ich fühlte mich bedrückt: Von dem Gedanken der Ankunft in Rom, von der künftigen Mission, von unserer Armseligkeit, von den kommenden Schwierigkeiten. Ich schwieg und Du sahst mich an.

MARKUS: Eben darum starrte ich Dich an. Auch ich war bekümmert und erflehte von Dir gleichsam einen Hoffnungsstrahl. Ich brauchte ihn: Ich mußte wieder an Korinth denken, an die kleine Brüdergemeinde, die wir soeben verlassen hatten, während vor uns nur Unbekanntes lag. Vom Hafen in Neapel aus – erinnerst du Dich? – hattest du mir vor kurzem den Brief diktiert, worin Du Deine Vorahnung aussprachst, daß Deine Zelte bald abgebrochen würden . . .

PETRUS: Und dann fragtest Du mich, woran ich dachte. Merkwürdig, gerade in diesem Augenblick betete ich leise mit den Worten Jesu am Ölberg: ,,Mein Vater, wenn es möglich ist, so gehe dieser Kelch an mir vorüber." Ich betete, war voller Furcht und wünschte nur, umzukehren. Und siehe, bei Deiner Frage tauchte aus der Erinnerung plötzlich jene Verleugnung auf und das brennende Bedürfnis, sie Dir zu erzählen, mit einer Genauigkeit, die Du ehrlich berücksichtigtest. Mein Prahlen, mein naives Versprechen: ,,Mögen alle an dir irre werden, ich nicht", die versteckte Ironie in Jesu Antwort, meine Dickköpfigkeit: ,,Selbst wenn ich mit dir in den Tod gehen müßte, werde ich dich nicht verleugnen." Und dann das weitere, wie ich in der Dunkelheit von ferne folgte, wie ich mich unter die Diener des Kaiphas mischte – auch damals war es an einem Feuer! –, wie mich die Angst packte, als ich von der Magd erkannt wurde, wie der Hahn zweimal krähte, wie erschüttert ich war, wie ich weinte. Ich empfand ein seltsames Bedürfnis – wie soll ich Dir den Grund erklären? –, mich bloßzustellen, ja geradezu zu zerfleischen. Doch ahne ich jetzt den Grund, wenn ich es recht überlege: Angesichts des Unbekannten, das Rom für mich bedeutete, wollte ich alle Brükken hinter mir abbrechen und mir gleichzeitig in Dir einen Zeugen schaffen, vor dem ich mich schämen würde, je wieder der Versuchung einer Verleugnung zu unterliegen. Das Merkwürdigste aber geschah im Verlaufe meiner Erzählung: Ich hatte den Eindruck, als befreite ich mich von einer alten Last, ein Gefühl des Friedens überkam mich, eine Beruhigung meiner Ängste, eine neue Kraft und eine ungeahnte Bereitschaft zum Opfer, wenn es mir bestimmt sein sollte. Ich wurde ein besserer Mensch, das ist die Wahrheit: Der Christi unwürdige Mensch wurde seiner würdig, indem er gestand, was ihn am meisten erniedrigt hatte . . . *(Nach einer Pause:)* Siehst Du, bis zu dem Tag hatte ich aus einem Satz Kraft geschöpft, den ich einst gehört hatte (und der vorhin, glaube ich, angedeutet wurde): ,,Ihr werdet mir bis zum Abendmahlsaale folgen, aber nicht bis zum Kreuze". Diesen Satz hatte ich mir stets vorgesagt und daraus Kraft geschöpft, um meine Ängste zu verdrängen. Er war eine Art von Garantie, findest Du nicht? Ich sah in ihm das Versprechen, nicht am Kreuz zu enden. Nun aber war ich von diesem Augenblick an vom Gegenteil überzeugt, ich sah das Kreuz vor mir, das mich in Rom tatsächlich erwartete. Aber ohne Bestürzung! Zum erstenmal war ich auch zum Martyrium bereit. Und gleichzeitig fühlte ich, daß ich mit dem Bekenntnis meiner Schuld auch die Würde meines Todes verdient hatte.

MARKUS: Seltsam, an jenem Abend dachte ich an etwas ganz anderes: Daß Du, obgleich nicht schuldlos, doch nicht ohne Verdienst warst, da Du die Schwachheit aller auf Dich genommen hattest. Schließlich hatten auch die anderen Jünger gleich Dir geprahlt, hatten ebenfalls laut verkündet, daß sie zum Opfer bereit seien. Aber Du allein hattest den Mut zu Deiner Feigheit. Und wir hatten unrecht, ihn nicht deutlich genug hervorzuheben. Johannes gar, er läßt sich nur die Bemerkung angelegen sein, daß er vor Dir den Hof betrat.

PRIESTER *(kommt Johannes zuvor, der antworten will):* Lassen wir das: Im Augenblick interessiert uns Eure Polemik nicht. Vielmehr dachte ich vorhin an etwas anderes, an die Rolle der Tränen des heiligen Petrus in der Verleugnungsszene. „Und er brach in Tränen aus“, sagt Markus. Und Matthäus und Lukas sagen: „Und er weinte bitterlich.“ Ich weiß nicht, ob das genügend beachtet wurde, aber die ganze Episode besteht auf Grund dieser Tränen. Ohne sie bliebe sie eine bloße Anklage gegen Petrus oder eine Betonung der Einsamkeit Jesu. Damit aber wird sie beispielhaft und umfaßt die ganze Dialektik zwischen Schuld und Sühne, worin das sittliche Leben des Christen besteht.

DR. EHRART: Spielen Sie jetzt nicht Priester. Und spielen nicht auch Sie mit Symbolen, anstatt sich an Tatsachen zu halten.

PRIESTER: Aber ich gebe doch nur eine natürliche Textauslegung; und zwar eines Textes, der meiner Ansicht nach unmittelbar die Institution des umstrittensten Sakraments rechtfertigt, des Bußsakraments. Es kommt in den Evangelien nicht vor, und doch ist es, als wäre es enthalten. Es wurde so viel gegen die Kirche polemisiert, man warf ihr so oft die Einführung eines Sakraments vor, das weder durch Worte noch Taten Jesu vorgesehen zu sein schien; und doch ist es unterschwellig bereits in den Evangelien enthalten. Übrigens habt Ihr es aus der Erzählung des Petrus gehört: die befreiende Kraft seines Bekenntnisses. Ich wage noch weiterzugehen: Petrus mußte fehlen, damit er weinen und seine Schuld bekennen konnte. Er mußte zeigen, daß er zur Reue fähig war, indem er die beschämendste Episode seines Lebens bekannte, um der Errichtung der Kirche würdig zu werden.

DR. EHRART: Aber wir sind doch nicht einmal imstande, festzustellen, ob Christus eine Kirche gründen wollte oder nicht. Sie wissen, daß man auf der Grundlage der Evangelien endlos darüber streiten könnte.

PRIESTER: Beruhigen Sie sich. Auch das werden wir zur rechten Zeit sehen.

MATTHÄUS: Was mich betrifft, so weiß ich noch, daß ich bei der Niederschrift der Worte: „Mein Gott, mein Gott, warum hast du mich verlassen?“ eine Überlegung anstellte: Daß Christus die Tiefe des Leids erleben mußte. Es war notwendig, daß er nicht nur verraten, angeklagt, geschlagen, verhöhnt und so weiter wurde, sondern daß ihn sogar seine Getreuen verließen. Und das rechtfertigt auch die dreimalige Verleugnung des Petrus. Ich meine, sie vervollständigt jenen vorgezeichneten Weg der Einsamkeit, der im Abendmahlsaal begonnen hatte und bis Golgotha dauerte.

SCHIMMELL: Und wozu, wohlgemerkt, auch die Preisgabe durch seinen Gott gehörte. Oder die Abwesenheit Gottes . . . Aber wieso begreift Ihr denn nicht, daß der Ruf „Mein Gott, mein Gott" nichts anderes ist als der bloße Verzweiflungsschrei eines armen, enttäuschten Menschen, der allen Ernstes gehofft hatte, sein Gott würde im rechten Augenblick herabsteigen, um Hilfe zu bringen, der beschließen würde, das große Wunder zu wirken, kraft dessen er, Jesus, unverletzt vom Kreuz herabsteigen und die Widerspenstigen endlich bekehren würde! Jemand, der so ruft, ist nur ein armer, in seinem Glauben erschütterter Mensch.

STIMME AUS DEM PUBLIKUM: Sofern wir berücksichtigen, daß uns das nur von Matthäus und Markus so überliefert wird. Bei Johannes und Lukas verlaufen die Dinge anders. Bei Lukas, zum Beispiel, sagt Jesus: „Vater, in deine Hände befehle ich meinen Geist!" Und Ihr werdet zugeben, daß das ganz anders klingt.

FÜNFTER EVANGELIST: Aber diesen Schrei gab es. Und es lag sogar Zweifel darin. *(Langsamer, wie um sich zu sammeln:)* Jedenfalls steht fest, daß Christus, so wie er sich offenbarte, keine Gewißheit begründen wollte. Er wollte eine Seinsweise im Glauben vorlegen, die alles enthält, sogar die Möglichkeit des Zweifels.

PETRUS *(bitter):* Oder der Verleugnung.

FÜNFTER EVANGELIST *(spricht weiter, zu Petrus hinüberblickend):* Eben, auch das. Das mag beängstigend wirken, ich weiß. Aber worin liegt schließlich die christliche Lebenssituation sonst, wenn nicht in einer Art von ständigem Wechsel zwischen Bekenntnis und Verleugnung Christi, zwischen den Worten: „Du bist der Messias" und „Ich kenne ihn nicht"? Genau so, wie Du es tatest . . . Wenn man es recht bedenkt, liegt in Deinem Erlebnis geradezu schon das eigentliche Geschick der christlichen Seele enthalten, ihr Wechsel von Rückschritten und ständigen Wiederaufstiegen, in deren Verlauf man meistens glaubt, Gewißheit erlangt zu haben, und dabei am Anfang eines neuen Mysteriums steht.

SCHIMMELL: Das ändert aber nichts daran, daß Petrus bei näherer Betrachtung ein gewöhnlicher Mensch bleibt, einer, zu dem Christus sagt: „Du Kleingläubiger, warum hat du gezweifelt?", einer, der schläft, während Jesus in Gethsemani Todesangst erleidet, einer der zaudert und leugnet. Das also soll der Grundstein Eurer Kirche sein?

PRIESTER: Es mußte wohl so sein. Die Kirche mußte nach Menschenmaß errichtet werden.

SCHIMMELL: Mit der ganzen Last unserer Unvollkommenheit?

FÜNFTER EVANGELIST: Und mit der ganzen Last des Glaubens, dessen Petrus fähig ist. Ich sagte bereits: In seinem Schicksal liegt gewissermaßen die Geschichte der christlichen Seele enthalten.

SCHIMMELL: Selbst in seinen Fehlern?

FÜNFTER EVANGELIST: Und sogar in der Fähigkeit, die eigenen Fehler zu bereuen. Und in seiner Illusion, auf dem Wasser wandeln zu können, und in seiner Angst und seinem Ruf: „Herr, rette mich!" Um an sich selbst nicht zu verzweifeln, mußten die Christen sehen, daß selbst der Apostelfürst fehlen konnte. Gleichzeitig mußten sie sich aber auch mit der Geduld in seiner Treue identifizieren können. Vergessen wir nicht, daß es Petrus war, der Jesus die Antwort gab: „Herr, zu wem sollen wir gehen? Du hast Worte des ewigen Lebens." Und liegt nicht darin das Wesen unserer Situation, das, was uns jedenfalls mehr als alles andere als Christen beglaubigt?

SCHIMMELL: Und all diese schönen Dinge sollen in Deinem Evangelium enthalten sein?

FÜNFTER EVANGELIST: *Mein* Evangelium, sagst Du? Aber das ist doch die Kirche selbst.

SCHIMMELL *(unschlüssig):* Was soll das heißen?

PRIESTER: Aber das wurde doch schon erklärt, kommen wir nicht vom Thema ab. Bedenken wir lieber, daß wenigstens ein Punkt erreicht ist: In der Person des Petrus ist das Wesen der Kirche selbst schon vorgeformt; die bekennende und die sündige Kirche, die erhabene und die schwache Kirche, mit einem Wort, die Kirche in ihrem ständigen Wechsel zwischen Treue und Verleugnung.

DR. EHRART: Die Kirche, die Kirche, wird hier immer gesagt. Aber noch keiner versuchte festzustellen, ob Christus wirklich eine Kirche gründen wollte, und ob er sie Petrus anvertraute. Wenn ich nicht irre, gibt es dazu nur drei kurze Verse bei Matthäus.

PRIESTER *(zu den Evangelisten):* Wollen wir das klären?

MATTHÄUS *(blättert zuerst in dem Buch, um die Stelle zu suchen):* „Er fragte sie: ‚Ihr aber, für wen haltet ihr mich?' Simon Petrus gab zur Antwort: ‚Du bist Christus, der Sohn des lebendigen Gottes.' Da sprach Jesus zu ihm: ‚Selig bist du, Simon, Sohn des Jonas! Denn nicht Fleisch und Blut hat dir das geoffenbart, sondern mein Vater, der im Himmel ist. Und so sage ich dir: Du bist Petrus. Auf diesen Felsen will ich meine Kirche bauen, und die Pforten der Hölle werden sie nicht überwältigen. Ich will dir die Schlüssel des Himmelreiches geben. Was immer du auf Erden binden wirst, soll auch im Himmel gebunden sein, und was du auf Erden lösen wirst, soll auch im Himmel gelöst sein.' Alsdann schärfte er den Jüngern ein, niemand zu sagen, daß er der Messias sei."

MARKUS: „Er fragte weiter: ‚Für wen haltet ihr mich denn?' Petrus gab ihm zur Antwort: ‚Du bist der Messias.' Da schärfte er ihnen ein, mit niemand über ihn zu sprechen."

LUKAS: Bei mir steht praktisch dasselbe.

DR. EHRART *(triumphierend):* Habt Ihr gesehen? Braucht Ihr mehr, um an eine Interpolation zu glauben? Es ist doch nur zu klar: Als der Bischof von Rom, der Papst, meine ich, den Primat zu beanspruchen begann, brauchte er eine Verbürgung. Und was geschieht? Eine kleine Einfügung, ein paar dem Matthäusevangelium unterstellte Zeilen, und schon ist bewiesen, daß der Nachfolger Petri berufen war, die Christenheit zu lenken.

MATTHÄUS *(kraftvoll):* Ich weiß jedenfalls, daß diese Worte gesprochen wurden. Ich zeichnete sie bloß auf. Ich kenne ja die Redeweise Jesu. Und wer hätte es gewagt, ihn nachzuahmen?

FÜNFTER EVANGELIST: Bedenken wir doch im übrigen, wie die Evangelien geschrieben sind. Ihr sagtet es ja soeben, von einem farblosen, fast toten Grund heben sich allmählich die Worte Jesu ab: Und diese haben ein ganz anderes Gepräge, sie sind wie in einer anderen Sprache geschrieben; ich sage, sie sind so geartet, daß wir uns heute noch fragen, wer sie wohl sprach und ob es einfach nur ein Mensch war, der sie sprach.

MATTHÄUS: So ist es. Könnt Ihr Euch ernstlich vorstellen, daß wir sie selbst erfunden hätten? Nein, nein, versucht Ihr es. Versucht einmal, wenn Ihr dazu imstande seid, einen einzigen Vers zu schreiben, der auch nur im entferntesten den Worten Jesu gliche. Versuchen wir es, ihn nachzuäffen, wir würden nur zum Lachen reizen. Beachtet dagegen, wie die an Petrus gerichteten Worte klingen.

DR. EHRART: Ein philologischer Beweis also?

MATTHÄUS: Nennen wir ihn so. Ein stilistischer Beweis, wenn Ihnen das lieber ist.

FÜNFTER EVANGELIST: Genau das. Sicher ist, daß die von Jesus benützte Sprache, je mehr man darüber nachdenkt, immer mehr als wahres Ausdruckswunder erscheint. Man kann sie auf keinerlei Tradition zurückführen, sie bildet sich unabhängig von irgendwelchen literarischen Regeln, sie entzieht sich jeder Definition und läßt sich auf keine menschliche Metrik beschränken – als könnte diese ihn sozusagen nicht ganz fassen. Es ist also seine Sprache, und die keines anderen, und sie duldet keine Nachahmung. Wollten wir zugeben, daß jene Verse nicht von Jesus stammen, dann müßten wir paradoxerweise auch zugeben, daß deren Verfasser ein anderer Jesus war.

DR. EHRART: Das sind doch nur Erfindungen! Bestehen bleibt, daß Lukas und Markus diese Worte nicht anführen.

FRAU KUYPER: Wenn wir so fortfahren, wird auch noch die Bergpredigt zur Fälschung.

DR. EHRART: Dafür haben wir Beweise im Lukasevangelium.

MATTHÄUS: Aber auch für den Auftrag an Petrus haben wir eine Spur, und zwar bei Johannes. Erinnert Ihr Euch? „Weide meine Lämmer." Wenn das kein Gebot ist! Und vergessen wir nicht, daß Johannes und ich, zum Unterschied von Markus und Lukas, Jünger waren, ehe wir Evangelisten wurden. Wer könnte daher besser als wir berichten, welchen Auftrag Jesus an Petrus erteilte?

DR. EHRART: Aber ist nicht Markus der Sprecher des heiligen Petrus? Man sagt doch, er habe beinahe nach Diktat geschrieben. Hätte es einen besseren Zeugen gegeben, falls ein solcher Auftrag erteilt worden wäre? Statt dessen, welcher Zufall, vergaß er, darüber zu berichten: ausgerechnet über die Worte, die den Primat seines Lehrers verbürgt hätten.

PETRUS *(kommt Markus, der gerade antworten will, zuvor):* Ihr habt recht, aber Ihr habt es gehört: Jesus trug uns Schweigen auf. Und wer war ich denn, mich für einen Auserwählten zu halten? Und wozu auserwählt? Welche Aufgabe hatte er mir zugeteilt? Reichten diese wenigen Worte eigentlich aus, um mich über seine Absichten aufzuklären? Für ihn gründete ich schließlich eine Kirche. Aber bis zuletzt fragte ich mich immer wieder, ob er das gewollt hatte, ob es das war, was geschehen sollte. Und um welche Kirche sollte es sich handeln? Sollte sie nur auf die Beschnittenen beschränkt bleiben, als ein neues Israel? Oder sollte sie allen Menschen offen stehen? Die Auseinandersetzung zwischen mir und Paulus ist hoffentlich bekannt: Seine Anschuldigung in Antiochien, ich hielte mich von den bekehrten Heiden fern, seine Mißbilligung darüber, daß ich die Juden bevorzugte. Aber man muß mich verstehen: Hier lagen ja meine Wurzeln. Erst in Rom wurden mir die Dinge klar: Erst als ich die Heidenchristen am Kreuze sterben und bei lebendigem Leibe brennen sah, erst da überzeugte ich mich, daß ich erwählt war, eine Gemeinschaft für alle Menschen zu gründen. Dabei hatte ich es im Grund schon geahnt. Schon in Jerusalem hatte ich, in Paulus' Gegenwart, bekräftigt: „Wir glauben, durch die Gnade des Herrn Jesus Christus das Heil zu erlangen, wie auch jene.“ Ich sagte es zwar, aber in meinem Herzen war ich noch nicht überzeugt, ich bedurfte erst der Bestätigung.

FÜNFTER EVANGELIST: Darum also wolltest Du Markus nicht schreiben lassen, was Christus sterbend flüsterte: „Vater, ich habe sie alle gerettet.“

PETRUS *(lebhaft):* Auch das weißt Du? . . . Er sagte es tatsächlich, ja. Aber der Sinn, der Sinn? Wer hätte sich anmaßen dürfen, den Sinn zu deuten, da er uns über seinen Willen im unklaren gelassen hatte? Wie unendlich vieles konnten diese wenigen Worte bedeuten . . . Alle: auch die Heiden . . ., oder auch die Bösen, die Hoffärtigen, jene, die sich dem Glauben widersetzen . . .

LUKAS *(zum Fünften Evangelisten):* Und sie werden von Deinem Evangelium bezeugt? *(Der Fünfte Evangelist will antworten, inzwischen sind aber die beiden Schächer eingetreten, ferner Barabbas, zwei Soldaten, Judas, und, etwas hinter den anderen, der Hauptmann.)*

JUDAS: Eben, der Sinn. Versuchen wir, dessen Bedeutung zu klären. Wievieles hätte durch einen so kurzen Satz anders kommen können, wenn Ihr *(zu den Evangelisten)* den Mut aufgebracht hättet, ihn niederzuschreiben. *(Zum Fünften Evangelisten:)* Und Du, wo warst denn Du, daß Du ihn erst jetzt bekanntgibst?

PRIESTER: Wer seid Ihr, bitte?

ERSTER SCHÄCHER: Erkennt Ihr uns nicht? Ich bin der Schächer, der zur Linken Jesu gekreuzigt wurde, der nicht bevorzugte, der nicht begnadigte, der fluchende, wie Lukas behauptet . . . Jedoch nur Lukas, beachtet das. Und diese da *(zeigt der Reihe nach auf die einzelnen Personen)* sind die anderen Bösewichter der Passion: Judas, Barabbas, die Soldaten, die Jesus ans Kreuz schlugen. Dieser hier ist der zweite Schächer, der allein Privilegierte, der sich retten konnte . . . Ja, und hier ist auch der Hauptmann, der sich erschüttern ließ. *(zum Hauptmann:)* Komm heraus, was machst Du? Du schämst Dich doch nicht etwa? Auch Du sitzt im selben Boot, selbst wenn Du Jesus als Gott bekanntest. Hättest Du es nur getan . . .

HAUPTMANN: Aber ich tat es ja.

ERSTER SCHÄCHER: Zugegeben. Aber erst nachher. Nachher war es leicht, als man die Wunder sah. Vorher hingegen . . . Konntest Du den Soldaten, die ihn kreuzigten, nicht befehlen?

HAUPTMANN: Immerhin wirst Du zugeben müssen, daß es zwischen mir und . . . *(blickt unwillkürlich zu Judas)* einen Unterschied gibt.

JUDAS: Ja, zwischen Dir und Judas. Warum sprichst Du es nicht aus? Du hast saubere Hände, Du befolgtest nur die Befehle und nichts weiter. Das große Alibi jedes Dieners der Macht . . . Gib Dich aber keinen Illusionen hin, wir sind alle in derselben Situation, ich, Du, diese hier *(zeigt auf die anderen, die mit ihm eingetreten sind)*, sogar diese *(zeigt auf die Evangelisten)*. Alle, ja: Lockvogel eines Geschicks, das größer war als wir. Wir waren nur Komparsen und Marionetten eines – anscheinend – unvermeidbaren Dramas, das – scheinbar – seit Anbeginn festgesetzt war, worin als einziger Darsteller der Wille Gottes wirkte, das aber – scheinbar – ohne uns nicht aufgeführt werden konnte: Es bedurfte eines Verräters, eines Richters, eines Henkers, und so, nach und nach, aller anderen . . . Wie auch jetzt, übrigens: Wieder sind wir hier versammelt, und wieder ist es wegen der üblichen Posse, wegen der üblichen, lächerlichen Suche nach der Schuld in einem Geschehen, worin es weder Schuldige noch Opfer gab, sondern nur Gehorsam und Fatum. Fangen wir gleich mit mir an: Die Schicksalhaftigkeit, die verlangte, daß ich ein Jünger war, daß ich – sagt man – auf Jesus neidisch war, daß ich sein Verräter wurde. Und die weitere Schicksalhaftigkeit, die, wie ich jetzt entdecke, darin liegt, daß jene Worte: „Ich habe sie alle gerettet“, die auch mich in den Heilsplan hätten einbeziehen können, erst gesprochen wurden, als ich mich schon erhängt hatte und mein Schicksal dadurch unabänderlich geworden war.

MATTHÄUS: Du sprichst immer von Schicksal. Dabei hattest Du die Wahl, Du wurdest während des letzten Abendmahls gewarnt.

JUDAS: Gewarnt? Aufgefordert, zu verschwinden, den mir zugewiesenen Verrat rasch auszuführen. Er wußte, was ich mir vorgenommen hatte, er hatte in meiner Seele gelesen. Und doch, was tat er? Hatte er eine Regung der Liebe? Sagte er mir etwas, das mich hätte zurückhalten können? Er streichelte diesen *(zeigt auf Johannes)*, mich aber wollte er nicht retten. Er bot mir zur Herausforderung sogar seinen Bissen Brot an, aus Verachtung und um meine Wut zu steigern, da ich mich, verdächtigt und vernachlässigt, als der Letzte unter den Seinen fühlte. Man begreift, daß dann, wie dieser sagt *(zeigt wiederum auf Johannes)*, Satan in mich fuhr.

FRAU KUYPER: Das ist es nicht. Vielmehr, daß Du es nicht verstehen konntest. In Deiner Unfähigkeit zur Liebe hattest Du Dich aus seiner Liebe schon ausgeschlossen. Du fühltest an seiner Seite nur Neid, unterdrückte Mißgunst, Enttäuschung und Ernüchterung.

JUDAS: Ich bitte Sie, Frau Kuyper. Spielen Sie nicht die Mutterrolle, die Sie nicht hatten annehmen wollen. Aus seiner Liebe ausgeschlossen: Wie weiblich das ist, wie wunderbar weiblich! . . . Ich sage es noch einmal, es war Schicksal. Aus der Tiefe der Zeiten war der Augenblick des Zusammenpralls vorgesehen: Der Tag, sage ich, an dem sich der, den Ihr Herr nennt, nicht nur kreuzigen ließ, um – wie es scheint – die Menschheit zu retten, sondern an dem auch ich, diese meine Person mit der Bürde aller in ihr vereinten Laster – die, beachtet das wohl, von ihm so geschaffen wurde –, mit ihm zusammenstoßen mußte, um ihn zu verkennen und zu verraten. Warum aber mußte ich ausgerechnet zu seiner Zeit geboren werden, da ich doch in so viele Menschengeschlechter hätte hineingeboren werden können? Und warum war ich in meiner Schwachheit oder Schändlichkeit, in meiner Mißgunst, Habgier oder Neigung zum Verrat, wenn man unbedingt will, dazu ausersehen, es ihm heimzuzahlen, da ich doch hätte schuldlos oder sogar unschuldig bleiben können, wenn ich anderswo oder zu einer anderen Zeit geboren worden wäre? Und warum ausgerechnet ich und kein anderer? Und warum ausgerechnet gegen jemanden, der sich zum Erlöser machte und kurz darauf ausrief: „Vater, vergib ihnen, denn sie wissen nicht, was sie tun“? Wußte ich etwa, was ich tat? Aber ich sollte nicht erlöst werden. Dazu war ich nicht ausersehen . . . Glaubt mir, hier gebe ich mich verloren.

SCHIMMELL: Das gälte, wäre Jesus tatsächlich Gott. Aber angenommen, daß es sich einfach um einen Menschen handelte?

JUDAS: O nein, beachten Sie doch: Ich weiß, daß er Gott war. Das zu beweisen, genügte schon das Ausmaß meiner Strafe, die Lieblosigkeit und Verachtung, die mir noch immer zuteil werden. Es gab Königsmörder und ruchlosere Menschen als mich. Aber wo sind sie? Vergessen! Ich hingegen . . . Ich wurde sprichwörtlich: Judas, Judasseele . . . Und dabei konnte er die Menschen auf so viele andere Weisen erlösen! Aber nein. So, wie er nicht Gott bleiben wollte, sondern Mensch zu werden beschloß, um sich dann kreuzigen zu lassen, so beschloß er, mich Mensch werden zu lassen, um mich durch meinen Verrat an der Inszenierung seiner Passion mitwirken zu lassen . . . Tatsache ist, daß ich durchaus nicht *der* Verräter war, eher das Opfer eines seltsamen Heilsplans, der sich auf alle Menschen erstreckte, aber zur Vollendung mich ausschließen mußte. Einer alle Menschen umschließenden, unendlichen Liebe, die mich ausklammern mußte, um völlig zum Ausdruck zu kommen . . . Aber auch Euch: Dich *(zum ersten Schächer)*, der Du ihn lästertest, Euch *(zu den Soldaten)*, die Ihr ihn ans Kreuz schlugt, Dich *(zu Barabbas)*, der du ihm vorgezogen wurdest, und Pilatus und die Priester, die sein Urteil wünschten, ganz Jerusalem und das Volk der Juden . . . Seine Gerechtigkeit! Wie denkt Ihr darüber? Ihr sagt nichts, wie?

LUKAS: Aber Du verdrehst die Dinge, indem Du sie zu schicksalhaften Begriffen umwandelst, so als hätte Christus Deine Verdammnis absichtlich gewollt. Du gehörtest doch auch zu den Jüngern, das heißt, zu den Berufenen und Auserwählten.

JUDAS: O ja. Dann erkläre mir aber etwas. *(Geht zu Matthäus, nimmt ihm das Buch aus der Hand und blättert darin:)* Hier müßten doch auch die Paulusbriefe enthalten sein. Ah, da sind sie ja. Also, erkläre mir das *(liest)*: „Wir wissen, daß denen, die Gott lieben, alles zum Besten gereicht. Sie sind ja nach seinem Ratschluß zu Heiligen berufen. Denn die er vorhergekannt hat, die hat er auch vorherbestimmt . . . Die er aber vorherbestimmt hat, die hat er auch berufen, und die er beruft, die rechtfertigt er, und die er rechtfertigt, führt er auch zur Herrlichkeit.“ *(Hebt den Kopf.)* Erkläre mir das: Ich soll vorhererkannt sein, nach seinem Ratschluß berufen, aber nicht gerechtfertigt, noch viel weniger verherrlicht, und zu nichts anderem ausersehen als zur Verdammnis. Warum, sage ich, warum?

FRAU KUYPER: Weil Du die Voraussetzung verloren hattest: „Denen, die Gott lieben, gereicht alles zum Besten.“ Liebtest Du ihn denn?

JUDAS *(sarkastisch)*: Ich war ja nicht seine Mutter! . . . Und dann, die Liebe, schon wieder die Liebe. Wirklich, das klingt sehr weiblich . . . Und dann sagen Sie mir, kann man denn so lieben? Lieben, ohne dazu bestimmt zu sein? Und wen? Diesen verlangenden, Liebe fordernden Gott, der sich aber seinerseits der Liebe entziehen kann? Das konnte man ja in bezug auf mich sehen . . .

PRIESTER *(unterbricht ihn)*: Was hat denn dieses Passionsthema nur an sich, daß bloß eine Rolle übernommen zu werden braucht, um sie bis ins letzte abzubüßen? Gehen wir doch um Himmels willen geordnet vor. Und halten wir uns an Tatsachen. Du, Judas, tritt für den Augenblick beiseite. Und beruhige Dich. Wir werden noch Zeit für Dich finden. *(Zum ersten Schächer:)* Wenn ich nicht irre, bist Du der erste der beiden Schächer.

ERSTER SCHÄCHER: Der erste, richtig. Und nach Lukas der verdammte. Denn für die anderen war ich dort nichts, überhaupt nichts; zumindest nichts, was den mindesten Unterschied zwischen mir und diesem hier *(zeigt auf den zweiten Schächer)* ausmachte.

LUKAS: Und wenn wir wirklich versuchen wollten, in Ruhe darüber zu sprechen? Gehen wir von den Texten aus, bitte. Wenn Ihr wollt, fange ich an.

EINER AUS DEM PUBLIKUM: Lieber nicht. Gehen wir der Reihe nach vor. Oder noch besser, der Aussagekraft nach. Es wäre interessant, festzustellen, wie die Tradition gebildet wurde.

PRIESTER: Richtig . . . Dann kommt, glaube ich, Johannes zuerst an die Reihe.

JOHANNES *(liest)*: „Dort kreuzigten sie ihn und mit ihm noch zwei andere zu beiden Seiten, Jesus aber in der Mitte.“

ERSTER SCHÄCHER: Seht Ihr? Nichts weiter. Nicht einmal, daß wir zwei Missetäter waren.

MARKUS *(liest)*: „Mit ihm kreuzigten sie zwei Schächer, den einen zu seiner Rechten, den anderen zu seiner Linken. So ging das Wort der Schrift in Erfüllung: ‚Er wird unter die Missetäter gezählt.‘ “

JUDAS: Natürlich! Die Schrift mußte sich erfüllen. Zu nichts anderem wurden wir berufen, die Rolle der Bösewichter zu übernehmen. Es ergab sich, daß der Liebe Gott die Menschheit zu retten beschlossen hatte, und um das zu vollbringen, da es so geschrieben stand . . .

PRIESTER *(unterbricht ihn)*: Ich hatte Dich gebeten, Dich herauszuhalten!

MATTHÄUS *(liest)*: „Zugleich mit ihm wurden zwei Schächer gekreuzigt, der eine zu seiner Rechten, der andere zu seiner Linken. Die Vorübergehenden lästerten ihn, schüttelten ihr Haupt und sagten: ‚Du wolltest den Tempel niederreißen und ihn in drei Tagen wiederaufbauen; rette dich selbst! Wenn du der Sohn Gottes bist, so steig herab vom Kreuze!‘ Ebenso höhnten auch die Hohenpriester samt den Schriftgelehrten und Ältesten und sagten: ‚Andern hat er geholfen, sich selbst kann er nicht helfen . . .‘ *(In einem Ton, dem man anmerkt, daß einige Zeilen übersprungen werden)* In gleicher Weise schmähten ihn auch die Schächer, die mit ihm gekreuzigt waren.“

ERSTER SCHÄCHER: Freilich, auch die Schächer. Aber selbst, wenn es so gewesen wäre? Es waren arme Teufel, die in Gesellschaft des Sohnes Gottes hingerichtet wurden. Zuviel der Ehre! Also lachten wir angeblich. Es lachten die Gelehrten, die Hohenpriester, warum nicht wir? . . . Angenommen, wir hätten es getan: Meinst Du wirklich, wir armen, geschundenen Leiber hätten Lust verspürt, einen Unglücklichen neben uns zu verlachen oder zu verhöhnen? Das Äußerste wäre ein schmerzverzerrtes Grinsen gewesen.

SCHIMMELL: Er hat recht. Das typische Beispiel, wie eine Tradition gebildet wird: Irgendjemand kommt, um auf einer chronikartigen Bemerkung ein ganzes Gespinst zu weben. So entstanden die ganzen Evangelien.

LUKAS *(unterbricht ihn gewaltsam)*: „Einer von den Missetätern, die am Kreuze hingen, lästerte ihn mit den Worten: ‚Bist du nicht der Messias? Dann rette dich selbst und uns.‘ Der andere aber verwies es ihm und sagte: ‚Hast du denn keine Furcht vor Gott, obwohl du doch die gleiche Strafe erleidest? Wir freilich mit Recht: denn wir empfangen die gerechte Strafe für unsere Taten, dieser aber hat nichts Böses getan.‘ Dann fuhr er fort: ‚Jesus, gedenke mein, wenn du in deine Königsherrlichkeit kommst.‘ Er sprach zu ihm: ‚Wahrlich, ich sage dir: Heute noch wirst du bei mir im Paradiese sein!‘“

ERSTER SCHÄCHER: Und ich bestreite es. Ich hing daneben, aber diese Worte hörte ich nicht. Und auch kein anderer konnte sie hören, denn sie wurden nicht gesprochen.

ZWEITER SCHÄCHER: Und doch wurden sie es. Nur daß Du, in Deinem Spott, nicht imstande warst, sie zu hören. Oder sie zu verstehen.

JUDAS: Hört nur den Bevorzugten, wie er sein Paradies verteidigt, anstatt sich zu fragen, ob Christus in seiner Liebe, seiner so gepriesenen Liebe, wirklich die Worte sprach „Vater, ich habe sie alle gerettet“. Was für jemanden, der sich zum Erlöser ausrief, weit angemessener gewesen wäre.

PRIESTER: Judas, Judas, ich hatte Dich um Ruhe gebeten.

ERSTER SCHÄCHER: Aber Judas hat recht. Diesen Dialog gab es nicht. *(Zum zweiten Schächer:)* Weißt Du denn nicht mehr, in welchem Zustand wir uns befanden? Verkrampft, vor furchtbarem Schmerz halb irr, Haupt und Brustkorb herabhängend, fast ohne Atem mehr. Als hätten wir auch nur ein Wort sprechen können . . . Und warum dann überhaupt er, und nicht ich? Und warum nicht beide, wenn er zu retten gekommen war? Wozu die unverdiente Gunst, die den einen erwählt und den anderen ausschließt? . . . Die Gnade, die Auserwählten, die Verdammten, die Belohnten, die Zurückgewiesenen: Wenn Ihr es bedenkt, so gehen die zahllosen Absurditäten des Christentums gerade von meiner Person und von ein paar kleinen Worten aus, die nur Lukas bezeugt.

ZWEITER SCHÄCHER: Und sie wurden doch gesprochen. Aber warst Du etwa in der Verfassung, sie zu vernehmen? Zuerst mußte man zum Glauben bereit sein.

FÜNFTER EVANGELIST: Übrigens wird auch der Ausspruch ,,Vater, vergib ihnen, denn sie wissen nicht, was sie tun!" nur von Lukas bezeugt. Möchtest Du auch diesen beseitigen? Versucht, diese beiden Dinge aus den Evangelien herauszunehmen, und sagt mir, um wievieles sie ärmer würden. Das Thema des Verzeihens, der Erlösung, der Preisgabe in Gottes Hand, des Heils nur durch den Glauben, sind ganz darin enthalten, nämlich in diesen beiden Momenten des Verzeihens gegenüber den Menschen und der Verheißung für den Schächer. Nur dort, will ich damit sagen, hören sie auf, abstrakte Darlegungen zu sein, und werden zu einem tragischen Geschehen verwirklicht. Sie riefen ihm zu: ,,Rette Dich selbst", indessen rettete er sie alle. Ob bezeugt oder nicht, die Worte: ,,Vater, ich habe sie alle gerettet", sind schon ganz darin enthalten, es ist, als wären sie gegenwärtig.

ERSTER SCHÄCHER *(sarkastisch):* Vielleicht wird es in Deinem Fünften Evangelium bezeugt . . .

FÜNFTER EVANGELIST: Und warum nicht?

SCHIMMELL: Kommen wir nicht ab. Beweise uns lieber, daß Lukas die Wahrheit sagte.

FÜNFTER EVANGELIST: Gut: Wenn Ihr darauf achtet, so ist der zweite Schächer in allen Evangelien der einzige, der Jesus beim Namen nennt. Nicht ,,Meister" oder ,,Herr", wie es die anderen für gewöhnlich tun, von den Jüngern angefangen, auch nicht ,,Jesus, Sohn Davids" wie der Blinde von Jericho, oder ,,Jesus, Meister" wie die Aussätzigen, sondern einfach und vertraulich ,,Jesus". Der einzige, wiederhole ich. Aber es ist begreiflich. Der Mann leidet und verströmt sich in einer flehentlichen Bitte, die nicht auf Formeln sieht, die ganz unmittelbar und leidenschaftliches Flehen ist. Und Lukas gibt es so wieder, wie es war, er schöpft aus der Quelle selbst. In diesem Zusammenspiel aus Zögern und Hemmung, das alle erfaßt, die Jesus anrufen, vor allem auch, ja ganz besonders, seine Jünger, hätte kein Evangelist so zu schreiben gewagt, hätte der Schächer nicht genau so gesprochen: Wenn er nicht wahrhaft empfunden hätte, daß die unendliche Ferne dessen, den man Messias nannte, dort, auf dem Kreuz, plötzlich zur unendlichen Nähe geworden war . . . Wenn das kein Beweis für die Echtheit des ganzen Abschnitts ist . . .

ERSTER SCHÄCHER: Aber worauf stützt Du Dich? Unter den Evangelisten ist immerhin Lukas der exzentrischste und anfechtbarste. Johannes und Matthäus waren bei Jesus, Markus war bei seiner Verhaftung zugegen. Aber Lukas! Ein Christ der folgenden Generation, ein bekehrter Heide im Gefolge des Paulus. Schlimmer noch, eine Art Dichter, unzuverlässig wie alle Dichter. Bedenkt, wie er die Geburt Jesu darstellt, und sagt mir, ob es nicht höchstens eine schöne Fabel ist, ganz einer apokryphen Schrift würdig. Ja, eigentlich ist das Lukasevangelium das erste apokryphe Evangelium.

LUKAS: Ich veränderte nichts. Ein ganzer Strom von Taten und Worten Jesu floß bis zu mir, und ich tat nichts anderes als ihn aufzunehmen. Höchstens ist der Grundton meines Evangeliums ein anderer: Ich ermaß nicht Christi Weisheit, sondern seine liebende Hinneigung, seine Barmherzigkeit und sein Mitleid. Als Anwärter auf die Taufe hatte ich den Gleichnissen des Heils gelauscht, dem des verlorenen Sohnes, des guten Hirten; ich hörte, daß Gott sich freue, wenn auch nur ein einziger Sünder, und wäre er der niedrigste, bekehrt würde; von Paulus hatte ich vernommen, daß wir dank der Gnade des Herrn Jesus erlöst seien. Was Wunder also, wenn er in meinen Augen vor allem der war, der uns die Hand reichen wollte, der Mittler, der Erlöser, mit einem Wort, der Heiland?

JUDAS: In Deinen Augen? Also gibst Du die Willkür zu. Gestehe, daß Du nicht weißt, wer er wirklich war, und daß Du ihn nach Deinem Eindruck beschriebst. Mir aber wirft man vor, daß ich nicht begriffen hätte . . .

SCHIMMELL: Also, je weiter wir vorankommen, desto mehr neue Eigenmächtigkeiten entdecken wir. Wer war er denn? Ein Gott, der Sohn Gottes, der Diener Gottes, der Gründer des Reiches Gottes, der König der Juden, der Meister, der Messias, ein neuer Gesetzgeber, ein Prophet, ein Wundertäter, das Fleisch gewordene Wort, das Opferlamm, der Erlöser? . . . Und verzeiht, wenn das noch nicht alles ist . . .

DR. EHRART: Aber darüber diskutierten wir doch schon zu Beginn.

SCHIMMELL: Nein, nein, lassen Sie mich reden. Diese ganze Verwirrung! Vier zusammenraffend geschriebene Büchlein, vier verschiedene Phantasiegebilde, und nicht einer, der uns klar sagen könnte, wer Jesus war.

FÜNFTER EVANGELIST: Wie konnten sie es denn? Darin besteht ja nicht die Frage. Die Frage liegt viel tiefer, in der Person Jesu selbst. Sie ist so komplex, will ich damit sagen, daß vier verschiedene Aussagen nicht genügten, ihn wirklich begreiflich zu machen, geschweige denn ihn völlig auszuloten. Ein Mensch oder Gott? Oder beides zugleich? Und darüber hinaus all das andere, was Sie, Herr Schimmell, vorhin aufzählten. Wie sollte man von den Evangelisten eine exakte Antwort verlangen, da sie doch selbst nichts anderes tun, als sich darüber zu befragen? Auch Ihr hattet ja schon darüber zu diskutieren begonnen. Für Matthäus war er offensichtlich in erster Linie der Messias, der von den Propheten Angekündigte und Verheißene. Markus war anscheinend von der Kraft seiner Wunder beeindruckt. Für Lukas war Jesus Christus vor allem der Erlöser, und in Johannes' Augen der Sohn Gottes, die Mensch gewordene Wahrheit. Aber kann einer von ihnen, oder könnten sogar alle vier zusammen die Behauptung wagen, ihn definiert zu haben? Jeder von ihnen verliert ja den Überblick, entdeckt andere Möglichkeiten, läßt das Bild Christi unter seinen Händen in unzählige Bilder zerfallen, um es bei dem Versuch, es festzuhalten, sogleich wieder entschwinden zu sehen. Und damit nicht genug. Warum kam er? Wozu predigte er? Für wen predigte er? Warum bekehrte er? Wozu starb er? Und warum wählte er einen derartig absurden Weg, um die Menschen zu erlösen? Wählte er ihn aus freiem Willen oder wurde er ihm aufgetragen? Wollte er denn das Reich? Und welches Reich? Und wo? Auf dieser Erde? Wollte er eine Kirche? Wie sollte sie aussehen? Und was meinte er damit, als er sagte: „Ich will diesen Tempel, der von Menschenhand erbaut ist, niederreißen und in drei Tagen einen andern aufbauen, der nicht von Menschenhand gemacht ist"? Wollte er eine rein geistige Kirche? Ohne Tempel? Ohne Kult? Noch nicht genug damit, betrachten wir seine Wesensart: weichherzig und stark, zartfühlend und stolz, würdevoll und duldend, herrschend und unsicher, menschlich und übermenschlich; und so könnten wir fortfahren. Alles in allem ein Leben, das seiner Bewegtheit, seinem ständigen Anderssein, ja sogar seiner Widersprüchlichkeit preisgegeben war. Jedenfalls ist die Existenz eines Menschen, der sich Gott nannte und sterben mußte, menschlich gesehen, widersprüchlich. So kann man auch für ihn Zeugnis ablegen, ohne seine Bedeutung voll zu erfassen. Man kann die Gesichtspunkte über seine Person vervielfachen, wie jene es taten, mit dem Ergebnis, daß unweigerlich nur Jesu Undeutbarkeit hervorgeht.

SCHIMMELL: Tatsache also ist, daß wir seine Identität nie feststellen werden . . .

FÜNFTER EVANGELIST: Tatsache ist (aber auch das sagtet Ihr, wenn ich mich nicht täusche, schon vorhin), daß uns Christus durch die Weise, in der er sich offenbarte, einem Mysterium gegenüberstellte, und daß er uns für ständig in die Lage seiner Jünger versetzte, als er sie fragte: „Ihr aber, für wen haltet Ihr mich?" Und jeder antwortete, so gut er konnte, wie übrigens wir alle, wie jeder einzelne Christ. Das ist der Grund, weshalb es keine hierarchische Ordnung unter den vier Zeugnissen gibt, die über ihn überliefert wurden. Wenn Johannes ihn vergeistigte und Lukas ihn als milde schilderte, wenn er von Matthäus als Meister und von Markus mit Vorliebe als Mächtiger dargestellt wurde, so bedeutet das durchaus nicht, daß einer von ihnen damit der Wahrheit näherkäme. Und noch viel weniger, daß sie durch gegenseitige Wettkämpfe, Widersprüche oder Berichtigungen beabsichtigt hätten, uns die ganze Wahrheit zu künden. Es bedeutet nur, daß jeder von ihnen dem Gesamtbild der Person Jesu, dieser Verknüpfung unendlicher Möglichkeiten, so viel entnahm, als er entsprechend seinem Talent oder seiner Berufung zu fassen imstande war.

SCHIMMELL: Bravo! Endlich ein Evangelist mit klaren Vorstellungen. Ein Logiker hoher Schule . . . Nur daß man damit bei der alten Frage anlangt, die noch immer dieselbe bleibt: Wozu vier kleine Bücher anstatt eines klaren, worin die ganze Wahrheit enthalten ist. Zumindest Eure ganze Wahrheit, an Stelle Eures Gestammels, Eurer zahllosen Aussagen und Gegenaussagen, vor allem aber an Stelle dieser unerklärbaren, sich entziehenden Persönlichkeit?

PRIESTER: Aber Sie geben es doch selbst zu: Weil sie unerklärbar, sich entziehend und letzten Endes rätselhaft ist. Und rätselhaft ist sie nicht nur wegen der Fülle einer Sendung, die vier verschiedene Zeugnisse nicht auszuschöpfen vermochten, sondern weil sie die Kräfte jedes, der von ihm kündete, überstieg. Ich glaube, dieser Fall steht in der Literaturgeschichte einzig da. In der Regel steht ein Autor über der Person seines Helden; höchstens biegt er sie sich zurecht und unterwirft sie den eigenen Intentionen. Im Falle der Evangelisten hingegen war es Jesus, der sie überragte, sie in die demütige Haltung des Hörens versetzte, in die Haltung des bloßen Bewahrens dessen, was er wirklich sagte. Die Evangelisten verhielten sich ja mitunter – wie Frau Kuyper sagte – wie Menschen, die einen Ausdruck nicht verstehen, es aber nicht wagen, ihn zu verändern! Ich wage geradezu die Behauptung, daß die Evangelisten nicht viel mehr waren als das unbedeutendere, fragmentarische Zeugnis einer weit umfassenderen Botschaft.

SCHIMMELL: Was bedeutet, daß die Evangelisten der Wahrheit nicht gewachsen waren. Was mir, offen gestanden, selbst aus dem Munde eines Katholiken zu weit zu gehen scheint.

PRIESTER: Das soll es nicht bedeuten. Ich bestätige nur, was gesagt wurde: Daß die vier Evangelisten, als sie über Jesus berichteten, in der Lage der Jünger waren, die gefragt wurden: „Ihr aber, für wen haltet ihr mich?" In diese Situation versetzen sie übrigens auch uns Leser: Mit dem Erfolg, daß jede Lektüre des Evangeliums in das Eingehen eines Wagnisses mit dem Mysterium verwandelt wird.

SCHIMMELL: Wie Sie es auch drehen wollen, fest steht, daß kein Evangelist in der Lage war, uns ehrlich zu sagen, wer Jesus war.

FÜNFTER EVANGELIST: Fest steht, daß jedes Evangelium eine Art Reise zur Entdeckung Jesu ist. Keines von ihnen beansprucht den Schlüssel zum Verständnis Jesu, vielmehr bezeichnet jedes einen Weg, den wir zur Auffindung seiner Person gehen sollen.

SCHIMMELL: Und bis heute wurde dieser Weg noch nicht zu Ende gegangen?

FÜNFTER EVANGELIST: Anscheinend nicht: Man muß weitersuchen. Den Beweis dafür bilden übrigens wir hier: Was tun wir denn anderes?

SCHIMMELL *(ironisch):* Auch Du? Sagtest Du nicht, Du seiest der fünfte Evangelist, der Über-Zeuge, der Träger letzter Wahrheiten?

FÜNFTER EVANGELIST *(trocken):* Das Fünfte Evangelium ist nichts von alledem. Das Fünfte Evangelium ist der Heilige Geist, den man sucht.

ERSTER SCHÄCHER *(kraftvoll):* Aber wohin sind wir denn geraten? Wollten wir uns nicht nach dem Sinn und der Bedeutung der Worte fragen: „Vater, ich habe sie alle gerettet"? Euch scheint es nichts zu bedeuten. Aber für uns hier, für die Bösen und Missetäter der Passion, könnte es bedeutungsvoll sein, meint Ihr nicht?

SCHIMMELL: Welches Gewicht könnte es schon haben? Zuvor müßten wir weiter zurückgreifen und vor allem feststellen, ob Jesus Gott war. Sonst müßten wir ins Leere reden.

JUDAS: Laß das doch. Ich sagte ja schon: Ich weiß, daß er Gott war. Gäbe es keinen anderen Beweis, so müßte schon meine Verdammnis genügen. *(Ändert den Ton, wird fast schüchtern:)* Sofern sich nicht doch noch feststellen ließe, daß in diesem Wort „alle" auch ich, mit der ganzen Last dessen, was ich darstelle, enthalten wäre . . .

MATTHÄUS: An einer Stelle meines Evangeliums steht geschrieben, daß Christus gekommen ist, sein Leben zum Lösegeld für viele zu geben. Die vielen, die *pollói,* wie es im griechischen Text heißt. Jesus aber sagte *Rabbim,* ich erinnere mich noch. Und *Rabbim* bedeutet etwas mehr als viele, es bedeutet eine Menge, die Masse der Menschen.

JUDAS: Die Masse? Also alle.

MATTHÄUS: Vielleicht nicht ganz, wenigstens nicht in dem Sinn, den Du möchtest.

JUDAS: Also weder ich, noch dieser hier, und auch nicht diese anderen dort? *(Zeigt auf Barabbas, die Schächer, die Soldaten.)* Es wird also nicht ein jeder in seiner Eigenschaft als Mensch und unabhängig von dem, was er ist, gerettet? Unabhängig von seinen inneren Neigungen und den Fehlern, die er begeht – oder die er zu begehen verpflichtet, ja gezwungen ist? Wie diese dort *(zeigt auf die Soldaten),* die nur einen Befehl befolgten, als sie Jesus kreuzigten?

BARABBAS: Und wenn dieses „Vater, ich habe sie alle gerettet" wirklich im Fünften Evangelium stünde?

STIMME AUS DEM PUBLIKUM: Das Fünfte Evangelium? Begreifst Du denn nicht, daß wir gerade daran schreiben? *(Zum Fünften Evangelisten:)* Oder irre ich mich? *(Der Fünfte Evangelist will antworten, aber Johannes kommt ihm zuvor.)*

JOHANNES: Ein so gewaltiges Ereignis, wie das Erscheinen des Sohnes Gottes, konnte sich, sollte es einen Sinn haben, nur in einem ausdehnbaren Maß verwirklichen; also ohne alle, meine ich, in den Heilsplan mit einzubeziehen. Als er sich als Opfergabe darbrachte, schuf Christus die Voraussetzungen für jeden Menschen, zum eigenen Heil zu wirken, ohne daß zwischen ihm und Gott noch Schranken bestünden. Unter einer Bedingung jedoch. Er verkündete sie selbst: „Wenn ihr in meiner Lehre verharrt, seid ihr wahrhaft meine Jünger. Dann werdet ihr die Wahrheit erkennen, und die Wahrheit wird euch frei machen."

PRIESTER: Was eben nicht bedeuten sollte, daß er uns alle unterschiedslos erlöste. Er gab uns den freien Willen zurück, die Möglichkeit, das Gute zu wirken, aber er ließ uns die Verantwortung für die Entscheidungen, die wir treffen würden.

SCHIMMELL: Der freie Wille! . . . Irgendwo las ich, die Metaphysik des freien Willens habe keine andere Funktion als die Entschuldigung Gottes.

JUDAS: Sicher. Das ist es. Man bedenke nur meinen eigenen Fall: Seit jeher bestimmt, ihn nicht zu verstehen und zuwenig zu lieben, dazu geboren, mit der Belastung von Veranlagungen, die mir, beachtet das, objektiv nicht die Freiheit gaben, anders zu sein, wurde ich dennoch für eine Schuld verantwortlich gemacht, die meiner angeborenen Natur entsprach.

MATTHÄUS: Du warst doch bei ihm, hattest seinen Worten zugehört.

JUDAS: Was hat das damit zu tun? Jesus wußte, wie ich war, als er mich erwählte: Er kannte meinen Neid, meinen Groll, meine Gefühlsarmut.

MATTHÄUS: Auch ich war ein Sünder, als er mich berief.

JUDAS: Ein Sünder? Ein Zöllner. Ich aber war ein Judas Iskariot. Du weißt, was das bedeutet.

STIMME AUS DEM PUBLIKUM: Bedeutet das nicht, daß Du aus Kariot kamst?

JUDAS: Und wo liegt Kariot? Sucht es, wenn es Euch gelingt . . . Nichts dergleichen: Der Iskariote bedeutete den gedungenen Meuchelmörder, einen, der gewohnt war, im Dunkeln zu agieren und das Messer zu gebrauchen. Natürlich gegen die Römer. Aber das war meine Natur, so war ich nun einmal beschaffen. *(Nach einer Pause:)* Paßt aber auf: Man darf mich nicht mißverstehen, denkt bitte an nichts Verächtliches. Eigentlich gehörte ja auch Petrus zu den Zeloten, ich meine, er entstammte einer anderen Gruppe von Extremisten, und ein weiterer, römerfeindlicher Extremist war auch dieser hier, der berüchtigte Barabbas. Er war etwas ganz anderes als der Räuber und Missetäter, als der er von einem von Euch beschrieben wurde *(zeigt auf die Evangelisten. Dann, sich Petrus nähernd:)* Erkläre doch Du ihnen, wer wir waren, für wen wir handelten und welche Erwartungen wir in uns trugen. *(Da Petrus nicht antwortet, wendet er sich Barabbas zu. Dann voller Sarkasmus:)* Petrus will offenbar nicht. Er ist ja gerettet. Er ist verklärt, ein Heiliger ist er jetzt. Also erkläre Du es ihnen.

BARABBAS: Nein, nein, nicht so. Zwischen Dir und mir gibt es nichts Gemeinsames, wenigstens nicht in dem Sinn, den Du meinst. Denn zum Unterschied von Dir wußte ich niemals, wer Jesus war.

JUDAS: Warum? Wußte ich es vielleicht? Glaubst Du etwa, daß er sich *mir* zu erkennen gab?

BARABBAS *(ohne ihn zu beachten, in weichem Ton zu den anderen sprechend):* Zunächst muß man die Wahrheit der Dinge verstehen. Was wißt Ihr schon davon? Du *(zu Johannes)* hältst daran fest, daß ich ein Räuber gewesen sein soll, aber das stimmt nicht, zumindest nicht so, wie es für gewöhnlich aufgefaßt wurde: Für die Römer war es recht bequem, mich als Räuber abzuurteilen. Für Euch beide *(zu Markus und Lukas)* war ich ein Aufrührer und Urheber eines Mords. Aber auch das stimmt nur teilweise, denn Ihr erklärtet nicht, welche Art von Aufruhr ich entfesselte. Nur er *(zeigt auf Matthäus)* kam der Wahrheit nahe. Welche Definition gabst Du von mir?

MATTHÄUS: Du warst ein *désmion epísemon,* ein berüchtigter Gefangener.

BARABBAS: Richtig. Ich war es. Ein Volksaufwiegler und vielleicht noch mehr. Von den Römern gefürchtet, gefangengenommen und zum Tode verurteilt. Aber nicht einmal so kann man richtig erfassen, wer ich war. *(Zu Matthäus:)* Willst Du uns die Worte zu Gehör bringen, die Pilatus zu der Volksmenge sagte?

MATTHÄUS *(sucht die Stelle und liest sodann:)* „Wen soll ich euch freigeben, Barabbas oder Jesus, der Messias genannt wird?".

BARABBAS *(schüttelt den Kopf):* Nicht ganz so. *(Zum Fünften Evangelisten:)* Kannst Du uns bezeugen, wie er genau sagte?

FÜNFTER EVANGELIST: „Wen soll ich euch freigeben, Jesus Barabbas oder Jesus, der Messias genannt wird?" Sie erwiderten: ‚Jesus Barabbas.' Und Pilatus: ‚Was soll ich dann mit Jesus machen, der Messias genannt wird?'"

BARABBAS: Genau so war es. Habt Ihr gehört? Auch ich hieß Jesus: Jesus Bar-Abbas, Jesus Sohn des Vaters. Auch Du *(zu Matthäus)* erinnertest daran, doch hielt man es für ein Sakrileg und entfernte es aus Deinem Text. So blieb nur mein Beiname, unbekannt für alle Menschen, verdammenswert für die meisten; hätte man hingegen meinen ganzen Namen belassen, dann wären Pilatus' Ironie und sein Vorhaben verständlich geworden, was er nämlich beabsichtigte, als er mich mit Jesus in einem Atemzug nannte. Denn auf meine Weise war auch ich der Überbringer einer Botschaft, auch ich war, so glaubte man wenigstens, ein Deuter des Willens des himmlischen Vaters. Auch ich wirkte für das Reich Gottes, auch ich verhieß eine Freiheit. Nur daß gleichzeitig ein anderer Jesus lebte, der sich einmal als Menschensohn, ein andermal als Gottessohn bekannte und etwas entfernt Ähnliches verkündete. Wir hätten uns verbünden können, meint Ihr nicht auch? Oder uns bei einer Begegnung auseinandersetzen können. Hätte er mich gesucht, so wäre ich vielleicht sogar sein Jünger geworden. Aber nein: Ich mußte fern von ihm leben, ohne ihn je gesehen zu haben, bis jemand durch List und politische Berechnung eine Entscheidung zwischen mir und ihm zum Vorwand nehmen sollte, – Jesus, Sohn des Vaters, gegen Jesus, Sohn Gottes. Bedenkt, welche Ironie, welch kluge Ironie: Zwei Seinsweisen, zwei Methoden, zwei Sprachen, zwei entgegengesetzte Prinzipien, zwei Arten, die messianische Verheißung auszulegen, zwei verschiedene Anschauungsarten über das Reich und die Heilsaussichten werden den Juden zur Beurteilung vorgelegt. Welche Schuld trifft mich, daß sie mich vorzogen? Mich, den sie verstanden hatten.

PETRUS *(hastig und fast flüsternd):* Tatsächlich wurde in jenem Augenblick eine Wahl getroffen. Es wurde geklärt, welchen Sinn die Sendung Jesu hatte, für wen er gekommen war und welches Reich er verkündete. Da ihn die Juden ablehnten, war Jesus nun nicht mehr der den Juden angekündigte Messias, sondern es wurde klargestellt, daß er zum Heil aller Menschen gekommen war.

SCHIMMELL: Es wurde geklärt, es wurde geklärt . . . Lassen wir doch die Symbole beiseite. Oder vielmehr, belassen wir sie, aber bloß um auszudrücken, daß Barabbas die Niederlage Christi bedeutete: Niederlage und Vorspiel dessen, was seit damals noch so oft geschehen sollte. Er war für die Menschen gekommen, um sie zu retten, wie er sagte. Aber kannte er die Menschen? Kannte er ihre Wünsche und ihre wirklichen Erwartungen? Als sie, wie es ja der Fall war, aufgerufen wurden, zwischen einem geistigen und einem irdischen Reich zu wählen, zwischen der nebelhaften Verheißung eines jenseitigen Heils und dem Hier und Jetzt konkreter, hier auf Erden sofort realisierbarer Werte, hatten sie keine Zweifel und handelten richtig. Ich sage es nochmals: Barabbas war Christi Niederlage und der Beweis dafür, daß der Mensch von seinem Messias enttäuscht war. Ist es nicht so?

BARABBAS *(unschlüssig):* Ihr bringt die Dinge auf eine Weise . . . *(Zum Fünften Evangelisten:)* Du aber solltest wissen, daß ich, als Jesus unter das Kreuz geführt wurde, rief: „Herr, und wohin soll ich gehen?"

HAUPTMANN: Willst Du damit sagen, daß Du ihn anerkanntest? Dich bekehrtest?

BARABBAS *(schüttelt den Kopf):* Ich weiß es nicht, ich weiß es wirklich nicht. Von da an schwieg ich. Was sollte ich jetzt aussprechen? Einen Zweifel? Ich weiß es nicht. Eine Ahnung? Ich weiß es nicht. Da ich mich jedoch hier, bei Euch befinde *(deutet vage auf Judas und die Schächer),* meine ich, daß es wohl ein Zeichen dafür ist, daß es nicht ausreichend war. Oder daß ich nicht angenommen wurde.

JUDAS *(sarkastisch):* Ja, stellen wir uns das vor! Du, das Symbol des Irdischen, der Werte dieser Welt, wie diese hier sagen! *(Ändert den Ton:)* Aber warum sprichst nicht auch Du von Bestimmung? Seit Anbeginn der Jahrtausende lag doch hierin Deine Rolle. Dem Messias vorgezogen zu werden, das war Dein Teil, die Rolle, zu der Gott in seiner Gerechtigkeit Dich auserwählt hatte. Darum mußtest Du den Schauplatz schmählich und unbeachtet verlassen, ohne daß sich noch jemand darum gekümmert hätte, Deiner menschlichen Bestürzung und Deiner Worte zu gedenken, geschweige denn dessen, wer oder was Du wirklich warst.

HAUPTMANN *(sarkastisch):* Wenn ich mich nicht täusche, wurden Deine Worte alle festgehalten.

JUDAS *(kraftvoll):* Nicht alle, nicht alle! *(Zu Matthäus:)* Zwar gabst Du zu, daß Judas voller Gewissensbisse war und daß er darum die Silberlinge in den Tempel warf. Aber Du zumindest *(zum Fünften Evangelisten),* wenn Du wirklich der bist, der Du zu sein vorgibst, Du solltest das übrige wissen: Wie Judas vom Tempel floh, wie er zum Gerichtssaal hetzte, wie er Jesus, den er gegeißelt heraustreten sah, entgegeneilte und rief: „Herr, wenn ich schon nichts anderes habe, opfere ich meine Schuld auf." Ist es wahr, daß er so sprach, und daß Christus es nicht beachtete? Und daß Judas erst dann, dann erst, hinlief und sich erhängte?

FÜNFTER EVANGELIST: Aber ja, das ist es ja gerade. Du richtetest Dich nicht, als Du Jesus verrietst. Du richtetest Dich erst, als Du ihm Deine Sünde anbotst anstatt Deiner Reue.

JUDAS: Aber Judas war doch voller Gewissensbisse! So schreibt auch Matthäus.

FÜNFTER EVANGELIST: Es war Scham, nicht Reue.

JUDAS: Welchen Unterschied macht das aus?

FÜNFTER EVANGELIST: Siehst Du? In der Tat liegt alles, was man Dir vorwirft, in diesem Punkt: die Kälte und Dürre des Herzens. Du gingst von der Mißgunst zur Scham und von der Scham zur Verzweiflung über, ohne einer einzigen Regung der Reue, geschweige denn der Liebe, fähig zu sein.

JUDAS *(gedankenverloren, mit gesenktem Kopf):* Liebe, Liebe: Etwas anderes wißt Ihr nicht zu sagen. Christus, der die Liebe ist, der uns aus Liebe erlöst hat . . .

SCHIMMELL: Er hat recht. Ihr habt sie zerredet und dadurch langweilig gemacht! Ein kraftvolles Evangelium an Stelle eines sanften, eine ewige Quelle alternativer Kräfte: Das ist es, was man jedenfalls von einem Messias erwarten sollte. Nicht nur Milch und Honig dieser Eurer Liebe.

PRIESTER: Sie vergessen, daß für den Christus der Evangelien die Liebe eine ganz andere Tugend darstellte als Fügsamkeit . . . Aber schweifen wir nicht ab, ich bitte Sie. Lassen wir Judas fortfahren.

JUDAS *(noch immer gedankenverloren):* Ja, eben . . . Und wenn ich Euch sagte, daß Judas' Los nicht von der Lieblosigkeit Christi spricht, sondern von der Endlichkeit und Unvollkommenheit einer solchen Liebe? Es gibt da eine Episode *(zu den vier Evangelisten),* die keiner von Euch berichtenswert fand. Sie spielte sich ab, als ich Jesu Jünger werden sollte. Ich zögerte, mich ihm anzuschließen, ich fühlte mich zwar hingezogen, aber nicht betroffen. Ich empfand das Wunderbare um ihn, aber ich liebte ihn nicht, zumindest nicht in Eurem Sinn. Er aber sagte zu mir: „Folge mir trotzdem. Ich werde für beide lieben." *(Mit plötzlichem Sarkasmus:)* Das mußte doch genügen, damit ich vertraute, oder etwa nicht? Statt dessen sehen wir das Ausmaß der Liebe, die Christus für mich hegte, hier in meinem Schicksal verzeichnet.

FÜNFTER EVANGELIST: Christus sagte aber zu Dir nicht nur: „Ich werde für beide lieben." Da er Dich noch zaudern sah, sagte er noch: „Siehst Du? Hier liegen die Wurzeln Deines Fehlers: Du glaubst nicht, daß ich genug Liebe für beide habe."

JUDAS: Und dennoch folgte ich ihm.

FÜNFTER EVANGELIST: Aber voller Vorbehalte. Aber widerspenstig, mißtrauisch, weiterhin zweifelnd.

JUDAS: Warum sollte ich nicht zweifeln, in Erwartung eines Beweises?

FÜNFTER EVANGELIST: Aber der Beweis lag ja schon in Dir: Seine Aufforderung, sein Ruf, die Tatsache, daß Du dich hingezogen fühltest, seine Gnade, wenn Du willst.

JUDAS: Die nicht ausreichte, um mich zu bekehren.

FÜNFTER EVANGELIST: Die ausgereicht hätte, wärest Du dazu bereit gewesen.

JUDAS: Das ist es ja, wäre ich dazu bereit gewesen. Oder vorherbestimmt. Wenn die Summe meiner angeborenen Neigungen mich so geformt hätte, daß ich für seinen Ruf empfänglich geworden wäre. Oder wenn Christus mich so sehr geliebt hätte, daß er sie hätte ändern wollen.

STIMME AUS DEM PUBLIKUM: Aber nun sind wir schon wieder dort, wo wir vorhin waren! Wir kommen keinen Schritt voran.

JUDAS: Wohin möchten Sie denn gelangen, schließlich ist doch das Judasthema der Kern des eigentlichen Erlösungsthemas. Wenn Ihr darauf achtet, so gibt es in der Leidensgeschichte zwei Tode, den meinen und den Jesu, und beide sind anscheinend für den Heilsplan notwendig: Als wäre für den Ausspruch „Ich habe sie alle gerettet“ zunächst das Opfer, der zum Untergang Bestimmte, erforderlich gewesen. Bedenkt Ihr das? Ein Gott, der behauptet, die Menschen erlösen zu wollen, indem er die Sünden aller auf sich nimmt, und der keine Lösungsmöglichkeit findet, auch die meinen zu tragen, ja, Gefallen an meinem Untergang zu finden scheint, damit jener Heilsplan erfüllt werde . . . Kommt Euch das nicht paradox vor? Nun, hört *(Geht zu Johannes, läßt sich von ihm das Buch geben und liest dann:)* „Ich habe sie behütet, und keiner von ihnen ist verlorengegangen außer dem Sohne des Verderbens. So sollte sich die Schrift erfüllen“ . . . Habt Ihr gehört? Die Schrift. Die Schrift sollte sich erfüllen. Christus lehnte meine Rettung ab, damit sich die Schrift erfülle. Aber warum nur? Welchen Sinn hat das? Erklärt es mir zuerst *(schaut umher, wie in Erwartung einer Antwort)*. Seht Ihr? Und doch liegt hier, wenn Ihr es recht bedenkt, das Heilsthema konzentriert: War es möglich, Judas zu retten? Und konnte es Christus?

DR. EHRART: Ich las einmal irgendwo – allerdings in einem merkwürdigen Buch –, daß Jesus Judas nicht retten wollte, um den Menschen die Möglichkeit zur Sünde, mit anderen Worten, zur Wahl, zu belassen. Oder, meinetwegen, die Freiheit.

JUDAS: Theologisch gesprochen heißt das also, daß Jesus die Möglichkeit gehabt hätte, uns zu retten, aber nicht, uns von der Neigung zur Sünde freizumachen. Komisch, nicht? . . . Und wenn es stimmt, so erfolgte es jedenfalls auf meine Kosten, auf Kosten dieses Menschen hier. Für Judas hatte das Gleichnis vom Guten Hirten keine Gültigkeit, für Judas *(zu Johannes)* galten die Worte nicht, die Du schriebst: „Keinen von denen, die du mir gegeben hast, habe ich verloren.“ Auch ich war ihm gegeben worden: Mich aber wollte er lieber verlieren. Warum ausgerechnet mich? . . . Keiner antwortet mir? *(Zum Fünften Evangelisten:)* Wie, nicht einmal Du? Du redetest, als wärst Du das Wörterbuch Gottes! . . .

FÜNFTER EVANGELIST: Weil wir noch immer bei demselben Punkt sind. Erinnerst Du Dich der Worte, die Jesus sprach? „Die Augen des Herrn sind auf den gerichtet, der ihn liebt."

JUDAS: Oder *den er* liebt? Das ist der springende Punkt. Du weißt sehr gut, wie unsicher und zweideutig dieser Satz ist. Und wie alles darauf hinweist, daß meine Version die richtige ist. Das ganze Verhalten Jesu mir gegenüber beweist, daß er mich nicht liebte, daß er mich verlieren wollte, weil er mich nicht liebte. Erinnere Dich an das letzte Abendmahl: Er kündigte uns Jüngern an, daß einer von uns ihn verraten würde, und er rührte keinen Finger, um mich zurückzuhalten. Im Gegenteil!

FÜNFTER EVANGELIST: Aber Du, liebtest Du ihn denn?

JUDAS *(verhaltener):* Ich versuchte es. Wie oft hatte ich mich in diesen drei Jahren geprüft. Wie oft, wenn ich meine Vorbehalte nicht los werden konnte, wenn ich merkte, daß ich meiner Gefühlskälte unterlag, flehte ich ihn im Geiste an: „Laß mich, o Herr, erkennen, wie ich Dich lieben soll." Und Du weißt, daß ich bei den Worten (die in Deinem Evangelium stehen müßten): „Auch wenn ihr mir untreu werdet, so werde ich euch treu bleiben", zu ihm eilte, um ihn zu fragen, ob sie auch für mich gälten.

FÜNFTER EVANGELIST: Aber das ist ja der Kern des Ganzen, darin liegt ja Deine eigentliche Schuld. Du weigertest Dich in der Tat von Anfang an, zu glauben – Du weigertest Dich, beachte, daß ich die Worte wäge –, daß in Christus auch für Dich genügend Liebe war. Und seine Hilfe mochte sich vielleicht bis zu Deinem Zweifel erstrecken, nicht aber bis zu Deinem Mißtrauen an ihm, an seiner Liebe, und bis zu Deinem mangelnden Vertrauen zu seiner Treue.

PRIESTER: Ich habe den Eindruck, daß wir unser Thema aus den Augen verlieren.

SCHIMMELL: Sie sind glücklich zu preisen, wenn Sie noch wissen, wie unser Thema lautete! Jedenfalls besteht unser Fehler darin, daß wir uns auf theologische Feinheiten einlassen, anstatt auf dem Boden der Tatsachen und des Konkreten zu bleiben. Bemühen wir uns für einen Augenblick, nicht an den göttlichen Christus zu denken, sondern das Geschehen auf menschliche Ebene zu verlagern; ja, sehen wir ganz von der Verratsfrage, von der verwerflichen Handlung, dem gewaltigen Greuel ab, der seit Jahrhunderten als Paravent für die Realität diente. Was bleibt dann von Judas, dem verhaßten Judas, übrig? Einfach ein Zeitgenosse Jesu, der ihm folgte, ihm zuhörte, sich in dessen Sendung täuschte, der jede Anstrengung unternahm, an ihn zu glauben, der sich aber dann am Ende überzeugte, daß Jesus kein Gott war. Es gab andere Jünger, die Jesus verließen, die, nachdem sie ihn gehört hatten, auf die Dauer nicht mehr glauben wollten. Judas war nicht mehr als der Bekannteste unter ihnen. Und in Wirklichkeit war er nichts anderes als der Unglücklichste von den vielen, die sich Jesus nahten, ohne bekehrt zu werden: Mit einem Wort, er war der erste, der ihn ohne Unschuld kritisch betrachtete, und somit der erste seiner zahllosen Mißerfolge. Ob er Jesus verließ oder ihn verriet, das wird, wenn Ihr es recht bedenkt, unerheblich.

MATTHÄUS: O nein! Alles, was wir über Judas wissen, hängt ausschließlich mit seinem Verrat zusammen. Vom ersten Mal an, da sie die Zwölf genannt werden *(liest):* „Die Namen der zwölf Apostel sind: An erster Stelle Simon mit dem Beinamen Petrus und sein Bruder Andreas; Jakobus, der Sohn des Zebedäus, und sein Bruder Johannes; Philippus und Bartholomäus; Thomas und Matthäus, der Zöllner; Jakobus, der Sohn des Alphäus, und Thaddäus; Simon der Eiferer und Judas Iskariot, der sein Verräter wurde." Ganz abgesehen davon, daß er bei mir, wie auch bei Markus und Lukas, immer als letzter genannt wird: Ein Zeichen dafür, daß er eben als letzter genannt werden mußte. Was uns zumindest seinen Groll und seine Mißgunst erklärt.

SCHIMMELL: Nicht die Mißgunst! Damit ziehen wir alles in den Schmutz ... Und wenn überhaupt von Judas die Rede ist, so sollte man von Johannes ausgehen. Es muß da eine Stelle im sechsten Kapitel geben ... *(Tritt zu Johannes, läßt sich von ihm das Buch geben, sucht darin eine Stelle und reicht sie, mit dem Zeigefinger angedeutet, Johannes zurück:)* Bitte, lies das hier.

JOHANNES *(liest):* „Viele von seinen Jüngern, die das hörten, erklärten: ‚Diese Rede ist hart! Wer kann sie hören?' Jesus wußte, daß seine Jünger darüber murrten, und sprach zu ihnen: ‚Daran nehmt ihr Anstoß? Wenn ihr nun den Menschensohn dahin auffahren seht, wo er vordem war? Der Geist ist es, der lebendig macht, das Fleisch nützet nichts. Die Worte, die ich zu euch geredet habe, sind Geist und Leben. Aber es gibt einige unter euch, die nicht glauben.' Seit dieser Zeit zogen sich viele seiner Jünger zurück und wandelten nicht mehr mit ihm. Da fragte Jesus die Zwölf: ‚Wollt auch ihr weggehen?' Simon Petrus antwortete ihm: ‚Herr, zu wem sollen wir gehen? Du hast Worte des ewigen Lebens. Wir glauben und wissen, daß du der Heilige Gottes bist.' Jesus erwiderte ihnen: ‚Habe ich nicht euch Zwölf auserwählt? Und doch ist einer von euch ein Teufel!'"

SCHIMMELL: Nicht so. Mit mehr Betonung. *(Greift die letzten Worte auf und betont sie anders:)* „‚Wir *glauben und wissen,* daß du der *Heilige Gottes* bist.' Jesus erwiderte ihnen: ‚Habe ich nicht euch Zwölf auserwählt? *Und doch ist einer von euch ein Teufel!'"* ... Aber vorher sagte er: „Aber es gibt einige unter euch, die nicht glauben." Wir wollen daher nicht an der Formel „Teufel" festhalten: Das war ein Augenblick der Verbitterung, einer jener Momente, da man die schrecklichsten Dinge sagt. Rekonstruieren wir die Szene lieber: Fast alle bisherigen Jünger hatten sich von ihm zurückgezogen, sie glaubten nicht mehr an ihn und verließen ihn. Nur die Zwölf blieben: Etwas wenig, findet Ihr nicht? So daß, als Petrus beteuerte: „Wir bleiben", es aus Jesus herausbrach: „O, glaubt das nicht! Selbst unter euch, den Berufenen und Erwählten, gibt es einen, der nicht an mich glaubt" ... Das bedeutet, daß Judas durchaus nicht von Anfang an der Verräter war. Noch weniger ein neiderfüllter, grollzerfressener Mensch. Auch keiner, der sich den Verpflichtungen gegenüber Jesus entzog, da er doch blieb, als die anderen ihn verließen. Von den Aposteln war er allenfalls derjenige, der das Prinzip des Zweifels zum Ausdruck brachte, derjenige, der bei der Glaubensprüfung versagte. Judas' Sünde war die Verweigerung des Glaubens, die Unfähigkeit, sich zu überzeugen, daß der, der ihn berief, wirklich der Sohn Gottes war. Und doch verließ er ihn nicht; und doch blieb er; und doch tat er es nicht den Spöttern gleich: „Ist dieser nicht der Sohn des Zimmermanns?" Im Gegenteil, der blieb hartnäckig bei Jesus und stellte die eigenen Zweifel, in Erwartung eines Gegenbeweises, auf die Probe: Loyal und treu, ohne im mindesten das Geschick vorauszusehen, das ihn erwartete . . . *(Zu den Evangelisten:)* Und aus einem solchen Menschen macht ihr nur einen Neider!

PRIESTER *(lächelnd):* Sie fühlen sich doch mit Judas nicht etwa geistesverwandt . . .

SCHIMMELL: Warum eigentlich nicht? Judas' wahre Schuld lag doch darin, daß er sich das Recht auf Erprobung herausnahm: Ein erhabener Grundsatz, nicht wahr? *(Zeigt mit dem Zeigefinger auf den Fünften Evangelisten:)* Aber ich sehe, daß der Fünfte Evangelist damit nicht einverstanden ist.

FÜNFTER EVANGELIST: Weil Sie aus Judas einen modernen Verfechter der Gedankenfreiheit machen und jenen feinen Zusammenhang zwischen Glauben und Liebe aus den Augen verlieren, in dem das Wesen des Christentums besteht. Judas war kein Fahnenträger des Zweifels, wie Sie anscheinend sagen wollen. Er war ein Mensch, der Jesu Ruf gegenüber kalt blieb: Er hatte nicht genug Liebe, um den Sprung bis zum Glauben zu wagen, er hatte nicht genug Glauben, um bis zur Liebe zu gelangen. Ich weiß, das klingt wie ein Sophisma. Übersetzen wir es so: Judas war im Grunde ein Mensch, der nach Liebe hungerte. Und doch sündigte er aus Mangel an Liebe.

JUDAS: Weil Christus ihm nicht half. Weil man ihm nicht entsprach.

FÜNFTER EVANGELIST: Oder weil er nicht entsprach. Wir sahen es ja schon.

JUDAS: Wie? Du meinst die Worte: „Du glaubst nicht, daß ich genug Liebe für beide habe?"

PETRUS: Genau das: Die Gnade, die Dir in ihrer Fülle angeboten wurde und die bei Dir armselig zur Wirkung kam.

JUDAS: O, Petrus, der von Gnade spricht, er, der gleich alles hatte! . . . Und dann, die Gnade . . . Das heißt, der Widersinn bei einem, der zuerst verheißt: „Wer zu mir kommt, den weise ich nicht zurück", und der dann einen Augenblick später, wirklich nur einen Augenblick danach, sagt: „Niemand kann zu mir kommen, wenn der Vater ihn nicht zieht."

FÜNFTER EVANGELIST: Versuche doch einmal, die Reihenfolge umzukehren und sie etwa so abzuwandeln: „Niemand kann zu mir kommen, wenn der Vater ihn nicht zieht", und „Wer zu mir kommt, den weise ich nicht zurück." Siehst Du, wie logisch es dann wird? Und wie gut es paßt?

JUDAS *(scheint betroffen, schweigt einen Augenblick, dann mit Festigkeit):* Und doch stimmt es nicht: Ich wollte in ihm bleiben. *(Schaut suchend um sich und zeigt auf den Hauptmann:)* Dieser hier, der die Soldaten befehligte, die ihn ans Kreuz schlugen, durfte sagen: „Der war wahrhaftig der Sohn Gottes." Ich mußte in Verzweiflung weggehen. Aber auch das übrige . . .

Zu Bethanien, als Maria, die Schwester des Lazarus, eintrat, um Jesus mit Nardenöl zu salben (in dem Augenblick läßt Ihr meinen Verrat einsetzen), entrüstete ich mich ja nicht als einziger über diese Verschwendung. Auch Du tatest es *(zeigt auf Matthäus),* und auch Du *(deutet auf Petrus).*

PETRUS: Uns genügte jedoch Jesu Antwort. Du hingegen begabst Dich sofort zu den Priestern, um mit ihnen zu verhandeln.

JUDAS *(sarkastisch):* Weil ich eben kritisch war! Meinetwegen, weil ich eben ein Moralist war, der einen Messias verlangte, der mit seiner Sendung in Einklang stehen sollte. Aber wie, ein Christus, ich sage: ein Christus, der Verheißene und Erwartete, der Weltverachtung predigte und sich zu den Aufmerksamkeiten eines Weibes herabließ; der uns nach Jerusalem brachte, um den Tempel niederzureißen und endlich das Reich Gottes zu gründen, und der dann stehenblieb, zögerte, umkehrte, in Bethanien Zeit verlor, bei Tisch verweichlichte . . . Das genügte doch, um enttäuscht zu sein, oder etwa nicht? Oder zumindest, um ihn zur Konsequenz aufzurufen.

MATTHÄUS *(gleichfalls sarkastisch):* Und darum liefst Du gleich fort, um mit den Priestern zu paktieren.

JUDAS: Nicht darum. Und nicht gleich. Indem Du so schriebst, machtest Du die Dinge jämmerlich und mich zum Opfer weiß Gott welcher Regungen des Neides oder der Mißgunst, während doch in Judas' Innerem, in seinem Los, etwas Rätselhaftes vor sich ging – und gewiß etwas Tieferes. *(Zu Lukas:)* Du, zum Beispiel, erwähnst Bethanien nicht einmal, Du verlegtest die Dinge, wenn ich nicht irre, etwas weiter zurück.

LUKAS *(blättert in seinem Buch und liest dann):* „Das Fest der Ungesäuerten Brote, das man Ostern nennt, nahte heran. Die Hohenpriester und Schriftgelehrten sannen darauf, wie sie ihn töten könnten. Denn sie fürchteten das Volk. Da fuhr der Satan in Judas mit dem Beinamen Iskariot, der einer aus der Zahl der Zwölf war. Er ging hin und verhandelte mit den Hohenpriestern und den Hauptleuten, wie er ihn an sie ausliefern könne."

JUDAS: Habt ihr gehört? „Da fuhr der Satan in Judas." Wir haben die kleinliche Psychologie schon verlassen und befinden uns auf metaphysischem Boden. Aber das genügt nicht, es ist zu einfach. Johannes erhellt das besser, und zwar in der Abendmahlszene.
(Zu Johannes:) Willst Du lesen?

JOHANNES *(liest):* Nach diesen Worten wurde Jesus im Geiste erschüttert. Er beteuerte: ‚Wahrlich, wahrlich, ich sage euch: Einer von euch wird mich verraten.' Da schauten die Jünger einander an; denn sie wußten nicht, wen er meine. Einer von seinen Jüngern, der, den Jesus liebte, ruhte an der Brust Jesu. Diesem winkte Simon Petrus zu und sagte zu ihm: ‚Frage du, wen er damit meint.' Der lehnte sich an die Brust Jesu und fragte: ‚Herr, wer ist es?' Jesus antwortete: ‚Der ist's, dem ich den Bissen eintunken und reichen werde.' Und er tunkte den Bissen ein und gab ihn Judas Iskariot, dem Sohne Simons. Nach dem Bissen fuhr der Satan in ihn. Jesus sagte ihm noch: ‚Was du tun willst, tue bald.' Keiner der Tischgenossen verstand, warum er ihm das sagte. Weil Judas die Kasse führte, meinten einige, Jesus habe ihm sagen wollen: ,Kaufe, was wir für das Fest nötig haben', oder er solle den Armen etwas geben. Als jener den Bissen genommen hatte, ging er sofort hinaus. Es war Nacht. Als er hinausgegangen war, sprach Jesus: ,Jetzt ist der Menschensohn verherrlicht.'"

JUDAS: Genug damit! *(Verstört, dann allmählich die Fassung zurückgewinnend:)* Genau das ist der Augenblick. Das Abendmahl hat begonnen, die Stimmung ist friedvoll. Vor kurzem noch hat die Fußwaschung stattgefunden, bei der es fast heiter zuging. Petrus in seiner gewohnten Direktheit rief aus: „Dann, Herr, nicht allein meine Füße, sondern auch die Hände und das Haupt." Dann rief Jesus die Zwölf zur gegenseitigen brüderlichen Liebe auf und sprach den dunklen Satz: „Nicht von euch allen sage ich das. Ich weiß, wen ich erwählt habe." Aber wie konnte ihn Judas begreifen? Im Augenblick ist er ruhig, er fühlt sich zu den Erwählten gehörig. Wohlgemerkt, in seinem Inneren geht etwas vor: Seit Bethanien ist er nicht mehr der blinde Jünger, der seinem Meister in allem traut, er schätzt ihn ab, erforscht ihn, voll Ungewißheit, ob er ihm Glauben schenken soll. Tiefinnerlich möchte er ihn anders sehen. Was tut er? Was verspricht er? Wo ist das Reich, dessen Ankunft er versprach? Von all den großen Gesten, die man von ihm erwartete, hatte er sich mit der Mutprobe der Vertreibung der Händler begnügt. Soll das der Messias sein? Er fühlt sich zur gleichen Zeit versucht, es zu glauben und ihm zu mißtrauen . . . Vielleicht haben die Priester schon Vorschläge gemacht, Judas jedoch hat sie abgelehnt. Ein Beweis dafür ist ja, daß er jetzt zugegen ist: Zwar anders, als die anderen, aber ebenso zur Stelle wie sie. Jedenfalls ist *Satan noch nicht in ihn gefahren.* Sagen wir, er ist noch in Schwebe, noch will er auf Jesus hören, sich überzeugen lassen, daß dieser der Messias ist, sich neuerlich von ihm verlocken lassen. Drücken wir es anders aus: Es geht um ein Spiel mit ungewissem Ausgang, und Judas könnte es noch gewinnen, hätte Jesus nicht schon beschlossen, ihn abzuweisen. Ganz sicher erwartet Judas ein Zeichen, meinetwegen eine Regung der Liebe, einen Tropfen Erbarmen. Statt dessen der Hohn: Der eingetunkte Bissen, die Anprangerung vor Johannes. Verstört, verwirrt sucht Judas, den Blick Jesu auf sich zu ziehen, stumm fragt er nach dem Sinn dieser Geste. Er möchte, einen Augenblick nur, unter seinem Blick ruhen. Beachtet: In diesem Augenblick ist noch alles möglich. Aber Jesus schaut ihn nicht einmal an, er hat ihn ausgeschlossen, zurückgewiesen, für ihn bedeutet Judas nichts mehr. Er hat eben beschlossen, daß Satan in ihn eindringe. Wundern wir uns, wenn da etwas Düsteres und Scheeles, Ingrimm, blinde Wut sich seiner Seele bemächtigen?

FÜNFTER EVANGELIST: Das ist nicht ganz richtig. Wahr ist vielmehr, daß Jesus, als er ihm das Brot reichte, ihn fest ansah, Judas aber den Blick abwandte. Und erst dann und nur darum fuhr Satan in ihn.

JUDAS *(betroffen):* Auch das weißt Du?

FÜNFTER EVANGELIST *(ohne zu unterbrechen):* Von Jesus her gab es ein letztes

Angebot, noch einen Funken Gnade. Aber Du warst die Beute einer Art trauriger Beschämung. Und Du entzogst Dich.

JUDAS *(fast schreiend):* Und wenn schon? Ein Mensch hat doch das Recht auf seinen Stolz, oder nicht? Und mit diesem Blick forschte er nicht nur in meinem Inneren, sondern er wollte mich gedemütigt, seinem Erbarmen versklavt, sehen. Dieses unerträgliche Eindringen in das Geheimste meines Gewissens, diese gefräßige Anmaßung seines Mitleids! Und mit diesem Blick wollte er mich ja nicht etwa Satan entreißen: Er wollte mich nur noch einmal mit seiner Güte belasten, vielleicht nur das Böse, das ich tat, ersichtlich machen. Danach sollte ich bewußter und weniger unbefangen sein. Die Unschuld in der Sünde, genau das war es, was er mir nahm! *(Nähert sich dem Fünften Evangelisten und packt ihn an der Brust:)* Und Du sagst, das sei Liebe gewesen!

PRIESTER *(energisch):* Beruhigen Sie sich, Herr Toepfer! Sie wollen doch nicht echtes Theater spielen!

JUDAS *(schaut halb trübe, halb erstaunt um sich):* O, ja . . . *(Mit etwas schrillem Lachen:)* Und dabei gedachte ich, als ich die Rolle des Judas übernahm, ganz andere Dinge vorzubringen. *(Während er spricht, zieht er die Tunika, die er bisher trug, aus und trägt sie von nun an über den Arm gehängt).* Ich hatte meine ganz eigene These. Und zwar eine These, die, beachtet das, Judas viel besser erklärt. Für mich war Judas, so wie ich ihn mir vorstelle, kein Jünger wie Petrus, kein unschuldiger, gefühlsbetonter Mensch. Er gehörte vielmehr zu jenen, die nur intellektueller Leidenschaften fähig sind, die mehr die Idee als den Menschen lieben, zu denen, die, haben sie einmal beschlossen, ihren Meister zu verraten, es tun müssen, um ihre Idee und ihre Sendung zu retten. Prophetische Gedanken und erhabene Utopien brauchen Märtyrer, so etwa mußte Judas denken: Denn entweder werden jene sogleich verwirklicht (was in den seltensten Fällen geschieht), oder sie altern zugleich mit dem Menschen, der sie verkündet: Es sei denn, daß dieser im richtigen Augenblick von der Bildfläche verschwindet, denn dann, warum weiß man nicht, überleben jene Ideen in immerwährender Jugend und bleiben stets so jung wie ihr Verkünder zum Zeitpunkt seines Todes . . . Könnt Ihr euch einen siebzigjährigen, weißbärtigen Christus vorstellen? . . . Als er nun sah, wie Jesus zwischen Jerusalem und Bethanien hin und herwanderte, willensschwach, zaudernd, unsicher über seine Ziele und nahe daran, in den Augen der Leute ein beliebiger Prophet zu werden, da mußte in ihm die Empfindung aufsteigen (und sagt mir nun, ob er unrecht hatte), daß Jesu Existenz nur dann, wenn er jetzt und hier, in Jerusalem, am richtigen Ort und solange seine Worte noch sendungsträchtig schienen, einen denkwürdigen Tod fände, zum Zeugnis und Symbol, zum Mythos vielleicht, werden könnte. Folglich: Um den Mythos des Messias zu retten, mußte der Mensch Jesus geopfert werden. Das klingt merkwürdig? Bedenkt jedoch, daß die Priester, ihrem Verhalten nach, anscheinend nicht verstanden, wer Jesus war. Auch bestand die Gefahr, daß Jesus trotzdem sterben mußte, aber wie irgendein Volksaufwiegler, also wegen dem, was er nicht war. Wenn er aber schon sterben sollte, dann um dessentwillen, was er wirklich war . . . Und so sehen wir nun Judas zu den Priestern gehen. Er ging nicht aus Haß, eher aus Liebe, wenngleich aus kalter, ausschließlich intellektueller Liebe. Und er ging auch nicht, um zu verraten, wie allgemein gesagt wird. Wen sollte er denn verraten? Jesus war ja kein Oberhaupt irgendeiner geheimen Sekte, deren Existenz Judas hätte anzeigen wollen. Er ging vielmehr, die wahren Gedankengänge seines Meisters anzuzeigen, gewisse Gewagtheiten und Häresien, die Jesus nur im engsten Kreis vor seinen Zwölfen ausgesprochen hatte . . . Aber er ging schmerzerfüllt, zitternd, voller Unbehagen, und nur von der Überzeugung aufrecht erhalten, daß das Opfer eines *Jesus* den *Christus* weihen und somit der Zukunft bewahren würde. So gesehen, wurde sogar der Kuß zu einem Augenblick tiefster Erregung, ein Abschied vom Menschen in Erwartung des Mythos.

FRAU KUYPER: Diese These ist für einen Judas zu hoch! Ich werde Ihnen sagen, wer Judas war und wem er gleicht: Einem jener Menschen, die es Gott weder verzeihen können, daß sie ihn kannten, noch daß sie ihn verloren.

JUDAS *(lacht kurz auf)*: Meinetwegen. Geduld . . . *(bemerkt Kaiphas und Pilatus, die während seiner Rede eingetreten sind).* Doch da Judas schon so lange strapaziert wurde, möchte ich nun sehen, wie mit den Richtern Jesu verfahren wird: Mit diesem *(sieht Kaiphas an),* der die Verurteilung aus theologischem Haß forderte und mit diesem *(sieht Pilatus an),* der dessen Tod aus Feigheit zustimmte.

PILATUS *(kommt Kaiphas hitzig zuvor)*: Nicht aus Feigheit. Pilatus war ein Ehrenmann, keiner, der aus Feigheit handelte. Höchstens konnte er sich in einem Zwiespalt zwischen seinem Gewissen und seiner Pflicht befinden. Etwa wie ein Offizier aus Treue zu seinem Eid einer Sache zustimmen muß, die er als Mensch nicht akzeptiert.

JUDAS *(lachend)*: Sie behaupten doch nicht, daß Sie sich mit Pilatus nur darum so sehr gleichstellen, weil er, wie Sie, Offizier war.

PILATUS *(zuckt mit den Achseln, ernst)*: Wegen des Gewandes, das ich trage, kann ich höchstens sein Drama besser begreifen; und auch seine Gründe. Pilatus wurde durch den Umstand gerechtfertigt, daß er im Grunde nicht frei war. Oder vielmehr, daß er es nur in beschränktem Maße war, da er durch eine Verpflichtung, die seine Freiheit einschränkte, gebunden war . . .

KAIPHAS *(unterbricht ihn)*: Wieso brüstete er sich dann vor Jesus? „Weißt du nicht, daß ich die Macht habe, dich freizugeben, und auch die Macht, dich kreuzigen zu lassen?"

PILATUS: Er brüstete sich, jawohl. Aber wenn Du näher hinsiehst, war es Christus selbst, der ihn berichtigte und ihn zu seiner Rolle zurückrief. Er war es, der ihn aufmerksam machte: „Du hättest keinerlei Macht über mich, wenn sie dir nicht von oben gegeben wäre." Seine Macht war also sehr wohl eine solche, aber innerhalb der Beschränkung durch einen Auftrag: Eine Macht, die Pflicht und Gehorsam in sich schloß. So viel ist wahr, daß die Juden nichts weiter taten, als Pilatus die Hände zu binden und Jesu eigene Logik anzuwenden: „Wenn du diesen freigibst, bist du nicht des Kaisers Freund." Jedenfalls sehe ich nicht ein, weshalb man darüber noch diskutieren sollte. Die Schuldigen, die wahren Schuldigen, wurden schon von Jesus bezeichnet: Der Schuldige an meinem Los, sagte er zu Pilatus, bist nicht du. Die Schuldigen sind jene, die mich dir überantworteten.

KAIPHAS: So sagte er es nicht. Er sagte nur, daß ihre Schuld größer war.

PILATUS: Und wenn schon? Von der Menge bedrängt, zum Erpressungsobjekt gemacht, außerstande, sich in den doktrinären Feinheiten einer Lehre auszukennen, die nicht die seine war, durch die Treue zu einem Auftrag, der ihm vor allem die Rolle eines Mannes der Ordnung zuwies, in seiner Entscheidungsfreiheit beschränkt, was konnte da ein Beamter, ein Offizier, schon unternehmen, dessen Handlungen innerhalb der Schranken eines Systems bleiben mußten und dessen Vorrechte schon vom System vorgezeichnet waren? Wenn man es bedenkt, erlitt er eine ähnliche Tragödie wie ein Mensch, der ein Exekutionskommando befehligen muß.

KAIPHAS: Ach geh! Immerhin hätte Pilatus ablehnen können. Der Vergleich stimmt nicht.

PILATUS *(zögernd):* Mag sein. Und doch ist etwas Wahres daran. Pilatus war weit eher ein herbeigeholtes Werkzeug, das verrichten sollte, was er nicht wollte, als ein Darsteller in diesem Geschehen. Allenfalls war er eine Art unfreiwilliger Vollstrecker, der in die Geschichte schuldlos, wenn nicht gar unschuldig, einging. In diesem Zusammenhang waren mir vorhin, während wir uns vorbereiteten, die mittelalterlichen Ketzerprozesse eingefallen: Die Todesurteile, die von den kirchlichen Gerichten verhängt, aber durch die Hand der weltlichen Obrigkeit vollstreckt wurden. So sah es in der Praxis aus, und meines Wissens fühlte sich kein Vertreter der weltlichen Autorität je durch die Vollziehung eines Urteils entehrt, an dem er nicht nur keinen persönlichen Anteil genommen hatte, sondern über dessen theologische Motivationen er entweder im unklaren oder nicht urteilsfähig war. Das ist bei Pilatus der Fall, mit folgendem Unterschied, daß Pilatus wenigstens Widerstand leistete, daß er beunruhigt war und sich an das Volk wandte, daß er die Wahl zwischen Christus und Barabbas vorschlug und den Priestern zur Antwort gab: „Ich bin unschuldig am Blute dieses Gerechten. Seht ihr zu."

KAIPHAS: Aber doch verweigerte er das Nein, das zu sagen er berechtigt gewesen wäre.

PILATUS: Und das wirfst Du ihm vor? Ausgerechnet Du? Ausgerechnet Kaiphas?

KAIPHAS: Nur um damit auszudrücken, daß die weltliche Autorität im Falle Jesu mindestens ebenso verantwortlich war wie die geistliche. Aber das ist natürlich: In Anbetracht des Umstands, wer Jesus war, mußte es so sein, mußten sie gemeinsam handeln. Die Schuld lag bei Dir, der Du Dich weigertest, die Augen aufzumachen.

SCHIMMELL: Meine Herren, meine Herren, erlauben Sie mir, daß ich Sie an Ihr

Ziel erinnere, das ein ganz anderes war. Es ging um die Feststellung der Identität Jesu, nicht um eine Auseinandersetzung zwischen den Darstellern der Passion Christi. Nun mögen aber (verzeihen Sie mir bitte, wenn ich jetzt als Rechtsanwalt spreche) Prozeßakten noch so summarisch sein, sie können doch immer zur Erfassung eines Tatbestands, zumindest zum Verständnis der Persönlichkeit des Angeklagten, beitragen. Ich meine damit, sie können uns die Grundlage seiner Verurteilung erklären; wenn wir im Fall Jesus auf die ihm angelasteten Anklagepunkte zurückgreifen, so können wir damit, scheint mir, die Frage viel leichter beantworten: „Wer war er?"

PILATUS: Aber auch so kommt man nicht viel weiter. Für Kaiphas war Jesus ein religiöser Agitator, der sich Gottessohn nannte und den Tempel niederreißen wollte: Ja, er behauptete sogar, den materiellen Tempel durch einen dem Bewußtsein innewohnenden, rein geistigen Tempel ersetzen zu wollen. Das war Häresie, sagte ich vorhin, die Infragestellung der alten Religion Israels, des Gesetzes Mose. Vor Pilatus aber wurde er mit recht viel Hinterlist als Politiker gebracht, als subversives Element, wenn nicht gar als Gegner der römischen Macht: Er hatte sich zum König ausgerufen, das Volk aufgewiegelt, den geschuldeten Tribut an den Kaiser geleugnet.

SCHIMMELL: Aber war er es denn, frage ich, war er es wirklich? Paßt auf, denn das ist für seine nähere Bestimmung wichtig . . . *(Gedankenverloren nähert er sich dann Johannes, von dem er sich das Buch reichen läßt; indem er weiter spricht, blättert er darin, um eine Stelle zu finden:)* In Kaiphas' Augen war es durchaus nicht klar, wer er war, oder ob es sich nur um einen religiösen Aufwiegler handelte. Vieles entging ihm . . .

JUDAS: Was habe ich Euch gesagt? . . .

SCHIMMELL *(ohne auf ihn zu achten):* Hier, hört das an. Wenn auch indirekt, werden hier die Anklagen, die Pilatus vorgebracht wurden, bestätigt *(liest):* „Da beriefen die Hohenpriester und Pharisäer den Hohen Rat und sagten: ‚Was fangen wir an, da dieser Mensch so viele Wunder wirkt? Lassen wir ihn gewähren, dann werden alle an ihn glauben; alsdann kommen die Römer und nehmen uns Land und Volk.' Einer aber von ihnen, Kaiphas, der in jenem Jahre Hoherpriester war, erwiderte ihnen: ‚Ihr versteht nicht und bedenkt nicht, daß es für euch besser ist, wenn ein Mensch für das Volk stirbt, als wenn das ganze Volk zugrunde geht.'" *(Hebt den Kopf:)* Das heißt, daß den Priestern, als sie das erstemal über Jesus berieten, der religiöse Erneuerer nebensächlich war: Vielmehr hoben sie den sozialpolitischen Aufrührer hervor, der vielleicht, ich sage vielleicht, gegen die Römer konspirierte und jedenfalls die Gefahr bedeutete, die Römer gegen die Juden aufzubringen. Was jedenfalls ein anderes Bild ergibt. Hinter dem mythischen Jesus, dem Sohn Gottes, dem Erlöser, läßt das den historischen Jesus erahnen, wie er wirklich gewesen sein mußte: Eine Art Volksaufrührer, oder vielmehr ein Rebell, dessen Beweggründe politische und religiöse Ideale zugleich waren.

FRAU KUYPER *(bitter):* Soll das alles sein, Herr Schimmell? Ganz ehrlich, sehen

Sie wirklich nichts anderes? Mit ihrem Agnostizismus schütteln Sie Jesus rasch ab. Und vermutlich empfinden Sie sogar Erleichterung.

SCHIMMELL: Und Sie, mit Ihrer Orthodoxie . . .

FRAU KUYPER: Aber ein solcher Christus, ein bloßer Unruhestifter, hätte seinen leiblichen Tod um keinen einzigen Tag überlebt. Berücksichtigen Sie lieber das Gesamtbild seiner Mission: Das Überwältigende, bisher Unerhörte, das unser gewöhnliches Denken Überflutende . . . Konnte doch nicht einmal seine Mutter Maria ihn begreifen, war doch selbst sie beim Anhören seiner Reden verwirrt! Und da behaupten Sie, ihn zu kennen, dank zweier kurzer Sätzchen vor dem Hohen Rat . . .

DR. EHRART: Tatsache ist, mein lieber Herr Schimmell, daß man mit Ihrer Methode nirgendwo hingelangt. Dabei wies uns doch Pilatus vor kaum einer Minute, vielleicht ungewollt, den richtigen Weg. Nicht seine angeblichen Missetaten wurden ihm vorgeworfen, sondern aus der Art seines Prozesses ersehen wir, wer Jesus war. Sein Prozeß war tatsächlich der erste der vielen Ketzerprozesse, die im Verlauf der späteren Jahrhunderte, noch dazu – Gipfel der Ironie – ihm zu Ehren, geführt worden waren. Sein Prozeß leitete sie sowohl was die Kriterien, als auch was die Vorgangsweise anlangt, ein: Die Inquisition brauchte dabei überhaupt nichts zu erfinden . . . Die religiöse Macht . . ., die politische Macht . . . Eine, die das Urteil spricht und die andere, die es vollstreckt . . . Sogar der Satz ist derselbe, den die Inquisitoren gesprochen haben könnten: ,,Wir haben nicht das Recht, jemand hinzurichten.“ Das ist aber nur die äußere Oberfläche: Dahinter steht wie gewohnt eine feierliche, alte, stark hierarchische, instinktiv konservative Kirche, die jedes neue Wort fürchtet und als Gotteslästerung verurteilt; die vor dem Erneuerer zittert und ihn darum verfolgt; und die, um eine staatliche Gewalt, die sich nicht mit theologischen Kontroversen befassen will, zu überzeugen, eine rein geistige Mission für einen gesellschaftspolitischen Unruhefaktor ausgibt . . . Es besteht kein Zweifel: Der Prozeß Jesu ist hinsichtlich der Kriterien und der darin herrschenden Logik der typische Ketzerprozeß. Wenn ich mich nicht täusche, läßt uns dies verstehen, wer Jesus ist: Jesus ist eben die Häresie, die Abweichung vom Dogma und vom vorgeschriebenen Glauben, letztlich der Gründer einer neuen Kirche, der die alten Kulte und traditionellen herkömmlichen Gewohnheiten leugnet, der den äußeren Apparat ablehnt und sogar den Tempel entheiligt, um in den Menschen einen geistigen Tempel zu errichten. *(Zu Kaiphas:)* Ist es nicht so?

KAIPHAS *(unschlüssig):* Sie wissen, daß nur das Markusevangelium von einem Tempel aus Menschenhand und einem geistigen Tempel spricht, und das noch dazu in einem unklaren Satz.

DR. EHRART: Aber daß der Vorhang des Tempels von oben bis unten entzweiriß, das berichten auch die beiden anderen Synoptiker. Und was soll dieser Riß anderes bedeuten als den Zusammenbruch der äußeren Zeichen des Kultes, als eine geöffnete Bresche im Heiligtum des mosaischen Gesetzes, als das Angebot einer neuen Weise Religion zu leben, ohne Formalismen, Vorschriften, gleichgültige Observanzen und Abriegelungen? Bei Jesus gab es zweifellos einen beachtlichen Schuß Bilderstürmerei: die Verletzung des Schematischen und Kodifizierten im Glauben, die fortwährende Aufforderung zum Umdenken, zur Lebensänderung, die Einladung zur ständigen Mobilisierung des Gewissens, die Ablehnung des Erstarrten und Verknöcherten. *(Zu Schimmell:)* Versuchen Sie einmal, Herr Schimmell, einen solchen Jesus herauszuholen, und Sie werden auch den Zerstörer haben.

SCHIMMELL: Dann erklären Sie mir, wie von einem solchen Jesus *(betont seine Worte)* eine Kirche ausgehen konnte, die sein genaues Gegenteil ist.

PILATUS: Ganz abgesehen davon, daß ich unseren Jesus in einem solchen Jesus, wie Sie ihn beschrieben, wirklich nicht wiedererkennen kann, wird er für mich dadurch zu einem anarchoiden Element.

JUDAS *(spottend):* Ein anarchoides Element, das gefällt mir. Ich meine, es gefällt mir, wie Sie diese Worte betonen. Aber seien Sie unbesorgt, Hauptmann Klammer: Neben einem *solchen Jesus* steht der Jesus, der die Worte „Gebt dem Kaiser" sagte. Und glücklicherweise hatte er damit die Dinge wieder an ihren rechten Platz gerückt und den Gehorsam geheiligt. Sehen Sie sich übrigens um: Hat man je einen Christen gesehen, der sich nicht durch die Worte „Gebt dem Kaiser" in seiner Gesetzeseinhaltung, ja sogar in seiner fügsamen Unterordnung unter Kaiser und Macht gerechtfertigt gefühlt hätte, selbst wenn Macht und Gesetz – der Staat also – der Liebe entgegenwirkten?

PRIESTER: Aber hierin liegt ja die Botschaft Jesu gar nicht. Übrigens bedeutet jener Satz, wenn man ihn in seinen Zusammenhang stellt, alles andere als eine Aufforderung zu Fügsamkeit und Unterordnung. „Verpflichtet Euch dem Staat, respektiert Gesetz und Autorität", das wollte uns Christus ungefähr sagen, „soweit es Euer Gewissen zuläßt."

PILATUS: Soweit . . ., freilich. Aber wie weit? Wo liegt die Trennungslinie, die Grenze? Überlaßt die Entscheidung dem Gewissen, und Ihr werdet Willkür und Zügellosigkeit ernten. Zum Glück haben wir den heiligen Paulus *(spricht, als zitiere er:)* „Ein jeder soll sich der obrigkeitlichen Gewalt unterordnen. Denn es gibt keine Gewalt, die nicht von Gott stammt. Wo eine Gewalt besteht, ist sie von Gott angeordnet. Wer sich daher gegen die Gewalt auflehnt, lehnt sich gegen die Anordnung Gottes auf." Da habt Ihr den Sinn des „Gebt dem Kaiser"!

JUDAS *(höhnisch):* Ich verstehe. Das macht es Ihnen möglich, sich als guter Christ zu fühlen . . .

PILATUS *(drohend):* Was wollen Sie damit sagen?

JUDAS *(vorsichtiger):* Einfach das, daß mich der Jesus des „Gebt dem Kaiser" nicht interessiert, das ist nicht mein Jesus.

PILATUS *(mit grobem Hohn und sich umwendend, um die Zustimmung der anderen zu erlangen):* Und was kümmert es uns, ob es einen Judas nicht interessiert? Tatsache bleibt, daß sich Jesus von der Politik fernhielt und daß sein Prozeß – wenn wir rückblickend etwas Ordnung in unsere Diskussion bringen wollen – ausschließlich religiöser Natur war, auch wenn er von den Priestern politisch gefärbt wurde. Der anarchistische Jesus, der Dr. Ehrart so gut gefällt, geht kein einziges Mal aus dem Gespräch mit Pilatus hervor. Ihr kennt ja die Szene, wie sie Johannes berichtete. Pilatus fragte: „Bist du der König der Juden?", und Jesus antwortete: „Mein Reich ist nicht von dieser Welt. Wäre mein Reich von dieser Welt" (bitte das zu beachten!), „so hätten meine Diener gekämpft, daß ich den Juden nicht ausgeliefert würde". Aber Pilatus blieb hartnäckig: „Du bist also doch ein König?", und Jesus bestätigte: „Ja, ich bin ein König. Ich bin dazu geboren und in die Welt gekommen, daß ich der Wahrheit Zeugnis gebe" . . . Konnte es, frage ich, klarer ausgedrückt werden als so? Die Mission Jesu war einzig und allein metaphysischer Natur. Sie auf das Niveau einer irdischen Sendung herabsetzen zu wollen . . .

JUDAS: Aber das ist ja der Grund, weshalb uns ein solcher Jesus nicht interessiert. Ein Mensch, der uns eine bessere Welt vorspiegelt, eine andere Beziehung unter den Menschen und eine andere Ordnung vorgaukelt, sie aber dann sogleich ihres Inhalts entleert und all dessen entkleidet, was uns ins Fleisch schneidet, setzt sie damit zu einer vagen Jenseitsverheißung herab. Dann hatte Herodes recht, wenn er Jesus verlachte. Und Pilatus, wenn er Jesus nicht verurteilen wollte. Denn wenn dieser ein Wahrheitsträger war, dann mußte ihm diese Wahrheit so harmlos, so unschuldig vorkommen!

FÜNFTER EVANGELIST: Und doch hatte Pilatus unrecht. Wie übrigens auch Herodes.

JUDAS: Sieh da, wiederum der Fünfte Evangelist. Hast Du zufällig noch ein paar andere Offenbarungen bereit?

FÜNFTER EVANGELIST *(ohne darauf einzugehen):* In der Lehre Jesu lag etwas so Radikales, daß Pilatus, hätte er es begriffen, sicherlich anstandslos getan hätte, was er so nur sehr zögernd und ungern tat. Der politische Aspekt der Lehre Jesu lag ja gar nicht in den Pilatus vorgelegten Anklagepunkten – Volksaufwiegelung, Erhebung zum König, Leugnung der Tributpflicht an den Kaiser –, welche Beschuldigungen einfach herbeigeholt und zusammengestellt worden waren, um sie dem römischen Landpfleger verständlich zu machen, sondern vielmehr in etwas Tieferem, ich würde sagen, Fernerliegendem, das die Priester Pilatus zu verschweigen für gut hielten. Das Mißverständnis der Priester und ihr psychologischer Irrtum lag in der Ansicht, daß Pilatus nicht imstande wäre, ein Konzept zu begreifen, das durch seine Anzweiflung der Gültigkeit des alten Gesetzes ihrer Meinung nach nur den Juden zugänglich war. Während doch der Kernpunkt der Lehre Jesu vielmehr in den Worten lag: „Ihr werdet ohne Gesetz sein, aber nicht ohne mich" . . .

JUDAS: Die jedoch in keiner Weise bezeugt sind.

FÜNFTER EVANGELIST: Die aber doch gesprochen wurden. *(Zu Kaiphas:)* Ist es nicht so?

KAIPHAS: So ist es.

FÜNFTER EVANGELIST: War das der genaue Wortlaut der Denunziation des Judas?

KAIPHAS: Er war es. Als wir Judas (der verstört und bockig war, da es ihn plötzlich reute, zu uns gekommen zu sein) verhörten, entrissen wir ihm besonders zwei Geständnisse, die wir für die Anklage gegen Jesus brauchten. So hatte dieser behauptet: „Und ich sage euch, hier ist mehr als der Tempel", und die andere Lästerung ausgesprochen, die Du soeben erwähntest. Aber beide erschienen uns, offen gesagt, so subtil, so sehr mit dem Glauben und der Tradition der Juden verknüpft . . .

FÜNFTER EVANGELIST: Eben. Dabei ging jener Ausspruch Jesu: „Ihr werdet ohne Gesetz sein, aber nicht ohne mich", über eine Absage an das alte Gesetz und an die Gesamtheit äußerlicher Satzungen, worin das alte Gesetz erstarrt war, weit hinaus. Es war eine Aufforderung an das Gewissen all jener, die sich nicht unterwerfen wollten. Besser gesagt, er stellte nicht nur das Prinzip des absoluten, dauernden Widerspruchs gegen das Gesetz der Juden, oder ganz allgemein gegen irgendwelche Gesetze auf, sondern gegen jede Verpflichtung von außen her, die uns zu unterdrücken strebt und uns daran hindert, so zu werden, wie Gott uns will. Von dem Augenblick an, da diese Worte gesprochen wurden, war eine Art von höherem Gericht geschaffen, das die weltlichen Gerichte lächerlich machte und das Recht zum Ungehorsam einführte, wann immer weltliche Rechtssprüche mit göttlichen Prinzipien in Gegensatz gerieten. Soll ich es noch anders ausdrücken? Zum erstenmal in der Geschichte der Menschheit wurde ein Mißtrauen gegen die Macht und ihre Institutionen eingeführt, nämlich die Idee, daß das Gesetz ungerecht sein kann, und daß auch der Staat selbst, diese Art heiliger Wesenheit, unheilig sein kann. Darum sagte der heilige Paulus von Jesus: „Da kam die Fülle der Zeit, und Gott sandte Seinen Sohn, der, von einer Frau geboren, dem Gesetz unterworfen war. Er sollte die unter dem Gesetz Stehenden loskaufen, damit wir die Annahme an Kindes Statt empfingen."

PETRUS: Und Petrus bestätigte es: „Man muß Gott mehr gehorchen als den Menschen." Und Paulus prägte uns ein: „Brüder, ihr seid zur Freiheit berufen . . . Wenn ihr euch vom Geiste leiten laßt, so steht ihr nicht unter dem Gesetze." Und das zu einer Zeit, da der Gehorsam als höchste Tugend angesehen und das Gesetz heilig genannt wurde, und der Staat selbst heilig war. Und ich erinnere mich noch an einen weiteren Leitspruch Jesu – aber dieser wurde nicht aufgeschrieben: „Selig, die vom Gesetze frei sind und wehe denen, die allein dem Gesetze nach gut sind."

FÜNFTER EVANGELIST: Genau das. Es war, im Namen Gottes, die Opposition der Freiheit gegen jegliche Anmaßung auf Unterwerfung des Gewissens. Es wurde vorhin viel über den Sinn der Worte „Gebt dem Kaiser" gesprochen. Aber um wieviel schwerer wog im Sendungsplan Jesu der Satz „Wir haben keinen andern König als den Kaiser", den die Juden riefen, um Pilatus einzuschüchtern. Wir stehen tatsächlich vor den großen Gegensätzen angesichts der Lehre Jesu: Denn indem er das Gesetz herabsetzt, erhebt er das

Gewissen zur Höhe unendlicher Freiheit; hingegen ist es für eine Gesellschaftsordnung im Sinne des Kaisers kennzeichnend, daß die Autonomie des Gewissens als Feigheit und die Unterordnung, selbst unter das Böse, als sittlicher Dienst empfunden werden. Und in der Tat, sobald gesagt wird: „Wir haben keinen andern König als den Kaiser", wird jedes Verbrechen möglich, weil nur noch der Ungehorsam schlecht scheint.

JUDAS *(geht auf den Fünften Evangelisten zu und schaut ihm fest in die Augen):* Aber wer bist Du denn? . . . Laß mich Dich einen Moment betrachten. Wer bist Du? . . . *(Erstaunt:)* Ach so? . . . *(wendet den Blick ab).* Paß auf, daß . . .

FÜNFTER EVANGELIST *(rasch, sachlich, mit leiser Stimme):* Wenn Du es tun mußt, tue es jetzt.

JUDAS: Gut . . . *(zuckt zusammen, wendet sich zu Pilatus und spricht von jetzt an in einem aufreizend zweideutigen Ton, halb höhnisch, halb einschmeichelnd:)* Das, was dieser hier Ihnen verständlich machen möchte, Herr Hauptmann, ist der Gedanke, daß nicht nur die Heiligkeit des Staates, und damit natürlich auch der Gesetze, die den Staat leiten, zu leugnen sind, selbst wenn sie objektiv gerecht sein mögen, sondern daß deren Einhaltung das Gegenteil einer Tugend sein kann. Sie, zum Beispiel, Herr Hauptmann, sind sicherlich dem Gesetz nach gut: Sie sind, wie ich annehme, ehrlich, ein guter Staatsbürger, ein guter Soldat, treu dem Staat und achtungsvoll gegenüber der Autorität, mit einem Wort, Sie achten darauf, in allem und jedem Ihre Pflicht zu tun, wie Sie übrigens auch von Pilatus sagten. Ja, wenn mich nicht alles trügt, sind Sie von den objektiven Vorzügen unserer Institutionen so stark überzeugt, daß Sie, wenn Sie zufällig in Sokrates' Lage gerieten und zu unrecht angeklagt und zum Tod verurteilt würden, wahrscheinlich wie er die Flucht aus dem Gefängnis ablehnen müßten, nur um einem Gesetz nicht ungehorsam zu sein, das zwar in seinem Spruch irren konnte, das Sie aber dennoch schlechterdings für heilig und gerecht halten. Wissen Sie noch, was die Gesetze Sokrates befahlen? *(Im Tonfall des Auswendigsagens:)* „Wenn wir dich in den Tod schicken, in der Überzeugung, daß dies recht sei, wirst du etwa versuchen, dich gegen uns aufzulehnen, die wir das Gesetz und dein Vaterland sind, unter dem Vorwand, dadurch einer ungerechten Sache abzuhelfen? Bist du denn so weise, daß du vergessen hast, daß es mehr deine Pflicht ist, das Vaterland zu ehren als Vater und Mutter, weil es mehr als irgendetwas anderes verehrungswürdig, erhaben und heilig ist? Und daß man leiden muß, wenn es uns zu leiden befiehlt, und daß wir uns schlagen lassen müssen, wenn es uns schlagen will, und in den Krieg ziehen, wenn es uns in den Krieg schickt, mit einem Wort, gehorsam sein selbst im Unrecht, denn es ist *das* Recht?" . . . Und dann kommt dieser und hebt mit seinen Worten „Ihr werdet ohne Gesetz sein, aber nicht ohne mich" alles auf. Seht ihn, wie er nicht nur warnt, daß das Gesetz und sogar das Vaterland keine absoluten Werte darstellen, weil über ihnen Gott steht, und daß auch ein für das Vaterland heiliger Krieg vor Gott *nicht gerecht* sein kann, sondern wie er Sie, für den Fall, daß Sie ein Exekutionskommando befehligen müßten (von dem Sie vorhin sprachen) durchaus nicht durch den Gehorsam von jeglicher Verantwortung entlastet sähe. Im Gegenteil, Sie stünden dann zwischen zwei einander entgegengesetzten Pflichten. Und Sie müßten sich entscheiden . . . Ich weiß, ich weiß: Sie könnten weiterhin sagen: „Ich tue doch meine Pflicht", und damit Ihr Gewissen beruhigen. Aber passen Sie auf, dieser behauptet, Sie hätten kein Recht, beruhigt zu sein, weil der Ungehorsam – so sagt er – im Cäsarenstaat, wie er ihn nennt, weniger schuldhaft und gebotener sei als der Gehorsam. Dieser da stellt sich die Frage, ob der Staatsbürger und der Christ in einem Cäsarenstaat, in einem Staat also, der sich zum höchsten Wert erhebt und in Wirklichkeit mit dem Guten und Sittlichen gleichsetzt, noch vereinbar seien. Dieser behauptet folglich – verstehen Sie? – daß uns der Staat und das Vaterland objektiv vom Sündigen nicht zu befreien vermöchten: Höchstens vom Verantwortungsgefühl, da sie Schuld in Gehorsam verwandeln. Sie können leicht behaupten: „Aber ich diene doch nur dem Vaterland, ich erfülle getreu meine Pflicht ihm gegenüber". Dieser da, dieser Stellvertreter Christi, wird Ihnen antworten: Gott erhebt das Gewissen bis zur unendlichen Freiheit. Der Staat – und das Vaterland – entwaffnen das Gewissen und fordern seine Unterwerfung. Darum spricht uns der Gehorsam gegen sie letztlich nicht im mindesten frei. Wir fühlen uns höchstens nicht mehr schuldig, sondern verbündet, und keiner Gewissensbisse mehr fähig, sondern allenfalls der Scham . . . Gefällt Ihnen das, Herr Hauptmann? Ist das nicht ein schönes Evangelium? . . . Entscheiden Sie jetzt. Sie können freisprechen und damit den Impulsen Ihres Gewissens folgen, oder Sie können Ihr Urteil sprechen und damit dem Gesetz Genüge tun. Passen Sie jedoch auf, Pilatus hat uns bereits einen Märtyrer geschenkt. Seien Sie auf der Hut, Herr Hauptmann, daß Sie uns nicht noch einen weiteren geben.

PILATUS *(drohend):* Ich frage mich, wieweit Sie Ihr Spiel noch treiben wollen.

JUDAS: Zum Teufel! Warum?

PILATUS: Weil es sich nicht so verhält. Weil Sie die Dinge zuspitzen. Der Fünfte Evangelist wollte das gar nicht sagen.

JUDAS: Ach, so? So fragen Sie ihn doch. Sie werden ja sehen.

SCHIMMELL: Wissen Sie, Herr Toepfer, daß Sie ganz wie ein Denunziant aussehen?

JUDAS: Aber Judas war ja ein Denunziant: Entsinnen Sie sich meiner These noch? Was tat er denn anderes, als die wirklichen Gedankengänge Jesu zu klären? Übrigens hörten wir es mit Kaiphas' eigenen Worten, welche Aussage er vor den Priestern machte.

PILATUS *(ohne weiter auf ihn zu achten und sich dem Fünften Evangelisten zuwendend):* Also, zusammenfassend: Sie behaupteten, glaube ich, daß Pilatus Jesus jedenfalls in den Tod schicken mußte. Er mußte es als Exponent der Macht, oder des Staates. Und zwar darum, weil die Worte „Ihr werdet ohne Gesetz sein", die Sie ihm zuschrieben, nicht nur der gesamten jüdischen Tradition widersprachen, sondern den Staat selbst als heiliges Prinzip und höchste Autorität in Frage stellten. Waren dies Ihre Überlegungen?

FÜNFTER EVANGELIST: Genauer gesagt behauptete Jesus, es gäbe im Gewissen eine unzugängliche Zone, einen uneinnehmbaren Ort, die eifersüchtig gehütete Sphäre unserer Freiheit, auf die der Staat kein Anrecht hat.

PILATUS: Dies gilt natürlich nur im Falle eines ungerechten Staates, eines den staatsbürgerlichen Zielen und Idealen feindlichen Staates. Aber wenn sich der Staat mit gutem Recht das allgemeine Wohl, ein Vaterland, nennen darf?

SCHIMMELL: Antworten Sie nicht!

JUDAS: Aber nein. Wir wollten doch wissen, wer Christus war!

FÜNFTER EVANGELIST: Sie wollen natürlich auf den sogenannten sittlichen Staat anspielen: Der Staat, der sich als Absolutes, oder als Gott darstellt; der durch die Identifizierung politischer Gewalt und sittlicher Werte den Menschen seines Wesens und seines Ziels bewußt macht; und dem man, als dem sogenannten allgemeinen Besten, folglich Gehorsam leisten muß.

PILATUS: Scherzen Sie nicht!

FÜNFTER EVANGELIST: Ich scherze nicht. Ich zitiere bloß Hegel.

PILATUS: Also, haben Sie noch immer nicht begriffen, daß das ein Verhör ist?

FÜNFTER EVANGELIST: Von der Art des Pilatus gegen Jesus?

PILATUS: Jedenfalls ist das Risiko ein ähnliches.

FÜNFTER EVANGELIST: Sehr gut. Dann will ich Ihnen zur Antwort geben, daß der Christ stets zwei Vaterländer hat, und daß er dem Kaiser verweigert, was man Gott schuldet; daß er dem Staat die Beherrschung des Gewissens abspricht und ein anderes Absolutes als Gott ausschließt. Für den Christen ist die Idee des Vorrangs des Gewissens über das Gesetz und des göttlichen Wollens über das des Staates ein Axiom und eine Art von Dogma.

PILATUS: So daß bei einer Entscheidung zwischen Gott und einem Vaterland . . .?

FÜNFTER EVANGELIST: Dem Christen keine andere Wahl bliebe als Gott.

PILATUS: Bis zum Treubruch, ja vielleicht Verrat?

FÜNFTER EVANGELIST: Sie verwenden die Worte auf eine Weise . . . Aber ja. Wenigstens bis zur Gehorsamsverweigerung. Bis zur Weigerung, sich dem Staat und seinen Zielen gleichzuschalten, sofern sie seine Treue gegenüber den Absichten Gottes gefährden.

PILATUS: Und das gilt, Ihrer Meinung nach, auch für uns, heute, hier in unserer Nation, zum gegenwärtigen Zeitpunkt?

FÜNFTER EVANGELIST: Wohl. Wenn Sie überlegen, so entdecken wir jetzt, hier, heute, bei uns, nicht nur von neuem die christlichen Wurzeln des Widerspruchs, sondern das Wesen der christlichen Sendung selbst. Und wirklich, wenn jene Doktrin, für die es keine dem Gebot Christi unzugänglichen Bereiche gibt, bis gestern klerikal und letztlich illiberal klingen konnte, so bestätigt sie sich zum gegebenen Augenblick, hier, heute, bei uns und angesichts des Staates, der sich zu Gott erhöht und sich anmaßt, auch Herr über die Seele zu werden, in ihrer Eigenschaft als ständige Alternative zur ungerechten Ordnung und zu allem, was die menschliche Person verletzt.

JUDAS *(geht mit erhobenen Armen theatralisch auf den Fünften Evangelisten zu):* Aber bravo! Laß Dich umarmen.

PILATUS *(hält Judas auf):* Hören Sie auf, den Hanswurst zu spielen. *(Zum Fünften Evangelisten, zornig:)* Und was Sie betrifft, schämen Sie sich. Das ist so unerhört, so niedrig . . .

FÜNFTER EVANGELIST: Ich weiß: Für Pilatus – ich weiß nicht, ob auch für Sie – war das alles nicht nur tadelnswert und verdammungswürdig, sondern die genaue Auswirkung des sogenannten niederträchtigen Bewußtseins (beachten Sie, daß ich noch immer Hegel zitiere). Während für Pilatus – ich weiß nicht, ob auch für Sie – das sogenannte edelmütige Bewußtsein der stolze Vasall der staatlichen Macht ist, insofern es ihn nämlich als einzigen und eigentlichen Wert beurteilt.

KAIPHAS: Hören Sie schon auf, zu lästern! *(Zu Pilatus:)* Und Sie, worauf warten Sie noch? Wir haben ein Gesetz: Und Sie wissen, daß auf Grund dieses Gesetzes . . .

PILATUS *(einen Augenblick lang unentschlossen):* Meinen Sie? . . . Gewiß, ja. *(Zum Fünften Evangelisten:)* Wissen Sie, daß ich jetzt verpflichtet bin, Sie zu verhaften?

JUDAS *(höhnisch):* Sehen Sie? Die Pflicht, das Gesetz . . .

SCHIMMELL *(geht auf Pilatus zu, spricht in aufgeregtem Ton):* Aber was reden Sie da? Antworten Sie ihm lieber. Wenn er unrecht geredet hat, zeigen Sie uns, worin das Unrecht bestand.

PILATUS: Sieh mal an, ein Atheist, der mit den Worten Jesu spricht. Das ist ein besonderer Fall. *(Zu den Soldaten:)* Was macht Ihr denn dort? Verhaftet diesen da. Habt Ihr noch nicht verstanden? Ich habe im Ernst gesprochen. *(Verstört stellt sich der Zenturio hinter den Fünften Evangelisten.)*

JUDAS *(noch immer höhnisch):* Ich habe Sie gewarnt, Herr Hauptmann! Sie wollen uns noch einen Märtyrer schenken. Jetzt aber bitte ich Sie, mir keine Gewissensbisse zu verursachen. Wenn Ihnen ein Judas für einen Jesus als Gegenleistung genügt . . .

PILATUS: Wissen Sie, daß Sie mir nicht einmal als Judas gefielen? *(Finster, zu den beiden Soldaten:)* Führt auch ihn ab. *(Zum Fünften Evangelisten, der noch sitzt:)* Was Sie betrifft, entschließen Sie sich. Sie wissen, daß Sie verhaftet sind. Und legen Sie die Gewänder ab: Die Maskerade ist beendet.

Der Fünfte Evangelist erhebt sich langsam, geht auf Pilatus zu und löst dabei die Tücher von seinem Kopf. Unter dem Schweigen aller entdeckt man einen Mann, der die Züge Jesu trägt. Nach einem Augenblick der Erstarrung streckt Pilatus die Hand aus, um ihn zu ergreifen.

SCHIMMELL *(stürzt aufgeregt auf Pilatus zu, um ihn zurückzuhalten):* Aber was tun Sie denn? Sind Sie verrückt geworden? Sehen Sie nicht, daß Sie Christus verhaften? *(Rüttelt ihn an den Schultern:)* Haben Sie nicht verstanden? Christus, sage ich!

JUDAS *(mit schrillem Lachen):* Ja, richtig!

Sogleich fällt der Vorhang

Es braucht wohl nicht darauf hingewiesen zu werden, daß es sich bei diesem Werk um eine reine Erfindung handelt, und daß selbst die genannten Quellen entweder nur vorgetäuscht (so der Großteil), oder mit der größten Freiheit angepaßt wurden. Anders allerdings verhält es sich mit der „Geschichte des Minoritenmönchs Fra Michele", einer tatsächlich vorhandenen (und, wie man gesehen hat, hinter einer anderen Fassung getarnten) Neufassung der gleichnamigen Erzählung, die im Jahre 1864 aufgefunden und veröffentlicht wurde. Hinter der „Rechtfertigung" hat der Leser wohl schon einige Anleihen bei der Autobiographie von Giannone und bei den Memoiren von Da Ponte entdeckt.

INHALT

MARIO POMILIO

1921 in den Abruzzen geboren, ist Wahlneapolitaner. Er schrieb seit 1954 sechs Romane und zahlreiche Essays, die bei bedeutenden italienischen Verlagshäusern wie Rizzoli, Bompiani und Vallecchi erschienen sind. Für „La compromissione“ wurde ihm 1965 der Premio Campiello zuerkannt.

Als erstes seiner Werke wurde „Il quinto Evangelio“ ins Deutsche, Englische und Französische übersetzt. Er erhielt für diesen Roman, von dem in Italien 1976 die 11. Auflage erschienen ist, den Premio Napoli mit den Stimmen einer Volksjury, der auch 200 Arbeiter der Alfasud-Werke angehörten.